LUIZ FUX
HENRIQUE ÁVILA
TRÍCIA NAVARRO XAVIER CABRAL
COORDENADORES

TECNOLOGIA E JUSTIÇA MULTIPORTAS

AUTORES

ABHNER YOUSSIF MOTA ARABI · ALEXANDRE LOPES DE ABREU · AMANDA INÊS MORAIS SAMPAIO · ANA FRAZÃO · ANDERSON RICARDO FOGAÇA · ANGELO PRATA DE CARVALHO · ANTONIO EVANGELISTA DE SOUZA NETTO · BENEDITO GONÇALVES · BRUNO FEIGELSON · CESAR FELIPE CURY · CLÁUDIO JANNOTTI DA ROCHA · CLAYTON ROSA DE RESENDE · DANIEL BECKER · DANIEL COUTO DOS SANTOS BILCHERG CALIL · DANIEL DE SABÓIA XAVIER · DANIELA SILVA FONTOURA DE BARCELLOS · DANILO MORAES · DIEGO FALECK · DIERLE NUNES · ELIAS MARQUES DE MEDEIROS NETO · FERNANDA MATTAR FURTADO SURIANI · FERNANDO DA FONSECA GAJARDONI · FLÁVIA MOREIRA GUIMARÃES PESSOA · FLÁVIO LUIZ YARSHELL · GUSTAVO TEPEDINO · HUMBERTO DALLA BERNARDINA DE PINHO · HUMBERTO MARTINS · ISABELA FERRARI · JOEL ILAN PACIORNIK · JOSÉ LAURINDO DE SOUZA NETTO · JULIANA LOSS DE ANDRADE · JULIANO CARNEIRO VEIGA · KALINE FERREIRA · LAÍS CAVALCANTI · LUCIANE GOMES · LUIZ CLÁUDIO ALLEMAND · LUIZ EDSON FACHIN · LUIZ FUX · MÁRCIO BELLOCCHI · MARCIO VIEIRA SOUTO COSTA FERREIRA · MARCO AURÉLIO GASTALDI BUZZI · MARCUS LÍVIO GOMES · MARIÂNGELA MEYER PIRES FALEIRO · MÁRIO AUGUSTO FIGUEIREDO DE LACERDA GUERREIRO · MIGUEL MARZINETTI · MURILO MUNIZ FUZETTO · NATHALIA DE ANDRADE MEDEIROS TAVARES · PAULO HENRIQUE DOS SANTOS LUCON · PEDRO FELIPE DE OLIVEIRA SANTOS · RICARDO VILLAS BÔAS CUEVA · RITA DIAS NOLASCO · ROBERTA ZUMBLICK MARTINS DA SILVA · RODRIGO FUX · RUBENS CANUTO · SAMANTHA MENDES LONGO · TÂNIA REGINA SILVA RECKZIEGEL · TERESA ARRUDA ALVIM · THAÍS AMOROSO PASCHOAL · TRÍCIA NAVARRO XAVIER CABRAL · VALERIA FERIOLI LAGRASTA · VALTER SHUENQUENER DE ARAUJO · VIVIANE SIQUEIRA RODRIGUES

Dados Internacionais de Catalogação na Publicação (CIP) (Câmara Brasileira do Livro, SP, Brasil)

T255   Tecnologia e justiça multiportas / Abhner Youssif Mota Arabi ... [et al.] ; coordenado por Luiz Fux, Henrique Ávila e Trícia Navarro Xavier Cabral. - Indaiatuba, SP : Editora Foco, 2021.
   532 p. ; 17cm x 24cm.

   Inclui bibliografia e índice.

   ISBN: 978-65-5515-177-0

   1. Direito. 2. Tecnologia. 3. Justiça multiportas. I. Arabi, Abhner Youssif Mota. II. Abreu, Alexandre Lopes de. III. Sampaio, Amanda Inês Morais. IV. Frazão, Ana. V. Fogaça, Anderson Ricardo. VI. Carvalho, Angelo Prata de. VII. Netto, Antonio Evangelista de Souza. VIII. Gonçalves, Benedito. IX. Feigelson, Bruno. X. Cury, Cesar Felipe. XI. Rocha, Cláudio Jannotti da. XII. Resende, Clayton Rosa de. XIII. Becker, Daniel. XIV. Xavier, Daniel de Sabóia. XV. Calil, Daniel Couto dos Santos Bilcherg. XVI. Barcellos, Daniela Silva Fontoura de. XVII. Moraes, Danilo. XVIII. Faleck, Diego. XIX. Nunes, Dierle. XX. Medeiros Neto, Elias Marques de. XXI. Suriani, Fernanda Mattar Furtado. XXII. Gajardoni, Fernando da Fonseca. XXIII. Pessoa, Flávia Moreira Guimarães. XXIV. Yarshell, Flávio Luiz. XXV. Tepedino, Gustavo. XXVI. Pinho, Humberto Dalla Bernardina de. XXVII. Martins, Humberto. XXVIII. Ferrari, Isabela. XXIX. Paciornik, Joel Ilan. XXX. Netto, José Laurindo de Souza. XXXI. Andrade, Juliana Loss de. XXXII. Veiga, Juliano Carneiro. XXXIII. Ferreira, Kaline. XXXIV. Cavalcanti, Laís. XXXV. Gomes, Luciane. XXXVI. Allemand, Luiz Cláudio. XXXVII. Fachin, Luiz Edson. XXXVIII. Bellocchi, Márcio. XXXIX. Ferreira, Marcio Vieira Souto Costa. XL. Buzzi, Marco Aurélio Gastaldi. XLI. Gomes, Marcus Lívio. XLII. Faleiro, Mariângela Meyer Pires. XLIII. Guerreiro, Mário Augusto Figueiredo de Lacerda. XLIV. Marzinetti, Miguel. XLV. Fuzetto, Murilo Muniz. XLVI. Tavares, Nathalia de Andrade Medeiros. XLVII. Lucon, Paulo Henrique dos Santos. XLVIII. Santos, Pedro Felipe de Oliveira. XLIX. Cueva, Ricardo Villas Bôas. V. Nolasco, Rita Dias. LI. Silva, Roberta Zumblick Martins da. LII. Fux, Rodrigo. LIII. Canuto, Rubens. LIV. Longo, Samantha Mendes. LV. Reckziegel, Tânia Regina Silva. LVI. Alvim, Teresa Arruda. LVII. Paschoal, Thaís Amoroso. LVIII. Cabral, Trícia Navarro Xavier. LIX. Lagrasta, Valeria Ferioli. LX. Araujo, Valter Shuenquener de. LXI. Rodrigues, Viviane Siqueira. LXII. Fux, Luiz. LXIII. Título.

2020-3241   CDD 340   CDU 34

Elaborado por Vagner Rodolfo da Silva - CRB-8/9410

Índices para Catálogo Sistemático:

1. Direito 340   2. Direito 34

LUIZ FUX
HENRIQUE ÁVILA
TRÍCIA NAVARRO XAVIER CABRAL
COORDENADORES

TECNOLOGIA E JUSTIÇA MULTIPORTAS

AUTORES

ABHNER YOUSSIF MOTA ARABI · ALEXANDRE LOPES DE ABREU · AMANDA INÊS MORAIS SAMPAIO · ANA FRAZÃO · ANDERSON RICARDO FOGAÇA · ANGELO PRATA DE CARVALHO · ANTONIO EVANGELISTA DE SOUZA NETTO · BENEDITO GONÇALVES · BRUNO FEIGELSON · CESAR FELIPE CURY · CLÁUDIO JANNOTTI DA ROCHA · CLAYTON ROSA DE RESENDE · DANIEL BECKER · DANIEL COUTO DOS SANTOS BILCHERG CALIL · DANIEL DE SABÓIA XAVIER · DANIELA SILVA FONTOURA DE BARCELLOS · DANILO MORAES · DIEGO FALECK · DIERLE NUNES · ELIAS MARQUES DE MEDEIROS NETO · FERNANDA MATTAR FURTADO SURIANI · FERNANDO DA FONSECA GAJARDONI · FLÁVIA MOREIRA GUIMARÃES PESSOA · FLÁVIO LUIZ YARSHELL · GUSTAVO TEPEDINO · HUMBERTO DALLA BERNARDINA DE PINHO · HUMBERTO MARTINS · ISABELA FERRARI · JOEL ILAN PACIORNIK · JOSÉ LAURINDO DE SOUZA NETTO · JULIANA LOSS DE ANDRADE · JULIANO CARNEIRO VEIGA · KALINE FERREIRA · LAÍS CAVALCANTI · LUCIANE GOMES · LUIZ CLÁUDIO ALLEMAND · LUIZ EDSON FACHIN · LUIZ FUX · MÁRCIO BELLOCCHI · MARCIO VIEIRA SOUTO COSTA FERREIRA · MARCO AURÉLIO GASTALDI BUZZI · MARCUS LÍVIO GOMES · MARIÂNGELA MEYER PIRES FALEIRO · MÁRIO AUGUSTO FIGUEIREDO DE LACERDA GUERREIRO · MIGUEL MARZINETTI · MURILO MUNIZ FUZETTO · NATHALIA DE ANDRADE MEDEIROS TAVARES · PAULO HENRIQUE DOS SANTOS LUCON · PEDRO FELIPE DE OLIVEIRA SANTOS · RICARDO VILLAS BÔAS CUEVA · RITA DIAS NOLASCO · ROBERTA ZUMBLICK MARTINS DA SILVA · RODRIGO FUX · RUBENS CANUTO · SAMANTHA MENDES LONGO · TÂNIA REGINA SILVA RECKZIEGEL · TERESA ARRUDA ALVIM · THAÍS AMOROSO PASCHOAL · TRÍCIA NAVARRO XAVIER CABRAL · VALERIA FERIOLI LAGRASTA · VALTER SHUENQUENER DE ARAUJO · VIVIANE SIQUEIRA RODRIGUES

2021 © Editora Foco

Organizadores: Luiz Fux, Henrique Ávila e Trícia Navarro Xavier Cabral

Autores: Abhner Youssif Mota Arabi, Alexandre Lopes de Abreu, Amanda Inês Morais Sampaio, Ana Frazão, Anderson Ricardo Fogaça, Angelo Prata de Carvalho, Antonio Evangelista de Souza Netto, Benedito Gonçalves, Bruno Feigelson, Cesar Felipe Cury, Cláudio Jannotti da Rocha, Clayton Rosa de Resende, Daniel Becker, Daniel Couto dos Santos Bilcherg Calil, Daniel de Sabóia Xavier, Daniela Silva Fontoura de Barcellos, Danilo Moraes, Diego Faleck, Dierle Nunes, Elias Marques de Medeiros Neto, Fernanda Mattar Furtado Suriani, Fernando da Fonseca Gajardoni, Flávia Moreira Guimarães Pessoa, Flávio Luiz Yarshell, Gustavo Tepedino, Humberto Dalla Bernardina de Pinho, Humberto Martins, Isabela Ferrari, Joel Ilan Paciornik, José Laurindo de Souza Netto, Juliana Loss de Andrade, Juliano Carneiro Veiga, Kaline Ferreira, Laís Cavalcanti, Luciane Gomes, Luiz Cláudio Allemand, Luiz Edson Fachin, Luiz Fux, Márcio Bellocchi, Marcio Vieira Souto Costa Ferreira, Marco Aurélio Gastaldi Buzzi, Marcus Lívio Gomes, Mariângela Meyer Pires Faleiro, Mário Augusto Figueiredo de Lacerda Guerreiro, Miguel Marzinetti, Murilo Muniz Fuzetto, Nathalia de Andrade Medeiros Tavares, Paulo Henrique dos Santos Lucon, Pedro Felipe de Oliveira Santos, Ricardo Villas Bôas Cueva, Rita Dias Nolasco, Roberta Zumblick Martins da Silva, Rodrigo Fux, Rubens Canuto, Samantha Mendes Longo, Tânia Regina Silva Reckziegel, Teresa Arruda Alvim, Thaís Amoroso Paschoal, Trícia Navarro Xavier Cabral, Valeria Ferioli Lagrasta, Valter Shuenquener de Araujo e Viviane Siqueira Rodrigues

Diretor Acadêmico: Leonardo Pereira

Editor: Roberta Densa

Assistente Editorial: Paula Morishita

Revisora Sênior: Georgia Renata Dias

Capa Criação: Leonardo Hermano

Diagramação: Ladislau Lima e Aparecida Lima

Impressão miolo e capa: FORMA CERTA

DIREITOS AUTORAIS: É proibida a reprodução parcial ou total desta publicação, por qualquer forma ou meio, sem a prévia autorização da Editora FOCO, com exceção do teor das questões de concursos públicos que, por serem atos oficiais, não são protegidas como Direitos Autorais, na forma do Artigo 8º, IV, da Lei 9.610/1998. Referida vedação se estende às características gráficas da obra e sua editoração. A punição para a violação dos Direitos Autorais é crime previsto no Artigo 184 do Código Penal e as sanções civis às violações dos Direitos Autorais estão previstas nos Artigos 101 a 110 da Lei 9.610/1998. Os comentários das questões são de responsabilidade dos autores.

NOTAS DA EDITORA:

Atualizações e erratas: A presente obra é vendida como está, atualizada até a data do seu fechamento, informação que consta na página II do livro. Havendo a publicação de legislação de suma relevância, a editora, de forma discricionária, se empenhará em disponibilizar atualização futura.

Erratas: A Editora se compromete a disponibilizar no site www.editorafoco.com.br, na seção Atualizações, eventuais erratas por razões de erros técnicos ou de conteúdo. Solicitamos, outrossim, que o leitor faça a gentileza de colaborar com a perfeição da obra, comunicando eventual erro encontrado por meio de mensagem para contato@editorafoco.com.br. O acesso será disponibilizado durante a vigência da edição da obra.

Impresso no Brasil (12.2020) – Data de Fechamento (12.2020)

2021

Todos os direitos reservados à
Editora Foco Jurídico Ltda.

Rua Nove de Julho, 1779 – Vila Areal
CEP 13333-070 – Indaiatuba – SP

E-mail: contato@editorafoco.com.br
www.editorafoco.com.br

PREFÁCIO

Diz a Constituição de 1988, no inciso XXXV de seu art. 5º, que a "lei não excluirá da apreciação do Poder Judiciário lesão ou ameaça a direito". Trata-se do princípio da inafastabilidade da jurisdição, o qual corresponde, em nossa ordem jurídico-constitucional, à "principal garantia dos direitos subjetivos", como pontua José Afonso da Silva.[1] A Carta Cidadã também ampliou consideravelmente o acesso à Justiça: estabeleceu um extenso rol de direitos fundamentais, instituiu ações constitucionais aptas a fazerem valer esses direitos e fortaleceu o Poder Judiciário e as instituições essenciais à Justiça (ministério público, defensoria pública, advocacia pública e advocacia privada).

O monopólio da jurisdição pelo Estado é, inegavelmente, uma conquista histórica. No Brasil, a ampliação das vias de acesso à Justiça é um grande legado de nossa democracia. Entretanto, não se deve atribuir ao método adversarial a condição de rota essencial para a resolução das lides. Deve-se assegurar o acesso à justiça sem descurar de que a Justiça incorpore e valorize formas de solução das demandas que permitam maior aproximação das partes e melhor equacionamento dos conflitos. O processo será tão mais efetivo quanto mais pacificadora for a solução encontrada.

Conforme bem elucidou Kazuo Watanabe[2], numa sociedade tão complexa como a brasileira, na qual os conflitos se multiplicam e assumem as mais diversas formas, é preciso que haja meios adequados para a resolução das diferentes espécies de contendas, o que compreende não só o processo judicial contencioso, mas soluções extrajudiciais que privilegiem a autocomposição. A sociedade brasileira almejada, consoante previsto no preâmbulo da Constituição de 1988, está fundada na harmonia social, cabendo, por conseguinte, ao poder público e à sociedade civil pautarem-se pela busca da efetiva paz social.

A possibilidade de os agentes sociais (pessoas físicas e jurídicas, de natureza pública ou privada) buscarem a solução de seus conflitos pela via do diálogo não somente evita que a contenda se protraia no tempo, mas também previne a mobilização do aparato judicial (com todos os custos envolvidos, para o jurisdicionado e para a Justiça), ficando, sempre, resguardada a possibilidade de acionamento dos órgãos judiciais no caso de insucesso das tratativas.

Ademais, a solução adjudicada dos conflitos complexos por meio de sentença prolatada por magistrado nem sempre cumpre o desiderato de extirpar do mundo fenomênico a violação ou a ameaça de lesão a direito em tempo compatível com a natureza desse. É fundamental atentar para a essência do conflito de interesses, a fim de dispensar a ele

---

1. SILVA, José Afonso da. *Curso de direito constitucional.* 39. ed. São Paulo: Malheiros, 2016. p. 433.
2. WATANABE, Kazuo. Acesso à justiça e sociedade moderna. In: GRINOVER, Ada Pellegrini, DINAMARCO, Cândido Rangel, e WATANABE, Kazuo (Coord.). Participação e Processo. *Revista dos Tribunais.* p. 128.

tratamento que leve a sua efetiva resolução, o que pode advir da aplicação dos métodos adequados de solução de controvérsias.

Nesse cenário, ganha relevo a ideia de *Justiça multiportas*, que remonta aos trabalhos do professor da Harvard Law School Frank Sander acerca do *Multi-door Courthouse System*[3]. Trata-se, justamente, da noção de que a resolução de controvérsias mediante um processo judicial contencioso é apenas uma possibilidade dentre várias disponíveis, sejam elas autocompositivas, a exemplo da conciliação e da mediação, ou heterocompositivas, como a arbitragem. A ênfase deve estar, sempre, na busca da solução mais adequada às peculiaridades de cada controvérsia.

O sistema multiportas está, hoje, incorporado à legislação e à sistemática processual pátrias. Ao impulso da Política Judiciária Nacional de Tratamento Adequado dos Conflitos de Interesses no âmbito do Poder Judiciário, instituída pela Resolução 125/2010 do Conselho Nacional de Justiça, assistimos, nos últimos anos, a uma mudança paradigmática no processo civil brasileiro, refletida nas leis processuais mais recentes (notadamente, no novo Código de Processo Civil – Lei 13.105/2015 e na nova Lei de Mediação – Lei 13.140/2015), que consolidam, no Direito Processual Civil brasileiro, a Justiça multiportas.

Seguindo essa tendência, em 2020, criamos no Supremo Tribunal Federal o Centro de Mediação e Conciliação (CMC), destinado a viabilizar a solução consensual das controvérsias sujeitas à competência da Corte e a respeito das quais a lei autorize a solução pacífica. Antes mesmo da instauração de eventual processo, os interessados podem peticionar à Presidência solicitando a atuação do centro. Caso já instaurada a demanda, o relator tem a faculdade de encaminhar os autos ao CMC, de ofício ou à requerimento das partes. Ademais, a tentativa de conciliação pode ser levada a efeito pelo próprio relator, o qual pode solicitar apoio ao centro.

O Relatório Justiça em Números 2020 revelou que, em 2019, 12,5% dos julgados foram por meio de sentenças homologatórias de acordo, índice que aponta para redução pelo terceiro ano consecutivo. Esse dado sinaliza que ainda temos muito a avançar no sentido da efetiva expansão do sistema multiportas, mediante o fomento das vias de cooperação e dos métodos adequados de resolução de controvérsias. Esse caminho passa, necessariamente, pela associação do sistema multiportas com as novas tecnologias digitais, conforme preconizado na legislação processual pátria.

O Código de Processo Civil (Lei 13.105/2015) expressa que a audiência de conciliação e mediação pode realizar-se por meio eletrônico (art. 334, § 7º), enquanto a Lei de Mediação (Lei 13.140/2015) informa que a transação pode ocorrer a distância, com anuência das partes, mediante o uso da internet ou de outro meio de comunicação (art.46). Ademais, recentemente, a Lei dos Juizados Especiais foi alterada para contemplar a conciliação não presencial, com o uso de recursos tecnológicos de transmissão de sons e imagens em tempo real (arts. 22 e 23 da Lei 9.099/95, com a redação dada pela Lei 13.994/2020).

---

3. SANDER, Frank E. A. *The Multi-Door Courthouse*: Settling disputes in the year 2000. HeinOnline: 3 Barrister 18, 1976.

O sociólogo espanhol Manuel Castells aponta para o fato de que vivemos o paradigma da *sociedade em rede*, a qual se caracteriza por ter como base as redes de comunicação digital e por funcionar em redes globais. O autor também assinala que não é a tecnologia que determina a sociedade: ela é a própria sociedade[4]. Sociedade e tecnologia estão imbricadas. As ferramentas tecnológicas dessa nova era e as redes de comunicação digital são moldadas pela sociedade e moldam a própria sociedade, em uma relação simbiótica. Formamos uma sociedade digital, conectada e global.

De fato, vivemos na era dos *smartphones*, das redes sociais, da comunicação instantânea, do fluxo intenso e massificado de informações e do processamento de um volume antes inimaginável de dados. Trata-se de ferramentas valiosas para o aprimoramento da eficiência, da efetividade e da transparência das instituições. Essas tecnologias, ademais, qualificam-se pela atualização e pelo avanço contínuos, o que exige capacidade de rápida adaptação.

Um mundo digital exige uma Justiça digital. O cenário futuro mostra-se cada vez mais desafiador, tendo em vista a existência de diversas tecnologias consideradas disruptivas: Inteligência Artificial, Computação em Nuvem, *Big Data*, Internet das Coisas (IoT), *Blockchain*, Internet 5G, *Smart Contracts*, dentre várias outras. Embora desafiadoras, essas ferramentas têm se mostrado importantes instrumentos de inovação e aprimoramento das atividades jurídicas, cujas tecnologias se tornam, sucessivamente, mais sofisticadas e consolidadas.

Mais do que ferramentas auxiliares dos tradicionais processos de trabalho do Poder Judiciário, essas tecnologias são verdadeiros instrumentos de *transformação digital*. Elas impulsionam a substituição das antigas tecnologias judiciais por novas formas de funcionamento da Justiça, mais alinhadas às demandas da sociedade do século XXI por eficiência, transparência, responsabilidade, celeridade, dinamismo, flexibilidade, acesso igualitário e tratamento isonômico.

O professor escocês Richard Susskind, de Oxford, é um estudioso da aplicação de ferramentas tecnológicas em favor do aumento da eficiência da Justiça e autor de vários livros acerca do assunto, dos quais se destaca a obra emblemática *Online Courts and the Future of Justice*[5]. Segundo o autor, os instrumentos tecnológicos à disposição da sociedade devem prestar-se para a transformação de métodos e processos de trabalho, e não simplesmente para a automação dos métodos atualmente existentes. Considera, por exemplo, a digitalização de processos judiciais um passo necessário, mas não suficiente, para a modernização da Justiça.

O ponto de partida da tese defendida pelo professor escocês é a definição de Justiça como um *serviço*, e não como um espaço físico (o fórum). Susskind é defensor da ampla instauração de cortes pela internet, as quais incorporam o conceito de Justiça como *serviço*, dispensando a tradicional resolução de conflitos pelas partes em um mesmo espaço físico. A partir dessa perspectiva, toda a ênfase recai na realização do objetivo

---

4. CASTELLS, Manuel. A sociedade em rede: do conhecimento à política. In: CASTELLS, Manuel e Cardoso, Gustavo (Org.). *A sociedade em rede: do conhecimento à política*. Debates – Presidência da República. Lisboa: Imprensa Nacional, 2005. p. 17-30.
5. SUSSKIND, Richard E. *Online Courts and the Future of Justice*. Oxford University Press, 2019.

fundamental da atividade judicial, que é efetivamente resolver o conflito, com celeridade e qualidade. O mecanismo inovador não elimina o papel tradicional do Judiciário; antes, amplia o acesso à Justiça por setores da sociedade atualmente excluídos.

O conceito de cortes online apresentado por Susskind inclui o acionamento, na mesma plataforma, de instrumentos prévios de aconselhamento e de mediação que viabilizem a resolução das controvérsias, evitando a instauração do contencioso judicial. Desse modo, o modelo proposto já incorpora o sistema multiportas. Sua tese é, assim, um vislumbre da Justiça do futuro e do quanto as tecnologias atualmente disponíveis têm aptidão para ampliar as possibilidades de acesso à justiça e de pacificação social. O horizonte apresenta-se especialmente promissor com o uso das novas ferramentas digitais para fomentar os meios adequados de resolução de conflitos.

O Poder Judiciário brasileiro finalizou 2019 com 77,1 milhões de processos em tramitação – processos que aguardavam alguma solução definitiva –, conforme revelou o relatório Justiça em Números 2020[6], do Conselho Nacional de Justiça. Dada a elevada litigiosidade verificada em nosso país, a crescente associação entre tecnologia e mecanismos adequados de resolução de controvérsias é impreterível, devendo estar – como de fato tem estado – no foco das políticas judiciárias implementadas em todas as instâncias da Justiça, sob a coordenação do Conselho Nacional de Justiça.

Ademais, os efeitos da evolução tecnológica estão consolidados na administração judiciária. Desde 2009, quando teve início a série histórica de produção de dados estatísticos do Poder Judiciário pelo CNJ, o número de processos tramitando eletronicamente cresceu continuamente, alcançando o ápice em 2019. O acumulado de ações virtuais alcançou a marca de 131 milhões de casos[7]. No mesmo ano, dentre os processos novos recebidos, 90% já ingressaram em versão eletrônica.

A pandemia do novo coronavírus, esse episódio dramático de nossa história, impulsionou a virtualização da Justiça. Sistemas de justiça por todo o mundo aceleraram o uso das tecnologias da informação para garantir a continuidade de suas atividades, sobretudo com o uso de plataformas de vídeo[8]. A situação no Brasil não foi diferente, com tribunais por todo o país realizando sessões de julgamento por videoconferência e acelerando a digitalização de seus processos.

No Supremo Tribunal Federal, ampliaram-se as categorias de processos que podem ser julgados em sessões virtuais, existentes na Corte desde 2007. Atualmente, todos os processos da competência do Tribunal podem ser julgados virtualmente. Como resultado, a Corte tem avançado sobre sua longa pauta de julgamentos em uma velocidade antes impensável. No final de 2018, havia mais de 1.200 processos liberados para julgamento do Plenário. Em agosto de 2020, havia 369 processos, uma redução de quase 70%. Ex-

---

6. BRASIL. Conselho Nacional de Justiça. *Justiça em números 2020, ano-base 2019*. Disponível em: https://www.cnj.jus.br/wp-content/uploads/2020/08/WEB-V3-Justi%C3%A7a-em-N%C3%BAmeros-2020-atualizado-em-25-08-2020.pdf. Acesso em: 03 out. 2020.
7. Idem.
8. SUSSKIND, Richard. The Future of the Courts. *Revista The Practice*, v. 6, issue 5, July/August 2020. Harvard Law School. Cambridge, MA, EUA, 2020.

periências como o Plenário Virtual evidenciam o grande poder das tecnologias digitais de fazer avançar a Justiça e a pacificação social.

A tecnologia deve alcançar os meios autocompositivos, servindo ao reforço do sistema multiportas de solução de controvérsias e à efetividade dos preceitos de nosso ordenamento que preconizam a autocomposição. A inovação tecnológica precisa ser colocada a serviço da almejada transição da cultura do conflito para a cultura da pacificação.

À frente do Conselho Nacional de Justiça, implementamos o Programa Resolve, um plano estratégico de ação que visa a fomentar Política Judiciária Nacional de Tratamento Adequado dos Conflitos, com eixos na prevenção e na solução de litígios. As ações do programa partem de recortes temáticos, dentre os quais está incluído o "Resolve – Métodos consensuais eletrônicos", que se volta ao desenvolvimento de solução de tecnologia da informação que viabilize os métodos consensuais em versão eletrônica.

Nessa frente, demos início à integração da plataforma consumidor.gov.br – sistema de negociação *on-line* gerenciado pela Secretaria Nacional do Consumidor do Ministério da Justiça e Segurança Pública que permite a interlocução direta entre consumidores e fornecedores nas demandas de consumo – com o processo judicial eletrônico (PJe). A iniciativa é de suma importância para descongestionar a Justiça brasileira, visto que as ações consumeristas representam cerca de 10% dos processos em tramitação.

Estamos avançando na associação entre tecnologia e Justiça multiportas. Não obstante, muito há ainda a ser feito. É nesse contexto de avanços e desafios que é lançada a presente obra coletiva, a qual brinda a comunidade jurídica com textos elaborados por ministros, juristas, professores e atores do sistema de Justiça acerca da relação entre direito e tecnologia, especificamente no que tange ao emprego dessa na concretização da Justiça multiportas, a suas repercussões práticas e a seus desdobramentos éticos. Sem dúvida, uma leitura obrigatória para todos que se interessam por tais temáticas.

Parabenizo todos os envolvidos na realização desta obra, em especial aos ilustres organizadores e autores. Estou certo de que esta publicação muito contribuirá para o aprimoramento da Justiça brasileira, para o fomento da cultura da pacificação e para a construção de um Judiciário cada vez mais democrático, célere e eficiente, premissa da sociedade livre, justa, solidária e pacífica preconizada na Constituição de 1988.

Boa leitura!

José Antonio Dias Toffoli
Ministro do Supremo Tribunal Federal.

SUMÁRIO

PREFÁCIO

José Antonio Dias Toffoli IX

PARTE I
DIREITO E TECNOLOGIA

JUÍZO 100% DIGITAL E A VOCAÇÃO DA MODERNA ATIVIDADE JURISDICIONAL

Luiz Fux 3

DIREITO, INTELIGÊNCIA ARTIFICIAL E DEVERES: REFLEXÕES E IMPACTOS

Luiz Edson Fachin e Roberta Zumblick Martins da Silva 13

O DEBATE INTERNACIONAL E GLOBAL SOBRE ÉTICA E A INTELIGÊNCIA ARTIFICIAL: POTENCIAIS REFLEXOS NO PODER JUDICIÁRIO BRASILEIRO

Humberto Martins 21

JURISDIÇÃO: USO DE NOVAS TECNOLOGIAS

Benedito Gonçalves 35

INTEGRAÇÃO DOS MEIOS DE RESOLUÇÃO DE CONFLITOS *ONLINE* (ODR) AOS SISTEMAS DE JUSTIÇA

Ricardo Villas Bôas Cueva 43

DESJUDICIALIZAÇÃO DO DIREITO À SAÚDE À LUZ DA ANÁLISE ECONÔMICA DO DIREITO

Joel Ilan Paciornik, José Laurindo de Souza Netto e Anderson Ricardo Fogaça.... 53

SISTEMA DE JUSTIÇA MULTIPORTAS:A GARANTIA DO ACESSO AO JUDICIÁRIO EM TEMPOS DE PANDEMIA DA COVID-19

Marco Aurélio Gastaldi Buzzi 65

INOVAÇÃO NA ADMINISTRAÇÃO PÚBLICA: O IMPACTO DA TECNOLOGIA NA DISCRICIONARIEDADE ADMINISTRATIVA

Daniel Couto dos Santos Bilcherg Calil e Valter Shuenquener de Araujo 77

ALGORITMOS, *MACHINE LEARNING* E A PROMOÇÃO DAS JUSTIÇAS CODIFICADA E EQUITATIVA: VANTAGENS X VÍCIOS (*BIAS*)

Marcus Lívio Gomes e Nathalia de Andrade Medeiros Tavares 95

CORTES DIGITAIS: A EXPERIÊNCIA DO SUPREMO TRIBUNAL FEDERAL

Abhner Youssif Mota Arabi e Pedro Felipe de Oliveira Santos............................ 105

PARTE II
ACESSO À JUSTIÇA

AS INOVAÇÕES TECNOLÓGICAS COMO (MAIS UMA) ONDA RENOVATÓRIA DE ACESSO À JUSTIÇA

Rodrigo Fux... 117

ACESSO À JUSTIÇA, TECNOLOGIA, E O NOSSO REALISMO ESPERANÇOSO DE CADA DIA

Thaís Amoroso Paschoal 131

INOVAÇÕES NORMATIVAS EM MATÉRIA DE VIDEOCONFERÊNCIAS

Mário Augusto Figueiredo de Lacerda Guerreiro................................... 143

PRINCÍPIOS ÉTICOS DA INTELIGÊNCIA ARTIFICIAL E O PODER JUDICIÁRIO

Rubens Canuto e Luciane Gomes... 155

COURTBOX: O PAPEL DO SANDBOX REGULATÓRIO NA PROMOÇÃO DO ACESSO À JUSTIÇA

Daniel Becker, Bruno Feigelson e Danilo Moraes 169

LEVANDO O DEVER DE ESTIMULAR A AUTOCOMPOSIÇÃO A SÉRIO: UMA PROPOSTA DE RELEITURA DO PRINCÍPIO DO ACESSO À JUSTIÇA À LUZ DO CPC/2015

Fernando da Fonseca Gajardoni 185

A AUDIÊNCIA DE CONCILIAÇÃO E MEDIAÇÃO COMO IMPORTANTE INSTRUMENTO NO SISTEMA MULTIPORTAS PARA A GARANTIA DO ACESSO À JUSTIÇA

Murilo Muniz Fuzetto e Elias Marques de Medeiros Neto...................... 197

ACESSO À JUSTIÇA E EXTENSÃO DA CONVENÇÃO DE ARBITRAGEM EM CONTRATOS COLIGADOS

Gustavo Tepedino e Laís Cavalcanti.. 217

DISPUTE RESOLUTION PARA GRANDES TRAGÉDIAS – UMA ALTERNATIVA PARA PROMOVER ACESSO À JUSTIÇA TEMPESTIVO PARA AS VÍTIMAS DE BRUMADINHO

Isabela Ferrari 235

A TECNOLOGIA E A INTELIGÊNCIA ANALÍTICA APLICADA À RECUPERAÇÃO DE CRÉDITOS PELA PGFN

Daniel de Sabóia Xavier, Fernanda Mattar Furtado Suriani e Rita Dias Nolasco 247

PARTE III
JUSTIÇA MULTIPORTAS

JUSTIÇA MULTIPORTAS E INOVAÇÃO

Trícia Navarro Xavier Cabral.. 261

ONLINE COURTS: PANORAMA E REFLEXÕES

Juliana Loss de Andrade 275

A JUSTIÇA MULTIPORTAS – UMA ALTERNATIVA PARA A SOLUÇÃO PACÍFICA DOS CONFLITOS

Mariângela Meyer Pires Faleiro, Clayton Rosa de Resende e Juliano Carneiro Veiga.. 287

TECNOLOGIA E EQUIDADE PARA UM SERVIÇO MULTIPORTAS NO JUDICIÁRIO

Alexandre Lopes de Abreu.. 297

TECNOLOGIA, ÉTICA E JUSTIÇA MULTIPORTAS

Luiz Cláudio Allemand 311

A ARBITRAGEM COMO MEIO ADEQUADO DE RESOLUÇÃO DE DISPUTAS RELACIONADAS À TECNOLOGIA

Ana Frazão e Angelo Prata de Carvalho.. 323

REFLEXÕES SOBRE TECNOLOGIAS DA INFORMAÇÃO E COMUNICAÇÃO (TIC) APLICADAS À CONCILIAÇÃO E MEDIAÇÃO DE CONFLITOS

Flávia Moreira Guimarães Pessoa e Amanda Inês Morais Sampaio 335

A TECNOLOGIA COMO INSTRUMENTO DOS MÉTODOS ADEQUADOS DE SOLUÇÃO DE CONFLITOS NA JUSTIÇA DO TRABALHO

Tânia Regina Silva Reckziegel e Daniela Silva Fontoura de Barcellos................. 349

TECNOLOGIA E SISTEMAS DE INDENIZAÇÃO: A EXPERIÊNCIA DE BRUMADINHO

Diego Faleck 357

OMBUDSMAN E RELAÇÕES MASSIFICADAS DE CONSUMO NA ERA DOS *SMARTPHONES*: ALTERNATIVA AO DEMANDISMO BRASILEIRO

Cláudio Jannotti da Rocha e Miguel Marzinetti.................................... 367

PARTE IV
PROCESSO CIVIL E TECNOLOGIA

ETAPAS DE IMPLEMENTAÇÃO DE TECNOLOGIA NO PROCESSO CIVIL E ODRS

Dierle Nunes.. 381

A DEFORMALIZAÇÃO DAS CONTROVÉRSIAS E AS NOVAS TECNOLOGIAS

Paulo Henrique dos Santos Lucon 407

CONTRATOS INTELIGENTES E EXECUÇÃO CIVIL: DIÁLOGO POSSÍVEL E ÚTIL?

Flávio Luiz Yarshell e Viviane Siqueira Rodrigues................................. 417

MEDIAÇÃO: FRUTO DO BOM EXERCÍCIO DO DIREITO

Márcio Bellocchi e Teresa Arruda Alvim 427

MEDIAÇÃO *ONLINE* EM TEMPOS DE VIRTUALIZAÇÃO FORÇADA DAS FERRA-MENTAS DE RESOLUÇÃO DE CONFLITOS: ALGUMAS CONSIDERAÇÕES SO-BRE A EXPERIÊNCIA BRASILEIRA

Humberto Dalla Bernardina de Pinho 443

A VIDEOCONFERÊNCIA NA MEDIAÇÃO JUDICIAL E O PRINCÍPIO DA CONFI-DENCIALDADE

Valeria Ferioli Lagrasta 455

PRINCÍPIOS FUNDAMENTAIS DO PROCESSO E A LEGITIMIDADE DO SISTEMA DE JUSTIÇA MULTIPORTAS

Marcio Vieira Souto Costa Ferreira.. 467

PROCESSOS DECISÓRIOS AUTOMATIZADOS: UMA ABORDAGEM DA FILO-SOFIA DA TECNOLOGIA

Cesar Felipe Cury 477

A TECNOLOGIA A FAVOR DA RESOLUÇÃO DE CONTROVÉRSIAS ENTRE O DEVEDOR EM RECUPERAÇÃO JUDICIAL E SEUS CREDORES

Antonio Evangelista de Souza Netto e Samantha Mendes Longo 493

A AUTOCOMPOSIÇÃO E A INAUGURAÇÃO DE UM PROCESSO ADMINISTRATIVO *SUI GENERIS*

Kaline Ferreira 505

Parte I
DIREITO E TECNOLOGIA

PARTE I
DIREITO E TECNOLOGIA

JUÍZO 100% DIGITAL E A VOCAÇÃO DA MODERNA ATIVIDADE JURISDICIONAL

Luiz Fux

Ministro e Presidente do Supremo Tribunal Federal. Ex-Presidente do Tribunal Superior Eleitoral. Professor Livre-Docente em Processo Civil da Faculdade de Direito da Universidade do Estado do Rio de Janeiro (UERJ). Doutor em Direito Processual Civil pela Universidade do Estado do Rio de Janeiro (UERJ). Membro da Academia Brasileira de Letras Jurídicas. Membro da Academia Brasileira de Filosofia.

Sumário: 1. Itinerário da função jurisdicional. 2. A recente experiência do Supremo Tribunal Federal: ampliação do julgamento eletrônico. 3. O papel do Conselho Nacional de Justiça na expansão do processo digital. 4. Notas sobre o funcionamento do "Juízo 100% Digital". 5. Conclusão.

1. ITINERÁRIO DA FUNÇÃO JURISDICIONAL

O Estado, como garantidor da paz social, avocou para si a solução monopolizada dos conflitos intersubjetivos pela transgressão à ordem jurídica, limitando o âmbito da autotutela.[1] Em consequência, dotou um de seus poderes, o Judiciário, da atribuição de solucionar os referidos conflitos mediante a aplicação do direito objetivo, abstratamente concebido, ao caso concreto.[2]

A supremacia dessa solução revelou-se pelo fato incontestável de ela provir da autoridade estatal, cuja palavra, além de coativa, torna-se a última manifestação do Estado soberano acerca da contenda, de tal sorte que os jurisdicionados devem-na respeito absoluto, porque haurida de um trabalho de reconstituição dos antecedentes do litígio, com a participação dos interessados, cercados isonomicamente das mais comezinhas garantias.[3] Essa função se denomina jurisdicional e tem o caráter tutelar da ordem e da pessoa, distinguindo-se das demais soluções do Estado pela sua imodificabilidade por

---

1. A regra ressoa absoluta quanto aos particulares que não têm, por força mesmo da isonomia constitucional, poderes sobre seus concidadãos. No que pertine aos entes públicos há uma tênue mitigação diante da presunção de legitimidade dos atos da administração acoplada ao ius imperii necessário à gestão da coisa pública. Entretanto, mesmo com esse privilège du préable, o controle posterior dos atos administrativos garante aos indivíduos a chancela judicial nesses conflitos. Destarte, nas atividades no self executing, o Estado se socorre da jurisdição, assim como os particulares.

2. A atividade jurisdicional de particularização do direito ao caso concreto conduziu a doutrina de Chiovenda à dicotomia entre a vontade abstrata e a vontade concreta da lei, concluindo o mestre que "a jurisdição consiste na atuação da lei mediante a substituição da atividade de órgãos públicos à atividade de outros, seja no afirmar a existência de uma vontade da lei, seja em determinar ulteriormente que ela produza seus efeitos (*Principii di Diritto processuale civile*, 1928, p. 301).

3. Couture atribuía a solução obtida por "acto de la autoridad" à principal característica da jurisdição, em *Fundamentos de Derecho procesal civil*, 1951, p. 4.

qualquer outro poder, por adquirir o que se denomina, em sede anglo-saxônica, *"final enforcing power"*, consubstanciado na "coisa julgada".[4]

O Estado, por meio da jurisdição, e provocado pelo interessado que exerce a ação, institui um método de composição do litígio com a participação dos reais destinatários da decisão reguladora da situação litigiosa, dispondo sobre os momentos em que cada um pode fazer valer as suas alegações, com o fim de alcançar um resultado corporificado em tudo quanto o Judiciário "sentiu" das provas e do direito aplicável retratado na "sentença".

Essa dinâmica respira os mesmos ares de seu tempo, devendo, consigo, evoluir. O acesso à justiça é um valor constitucional inegociável, mas a via para sua garantia não necessita estar petrificada. A evolução histórica da compreensão do princípio da inafastabilidade esclarece o atual cenário de digitalização.

Os estudos de Mauro Cappelletti e Bryant Garth, em meados do século passado, apontaram, após análise do panorama mundial de acessibilidade ao Judiciário, que existiam três grandes barreiras, a serem vencidas por três ondas renovatórias[5]. A primeira delas era a questão dos custos, tendo se percebido que é absolutamente inconstitucional que alguém deixe de pleitear em juízo um direito por limitações econômicas, seja quanto às custas do processo – o que se vence com o reconhecimento do direito à gratuidade de justiça –, seja quanto ao gasto com advogados, o que se soluciona com serviços de assistência jurídica gratuita.

As outras duas ondas se referiam aos direitos transindividuais (coletivos) e a outros aspectos do processo, como a inefetividade, a lentidão da decisão etc. A propósito, no Brasil, essas três ondas vieram praticamente em conjunto, com o advento da Constituição de 1988, o que praticamente significou um tsunami de acesso à justiça, o que, no cenário da redemocratização, se revelou um ganho.

Acontece, contudo, que se chegou a uma espécie de paradoxo: ao mesmo tempo em que se lutou muito para que houvesse o acesso à justiça, sua facilitação erodiu a eficiência e a celeridade com que se deveriam resolver os conflitos, aplicando-se a máxima "better the roads, more the traffic", a Justiça ficou muito abarrotada de processos, ações e recursos.

Trata-se, portanto, de um valor central e em permanente evolução. Sempre que surgem novas injustiças e barreiras, impõem-se novos meios de acessar e garantir a justiça.

Uma primeira e já consolidada ampliação da noção clássica de jurisdição passou pela implementação, com prioridade, dos métodos alternativos (adequados) de resolução de conflitos. O Código de Processo Civil o esclarece ao estimular a todos os agentes da ceara processual a construir ambiente propício à solução consensual, alcançada pelas partes.

---

4. O caráter dúplice – tutelar da jurisdição – foi decantado por toda a doutrina processual, com supremacia para a "defesa da ordem jurídica". Assim Liebman, para quem a jurisdição tinha como escopo "tornar efetiva a ordem jurídica e impor através do Judiciário a regra jurídica concreta que, por força do direito vigente, deve regular determinada situação jurídica" (*Corso di Diritto processuale civile*, 1952, p. 13). Por isso que se considera a jurisdição a *longa manus* do legislador.

5. CAPPELLETTI, Mauro; GARTH, Bryant. *Acesso à justiça*. Porto Alegre: Sérgio Antônio Fabris Editor, 2002.

Se, no primeiro momento, apenas o Estado-juiz podia resolver conflitos, no presente delineio, a solução impositiva do magistrado público está em pé de igualdade com outros métodos de formação de títulos executivos efetivos[6].

No atual momento histórico, vivemos, ainda, uma ulterior onda: o acesso à justiça digital, em que o Direito é definitivamente influenciado pelos impactos tecnológicos[7]. A era digital é marcada pela inovação e a jurisdição deverá ser prestada adequadamente.

De maneira a trazer maior eficiência, vê-se uma ampliação do uso de ferramentas de tecnologia e de inteligência artificial no Judiciário. Ademais, ultimamente, assistiu-se à necessidade de tornar corrente a prática de atos processuais online, como audiências e julgamentos, assim como o uso dos demais meios de resolução dos conflitos, inclusive com o emprego das tecnologias, desenhando-se uma pluralidade de métodos à disposição das partes.

2. A RECENTE EXPERIÊNCIA DO SUPREMO TRIBUNAL FEDERAL: AMPLIAÇÃO DO JULGAMENTO ELETRÔNICO

No campo da resolução de conflitos, os números de processos judiciais existentes no país, aliados à pandemia da COVID-19, levaram a um vertiginoso incremento tecnológico na melhora da prestação jurisdicional.

Especificamente no âmbito do Supremo Tribunal Federal, a imprevisibilidade da pandemia levou à aceleração de expedientes tecnológicos relevantes. A Corte Constitucional se preparou, com a celeridade necessária, para bem decidir os imbróglios surgidos nesse sensível e ímpar período[8].

---

6. "A releitura do princípio da inafastabilidade da jurisdição deve ter como fundamento o conceito moderno de acesso à Justiça, que não se limita ao acesso ao Judiciário, mas abrange a oportunidade de solucionar conflitos no âmbito privado, onde também devem estar garantidas a independência e a imparcialidade do terceiro que irá conduzir o tratamento do conflito. Como já temos falado em diversas oportunidades, a via judicial deve estar sempre aberta, mas isso não significa que deva ser acessada como primeira opção. Seu uso deve ser subsidiário, de forma a evitar a sobrecarga do sistema, o que leva, inexoravelmente, ao comprometimento da efetividade e da celeridade da prestação jurisdicional." (PINHO, Humberto Dalla Bernardina de; STANCATI, Maria Maria Martins Silva. A ressignificação do princípio do acesso à justiça à luz do art. 3º do CPC/2015. *Revista de Processo*, v. 254, abr. 2016, p. 20).

7. "Com sistemas avançados cada vez mais baratos e com um oceano de informações à disposição, é possível que tanto o Estado quanto os particulares repensem a forma de solução de conflitos através da tecnologia, mas sem apego a formas vetustas e desgastadas que não têm mais elasticidade para serem aprimoradas e fazer frente aos novos desafios impostos pela dinamização das relações pessoais e comerciais." (WOLKART, Erik Navarro. *Análise econômica do processo civil*, São Paulo: Thomson Reuters Brasil, 2019, p. 726).

8. Art. 21-B. Todos os processos de competência do Tribunal poderão, a critério do relator ou do ministro vistor com a concordância do relator, ser submetidos a julgamento em listas de processos em ambiente presencial ou eletrônico, observadas as respectivas competências das Turmas ou do Plenário.

    § 1º Serão julgados preferencialmente em ambiente eletrônico os seguintes processos: I – agravos internos, agravos regimentais e embargos de declaração; II – medidas cautelares em ações de controle concentrado; III – referendo de medidas cautelares e de tutelas provisórias; IV – demais classes processuais, inclusive recursos com repercussão geral reconhecida, cuja matéria discutida tenha jurisprudência dominante no âmbito do STF.

    § 2º Nas hipóteses de cabimento de sustentação oral previstas neste regimento interno, fica facultado à Procuradoria-Geral da República, à Advocacia-Geral da União, à Defensoria Pública da União, aos advogados e demais habilitados nos autos encaminhar as respectivas sustentações por meio eletrônico após a publicação da pauta e até 48 horas antes de iniciado o julgamento em ambiente virtual.

No tocante à atividade deliberativa e decisória da Corte, sabidamente existem dois ambientes disponíveis. Foram ampliadas as hipóteses de julgamento por meio eletrônico, o primeiro deles. Antes da pandemia, apenas determinadas classes processuais poderiam ser decididas remotamente; com a modificação regimental, qualquer tipo de processo pode ser submetido a tal modalidade de deliberação: após a disponibilização do voto pelo ministro relator, os demais julgadores dispõem de prazo para se posicionar, seja concordando, divergindo ou solicitando pedido de vista.

Além disso, o plenário virtual, existente desde 2007, recebeu, no período, uma série de melhorias, voltadas à preservação do direito ao contraditório, tais como o envio das sustentações orais por meio eletrônico, a possibilidade de se realizar esclarecimento de fato durante a sessão e a disponibilização na internet do relatório e da íntegra dos votos dos ministros, o que amplia a transparência e a publicidade dos julgamentos[9]. Nessa linha, foi criado o Painel de Julgamentos Virtuais, que informa estatísticas e gráficos, a partir de relatórios obtidos de forma automática da base de dados do STF, com as informações mais relevantes para o público.

No tocante à segunda modalidade de julgamento, o presencial, sucedeu-se a adaptação para a realização por videoconferência[10]. Desse modo, as deliberações que seriam tomadas, em condições normais, no próprio tribunal puderam ser mantidas, com idêntica participação de ministros, Ministério Público e advogados, sem comprometimento da atividade decisória do Supremo Tribunal, de enorme relevo para a sociedade.

3. O PAPEL DO CONSELHO NACIONAL DE JUSTIÇA NA EXPANSÃO DO PROCESSO DIGITAL

Desde sua criação, o Conselho Nacional de Justiça vem ocupando destacado papel na concretização de ditames genericamente previstos na Constituição Federal e na legislação. A edição da Resolução 345/2020 representa mais um importante passo nesse sentido, especificamente quanto à digitalização processual.

Um marco importante, antecessor da etapa atual, foi a Lei 11.419/2006, que instituiu o processo judicial eletrônico (na realidade, a tramitação processual em autos eletrônicos). Após delinear critérios para a realização de atos centrais da relação jurídica processual, a exemplo dos atos de comunicação, o legislador optou por deixar a cargo dos tribunais a regulamentação da etapa evolutiva[11], o que, naturalmente, prestigia a autonomia do Judiciário e a adaptabilidade do regramento às circunstâncias peculiares de cada corte.

---

§ 3º No caso de pedido de destaque feito por qualquer ministro, o relator encaminhará o processo ao órgão colegiado competente para julgamento presencial, com publicação de nova pauta.

§ 4º Em caso de excepcional urgência, o Presidente do Supremo Tribunal Federal e os Presidentes das Turmas poderão convocar sessão virtual extraordinária, com prazos fixados no respectivo ato convocatório.

§ 5º Ato do Presidente do Tribunal regulamentará os procedimentos das sessões virtuais.

9. Resolução 642/2019, com as alterações realizadas pelas Resoluções 669/2020 e 675/2020.

10. Emenda Regimental 53, de 18/03/20, Resolução 672, de 26/03/20, e Resolução 676.

11. Art. 18. Os órgãos do Poder Judiciário regulamentarão esta Lei, no que couber, no âmbito de suas respectivas competências.

A experiência foi bem sucedida, de sorte que, nos dias correntes, a tramitação eletrônica se tornou realidade e tendencialmente o padrão a ser seguido, em função da celeridade e da eficiência[12] permitidas pela modalidade, atendendo a exigência de um módulo constitucional de tempestividade[13] e de economicidade[14], com dispensa de custos operativos exclusivos do atendimento presencial e físico.

O mote passa a ser, doravante, a incorporação de novas melhorias tecnológicas ao Direito Processual e Jurisprudencial, como desejou o legislador de 2015 ao incumbir o Conselho Nacional de Justiça de disciplinar "a incorporação progressiva de novos avanços tecnológicos" e editar os respectivos atos necessários, respeitando as normas fundamentais (art. 196 do Código de Processo Civil). Em outras palavras, deve a Administração Judiciária ser propositiva e atenta à realidade de seu tempo.

4. NOTAS SOBRE O FUNCIONAMENTO DO "JUÍZO 100% DIGITAL"

Atendendo a essa vocação, foi criado o "Juízo 100% Digital", modalidade de tramitação processual na qual os atos são praticados exclusivamente por meios eletrônicos e remotos. Por se tratar de experiência inovadora, haverá permanente intercâmbio e *feedbacks* entre o Conselho e os tribunais, tão logo adotarem e implementarem a sistemática[15].

---

12. "O art. 8.º também previu norma fundamental que impõe grande mudança de postura não só pelo julgador, mas pelo próprio Poder Judiciário como um todo. Trata-se da eficiência, que não se confunde com a duração razoável do processo. Enquanto esta se encontra ligada ao tempo do processo, a eficiência se refere à adequada gestão processual e do Poder Judiciário enquanto Poder, buscando-se o desenvolvimento de um processo que produza resultados qualitativamente bons com o mínimo de dispêndio de tempo, dinheiro e energias. A eficiência impõe a necessidade de que o juiz adote adequada gestão dos processos em que atua, buscando soluções que adaptem o procedimento às necessidades concretas do conflito de interesses, o que dará a melhor performance possível ao processo em curso. Ademais, a eficiência determina ao Poder Judiciário que adote medidas de gestão, enquanto estrutura de Poder estatal, para maximizar a obtenção da prestação jurisdicional nos processos, bem como que extraia de todos os agentes que compõem seus quadros seus melhores potenciais." (CÂMARA, Alexandre Freitas; RODRIGUES, Marco Antonio dos Santos. A reunião de execuções fiscais e o NCPC: por uma filtragem à luz das normas fundamentais. *Revista de Processo*, v. 263, ano 42, pp. 114-115).

13. SOUSA, José Augusto Garcia de. O tempo como fator precioso e fundamental do processo civil brasileiro: aplicação no campo das impenhorabilidades. *Revista de Processo*, v. 295, set. 2019.

14. O princípio da economicidade é fruto da humanização da ideia de inadimplemento, consectário da transposição da responsabilidade pessoal do devedor para sua responsabilidade patrimonial. Calcado em razões de equidade, o princípio da economicidade recomenda prudência e equilíbrio entre os valores de satisfação ao beneficiário e sacrifício do demandado. Na sua essência figura como regra *in procedendo* quanto à escolha do provimento adequado, que deve ser aquele reputado idôneo e suficiente sem causar um grande sacrifício ao réu. Assim, *v. g.*, se ao juiz pleiteia-se a interdição de um estabelecimento por graves desavenças entre os sócios e diante de uma iminente dilapidação patrimonial, incumbe-lhe nomear um interventor sem excluir a atuação dos partícipes da sociedade, concedendo *aliud* porém *minus*. Os processos, notadamente o satisfativo e o urgente, tornam influente a economicidade dos meios utilizados para realizar o que contém a decisão a favor do beneficiário da medida judicial. Trata-se de demandas em que a margem de erro do provimento ronda o processo, principalmente no juízo em que se decide de forma urgente diante de uma situação de perigo, provendo-se *incontinenti* e *inaudita altera pars*.

15. Art. 7º da Resolução 345/2020: Os tribunais deverão acompanhar os resultados do "Juízo 100% Digital" mediante indicadores de produtividade e celeridade informados pelo Conselho Nacional de Justiça.
    Art. 8º da Resolução 345/2020: Os tribunais que implementarem o "Juízo 100% Digital" deverão, no prazo de trinta dias, comunicar ao Conselho Nacional de Justiça, enviando o detalhamento da implantação. Parágrafo único. O "Juízo 100% Digital" será avaliado após um ano de sua implementação, podendo o tribunal optar pela manutenção, pela descontinuidade ou por sua ampliação, comunicando a sua deliberação ao Conselho Nacional de Justiça.

Ao elegerem unidades jurisdicionais para uso da modalidade, os tribunais devem ter em mente que, em obediência ao princípio constitucional do juiz natural e ao consectário regramento legal de normas de distribuição imparcial de processos pelos juízos, não pode haver alteração de competência[16].

Afinal, a competência é a repartição da jurisdição entre os diversos órgãos encarregados da prestação jurisdicional segundo os critérios estabelecidos na lei. Isso porque, nas sociedades modernas, não é concebível um "juízo único" em razão da quantidade da população, da extensão territorial e da natureza múltipla dos litígios. A competência é, portanto, um imperativo da divisão de trabalho[17].

A limitação legal implica que a competência seja uma medida da jurisdição em confronto com o caso concreto. Assim, a jurisdição é o poder de julgar *in genere*, ao passo que a competência é a aptidão para julgar *in concreto*. O juiz que tem o poder de julgar mantém-no para os processos em geral, como decorrência de sua investidura no cargo de magistrado. Entretanto, a competência somente é atribuída para determinada causa à luz dos critérios estabelecidos na lei. Sob esse aspecto, a lei, no sentido mais amplo do termo, é o "estatuto" da competência. O instituto vem regulado, primariamente, na Constituição Federal e, depois, na legislação processual infraconstitucional, na lei local de organização judiciária e no regimento interno dos tribunais. Não pode a resolução, evidentemente, feri-la.

Por conseguinte, mesmo a renúncia ao juízo digital não será razão para a alteração da unidade julgadora, porque apenas será possível a opção completamente eletrônica quando abarcados todos os juízos de uma mesma circunscrição territorial (comarca ou seção judiciária)[18], ou seja, para que exista vara de tramitação digital, deverá haver a correlata opção presencial.

O projeto é pensado para facilitar o acesso das partes ao processo. Por conta disso, há uma concreta preocupação em assegurar-lhe caráter opcional, discricionário. Ninguém será submetido, a contragosto, à tramitação integralmente remota[19].

O autor poderá fazer a escolha no momento do ajuizamento, expressamente, ao distribuir a demanda, informando endereço eletrônico e número de telefone celular de sua preferência para que, por meio deles, seja comunicado acerca do andamento processual[20]. Por sua vez, o réu fará sua opção até a contestação, de sorte que, no procedimento

---

16. Art. 2º da resolução 345/2020: As unidades jurisdicionais de que tratam este ato normativo não terão a sua competência alterada em razão da adoção do "Juízo 100% Digital".

17. "La competenza è la giurisdizione che da astratta si fa concreta; vale a dire la giurisdizione avvisata in rapporto a ciascuna causa" (MANASSERO, Aristides. *Introduzione allo studio sistematico della competenza funzionale in materia penale*, 1939, p. 43).

18. Art. 3º, § 2º, da Resolução 345/2020: Em hipótese alguma, a retração poderá ensejar a mudança do juízo natural do feito, devendo o "Juízo 100% Digital" abranger todas as unidades jurisdicionais de uma mesma competência territorial e material.

19. Art. 3º da Resolução 345/2020: A escolha pelo "Juízo 100% Digital" é facultativa e será exercida pela parte demandante no momento da distribuição da ação, podendo a parte demandada opor-se a essa opção até o momento da contestação.

20. Art. 2º, parágrafo único, da Resolução 345/2020: No ato do ajuizamento do feito, a parte e seu advogado deverão fornecer endereço eletrônico e linha telefônica móvel celular, sendo admitida a citação, a notificação e a intimação por qualquer meio eletrônico, nos termos dos arts. 193 e 246, V, do Código de Processo Civil.

comum, poderá participar da audiência de conciliação ou de mediação sem que signifique comprometimento indelével com a via digital.

A sistemática buscou ser prudente na máxima medida e autoriza que, mesmo após a apresentação da peça de defesa, desde que antes da prolação da sentença, pode haver retratação (autêntico arrependimento) da escolha, remetendo-se o processo ao juízo físico da mesma localidade, com correlata competência[21].

Note-se que a menção aos atos comunicativos por meio eletrônico, nomeadamente citações e intimações, não é inédita. Seguindo uma inevitável necessidade de adaptação do Direito aos avanços tecnológicos e à dinamicidade das formas de comunicação em sociedade, o Código de Processo de 2015 avançou nessa regulamentação. Dessarte, prevê a possibilidade de citação por meio eletrônico, conforme regulado em lei[22].

Para tanto, desenhou a obrigação de os empresários públicos e privados (seja sob a forma individual ou societária, à exceção das microempresas e das empresas de pequeno porte) manterem cadastro nos sistemas de processo em autos eletrônicos, para efeito de recebimento de citações e intimações, as quais serão efetuadas preferencialmente por esse meio. Esse mesmo dever também se aplica à União, aos Estados, ao Distrito Federal, aos Municípios e às entidades da administração indireta, já que as lides que envolvem o Poder Público representam parte substancial dos processos judiciais; o que também se estende ao Ministério Público, à Defensoria Pública e à Advocacia. Também as intimações, sempre que possível, deverão ser realizadas preferencialmente sob a forma eletrônica.

A limitação da obrigação aos *repeat players*[23] se revelou prudente fruto da ponderação do legislador, sem prejuízo da extensão do tratamento, com as vistas postas na celeridade. A Resolução 345/2020 segue a mesma linha, afastando prejuízos ao considerar essencial o elemento volitivo das partes do conflito.

Se, como dito, o mote da inovação é facilitar o acesso à justiça, concretizando a isonomia, na medida em que a distância da residência da parte e do escritório do advogado até o fórum se tornaria desimportante, soaria contraditório que apenas as pessoas com condições materiais de uso das tecnologias necessárias pudessem se beneficiar da alternativa. Por isso, o Conselho Nacional de Justiça se preocupou em orientar os tribunais que pretendem implementar o vantajoso sistema a fornecer infraestrutura de informática e telecomunicação[24], bem como sala para participação das partes nos atos por videoconferência, quando assim preferir o litigante[25].

---

21. Art. 3°, § 1°, da Resolução 345/2020: Após a contestação e até a prolação da sentença, as partes poderão retratar-se, por uma única vez, da escolha pelo "Juízo 100% Digital".
22. Art. 246. A citação será feita: V – por meio eletrônico, conforme regulado em lei.
23. Marc Galanter se refere aos "repeat players" (litigantes repetitivos) e aos "one-shotters" (litigantes ocasionais), para designar aqueles que recorrem reiteradamente ou ocasionalmente ao sistema de justiça (GALANTER, Marc. Why the haves come out ahead? Speculations on the limits of legal change. *Law and Society Review*, v. 9, n. 1, p. 95-160, 1974).
24. Art. 4° da Resolução 345/2020: Os tribunais fornecerão a infraestrutura de informática e telecomunicação necessárias ao funcionamento das unidades jurisdicionais incluídas no "Juízo 100% Digital" e regulamentarão os critérios de utilização desses equipamentos e instalações.
25. Art. 5°, parágrafo único, da Resolução 345/2020: As partes poderão requerer ao juízo a participação na audiência por videoconferência em sala disponibilizada pelo Poder Judiciário.

De fato, a partir do momento em que todos os encontros são realizados remotamente, por videoconferência[26], impõe-se deixar espaço para o exercício do contraditório nos novos moldes.

O princípio do contraditório é reflexo da legalidade democrática do processo e cumpre os postulados do direito de defesa e do *due process of law*[27]. Sua inserção em sede constitucional timbra da eiva de inconstitucionalidade todo e qualquer procedimento que o abandone[28]. A técnica processual de reconstituição dos fatos por meio da fala de ambas as partes decorre da necessidade de o juiz prover, o quanto possível, aproximado da realidade[29]. Trata-se de instituto inspirado no dever de colaboração entre as partes para com o juízo e na isonomia processual.

Uma primeira preocupação enfrentada pelo ato normativo é atinente às partes, que devem poder optar pelo andamento digital, portanto presumivelmente mais célere e menos custoso, ainda que não disponham dos meios tecnológicos desejados. Essa angústia estrutural tem natureza predominantemente administrativa e se resolve com a colaboração do tribunal e dos diretores de fóruns.

Some-se a isso a necessidade de assegurar o atendimento às partes e, mais precisamente, àqueles que as representam em juízo: advogados e defensores públicos. Tanto os serventuários quanto os magistrados deverão estar disponíveis em determinada faixa e horário, com prioridade para casos urgentes e processos com preferência legal na tramitação, respeitada, nos demais casos, a ordem de pedido para despachar. A solicitação será feita por meio eletrônico indicado pelo tribunal e será respondida em até 48 horas[30].

---

26. Art. 5º da Resolução 345/2020: As audiências e sessões no "Juízo 100% Digital" ocorrerão exclusivamente por videoconferência.
27. COUTURE, Eduardo, "Las garantías constitucionales del proceso civil". *Estudios de Derecho Procesal Civil*, 1948, v. 1, pp. 47-51. É a direção contrária aos interesses dos litigantes que justifica o contraditório.
28. Vincula-se a história do contraditório à própria história do processo civil. Ovídio Baptista, com base nas informações de Giuseppe Provera (*Il principio del contraditorio nel processo civile romano*), assenta que vários procedimentos hoje mantidos com feição moderna têm base naqueles instituídos para propiciar a presença do demandado em juízo, como, v. g., a *actio ad exibendum*. A partir dessa constatação histórica, o doutrinador gaúcho leciona que as medidas cautelares, como o arresto, também participam da natureza desses processos, que na prática restam por convocar o demandado de forma coacta a participar da relação processual (*Doutrina e prática do arresto ou embargo*, 1976, pp. 9 e ss.). Robert Wyness Millar informa que o princípio do contraditório deita as suas raízes tanto no Direito romano quanto no germânico primitivo (*Los principios informativos del procedimiento civil*, p. 47). É conhecido o provérbio alemão: "alegação de um só homem não é alegação". Pode-se ainda filiar o contraditório à história do Direito natural e a toda justificação juspolítica do ato da citação, porque é essa convocação que engendra o contraditório. É de Direito natural, na antiguidade de Direito divino, porque "nem Deus quis condenar sem antes ouvir o réu", além de contemplado na Declaração Universal dos Direitos do Homem lavrada pela ONU.
29. Assim dessume-se das belíssimas lições de Calmon de Passos nos seus Comentários ao Código, doutrinando sobre os fundamentos da revelia.
30. Art. 6º da Resolução 345/2020: O atendimento exclusivo de advogados pelos magistrados e servidores lotados no "Juízo 100% Digital" ocorrerá durante o horário fixado para o atendimento ao público de forma eletrônica, nos termos do parágrafo único do artigo 4º, observando-se a ordem de solicitação, os casos urgentes e as preferências legais. § 1º A demonstração de interesse do advogado de ser atendido pelo magistrado será devidamente registrada, com dia e hora, por meio eletrônico indicado pelo tribunal. § 2º A resposta sobre o atendimento deverá ocorrer no prazo de até 48 horas, ressalvadas as situações de urgência.

Esse agendamento não se confunde com o atendimento geral por parte da equipe do juízo integralmente digital, que deverá ser fornecido no horário do expediente forense, por e-mail, videochamadas, telefone e outros meios que venham a surgir[31].

5. CONCLUSÃO

Fica evidente que o projeto "Juízo 100% Digital" foi construído com os pés no chão e senso de realidade e a correspondente Resolução 345/2020, pensada dentro de um contexto social e tecnológico de amplas possibilidades, como atine ao nosso tempo.

A jurisdição, cuja função precípua será sempre a resolução de conflitos, não pode ser vista de maneira divorciada das circunstâncias que envolvem seus agentes e usuários. O passo dado é seguro: a experiência de digitalização dos processos, inicialmente com os autos eletrônicos e mais recentemente com os atos praticados remotamente em razão da pandemia, é indício firme de que as garantias fundamentais que colorem o Direito Processual pátrio jamais serão postas de lado.

---

31. Art. 4º, parágrafo único, da Resolução 345/2020: O "Juízo 100% Digital" deverá prestar atendimento remoto durante o horário de expediente forense por telefone, por e-mail, por vídeo chamadas, por aplicativos digitais ou por outros meios de comunicação que venham a ser definidos pelo tribunal.

DIREITO, INTELIGÊNCIA ARTIFICIAL E DEVERES: REFLEXÕES E IMPACTOS

Luiz Edson Fachin

Doutor e Mestre em Direito das Relações Sociais pela PUC/SP (Pontifícia Universidade Católica de São Paulo). Professor do UNICEUB. Alma Mater: Universidade Federal do Paraná. Ministro do Supremo Tribunal Federal. Autor de diversas obras e artigos.

Roberta Zumblick Martins da Silva

Mestre em Direito pela Universidade de Brasília – UnB. Especialista em Direito Processual e graduada em Direito pela CESUSC. Pesquisadora do Projeto de Pesquisa & Desenvolvimento de aprendizado de máquina (*machine learning*) sobre dados judiciais das repercussões gerais do Supremo Tribunal Federal (STF) Projeto Victor. Coautora do livro Inteligência Artificial e Direito. Integrante do Grupo de Pesquisa Direito, Racionalidade e Inteligência Artificial – DR.IA-UnB.

Sumário: 1. Introdução. 2. Desenvolvimento tecnológico e elevação humana. 3. Suscitação interpretativa do sistema jurídico: interrogações. 4. Marcos na precaução de danos e mitigação de riscos. 5. Conclusões. 6. Referências.

1. INTRODUÇÃO

A rotina se tomou de algoritmos, códigos que agora formulam fluxogramas comportamentais. Essas expressões são as vias que geram os *feeds* de notícias, as buscas na internet, as sugestões e influências do *marketing* digital. Assim, a ágora presente, por meio do uso de equipamentos eletrônicos, abriu um universo de contato (habitualmente irreflexivo) com algoritmos.

A observação acima é apenas pontual e de percepção mais direta. No entanto, o uso de algoritmos é muito mais intenso, complexo, profundo e impactante na rotina humana, indo desde a previsão do tempo até a seleção de currículos para uma vaga de emprego, organização de pautas de discussão social e influências políticas.

Numa sociedade que se almeja aberta, plural e inclusiva, as condições materiais e concretas denunciam ausência de democracia social e econômica, nada obstante a imprescindível democracia política no Estado de Direito democrático com modelar resiliência no Brasil desde 1988. O *direito a ter direitos* também corresponde ao acesso às ferramentas advindas da *revolução tecnológica*. A liberdade há de ser substancial e igualitária. Daí porque o tema se faz dialogar com os direitos e deveres das relações intersubjetivas da ordem jurídica privada, arrostados, no espaço da normatividade jurídica, por esse fenômeno da *inteligência artificial*.

O ramo tecnológico da Inteligência Artificial (IA) apresentou grande expansão na última década (especialmente nos últimos anos) e passou a ser aplicado em diversas áreas do conhecimento. Algoritmos de IA são utilizados no crescimento de áreas diversas da computação: do auxílio ao diagnóstico médico por imagem, da definição de produtos às estratégias de marketing, e cada vez mais em contextos jurídicos.

O Direito, apreendido como ordenamento normativo em seu aspecto regulador da vida em sociedade, dialoga com o desenvolvimento da IA em diversas maneiras interrogantes: como esta será regulada? Como continuar a ser a responsabilidade civil se os danos foram gerados por uma IA? Quais os limites éticos para o desenvolvimento e aplicação de IA? É a partir do sentido dessas e de outras interrogações que aspiramos, a quatro mãos, expor ideias preliminares sobre o tema e refletir sobre o atual estado da arte nessa seara.

O virtuoso projeto *Victor* em parceria da UnB e o STF também se apresentou como motivador de diálogos entre os coautores. E de saída aqui se reconhece a contribuição ímpar trazida pelo pensamento de Fabiano Hartmann Peixoto nesse campo.

2. DESENVOLVIMENTO TECNOLÓGICO E ELEVAÇÃO HUMANA

As terminologias, as técnicas utilizadas, as expectativas e os temores envolvendo a inteligência artificial não são nem um pouco novos, entretanto há, nos últimos anos, um valor especial voltado para a área. O fenômeno pode ser atribuído, dentre outras, a duas causas: a primeira é o aumento exponencial da capacidade de processamento dos computadores nos últimos anos e o acesso a dados para o treinamento de máquinas; a segunda é que isto possibilitou avanços significativos em *machine learning*, um ramo muito importante da Inteligência Artificial. Essas enormes evoluções implicaram sucessos em uma variedade de domínios de aplicação: indo do diagnóstico de doenças a veículos autônomos – indicando o potencial de horizontes quer extraordinários, quer assombrosos da Inteligência Artificial.

A leitura que temos não dá ares de consenso a um conceito fechado para a expressão *Inteligência Artificial*. Costuma-se ponderar que IA é um significante *guarda-chuva*, que abriga técnicas e áreas distintas. Para fins de compreensão, ressalta-se o conceito de Miles Brundage (2018), que define IA como um *corpo de pesquisa e engenharia com o objetivo de usar a tecnologia digital para criar sistemas aptos a desempenhar atividades para as quais se costuma exigir inteligência, ao ser realizada por um indivíduo. Esse campo do conhecimento evoluiu muito rapidamente nos últimos anos, após décadas de letargo.* (HARTMANN PEIXOTO, ZUMBLICK M. S., 2019, p.)

Peter Bentley (2018), cientista da computação da University College London, preocupa-se em diferenciar didaticamente a IA autêntica da preconcepção de IA associada aos filmes de ficção científica[1]. Segundo o autor, a IA do mundo real salva

---

1. O autor explica três leis da inteligência artificial que rebatem os mitos frequentemente associados a esta. Trabalha-se com estes conceitos no livro "Inteligência artificial e direito" para o qual coautora deste artigo também colabora: HARTMANN PEIXOTO, Fabiano; ZUMBLICK MARTINS S, Roberta. *Inteligência artificial e direito*. Curitiba: Alteridade Editora, 2019. v. 1.

vidas, ajuda na implementação de mecanismos de segurança (como o freio automático em carros), otimiza processos, prevê falhas, melhora a eficiência e reduz desperdícios ao meio ambiente.

Ainda assim, por mais que se dissocie da visão fictícia da IA e se lide com a IA da realidade, o desenvolvimento tecnológico acelerado e seu potencial de reprodução automatizada do comportamento humano, com aplicação e impacto na vida das pessoas, pode apresentar riscos em sua aplicação:

"Há riscos já muito definidos para a aplicação da IA no direito, amplamente citados na literatura. Estão em jogo a privacidade de dados, a concretização de direitos, o combate à discriminação, o reforço democrático, a afirmação da cidadania, a paridade de "armas" em um processo judicial e, pelas próprias características multifuncionais da IA, poderá haver manifestações em todas as especializações jurídicas, por exemplo, desde o direito do trabalho ao eleitoral, do empresarial ao processual penal, do internacional ao contratual. Há muitos outros riscos que ainda não estão tão transparentes como esses" (HARTMANN PEIXOTO, 2020, p. 32).

A percepção desses riscos e a aproximação da tecnologia de características consideradas essencialmente humanas traz nova importância a discussões éticas e filosóficas, antes mais comuns aos círculos acadêmicos. Fabiano Hartmann Peixoto – Professor coordenador do projeto *Victor* em parceria da UnB e o STF – observa a mudança ocorrida em espaços multilaterais tradicionalmente ligados à economia, em que o debate ético das tecnologias tomou intensidade. O impacto da ampliação no campo das inovações gera pressão pelos custos dos riscos das questões éticas, e o investimento eticamente sustentável ganhou maior relevância.

Todo o desenvolvimento tecnológico de uma sociedade democrática, sob uma ordem constitucional valorativa, só faz sentido quando ocorre para a promoção dos direitos fundamentais e sociais. O desenvolvimento tecnológico não pode estar dissociado do desenvolvimento humano.

Nesse sentido, colhe-se de tese de doutoramento que o direito humano ao desenvolvimento é entrevisto como instrumental teórico possível de superação do discurso parcial da universalização dos direitos humanos, porque propicia a emancipação com a expansão das liberdades substanciais, por meio de condições efetivas de materialidade (Melina Girardi Fachin, 2013, p.13). O direito ao desenvolvimento recontextualizado a partir de uma abordagem de direitos humanos é emancipador: universalizando-se condições materiais mínimas de vida digna, propicia-se o empoderamento político e material dos sujeitos e conferes-lhes empoderamento para que tenham voz ativa no processo de significação dos seus destinos. (2013, p.13)

Tem-se dessa forma o desafio de incorporar a tecnologia a uma dimensão de integralidade de direitos e deveres, a qual, como criação humana que é, sirva aos seus propósitos de promoção de dignidade da pessoa humana e de instrumento de preservação e recuperação ambiental – em uma visão antropocêntrica de responsabilização globalizada.

3. SUSCITAÇÃO INTERPRETATIVA DO SISTEMA JURÍDICO: INTERROGAÇÕES

Na perspectiva jurídico-normativa, há que sempre se perguntar: o que acontece quando as funções deontológicas não se perfectibilizam? Quando a tecnologia – por ser criação humana e sujeita às suas vicissitudes – gera dano injusto a alguém? Ou ao meio ambiente? No campo da inteligência artificial, por sua característica de execução de tarefas – antes só possíveis com o uso de inteligência humana –, a discussão toma grandes proporções.

Há quem defenda a necessidade de novo ramo do direito destinado a questões de IA e robótica. Gustavo Tepedino e Rodrigo da Guia Silva (2019, p.71) alertam para o risco que isso importe em um tratamento assistemático da matéria:

Os fundamentos para a tutela das vítimas de danos injustos não devem ser buscados em novos e esparsos diplomas normativos, mas sim – e sempre – no ordenamento jurídico em sua unidade e complexidade. A disciplina ordinária da responsabilidade civil – tanto em relações paritárias quanto em relações de consumo –, embasada na tábua axiológica constitucional, serve de fundamento suficiente para o equacionamento dos problemas referentes aos danos causados por sistemas autônomos. Advirta-se, por oportuno: o tratamento sistemático ora propugnado deve levar em consideração o ordenamento jurídico em sua unidade e complexidade, sem se cair na armadilha da enunciação de um (mais um chamado micro) sistema próprio de valores de uma certa *lex* robótica.

Os referidos autores apontam que a busca por novos diplomas legais, sob a alegação de lacunas no ordenamento, ocorre muitas vezes de forma irrefletida – o que pode levar ao comprometimento da própria efetividade da tutela prometida às vítimas de danos injustos, como se o sistema vigente não calhasse a dar conta das suas necessidades. Melhor alternativa às novas soluções e novos diplomas legais reside no esforço de releitura dos institutos já conhecidos pela civilística.

Assim, mesmo que surja questão relacionada a IA ou à robótica que não corresponda de forma imediata ao alcance tradicional de certas previsões normativas, caberá ao intérprete verificar o seu sentido com fundamento nos *valores* que compõem o ordenamento jurídico, no intuito de encontrar a solução para os novos problemas. Acertada a afirmação dos autores (TEPEDINO e SILVA, 2019, p. 71) de que, no mais das vezes – ressalvadas, por certo, as hipóteses em que a inovação legislativa se afigurar indispensável –, poderá o intérprete concluir que, ao ineditismo das questões suscitadas pelas novas tecnologias, não há de corresponder necessariamente o ineditismo das soluções jurídicas.

Além da integridade da disciplina e tutela dos direitos de dano, tal posição reconhece a diferença do tempo legislativo e da imposição dos fatos. Querer estabelecer diretrizes inéditas de reparação de possíveis efeitos danosos da tecnologia representa dois riscos concretos: o já mencionado de integridade e o da formulação de uma legislação nati-morta – a qual, por sua especificidade, não resistiria ao tempo de mudanças do mundo tecnológico.

Ainda a respeito da integridade do ordenamento, chama-se atenção necessária para a cautela dos operadores do direito na interpretação da nova lei de liberdade econômica. Fabiano Hartmann Peixoto (2020, p.135) atenta para uma tendência legislativa de redução do papel interventivo-regulador do Estado no cenário de desenvolvimento tecnológico e de preocupação de proteção ao risco do empreendedor na delimitação da personalidade jurídica. "A construção legislativa basicamente é feita sobre o contexto da percepção desse risco, sem dar um contorno mais complexo ao ambiente tecnológico inovador, notadamente pluricontextual".

Dentre os enunciados, ressalta o art. 1º, § 2º, da Lei n. 13.874/2019[2], por representar um dispositivo relevante, que estabelece como regra geral um peso abstrato maior à liberdade econômica e a categorias privadas, no seu espectro de atividade econômica, em face da ordenação pública; numa palavra, em dissonância dos valores do ordenamento como um todo.

Quanto à preocupação daquilo que o diploma – e de que eventual tendência – pode significar para o ambiente de inovação, sustenta:

"O grande problema é que a discussão sobre a necessária proteção individual, do empreendedor privado e sua posição de sufocamento pela burocracia naquele cenário era orientada por uma visão principiológica programática. Não se pode desprezar toda construção jurídica, inclusive do papel jurisprudencial atual, na compreensão do Direito. Com o destaque à autonomia privada ou à proteção ao risco do empreendedor na concretização das linhas hermenêuticas não se pode subtrair construções realizadas a partir do constitucionalismo democrático sob pena de se retornar à ideia não normativa dos princípios e – fundamentalmente, não se concretizar os direitos previstos para a ordem econômica e financeira. O inusitado corre o risco de não ser vanguardista. A desburocratização positiva pode confundir-se com a desregulação e agravamento de desigualdades; o inovador pode ser o antídoto do empreendimento (HARTMANN PEIXOTO, 2020, p.150)".

Alerta, assim, em consonância ao que sustentam Gustavo Tepedino e Rodrigo da Guia Silva, para o risco de tal diploma ser usado como um incentivo a aceleração da inovação que não se sustente, pois carece de coerência com os alicerces axiológicos do ordenamento.

A respeito da incidência de princípios fundamentais nas relações particulares, escreveu-se anteriormente:

"Os princípios fundamentais começam a ser escritos sob outro tempo: a liberdade individual relê autonomia com igualdade substancial; o reconhecimento da pessoa e direitos de personalidade recebe o influxo dos direitos fundamentais e forte reação do sujeito em face do Estado; à liberdade contratual começa a corresponder uma renovada comutatividade, com amplos espaços de limites, inclusive pela nova significação da *bona fides*; responsabilidade civil principia por se vestir de direito à reparação de danos, com foco na vítima e não mais apenas no nexo causal; propriedade e posse se distanciam sem ruptura; a formação do núcleo familiar desaprende os nós com os quais se atava a liberdade de autodeterminação da pessoa; a legitimidade da herança e direito de testar recebem tímidos prenúncios de vitalidade; e a concessão de personalidade jurídica aos

---

2. § 2º Interpretam-se em favor da liberdade econômica, da boa-fé e do respeito aos contratos, aos investimentos e à propriedade todas as normas de ordenação pública sobre atividades econômicas privadas.

entes coletivos se abre, progressivamente, para novas formações complexas que arrostam o nominalismo personificador" (FACHIN, 2015, p.38).

O desenvolvimento de pesquisas em tecnologia e inovação representam sim um grande potencial; trata-se de uma área estratégica não somente sob o ponto de vista econômico – e, se a este reduzida, não há como se sustentar. Toda inovação representa riscos – seja na área de IA ou em qualquer outra; mas a tecnologia, em especial, por além dos possíveis riscos ter potencial de enormes benefícios, deve ser construída com as necessárias cautelas éticas e filosóficas, em prol do desenvolvimento humano e social.

4. MARCOS NA PRECAUÇÃO DE DANOS E MITIGAÇÃO DE RISCOS

A constatação dos potenciais e riscos associados ao desenvolvimento da Inteligência Artificial e a preocupação em inovar de forma segura fazem parte dos debates políticos, jurídicos e econômicos dos países que estão na vanguarda do desenvolvimento de Inteligência artificial. Esta tornou-se uma preocupação mundial – tal qual a preocupação com o aquecimento global e dano ambiental. Não é pouco.

Na visão de integralidade, vale dizer, do dever antropocêntrico de cuidado com a *casa comum*, danos ambientais e potenciais prejuízos tecnológicos apresentam riscos conhecidos e desconhecidos. Para os riscos conhecidos, seja em sede ambiental ou tecnológica, a recomendação para a atividade econômica ou estatal será a mesma: prevenção.

O princípio da precaução é que se manifesta de forma muito distinta nas duas esferas: na ambiental, basta a abstenção para que se alcance a finalidade da proteção ambiental, até que haja dados mais seguros para a retomada ou cessação completa da atividade tida inicialmente por nociva; na tecnologia, todavia, a abstenção pode impedir o risco – mas impede também a inovação. Nesse sentido, avalia-se a possibilidade de balizas éticas sólidas para a ação na precaução de danos e mitigação de riscos.

Estas balizas interessam, portanto, a todos: sociedade civil, governos, academia e empreendedores – e conferem deveres a todos, conforme seu grau de envolvimento e ingerência está sua responsabilização.

Fabiano Hartmann Peixoto (2020) versa e registra particularidades dos esforços de convergência ética de alguns atores internacionais, para propor um ensaio de uma arquitetura ética – com foco para o desenvolvimento de IA e Direito –, bem como para aplicações para outras áreas do conhecimento.

Para ressaltar que balizas éticas e responsabilidade não são antinomias para o desenvolvimento de atividade econômica, apontam-se os princípios estabelecidos por 42 países em reunião em 2019 da organização para a cooperação e desenvolvimento econômico, que tinha como objetivo a promoção de IA inovadora e confiável, que respeite os direitos humanos e os valores democráticos:

1) A IA deve beneficiar as pessoas e o planeta, impulsionando o crescimento inclusivo e sustentável e o bem-estar.

2) Os sistemas de IA devem ser projetados de maneira a respeitar o estado de direito, valores democráticos e a diversidade, e devem incluir salvaguardas apropriadas (por exemplo, possibilitando a intervenção humana, quando necessária, para garantir uma sociedade leal e justa)

3) Deve haver transparência e divulgação responsável em torno de sistemas de IA para garantir que as pessoas entendam os resultados baseados em IA e, eventualmente, possam questioná-los.

4) Os sistemas de IA devem funcionar de maneira robusta, segura e protegida ao longo de todo seu ciclo de vida. Os riscos em potencial devem ser avaliados e gerenciados continuamente.

5) As organizações ou indivíduos que desenvolvem, implantam ou operam sistemas de IA devem ser responsabilizados. (HARTMANN PEIXOTO, p.45)

No ensaio proposto pelo autor, são tratados os desafios do plano ético, normativo e social para o desenvolvimento de IA estratégica, robusta, sólida e valiosa em dimensões variadas. Dispõe de propostas de diretrizes e parâmetros para diferentes riscos e níveis de impacto de aplicação. Para a reflexão aqui proposta, ressaltam-se alguns pontos colocados pelo autor como fundamentais para uma arquitetura ética de desenvolvimento e aplicação da IA:

1. Em uma IA ética, o desenvolvimento e uso de sistemas de IA envolvem a *Academia, Indústria e Governo* em ações para reforçar os aspectos *de inclusão e diversidade*, em contexto não exclusivo negocial, mas também *humanitário e social*.

2. Uma IA ética impacta e deve se relacionar indissocialmente aos planos normativo e social, influenciando-os e percebendo-os, isto é, deve ser fundamento axiológico para o processo de normatização (que inclusive deve ser aberto o suficiente para receber as demandas concretas da visão ética ao longo do processo contínuo de inovação); bem como deve ser socialmente relevante em termos de benefícios, proteção e segurança social. *O desafio é o bem-estar do homem como integrante da sociedade responsável.*

3. Uma IA ética atribui *responsabilidade pela aplicação de princípios, propósitos e parâmetros* ao longo de toda cadeia estratificada de desenvolvimento e uso de um sistema de IA.

[...]

7. Não há que se falar em robustez, solidez, confiança e competitividade sem se levar em conta a *dimensão ética* e a capacidade de impacto da IA no Direito.

Não há sentido no desenvolvimento de criação humana, num mundo globalizado, senão para servir à promoção e universalização de seus direitos fundamentais; as balizas e as preocupações éticas dos diversos agentes e setores devem servir de cautela na implantação e aplicação destas novas tecnologias, para o bem-estar e desenvolvimento da sociedade.

Não se pretende nesse breve texto exaurir essas elementares complexidades (que são inúmeras) de um tema filosoficamente vasto e abrangente. Com esse esforço, pretendeu-se colaborar com as reflexões a respeito dos impactos da tecnologia – especialmente da Inteligência Artificial – nas estruturas e relações de Direito.

5. CONCLUSÕES

Na relação do Direito com essas novas tecnologias, especialmente a Inteligência Artificial, percebe-se a possibilidade de três posturas: (i) a negacionista, ou *demonização absoluta*, com o condão de proibir, reprimir e até mesmo criminalizar as aplicações de IA; (ii) a redentora, ou *divinização profana*, dada a carga de vantagem econômica e posicionamento monetizável da IA, colocando-a como a solução de todos os problemas que enfrenta a humanidade; e (iii) a parcimoniosa, ou do comedimento, situada nas tensões inelimin– áveis de algum equilíbrio entre ousadia e precaução, em que se compreende o imperativo factual do desenvolvimento da tecnologia e suas características policontextuais, norteando as condutas para minimizar e enfrentar os riscos que ela possa apresentar.

O ousio cauteloso pondera IA, direito e deveres com reserva e avanços, faz congruência entre conhecimentos e experiência, entre tradição e modernidade, e põe o Direito para trafegar em busca da temperança que é intimorata nos desenvolvimentos e nas revoluções tecnológicas, não descurando de que a humanidade é atributo que constitui a poupança de um futuro habitável. Colocar a tecnologia a serviço da vida é um desafio para todos.

6. REFERÊNCIAS

BRUNDAGE, Miles et al. *Scaling Up Humanity*: The Case for Conditional Optimism about Artificial Intelligence. EPRS. European Parliamentary Research Service. Should we fear artificial intelligence? EP. 2018. Disponível em: http://www.europarl.europa.eu/RegData/etudes/IDAN/2018/614547/EPRS_IDA(201 8)614547_EN.pdf. Acesso em: 11 mar. 2019.

FACHIN, Luiz Edson. *Direito Civil*: sentidos, transformações e fim. Rio de Janeiro: Renovar, 2015.

GIRARDI FACHIN, Melina. *Direito humano ao desenvolvimento*: universalização, ressignificação e emancipação. PUC-SP, São Paulo, 2013.

HARTMANN PEIXOTO, Fabiano; ZUMBLICK MARTINS S, Roberta. *Inteligência artificial e direito*. Curitiba: Alteridade Editora, 2019. v. 1.

HARTMANN PEIXOTO, Fabiano. *Inteligência artificial e direito*: convergência ética e estratégica. Curitiba: Alteridade Editora, 2020. v. 5.

RUSSELL, Stuart. *The Future of Artificial Intelligence*. University of Berkeley. 2016. Disponível em: http://people.eecs.berkeley.edu/~russell/temp/q- and-a.html. Acesso em: 7 ago. 2018.

RUSSELL, Stuart; NORVIG, Peter. *Inteligência artificial*. 8. tir. Trad. Regina Celia Simille de Macedo. Elsevier, 2013.

TEPEDINO, Gustavo. SILVA, Rodrigo da Guia. Desafios da inteligência artificial em matéria de responsabilidade civil. *Revista Brasileira de Direito Civil – RBDCivil* | Belo Horizonte, v. 21, p. 61-86, jul. / set. 2019.

O DEBATE INTERNACIONAL E GLOBAL SOBRE ÉTICA E A INTELIGÊNCIA ARTIFICIAL: POTENCIAIS REFLEXOS NO PODER JUDICIÁRIO BRASILEIRO

Humberto Martins

> Bacharel em direito pela Universidade Federal de Alagoas (UFAL) e em administração de empresas pelo Centro de Estudos Superiores de Maceió (CESMAC). Ministro do Superior Tribunal de Justiça (STJ). Corregedor Nacional da Corregedoria Nacional de Justiça do Conselho Nacional de Justiça (CNJ). membro do Conselho de Orientação Jurisprudencial da Revista de Direito Civil Contemporâneo (RDCC), da Editora Thomson Reuters (Revista dos Tribunais) e coordenador da coluna "Direito Civil Atual", da Revista Consultor Jurídico.

> **Sumário:** 1. Introdução. 2. A aplicação de sistemas de inteligência artificial no poder judiciário. 3. Duas iniciativas de regulação ética da inteligência artificial. 3.1 Os princípios da Carta Ética da Comissão Europeia para Eficiência da Justiça (CEPEJ), do Conselho da Europa. 3.2 As Diretrizes sobre inteligência artificial da Organização para a Cooperação e Desenvolvimento Econômico (OCDE). 4. Conclusão. 5. Referências.

1. INTRODUÇÃO

Há várias estimativas internacionais de que o desenvolvimento de sistemas de gestão com aplicações de inteligência artificial serão cada vez mais utilizados em vários setores dos sistemas produtivos[1]. Para utilizar um exemplo atual, já há o uso de sistemas de inteligência artificial para ajudar no estabelecimento de previsões estatísticas sobre o desenvolvimento da pandemia da COVID-19. Cabe expor dois exemplos. O primeiro exemplo é um *chat bot*, ou seja, um programa de computador que dialoga com o seu interlocutor humano. Esse *chat bot* foi criado em código aberto, ou seja, ele é disponível para quem queira replicá-lo. Foi desenvolvido por uma empresa emergente francesa, com o apoio do Instituto Pasteur e da rede de assistência e de hospitais de Paris. Ele tem sido usado para fazer uma triagem analítica dos sintomas das pessoas em relação à exposição ao vírus[2]. Iniciativas similares existem ao redor do mundo, inclusive no Brasil[3]. O segundo exemplo é o uso de ferramentas de inteligência artificial para ajudar os

---

1. INTERNATIONAL TELECOMMUNICATIONS UNION. *Assessing the Economic Impact of artificial intelligence.* Genebra: ITU, 2018. Disponível em: https://www.itu.int/dms_pub/itu-s/opb/gen/S-GEN-ISSUEPAPER-2018-1-P-DF-E.pdf.
2. DUSSUTOUR, Chloé. Pasteur Institute and Greater Paris University Hospitals release open source COVID-19 auto-diagnosis bot. União Europeia: Open Source Observatory, 16 abr. 2020. Disponível em: https://joinup.ec.europa.eu/collection/open-source-observatory-osor/news/covid-19-auto-diagnosis-bot. Acesso em: 09 jul. 2020.
3. FAPESP. Doutorando da USP lança robô no WhatsApp para identificar sintomas da COVID-19. São Paulo: Agência FAPESP, 17 abr. 2020. Disponível em: http://agencia.fapesp.br/doutorando-da-usp-lanca-robo-no-whatsapp-pa-

cientistas a analisar uma enorme quantidade de dados relacionados com as pesquisas em desenvolvimento sobre a COVID-19. O Fórum Econômico Mundial, a entidade também conhecida como "Fórum de Davos" tem se dedicado a estimular que as empresas e os governos produzam sistemas de inteligência artificial para auxiliar no combate à crise sanitária mundial, entre um amplo conjunto de iniciativas nas quais ele tem atuado[4].

Não há dúvida de que a inteligência artificial é um campo de desenvolvimento da ciência da computação que está em pleno desenvolvimento. A sua aplicação será muito importante, também, para o futuro do Poder Judiciário. O presente texto se concentra na descrição de duas iniciativas recentes, que se referem à produção de diretrizes éticas para o desenvolvimento de ferramentas e de aplicações de inteligência artificial aos sistemas judiciais. A primeira iniciativa foi tomada pelo Conselho da Europa, uma organização internacional que reúne dezenas de países daquele continente. A segunda iniciativa, também tomada por uma organização internacional, se origina da OCDE (Organização para a Cooperação e Desenvolvimento Econômico). Cabe notar que está em debate, âmbito da UNESCO (Organização das Nações Unidas para a Educação, a Ciência e a Cultura), a construção de um marco ético geral para as aplicações de inteligência artificial[5]. Já existe um relatório preliminar sobre o tema[6]. Ele não será tratado no presente texto, uma vez que ainda é incipiente. Contudo, antes de expor essas duas iniciativas, de impacto global, é relevante descrever um pouco a aplicação efetiva de inteligência artificial no Poder Judiciário.

2. A APLICAÇÃO DE SISTEMAS DE INTELIGÊNCIA ARTIFICIAL NO PODER JUDICIÁRIO

Não irei aqui descrever as iniciativas brasileiras do Supremo Tribunal Federal[7-8], do Superior Tribunal de Justiça[9] e de outros tribunais. Um levantamento publicado em 9 julho de 2020 estima a existência de setenta e dois projetos de inteligência artificial em andamento no Brasil[10]. Outros participantes desse evento certamente farão isso. Porém,

---

ra-identificar-sintomas-da-covid-19/32977. Acesso em: 09 jul. 2020.

4. WORLD ECONOMIC FORUM. *COVID Action platform*. Davos: World Economic Forum, 2020. Disponível em: https://www.weforum.org/covid-action-platform/projects. Acesso em: 09 jul. 2020.

5. UNESCO. *Elaboration of a recommendation on the ethics of artificial intelligence*. Paris, 2020. Disponível em: https://en.unesco.org/artificial-intelligence/ethics. Acesso em: 11 jul. 2020.

6. UNESCO: World Commission on the Ethics of Scientific Knowledge and Technology. *Preliminary study on the ethics of artificial intelligence*. Paris, 26 fev. 2019. Disponível em: https://unesdoc.unesco.org/ark:/48223/pf0000367823. Acesso em: 11 jul. 2020

7. SUPREMO TRIBUNAL FEDERAL. *STF moderniza pesquisa de jurisprudência e facilita acesso aos usuários: Supremo lança nesta segunda-feira sistema que permite novas opções de busca aos usuários de um dos serviços mais utilizados do portal do STF*. Brasília: Imprensa, 25 fev. 2020. Disponível em: https://portal.stf.jus.br/noticias/verNoticiaDetalhe.asp?idConteudo=444028. Acesso em: 09 jul. 2020.

8. SUPREMO TRIBUNAL FEDERAL. *Presidente do Supremo apresenta ferramentas de inteligência artificial em Londres*. Brasília: Notícias STF, 5 set. 2019. Disponível em: http://www.stf.jus.br/portal/cms/verNoticiaDetalhe.asp?idConteudo=422699. Acesso em: 09 jul. 2020.

9. CONJUR. *STJ cria sistema de inteligência artificial para agilizar processos*. São Paulo: *Revista Consultor Jurídico*, 14 jun. 2018. Disponível em: https://www.conjur.com.br/2018-jun-14/stj-cria-sistema-inteligencia-artificial-agilizar-processos. Acesso em: 09 jul. 2020.

10. FREITAS, Hyndara. Judiciário brasileiro tem ao menos 72 projetos de inteligência artificial nos tribunais: ferramentas são usadas para auxiliar agrupamento de demandas repetitivas e até para sugerir minutas. Brasília: *JOTA*,

para descrever as duas iniciativas internacionais que foram mencionadas, é imperioso expor um pouco do que é inteligência artificial, em termos abstratos. Depois, será possível fornecer exemplos genéricos sobre o uso em potencial dessas ferramentas no âmbito do Poder Judiciário.

Pode parecer curioso, mas, antes de descrever as aplicações de inteligência artificial que existem, cabe traçar algumas linhas sobre as aplicações que não existem. A literatura especializada diferencia a inteligência artificial em sentido amplo, ou genérico, daquela em sentido estrito, ou limitado[11]. O primeiro tipo é composto por uma imagem da inteligência artificial e da robótica que deriva do cinema e da literatura de ficção científica. Assim, tal visão fantástica da inteligência artificial se refere à criação de sistemas autônomos que sejam capazes de criar outros sistemas, bem como que sejam capazes de racionar criticamente como seres humanos. É sempre bom lembrar que um dos pais fundadores da computação[12], Alan M. Turing, já havia aventado a questão sobre a possibilidade de computadores pensarem, na década de 1950[13]. Contudo, a própria definição conceitual do que é pensamento (inteligência) torna muito complexa a resposta à pergunta sobre a possibilidade de máquinas pensarem. O conceito amplo de inteligência artificial, portanto, não é útil – ainda – do ponto de vista técnico e científico. Ele mais serve para mistificar a computação e a engenharia de sistemas envolvidas no tema, do que efetivamente serviria para aclarar os limites atuais e perspectivas futuras do debate.

Assim, é o conceito restrito de inteligência artificial – bem mais específico – que serve para propulsionar o debate científico e tecnológico. Ele se refere ao tipo de sistemas e de programas que efetivamente temos. Existem diversas trilhas científicas relacionadas com esse campo de pesquisa mais amplo, denominado de inteligência artificial. Deve--se indicar que essas trilhas são agrupadas em técnicas; ou, em tecnologias. É possível, portanto, mencionar duas tecnologias de inteligência artificial que já são usadas e que estão em franco desenvolvimento. A primeira delas se chama aprendizado de máquina (*machine learning*)[14]. Existem vários modos de criar programas de computador que possam aprender. O exemplo mais claro deles é dado pelo computador AlphaGo[15]. Esse computador foi criado pela Deep Mind, uma subsidiária da Google para repetir a vitória do Deep Blue[16] – outro computador, no caso, da IBM – em um jogo. O Deep Blue se tornou famoso por derrotar um campeão de xadrez em 1996. Contudo, nenhum computador havia, ainda, ganho de um campeão de Go, que é um jogo chinês de estratégia. O AlphaGo foi capaz de fazer isso em 2015. Para tanto, foi utilizada uma técnica de aprendizado de

---

9 jul. 2020. Disponível em: https://www.jota.info/coberturas-especiais/inova-e-acao/judiciario-brasileiro-tem-ao--menos-72-projetos-de-inteligencia-artificial-nos-tribunais-09072020.

11. BROUSSARD, Meredith. *Artificial unintelligence*: how computers misunderstand the world. Cambridge, MA: The MIT Press, 2018.

12. BERNHARDT, Chris. *Turing's vision: the birth of computer science*. Cambridge, MA; The MIT Press, 2016.

13. TURING, Alan M. *Computer machinery and intelligence*. Mind: a quarterly review in psychology and philosophy, v. 59, n. 236, p. 433-460, 1950; COPELAND, Jack. Intelligent machinery. In: COPELAND, Jack et alli. *The Turing Guide*. Oxford: Oxford University Press, 2017. p. 265-275.

14. ALPAYDIN, Ethem. *Machine learning*. Cambridge, MA: The MIT Press, 2016.

15. DEEP MIND. *Making history*. Deep Mind, 2020. Disponível em: https://deepmind.com/research/case-studies/alphago-the-story-so-far. Acesso em: 09 jul. 2020.

16. INTERNATIONAL BUSINESS MACHINES. *Deep Blue*. IBM100, 2020. Disponível em: https://www.ibm.com/ibm/history/ibm100/us/en/icons/deepblue. Acesso em: 09 jul. 2020.

máquina pela qual o computador aprendeu a técnica intuitiva e humana de jogar, como explica a empresa que criou o computador:

> Para capturar o aspecto intuitivo do jogo, era preciso uma nova solução. Criamos o AlphaGo, um programa de computador que combina buscas avançadas de conceitos em árvores lógicas com redes neurais profundas. Essas redes neurais pegam uma descrição do tabuleiro de Go como dado primário e a processam por meio de várias camadas diferentes, em rede, que contêm milhões de conexões similares aos neurônios. Uma rede neural – a rede de políticas – seleciona o próximo movimento a ser jogado. Outra rede neural – a rede de valor – prevê o vencedor do jogo. O AlphaGo foi instruído em inúmeros jogos amadores para ajudá-lo a desenvolver uma compreensão do jogar humano. Depois, ele foi programado para jogar contra diferentes versões de si mesmo milhares de vezes. Em cada vez que jogava, ele aprendia com os seus erros. Ao longo do tempo, o AlphaGo melhorou e se tornou cada vez mais forte e apto em aprendizado e em tomada de decisões. O processo é conhecido como aprendizado reforçado[17].

É evidente que foram conjugadas outras tecnologias em arranjos mais complexos para se chegar ao resultado acima descrito. Entre elas, cabe mencionar o conceito de aprendizado reforçado (*reinforced learning*), que é uma variante do aprendizado de máquina que assim é descrita em um conhecido manual da área:

> Todos os algoritmos de aprendizado descritos até agora – exceto os algoritmos de agrupamento (*clustering algorithms*) – pertencem à classe de aprendizado supervisionado (*supervised learning*). No aprendizado supervisionado, se pressupõe que o agente aprenderá um mapeamento a partir de variáveis de entrada (input) para variáveis de saída (output). (...). Em outras palavras, precisamos de um instrutor ou de uma base de dados por meio dos quais o mapeamento a ser aprendido é aproximadamente definido para um suficiente número de valores de entrada. (...). No aprendizado reforçado, a situação é diferente e mais difícil, pois não são disponíveis dados prévios para o treinamento. (...). O aprendizado reforçado é muito útil no campo da robótico, no qual as tarefas a serem realizadas são frequentemente complexas o bastante para desafiar sua codificação como programas (...). A tarefa do robô consiste em descobrir, por meio de tentativa e erro (ou, sucesso), quais ações são boas em uma situação determinada e quais não são[18].

A segunda tecnologia de inteligência artificial, que vale ser descrita, é o processamento de linguagem natural (*natural language processing*). Elizabeth D. Liddy explica que não é possível encontrar somente uma definição totalmente consensual sobre as técnicas e tecnologias envolvidas nesse campo. Apesar disso, ela propõe a seguinte definição:

> Processamento de linguagem natural é o conjunto de técnicas computacionais, motivadas por teorizações, para analisar e representar textos, aparentes em forma natural, em um ou mais níveis de análise linguística para o propósito de alcançar processamento de linguagem similar à humana em um conjunto de tarefas ou aplicações[19].

Essas técnicas podem servir para várias aplicações no âmbito jurídico. Apesar de ser uma técnica antiga, nos anos recentes, ela obteve uma expansão acelerada. Há vários meios de criar programas de computador que usem o processamento de linguagem

---

17. DEEP MIND. *Our approach*. Deep Mind, 2020. Disponível em: https://deepmind.com/research/case-studies/alphago-the-story-so-far. Acesso em: 09 jul. 2020.
18. ERTEL, Wofgang. *Introduction to artificial intelligence*. 2. ed. Cham: Springer, 2017, p. 289.
19. LIDDY, Elizabeth. D. Natural Language Processing. In DRAKE, Miriam A. (ed.). *Encyclopedia of Library and Information Science*. 2 ed. Nova Iorque: Marcel Dekker, 2003. Disponível em: https://surface.syr.edu/cgi/viewcontent.cgi?article=1019&context=cnlp.

natural. O objetivo central é que o programa de computador tenha ferramentas comunicacionais. Em um patamar baixo, podem haver módulos de processamento para compreensão e para a geração de linguagem natural, ou seja, similar à linguagem humana. O programa pode entender, portanto, as informações em linguagem natural e, assim, proceder com rotinas. É um programa que – ao reconhecer um comando de voz – realiza uma determinada tarefa. Essa compreensão de linguagem natural pode servir, também, para transcrição automatizada de textos, bem como para a tradução deles. Quanto mais refinado e treinado o programa, mais ele poderá ser eficiente no desempenho das suas tarefas. Por outro lado, os programas de computador podem gerar, também, respostas em linguagem natural. Assim, há programas que – a partir de algumas palavras-chave – vão poder oferecer respostas adequadas para perguntas. As técnicas de aprendizado de máquina podem ser utilizadas para que os programas de computador se tornem cada vez mais aptos a compreender linguagem humana e possam gerar respostas mais precisas. É evidente que técnicas de inteligência artificial podem contribuir em muito com os serviços públicos em geral e com os serviços judiciários, especificamente. Tais programas podem servir como excelentes assistentes de busca em textos jurídicos, bem como podem, ainda, ajudar a produzir minutas de decisões em respostas a determinadas demandas. Também, elas podem auxiliar na melhoria dos sistemas de buscas de decisões judiciais pretéritas – busca de jurisprudência – para tornar as ferramentas mais eficientes e úteis para todos.

Tendo explicado, em linhas curtas, a aplicação de inteligência artificial no Poder Judiciário, cabe mencionar a potencial regulação delas. Como mencionei antes, serão descritas duas iniciativas nesse sentido. Ambas possuem foco na ética e no fomento das tecnologias e não na interdição de seu uso. O objetivo, portanto, de ambas, é estimular as melhores práticas no campo da aplicação de inteligência artificial, em sintonia com a promoção de valores fundamentais para o desenvolvimento das sociedades.

3. DUAS INICIATIVAS DE REGULAÇÃO ÉTICA DA INTELIGÊNCIA ARTIFICIAL

Antes de descrever as duas iniciativas internacionais já aprovadas e vigentes sobre a fixação de parâmetros éticos para as aplicações de inteligência artificial, cabe frisar os seus limites. As duas propostas têm origens em organismos internacionais. Contudo, são derivadas em entidades que não possuem a amplitude da Organização das Nações Unidas (ONU). O tema da regulação e da governança da Internet teve, historicamente, muita dificuldade para evoluir no âmbito da ONU[20]. Duas organizações internacionais do seu sistema têm sido mais atuantes: a União Internacional de Telecomunicações (UIT)[21]; e a Organização das Nações Unidas para a Educação, a Ciência e a Cultura (UNESCO)[22].

---

20. Yilma, Kinfe Micheal. The United Nations data privacy system and its limits. *International Review of Law, Computers & Technology*, v. 33, n. 2, p. 224-248, 2019.
21. International Telecommunications Union. *Internet policy and governance*. Genebra, 2020. Disponível em: https://www.itu.int/en/action/internet/Pages/default.aspx. Acesso em: 12 jul. 2020.
22. UNESCO. *UNESCO series on Internet freedom*. Paris, 2020. Disponível em: https://en.unesco.org/unesco-series--on-internet-freedom. Acesso em: 12 jul. 2020; UNESCO. *Internet universality indicators*. Paris, 2020. Disponível em: https://en.unesco.org/internet-universality-indicators. Acesso em: 12 jul. 2020; UNESCO. *Internet governance*. Paris, 2020. Disponível em: https://en.unesco.org/themes/internet-governance. Acesso em: 12 jul. 2020.

Como mencionado antes, essa última está em vias de aprovar algum documento internacional sobre o tema da ética aplicada à inteligência artificial. Ainda que seja possível que tal documento não inove muito em relação aos dois já disponíveis e abaixo descritos, ele terá um potencial de atingir mais países, em razão da amplitude de vinculação de Estados-membros à UNESCO.

3.1 Os princípios da Carta Ética da Comissão Europeia para Eficiência da Justiça (CEPEJ), do Conselho da Europa

Antes de detalhar o documento em questão, cabe explicar que o Conselho da Europa não deve ser confundido com a União Europeia, tampouco com um dos seus órgãos, o Conselho Europeu. O Conselho da Europa é uma organização internacional criada pelo Tratado de Londres em 1949, que é diretamente derivada do processo de reconstrução dos países europeus no cerne dos diálogos após o término da Segunda Guerra Mundial[23]. Aquela guerra foi muito traumática e, entre os vários movimentos de reconstrução do mundo naquele momento, cabe destacar a formação da ONU, em 1945, bem como a aprovação pela Assembleia Geral da sua Declaração Universal dos Direitos Humanos, de 1948. No caso do continente europeu, o Conselho da Europa foi criado com um Estatuto. Porém, pouco tempo depois, foi aprovada a Convenção Europeia de Direitos do Homem, em 1953, na qual se previa a instituição do Tribunal Europeu de Direitos do Homem (Título II do documento internacional). O Tribunal foi instalado em 1959 e possui um papel crucial para garantir a efetividade da Convenção[24]. O Conselho da Europa sempre foi atento à importância do poder judiciário para o desenvolvimento sustentável das nações. Tal missão, inclusive, já era prevista na Convenção Europeia de Direitos do Homem, especificamente no seu artigo 6º:

> Artigo 6º Direito a um processo equitativo
>
> 1. Qualquer pessoa tem direito a que a sua causa seja examinada, equitativa e publicamente, num prazo razoável por um tribunal independente e imparcial, estabelecido pela lei, o qual decidirá, quer sobre a determinação dos seus direitos e obrigações de carácter civil, quer sobre o fundamento de qualquer acusação em matéria penal dirigida contra ela. O julgamento deve ser público, mas o acesso à sala de audiências pode ser proibido à imprensa ou ao público durante a totalidade ou parte do processo, quando a bem da moralidade, da ordem pública ou da segurança nacional numa sociedade democrática, quando os interesses de menores ou a proteção da vida privada das partes no processo o exigirem, ou, na medida julgada estritamente necessária pelo tribunal, quando, em circunstâncias especiais, a publicidade pudesse ser prejudicial para os interesses da justiça.
>
> 2. Qualquer pessoa acusada de uma infracção presume-se inocente enquanto a sua culpabilidade não tiver sido legalmente provada.
>
> 3. O acusado tem, como mínimo, os seguintes direitos: a) Ser informado no mais curto prazo, em língua que entenda e de forma minuciosa, da natureza e da causa da acusação contra ele formulada; b) Dispor do tempo e dos meios necessários para a preparação da sua defesa; c) Defender-se a si próprio ou ter a assistência de um defensor da sua escolha e, se não tiver meios para remunerar um defensor, poder ser assistido gratuitamente por um defensor oficioso, quando os interesses da justiça o exigirem;

---

23. COUNCIL OF EUROPE. *About the Council of Europe*. Estrasburgo, 2020. Disponível em: https://www.coe.int/en/web/yerevan/the-coe/about-coe. Acesso em: 12 jul. 2020.

24. EUROPEAN COURT OF HUMAN RIGHTS. *General presentation*. Estrasburgo, 2020. Disponível em: https://echr.coe.int/Pages/home.aspx. Acesso em: 12 jul. 2020.

d) Interrogar ou fazer interrogar as testemunhas de acusação e obter a convocação e o interrogatório das testemunhas de defesa nas mesmas condições que as testemunhas de acusação; e) Fazer-se assistir gratuitamente por intérprete, se não compreender ou não falar a língua usada no processo[25].

Todavia, como mencionado antes, o mundo em que vivemos está experimentando profundas transformações. Assim, em atenção à atualização das sociedades, o Conselho da Europa trabalha para se manter atuante, em sintonia com os seus princípios fundadores. Em 2002, o Conselho da Europa criou a Comissão Europeia para Eficiência da Justiça (CEPEJ), com algumas missões: colaborar para melhorar a eficiência e qualidade dos sistemas judiciais dos Estados-membros, desafogando a carga excessiva de trabalho do Tribunal Europeu de Direitos do Homem, ajudando a equilibrar os conteúdos de decisão entre os níveis nacional e internacional; garantir que todas as pessoas afetadas pelas jurisdições dos Estados-membros possam fazer valer seus direitos de forma efetiva e, assim, contribuir para o reforço da confiança dos cidadãos nos sistemas judiciais; e permitir a melhor aplicação dos instrumentos de colaboração internacional do Conselho da Europa, relacionados com a eficiência e com a equidade na aplicação da justiça. Esse órgão de assessoramento foi instalado junto ao Conselho de Ministros do Conselho da Europa e tem atuado ao longo dos anos em atividades de avaliação dos sistemas judiciais dos Estados-membros[26]. Uma tarefa relevante à qual a CEPEJ tem se dedicado é ajudar os Estados-membros a efetivar a transformação digital dos seus sistemas judiciais. O processo de digitalização dos serviços públicos tem alcançado os sistemas judiciais, os quais estão em acelerada marcha de implantação de ferramentas e aplicações. Uma vertente dessas aplicações é a inteligência artificial. Com tal problema em vista, a CEPEJ realizou estudos e pesquisas; após os trabalhos iniciais, em dezembro de 2018, o Conselho da Europa adotou a "Carta Ética europeia sobre o uso de inteligência artificial em sistemas judiciais e em seu ambiente"[27]. A Carta Ética possui cinco princípios, os quais merecem ser explicados.

O primeiro é o princípio de respeito aos direitos fundamentais. Com ele, se visa que o desenho e a aplicação das ferramentas e serviços de inteligência artificial tenham respeito aos direitos fundamentais. A referência desses direitos fundamentais, no caso específico, está tanto relacionada com o ordenamento jurídico nacional dos Estados--membros, quanto com aqueles direitos positivados pelos documentos internacionais a que eles tenham aderido. O segundo princípio é a não discriminação, por meio da qual se determina que a inteligência artificial não pode ser utilizada como um meio para discriminar pessoas, ou grupo de pessoas, no ambiente dos sistemas judiciais. O terceiro princípio é o da qualidade e da segurança. Ao se lidar com aplicações de inteligência artificial, também se estão tratando dados e, portanto, a confiabilidade dos sistemas, bem como sua segurança, é crucial. O objetivo é que sejam utilizadas fontes de dados e

---

25. COUNCIL OF EUROPE: Tribunal Europeu de Direitos do Homem. *Convenção Europeia de Direitos do Homem*. Estrasburgo, 1953. Disponível em: https://www.echr.coe.int/Documents/Convention_POR.pdf. Acesso em: 12 jul. 2020.

26. COUNCIL OF EUROPE: CEPEJ. *European commission for efficiency of justice*. Estrasburgo, 2020. Disponível em: https://www.coe.int/en/web/cepej. Acesso em: 12 jul. 2020.

27. COUNCIL OF EUROPE. *Carta europeia de ética sobre o uso da inteligência artificial em sistemas judiciais e seu ambiente*. Estrasburgo, 3 e 4 dez. 2018. Disponível em: https://rm.coe.int/carta-etica-traduzida-para-portugues--revista/168093b7e0. Acesso em: 12 jul. 2020.

sistemas de tratamento que sejam confiáveis, com o uso de certificação para assegurar a efetividade desse princípio. O quarto princípio se refere à transparência, imparcialidade e retidão (*fairness*). Um dos maiores desafios para as aplicações de inteligência artificial é a capacidade de justificar, de modo claro, acessível e compreensível, as bases pelas quais uma determinada decisão foi tomada com o seu uso. Um dos meios de assegurar a aplicação desse princípio reside no estabelecimento de auditorias técnicas de caráter externo. Tornar as aplicações auditáveis é um desafio técnico de grande monta. Por fim, o quinto princípio é o controle do usuário. Por meio desse princípio se busca que os usuários dos sistemas judiciais possam ser informados e que tenham controle sobre os potenciais e limites das escolhas às quais serão submetidos.

O documento da CEPEJ possui dois apêndices. O primeiro apêndice é composto por estudos e pesquisas sobre o estado da arte da aplicação da inteligência artificial nos Estados-membros. O segundo apêndice possui elementos que apontam para situações nas quais a inteligência artificial pode – e deve – ser estimulada, bem como outras, nas quais se deve tomar cautela. Para exemplificar, o segundo apêndice descreve que deve ser estimulada a aplicação de inteligência artificial para facilitar as buscas em repositórios de jurisprudência, bem como para possibilitar atendimento por meio de robôs, os "*chat bots*". Por outro lado, o segundo apêndice também demonstra uma preocupação grave com o uso de inteligência artificial em julgamentos criminais nos quais se forme um perfil específico de perpetrador. Tal uso deve ser, portanto, extremamente cauteloso.

Uma vez expostas essas linhas gerais sobre o documento mais específico, atinente ao uso judicial da inteligência artificial, é imperioso descrever, em linhas sintéticas, as Diretrizes da Organização para a Cooperação e Desenvolvimento Econômico (OCDE), as quais possuem um caráter mais amplo.

3.2 As Diretrizes sobre inteligência artificial da Organização para a Cooperação e Desenvolvimento Econômico (OCDE)

A Organização para Cooperação e Desenvolvimento Econômico (OCDE) data sua atual denominação em 1961, momento de entrada em vigor da Convenção internacional assinada em 1960, em Paris[28]. Contudo, ela foi criada originalmente em 1948, com a missão de auxiliar no processo de reconstrução das economias europeias e era gestora do apoio econômico e técnico que ficou conhecido como Plano Marshall. Naquele momento histórico, ela era designada como Organização para a Cooperação Econômica Europeia. Após a razoável expansão das economias dos países europeus que eram auxiliados, houve a decisão de manter um organismo internacional reunindo esses países e outros. Assim, por exemplo, os Estados Unidos da América e o Canadá – fomentadores do Plano Marshall – foram integrados à organização internacional que precedeu a OCDE em 1960. Com o fim do Plano Marshall, a missão da OCDE veio a se transformar. Ela não era mais gestora de um projeto específico para países determinados. Ela pode ser convertida em uma organização internacional com uma missão mais ampla, relacionada à expansão

---

28. Organisation for Economic Co-operation and Development. About the OECD. Paris, 2020. Disponível em: https://www.oecd.org/about. Acesso em: 12 jul. 2020.

de estudos, pesquisas, projetos e fomento para estimular a economia de mercado. A mudança pode ser percebida pela reestruturação da OCDE, a partir da década de 1990, com o fito de expandir o seu quadro de Estados-membros. Atualmente, como é sabido, o Brasil é um daqueles Estados que postulam seu ingresso na OCDE.

Os dois primeiros artigos da Convenção da OCDE bem designam as missões da Organização[29]. O primeiro artigo determina que ela promoverá políticas públicas em prol do crescimento sustentado da economia e do emprego, bem como da expansão do padrão de vida dos Estados-membros. Ainda, que tais finalidades devem ser prospectadas em prol, também, daqueles Estados que, porventura, não sejam membros. O artigo inicial determina, mais ainda, que a OCDE visa contribuir com o aumento do comércio multilateral. É muito importante lembrar que a OCDE, nos termos do Artigo 2, visa expandir a liberalização das trocas de bens, serviços e capital, de forma global. Um dos meios que a OCDE dispõe para auxiliar os Estados-membros e os demais países do mundo a desenvolver suas missões é oferecer apoio técnico em políticas públicas. Vale citar que as propostas de políticas públicas da OCDE contra a lavagem de dinheiro e o financiamento ao crime organizado e ao terrorismo possuem ampla aplicação ao redor do mundo. O Brasil, por exemplo, é um dos países signatários da Convenção sobre o Combate da Corrupção de Funcionários Públicos Estrangeiros em Transações Comerciais Internacionais, de 1997, tendo realizado a sua promulgação por meio do Decreto 3.678, de 2000[30].

Em relação ao uso e ao fomento da inteligência artificial, a OCDE aprovou a Recomendação do Conselho sobre Inteligência Artificial (OCDE/LEGAL/0449), de 21 de maio de 2019[31]. Esse é o primeiro documento do tipo, de uma organização internacional com caráter intergovernamental. O foco da proposta da OCDE é mais amplo do que aquele da proposta do Conselho da Europa, uma vez o primeiro visa a ser aplicado em todas as atividades que usem inteligência artificial, ao passo que o outro somente focaliza a aplicação no Poder Judiciário. Entretanto, existe notável paralelo no que se refere aos princípios das duas propostas.

O primeiro princípio da Recomendação da OCDE se refere ao desenvolvimento inclusivo e sustentável e ao bem-estar. O objetivo das ferramentas e aplicações de inteligência artificial devem sempre estar dirigidos para a melhoria da qualidade de vida das pessoas, inclusive postulando a inclusão daquelas parcelas da população que seriam historicamente discriminadas e pouco representadas. O segundo princípio prescreve que a inteligência artificial deve ser utilizada com foco nos valores humanistas e na equidade. Isso inclui os direitos humanos e os valores democráticos. As liberdades, dignidade e autonomia dos indivíduos, bem como a proteção aos dados pessoais e à privacidade. Tais

---

29. Organisation for Economic Co-operation and Development. *Convention on the Organisation for Economic Co-operation and Development.* Paris, 14 dez. 1960. Disponível em: https://www.oecd.org/general/conventionontheorganisationforeconomicco-operationanddevelopment.htm. Acesso em: 12 jul. 2020.

30. BRASIL: Presidência da República. *Decreto 3.678, de 30 de novembro de 2000.* Brasília: Diário Oficial da União, 1 dez. 2000. Disponível em: http://www.planalto.gov.br/ccivil_03/decreto/D3678.htm. Acesso em: 12 jul. 2020.

31. Organisation for Economic Co-operation and Development. *Recommendations of the Council on artificial intelligence.* Paris, 21 maio 2019. Disponível em: https://legalinstruments.oecd.org/en/instruments/OECD-LEGAL-0449. Acesso em: 12 jul. 2020.

valores devem englobar, ainda, a negativa de discriminação e a promoção da igualdade, diversidade, equidade, justiça social e os direitos laborais internacionalmente reconhecidos. O terceiro princípio se refere à transparência e à cognoscibilidade. A promoção da aplicação de ferramentas de inteligência artificial deve vir acompanhada da explicação às populações sobre o que é isso, bem como explicar aos potenciais afetados – individual e coletivamente – sobre os critérios de funcionamento e padrões de decisão. Vale notar que há paralelismo desse princípio com aquele existente na Carta Ética do Conselho da Europa. O quarto princípio, em similaridade com outro daqueles previstos na Carta Ética do Conselho da Europa, se refere à robustez, estabilidade e segurança. Esse princípio se refere à confiabilidade técnica das ferramentas e aplicações de inteligência artificial. Para tanto, os sistemas técnicos precisam ter rastreabilidade em todos os ciclos de produção, bem como devem permitir uma gestão de riscos sistemática para garantir sua integridade em prol da proteção da privacidade, da segurança digital e da vigilância contra o enviesar de funcionamento. Por derradeiro, o quinto princípio se refere à responsabilização (*accountability*) em relação aos vários intervenientes nos processos de funcionamento e de aplicação da inteligência artificial com foco no papel e nas ações que desempenham.

Cabe notar que o Brasil é um dos 42 Estados, membros e não membros da OCDE, até meados de 2020, que assinaram o compromisso previsto nessa Recomendação. Tal firma é muito relevante, pois o Brasil está em processo de construção da sua Estratégia Brasileira de Inteligência Artificial[32], a qual servirá de base para um plano de investimento e de construção de políticas públicas para esse setor, o qual deverá, evidentemente, influenciar vários outros segmentos privados e públicos. No que tange ao Poder Judiciário, é certo que a aplicação de inteligência artificial experimentará um vertiginoso aumento nos próximos anos.

4. CONCLUSÃO

A temática da regulação e da governança da Internet se relaciona com a questão da inteligência artificial, assim como o tema da proteção de dados pessoais e da proteção à privacidade. Esses temas – no plano jurídico internacional – estão dispersos em diversas iniciativas, as quais não encontraram, ainda, um plano de articulação global, com a potência desejável. Porém, parece que existe um movimento sensível no âmbito da ONU para alterar esse estado de coisas. Em junho de 2018, o Secretário-geral da ONU designou um painel de especialistas de alto nível para produzir um relatório sobre cooperação digital. Em junho de 2019, o grupo publicou o resultado dos trabalhos no seu relatório[33]. Esse relatório serviu de base para um debate interno na ONU e gerou um novo relatório, com a trilha a ser seguida para o estabelecimento de políticas futuras,

---

32. BRASIL: Ministério da Ciência, Tecnologia, Comunicações e Inovações. *Consulta pública: estratégia brasileira de inteligência artificial.* Brasília, 19 dez. 2019. Disponível em: http://participa.br/profile/estrategia-brasileira-de-inteligencia-artificial. Acesso em: 12 jul. 2020.
33. UNITED NATIONS. *The age of digital interdependence: report of the UN Secretary-General's High-level Panel on Digital Cooperation.* Nova Iorque, jun. 2019. Disponível em: https://digitalcooperation.org/wp-content/uploads/2019/06/DigitalCooperation-report-for-web.pdf. Acesso em: 12 jul. 2020.

pela ONU, para cooperação digital[34]. O relatório possui um trecho especificamente dedicado à necessidade de haver mais interveniência dos Estados no tema da inteligência artificial. Ele, ainda, dedica espaço para a necessidade de que essa atuação seja de forma coordenada e por cooperação. O Brasil contou com um especialista no próprio painel, bem como possui condições de estabelecer uma base de atuação sobre o tema na região. Esses esforços gerais, certamente, terão relação com a atuação do Poder Judiciário nessa matéria. Como já mencionado antes, o Poder Judiciário brasileiro tem envidado muitos esforços no sentido de aclimatar essas aplicações.

Em 22 de novembro de 2019, o Ministro Dias Toffoli, por meio da Portaria CNJ 197, instituiu um Grupo de Trabalho destinado à elaboração de estudos e propostas voltadas à ética na produção e no uso da inteligência artificial no Poder Judiciário. É certo que esse Grupo de Trabalho irá refletir as propostas da CEPEJ – do Conselho da Europa – e da OCDE, que foram sucintamente descritas acima. O mais importante é notar que essas diretrizes não configuram princípios enunciados ao vento. Ao contrário, elas devem nortear tanto a produção dos programas de inteligência artificial quanto a aplicação de tais ferramentas e técnicas. Logo, será necessário um contínuo investimento tanto na produção de melhores e mais adequados programas quanto na avaliação da aplicação desses programas no cotidiano dos vários serviços judiciais do Brasil. É certo que o Poder Judiciário brasileiro está mais do que pronto para o desafio.

5. REFERÊNCIAS

ALPAYDIN, Ethem. *Machine learning*. Cambridge, MA: The MIT Press, 2016.

BERNHARDT, Chris. *Turing's vision: the birth of computer science*. Cambridge, MA; The MIT Press, 2016.

BRASIL: Presidência da República. *Decreto 3.678, de 30 de novembro de 2000*. Brasília: Diário Oficial da União, 1 dez. 2000. Disponível em: http://www.planalto.gov.br/ccivil_03/decreto/D3678.htm. Acesso em: 12 jul. 2020.

BRASIL: Ministério da Ciência, Tecnologia, Comunicações e Inovações. *Consulta pública: estratégia brasileira de inteligência artificial*. Brasília, 19 dez. 2019. Disponível em: http://participa.br/profile/estrategia-brasileira-de-inteligencia-artificial. Acesso em: 12 jul. 2020.

BROUSSARD, Meredith. *Artificial unintelligence: how computers misunderstand the world*. Cambridge, MA: The MIT Press, 2018.

COUNCIL OF EUROPE. *About the Council of Europe*. Estrasburgo, 2020. Disponível em: https://www.coe.int/en/web/yerevan/the-coe/about-coe. Acesso em: 12 jul. 2020.

COUNCIL OF EUROPE: Tribunal Europeu de Direitos do Homem. *Convenção Europeia de Direitos do Homem*. Estrasburgo, 1953. Disponível em: https://www.echr.coe.int/Documents/Convention_POR.pdf. Acessom e: 12 jul. 2020.

COUNCIL OF EUROPE: CEPEJ. *European commission for efficiency of justice*. Estrasburgo, 2020. Disponível em: https://www.coe.int/en/web/cepej. Acesso em: 12 jul. 2020.

---

34. UNITED NATIONS: Assembleia-geral. *Road map for digital cooperation: implementation of the recommendations of the High-level Panel on Digital Cooperation*. Nova Iorque, 29 maio 2020. Disponível em: https://undocs.org/A/74/821. Acesso em: 12 jul. 2020.

COUNCIL OF EUROPE. *Carta europeia de ética sobre o uso da inteligência artificial em sistemas judiciais e seu ambiente*. Estrasburgo, 3 e 4 dez. 2018. Disponível em: https://rm.coe.int/carta-etica-traduzida-para-portugues-revista/168093b7e0. Acesso em: 12 jul. 2020.

CONJUR. *STJ cria sistema de inteligência artificial para agilizar processos*. São Paulo: Revista Consultor Jurídico, 14 jun. 2018. Disponível em: https://www.conjur.com.br/2018-jun-14/stj-cria-sistema-inteligencia-artificial-agilizar-processos. Acesso em: 09 jul. 2020.

DEEP MIND. *Making history*. Deep Mind, 2020. Disponível em: https://deepmind.com/research/case-studies/alphago-the-story-so-far. Acesso em: 09 jul. 2020.

DEEP MIND. *Our approach*. Deep Mind, 2020. Disponível em: https://deepmind.com/research/case-studies/alphago-the-story-so-far. Acesso em: 09 jul. 2020.

DUSSUTOUR, Chloé. Pasteur Institute and Greater Paris University Hospitals release open source COVID-19 auto-diagnosis bot. União Europeia: Open Source Observatory, 16 abr. 2020. Disponível em: https://joinup.ec.europa.eu/collection/open-source-observatory-osor/news/covid-19-auto-diagnosis-bot. Acesso em: 09 jul. 2020.

ERTEL, Wofgang. *Introduction to artificial intelligence*. 2. ed. Cham: Springer, 2017.

EUROPEAN COURT OF HUMAN RIGHTS. *General presentation*. Estrasburgo, 2020. Disponível em: https://echr.coe.int/Pages/home.aspx. Acesso em: 12 jul. 2020.

FAPESP. Doutorando da USP lança robô no WhatsApp para identificar sintomas da COVID-19. São Paulo: Agência FAPESP, 17 abr. 2020. Disponível em: http://agencia.fapesp.br/doutorando-da-usp-lanca-robo-no-whatsapp-para-identificar-sintomas-da-covid-19/32977. Acesso em: 09 jul. 2020.

FREITAS, Hyndara. *Judiciário brasileiro tem ao menos 72 projetos de inteligência artificial nos tribunais: ferramentas são usadas para auxiliar agrupamento de demandas repetitivas e até para sugerir minutas*. Brasília: JOTA, 9 jul. 2020. Disponível em: https://www.jota.info/coberturas-especiais/inova-e-acao/judiciario-brasileiro-tem-ao-menos-72-projetos-de-inteligencia-artificial-nos-tribunais-09072020

INTERNATIONAL BUSINESS MACHINES. *Deep Blue*. IBM100, 2020. Disponível em: https://www.ibm.com/ibm/history/ibm100/us/en/icons/deepblue. Acesso em: 09 jul. 2020.

INTERNATIONAL TELECOMMUNICATIONS UNION. *Assessing the Economic Impact of artificial intelligence*. Genebra: ITU, 2018. Disponível em: https://www.itu.int/dms_pub/itu-s/opb/gen/S-GEN-ISSUEPAPER-2018-1-PDF-E.pdf.

International Telecommunications Union. *Internet policy and governance*. Genebra, 2020. Disponível em: https://www.itu.int/en/action/internet/Pages/default.aspx. Acesso em: 12 jul. 2020.

LIDDY, Elizabeth. D. Natural Language Processing. In: DRAKE, Miriam A. (Ed.). *Encyclopedia of Library and Information Science*. 2. ed. Nova Iorque: Marcel Dekker, 2003. Disponível em: https://surface.syr.edu/cgi/viewcontent.cgi?article=1019&context=cnlp.

Organisation for Economic Co-operation and Development. About the OECD. Paris, 2020. Disponível em: https://www.oecd.org/about. Acesso em: 12 jul. 2020.

Organisation for Economic Co-operation and Development. *Convention on the Organisation for Economic Co-operation and Development*. Paris, 14 dez. 1960. Disponível em: https://www.oecd.org/general/conventionontheorganisationforeconomicco-operationanddevelopment.htm. Acesso em: 12 jul. 2020.

Organisation for Economic Co-operation and Development. *Recommendations of the Council on artificial intelligence*. Paris, 21 maio 2019. Disponível em: https://legalinstruments.oecd.org/en/instruments/OECD-LEGAL-0449. Acesso em: 12 jul. 2020.

SUPREMO TRIBUNAL FEDERAL. *STF moderniza pesquisa de jurisprudência e facilita acesso aos usuários: Supremo lança nesta segunda-feira sistema que permite novas opções de busca aos usuários de um dos serviços mais utilizados do portal do STF.* Brasília: Imprensa, 25 fev. 2020. Disponível em: https://portal.stf.jus.br/noticias/verNoticiaDetalhe.asp?idConteudo=444028. Acesso em: 9 jul. 2020.

SUPREMO TRIBUNAL FEDERAL. *Presidente do Supremo apresenta ferramentas de inteligência artificial em Londres.* Brasília: Notícias STF, 5 set. 2019. Disponível em: http://www.stf.jus.br/portal/cms/verNoticiaDetalhe.asp?idConteudo=422699. Acesso em: 09 jul. 2020.

TURING, Alan M. Computer machinery and intelligence. Mind: a quarterly review in psychology and philosophy, v. 59, n. 236, p. 433-460, 1950; COPELAND, Jack. Intelligent machinery. In: COPELAND, Jack et alli. *The Turing Guide.* Oxford: Oxford University Press, 2017.

UNESCO. *Elaboration of a recommendation on the ethics of artificial intelligence.* Paris, 2020. Disponível em: https://en.unesco.org/artificial-intelligence/ethics. Acesso em: 11 jul. 2020.

UNESCO: World Commission on the Ethics of Scientific Knowledge and Technology. *Preliminary study on the ethics of artificial intelligence.* Paris, 26 fev. 2019. Disponível em: https://unesdoc.unesco.org/ark:/48223/pf0000367823. Acesso em: 11 jul. 2020.

UNESCO. *UNESCO series on Internet freedom.* Paris, 2020. Disponível em: https://en.unesco.org/unesco-series-on-internet-freedom. Acesso em: 12 jul. 2020.

UNESCO. *Internet universality indicators.* Paris, 2020. Disponível em: https://en.unesco.org/internet-universality-indicators. Acesso em: 12 jul. 2020.

UNESCO. *Internet governance.* Paris, 2020. Disponível em: https://en.unesco.org/themes/internet-governance. Acesso em: 12 jul. 2020.

UNITED NATIONS. *The age of digital interdependence*: report of the UN Secretary-General's High-level Panel on Digital Cooperation. Nova Iorque, jun. 2019. Disponível em: https://digitalcooperation.org/wp-content/uploads/2019/06/DigitalCooperation-report-for-web.pdf. Acesso em: 12 jul. 2020.

UNITED NATIONS: Assembleia-geral. *Road map for digital cooperation*: implementation of the recommendations of the High-level Panel on Digital Cooperation. Nova Iorque, 29 maio 2020. Disponível em: https://undocs.org/A/74/821. Acesso em: 12 jul. 2020.

WORLD ECONOMIC FORUM. *COVID Action platform.* Davos: World Economic Forum, 2020. Disponível em: https://www.weforum.org/covid-action-platform/projects. Acesso em: 09 jul. 2020.

Yilma, Kinfe Micheal. The United Nations data privacy system and its limits. *International Review of Law, Computers & Technology*, v. 33, n. 2, p. 224-248, 2019.

JURISDIÇÃO:
USO DE NOVAS TECNOLOGIAS

Benedito Gonçalves

Mestre em Direito. Ministro do STJ. Especialista em Direito Processual Civil. Formado em Ciências Jurídicas e Sociais, pela Faculdade Nacional de Direito, da UFRJ. Ministro Substituto do TSE. Presidente da Primeira Seção do STJ. Membro do Conselho Superior da ENFAM/STJ. Eleito Diretor da Revista do STJ.

Sumário: 1. Introdução. 2. STJ: Período da pandemia. 2.1 Julgamento virtual. 2.2 Sessões por videoconferência. 2.3 Trabalho remoto. 2.4 Atendimento ao advogado. 2.5 Meios alternativos de resolução de conflitos no direto público. 3. Conclusão. 4. Referências.

1. INTRODUÇÃO

Vivemos uma fase de incertezas em que ainda não é possível antecipar toda extensão da crise e seus impactos não só na esfera do Direito, mas também para além dele, como na Saúde, na Economia, enfim, em toda a extensão da vida social.

Notoriamente, a atual pandemia da covid-19 (acrônimo do inglês *coronavirus disease 2019*) produziu uma situação sem precedentes, afetando inúmeras relações jurídicas, com incontáveis quebras de contratos e todos os tipos de conflitos relacionados.

Nessa perspectiva, despertou-me a atenção uma matéria veiculada no jornal "Valor Econômico", de autoria das juízas do Trabalho Dra. Olga Fortes e Dra. Soraya Lambert, sob o título "Audiências Trabalhistas Pós-Pandemia"[1], que trazia a seguinte reflexão:

> Até o mês de março deste ano, audiência telepresencial era uma realidade prevista para um futuro não muito próximo. Mas a pandemia da Covid-19 alterou os rumos dessa história e o magistrado, que até então tinha o controle total sobre as audiências presenciais, viu o futuro bater à porta, sem pedir licença, trazendo uma avalanche de incertezas e questionamentos.

Os questionamentos acerca da jurisdição vêm sendo tema de debates entre os profissionais do Direito em inúmeros encontros virtuais realizados por *lives* ou *webinar*, provocando reflexões não só quanto a como está sendo exercida a jurisdição, mas também quanto às perspectivas pós-pandemia e para um futuro longínquo, considerando as tecnologias disponíveis já em uso e de outras que surgirão.

---

1. FORTES, Olga. LAMBERT, Soraya Galassi. Audiências trabalhistas pós-pandemia. *Jornal Valor Econômico*. 3 jul. 2020. Disponível em: https://valor.globo.com/ legislacao/coluna /audiencias-trabalhistas-pospandemia. ghtml. Acesso em: 12 jul. 2020.

2. STJ: PERÍODO DA PANDEMIA

Incontestavelmente, a expansão do vírus da covid-19 foi enfrentada com muita preocupação e seriedade pela administração do Tribunal, desde o primeiro momento em que se tornou pública a situação de pandemia.

Além dos 33 ministros, o STJ tem um efetivo de funcionários bastante volumoso, mas necessário para o desempenho de todas as atividades que são de responsabilidade de um Tribunal Superior, que recebe advogados de todos os 26 estados-membros da República e do Distrito Federal.

As primeiras medidas preventivas ao novo *coronavírus* foram pensadas como temporárias, com duração por tempo determinado, acabaram sendo prorrogadas, devido ao crescimento do número de pessoas acometidas pela doença.

Inicialmente, a Administração tratou de afastar os Ministros, servidores, colaboradores e estagiários, que apresentassem sintomas indicativos de contaminação – com a presença de febre e de dificuldades respiratórias –, bem como as gestantes, os que tinham idade superior a 60 anos ou chegavam do exterior e, ainda, os que se enquadrassem em outros grupos de risco[2]. Posteriormente, houve suspensão da prestação presencial de serviços do STJ[3].

O grande desafio a ser vencido era não paralisar a prestação jurisdicional.

Após sucessivos atos normativos desde março de 2020 suspendendo os prazos e sessões presenciais, a situação foi reavaliada. A contagem dos prazos foi retomada e as sessões de julgamento, que sempre foram presenciais, acabaram sendo substituídas pela modalidade de videoconferência, com a realização de todos os atos do processo e com a sempre preocupação de garantir os direitos fundamentais das partes litigantes: direito ao contraditório e à ampla defesa.

Nessa luta, a tecnologia, com todas suas ferramentas, aliada ao moderno parque de informática já existente no Tribunal, propiciou a continuidade dos trabalhos.

Aqui, além da brilhante capacidade e competência da direção do STJ no enfrentamento de tão inóspita situação, deve ser feito um registro especial fica à equipe de TI, do qual posso falar, testemunhar, que de forma incansável atendeu diuturnamente a todos que estavam com dificuldade de comunicação, e cujo trabalho foi essencial para a superação das adversidades.

Destaca-se, didaticamente, como o uso da tecnologia durante a pandemia da covid-19 serviu para a efetividade das seguintes atividades:

1) Julgamento virtual.

2) Sessões por videoconferência.

3) Trabalho remoto.

---

2. BRASIL. Superior Tribunal de Justiça. *Resolução STJ/GP n. 4 de 16 de março de 2020*. Brasília, DF: STJ, 17 mar. 2020. Disponível em: https://bdjur.stj.jus.br/jspui/bitstream/ 2011/140754/ Res_4_2020_ PRE.pdf. Acesso em: 12 jul. 2020.

3. BRASIL. Superior Tribunal de Justiça. *Resolução STJ/GP n. 12 de 20 de maio de 2020*. Brasília, DF: STJ, 21 maio 2020. Disponível em: https://bdjur.stj.jus.br/jspui/handle/2011/142734. Acesso em: 12 jul. 2020.

4) Atendimento aos advogados.

5) Busca de outros meios alternativos de resolução de conflitos.

2.1 Julgamento virtual

Por iniciativa da Comissão de Regimento do STJ, foi aprovada a Emenda Regimental n. 36, de 24 de março de 2020[4], que alterou a redação dos arts. 184-A, *caput*, e 184-C, III, do Regimento Interno do Superior Tribunal de Justiça (RI/STJ), para criar órgãos julgadores virtuais correspondentes à Corte Especial, às Seções e às Turmas do Superior Tribunal de Justiça, para julgamento eletrônico dos recursos que tramitam no Tribunal.

O parágrafo único do art. 184-A do RI/STJ[5], outrora incluído pela Emenda Regimental n. 27, no ano de 2016, já previa quais recursos poderiam se submeter a julgamento virtual: embargos de declaração; agravo interno e agravo regimental.

Quando surpreendidos pela pandemia, essa forma de julgamento que então fora prevista para um futuro hipotético tornou-se prioridade de implementação, diante do grande número de recursos que necessitavam ser apreciados pelos órgãos colegiados.

Atualmente as três Seções especializadas do STJ se utilizam dessa ferramenta, com ajuda da tecnologia.

É bom recordar que, no início da reforma do CPC/1973, no ano de 1994, que foi sendo feita por etapas, introduziu-se o julgamento monocrático pelo Relator de um recurso ou um pedido, sem retirar a colegialidade, mecanismo esse encontrado para desobstruir as pautas de julgamento.

A jurisprudência então ganhou grande relevo, pois, havendo entendimento predominante ou dominante sobre determinadas questões, facultou-se ao relator decidir monocraticamente o recurso, cuja decisão, em querendo a parte, poderia ser impugnada por meio de agravo interno/regimental, momento em que o relator ou exerceria o juízo de retratação ou recorreria à atividade colegiada, levando o recurso para apreciação do órgão colegiado.

Assim, desde a reforma processual de 1994, coexistem dois sistemas – repita-se, sem ferir a essência do Tribunal, que consiste na colegialidade – o das decisões monocráticas, relativamente a questões com jurisprudência formada, e o dos julgamentos colegiados.

Atualmente, com a extensão da situação de pandemia, entendeu-se a necessidade premente de dar prioridade à realização de julgamentos virtuais, que acabou sendo implantada, por força regimental, iniciando-se assim uma nova era na prestação jurisdicional.

A tecnologia, nesse cenário, é aliada dos esforços humanos, fornecendo os recursos e as condições que permitiram que a missão constitucional do STJ não sofresse solução

---

4. BRASIL. Superior Tribunal de Justiça. *Emenda Regimental n. 36, de 24 de março de 2020*. Altera o artigo 184-A e o inciso III do art. 184-C do Regimento Interno do STJ. Brasília, DF: STJ, 26 mar. 2020. Disponível em: https://ww2.stj.jus.br/publicacao institucional/index.php/Regimento/article/view/3309/3947Acesso em: 11 jul. 2020.

5. BRASIL. Superior Tribunal de Justiça. *Regimento Interno*. Brasília, DF: STJ, [2020]. Disponível em: https://ww2.stj.jus.br/publicacaoinstitucional/index.php/Regimento/article/view/3309/3947. Acesso em: 11 jul. 2020.

de continuidade, garantindo ao jurisdicionado o acesso à justiça, protegendo a quem sofresse ameaça a direito ou atendendo aquele que tivesse direito violado.

2.2 Sessões por videoconferência

Há temas que exigem, seja por sua singularidade, seja por seu ineditismo, julgamento com a presença simultânea de todos os julgadores de um colegiado, possibilitando os debates e a participação dos patronos, com suas sustentações orais.

Ocorre que, considerando as recomendações da Organização Mundial da Saúde (OMS) a respeito do isolamento e do distanciamento social, a realização de sessões presenciais passou, por ora, a não ser mais permitida. Contudo, supera-se esse obstáculo realizando-se as sessões de julgamento por videoconferência, em plataformas específicas desenvolvidas para essa finalidade dentro da rede mundial de computadores – *Internet*.

A atividade jurisdicional, agora prestada nesse ambiente virtual, como antes na sua forma presencial, realiza-se com obediência aos princípios do contraditório e da ampla defesa, de modo a garantir o exercício dos direitos inerentes às partes litigantes.

2.3 Trabalho remoto

O sistema de informática do Tribunal já vinha desenvolvendo há alguns anos plataformas interativas para o desempenho do trabalho remoto para alguns servidores, na área judicial, a cargo de cada Ministro.

Com o advento da pandemia, como os grupos de riscos reúnem pessoas mais vulneráveis à eventual contaminação, era necessário, como fator de prevenção, o isolamento social. Todavia, não só isso. A covid-19 reconhecidamente é um vírus altamente contagioso, propagando-se com muita facilidade, o que poderia afetar a saúde de servidores, colaboradores, advogados, enfim, de todos os que circulam no Tribunal, agravando de forma insustentável a já grave situação social existente.

Dessa forma, ampliou-se o acesso ao trabalho remoto para um maior número de servidores, que, com a assistência da equipe de informática do Tribunal e da disponibilização dos recursos tecnológicos já desenvolvidos, puderam continuar laborando, de modo que a jurisdição pelos órgãos julgadores continuou a ser prestada, sem o perigo do contágio e da propagação do referido vírus.

2.4 Atendimento ao Advogado

Essenciais à administração da justiça, como dispõe a Constituição Federal, em seu artigo 133[6], os advogados têm a prerrogativa de serem atendidos pelos magistrados, conforme disciplina o Estatuto da Ordem dos Advogados do Brasil (OAB).

---

6. BRASIL. [Constituição (1988)]. *Constituição da República Federativa do Brasil de 1988*. Brasília, DF: Presidência da República, [2020]. Disponível em: http://www.planalto.gov.br/ccivil_03/constituicao/ constituicao.htm. Acesso em: 11 jul. 2020.

Os advogados, no exercício de seus misteres junto ao Tribunal, dentre outros, ocupam-se em realizar sustentações orais, acompanhar os julgamentos, prestar esclarecimentos aos relatores e aos julgadores acerca das questões de fato, entregar memoriais.

Com a restrição aos contatos pessoais ocasionada com a recente pandemia, as comunicações com os advogados, inicialmente, passaram a se dar de forma eletrônica ou telefônica. Com o transcorrer da situação, o STJ, buscando soluções mais eficientes, aperfeiçoou seus sistemas de modo que, agora, em seu *site* oficial, já se encontram os meios eletrônicos que cada gabinete de Ministro utiliza para atender os advogados.

2.5 Meios alternativos de resolução de conflitos no direto público

Juízes e advogados (públicos e privados) colaboram entre si, implementando estratégias com o objetivo de encontrar todos os meios legais para o deslinde das causas, notadamente no âmbito do Direito Privado, em se tratando de direitos disponíveis, que já conta com suporte legal para a resolução dos conflitos por meio da Conciliação e da Mediação, conforme dispõem os arts. 333 e 334 do CPC/2015[7].

No âmbito do Direito Público, ainda que haja a predominância da indisponibilidade dos direitos, há um real esforço da Administração Pública em buscar outras alternativas fora da jurisdição para resolver seus conflitos os com os particulares.

Como se sabe, o paradigma doutrinário tradicional traça incompatibilidade entre os direitos indisponíveis e o instituto da transação. Contudo, autores contemporâneos vêm se distanciando dessa rigidez, amparados pela produção legislativa e entendimento jurisprudencial, que se voltam para admitir, disciplinar e garantir a eficácia da resolução de vários conflitos por meios alternativos.

Nesse sentido, confiram-se alguns exemplos:

Na edição da Lei 13.140/2015[8], que dispõe sobre a mediação entre particulares como meio de solução de controvérsias, e sobre autocomposição de conflitos no âmbito da administração pública, abriu-se a oportunidade para mediação de direitos indisponíveis em seu artigo 3°: "Pode ser objeto de mediação o conflito que verse sobre direitos disponíveis ou sobre *direitos indisponíveis que admitam transação*" (grifo nosso).

Também no campo do Direito Tributário, encontra-se a Lei n. 13.988/2020[9], que trata da transação tributária. Tanto que a Procuradoria-Geral da Fazenda nacional, com vistas a dar a necessária efetividade às recentes normas, já baixou os atos necessários,

---

7. BRASIL. *Lei 13.105, DE 16 de março de 2015.* Código de Processo Civil. Brasília, DF: Presidência da República [2020]. Disponível em: http://www.planalto.gov.br/cci vil_03/_ato2015-2018/2015/lei/l13105.htm. Acesso em: 12 jul. 2020.

8. BRASIL. *Lei n. 13.140, de 26 de junho de 2015.* Dispõe sobre a mediação entre particulares como meio de solução de controvérsias e sobre a autocomposição de conflitos no âmbito da administração pública. Brasília, DF: Presidência da República, [2020]. Disponível em: http://www.planalto.gov.br/ccivil_03/_Ato2015-2018/2015/ Lei/L13140.htm. Acesso em: 12 jul. 2020.

9. BRASIL. *Lei n. 13.988, de 14 de abril de 2020.* Dispõe sobre a transação nas hipóteses que especifica relativas à cobrança de créditos da Fazenda Pública. Brasília, DF: Presidência da República, [2020]. Disponível em: http://www.planalto.gov.br/cci vil_03/_Ato2019-2022/ 2020/Lei/L13988. htm#:~:text =Art., natureza% 20trib ut%C3% A1ria%20ou% 20n%C3%A 3o%20tribut%C3%A1ria. Acesso em: 12 jul. 2020.

vendo a utilidade desse negócio jurídico processual como forma de reduzir os litígios, desde a substituição de garantias processuais a acordos para pagamento dos tributos, juros e multas com parcelamentos ou reduções, na esfera tributária.

Tudo para dar segurança jurídica e estímulos aos investimentos.

Neste tópico, ainda merecem destaque outras medidas adotadas pela Receita Federal:

a) permitido o diferimento para pagamentos de tributos, incluídos PIS, COFINS, contribuições, contribuição previdenciária sobre a receita bruta, Simples Nacional, prorrogação de parcelamento, desoneração temporária de imposto de importação, IPI, PIS, COFINS, sobre importações de bens para combater a covid-19, e do IOF sobre empréstimos.

b) ampliadas sessões virtuais, com a criação do CHAT – RFB; prorrogada a validade de CND e CPEND, bem como do prazo de entrega da Declaração de Imposto de Renda Pessoa Física (DIRPF) e da Declaração de Débitos e Créditos Tributários Federais (DCTF), mantido o calendário.

c) na parte aduaneira, a entrega antecipada de alguns bens e matérias-primas para o combate à covid-19.

d) suspensão de atos de cobrança por 90 dias, protestos, inscrições em dívida ativa da União e cobrança e exclusão de parcelamentos.

Essas medidas administrativas que impactam favoravelmente a sociedade também objetivam a diminuição da litigiosidade.

Nos demais campos da política pública, não é menor a preocupação de se buscar meios alternativos para a resolução de conflitos neste período da pandemia e, ainda, para além dele.

No encontro "Live da Academia do Futuro", no dia 9/7/2020, transmitido pelo canal da DFA Conceito no *YouTube*, tive a oportunidade de, em explanando acerca do auxílio da tecnologia para a efetividade da prestação jurisdicional, citar o debate ocorrido em outra *live*, pertinente à área da Saúde, em que se apresentou uma plataforma *online* desenvolvida pelo Núcleo de Resolução de Conflitos do Tribunal de Justiça do Estado do Rio de Janeiro (TJRP), para que, em até três horas, pudessem ser resolvidos os conflitos que surgissem entre clientes e operadoras na área de saúde complementar[10].

Projeta o Judiciário que, para o futuro, a utilização desse tipo de ferramenta, além de diminuir a judicialização dos conflitos, pode, por um lado, facilitar o acesso à Justiça por milhares de consumidores; por outro, reduzir as despesas das empresas com custas judiciais.

Essa forma de resolução alternativa em ambiente virtual, com a agilidade necessária para dar conta da crescente demanda de conflitos, somente é possível com a ampliação dos recursos tecnológicos da área da Informática, que desenvolve plataformas na rede

---

10. Live da Academia do Futuro com Ministros Luis Felipe Salomão, Ricardo Cueva e Benedito Gonçalves. Mediação Dr. Décio Freire. *Canal DFA Conceito*. YouTube. *Live* transmitida em 9 jul. 2020. (87 minutos). Disponível em: https://www.youtube.com/watch?v=GkZ9tpYmBVI&t=3368s. Acesso em: 13 jul. 2020.

mundial de computadores, de maneira a permitir o contato com as partes, de forma simultânea, sem o encontro pessoal.

3. CONCLUSÃO

Mesmo com o afastamento social, o esforço hercúleo das equipes especializadas, servidores, advogados e Ministros garantiu a continuidade da prestação jurisdicional, com qualidade e eficiência, no ambiente virtual. A luta foi vencida. E essa vitória impacta positivamente a sociedade e pode ser mensurada pela quantidade de julgados prolatados no primeiro semestre de 2020.

Por força de lei, os tribunais devem, com o encerramento das atividades do semestre, tornar públicas as estatísticas de seu desempenho no período e, no caso do STJ, os relatórios dão conta que a quantidade de julgamentos realizados, no período da pandemia, em regime de trabalho remoto, aumentou.

No ponto, o jornal eletrônico JOTA[11], no dia 8/7/2020, publica matéria sob o título "STJ: primeiras decisões em tempos de pandemia", e anuncia que o "tribunal tem imprimido, e muito, celeridade e efetividade aos seus processos em tempos de Covid-19", divulgando que os "números divulgados pelo próprio tribunal dão conta que, até o dia 14 de junho de 2020, com 67 sessões virtuais já realizadas, foram proferidas mais de 180 mil decisões em trabalho remoto".

Releva dizer que, no caso do STJ, o aumento da produtividade durante o período de pandemia vivido no primeiro semestre de 2020 não afastou, de modo algum, a segurança jurídica. Nesse sentido, o Informativo de Jurisprudência do STJ n. 673, de 10 de julho de 2020[12], dentre os precedentes trazidos nessa edição, duas teses se destacam em razão do grande relevo social e da segurança jurídica implicadas:

> A Terceira Turma, por unanimidade, estabeleceu que, "em virtude da pandemia causada pelo coronavírus (Covid-19), admite-se, excepcionalmente, a suspensão da prisão dos devedores por dívida alimentícia em regime fechado" (HC 574.495).

> No segundo destaque, a Quinta Turma, por unanimidade, decidiu que "a suspensão temporária do trabalho externo no regime semiaberto em razão da pandemia atende à Resolução n. 62 do CNJ, cuja recomendação não implica automática substituição da prisão decorrente da sentença condenatória pela domiciliar" (AgRg no HC 580.495).

Bem, ao final deste pequeno percurso histórico marcado por incertezas a desafiar nossas capacidades de superação em busca do bem comum e da paz social, cujo resultado dos esforços expendidos já podemos colher bons frutos, o sentimento que nos toma a todos encontra em Cícero sua explicação: "Quanto maiores são as dificuldades a vencer, maior será a satisfação".

---

11. PORTO, Leandro. RIBEIRO, Ana Gabriela Leite. STJ: primeiras decisões em tempos de pandemia. *JOTA*. 8 jul. 2020. Disponível em: https://www.jota.info/opiniao-e-analise/artigos/stj-primeiras-decisoes-em-tempos-de-pandemia-08072020. Acesso em: 12 jul. 2020.

12. BRASIL. Superior Tribunal de Justiça. *Informativo de Jurisprudência de 2020 n. 673*. Brasília, DF: STJ, 3 jul. 2020. Disponível em: https://ww2.stj.jus.br/publicacaoinstitucional/index.php/Informjuris20/article/view/4277/4496. Consulta em 12 jul. 2020.

4. REFERÊNCIAS

BRASIL. [Constituição (1988)]. *Constituição da República Federativa do Brasil de 1988*. Brasília, DF: Presidência da República, [2020]. Disponível em: . Acesso em: 11 jul. 2020.

BRASIL. Superior Tribunal de Justiça. *Emenda Regimental n. 36, de 24 de março de 2020*. Altera o artigo 184-A e o inciso III do art. 184-C do Regimento Interno do STJ. Brasília, DF: STJ, 26 mar. 2020. Disponível em: https://ww2.stj.jus.br/publicacao institucional index. php/Regimento/article/view/3309/3947. Acesso em: 11 jul. 2020.

BRASIL. Superior Tribunal de Justiça. *Informativo de Jurisprudência de 2020 n. 673*. Brasília, DF: STJ, 3 jul. 2020. Disponível em: https://ww2.stj.jus.br/publicacaoinstitucional/ index.php/Informjuris20article/view/4277/4496. Acesso em: 12 jul. 2020.

BRASIL. *Lei n. 13.105, DE 16 de março de 2015*. Código de Processo Civil. Brasília, DF: Presidência da República [2020]. Disponível em: http://www.planalto.gov.br/cci vil_03/_ato 2015-2018/2015/lei/l13105.htm. Acesso em: 12 jul. 2020.

BRASIL. *Lei n. 13.140, de 26 de junho de 2015*. Dispõe sobre a mediação entre particulares como meio de solução de controvérsias e sobre a autocomposição de conflitos no âmbito da administração pública. Brasília, DF: Presidência da República, [2020]. Disponível em: http://www.planalto.gov.br/ccivil_03/_Ato2015-2018/2015/ Lei/L13140.htm. Acesso em: 12 jul. 2020.

BRASIL. *Lei n. 13.988, de 14 de abril de 2020*. Dispõe sobre a transação nas hipóteses que especifica relativas à cobrança de créditos da Fazenda Pública. Brasília, DF: Presidência da República, [2020]. Disponível em: http://www.planalto.gov.br/cci vil_03/_Ato2019-2022/ 2020/Lei/L13988. htm#:~:-text=Art.,natureza% 20tribut%C 3% A1ria%20ou% 20n%C3%A 3o%20tribut%C3%A1ria. Acesso em: 12 jul. 2020.

BRASIL. Superior Tribunal de Justiça. *Regimento Interno*. Brasília, DF: STJ, [2020]. Disponível em: https://ww2.stj.jus.br/publicacaoinstitucional/index.php/Regimento/article/ view/3309/3947. Acesso em: 11 jul. 2020.

BRASIL. Superior Tribunal de Justiça. *Resolução STJ/GP n. 4 de 16 de março de 2020*. Brasília, DF: STJ, 17 mar. 2020. Disponível em: https://bdjur.stj.jus.br/jspui/bitstream/ 2011/140754/ Res_4_2020_PRE.pdf. Acesso em 12 jul. 2020.

BRASIL. Superior Tribunal de Justiça. *Resolução STJ/GP n. 12 de 20 de maio de 2020*. Brasília, DF: STJ, 21 maio 2020. Disponível em: https://bdjur.stj.jus.br/jspui/handle/ 2011/142734. Acesso em: 12 jul. 2020.

FORTES, Olga. LAMBERT, Soraya Galassi. Audiências trabalhistas pós-pandemia. *Jornal Valor Econômico*. 3 jul. 2020. Disponível em: https://valor.globo.com/legislacao/coluna /audiencias-trabalhistas-pos--pandemia.ghtml. Acesso em: 12 jul. 2020.

Live da Academia do Futuro com Ministros Luis Felipe Salomão, Ricardo Cueva e Benedito Gonçalves. Mediação Dr. Décio Freire. *Canal DFA Conceito*. YouTube. *Live* transmitida em 9 jul. 2020. (87 minutos). Disponível em: https://www.youtube.com/watch?v=GkZ9tpYm BVI&t=3368s. Acesso em: 13 jul. 2020.

PORTO, Leandro. RIBEIRO, Ana Gabriela Leite. STJ: primeiras decisões em tempos de pandemia. *JOTA*. 8 jul. 2020. Disponível em: https://www.jota.info/opiniao-e-analise/ artigos/stj-primeiras-decisoes--em-tempos-de-pandemia-08072020. Acesso em: 12 jul. 2020.

INTEGRAÇÃO DOS MEIOS DE RESOLUÇÃO DE CONFLITOS *ONLINE* (ODR) AOS SISTEMAS DE JUSTIÇA

Ricardo Villas Bôas Cueva

Doutor e Mestre em Direito. Ministro do Superior Tribunal de Justiça. Foi advogado, Procurador do Estado de São Paulo, Procurador da Fazenda Nacional e Conselheiro do Conselho Administrativo de Defesa Econômica.

Sumário: 1. Introdução. 2. Meios alternativos ou adequados de resolução de disputas (ADRs). 3. Meios de resolução de disputas *online* (ODRs). 4. Diretrizes éticas para o desenvolvimento da inteligência artificial (IA). 5. Considerações finais.

1. INTRODUÇÃO

A integração dos meios adequados ou alternativos de solução de controvérsias (ADRs) ao sistema de justiça remonta à Resolução 125/2010, do Conselho Nacional de Justiça, da qual emergiu uma política judiciária de estímulo a tais técnicas. A Lei da Mediação (Lei 13.140/2015) e o Código de Processo Civil de 2015 deram concretude a essa política, especialmente, este último, no artigo 165, que determina a criação, pelos tribunais, de centros judiciários de solução consensual de conflitos (CEJUSCs), e no artigo 334, que cuida da audiência de conciliação e mediação.

Agora se trata de também integrar ao sistema de justiça os meios de resolução de conflitos *online* (ODRs). A crise sem precedentes causada pela pandemia do vírus CO-VID-19 demonstrou, em poucos meses, que a atividade jurisdicional pode ser exercida sem sobressaltos com a utilização da tecnologia já disponível. Os resultados positivos nesse curto período, obtidos com a utilização de plataformas de videoconferência e de julgamentos virtuais, superaram todas as expectativas. Tornou-se lugar-comum dizer que o "novo normal" deverá levar em conta essas novas formas de trabalho. A crise, portanto, pode ser vista como rara oportunidade de transformação de antigas práticas judiciárias que vinham resistindo a mudanças.

É bem verdade que o Judiciário, no Brasil ao menos, tem feito maciços investimentos em tecnologia, especialmente no que diz respeito à digitalização dos processos e à de automação de rotinas e de procedimentos de trabalho, com o que já se constata um significativo aumento de produtividade. Mas isso não tem sido suficiente para enfrentar a crescente judicialização dos conflitos de todo tipo e, ao mesmo tempo, reduzir os obstáculos ao acesso à justiça.

Talvez a integração de ODRs ao Judiciário se preste a atingir esses dois objetivos, de modo a ampliar o acesso a soluções justas e céleres. É o que se pretende discutir neste breve artigo.

2. MEIOS ALTERNATIVOS OU ADEQUADOS DE RESOLUÇÃO DE DISPUTAS (ADRS)

Os métodos alternativos ou adequados de solução de conflitos (também conhecidos pelo acrônimo inglês ADR, de *alternative dispute resolution*) não dependem de intervenção judicial, mas de mecanismos extrajudiciais caracterizados por maior celeridade, informalidade, economia e flexibilidade. Não excluem o Poder Judiciário, mas precisam de sua cooperação para a efetividade de seus institutos.

Na arbitragem, um mecanismo de heterocomposição que se assemelha à adjudicação estatal, o terceiro neutro decide pelas partes. Na conciliação e na mediação, meios autocompositivos por excelência, os envolvidos têm o controle do resultado e dos termos do processo: o terceiro neutro não tem o poder para proferir uma decisão vinculativa, mas pode auxiliar na construção de uma solução. Na conciliação, o foco está no acordo: o conciliador atua de forma mais ativa a direcionar as partes e o procedimento, a fazer recomendações e sugestões, inclusive redigir propostas. Já na mediação, cabe ao mediador facilitar a comunicação e o entendimento quanto à pretensão dos litigantes, visando uma composição, mas com papel menos proativo, limitando-se a aproximá-los.

Embora a conciliação e a mediação nem sempre apresentem contornos muito definidos, no NCPC há uma distinção: o conciliador atua preferencialmente nos casos em que não houver vínculo anterior entre as partes, enquanto o mediador funciona de preferência em situações em que exista vínculo anterior (§§ 2º e 3º do art. 165).

A eficácia dos ADRs é controvertida. Sustenta-se, e não apenas no Brasil, que não realizaram plenamente as promessas que ampararam sua difusão ao longo das últimas quatro décadas. Uma das maiores dificuldades é o fato de que o terceiro neutro, o mediador, deve estar no mesmo ambiente físico que as partes, com todo tempo e custo envolvidos, à semelhança do Judiciário, num processo sincrônico. Isso leva ao questionamento: seriam as ADRs suficientemente diferentes dos tribunais para atingir os resultados esperados?[1]

3. MEIOS DE RESOLUÇÃO DE DISPUTAS *ONLINE* (ODRS)

A utilização de plataformas virtuais para facilitar a comunicação e a solução de disputas talvez seja a definição mais ampla de ODR. Especificamente, é um procedimento no qual se usa a internet para que as partes resolvam seus conflitos por meio de ADRs. É possível entender, ainda, que, na ODR, a tecnologia adiciona nova dimensão ao procedimento de resolução de disputas.[2]

Mas seria o uso desses mecanismos em nova plataforma tecnológica simplesmente mais uma modalidade de ADR? A questão é polêmica, mas há quem afirme se cuidar de novo meio de resolução de conflitos, no qual a plataforma, ou a tecnologia utilizada, funcionaria como uma espécie de "quarta parte".

---

1. SUSSKIND, Richard. *Online Courts and the future of Justice*. Oxford University Press, 2019, p. 60 (livro eletrônico).
2. LOEBL, Zbynek. Designing *Online Courts*: the future of justice is open to all. Holanda: Kluwer Law International, 2019 (livro eletrônico).

Seja como for, as plataformas eletrônicas permitem a apresentação do conflito perante um meio novo, sem os vícios ou preconceitos preexistentes. Não se trata de uma sala de audiências, mas de ambiente virtual onde as partes devem prestar alguma reverência a um terceiro neutro. Abre-se a possibilidade de uma avaliação rápida, objetiva e sem o temor de um prejulgamento apressado.

Além disso, os custos são significativamente menores. Basta uma conexão à internet, por meios próprios, ou com o auxílio de instrumentos proporcionados pelo Estado ou por empresas, para estabelecer diálogo elucidativo quanto à viabilidade da disputa.

Importante também assinalar que o tempo de resposta é muito menor. Da aproximação entre as partes surgem normalmente oportunidades para a prevenção e a contenção do conflito, até mesmo um desincentivo à sua escalação, dependendo do estágio do desentendimento. Por fim, a avaliação das perspectivas concretas de sucesso pode reduzir dramaticamente o viés de otimismo que normalmente caracteriza os postulantes.[3]

As plataformas de ODR permitem superar barreiras de acesso à justiça, como os custos de ajuizamento de ações judiciais e a distância e o deslocamento normalmente exigidos para a postulação presencial de um direito. Situações de conflito familiar, sobretudo quando houver dificuldade de aproximação física das partes, a exemplo de quadros de violência doméstica, são particularmente adequadas para sua utilização. O caráter impessoal do tratamento do conflito em ambiente virtual pode igualmente contribuir para a mitigação de vieses cognitivos nem sempre conscientes, como raça, gênero, orientação sexual, classe social, entre outros.

Dentre suas vantagens está a maior eficiência, que permite ao Judiciário alocar seus escassos recursos humanos e materiais para a solução de controvérsias mais complexas e/ou socialmente relevantes, notadamente quando se agregam ao uso do ambiente virtual técnicas de inteligência artificial que ensejam, por meio da mineração de dados (*big data*) e do aprendizado pelas máquinas (*deep learning*), o emprego de modelos de justiça preditiva, que prometem prevenir, conter e evitar a escalada dos conflitos.[4]

Já se discute também o uso de ODR para os chamados contratos inteligentes, que, codificados no *blockchain*, tenderão a reduzir dramaticamente os custos de transação, especialmente em operações internacionais, ao permitir sua execução automática. Entretanto, as próprias estatísticas indicam que os erros na codificação de contratos são maiores do que se pode tolerar e levarão a conflitos, os quais devem ser solucionados de modo rápido e eficiente. Daí a importância de que sejam resolvidos mediante o uso de ODR.[5]

Idealmente, os sistemas de ODR devem ser desenhados para conflitos nos quais as questões em jogo sejam relativamente claras, tanto o usuário quanto o administrador possam se beneficiar da eficiência derivada do uso da ODR, e desde que haja transparência e avaliações neutras periódicas. Ao revés, deve-se evitar o uso dessas ferramentas

---

3. SUSSKIND, Richard. *Online Courts and the future of Justice*. Oxford University Press, 2019, p. 62 (livro eletrônico).
4. CABRAL, Antonio do Passo. Processo e tecnologia: novas tendências. In: WOLKART, Erik Navarro; LAUX, Francisco de Mesquita; RAVAGNANI; Giovani dos Santos LUCON, Paulo Henrique dos Santos (Coord.). *Direito, processo e tecnologia* (livro eletrônico). São Paulo: Ed. RT, 2020.
5. SCHMITZ, Amy, and COLIN RULE. Online Dispute Resolution for Smart Contracts. *Journal of Dispute Resolution*, v. 2019, n. 2, 2019, p. 103-126. HeinOnline.

nos seguintes casos: quando (i) as questões jurídicas forem vagas e indefinidas, (ii) a afirmação de um precedente for importante, (iii) uma das partes não reconhecer o direito da outra, (iv) o processo venha a ser usado para postergar a solução do litígio e impedir a concretização do direito da outra parte e (v) ausentes a transparência e a auditabilidade do processo.[6]

Nos Estados Unidos, já há alguns anos, acumulam-se evidências empíricas de que a tecnologia de resolução de disputas *online* contribui decisivamente para a redução dos custos de transação incorridos pelas partes (transporte, horas de trabalho, cuidado com os filhos, despesas com assistência jurídica etc.), bem como para um o encurtamento da duração dos procedimentos, tudo em proveito de um acesso à Justiça mais amplo e efetivo.[7]

Embora os tribunais americanos já usassem ferramentas tecnológicas para realizar audiências à distância e modernizar práticas antigas, facilitando e ampliando ao cesso à justiça, os resultados não eram alentadores, até meados de março de 2020, quando a pandemia impôs a súbita adoção de novas tecnologias. Em consequência, o índice de comparecimento a audiências virtuais subiu dramaticamente. Vale notar que as plataformas permitem gravar e transcrever as audiências automaticamente, dispensando o custoso e demorado trabalho antes necessário para reduzi-las a termo.

A adesão entusiástica das partes e dos magistrados deve-se também às novas possibilidades abertas pelas plataformas de ODR, que aumentam a oferta de métodos de resolução de disputas, melhorando o fluxo e o caráter da informação, reduzindo a litigiosidade e minimizando as limitações financeiras e de tempo normalmente incorridas pelas partes. A comunicação torna-se mais estruturada e objetiva, o que facilita a resolução da disputa. Não somente os índices de comparecimento aumentaram, como também o número de decisões informadas.[8]

No Estado de Michigan decidiu-se por um experimento social amplo e inovador, aproveitando a rede de centros comunitários de mediação preexistente. Em todo o país, há cerca de 450 desses centros; em Michigan, 18, normalmente nas comarcas (*counties*) de caráter mais metropolitano. Partiu-se, então, após consulta a vários prestadores de serviço, de um pequeno sistema desenvolvido para negociar *online* multas de trânsito, pela empresa *Court Innovations*, para uma plataforma ampliada.

Os centros comunitários existem desde 1990, inicialmente para resolver pequenas causas e disputas de vizinhos e de inquilinato e hoje mediam quase todas as questões civis, em regime de jurisdição limitada, mas que processam cerca de 20 mil casos por ano. Ao longo de 18 meses, o tribunal desenvolveu com a *Court Innovations* uma plataforma chamada *MI-Resolve*.

---

6. MARTINEZ, Janet K. Designing Online Dispute Resolution. *Journal of Dispute Resolution*, v. 2020, n. 1, Winter 2020, pp. 135-150. HeinOnline.

7. J.J. Prescott. Improving Access to Justice in State Courts with Platform Technology, 70 *Vanderbilt Law Review* 1993 (2017). Disponível em: https://scholarship.law.vanderbilt.edu/vlr/vol70/iss6/15. Acesso em: 14 ago. 2020.

8. Joint Technology Committee (JTC), established by the Conference of State Court Administrators (COSCA), the National Association for Court Management (NACM) and the National Center for State Courts (NCSC), Judicial Perspectives on ODR and Other Virtual Court Processes, versão 1.0, aprovada em 18.05.2020. Disponível em: https://ssrn.com/abstract=3638459. Acesso em: 13 ago. 2020.

Na primeira fase, o programa abrangia metade do estado. Recentemente, passou a cobrir todo o estado. O sistema é administrado pelos centros locais, com supervisão do tribunal, sem acréscimo de custo, mas com cobertura 24 horas. O sistema é gratuito e funciona de modo semelhante aos da *Amazon* e do *eBay*, bastando o cadastro das partes, que têm sete dias para negociar livremente. Após esse período, um mediador é designado imediatamente. A função básica é a troca de *e-mails*, meio de comunicação assíncrono, com a possibilidade de envio de fotos e documentos digitalizados, sendo também possível fazer mediação por videoconferência e celebrar acordos já na forma preconizada pelos tribunais locais.[9]

O serviço é gratuito e permite aos usuários trafegar entre métodos de resolução de conflitos tradicionais, com audiências presenciais, e os métodos *online*. A plataforma mostrou-se capaz de atender às necessidades de grande parte dos jurisdicionados, que não mais precisam se deslocar. Outra vantagem está na maior espontaneidade dos depoentes em frente às câmeras, que podem estar em seus celulares, em seus computadores ou em qualquer outro aparelho conectado à internet.

No Brasil, segundo a Associação Brasileira de *Lawtechs & Legaltechs* (AB2L), há vinte *lawtechs* voltadas à resolução de conflitos *online*.[10] Há vários exemplos de plataformas bem-sucedidas: Sem Processo, Reclame Aqui, Vamos Conciliar, JusPro, eConciliar, eConciliador. Talvez o exemplo mais bem-sucedido de ODR endógeno entre nós, ou seja, de método ou sistema desenvolvido na própria empresa para seu uso, seja o "caso do Mercado Livre, que já alcançou 98,9% de desjudicialização por meio de técnicas de promoção das melhores experiências para seus consumidores e usuários."[11]

No setor público, a plataforma consumidor.gov, lançada em 2014 pela Secretaria Nacional do Consumidor (Senacon) do Ministério da Justiça, apresenta índice médio de resolução de 80% das reclamações apresentadas, em prazo aproximado de 6,5 dias, tendo processado mais de 2,4 milhões de reclamações. Tem uma base de 1,8 milhão de usuários cadastrados e mais de 600 empresas credenciadas. Em 2019, foram processadas 780.179 reclamações; 555.168 usuários cadastraram-se e 131 empresas foram credenciadas. O maior número de reclamações ocorre contra o setor de telecomunicações (quase 37%), seguido do setor bancário (aproximadamente 24%).[12] A plataforma, há pouco tempo, passou a contar com ferramenta que permite conexão ao PJ-e.

Um estudo recente sugere que o impacto da plataforma tem sido positivo, melhorando a proteção do consumidor mediante respostas rápidas, que previnem o ajuizamento de demandas judiciais e implicam, desse modo, redução de custos. Dentre suas recomendações, figuram a divulgação mais ampla nas regiões Norte e Nordeste, um esforço

---

9. Disponível em: https://getmatterhorn.com/michigans-mi-resolve-odr-an-outside-the-box-strategy-transcript/. Acesso em: 14 ago. 2020.

10. Disponível em: www.ab2l.org.br. Acesso em: 10 ago. 2020.

11. BECKER, Daniel; FEIGELSON, Bruno. Acesso à justiça para além de Cappelletti e Garth: a resolução de disputas na era digital e o papel dos métodos online de resolução de conflitos (ODR) na mitigação da crise de justiça no Brasil. In: WOLKART, Erik Navarro; LAUX, Francisco de Mesquita; RAVAGNANI, Giovani dos Santos; LUCON, Paulo Henrique dos Santos (Coord.). *Direito, processo e tecnologia* (livro eletrônico). São Paulo: Ed. RT, 2020.

12. Consumidor em números, 2019, Relatório da Secretaria Nacional do Consumidor do Ministério da Justiça e Segurança Pública.

adicional para diversificar os setores abrangidos, já que telecomunicações e bancos correspondem a quase 70% das reclamações, além de foco mais específico em parcerias com entidades locais, a fim de aumentar o alcance do programa.[13]

A principal aplicação das ODRs no Brasil tem sido nas relações de consumo, mas também os litígios com a Fazenda e o INSS poderão ser resolvidos em plataforma digital a ser brevemente lançada pelo Conselho Nacional de Justiça, como anunciado pelo Conselheiro Henrique Ávila.[14]

Os litígios relacionados à saúde pública e suplementar aumentaram exponencialmente, o que tem levado à procura de soluções mais eficientes. A Procuradoria-Geral do Estado do Rio de Janeiro, em parceria com as Defensorias Públicas do Estado e da União e as secretarias estadual e municipal da saúde, criou a Câmara de Resolução de Litígios de Saúde (CRLS), que já preveniu mais de 15 mil ações judiciais.[15] Um projeto instigante, no Tribunal de Justiça do Rio de Janeiro, sob a coordenação do Desembargador Cesar Cury, tem por objeto a criação de um centro especializado de solução de litígios de saúde suplementar, com a utilização maciça de meios eletrônicos nas várias fases em que se desdobra. Tal como anunciado no Congresso Internacional sobre Inovação e Mediação, realizado em março de 2018 pela Escola da Magistratura do Estado do Rio de Janeiro, na primeira fase, com apoio de instrumentos de inteligência artificial, as questões serão apresentadas em plataforma eletrônica que permitirá negociação direta com o próprio sistema, negociação direta com representante da empresa ou mediação *online*. Qualquer solução consensual derivada do sistema será levada à homologação judicial *online*. Caso não alcançado acordo, passar-se-á a uma segunda fase, com atendimento presencial e tentativas de mediação. Se nenhum desses esforços apresentar resultado positivo, terá lugar a judicialização.

A experiência de mediação *online* na recuperação judicial da OI S.A. – antes mesmo da Recomendação CNJ 58/19 – teve resultados muito significativos. Já no final da primeira fase, mais de 35 mil acordos haviam sido homologados, com o imediato pagamento de montante superior a R$ 10 milhões a credores no Brasil e em Portugal. Hoje, já foram homologados mais de 46 mil acordos.[16]

Algumas lições importantes já podem ser extraídas das experiências estudadas. O modo como os tribunais escolhem, financiam e desenvolvem a plataforma eletrônica é muito relevante para o sucesso da iniciativa.

As opções predefinidas e pré-configuradas proporcionadas pelos algoritmos podem limitar alguns dos vieses cognitivos associados às decisões humanas e contribuir para que

---

13. MILITÃO; SILVEIRA; LÉON; OLIVEIRA. Demandas do consumidor, resolução de conflitos *online* e inovação na administração pública: um estudo de caso da plataforma consumidor.gov no Brasil no período de 2014-2019. *Teoria e prática em administração*. 2020, p. 1-11.
14. Valor Econômico, seção Legislação & Tributos. Empresas poderão realizar mediações *online* com o INSS, p. E1, publicado em 10.08.2020.
15. Disponível em: https://pge.rj.gov.br/mais-consenso/camara-de-resolucao-de-litigios-de-saude-crls. Acesso em: 10 ago. 2020.
16. CURY, Cesar. Um modelo transdisciplinar de solução de conflitos: direito e tecnologia no processo de recuperação judicial no *leading case* Oi S/A. In: NUNES, Dierle; LUCON, Paulo; WOLKART, Erik (Coord.). *Inteligência artificial e direito processual*. Salvador: JusPodivm, 2020, p. 83-104.

se obtenham resultados mais justos. A análise de quantidades enormes de dados pode prever conflitos e indicar zonas de litigiosidade que mereçam maior atenção. Contudo, os algoritmos podem também conter vieses ocultos e tornar mais opaca a atividade de resolução de conflitos. Essa falta de transparência é vista como cavalo de Troia, com potencial de prejudicar o desenvolvimento das plataformas *online*.[17]

Os mediadores observam com frequência uma assimetria informacional entre os disputantes e se defrontam com o dilema de intervir ou não para equilibrar o nível de conhecimento sobre as regras aplicáveis ao caso. Esse dilema pode se tornar mais agudo no contexto da ODR. Como as plataformas de resolução de conflitos *online* normalmente veiculam explicações acerca dos direitos das partes, torna-se muitas vezes difícil distinguir informação de orientação jurídica, garantindo, ao mesmo tempo, paridade de armas e observância de princípios éticos que devem guiar cada uma das modalidades de resolução de disputas.[18]

Princípios de segurança, transparência e confidencialidade deverão se aplicar às ODRs. Algumas conclusões preliminares indicam que as plataformas funcionarão melhor quando: a) as questões forem claras; b) tanto o usuário final como o administrador do sistema se beneficiarem do ganho de eficiência; c) o *design* do sistema atender às necessidades daqueles que irão trabalhar com ele, inclusive os decisores; d) as intervenções ocorrerem preferencialmente "a montante", isto é, com instrumentos para prevenir conflitos; e) várias opções de ODR forem oferecidas, inclusive meios auto e heterocompositivos; f) investimentos forem feitos para treinamento adequado dos neutros, dos administradores e dos operadores do sistema, além de campanhas de educação dos usuários; g) o processo e o resultado forem transparentes e h) avaliações independentes periódicas ocorrerem.[19]

4. DIRETRIZES ÉTICAS PARA O DESENVOLVIMENTO DA INTELIGÊNCIA ARTIFICIAL (IA)

A implantação muito acelerada das plataformas de resolução de conflitos certamente exigirá algumas transformações também no que diz respeito aos padrões aplicáveis a essa nova atividade. A literatura especializada aponta alguns dilemas éticos a serem debatidos para que se garanta a independência, a imparcialidade e a justeza das novas técnicas. A supervisão dos algoritmos utilizados, por exemplo, será uma necessidade.

É fundamental que o uso da inteligência artificial seja acompanhado da observância de princípios éticos, tais como aqueles definidos na Conferência de Asilomar: (1) transparência judiciária, ou seja, qualquer envolvimento de um sistema autônomo na tomada de decisões judiciais deve fornecer uma explicação satisfatória e passível de auditoria por uma autoridade humana competente. (2) valores humanos, significando que os sistemas de IA devem ser projetados e operados de forma a serem compatíveis com ideais de

---

17. RABINOVICH-EINY, Orna; KATSH, Ethan. The new Oran courts, *American University Law Review*, v. 67, p. 165-215, 2017.
18. QUEK ANDERSON, Dorcas. *Old ethics in new wineskins?* Examining the ethical difficulties in court online dispute resolution (2019). Research Collection School Of Law. Disponível em: https://ink.library.smu.edu.sg/sol_research/2920. Acesso em: 13 ago. 2020.
19. MARTINEZ, Janet K. Designing online dispute resolution, *Journal Dispute Resolution*, Winter 2020, 135.

dignidade humana, direitos, liberdades e diversidade cultural; (3) privacidade pessoal, visto que as pessoas devem ter o direito de acessar, gerenciar e controlar os dados que geram, dado o poder dos sistemas de IA para analisar e usar esses dados; e, por último, (4) liberdade e privacidade, entendendo-se que a aplicação de dados pessoais não deve restringir injustificadamente a liberdade real ou percebida das pessoas.

Relevantes também são as "Diretrizes para uma Inteligência Artificial Confiável", publicadas em abril de 2019 pela União Europeia, que podem ser assim resumidas: a) intervenção e supervisão humana: os sistemas de IA devem favorecer sociedades equitativas, apoiando a ação humana e os direitos fundamentais, e não diminuir, limitar ou desorientar a autonomia humana; b) robustez e segurança: os algoritmos devem ser seguros, confiáveis – e robustos o suficiente para enfrentar os erros e as inconsistências durante todo o ciclo de vida dos sistemas de IA; c) privacidade e governança de dados: os cidadãos devem ter controle total sobre seus próprios dados, que não devem ser usados – para prejudicá-los ou discriminá-los; d) transparência: os usuários devem sempre saber quando um sistema de IA está sendo utilizado; e) diversidade, não discriminação e equidade; f) bem-estar social e ambiental e g) prestação de contas, de modo a permitir a responsabilização pelo uso de sistemas de IA.

A Resolução CNJ 332, de 21/8/2020, de modo pioneiro, dispõe sobre a "ética, a transparência e a governança na produção e no uso da Inteligência Artificial no Judiciário". Já em seus *consideranda*, a resolução se vincula aos direitos fundamentais e a critérios éticos de transparência, previsibilidade, auditabilidade, imparcialidade e de garantia de justiça substancial. Invoca a Carta Europeia de Ética sobre o Uso de IA em Sistemas Judiciários e professa respeito a princípios de igualdade, não discriminação, pluralidade e solidariedade.

Enuncia também regras de prestação de contas e de responsabilização, embora estabeleça, de forma genérica, sem indicação de competências ou de procedimentos, que "o modelo de Inteligência Artificial deverá ser homologado de forma a identificar se preconceitos ou generalizações influenciaram seu desenvolvimento, acarretando tendências discriminatórias no seu funcionamento" (art. 7º, § 1º). A proposta de resolução não foi objeto de consulta pública e é provável que, ao menos nesse ponto, seja emendada. Desde logo é possível antever dois riscos principais: permissividade, já que o procedimento de homologação não foi concebido e não tem se prestado a identificar preconceitos ou generalizações, ou, em sentido oposto, limitação infundada ao desenvolvimento de IA no Judiciário. Apesar de tantos méritos, reconhecidos até no exterior, parece ter havido açodamento na aprovação de proposta que, além de não ter sido submetida a consulta pública, parece confundir conceitos elementares, como a homologação efetuada rotineiramente como procedimento de TI, de um lado, e a verificação de conformidade a preceitos jurídicos, de outro.

De todo modo, no que interessa, é necessário que os sistemas de inteligência artificial permitam a revisão da proposta de decisão e dos dados usados para sua elaboração (art.17, II). Os usuários externos têm de ser informados quanto à utilização de IA, destacando-se que a proposta de solução não é vinculante e deve se submeter à análise da autoridade competente. Os algoritmos utilizados para tais finalidades precisam ser explicados de forma clara, de sorte a esclarecer todos os passos que conduzem aos resultados, e estão sujeitos à supervisão de magistrado (arts. 18 e 19).

5. CONSIDERAÇÕES FINAIS

É bem provável que os meios de resolução de conflitos *online*, que até o início da pandemia eram praticamente confinados às plataformas de comércio eletrônico, passem também a se integrar à atividade jurisdicional corriqueira, como porta de entrada no ao sistema de justiça.

Já há experiências muito significativas nos Estados Unidos nessa área. No Estado de Michigan, por exemplo, já se relata uma renovada expectativa de sucesso das ODRs com a criação deu um sistema denominado MI-Resolve, que consiste, basicamente, na interligação dos centros de mediação já existentes no estado com a nova plataforma eletrônica, de modo que é possível hoje iniciar mediação sem a prévia existência de um processo judicial ou mesmo no curso da ação.

Transpondo essas experiências para a realidade brasileira, não é difícil imaginar a integração dos centros judiciários de solução de conflitos espalhados pelo país em um único sistema interligado pela internet, com apoio de algoritmos e de ferramentas de inteligência artificial, sem abandonar a mediação presencial.

É igualmente imperioso que se considere, em um futuro próximo, a possibilidade de se exigir a universalização de boa conexão com a internet como infraestrutura essencial para o exercício da cidadania, assim como água, esgoto e eletricidade.

A flexibilização do procedimento, por outro lado, é fundamental para que os sistemas de justiça não apenas tenham várias portas de entrada, ou seja, permitam a resolução efetiva de conflitos por qualquer meio, mas que também sejam dotados de várias trilhas, a ensejar mudanças nos procedimentos judiciais, de acordo com as necessidades de cada tipo de conflito.

DESJUDICIALIZAÇÃO DO DIREITO À SAÚDE À LUZ DA ANÁLISE ECONÔMICA DO DIREITO

Joel Ilan Paciornik

Mestre em Direito pela Universidade Federal do Rio Grande do Sul (UFRGS). Ministro do Superior Tribunal de Justiça.

José Laurindo de Souza Netto

Pós-Doutor em Direito pela Faculdade de Direito da Universidade *Degli Studi di Roma "La Sapienza"*. Doutor em Direito pela Universidade Federal do Paraná. Desembargador do Tribunal de Justiça do Estado do Paraná. 2º Vice-Presidente do Tribunal de Justiça do Estado do Paraná na Gestão 2019/2020.

Anderson Ricardo Fogaça

Mestre em Direito pela Universidade Internacional – UNINTER. Professor da Escola da Magistratura do Paraná – EMAP. Juiz de Direito em Segundo Grau do Tribunal de Justiça do Estado do Paraná.

Sumário: 1. Introdução. 2. O direito fundamental à saúde. 3. A análise econômica do direito como ferramenta transdisciplinar. 4. A desjudicialização como forma de acesso à justiça. 5. Mediação sanitária e os métodos adequados de resolução de conflitos. 6. Conclusão. 7 Referências.

1. INTRODUÇÃO

O presente artigo visa demonstrar como a desjudicialização do direito à saúde pode garantir ao paciente, sob o ponto de vista da Análise Econômica do Direito (AED) – considerando o número crescente de demandas por prestações sanitárias em trâmite no Brasil –, uma maior efetividade e eficiência ao direito de acesso à justiça.

Há tempos nota-se que o acesso à justiça vem sendo utilizado de maneira predatória: os jurisdicionados enxergam a ação judicial como a porta de entrada para a resolução de seus problemas, e não como última *ratio*. Essa cultura da litigiosidade vem implicando num considerável aumento nos gastos públicos com demandas individuais, o que não se coaduna com um sistema de justiça sustentável – que reclama acessibilidade por todos e produção de resultados que sejam individual e socialmente justos.

Cada processo em trâmite, no Brasil, tem um valor muito elevado. Se considerarmos que o Poder Judiciário, em todas suas esferas de competência, segundo dados do Justiça em Números 2019,[1] do Conselho Nacional de Justiça, teve um total de despesa,

---

1. Justiça em números 2019: ano-base 2018. Conselho Nacional de Justiça. Brasília. 2019.

em 2018, de cerca de 93,7 bilhões de reais, equivalente a 1,4% do Produto Interno Bruto (PIB) nacional, e que 2018 foi finalizado com 78,7 milhões de processos em trâmite, conclui-se que cada processo, do mais simples ao mais complexo, custa, em média, R$ 1.190,59 por ano, valor gasto manutenção de sua estrutura física e de recurso humano.

Segundo o mesmo relatório Justiça em Números 2019, o Poder Judiciário custou, em 2018, R$ 449,53 por habitante, valor extremamente alto para uma sociedade tão desigual como a brasileira, visto que este valor corresponde a, aproximadamente, 45% do salário mínimo nacional.

A manutenção do sistema de justiça tem um elevado custo de transação – sensível nas demandas sanitárias – exigindo-se que se torne economicamente sustentável e mais eficiente para que o Poder Judiciário se ocupe de demandas mais complexas e sensíveis para os indivíduos, devendo ser evitada a judicialização de questões que poderiam ser resolvidas fora do sistema de justiça (extrajudicialmente).

Deve-se fazer uma releitura do direito de acesso à justiça para além do acesso a uma ordem jurídica justa, efetiva e célere, para que também seja considerado acesso à justiça o acesso a qualquer forma de resolução de conflitos, judicial ou extrajudicial, ou, melhor dizendo, o acesso à justiça deve ser entendido como acesso ao direito.

O Professor Kazuo Watanabe defende essa concepção de acesso à justiça, mais ampliada[2]. Para ele, o acesso à "ordem jurídica justa" é o termo utilizado para a atualização do conceito de acesso à justiça. Se escreve a palavra "justiça" com "j" minúsculo para indicar que o acesso à justiça não é apenas o acesso aos tribunais, mas a todo o sistema que existe no âmbito oficial, seja privado ou público, que tenha aptidão para promover uma ordem jurídica mais justa.

Há setores importantes do Poder Judiciário que promovem essa abertura do acesso à justiça para outros meios de resolução de conflitos, fora do ambiente judicial, e que coloca o Poder Judiciário como protagonista de uma política judiciária em favor da desjudicialização dos conflitos.

A excessiva judicialização do direito à saúde trouxe diversos e novos desafios para os operadores do direito e para os gestores públicos, causando despesas bilionárias para o orçamento público que antes não existiam e que geram diversas externalidades negativas para a gestão do Sistema Único de Saúde.

Segundo Ivo Gico Junior[3], para a Análise Econômica do Direito, a justiça somente é realizada quando, necessariamente, pressupõe a eliminação de desperdícios. Na realidade, o escopo dessa ordem de raciocínio mira difundir o questionamento medular da ciência econômica, a dizer, como administrar necessidades infinitas diante de recursos limitados. Essa pedra de toque, por seu turno, remete o debate à noção de eficiência, pois o real objetivo da Análise Econômica do Direito é o de atingir o maior grau de eficiência possível na aplicação de recursos.

---

2. WATANABE, Kazuo. *Acesso à ordem jurídica justa* (conceito atualizado de acesso à justiça) Processos Coletivos e outros Estudos. Belo Horizonte: Editora Del Rey, 2019.

3. JUNIOR, Ivo Gico. Introdução ao Direito e Economia. In: TIMM, Luciano Benetti (Org.). *Direito e economia no Brasil*: estudos sobre a análise econômica do direito. 3. ed. Indaiatuba: Foco, 2019. p. 27.

É nesse sentido que a Análise Econômica do Direito (AED – também conhecida por *juseconomia*, ou Direito e Economia em decorrência da acepção talhada pelos americanos: *law and economics*) evidencia-se útil e profícua, na medida em que possui como vetores decisórios a eficiência, a otimização dos recursos e o melhor manejo das eventuais relações de custos e benefícios.

Segundo Luiz Fux e Bruno Bodart[4], uma das principais características da Análise Econômica do Direito é a concentração do exame das normas jurídicas exclusivamente nas suas consequências, ou seja, importa para a AED os efeitos das leis e decisões judiciais causados no grupo que pretendem atingir, ou que atingem não intencionalmente.

Por mais paradoxal que possa parecer (à primeira vista), a hipótese formulada neste artigo, travestida na forma de indagação ao leitor, é a seguinte: *à luz da Análise Econômica do Direito (AED), a desjudicialização do direito à saúde é uma forma de tornar mais eficiente o acesso à justiça ao paciente?*

Almeja-se demonstrar como a desjudicialização do direito à saúde é economicamente mais vantajosa e fator capaz de contribuir para que os conflitos envolvendo o direito à saúde sejam resolvidos com mais celeridade e efetividade, ao mesmo tempo em que tornam mais eficiente o acesso à justiça ao paciente.

2. O DIREITO FUNDAMENTAL À SAÚDE

O direito fundamental à saúde, como direito social expressamente previsto no art. 6º da Constituição, ganhou enorme importância nos últimos anos, passando de um direito pouco discutido no meio jurídico, para um direito objeto de intensa judicialização e debate na atualidade, dada a interpretação conferida pelo Supremo Tribunal Federal[5] de que um direito social não pode se constituir em uma promessa inconsequente da Constituição, sendo dever do Estado promover políticas públicas que proporcionem a satisfação progressiva desses direitos.

Um Estado que garante o direito à saúde resguarda a dignidade de seus cidadãos e reconhece, assim, o valor intrínseco que cada ser humano tem, garantindo parcela fundamental de sua dignidade.

Por diversos fatores o Estado brasileiro falha, desde a promulgação da Constituição Federal de 1988, em seu art. 196, em cumprir uma de suas promessas mais sensíveis: garantir o acesso universal e igualitário das pessoas à saúde.

Esse acesso universal e igualitário gera a expectativa em todos os cidadãos de que o Estado deve suprir as necessidades relacionadas à sua saúde, independentemente do custo, e fazendo uso de toda e qualquer tecnologia nova que surge todos os dias, ou seja, as necessidades são infinitas.

---

4. FUX, Luiz. BODART, Bruno. *Processo Civil e Análise Econômica*. Rio de Janeiro: Forense, 2019, p. 2.
5. BRASIL. Supremo Tribunal Federal. Agravo Regimental 564.978, de relatoria do Ministro Joaquim Barbosa. *Diário da Justiça Eletrônico 06.12.2005*; BRASIL. Supremo Tribunal Federal. Agravo Regimental 570.455, de relatoria do Ministro Celso de Mello. *Diário da Justiça Eletrônico 15.02.2006*; e BRASIL. Supremo Tribunal Federal. Recurso Extraordinário 931.754, de relatoria do Ministro Celso de Mello. *Diário da Justiça Eletrônico 16.02.2006.*

Essa frustração quanto ao cumprimento espontâneo dessas infinitas necessidades por parte da Administração Pública, aliada a um ativismo judicial consubstanciado na interpretação do texto constitucional pela qual a saúde do indivíduo sempre deve prevalecer sobre o orçamento[6], independentemente de seu custo para os cofres públicos, fez com que cada vez mais cidadãos passassem a se valer do Poder Judiciário para acessar as prestações à saúde prescritas por seus médicos.

Dados obtidos pelo Instituto de Ensino e Pesquisa (Insper), a partir de pesquisa solicitada pelo Conselho Nacional de Justiça, revelam que houve um crescimento anual de 130% no número de ações envolvendo o direito à saúde no período de 2008 a 2017. Para se ter uma ideia a respeito da dimensão desse aumento, tem-se que, no mesmo período, o número de processos em geral cresceu cerca de 50%.[7]

Consta ainda que em sete anos a União teve um crescimento de aproximadamente 13 vezes nos gastos com demandas judiciais, atingindo R$ 1,6 bilhão em 2016. Embora esse valor seja pequeno diante do total do orçamento público para a saúde, "representa parte substancial do valor disponível para alocação discricionária da autoridade pública, atingindo níveis suficientes para impactar a política de compra de medicamentos, um dos principais objetos das demandas judicial".[8]

Diante desse quadro de aumento de demandas judiciais individuais com pedidos envolvendo novas tecnologias e de alto custo para o orçamento público, o Poder Judiciário começou a exercer a autocontenção e impor alguns limites para o direito à saúde, como o registro na ANVISA, dentre outros requisitos, para a concessão de medicamentos.

Esses limites são importantes porque evitam os excessos, como os tratamentos de alto custo com medicação ainda em fase de testes e tratamentos no exterior.

Ainda que alguns limites tenham sido impostos, o direito à saúde continua sendo um dos mais demandados, e uma das inquietações atuais envolve o fornecimento de um bem da vida (o direito à saúde) no menor tempo possível e de forma mais eficiente, com a preocupação de evitar o congestionamento dos tribunais com um número cada vez maior de questões que poderiam ser resolvidas antecipadamente.

3. A ANÁLISE ECONÔMICA DO DIREITO COMO FERRAMENTA TRANSDISCIPLINAR

A Análise Econômica do Direito (AED) é o ramo do conhecimento que emprega ferramentas teóricas e empíricas da economia, e de outras ciências com ela relacionadas, no campo do direito, a fim de auxiliar o operador do direito na interpretação e aplicação das normas jurídicas, tendo as consequências como alvo.

---

6. BRASIL. Supremo Tribunal Federal. Recurso Extraordinário 195.192/RS, de relatoria do Ministro Celso de Mello. *Diário da Justiça Eletrônico 31.03.2000.*
7. Judicialização da saúde no Brasil: perfil das demandas, causas e propostas de solução. Conselho Nacional de Justiça – Brasília. 2019.
8. Ibidem.

Uma vez entendida a saúde como um direito de todos e dever do Estado (sopesada a filtragem acima proposta), mostra-se vívida a obrigação estatal de concretizar o núcleo essencial desse direito fundamental.

O Estado deve encontrar os melhores meios de proporcionar a todos os cidadãos o mais amplo – e possível – atendimento na rede pública de saúde, cabendo principalmente ao Poder Judiciário, quando a Administração Pública se omite ou falha nesse atendimento, fornecer os meios necessários para que esse direito seja avaliado pelos entes competentes e, se for o caso, efetivado de forma mais célere e eficiente possível, na medida em que a saúde, naturalmente, não pode esperar.

A Análise Econômica do Direito fornece as ferramentas necessárias, retiradas de outros ramos do saber, para que o operador do direito, treinado a se guiar apenas pela aplicação das normas jurídicas, sem levar em conta as consequências desta ou daquela interpretação, avalie qual o melhor caminho para se chegar ao mesmo resultado ou como maximizar o resultado.

Em Análise Econômica do Direito trabalha-se, em regra, com *trade offs*, ou seja, a escolha de uma opção deve conduzir, necessariamente, à renúncia de outra, escolha esta precedida de uma análise consequencialista.

No caso do direito à saúde, o acesso aos tribunais garante o acesso do cidadão à sua necessidade por medicamento ou tratamento por parte do Sistema Único de Saúde? Existem outas formas que podem maximizar esse acesso, minimizando eventuais danos colaterais, como o congestionamento do sistema de Justiça?

4. A DESJUDICIALIZAÇÃO COMO FORMA DE ACESSO À JUSTIÇA

Considerando o elevado custo de cada processo judicial, como visto na parte introdutória, é forçoso reconhecer que a judicialização tem um custo muito alto para continuar sendo incentivada ou facilitada pelo sistema de justiça. Para piorar a situação, nosso sistema padece de uma crescente perda de funcionalidade. Conforme o já citado relatório Justiça em Números 2019, do CNJ, no final de 2018 havia cerca de 78,7 milhões de processos para pouco mais de 18.000 magistrados, com uma taxa de congestionamento[9] média de 71,2%.

Constatou-se pelo referido relatório que 2017 foi o primeiro ano da série histórica em que houve manutenção do acervo de processos em relação ao ano anterior, que até então só apresentava crescimento. Em 2018, de fato houve redução no volume de casos pendentes, com queda de quase um milhão de processos judiciais em relação ao ano anterior (-1,4% processos em relação a 2017).[10]

A produtividade do juiz brasileiro aumenta a cada ano, e atingiu o maior valor da série histórica em 2018. Cada juiz, em 2018, solucionou 1.877 processos, ou seja, uma

---

9. A taxa de congestionamento mede o percentual de processos que ficaram represados sem solução, comparativamente ao total tramitado no período de um ano. Quanto maior o índice, maior a dificuldade do tribunal em lidar com seu estoque de processos. (Justiça em Números... op. cit., p. 95).
10. Justiça em números 2019: ano-base 2018. Conselho Nacional de Justiça. Brasília. 2019.

média de 7,5 casos solucionados por dia útil do ano, sem descontar períodos de férias e recessos[11], um aumento de 10,7% em relação ao ano de 2014.

Percebe-se que o Poder Judiciário evoluiu nos últimos anos em sua gestão, tendo alcançado um resultado positivo com a diminuição de processos em 2018 e o crescente aumento da produtividade dos juízes, mas os números divulgados não deixam dúvida sobre a existência de um excesso de litigiosidade, que sobrecarrega o sistema de Justiça, provocando-o a promover e incentivar o uso de outros meios de acesso à justiça.

Isso não é novidade, pois o direito de acesso à justiça está historicamente alinhado ao aspecto da rivalidade, o que faz com que a consequência natural desse direito seja o incentivo à sobreutilização dos serviços públicos adjudicatórios, o que acaba por desencadear a morosidade do sistema de Justiça[12], e, por sua vez, o alto congestionamento de processos[13].

A facilitação demasiada de acesso aos tribunais pode ter como consequência o congestionamento do sistema de Justiça em razão do aumento das demandas frívolas, cujos conflitos poderiam ser resolvidos de forma extrajudicial, em prejuízo daqueles que realmente necessitam de uma tutela jurisdicional, fato este chamado de tragédia dos comuns, que bem ilustra a relação desarmônica entre necessidades infindáveis e recursos limitados.

Julio Guilherme Muller[14] faz uma ressalva quanto à quantidade de processos, que exorbita o número de juízes provocando uma situação de desequilíbrio que, na economia, é apresentada pela influência mútua entre demanda e oferta. O período que os magistrados dispõem para a consecução das atividades judiciárias é insuficiente à luz do avanço da demanda, somado, ainda, a outros fatores (orçamento, número de juízes e servidores, quantidade de horas de trabalho diárias, direitos e deveres funcionais). O resultado deste desequilíbrio é o aumento da duração dos processos.

Partindo-se das lições de Loïc Cadiet,[15] os indivíduos em conflito têm, na atualidade, um dever cívico e uma seriedade social voltados ao exaurimento das vias alternativas para solução dos conflitos antes de buscar o Judiciário. Isto é, o juiz não pode ser visto como a primeira opção para os litigantes, mas, sim, como a última.

Assim, é necessário se pensar na concepção contemporânea do direito fundamental de acesso à justiça.

O Professor Kazuo Watanabe[16] defende que o acesso à justiça deve ser interpretado na atualidade numa dimensão mais ampla, como acesso a uma ordem jurídica justa,

---

11. Ibidem.
12. GICO JR., Ivo Teixeira. A tragédia do Judiciário. *RDA – Revista de Direito Administrativo*, Rio de Janeiro, v. 267, set./dez.2014, p. 192.
13. Id. A natureza econômica do direito e dos tribunais. *Revista Brasileira de Políticas Públicas*, Brasília, v. 9, n. 3, 2019. p. 30 e ss.
14. MÜLLER, Julio Guilherme. *Negócios processuais e desjudicialização da produção da prova*. 2. ed. Salvador: JusPodivm, 2017.
15. CADIET, Loïc. La desjudicialización: informe introductorio. *Convenciones Procesales*: Estudios sobre negocio jurídico y proceso. Lima: Raguel Ediciones, 2015. p. 52.
16. WATANABE, Kazuo. *Acesso à ordem jurídica justa* (conceito atualizado de acesso à justiça) Processos Coletivos e outros Estudos. Belo Horizonte: Editora Del Rey, 2019.

envolvendo não apenas a esfera judicial, mas também a extrajudicial. O acesso à justiça está garantido ao indivíduo não somente em situação de conflitos, mas também quando envolver problemas jurídicos que impeçam o pleno exercício da cidadania. Ele cita como exemplo a dificuldade do cidadão para a obtenção de seus documentos ou de seus familiares e, nesse ponto, o PoupaTempo, do Estado de São Paulo, que facilita esse acesso, assegura ao cidadão o acesso à justiça nessa concepção mais ampla.

Nesse contexto, surge a desjudicialização do direito à saúde como uma das alternativas que melhor atende o cidadão, que terá uma resposta mais efetiva do Estado.

A efetividade remete ao conceito de eficiência e eficácia. É efetivo aquele que realiza uma atividade da melhor maneira possível, ou seja, em menor tempo e com menos desperdício de material (eficiência) e alcança o objetivo proposto (eficácia). Só há efetividade, portanto, se o agir for eficiente e eficaz.

A desjudicialização deve ser considerada como uma forma de acesso à justiça que pode ser executada fora do ambiente judicial, pelos próprios indivíduos, e é promovida pelos métodos alternativos de resolução de conflitos, também conhecidos como ADR (*alternative dispute resolution*).

A desjudicialização não significa que o Judiciário irá se esquivar do cumprimento de sua missão institucional, ao contrário, o acesso aos tribunais é uma garantia constitucional, tratando-se, inclusive, de um direito fundamental.

Toaldo e Berghahn,[17] com base no fundamento de Georges Gurvitch – o qual acredita que a evolução do direito deve ser buscada na própria sociedade, e não na lei ou na jurisprudência –, aludem à concepção de um movimento pró-desjudicialização estabelecido por meio de uma alteração de condutas de analogias interpessoais que envolvem os profissionais de saúde, as instituições de serviços correlatos e os cidadãos/pacientes.

Promove-se a emancipação do indivíduo, que deixa de ser mero espectador da resolução do conflito, que seria decidido por um terceiro imparcial (Estado-juiz), e passa a ser o protagonista na construção da solução adequada ao conflito.

Com essa alteração de comportamento, que fomenta uma inovação na maneira de abordar os litígios relacionados à área da saúde, surge a necessidade de se priorizar a solução pacífica de controvérsias de maneira a atenuar a judicialização e dar outra perspectiva à realização do direito à saúde.

Como a desjudicialização pode ser entendida como uma forma de se garantir o acesso à justiça, ainda que fora do ambiente judicial, pode-se concluir que a desjudicialização se trata, também, de um direito fundamental (art. 5º, XXXV, CF), e, nessa medida, deve ser estimulada pelo Estado para que a iniciativa privada e o próprio Poder Público disponibilizem ao indivíduo, sempre que possível, opções legais para a solução consensual de seus conflitos (art. 3º, § 2º, CPC), ainda que alternativos à jurisdição estatal.

---

17. TOALDO, Adriane Medianeira; BERGHAHN, Márcia Muhlbaier. Desjudicialização do Direito à Saúde: a integração entre a sociedade e o estado como alternativa de enfrentamento. In: COSTA, Marli Marlene Moraes da; RODRIGUES, Hugo Thamir (Org.). *Direito & Políticas Públicas IX*. Curitiba: Multideia, 2014.

De fato, a desjudicialização é uma forma de conferir maior eficiência econômica e temporal à gestão do sistema de justiça, garantindo, ao mesmo tempo, o mais efetivo e célere acesso à justiça.

5. MEDIAÇÃO SANITÁRIA E OS MÉTODOS ADEQUADOS DE RESOLUÇÃO DE CONFLITOS

A professora Ada Pellegrini Grinover[18] relata que, no âmbito dos métodos consensuais de solução de conflitos, agora com destaque na legislação brasileira, o instituto da mediação pode se apresentar como uma possibilidade eficaz ao abundante número de lides enfrentado diariamente pelos tribunais. E entre os estudiosos e juristas é de comum acordo a necessidade do acolhimento de um novo método e uma nova cultura no campo do Sistema Único de Saúde (SUS), sendo sugerida a mediação do direito à saúde (ou sanitária) como uma maneira de se empregar essa nova possibilidade acerca das demandas de saúde.

Enfatiza Assis[19] que a mediação sanitária traz privilégios extensos no tocante aos procedimentos de prestação de serviços de saúde pois proporciona o diálogo entre os indivíduos implicados e antepõe a construção de soluções que tendem à satisfação do direito não de uma maneira independente, mas conjuntamente com a procura pela melhoria do sistema como um todo.

A relação mais próxima que se institui entre os envolvidos ao participarem da mediação faz com que se obtenha a redução e prevenção de litígios, e isso ocorre graças à conexão que se forma entre todos os envolvidos, médicos, gestores e usuários.

À vista disso, a mediação sanitária consiste em promover um acordo entre as partes, por meio de um facilitador, com a participação de diversos atores envolvidos na gestão do sistema de saúde e do sistema de justiça, mediando o conflito entre o paciente e o gestor da saúde com o desígnio de impedir a ação judicial, buscando uma tutela efetiva traduzida por uma solução obtida de forma ampla, rápida, útil e econômica.

Nesse viés de reduzir a judicialização e efetivar os direitos da população de forma cada vez mais efetiva, tipificando e suprindo falhas no sistema, a mediação sanitária se apresenta como um modelo capaz de trazer maior eficiência ao sistema de Justiça, contribuindo para o melhor investimento do dinheiro público.

Nessa linha de entendimento, o Estado deve fomentar o uso da resolução consensual dos conflitos pela iniciativa privada, como ocorre com as câmaras de arbitragem e de mediação privadas, além das plataformas virtuais, cuja mediação é feita no ambiente on-line por meio de canais digitais, ocasião em que os *ADRs* se tornam *ODRs* (*online dispute resolution*), que ganharam grande destaque e maior utilização durante a pandemia

---

18. GRINOVER, Ada Pellegrini. O Controle Jurisdicional de Políticas Públicas. In: GRINOVER, Ada Pellegrini; WATANABE, Kazuo (Coord.). *O controle jurisdicional de políticas públicas*. Rio de Janeiro: Forense, 2011.

19. ASSIS, Gilmar de. Medição sanitária. *Cad. IberAmer*. Direito. Sanit., Brasília, v. 2, n. 2, jul./dez. 2013. Anais dos III Congresso Iberoamericano de Direito Sanitário / II Congresso Brasileiro de Direito Sanitário. Disponível em: http://www.cadernos.prodisa.fiocruz.br/index.php/cadernos/article/download/98/140. Acesso em: 30 ago. 2019.

de Covid-19, ao aproximarem as partes envolvidas no conflito para o diálogo e para um eventual acordo extrajudicial, evitando a judicialização desse conflito.

Outra opção é a Câmara de Resolução de Litígios de Saúde (CRLS), experiência envolvendo várias instituições do Estado do Rio de Janeiro e da Bahia (Tribunal de Justiça, Defensoria Pública, Ministério Público, Secretaria de Saúde Estadual e Municipal etc.), e que ganham importância significativa por serem o *locus* propício para a concretização da desjudicialização.

A Câmara de Resolução de Litígios de Saúde (CRLS) é responsável por fazer o direcionamento administrativo, recolocar o indivíduo no fluxo do Sistema Único de Saúde – SUS e, além disso, possibilitar que sua base de dados seja utilizada como mais um dispositivo para a reorganização e avanço dos serviços de saúde. Refere-se, dessa maneira, a um dispositivo no qual todos os envolvidos são favorecidos e o cidadão recebe o serviço de saúde que precisa, sem a necessidade de recorrer ao Poder Judiciário.

Por meio da Câmara, busca-se, em última análise, a uniformização das resoluções e das concepções sobre indagações a respeito da saúde. O imprescindível acréscimo desse órgão seria o de uniformizar o entendimento a respeito das políticas públicas de saúde para toda a Administração Pública, pois desta maneira as decisões administrativas num determinado sentido são estendidas para todos aqueles pacientes que se encontrem na mesma condição, obstruindo a fragmentação do Sistema Único de Saúde por meio de processos individuais.

Essas Câmaras de Resolução de Litígios de Saúde (CRLS) são unidades criadas de acordo com a realidade de cada Estado, principalmente onde há conflito dentro da própria gestão do Sistema Único de Saúde.

A política da desjudicialização, promovida pelos métodos alternativos de resolução de conflitos (*alternative dispute resolution – ADR*), também é estimulada pelo Código de Processo Civil de 2015 e pela Lei da Mediação (Lei 13.140/2015), em linha com o movimento pela autocomposição encampado pelo Conselho Nacional de Justiça, com a Resolução 125/2010. Essas normas passaram a prever, de forma explícita, a mediação e a conciliação como meios de solução de controvérsias entre particulares e a Administração Pública.

O Código de Processo Civil (art. 174) e a Lei da Mediação (art. 32) preveem a criação de Câmaras de Prevenção e Resolução Administrativa de Conflitos, no âmbito da União, Estados, Distrito Federal e Municípios, cabendo a cada ente federativo criar, por lei, a sua câmara, que será o espaço adequado para a autocomposição dos conflitos entre órgãos e entidades da Administração Pública e entre o particular e a respectiva pessoa jurídica de direito público, além de promover, quando couber, a celebração de termo de ajustamento de conduta.

Nessas Câmaras, o ente federado poderá celebrar um acordo envolvendo a concessão de determinado medicamento ou tratamento que tem sido concedido pelo Poder Judiciário, com base nos precedentes vinculantes envolvendo o tema, mas que ainda esteja em avaliação pela CONITEC (Comissão Nacional de Incorporação de Tecnologias no SUS) e em processo de incorporação ao SUS.

Após o julgamento do REsp 1.657.156/RJ, com caráter vinculante, pelo Superior Tribunal de Justiça, em 2018, passou-se a exigir, dentre outros requisitos, o registro na ANVISA para que determinado medicamento possa ser concedido pela via judicial. Ocorre que esse precedente não impede a concessão pelo Judiciário de medicamento ainda em processo de incorporação ao Sistema Único de Saúde, mas registrado na ANVISA, sendo este o atual gargalo da judicialização da saúde.

Poderá ser buscada uma composição extrajudicial entre o paciente e o ente federado gestor do SUS, nas Câmaras de Prevenção e Resolução Administrativa de Conflitos, envolvendo esses medicamentos que são, com grande probabilidade, concedidos pelo Poder Judiciário. Essa é uma das hipóteses que se pode chegar a um consenso antes da judicialização, entre as variadas hipóteses do mundo real.

Infelizmente, essas câmaras ainda não são realidade na maioria dos Estados e municípios brasileiros, competindo a cada ente federado promover a sua criação, por lei, a depender do ambiente político propício e da quebra da resistência na celebração de acordos pelo próprio Estado.

Não deve ser desconsiderada a grande barreira invisível que inibe a Administração Pública de resolver seus conflitos de forma consensual e extrajudicial, apesar do estímulo da própria lei a essa resolução. Essa resistência é fundamentada, genericamente, na vedação imposta pelo princípio da indisponibilidade do interesse público, o qual não deve ser interpretado, na contemporaneidade, como impossibilidade de transação pela Administração Pública, na medida em que há lei permissiva nesse sentido.

Certamente, vencidos os obstáculos naturais, um novo paradigma de justiça se apresenta, e as Câmaras de Prevenção e Resolução Administrativa de Conflitos serão um instrumento valioso que permitirá um novo olhar do conflito entre o Estado e o cidadão, que disporá de mais um canal de comunicação para pleitear sua prestação à saúde.

Nota-se como o Estado brasileiro criou, nos últimos anos, os instrumentos necessários para implementar uma verdadeira cultura da desjudicialização em matéria de saúde, promovendo o diálogo como um mecanismo emancipador da sociedade, além de contribuir para a melhoria do sistema de justiça, que passou a disponibilizar ao cidadão as mais diversas ferramentas para a solução consensual de suas controvérsias, principalmente pela via extrajudicial, garantindo o acesso a uma ordem jurídica justa, efetiva e célere.

6. CONCLUSÃO

Como visto, o direito à saúde é dever do Estado e direito de todos, conforme previsão constitucional, e é objeto de intensa judicialização, decorrente de um inicial ativismo judicial, ante a interpretação de que o direito à saúde, como direito social, não pode se constituir em uma promessa constitucional inconsequente, independentemente do custo da prestação sanitária.

Diante da excessiva judicialização e alto impacto no orçamento público, a jurisprudência passou a impor limites ao direito à saúde, num claro movimento de autocontenção, mas o que ainda não é suficiente para evitar a judicialização de muitas questões que poderiam ser resolvidas extrajudicialmente.

A análise de custo-benefício entre recursos humanos e materiais, condições financeiras do Estado e judicialização da saúde desautoriza a manutenção do *status quo*, pois se afigura não ser economicamente sustentável. A advertência da AED, no ponto, é de que o sistema não está operando com a máxima otimização do princípio da eficiência, impondo-se a busca de soluções para um aproveitamento ótimo dos recursos humanos e materiais.

Nessa perspectiva, a Análise Econômica do Direito indica a desjudicialização do direito à saúde como forma de diminuir o custo de transação e maximizar a aplicação dos recursos públicos, eis que, além de economicamente vantajosa, é fator capaz de solucionar os conflitos envolvendo a política pública de saúde com muito mais efetividade para o cidadão.

Com menos judicialização, há melhoria do sistema de Justiça como um todo, pois será possível a resolução mais rápida de casos mais complexos que não foram resolvidos extrajudicialmente, além de reduzir a interferência do Poder Judiciário no campo orçamentário.

Cabe ao Estado e, especialmente ao Poder Judiciário, promover uma política pública de desjudicialização, estimulando o uso dos métodos alternativos de resolução de conflitos (*ADRs e ODRs*), diante da releitura contemporânea do acesso à justiça, que envolve não apenas o acesso aos tribunais, mas a qualquer sistema existente no âmbito oficial, público ou privado, que tenha aptidão para promover uma ordem jurídica mais justa.

7. REFERÊNCIAS

ASSIS, Gilmar de. Medição sanitária. Cad. IberAmer. Direito. Sanit., Brasília, v. 2, n. 2, jul./dez. 2013. *Anais dos III Congresso Iberoamericano de Direito Sanitário / II Congresso Brasileiro de Direito Sanitário*. Disponível em: http://www.cadernos.prodisa.fiocruz.br/index.php/cadernos/article/download/98/140. Acesso em: 30 ago. 2019.

BRASIL. Judicialização da saúde no Brasil: perfil das demandas, causas e propostas de solução. Conselho Nacional de Justiça – Brasília: CNJ, 2019. Disponível em: https://www.cnj.jus.br/wp-content/uploads/2019/03/66361404dd5ceaf8c5f7049223bdc709.pdf. Acesso em: 10 jul. 2020.

BRASIL. Justiça em números 2019: ano-base 2018. Conselho Nacional de Justiça – Brasília: CNJ, 2019. Disponível em: https://www.cnj.jus.br/wp-content/uploads/conteudo/arquivo/2019/08/justica_em_numeros20190919.pdf. Acesso em: 2 jul. 2020.

CADIET, Loïc. La desjudicialización: informe introductorio. In: *Convenciones Procesales*: Estudios sobre negocio jurídico y proceso. Lima: Raguel Ediciones, 2015.

FUX, Luiz. BODART, Bruno. *Processo civil e análise econômica*. Rio de Janeiro: Forense, 2019.

GICO JR., Ivo Teixeira. A natureza econômica do direito e dos tribunais. In *Revista Brasileira de Políticas Públicas*, Brasília, v. 9, n. 3, p. 12-39, 2019.

GICO JR., Ivo Teixeira. A tragédia do Judiciário. *RDA – Revista de Direito Administrativo*, Rio de Janeiro, v. 267, p. 163-198, set./dez.2014.

GICO JR., Ivo Teixeira. Introdução ao Direito e Economia. In: TIMM, Luciano Benetti (Org.). *Direito e economia no Brasil*: estudos sobre a análise econômica do direito. 3. ed. Indaiatuba: Foco, 2019.

GRINOVER, Ada Pellegrini. O controle jurisdicional de políticas públicas. In: GRINOVER, Ada Pellegrini; WATANABE, Kazuo (Coord.). *O controle jurisdicional de políticas públicas*. Rio de Janeiro, Forense, 2011.

MÜLLER, Julio Guilherme. *Negócios processuais e desjudicialização da produção da prova*. 2. ed. Salvador: JusPodivm, 2017.

TOALDO, Adriane Medianeira; BERGHAHN, Márcia Muhlbaier. Desjudicialização do Direito à Saúde: a integração entre a sociedade e o estado como alternativa de enfrentamento. In: COSTA, Marli Marlene Moraes da; RODRIGUES, Hugo Thamir (Org.). *Direito & Políticas Públicas IX*. Curitiba: Multideia, 2014.

WATANABE, Kazuo. *Acesso à ordem jurídica justa* (conceito atualizado de acesso à justiça) Processos Coletivos e outros Estudos. Belo Horizonte: Editora Del Rey, 2019.

SISTEMA DE JUSTIÇA MULTIPORTAS: A GARANTIA DO ACESSO AO JUDICIÁRIO EM TEMPOS DE PANDEMIA DA COVID-19

Marco Aurélio Gastaldi Buzzi

Mestre em Ciência Jurídica pela Universidade do Vale do Itajaí -UNIVALI/SC (Brasil), Mestrando em Sistemas Alternativos de Resolução de Conflitos pela Universidade Nacional de Lomas de Zamora – UNLZ (Buenos Aires, Argentina) e Especialista (Pós-Graduação) em Direito do Consumo pela Universidade de Coimbra (Portugal). Ministro do Superior Tribunal de Justiça.

Sumário: 1. Introdução. 2. Parâmetros atuais sobre a Covid-19 e sua interferência no Poder Judiciário. 3. Os métodos mais adequados de resolução de conflitos: um panorama legal. 4. Justiça à distância: as plataformas digitais como aliadas no Brasil e no mundo. 5. Conclusão. 6. Referências.

1. INTRODUÇÃO

"O Estado promoverá, sempre que possível, a solução consensual dos conflitos", determina o artigo 3º, § 2º, do Código de Processo de Civil/2015.

O que antes era um ideal buscado por aqueles comprometidos com a superação das dificuldades decorrentes do já conhecido congestionamento do Poder Judiciário, hoje é imposição do texto legal, e obrigação do Poder Público como um todo.

A caminhada de implementação e aprimoramento dos Métodos Mais Adequados de Resolução de Conflitos vem sendo acompanhada por inúmeros avanços tecnológicos que, inegavelmente, afetaram o Poder Judiciário, e tornaram-se, durante a pandemia da Covid-19, não apenas importantes ferramentas à disposição, mas imprescindíveis instrumentos de trabalho diários.

Aos poucos, foi sendo abandonada a utilização papel, valendo-se da informática nas diversas etapas da atividade jurisdicional. Esta verdadeira revolução, apesar de toda a resistência e dificuldades encontradas, foi responsável, e continua sendo, por incontestável progresso na busca da prestação jurisdicional efetiva e eficiente.

Após admitir o peticionamento (artigo 2º, Lei 11.419/06[1]), as publicações e intimações (artigos 4º e 5º, Lei 11.419/06) e a prática de atos processuais em geral (artigo 193, CPC/15), inclusive a audiência de conciliação ou de mediação (artigo 334, § 7º, CPC/15), o ordenamento jurídico, com o advento da Lei 13.140/15[2], passou a prever

---

1. Dispõe sobre a informatização do processo judicial.
2. Dispõe sobre a mediação entre particulares como meio de solução de controvérsias e sobre a autocomposição de conflitos no âmbito da administração pública.

que também "*a mediação poderá ser feita pela internet ou por outro meio de comunicação que permita a transação à distância*" (artigo 46).

Em tempos de isolamento social, de restrições à locomoção, e da adoção do *home office* como prioridade, a utilização das ferramentas virtuais é imperiosa, tanto na prática tradicional da jurisdição, como no avanço dos métodos de solução de conflitos.

Nesse contexto, o microssistema de solução mais adequada de conflitos – formado pela Resolução 125/2010 do Conselho Nacional de Justiça (CNJ)[3], a Lei 13.140/15 e as disposições do atual Código de Processo Civil (CPC/15) – vem avançando com a incorporação das plataformas digitais.

É este cenário atual, de constantes e aceleradas evoluções, que este texto pretende aludir.

2. PARÂMETROS ATUAIS SOBRE A COVID-19 E SUA INTERFERÊNCIA NO PODER JUDICIÁRIO

Em 11 de março de 2020, a Organização Mundial da Saúde (OMS) anunciou que o surto da doença causada pelo novo coronavírus (Covid-19) atingira o *status* de pandemia.

A doença espalhou-se rapidamente por todo o mundo. Em apenas um mês, as primeiras notificações (30 de dezembro de 2019), na cidade de Wuhan (China), transformaram-se em Emergência de Saúde Pública de Importância Internacional (ESPII) – o mais alto nível de alerta da OMS –, declarada em 30 de janeiro de 2020.

Em 24 de fevereiro, outros quinze países, além da China, estavam em alerta para casos suspeitos. Dois dias após, foi confirmado o primeiro caso de infecção pelo novo coronavírus no Brasil, em São Paulo. Em poucos dias, países como Itália e Espanha entraram em acelerado crescimento de casos diagnosticados e de mortes.

Um dia após a declaração do estado de pandemia pela OMS, o Brasil já registrava 60 casos confirmados, dos quais 9 por transmissão local. Em 17 de março, foi confirmada a primeira morte por coronavírus em território nacional.

Com diversas medidas de isolamento social decretadas pelos estados, os órgãos do Poder Judiciário também adotaram diversas medidas emergenciais, dentre as quais: adoção do trabalho remoto; suspensão de prazos processuais, sessões de julgamento e atendimento presencial.

Nesse sentido, em especial, a Resolução 313/2020, do Conselho Nacional de Justiça, estabeleceu "regime de Plantão Extraordinário, para uniformizar o funcionamento dos serviços judiciários, com o objetivo de prevenir o contágio pelo novo Coronavírus – Covid-19, e garantir o acesso à justiça neste período emergencial".

Todas as medidas – atentas aos alertas mundiais acerca dos riscos da doença, bem como à necessidade de garantir a saúde e integridade de magistrados, serventuários, auxiliares, assim como dos membros do Ministério Público, advogados e jurisdicionados

---

3. Dispõe sobre a Política Judiciária Nacional de tratamento adequado dos conflitos de interesses no âmbito do Poder Judiciário.

– tinham também uma preocupação em comum: não paralisar as atividades judiciais, ou seja, manter a função jurisdicional, essencial à manutenção do Estado Democrático de Direito, em pleno funcionamento, apesar de todas as limitações impostas pela pandemia.

As diversas medidas sanitárias impostas em todo o território nacional impactaram os mais diversos setores da economia, agravando as dificuldades econômicas que antecediam à pandemia.

Segundo dados Instituto Brasileiro de Geografia e Estatística (IBGE)[4], o Produto Interno Bruto (PIB) do país teve queda de 0,3% no primeiro trimestre de 2020, e 11,4% no segundo trimestre, ambos em relação ao mesmo período do ano anterior.

Esse resultado é reflexo das necessárias medidas sanitárias, que restringiram o funcionamento do comércio, a circulação de pessoas, e impactaram sobremaneira diversos setores, como prestação de serviços, comércio, turismo e entretenimento.

Apesar das políticas públicas de assistência social, de estímulo à economia e de proteção ao trabalhador, bem como ao pequeno e médio empresário, cresceram os índices de desemprego, o endividamento da população e das empresas e, como já era esperado, o número de empresas com falência decretada disparou – subiu 71,3% em junho de 2020, em comparação com junho de 2019[5].

Com isso, cresce o número de conflitos de toda ordem – e, diretamente, aumenta também a demanda ao Estado por pacificação social, além da necessidade de agilidade e eficiência na resolução das demandas já em andamento, bem como destas novas contendas.

Alguns exemplos são as relações de consumo afetadas pelo cenário de crise sanitária e econômica em âmbito mundial, como o cancelamento de voos, por alterações na malha aérea e fechamento de aeroportos; de eventos, *shows*, casamentos; demandas relacionadas a planos de saúde. Outro exemplo, são os casos de relações locatícias em que ambos os contratantes foram atingidos pelos impactos econômicos causados pela pandemia.[6]

Assim, com a retomada gradual da atividade econômica, é imperioso o fortalecimento dos mecanismos de solução de conflito pré-processuais, como forma de prevenir o agravamento da sobrecarga do Poder Judiciário e permitir a continuidade do enfrentamento aos desafios da atividade jurisdicional, como a redução de feitos em andamento – no curso de dois anos (2018 e 2019), e de modo consecutivo, caiu o acervo de processos que tramitam no Judiciário[7].

---

4. IBGE – INSTITUTO BRASILEIRO DE GEOGRAFIA E ESTATÍSTICA. Dados do PIB – Produto Interno Brasileiro, 2020. Disponível em: https://www.ibge.gov.br/indicadores. Acesso em: 15 set. 2020.
5. CONGRESSO EM FOCO. Pandemia aumenta em 71,3% o número de falências. 14.jul.2020. Disponível em: https://congressoemfoco.uol.com.br/economia/pandemia-aumenta-em-713-numero-de-falencias/. Acesso em: 16 set. 2020.
6. FREITAS, Gilberto Passos de; COELHO, Marcus Filipe Freitas. *Mediação é a forma ideal de solução dos conflitos durante a pandemia*. Disponível em: https://www.conjur.com.br/2020-jun-01/coelho-freitas-mediacao-melhor--saida-pandemia. Acesso em: 15 de set. de 2020.
7. PONTES, Felipe. Acervo de Processos do Judiciário cai pelo Segundo Ano Consecutivo. 25/0/2020. Disponível em: https://agenciabrasil.ebc.com.br/justica/noticia/2020-08/acervo-de-processos-do-judiciario-cai-por-segun-do-ano-consecutivo. Acesso em: 15 set. 2020.

Não à toa, o Ministro Luiz Fux, em seu discurso de posse na presidência do Supremo Tribunal Federal, em 10 de setembro de 2020, destacou como um dos eixos de atuação de sua gestão o *"incentivo ao acesso à justiça digital"*.

Afirmou que *"nos próximos dois anos, daremos passos largos em direção ao acesso à justiça digital amplo e irrestrito, em tempo real, para todos os brasileiros"*. E ressaltou que o programa Justiça 4.0 do CNJ dentre outras medidas, ampliará audiências telepresenciais, incentivará as soluções alternativas de conflitos, e as plataformas eletrônicas.

Diante desse cenário, mais do que nunca, a excessiva judicialização de demandas deve ser encarada como *última ratio*. Portanto, a mediação virtual é um mecanismo cada vez mais atual e indispensável para a resolução de conflitos em um mundo globalizado, multiconectado, especialmente no contexto de pandemia, onde as interações sociais de forma presencial devem ser evitadas.

3. OS MÉTODOS MAIS ADEQUADOS DE RESOLUÇÃO DE CONFLITOS: UM PANORAMA LEGAL

Nos últimos anos, o sistema judicial brasileiro experimentou uma progressiva mudança de mentalidade, voltando-se para a incorporação e utilização dos métodos mais adequados de solução de conflitos, e afastando-se da essência jurisdicional-adversarial, preponderante até então.

Dentre outras providências voltadas ao ressurgimento, no Brasil, das práticas ora em evidência, o Conselho Nacional de Justiça determinou a criação, pelos Tribunais, de Núcleos Permanentes de Métodos Consensuais de Solução de Conflitos (NUPEMECs), aos quais incumbe o dever de instalar os Centros Judiciários de Solução Consensual de Conflitos e Cidadania (CEJUSCs).

Os referidos Centros têm por objetivo proporcionar ao jurisdicionado estrutura física e profissional para amparar os procedimentos autocompositivos, conforme consubstanciado no art. 8º da Resolução 125/2010, no art. 24 da Lei de Mediação e no artigo 165 do CPC.[8]

Com efeito, o Código de Processo Civil, ao consagrar o novo paradigma dos métodos mais adequados, decretou, em seu art. 334[9], a realização de audiência preliminar de

---

8. CONSELHO NACIONAL DE JUSTIÇA. Art. 8º da Resolução 125/10 do CNJ. Os tribunais deverão criar os Centros Judiciários de Solução de Conflitos e Cidadania (Centros ou Cejuscs), unidades do Poder Judiciário, preferencialmente, responsáveis pela realização ou gestão das sessões e audiências de conciliação e mediação que estejam a cargo de conciliadores e mediadores, bem como pelo atendimento e orientação ao cidadão.
   BRASIL, Lei 13.140 de 2015. Lei de Mediação. Art. 24. Os tribunais criarão centros judiciários de solução consensual de conflitos, responsáveis pela realização de sessões e audiências de conciliação e mediação, pré-processuais e processuais, e pelo desenvolvimento de programas destinados a auxiliar, orientar e estimular a autocomposição.
   BRASIL. Código de Processo Civil, 2015. Art. 165. Os tribunais criarão centros judiciários de solução consensual de conflitos, responsáveis pela realização de sessões e audiências de conciliação e mediação e pelo desenvolvimento de programas destinados a auxiliar, orientar e estimular a autocomposição.
9. BRASIL, Lei 13.140 de 2015. Lei de Mediação. Art. 334. Se a petição inicial preencher os requisitos essenciais e não for o caso de improcedência liminar do pedido, o juiz designará audiência de conciliação ou de mediação com antecedência mínima de 30 (trinta) dias, devendo ser citado o réu com pelo menos 20 (vinte) dias de antecedência.

mediação e conciliação com o objetivo de promover a autocomposição no procedimento comum para que fossem conduzidas, em regra, no âmbito dos CEJUSCs.

Como é cediço, o objetivo precípuo dos instrumentos de resolução consensual de conflitos é o de fomentar o desfecho de questões antes de submetidas ao Poder Judiciário, de modo que as próprias partes construam a solução acerca da contenda que as envolve, com base em valores norteados pela cooperação, tolerância, empatia, diálogo, como consta expressamente nos "considerandos" da Resolução 125/2010-CNJ.

Essa prática prestigia a autonomia dos interessados, constituindo-se, por isso mesmo, via de regra, um mecanismo mais adequado e eficaz do que a sentença judicial para a promoção da pacificação social. Um dos propósitos desse novo sistema, entre tantos outros, consiste em evitar o excesso de judicialização e atenuar o fenômeno de expansão e protagonismo judicial, o qual, tomou força com a ascensão do Neoconstitucionalismo[10].

Uma das razões principais do ressurgimento dos instrumentos de pacificação social é o resgate da celeridade, eficiência e economicidade em relação às demandas que poderiam ser resolvidas sem que sequer houvesse a movimentação da máquina judiciária. Busca-se, assim, superar a chamada cultura da sentença[11], que acaba por comprometer não só a própria instituição do Judiciário, mas também a qualidade das suas deliberações, tornando-as incapazes de garantir a justiça substancial da prestação jurisdicional e, portanto, a paz social.

É o que pontua Marcelo Nobre:

> A promoção da justiça busca alcançar a paz social e, portanto, o velho paradigma da justiça adversarial já não se adequa mais aos interesses sociais na mesma velocidade com que os conflitos e jogos de interesse se apresentam. Por esse motivo é que necessitamos de meios para resolver com mais velocidade os conflitos acumulados pelo excesso de demandas que provoca caos e morosidade na efetivação da justiça[12].

Desta forma, não faz sentido pensar em maneiras de desafogar as unidades judiciais e aumentar a efetividade das suas decisões, sem a inclusão, nesta estratégia de superação, das diversas portas existentes, que conjuntamente ao sistema tradicional, ensejam a

---

10. Sobre esse tema, o Ministro Luís Roberto Barroso apresenta a seguinte conceituação, confira-se: "Em suma: o neoconstitucionalismo ou novo direito constitucional, na acepção aqui desenvolvida, identifica um conjunto amplo de transformações ocorridas no Estado e no direito constitucional, em meio às quais podem ser assinalados (...) como *marco teórico*: o conjunto de mudanças que incluem a força normativa da Constituição, *a expansão da jurisdição constitucional e o desenvolvimento de uma nova dogmática da interpretação constitucional. Desse conjunto de fenômenos resultou um processo extenso e profundo de constitucionalização do Direito.*" BARROSO, Luís Roberto. *Neoconstitucionalismo e constitucionalização do Direito. Revista Jus Navigandi*, Teresina, ano 10, n. 851, 1 nov. 2005. Disponível em: https://jus.com.br/artigos/7547/neoconstitucionalismo-e-constitucionalizacao-do-direito. Acesso em: 12 set. 2019.

11. Nesse sentido, Kazuo Watanabe discorre sobre a expressão cultura da sentença: "O mecanismo predominantemente utilizado pelo nosso Judiciário é o da solução adjudicada de conflitos, que se dá por meio de sentença do juiz. E a predominância desse critério vem gerando a chamada 'cultura da sentença', que traz como consequência o aumento cada vez maior da quantidade de recursos, o que explica o congestionamento não somente das instâncias ordinárias, como também dos Tribunais Superiores, e até mesmo da Suprema Corte. WATANABE, Kazuo. *Acesso à Ordem Jurídica Justa*: conceito atualizado de acesso à justiça, processos coletivos e outros estudos. Prefácio Min. Ellen Gracie Northfleet; apresentação Prof. Humberto Theodoro Júnior. Editora: Del Rey, Belo Horizonte, 2019, p. 65-73.

12. ROCHA, Caio Cesar Vieira; SALOMÃO, Luis Felipe. *Arbitragem e mediação*: a reforma da legislação brasileira. São Paulo: Atlas, 2015. p. 264.

solução de contendas, dentre elas, a mediação de conflitos, recordando-se do incentivo à autocomposição como está expressamente regulado na Lei 13.140/2015.

Felizmente, os métodos utilizados pelo sistema estão acompanhando a revolução tecnológica vigente. A utilização dessas novas ferramentas como aliadas ao acesso à justiça, especialmente em tempos de pandemia, mostra-se como uma boa solução para a superação dos conflitos preexistentes e também daqueles que surgem no contexto do mundo pandêmico.

Isso porque não se pode analisar o instituto dos métodos alternativos de solução de conflitos como uma matéria estática. Ao contrário, trata-se de um procedimento evidentemente transdisciplinar, pois é regido por uma dinâmica sistêmica, a qual pode integrar diversas disciplinas:

> A Mediação é uma prática multiprofissional, para a qual cada profissional, de origem disciplinar distinta e complementar, adquire um saber comum que é transdisciplinar – muito mais que multidisciplinar ou interdisciplinar, uma vez que mescla intrinsecamente o conjunto de saberes de que originariamente se constituiu.[13]

É por isso que se torna imperativo fazer a análise dos métodos alternativos de resolução de conflitos no âmbito do mundo virtual, como uma consequência lógica dos acontecimentos contemporâneos, principalmente daqueles advindos da pandemia da Covid-19.

Assim, conforme afirmação feita pela saudosa Professora Ada Pellegrini Grinover[14], o microssistema dos métodos mais adequados de solução de conflitos é integrado por três normativos: a Resolução 125/2010 do CNJ, a Lei de Mediação 13.140/2015 e o atual Código de Processo Civil de 2015.

4. JUSTIÇA À DISTÂNCIA: AS PLATAFORMAS DIGITAIS COMO ALIADAS NO BRASIL E NO MUNDO

A utilização de plataformas digitais não é novidade no Poder Judiciário brasileiro: a regulamentação do processo eletrônico data de 2006 (Lei 11.419/2006).

Em 2019, mais de 84% de todos os novos casos foram protocolados em processos eletrônicos, segundo dados do CNJ[15].

Com o avanço da Covid-19, e a decretação das medidas sanitárias, os diversos órgãos do Judiciário implantaram novas ferramentas para possibilitar a continuidade das atividades jurisdicionais.

---

13. ROSEMBLATT, Ana; MARTINS, André. Mediação e transdisciplinariedade. In: ALMEIDA, T.; PELAJO, S.; JONATHAN, E. (Coord.). *Mediação de conflitos para iniciantes, praticantes e docentes.* Salvador: JusPodivm, p. 142, 2016.

14. Seminário nacional "Como a mediação e a arbitragem podem ajudar no acesso e na agilização da Justiça". Brasília: Conselho da Justiça Federal, nov./2014.

15. Conselho Nacional de Justiça – CNJ. Relatório Justiça em Números. Disponível em: https://www.cnj.jus.br/wp-content/uploads/2020/08/WEB-V3-Justi%C3%A7a-em-N%C3%BAmeros-2020-atualizado-em-25-08-2020.pdf. Acesso em: 15 set. 2020.

Ao lado dos já conhecidos julgamentos virtuais, foram instituídas sessões de julgamento por videoconferência (Resolução 672/2020 do STF; Portaria 61/2020 do CNJ; Resolução STJ/GP 9/2020) e o atendimento passou a ser feito de forma remota.

Paralelamente, também os métodos de resolução de conflitos avançaram cada vez mais sobre as ferramentas digitais.

Da mesma forma, o ordenamento brasileiro prevê o uso dos mecanismos de solução de conflitos de caráter virtual.

A Lei de Mediação (n. 13.140/15) dispõe, em seu artigo 21, que "o convite para iniciar o procedimento de mediação extrajudicial poderá ser feito por qualquer meio de comunicação", bem como, que a mediação "poderá ser feita pela internet ou por outro meio de comunicação que permita a transação à distância, desde que as partes estejam de acordo".

No Código de Processo Civil de 2015, conforme já mencionado, encontra-se a possibilidade de realização de audiências de conciliação e mediação por meio eletrônico no (artigo 334, § 7º).

Ademais, a Emenda 2/2016-CNJ, que altera a Resolução 125/2010, criou o Sistema de Mediação Judicial que permite que as partes que estão distantes fisicamente possam se reunir virtualmente de modo a auxiliar a resolução de seus conflitos.

É um serviço público e gratuito e, segundo o CNJ, é uma forma rápida e econômica de solução de conflitos, por meio de um acordo entre as partes que será homologado por um juiz, evita audiências em tribunais e permite o auxílio não só dos conflitos pré-processuais, mas, também, daqueles já em curso.

Também preveem a possibilidade de realização de mediação e conciliação por meio eletrônico os Enunciados 20[16] e 58[17] da I Jornada de Prevenção e Solução Extrajudicial de Litígios do Conselho da Justiça Federal, bem como o Enunciado 25[18] da I Jornada de Direito Processual Civil do Conselho da Justiça Federal.

Em 20.05.2019, o CNJ assinou o termo de cooperação com o Ministério da Justiça, visando a integração entre a plataforma consumidor.gov e o PJE (processo judicial eletrônico), com o objetivo de estimular a desjudicialização em questões consumeristas.

A título de ilustração, vale mencionar os números alcançados de reclamações finalizadas em 2020 pela plataforma do Consumidor.gov.br: foram resolvidas 3.174.291 (três milhões, cento e setenta e quatro mil, duzentos e noventa e um), sendo 2.309.292 (dois milhões, trezentos e nove mil, duzentos e noventa e dois) usuários cadastrados e

---

16. "Enquanto não for instalado o Centro Judiciário de Solução de Conflitos e Cidadania (Cejusc), as sessões de mediação e conciliação processuais e pré-processuais poderão ser realizadas por meio audiovisual, em módulo itinerante do Poder Judiciário ou em entidades credenciadas pelo Núcleo Permanente de Métodos Consensuais de Solução de Conflitos (Nupemec), no foro em que tramitar o processo ou no foro competente para o conhecimento da causa, no caso de mediação e conciliação pré-processuais."

17. "A conciliação/mediação, em meio eletrônico, poderá ser utilizada no procedimento comum e em outros ritos, em qualquer tempo e grau de jurisdição."

18. "As audiências de conciliação ou mediação, inclusive dos juizados especiais, poderão ser realizadas por videoconferência, áudio, sistemas de troca de mensagens, conversa on-line, conversa escrita, eletrônica, telefônica e telemática ou outros mecanismos que estejam à disposição dos profissionais da autocomposição para estabelecer a comunicação entre as partes."

um total de 878 (oitocentas e setenta e oito) empresas participantes. Atualmente, 80% (oitenta por cento) das reclamações são solucionadas no prazo médio de 7 dias.[19]

No contexto da pandemia, merecem destaque as iniciativas adotadas por diversos Tribunais brasileiros que, inspirados no Sistema Multiportas, buscam prevenir uma disparada de novas demandas decorrentes dos efeitos da Covid-19 – num contexto marcado, principalmente, pelo inadimplemento de contratos nas esferas consumerista, comercial e empresarial, além da crescente rescisão de contratos de trabalho.

O Tribunal de Justiça do Estado de São Paulo, por exemplo, em 17 de abril de 2020, instituiu, por meio do Provimento CG 11/2020[20], "projeto-piloto de conciliação e mediação pré-processuais para disputas empresariais decorrentes dos efeitos da Covid-19".

A regulamentação prevê que o requerimento será formulado pela parte, por e-mail (artigo 2º), e, após o recebimento do pedido, será designada audiência de conciliação (artigo 4º) que, caso infrutífera, será seguida de sessão de mediação (artigo 5º), ambas realizadas por videoconferência (artigo 7º).

De forma semelhante, o Tribunal de Justiça do Estado do Rio de Janeiro implantou "projeto de Regime Especial de Tratamento de Conflitos relativos à renegociação prévia, à recuperação empresarial, judicial e extrajudicial, e à falência das empresas atingidas pelo impacto da pandemia Covid-19", conforme Ato Normativo TJ 17, de 23 de junho de 2020[21].

O projeto busca a "mediação nos processos judiciais e procedimentos extrajudiciais nas disputas empresariais decorrentes dos efeitos da Covid-19" (artigo 1º).

O pedido também é encaminhado por e-mail (artigo 8º) e a sessão de mediação realizada por videoconferência (artigo 11).

Considerando estas experiências – assim como as implementadas pelos Tribunais de outros estados, como do Paraná[22] (criação do Centro Judiciário de Solução de Conflitos – CEJUSC Recuperação Empresarial), do Espírito Santo[23] (Projeto Especial de Prevenção à Insolvência de pessoas jurídicas de direito privado ou empresário individual); do Rio Grande do Sul[24] (criação do CEJUSC Empresarial e implantação da Mediação Empresarial pré-processual e processual) – o Conselho Nacional de Justiça (CNJ) recomendou[25] aos

---

19. Dados encontrados no infográfico do site do consumidor.gov. Disponível em: https://www.consumidor.gov.br/pages/indicador/infografico/abrir. Acesso em: 15 de set de 2020.

20. TRIBUNAL DE JUSTIÇA DE SÃO PAULO. PROVIMENTO CG 11/2020 Processo 2020/42835. 17.abr.2020. Disponível em: https://www.tjsp.jus.br/Download/Portal/Coronavirus/Comunicados/Provimento_CG_N11-2020.pdf. Acesso em: 16. set. 2020.

21. TRIBUNAL DE JUSTIÇA DO RIO DE JANEIRO. Ato Normativo TJ/RJ 17/ 2020. Disponível em: http://www.tjrj.jus.br/documents/10136/1077812/ato-normativo-tj-n-17-2020.pdf/4ebebb1d-3bfe-6fb0-e42c-7b4ab5f16e42?-version=1.0. Acesso em: 15 set. de 2020.

22. TRIBUNAL DE JUSTIÇA DO PARANÁ. "CEJUSC Recuperação Empresarial" é implantado na comarca de Francisco Beltrão - Por meio da autocomposição, a iniciativa busca evitar a falência de empresas". Disponível em: https://www.tjpr.jus.br/home/-/asset_publisher/9jZB/content/id/35253519. Acesso em: 15 set. 2020.

23. TRIBUNAL DE JUSTIÇA DO ESPÍRITO SANTO. Ato Normativo Conjunto TJES 22, de 25 de junho de 2020. https://sistemas.tjes.jus.br/ediario/index.php/component/ediario/977485?view=content. Acesso em: 15 set. 2020.

24. TRIBUNAL DE JUSTIÇA DO RIO GRANDE DO SUL. Ato 25/2020-P. https://www.tjrs.jus.br/static/2020/06/Ato-025-2020-P.pdf. Acesso em: 15 set 2020.

25. Recomendação 71 de 05 de agosto de 2020.

tribunais brasileiros a implementação de Centros Judiciários de Solução de Conflitos e Cidadania Empresariais, "para o tratamento adequado de conflitos envolvendo matérias empresariais de qualquer natureza e valor, inclusive aquelas decorrentes da crise da pandemia da Covid-19, na fase pré-processual ou em demandas já ajuizadas" (artigo 1º).

O Brasil, em que pese ocupe posição de vanguarda na digitalização da Justiça, não está sozinho nesse movimento.

A resolução de conflitos online é amplamente adotada em diversos países, em que empresas de tecnologia se especializaram no desenvolvimento de *softwares* próprios para programas de mediação, tais como a Alemanha, Estados Unidos, Argentina e Holanda.[26]

Na Austrália, desde 2008 já se fala no tema, quando foi inaugurada a primeira câmara arbitral online do país, uma plataforma de telecomunicações responsável pela gestão do procedimento, sediada em Sydney, em que os árbitros coordenam todos os atos do processo.[27]

Também naquele país, foi recentemente lançado um programa, conhecido como "amica", que utiliza inteligência artificial para mediar divórcios, inclusive acordos parentais e divisão do patrimônio[28].

Ademais, a União Europeia conta com a ODR (*Online dispute resolution*), que permite aos consumidores e comerciantes resolver litígios relativos a obrigações contratuais resultantes de contratos de venda ou de serviços online entre residentes do bloco através de uma entidade de Resolução Alternativa de Litígios, sem necessidade de comparecimento das partes ou dos seus representantes.[29]

No Oriente, o destaque é da câmara de resolução de conflitos de Dubai, a primeira a oferecer uma plataforma totalmente online, inclusive com a possibilidade para os litigantes de realizarem o procedimento em árabe ou inglês.

Por fim, nos Estados Unidos há sistema solidificado, que utiliza a mediação online como uma das principais ferramentas de desoprimir o judiciário.

As vantagens do uso de tecnologia são muitas. As partes que optam por essa modalidade o fazem exatamente por conta da facilidade do procedimento, da celeridade, menores custos, liberdade de escolher o horário e o local em que vão acessar a internet para participarem do procedimento. Além disso, proporciona maior acessibilidade às pessoas portadoras de deficiência física.

Em outras palavras, fatores como o baixo custo e a alta velocidade, bem como a compatibilidade do referido procedimento com o comércio eletrônico, a demanda das pessoas

---

26. OLIVEIRA, Josmeyr Alves. *Mediação on-line na solução de conflitos empresariais.* Escola Paulista de Direito. São Paulo, 2018.

27. GUEDES, Leonardo Forgiarini. *Arbitragem online: sonho americano ou ignorância tupiniquim?* 2012.
Disponível em: http://www.juristas.com.br/informacao/artigos/a-arbitragem-online-sonho-americano-ouignorancia-tupiniquim/1464/. Acessado em: 14 de setembro de 2020.

28. WODINSKY, Shohana. *Austrália lança inteligência artificial para mediar divórcios.* 1º jul. 2020. Disponível: https://gizmodo.uol.com.br/australia-inteligencia-artificial-mediar-divorcios. Acesso em: 15 set. 2020.

29. NEWSLETTER. *Resolução de litígios em linha/online dispute resolution.* Disponível em: http://www.pbbr.pt/pt/component/acymailing/archive/view/listid-18-pbbr/mailid-82-resolucao-de-litigios-emlinha-online-dispute-resolution?tmpl=component. Acesso em: 15 set. 2020.

por tecnologia em qualquer tipo de transação e a flexibilidade, independentemente de fatores externos, como horário estipulado, formalidades e espaço físico designados, são determinantes para a escolha desse método.[30]

Os autores Fabien Gélinas e Karin Benyekhlef observaram em pesquisa, segundo a realidade norte americana, que a mediação virtual apresenta economia financeira de 30% a 60% em relação à tradicional. Acrescentam, ainda, no que se refere ao fator tempo, enquanto que os procedimentos consensuais presenciais demoram cerca de 18 a 36 meses para se obter um desfecho, uma sessão virtual pode ser finalizada por volta de 4 meses.

Outros fatores que merecem destaque são o fácil acesso aos documentos e datas acerca do eventual conflito, o uso de tradução ou transcrição automatizada, de salas de bate-papo em tempo real, de negociação assistida e acesso facilitado a dados relevantes e ferramentas de tomada de decisão.[31]

É claro que há desafios na implantação de um novo paradigma eletrônico, como a manutenção da higidez do procedimento quanto à verificação da identidade das partes, a titularidade e a autenticidade do *site* realizador das sessões e até mesmo obstáculos de ordem socioeconômica, como a disparidade dos equipamentos ou da velocidade da internet, e a falta de conhecimento e domínio de tecnologia.

Não obstante, a mediação virtual é um formato, indubitavelmente, compatível com as aspirações do mundo contemporâneo e serve de impulso para o desenvolvimento econômico, social e tecnológico do país.

5. CONCLUSÃO

Não há dúvidas, assim, de que as novas tecnologias são instrumentos de consolidação da sociedade, da informação e de construção do futuro[32].

Por intermédio das plataformas online, tem sido mais fácil concretizar a atuação dos mecanismos extrajudiciais de resolução de conflitos, o que amplia de forma significativa sua potencialidade de alcance aos jurisdicionados.

Assim, os métodos mais adequados de solução de conflitos se mostram como uma consequência da evolução da sociedade contemporânea e, mais ainda, como a melhor saída para atender o expressivo número de demandas que surgiram em decorrência da Covid-19.

O advento da pandemia serviu para confirmar a verdadeira ascensão de uma revolução digital, em diversos países do mundo.

A imprescindibilidade do desenvolvimento de soluções virtuais e tecnológicas está cada vez mais clara e obriga a sociedade a evoluir em diversas áreas, para que seja viável acompanhar a nova realidade apresentada.

---

30. BENYEKHLEF, Karim; GÉLINAS, Fabien. Online dispute resolution. *Lex Electronica, Montréal*, v. 10, n. 2, p. 1-126, ago. 2005, p. 85-87.

31. OLIVEIRA, Josmeyr Alves. *Mediação on-line na solução de conflitos empresariais*. Escola paulista de direito. São Paulo, 2018.

32. As tecnologias da informação e da comunicação aplicadas aos métodos adequados de resolução de conflitos. Isabela Maia Mesquita Martins. *Revista Jurídica Seccional da OAB do Distrito Federal* n. 7.

Deve-se mencionar, nesse ponto, que os órgãos do Poder Judiciário – para além de desenvolver e manter sistemas eletrônicos de processamento, preferencialmente com código aberto e acessíveis por meio da rede mundial de computadores (artigo 8º e 14 da Lei 11.419/06) – tem o dever de atuar de forma efetiva para garantir o acesso às ferramentas necessárias para utilização destas plataformas, mantendo equipamentos de digitalização e de acesso à rede mundial de computadores, para prática de atos processuais, consulta e acesso ao sistema (artigo 10, § 3º, Lei 11.419/06; e, artigo 198 do CPC/15), bem como assegurar "às pessoas com deficiência acessibilidade aos seus sítios na rede mundial de computadores, ao meio eletrônico de prática de atos judiciais, à comunicação eletrônica dos atos processuais e à assinatura eletrônica" (artigo 199 do CPC/15).

A observâncias desse dever, ademais, é essencial na caminhada para garantir o "acesso à justiça digital amplo e irrestrito, em tempo real, para todos os brasileiros", mencionado pelo Ministro Luiz Fux, ao tomar posse na presidência da Suprema Corte.

A pandemia, inclusive, acentua a urgência destas medidas.

O mundo pós pandêmico, sem dúvidas, nunca mais será o mesmo. O "novo normal", certamente, será cada vez mais digital.

Nós todos e, mais especificamente, o Poder Judiciário, teremos que nos adequar ao cenário que se impõe – e isso somente será possível tendo como aliado o uso de inteligência artificial e de mecanismos digitais.

6. REFERÊNCIAS

BARROSO, Luís Roberto. Neoconstitucionalismo e constitucionalização do Direito. *Revista Jus Navigandi, Teresina*, ano 10, n. 851, 1 nov. 2005. Disponível em: https://jus.com.br/artigos/7547/neoconstitucionalismo-e-constitucionalizacao-do-direito. Acesso em: 12 set. 2019.

BENYEKHLEF, Karim; GÉLINAS, Fabien. Online Dispute Resolution. *Lex Electronica, Montréal*, v. 10, n. 2, p. 1-126, ago. 2005.

BRASIL, Constituição (1998). Constituição da República Federativa do Brasil. Brasília, DF: Senado, 1998.

BRASIL. Lei 13.105 de 2015. Código de Processo Civil, 2015.

BRASIL. Lei 13.140 de 2015. Lei de Mediação. Dispõe sobre a mediação entre particulares como meio de solução de controvérsias e sobre a autocomposição de conflitos no âmbito da administração pública; altera a Lei 9.469, de 10 de julho de 1997, e o Decreto 70.235, de 6 de março de 1972; e revoga o § 2º do art. 6o da Lei no 9.469, de 10 de julho de 1997.

CAPPELLETTI, Mauro; GARTH, Bryan. *Acesso à justiça*. Trad. Ellen Gracie Northfleet. Porto Alegre: Fabris Editora, 1988.

CONGRESSO EM FOCO. Pandemia aumenta em 71,3% o número de falências. 14.jul.2020. Disponível em: https://congressoemfoco.uol.com.br/economia/pandemia-aumenta-em-713-numero-de-falencias/. Acesso em: 16.set.2020.

CONSELHO Nacional de Justiça – CNJ. Resolução125, de 29 nov. 2010. Disponível em: http://www.cnj.jus.br/atos-administrativos/atos-da-presidencia/323-resolucoes/12243-resolucao-no-125-de-29-de-novembro-de-2010. Acesso em: 10 fev.2019.

CONSELHO Nacional de Justiça – CNJ. Relatório Justiça em Números. Disponível em:

https://www.cnj.jus.br/wp-content/uploads/2020/08/WEB-V3-Justi%C3%A7a-em-N%C3%BAmeros-
-2020-atualizado-em-25-08-2020.pdf. Acesso em: 15 set. 2020.

DIDIER JUNIOR, Fredie. *Curso de direito processual civil*. 11. ed. Salvador: JusPodivm, 2009. v. 1.

DIDIER JUNIOR, Fredie; ZANETI, Hermes. A justiça multiportas e tutela constitucional adequada. In: ZANETI, Hermes; CABRAL, Trícia Navarro Xavier. *Justiça multiportas*: mediação, conciliação, arbitragem e outros meios de solução adequada para conflitos. Salvador. JusPodivm, 2016.

DINAMARCO, Cândido Rangel. *Instituições de Direito Processual Civil I*. 6 ed. São Paulo, 2016.

FREITAS, Gilberto Passos de; COELHO, Marcus Filipe Freitas. *Mediação é a forma ideal de solução dos conflitos durante a pandemia*. Disponível em: https://www.conjur.com.br/2020-jun-01/coelho-freitas-mediacao-melhor-saida-pandemia. Acesso em: 15 de set de 2020.

GUEDES, Leonardo Forgiarini. *Arbitragem online*: sonho americano ou ignorância tupiniquim? 2012.

Disponível em: http://www.juristas.com.br/informacao/artigos/a-arbitragem-online-sonho-americano-ouignorancia-tupiniquim/1464/. Acesso em:1 4 set. 2020.

IBGE – INSTITUTO BRASILEIRO DE GEOGRAFIA E ESTATÍSTICA. Dados do PIB – Produto Interno Brasileiro, 2020. Disponível em: https://www.ibge.gov.br/indicadores. Acesso em: 15 set. 2020.

JONATHAN, E. (Coord.). *Mediação de conflitos para iniciantes, praticantes e docentes*. Salvador: JusPodivm, 2016.

OLIVEIRA, Josmeyr Alves. *Mediação "on-line" na solução de conflitos empresariais*. Escola Paulista de Direito. São Paulo, 2018.

PONTES, Felipe. *Acervo de processos do judiciário cai pelo segundo ano consecutivo*. 25/0/2020. Disponível em: https://agenciabrasil.ebc.com.br/justica/noticia/2020-08/acervo-de-processos-do-judiciario-cai-por-segundo-ano-consecutivo. Acesso em: 15 set. 2020.

ROCHA, Caio Cesar Vieira; SALOMÃO, Luis Felipe. *Arbitragem e mediação*: a reforma da legislação brasileira. São Paulo: Atlas, 2015.

ROSEMBLATT, Ana; MARTINS, André. Mediação e transdisciplinariedade. In: ALMEIDA, T.; PELAJO, S.; JONATHAN, E. (Coord.). *Mediação de conflitos para iniciantes, praticantes e docentes*. Salvador: JusPodivm, 2016.

WATANABE, Kazuo. *Acesso à ordem jurídica justa*: conceito atualizado de acesso à justiça, processos coletivos e outros estudos. Prefácio Min. Ellen Gracie Northfleet; apresentação Prof. Humberto Theodoro Júnior. Editora: Del Rey, Belo Horizonte, 2019.

WODINSKY, Shohana. *Austrália lança inteligência artificial para mediar divórcios*. 1.jul.2020. Disponível: https://gizmodo.uol.com.br/australia-inteligencia-artificial-mediar-divorcios. Acesso em: 15 set. 2020.

INOVAÇÃO NA ADMINISTRAÇÃO PÚBLICA: O IMPACTO DA TECNOLOGIA NA DISCRICIONARIEDADE ADMINISTRATIVA

Daniel Couto dos Santos Bilcherg Calil

Graduando da Faculdade de Direito da Universidade do Estado do Rio de Janeiro (UERJ).

Valter Shuenquener de Araujo

Doutor em Direito Público pela UERJ. KZS pela Universidade de Heidelberg-Alemanha. Professor-Associado de Direito Administrativo da Faculdade de Direito da UERJ (*Lato e Stricto Sensu*). Professor da Pós-Graduação *Lato Sensu* do IDP. Secretário-Geral do CNJ. Conselheiro do CNMP (2015-maio de 2020). Juiz Federal.

Sumário: 1. Introdução. 2. Dinâmica da relação entre o Estado e novas tecnologias. 2.1. E-Estônia – a sociedade digital. 2.2. Riscos e vieses no uso de algoritmos. 3. Tecnologia, inteligência ambiente e legitimidade do administrador público. 4. Discricionariedade administrativa contemporânea. 5. Ampliação do controle judicial da Administração Pública. 6. Conclusão. 7. Referências.

1. INTRODUÇÃO

Contemporaneamente, entra em cena o debate em torno da ampliação do uso de novas tecnologias pela Administração Pública. Esse novo fenômeno, por um lado, origina riscos a garantias fundamentais dos cidadãos, à liberdade de comunicação, à liberdade de expressão e ao direito à privacidade, por outro é medida que se conforma com o vetor da eficiência que norteia a Administração Pública desde a promulgação da EC 19/98. Considerando as dificuldades com os mais diversos matizes em torno da temática, mostra-se imprescindível ponderar o incentivo jurídico à incorporação de novas tecnologias com a construção de um regime de responsabilidade pela eventual concretização de riscos dela derivados.

Ao mesmo tempo em que a adesão da Administração Pública à inovação pode ensejar a redução de despesas públicas, melhorar a qualidade da tomada de decisões por agentes públicos e incrementar a eficiência da atividade administrativa, ela também é capaz de acarretar a violação a direitos fundamentais. Portanto, considerando o possível impacto social das inovações disruptivas, faz-se necessário analisar os variados mecanismos legais e regulatórios de prevenção, controle de riscos e responsabilização existentes.

Com relação aos algoritmos, por exemplo, surgem problemas relacionados à transparência. Por mais que a publicação de seu código e de seus dados seja possível, de modo a expor e a possibilitar a análise por qualquer pessoa de toda a lógica decisória, tais ferramentas podem se assemelhar a uma "caixa preta". Nesse caso, não é possível ter acesso à lógica interna que conduziu a uma determinada decisão e, no dizer de Erick dos Santos:

> são trazidos argumentos de sigilo das informações utilizadas, licenças comerciais que impossibilitam o acesso ao código ou riscos de prejuízo à ação estatal ou à imagem de seus órgãos, caso as razões subjacentes às decisões fossem explicitadas" (SANTOS, 2016).

A questão se agrava quando analisados algoritmos que envolvem inteligência artificial mais complexa, como quando há aprendizagem automática.

Nesse cenário de avanços tecnológicos aptos a analisar, descrever, condicionar e influenciar o comportamento humano, surgem debates sobre a capacidade de a autodeterminação humana e a democracia moderna suportarem a força dirigente da transformação digital (HOFSTETTER, 2016, p. 29).[1] Considerando a existência de uma "Inteligência Ambiente" (*Umgebungsintelligenz),* enquanto a característica contemporânea de onipresença de um ambiente digital que pensa à frente do que o homem é capaz, questiona-se até que ponto não seria possível melhorar ou mesmo substituir a tomada de decisões nas mais variadas dimensões sociais (HOFSTETTER, 2016, p. 28), até mesmo na Administração Pública, confiando-se em recomendações de tecnologias cada vez mais inteligentes.

A despeito das múltiplas possiblidades existentes, há quem identifique, em um esforço de sistematização, ao menos quatro formas de interação entre a tecnologia e o aparato estatal, quais sejam: (i) relações de equivalência; (ii) de instrumentalidade; (iii) de incentivo; (iv) de normatização (BAPTISTA; KELLER, 2016, p. 132, 133). Busca-se, aqui, dar destaque às relações de instrumentalidade, circunstâncias em que a Administração Pública se vale de inovações tecnológicas para aprimorar e executar políticas públicas. Em contraposição aos potenciais riscos nessa relação, há, também, diversos benefícios à coletividade e à legitimidade da atuação estatal, que justificam a adoção dessas inovações pelo Estado, e, nesse sentido, Baptista e Keller (2016, p. 135, 136):

> [...] as tecnologias digitais em rede apresentam um relevante potencial como *ferramentas de governo,* viabilizando a expansão da participação popular nas atividades conduzidas por órgãos públicos em geral. Conforme constata Coglianese, a produção normativa protagonizada pelas agências reguladoras demanda uma extensa coleta e análise de informação técnica necessária à organização e administração do processo normativo em si e para construção da solução regulatória pretendida. Nesse sentido, tecnologias que auxiliam a organização, recuperação e análise de vastas quantidades de informação colaboram significativamente para a qualidade da regulação, provendo maior velocidade e precisão do resultado final. Além disso, a construção de websites que permitem a contribuição em processos de consulta pública, bem como o acesso a agendas públicas, relatórios e documentos em geral, representa um avanço em termos de participação popular e transparência nesses processos.

Dessa forma, enfatiza-se, sem ignorar os potenciais efeitos deletérios, a repercussão positiva que as inovações tecnológicas podem ter sobre o processo de tomada de decisões públicas e sobre a extensão do controle judicial. Esse debate se impõe, porque a aderência da Administração Pública a novas tecnologias já é uma realidade, não só no

---

1. No original, p. 29: "Die Frage, wie bewährte Strukturen und Konzepte der materiellen Welt, also etwa Selbstbestimmung und Demokratie, der lenkenden Kraft der digitalen Transformation widerstehen könnten, ist bis jetzt nur bruchstückhaft beantwortet".

Brasil, como em outros países. Como será adiante exposto, no cenário internacional, destaca-se o exemplo da Estônia, que é referência global como uma sociedade digital, e, no âmbito nacional, há atualmente impactos das novas tecnologias em diversos órgãos estatais como Receita Federal, TST, TCU, dentre outros.

Diante desse cenário de extensa inserção de novas tecnologias nos mais diversos órgãos e entidades estatais, o administrador público acaba por ter seus espaços de discricionariedade reduzidos. Isso se justifica em razão da objetividade, previsibilidade, celeridade e segurança que mecanismos tecnológicos como os algoritmos e a Inteligência Artificial oferecem ao administrador público no exercício de sua função, de modo que as suas escolhas dentre políticas públicas possíveis se configuram mais vinculadas. As novas tecnologias têm a aptidão de apresentar a melhor decisão possível em um caso concreto, se comparadas com a capacidade humana. Como consequência desse fenômeno de gradual vinculação da atuação do administrador público quando munido, em sua função, das vantagens oferecidas pelas novas tecnologias, constata-se uma ampliação das hipóteses de controle judicial dos atos administrativos.

Tradicionalmente, entende-se que há um espaço decisório do administrador público em que não pode o Judiciário adentrar, sob pena de ofensa à Separação de Poderes. Tal circunstância justifica, em alguns casos, uma postura de deferência do juiz a determinadas decisões administrativas, com fundamento, também, na capacidade institucional do agente público que a faz. Noutro giro, modernamente, também, há uma compreensão de parcela da doutrina, a partir de uma releitura do princípio da legalidade enquanto juridicidade, de que o controle de atos administrativos pode alcançar, até mesmo, o aspecto do mérito administrativo, a partir de seu conceito tradicional, desde que por meio de parâmetros e valores da ordem constitucional, o que implica na redução dos espaços cujo exame judicial seria vedado. Nesse sentido, DI PIETRO:

> Com o passar dos tempos, inúmeras teorias foram sendo elaboradas para justificar a extensão do controle judicial sobre aspectos antes considerados como abrangidos pelo conceito de mérito. A teoria do desvio de poder permitiu o exame da finalidade do ato, inclusive sob o aspecto do atendimento do interesse público; a teoria dos motivos determinantes permitiu o exame dos fatos ou motivos que levaram à prática do ato; a teoria dos conceitos jurídicos indeterminados e a sua aceitação como conceitos jurídicos permitiu que o Judiciário passasse a examiná-los e a entrar em aspectos que também eram considerados de mérito; a chamada constitucionalização dos princípios da Administração também veio limitar a discricionariedade administrativa e possibilitar a ampliação do controle judicial sobre os atos discricionários (2017, p. 297).

Consideradas essas premissas, apesar de não ser possível ao juiz se substituir na função do administrador público, e, ainda, que seja defensável a existência de uma área para a análise de conveniência e oportunidade dos atos administrativos que somente incumbe ao administrador público, é certo que, com a aderência do Estado às novas tecnologias, os espaços decisórios eventualmente entrincheirados em face do controle judicial tendem a se reduzir cada vez mais.

Nesse diapasão, em que há forte adoção de novas tecnologias pelo Estado, o cerne do debate teórico passa a ser a respeito de qual é o grau de redução dos espaços de discricionariedade administrativa e o de ampliação do controle judicial da Administração Pública. É que as inovações tecnológicas permitem uma melhor gestão de riscos e maior qualidade na execução de políticas públicas por parte do administrador público, cuja tomada de decisões é, por isso, cada vez mais vinculada. Deve-se, assim, apesar da tendência concreta inevitável ao desenvolvimento de sociedades digitais, evitar que a instrumentalização da tecnologia pelo Estado se concretize em ameaça a direitos fundamentais, liberdades individuais e proteção de dados dos cidadãos.

2. DINÂMICA DA RELAÇÃO ENTRE O ESTADO E NOVAS TECNOLOGIAS

2.1 E-Estônia – a sociedade digital

No que concerne às interações entre a tecnologia e a Administração Pública, um dos melhores exemplos práticos da atualidade da exploração da potencialidade dessa relação é a Estônia. Trata-se de um país do norte Europeu conhecido pelo desenvolvimento, ao longo de décadas, de uma sociedade digital, caracterizada, assim, pela extensa presença de ferramentas tecnológicas nas mais variadas dimensões da atuação estatal e da vida humana cotidiana: negócios e finanças, educação, serviços públicos, assistência médica, segurança, política, dentre outros.

A título de exemplo acerca dos impactos positivos de tal fenômeno, há uma economia de, ao menos, 2% do PIB e de 800 anos de trabalho em função da facilidade na troca de dados entre diferentes sistemas. Houve uma redução do prazo de início de um negócio de cinco dias para três horas, 99% das operações bancárias são realizadas online, as declarações fiscais são efetuadas virtualmente em até 3 minutos, 99% de prescrições médicas são digitais, 99% dos serviços públicos são prestados online e em funcionamento ininterrupto por vinte e quatro horas ao longo dos sete dias da semana, o trabalho policial tornou-se cinquenta vezes mais efetivo a partir das inovações tecnológicas, dentre outros efeitos benéficos à sociedade (E-ESTONIA, 2019).

O sucesso da infraestrutura do *e-government* na Estônia se assenta em dois pilares, responsáveis pela criação de um Estado digital e de cidadãos digitais, quais sejam: (i) a infraestrutura de dados X-Road, e (ii) um ID digital nacional obrigatório (KATTEL; MERGEL, 2018, p. 1).[2] Dessas duas bases deriva a reputação internacional positiva do governo digital desenvolvido na Estônia, com destaque para o X-Road que conecta mais de 1.700 serviços, 900 organizações públicas e privadas, registros e bancos de dados, processa mais de 500 milhões de transações por ano e recebe mais de 1 milhão de solicitações por dia (MARGETTS; NAUMANN, 2016, p. 6).

Entretanto, o êxito digital do país, por outra perspectiva, pode ser polemizado e não é isento de críticas. Inicialmente, há quem sustente que, apesar de uma intenção apriorística de governança participativa, a inovação na Estônia resulta da iniciativa exclusiva de uma rede de políticos, de líderes empresariais e de agentes públicos, de modo que muito pouco efetivamente resulta de processos comunicativos com os cidadãos.

---

2. P.1: "The Estonian e-government infrastructure and its success rest on two main pillars, both introduced in 2001, which essentially create a digital state and digital citizens: the data infrastructure x-road and a compulsory national digital ID".

A exceção, nesse aspecto, é o programa *"E-residency"*, que se propõe a dar atenção ao *feedback* do usuário (KATTEL; MERGEL, 2018, p. 13).

Uma segunda crítica é a de que, apesar dos avanços tecnológicos terem viabilizado um aumento na qualidade da experiência dos usuários de serviços públicos, como, por exemplo, por meio da apresentação eletrônica de declarações fiscais, a essência dos serviços em si pouco se alterou nesse cenário. Muito embora tenham ocorrido ganhos de eficiência para os cidadãos e negócios em geral, a satisfação com serviços importantes como assistência médica e educação permaneceu baixa. Por fim, vale destacar que a Estônia, ainda que figure como uma das lideranças no desenvolvimento de sociedades digitais, possui, no contexto europeu, índices baixos em questões sociais relevantes, apresentando, em 2016, por exemplo, a maior disparidade salarial entre homens e mulheres na Europa (KATTEL; MERGEL, 2018, p. 13).

A despeito da desaprovação desse modelo digital em alguns aspectos, o cenário de evolução tecnológica atual é tal que há, na Estônia, apenas três serviços que exigem a presença física do cidadão a um órgão governamental: casamento, divórcio e a transferência de imóvel (BIGARELLI, 2018). Existe, ainda, projeto no país para o desenvolvimento de um "robô juiz", a ser utilizado para solucionar controvérsias envolvendo valores menores, o que levaria, em última análise, à redução da quantidade de processos tramitando no Judiciário (ÉPOCA NEGÓCIOS ONLINE, 2019).

Evidencia-se na Estônia, assim, uma real e ampla inserção de ferramentas tecnológicas na atuação da Administração Pública, com vistas à redução de custos e ao aumento da qualidade de serviços. E esse modelo já influencia outras nações, como Singapura, que, à semelhança do fenômeno verificado na Estônia, iniciou a construção de uma sociedade digital a partir da sua independência política ocorrida em 1965 e de mudanças constitucionais significativas (GOEDE, 2019, p. 223). Sem embargo dos efeitos positivos que delas podem advir, todas essas mudanças devem ser analisadas criticamente. Uma maior excelência na prestação de serviços pelo Estado não justifica que sejam ignorados fatores sociais, que podem vir a ser preteridos na pauta governamental, além de outros riscos que a adoção desenfreada de novas tecnologias pode ensejar.

2.2 Riscos e vieses no uso de algoritmos

A maximização do uso de recursos públicos e a possível ampliação da tutela de direitos fundamentais a partir das inovações tecnológicas são benefícios, cuja análise deve ser compreendida em conjunto com as diversas ameaças que podem advir de sua aplicabilidade na vida cotidiana e de sua utilização pela Administração Pública. A ponderação em questão perpassa pela análise da aptidão das novas tecnologias para a determinação de comportamentos e as incertezas sobre impactos e consequências que podem ter na ordem social.

Nesse contexto, é possível apontar, abstratamente, oito distintas categorias de riscos que podem decorrer da dispersão de ferramentas algorítmicas em nossa sociedade, de acordo com a literatura especializada, sendo elas: (1) manipulação, (2) redução da variedade, a partir da criação de preconceitos e de distorções da realidade, (3) restrições à liberdade de comunicação e de expressão, (4) ameaças à proteção de dados e privacidade, (5) discriminação social, (6) violação de direitos de propriedade intelectual, (7) possíveis transformações e adaptações do cérebro humano, e (8) efeitos incertos em seres humanos em razão da adoção de algoritmos como, por exemplo, independência crescente de máquinas em relação ao controle humano e incremento da dependência humana em relação a algoritmos (LATZER *et al.*, 2014, p. 20).

As novas tecnologias, desse modo, descortinam um cenário em que, em razão da possibilidade de influência e de controle comportamental por algoritmos, diversos riscos são oferecidos às bases jurídicas em que se funda o Estado Democrático de Direito. Essas ameaças são sérias e se relacionam a liberdades básicas, capacidade de autodeterminação individual e direitos fundamentais. Nesse sentido, há quem constate, ao menos, sete consequências concretas e exemplificativas do impacto gerado por tais inovações nas instituições sociais:

(i) controle comportamental por intermediários de informação,

(ii) influência sobre o comportamento político,

(iii) policiamento preditivo,

(iv) uso de tecnologia jurídica,

(v) bloqueio de conteúdo indesejado,

(vi) atenuação do comportamento por condução tecnológica autônoma, e

(vii) controle tecnológico por *design* (*Technosteuerung durch Design*) e proteção de interesses juridicamente tutelados (HOFFMAN-RIEM, 2017, p. 11 a 20).

Dado esse panorama, inicialmente, merecem relevo os efeitos nocivos que podem decorrer da (i) seleção e controle do acesso à informação em mídias digitais, feitos por meio de filtragem de possíveis resultados de pesquisa, do recurso de preenchimento automático nos mecanismos de pesquisa ou de oferta de publicidade segmentada de acordo com um perfil de usuário. Apontam-se como consequências o fortalecimento do *status quo*, a fragmentação social e a intensificação de correntes de opinião em zonas de conforto comunicativas (HOFFMAN-RIEM, 2017, p. 12), envolvendo indivíduos com preferências e interesses semelhantes.

Quanto às (ii) interferências nas preferências políticas individuais, o melhor exemplo prático é o de uso de *bots* em 2016 na campanha pelo referendo sobre a retirada do Reino Unido da União Europeia (HOFFMAN-RIEM, 2017, p. 14). *Bots* são *scripts* (roteiros seguidos por sistemas computacionais) automatizados que geram conteúdo em plataformas digitais e interagem com pessoas, podendo repercutir em questões de política pública, eleições e crises políticas (HOWARD; KOLLANYI, 2016, p. 1). O perigo associado à sua utilização, em especial no ambiente político, está relacionado à sua aptidão de agir como se usuário humano fosse, de compartilhar automaticamente postagens de outras pessoas, de aumentar alcance de mensagens e de dar a aparência de ampla aprovação (HOFFMAN-RIEM, 2017, p.15) quanto a determinados posicionamentos e opiniões políticas.

Há quem aponte que, além do debate em torno do Brexit, estratégias políticas têm sido implementadas por meio de *bots* em muitos países, como Rússia, México, China, Austrália, Estados Unidos, Azerbaijão, Irã, Bahrein, Coreia do Sul, Turquia, Arábia Saudita e Marrocos (HOWARD; KOLLANYI, p. 5). A disseminação dessa ferramenta e seu amplo poder de interferência na opinião pública ameaça e permite questionar o modo de funcionamento e a legitimidade dos mecanismos democráticos tradicionais.

Com relação ao (iii) policiamento preditivo, o uso de algoritmos possibilita que autoridades policiais realizem a *"análise de dados pessoais ou estatísticas publicamente disponíveis e de perfis de vítimas com o objetivo de identificar a probabilidade de crimes em certos lugares, em certas ocasiões ou em categorias específicas de infratores"* (HOFFMAN-RIEM, 2017, p.15). As consequências danosas que podem daí decorrer são discriminações a certos grupos sociais minoritários e vulneráveis, em razão do tratamento objetivo conferido pelos sistemas algorítmicos, e possível condicionamento da atuação policial preventiva e repressiva a infrações criminais, cujo comportamento tende a ser indiretamente influenciado pelos prognósticos eventualmente existentes. Existe, nesse contexto, exemplo no Rio de Janeiro de implementação de sistemas de reconhecimento facial, mas que já apresentam falhas, havendo, por exemplo, registros de moradores comuns confundidos com foragidos e detidos indevidamente (FANTTI, 2019).

Há impactos, também, no (iv) âmbito jurídico, sendo possível o afastamento das decisões judiciais e da interpretação de normas jurídicas em relação aos métodos tradicionais de aplicação da lei (HOFFMAN-RIEM, 2017, p.17). Constata-se, atualmente, a implementação de novas tecnologias no Judiciário, seja no plano internacional, exemplificado pela proposta de criação de um "robô-juiz" na Estônia, seja no plano nacional, como no sistema Bem-te-vi adotado pelo TST ou no projeto VICTOR atuante no STF desde 2018. Quanto à atuação da Inteligência Artificial no Supremo Tribunal Federal, a implementação de tal projeto consiste na execução de (1) conversão de imagens em textos no processo digital, (2) separação do começo e do fim de um documento (peça processual, decisão etc.) em todo o acervo do Tribunal, (3) separação e classificação das peças processuais mais utilizadas nas atividades do STF e (4) a identificação dos temas de repercussão geral de maior incidência (STF, 2018). Portanto, deduz-se que podem, eventualmente, surgir ameaças à atuação ordinária de juízes.

No que concerne ao (v) acesso à informação, há efeitos como o de originar o bloqueio de conteúdo indesejado, exemplificado por discursos de ódio ou racistas em meios digitais, havendo, contudo, risco de censura (HOFFMAN-RIEM, 2017, p. 18). Trata-se de aspecto muito relevante no âmbito de mídias digitais, considerando o impacto que possuem na opinião pública, podendo gerar, por exemplo, polarização de grupos sociais.

Outra repercussão significativa das novas tecnologias tem relação com a (vi) condução tecnológica autônoma, em que há uma tendência à substituição do comportamento humano (HOFFMAN-RIEM, 2017, p. 18), como nas hipóteses de veículos motorizados automatizados em que se dispensa a atuação do motorista. Dada tal possibilidade, surgem debates sobre o perigo oferecido por tais inovações à autonomia e à autodeterminação humanas.

Por fim, também, merece destaque o chamado (vii) "controle tecnológico por *design*" (*Technosteuerung durch Design*) e proteção de interesses juridicamente tutelados, que se trata da possibilidade de o uso de inovações tecnológicas servir como instrumento para auxiliar a implementação e a efetivação da lei, como, por exemplo, no bloqueio elétrico da condução de automóvel, quando houver risco de excesso do limite de velocidade em determinada via. Outro exemplo é o *Digital Rights Management* (DRM), que, conforme Ianzen, Pinto e Wildauer (2013, p. 215), cuida-se de um mecanismo desenvolvido como reação à pirataria online de produtos comercializados, de modo que funciona impedindo a cópia, limitando o período temporal de acesso ou reduzindo a quantidade de dispositivos em que o conteúdo adquirido por consumidores pode ser instalado.

A despeito das utilidades que tais mecanismos tecnológicos podem oferecer, deve-se atentar aqui à possibilidade de que, mesmo nesses casos, inovações tecnológicas levem a fins normativamente indesejáveis, podendo, por exemplo, penalizar ou restringir injustificadamente um consumidor que sequer buscava realizar cópias ilegais (HOFFMAN-RIEM, 2017, p. 20). Assim, quanto às nocividades potenciais decorrentes das novas tecnologias, é possível que ocorra a erosão da relevância prática da lei ou sua mera substituição por algoritmos, o que pode se dar, também, quando da utilização do consentimento do usuário aos Termos e Condições Gerais, para a constituição de relações jurídicas como aquelas estabelecidas entre usuários de redes sociais e intermediários de informação (Google, Facebook, dentre outros).

O consentimento dado pelos usuários, nesses casos, geralmente vai além da proteção de dados, podendo servir como meio de isentar tais empresas quanto a eventuais responsabilidades civis e penais, apesar da nulidade de tais cláusulas em alguns ordenamentos jurídicos. Nesse cenário, a despeito do intuito aparente de conferir ao usuário, por meio da opção por consentir com o uso por terceiros de seus dados, a possibilidade de exercer sua autonomia individual, há, em verdade, um meio de fuga das empresas em relação às regras legais, ameaçando os próprios usuários, cujos dados poderão, em última análise, ser usados para análises algorítmicas de grupos sociais e mesmo para influenciar a ordem social (HOFFMAN-RIEM, 2017, p. 21, 23).

3. TECNOLOGIA, INTELIGÊNCIA AMBIENTE E LEGITIMIDADE DO ADMINISTRADOR PÚBLICO

A expressão *"Umgebungsintelligenz"*, *"Ambient Intelligence"* ou Inteligência Ambiente é utilizada por pesquisadores para fazer referência à onipresença de um ambiente digital (HOFSTETTER, 2016, p. 28),[3] que conduz o futuro para profundas transformações tecnológicas. Verifica-se, nesse contexto, que, dada a disseminação de algoritmos em todas as esferas da vida contemporânea, esses mecanismos podem e são utilizados como ferramentas para o controle e a indução de comportamentos. Esse fenômeno, a despeito dos riscos envolvidos na aplicação de algoritmos nos mais distintos espaços da sociedade, desperta a reflexão acerca dos possíveis impactos tecnológicos benéficos sobre instituições sociais.

A Inteligência Ambiente é, na literatura, apontada como fator que repercute em diferentes dimensões da vida cotidiana, em especial "saúde, habitação, mobilidade, gestão de riscos e recursos, educação e governo" (AMADOR-DOMÍNGUEZ et al., 2019, p. 6).

---

3. P. 28: "Umgebungsintelligenz nennen Forscher die Allgegenwart einer digitalen Umwelt, die für uns mitund vorausdenkt."

Com relação à gestão de riscos e recursos, tarefa desempenhada, também, por administradores públicos, torna-se possível, por meio das novas tecnologias, o desenvolvimento de modelos preditivos de atuação estatal e sistemas de prevenção de riscos, viabilizados por técnicas probabilísticas derivadas da combinação de dados preexistentes, como dados de usuários em mídias sociais ou dados coletados por sensores em determinados contextos (AMADOR-DOMÍNGUEZ et al., 2019, p. 8).

No que tange aos efeitos dessa inovação na esfera política, o *smart government* ou governo inteligente, como aquele desenvolvido na Estônia, é considerado um dos "mais promissores domínios da inteligência ambiente" (AMADOR-DOMÍNGUEZ et al., 2019, p. 9). Apesar de críticas à tendência de restrição dos grupos que efetivamente participam da tomada de decisões, parte considerável das pesquisas acerca da temática aponta que a Inteligência Ambiente promove maiores possibilidades de abertura dos governos para participação dos cidadãos. Considerando o grande volume de dados gerados cotidianamente, viabiliza-se, por exemplo, o desenvolvimento de modelos de revitalização urbana e de métodos para identificação das principais demandas existentes no plano urbano e das preferências dos cidadãos. (AMADOR-DOMÍNGUEZ et al., 2019, p. 9).

Nesse contexto, a legitimidade da atividade administrativa nas cidades inteligentes envolve "colaboração, cooperação, parceria, engajamento cidadão e participação nos processos de tomada de decisão e gestão da cidade" (LÓPEZ-QUILES; RODRÍGUEZ BOLÍVAR, 2018, p. 4). A governança, considerando esse cenário, pode se valer de diversos parâmetros como a "criação de sites de transparência, projetos de dados abertos, plataformas de participação eletrônica, ou uso de mídias sociais" (LÓPEZ-QUILES; RODRÍGUEZ BOLÍVAR, 2018, p. 4), a fim de gerar a construção de espaços de participação social na gestão e de garantir maior legitimidade democrática.

Percebe-se, assim, que a legitimidade do administrador público, na contemporaneidade, é ininterrupta e continuamente aferida, uma vez que são inúmeros os mecanismos por meio dos quais se constatam os interesses e as demandas de diferentes grupos sociais. Considerando essa perspectiva, devem ser analisados os impactos que essas ferramentas podem potencialmente ter sobre os espaços conferidos pela lei para a análise de conveniência e oportunidade por parte do administrador público.

4. DISCRICIONARIEDADE ADMINISTRATIVA CONTEMPORÂNEA

O conceito jurídico clássico de discricionariedade está associado às hipóteses em que a lei não disciplina todo o campo de atuação da atividade administrativa em determinado caso, mas deixa um espaço de liberdade ao administrador público para a análise de conveniência e oportunidade quanto à opção por uma dentre várias soluções possíveis. Cumpre destacar que, ainda que se trate de uma prerrogativa da Administração Pública, a discricionariedade tem como propósito o atendimento aos interesses da coletividade (TOURINHO, 2009, p.127).

Dada essa finalidade, a doutrina contemporânea sustenta a existência de diversos mecanismos que reduzem o espaço de discricionariedade do administrador público, cujo exercício apenas será legal, se observar a adequação da conduta escolhida pelo agente à finalidade que a lei expressa, dentre outros aspectos (CARVALHO FILHO, 2017, p. 68). Nesse contexto, sustenta-se uma releitura do princípio da legalidade e sua substituição pelo princípio da juridicidade. Tal lógica permite o controle de legitimidade dos atos administrativos, por exemplo, a partir de parâmetros constitucionais e dos princípios da proporcionalidade e razoabilidade, representando uma barreira de contenção quanto à adoção de condutas irrazoáveis (NOHARA, 2006, p. 165). Em linha semelhante, defende, há alguns anos, FAGUNDES (1967, p. 150, 166-168, grifo nosso):

> *O mérito é de atribuição exclusiva do Poder Executivo*, e o Poder Judiciário, nele penetrando, "faria obra de administrador, violando, dessarte, o princípio de separação e independência dos poderes". *Os elementos que o constituem são dependentes de critério político* e meios técnicos peculiares ao exercício do Poder Administrativo, estranhos ao âmbito, estritamente jurídico, da apreciação jurisdicional. [...] O procedimento deixa de ser unicamente político quando, não obstante ter no ato político sua origem, é seguido de *medidas que afetam direitos expressamente amparados pela ordem jurídica*. E, então, *desaparece a impossibilidade do controle*. O judiciário é levado, embora indiretamente, ao exame do ato político. Todavia, nunca o apreciará de modo integral, ferindo o campo da *discrição política* deixado ao Poder Executivo.

Por esse motivo, a tomada de decisões do administrador público ou a opção por uma ou outra política pública, ainda que represente um exercício do espaço de liberdade e do papel institucional que desempenha, deve se conformar aos parâmetros legais e mesmo constitucionais. Dessa forma, trata-se de um entendimento que, aliado à objetividade e à previsibilidade garantidas pela Inteligência Ambiente contemporaneamente, tende a reduzir os espaços de liberdade decisória do administrador público.

Sob a perspectiva da discricionariedade dos atos administrativos, não raro é invocada a Teoria das Capacidades Institucionais (*institutional capacities theory*) como um argumento de tolerância às decisões de agentes públicos, superando um debate sobre como devem ser interpretadas normas jurídicas e passando para uma análise acerca de quem deve interpretá-las em cada caso concreto (SUSTEIN; VERMEULE, 2003, p. 886). Em linha semelhante, pode-se mencionar, quanto às agências reguladoras, a noção de discricionariedade técnica e uma tendência jurisprudencial, no Brasil e no Direito Comparado, à deferência judicial quanto às suas decisões.

Assim, por um lado, há entendimento favorável à ampliação das possibilidades de controle do ato administrativo, salientando-se que o papel de diversos teóricos acerca da interpretação de normas jurídicas tem sido o de entender "como juízes perfeitos decidiriam casos", em face da necessidade de controlar os atos de agentes públicos. Em outro sentido, por meio do conceito de *institutional capacities*, defende-se que a construção teórica ideal procura compreender "como juízes falíveis em um contexto de complexidade técnica e organizacional do mundo contemporâneo decidiriam casos" (SUSTEIN; VERMEULE, 2003, p. 949), uma vez que há atores institucionais que possuem maior capacidade institucional e, portanto, maior legitimidade para tomar decisões em face do caso concreto.

A temática ganha, contudo, novos contornos, quando analisada sob o prisma tecnológico contemporâneo. Ainda que se defenda um amplo espaço de análise de conveniência e oportunidade ou mesmo que, em certo caso, detenha o administrador público maior capacidade institucional para determinada tomada de decisão, é certo que o atributo da falibilidade humana tende a ser, no cenário atual, mitigado. Com isso, as decisões que outrora eram discricionárias, como na opção por determinada política pública dentre as mais diversas possíveis, podem tornar-se vinculadas, uma vez consideradas as vantagens ofertadas pelo emprego da tecnologia na Administração Pública.

Esse raciocínio é válido uma vez que "os sistemas baseados em algoritmos de aprendizagem são capazes de se adaptar de forma independente a novas situações problemáticas" (HOFFMAN-RIEM, 2017, p. 3)[4], que "tais sistemas podem escrever seus próprios programas e são capazes de evoluir independentemente da programação humana ("Machine Learning")" (HOFFMAN-RIEM, 2017, p. 3),[5] que "algoritmos são usados para observar nosso comportamento e interesses, e para prever nossas futuras necessidades e futuras ações" (HOFFMAN-RIEM, 2017, p. 4)[6], que "máquinas julgam e preveem o comportamento humano quanto à sua vida cotidiana, sua saúde, seus riscos de crédito, seus comportamentos consumeristas e cotidianos" e que "os sistemas de computação podem, em grande parte, isentar *as pessoas da necessidade de tomar decisões, substituindo assim as decisões humanas*" (HOFFMAN-RIEM, 2017, p. 6).[7]

Nesse contexto, os exemplos práticos de aplicação ao redor do mundo e em larga escala de inovações tecnológicas na própria esfera governamental são inúmeros. Nesse sentido, GUENDEZ et al. (2018, p. 97):

> Na França, os bots suportados por IA informam e aconselham os desempregados em suas pesquisas de emprego; na Alemanha, o monitoramento, baseado em *Big Data*, de cotas de pesca está abrindo caminho para decisões baseadas em evidências; em Los Angeles, a análise dos dados de tráfego está melhorando a segurança nas estradas; na Suécia, a recuperação automática de informações está economizando tempo de clientes; e na Estônia, os órgãos públicos e os dados em tempo real estão possibilitando uma rápida, focada e até mesmo preventiva operação policial (Daub, Domeyer & Polier 2018). Iniciativas semelhantes existem na Suíça. Por exemplo, a polícia suíça utiliza o software de proteção antiarrombamento Precobs (Sistema de Observação Pré-Criminal) (Institut für musterbasierte Prognosetechnik [Instituto de Técnica de Previsão baseada em padrões] 2018). Precobs se baseia no pressuposto de que os ladrões assaltam várias vezes dentro de um curto período de tempo se forem bem-sucedidos em uma certa área. Assim, é eficaz que a polícia aumente sua presença nessa área. Outro exemplo: a cidade de St. Gallen promoveu a fibra ótica e a rede LoRa (Long Range) para controlar e conectar muitos dispositivos, como postes de iluminação e ocupação de estacionamento (St. Galler Stadtwerke 2018)[8].

---

4. No original, p. 3: "So sind lernende algorithmenbasierte Systeme in der Lage, sich neuen Problemsituationen eigenständig anzupassen".

5. No original, p. 3: "[...] dass solche Systeme ihre eigenen Programme weiterschreiben und in der Lage sind, sich unabhängig von der menschlichen Programmierung zu entwickeln ("Machine Learning" [...]"

6. No original, p. 4: "Algorithmen werden verwendet, um unser Verhalten und unsere Interessen zu beobachten sowie unsere zukünftigen Bedürfnisse und unser zukünftiges Handeln vorauszusagen".

7. No original, p. 6: "[...] Computersysteme die Menschen von Entscheidungsnotwendigkeiten weitgehend freistellen, also menschliche Entscheidungen ersetzen".

8. No original, p. 97: "In France, AI-supported bots inform and advise the unemployed in their job searches; in Germany, Big Data-supported fishing quota monitoring is paving the way for evidence-based decisions; in Los Angeles, the analysis of traffic data is improving road safety; in Sweden, automatic retrieval of information is saving customers time; and in Estonia, public agencies and real-time data is enabling quick, focused, and even preventative police operations (Daub, Domeyer & Polier 2018). Similar initiatives exist in Switzerland. For instance, the Swiss police uses the Precobs (Pre Crime Observation System) anti-burglary protection software (Institut für musterbasierte Prognosetechnik [Institute for pattern-based Prediction Technique] 2018). Precobs is based on the assumption that burglars strike several times within a short time if they are successful in a certain area. Thus, it is effective for the police to increase its presence in that area. Another example: The city of St. Gallen has fostered the fiber optic and the LoRa (Long Range) network to control and connect many devices, such as streetlights and parking occupancy (St. Galler Stadtwerke 2018)."

Analisando esse panorama sob a perspectiva da existência de inúmeros dados estatísticos e preditivos que direcionam para uma melhor qualidade da tomada de decisões públicas, indo além das capacidades cognitivas humanas do administrador público, é possível afirmar que se está diante de um fenômeno de redução dos espaços discricionários da atuação estatal. Considerando que tais inovações tecnológicas, não raro, são aptas a cruzarem dados provenientes de diferentes fontes e pertinentes aos mais distintos grupos sociais, quando aplicadas na Administração Pública, elas tendem a conferir maior legitimidade à ação do administrador público, o que, *a contrario sensu,* gera um ônus argumentativo maior àquele que decidir em sentido contrário ao que as tecnologias eventualmente sugerirem.

Esse contexto global possui repercussões nacionais e, quanto à adoção de novas tecnologias pela Administração Pública brasileira, há diversos exemplos, como o da Receita Federal que "seleciona declarações de imposto de renda para exame aprofundado de forma algorítmica, na conhecida "malha fina", assim como estima riscos de descaminho na importação de mercadorias, com o sistema Siscomex (SANTOS, 2016) ". Também merece destaque o Tribunal de Contas da União, órgão de controle em que há o emprego de serviços cognitivos enquanto *"alternativa baseada em Inteligência artificial para a obtenção de soluções que são capazes de detectar padrões de qualquer tipo em texto, imagens ou qualquer outra fonte de dados"* (DUTRA E SILVA, 2016b, p. 124). As experiências recentes do TCU demonstram a importância desses mecanismos. Nesse sentido, DUTRA E SILVA (2016b, p. 129):

> os serviços cognitivos desenvolvidos podem ser utilizados de forma bem-sucedida por outros sistemas, com a finalidade de aprimorar os processos de trabalho do TCU e da Administração Pública, pois é inerente ao trabalho do TCU e outros órgãos a necessidade de estruturar textos produzidos continuamente e que dependem da classificação e extração das informações contidas nessas bases não estruturadas. Portanto, a disponibilização desses serviços pode servir para conferir maior exatidão ao trabalho de instrução de processos, bem como para colocar à disposição, para os profissionais de Controle Externo, contextos pertinentes a todo trabalho desenvolvido de forma textual. Ao elaborar determinado relatório, por exemplo, toda a jurisprudência existente sobre o tema desenvolvido poderia ser automaticamente relacionada ao texto nascente de forma a simplificar o processo de busca por informações relevantes ao conteúdo a ser elaborado. Outro exemplo de uso seria a elaboração de resumos de textos recebidos de órgãos jurisdicionados de forma automática, para agilizar o processo de análise desses documentos externos. Além disso, podem-se elaborar, por meio de serviços cognitivos, clippings personalizados a respeito de cada assunto tratado em determinado trabalho. Assim, os auditores terão sempre as informações mais atualizadas que subsidiem a elaboração dos relatórios de fiscalização e todos os demais documentos necessários.

Também desempenham papel relevante no controle externo do TCU os robôs Alice (acrônimo para Análise de Licitações e Editais), Sofia (Sistema de Orientação sobre Fatos e Indícios para o Auditor) e Monica (Monitoramento Integrado para Controle de Aquisições). Elas participam de um sistema mais amplo chamado de Labcontas (Laboratório de Informações de Controle) que conta com 77 bases de dados, envolvendo registro de contas governamentais, lista de políticas públicas, composição societária de empresas, contratações que possuem recursos públicos e servidores públicos processados por instâncias de controle (GOMES, 2018).

No âmbito do TCU, já existe, atualmente, a aplicação de técnicas de *deep learning*, consistentes em redes neurais artificiais profundas, com muitas camadas intermediárias entre a camada de entrada e a de saída (LECUN; BENGIO; HINTON, 2015). Quanto à definição de *deep learning* e os avanços alcançados, constata-se, conforme CHOLLET (2018, p. 8, 11-12, grifo nosso):

> O *deep learning* é um subcampo específico de aprendizado de máquina: uma nova abordagem das representações de aprendizado a partir de dados que enfatizam o aprendizado de camadas sucessivas de representações significativas. O *"deep"* em *deep learning* não é uma referência a qualquer tipo de compreensão mais profunda alcançada pela abordagem; em vez disso, significa essa ideia de *camadas sucessivas de representações*. Quantas camadas contribuem para um modelo dos dados é o que indica a profundidade do modelo. [...] O *deep learning* moderno envolve muitas vezes dezenas ou até centenas de camadas sucessivas de representações – *e eles são todos aprendidos automaticamente da exposição a dados de treinamento*. Enquanto isso, outras abordagens para aprendizado de máquina tendem a se concentrar em aprender apenas uma ou duas camadas de representações dos dados; daí, às vezes eles são chamados de *shallow learning*[9]. [...]. Nos poucos anos desde que alcançou uma revolução no campo, com *resultados notáveis em problemas de percepção, como ver e ouvir – problemas envolvendo habilidades que parecem naturais e intuitivas para os seres humanos mas há muito tempo é difícil para máquinas*. Em particular, a aprendizagem profunda alcançou os seguintes avanços, todos em áreas historicamente difíceis de aprendizado de máquina: Classificação de imagem em nível quase humano; Reconhecimento de fala em nível quase humano; Transcrição de caligrafia quase humana; Tradução automática aprimorada; Conversão de texto em fala aprimorada; Assistentes digitais como o Google Now e o Amazon Alexa; Condução autónoma ao nível quase humano; Segmentação de anúncios aprimorada, conforme usada pelo Google, Baidu e Bing; Resultados de pesquisa aprimorados na web; Capacidade de responder perguntas em linguagem natural[10] [...].

Essa ferramenta tem sido adotada em ações de controle externo e no combate à corrupção, uma vez que apresenta resultados "que superam até mesmo o desempenho dos melhores especialistas em determinadas áreas de conhecimento" (DUTRA E SILVA, 2016a, p. 18). A fim de exemplificar, tecnicamente, o emprego das técnicas de *deep learning* no controle externo, que pode abranger obras e licitações fiscalizadas, deliberações em acórdãos, análise de fraudes em convênios, dentre outros, SILVA (2016):

> [...] uma simples rede neural tradicional (Multi Layer Perceptron) com poucas camadas intermediárias é capaz de classificar com alta precisão tipos de deliberações contidos em acórdãos proferidos pelo Tribunal. Essa classificação é fundamental para a delimitação de um contexto para a posterior extração dos

---

9. No original, p. 8: "Deep learning is a specific subfield of machine learning: a new take on learning representations from data that puts an emphasis on learning successive layers of increasingly meaningful representations. The deep in deep learning isn't a reference to any kind of deeper understanding achieved by the approach; rather, it stands for this idea of successive layers of representations. How many layers contribute to a model of the data is called the depth of the model. [...] Modern deep learning often involves tens or even hundreds of successive layers of representations – and they're all learned automatically from exposure to training data. Meanwhile, other approaches to machine learning tend to focus on learning only one or two layers of representations of the data; hence, they're sometimes called shallow learning."

10. No original, p. 11-12: "In the few years since, it has achieved nothing short of a revolution in the field, with remarkable results on perceptual problems such as seeing and hearing – problems involving skills that seem natural and intuitive to humans but have long been elusive for machines. In particular, deep learning has achieved the following breakthroughs, all in historically difficult areas of machine learning: Near-human-level image classification; Near-human-level speech recognition; Near-human-level handwriting transcription; Improved machine translation; Improved text-to-speech conversion; Digital assistants such as Google Now and Amazon Alexa; Near-human-level autonomous driving; Improved ad targeting, as used by Google, Baidu, and Bing; Improved search results on the web; Ability to answer natural-language questions"

> atributos (entidades nomeadas) das diversas deliberações que precisam ser continuamente monitoradas pelos especialistas. [...] uma aplicação em bases fotográficas, com a finalidade de abranger um grande número de obras fiscalizadas, as redes neurais convolucionais podem ser utilizadas para monitorar, usando imagens obtidas por sensoriamento remoto, o andamento da execução dos projetos. Esse tipo de aplicação pode realizar a comparação das imagens referentes aos diversos estágios de cada obra e indicar possíveis atrasos ou inconformidades técnicas com as especificações. Quando se trata da detecção de anomalias aplicada ao descobrimento de fraudes em convênios, por exemplo, uma rede neural artificial pode, em modo não supervisionado, reconhecer situações anormais em sua execução após receber como entrada milhares de situações normais que não representam irregularidades [...]. No caso de tratamento de sequências, uma rede recorrente pode ser treinada com as séries temporais de ofertas de preços e atributos dos objetos de licitações, aprendendo a identificar sequências que representam irregularidades no processo licitatório. Isso é possível graças ao grande número de exemplos existentes de sequências anteriores, que foram classificadas como irregulares ou não por especialistas. Sendo assim, esse tipo de solução conteria o conhecimento consolidado de muitos profissionais ao longo de décadas de experiência. [...] também podem ser utilizadas para o encaminhamento e a classificação de irregularidades em processos de Tomada de Contas Especial, por meio do reconhecimento de padrões textuais e lógicos em documentos provenientes de diversas fontes de dados não estruturados.

É possível, ainda, mencionar a aplicação da Inteligência Artificial na Administração Pública brasileira no âmbito do TST, que conta com o sistema Bem-Te-Vi, encarregado do gerenciamento de processos judiciais desse tribunal. Essa ferramenta já possui funcionalidades concernentes à análise automática de tempestividade dos processos, havendo também projeto no sentido de incluir alertas para indicar os impedimentos dos ministros do TST em cada caso concreto (TST, 2019). Por fim, pode-se mencionar a assistente virtual LIA (Logística com Inteligência Artificial), no âmbito das compras governamentais, que visa a oferecer aos usuários do SIASG/Comprasnet, sejam órgãos, fornecedores ou cidadãos, melhor qualidade, objetividade e celeridade no acesso às informações (GOVERNO FEDERAL, 2019). Trata-se de um serviço de conversa e interação *online* que possui a capacidade não só de entender o que o usuário deseja, mas, também, de aprender com ele, em razão do emprego de inteligência artificial.

Nesse cenário, o paradigma tecnológico confere, portanto, novos parâmetros para o controle dos atos administrativos, uma vez que as decisões humanas podem, em alguma medida, ser controladas não apenas sob o prisma da proporcionalidade e da razoabilidade, mas, também, a partir de critérios objetivos oferecidos pelas novas tecnologias. Isso se justifica porque, se comparadas com as limitações e falibilidades humanas, tendem a possuir maior capacidade para tomar decisões públicas, gerenciar riscos, prever impactos e determinar a melhor conduta a ser tomada em cada caso concreto, considerando a escassez de recursos, as demandas de cada grupo social envolvido e a complexidade técnica e organizacional da vida contemporânea.

5. AMPLIAÇÃO DO CONTROLE JUDICIAL DA ADMINISTRAÇÃO PÚBLICA

Inicialmente, deve-se destacar que o controle judicial é de legitimidade, de modo que, se o ato sob análise for contrário à lei, à Constituição, à proporcionalidade, à eficiência, ou à moralidade, deverá o Judiciário declarar a sua invalidação de modo que não continue a produzir efeitos ilícitos (CARVALHO FILHO, 2017, p. 570). Em razão da Separação de Poderes, consagrada no art. 2º da CRFB/88, não pode o Judiciário se valer do controle exercido sobre atos administrativos para fazer as vezes do administrador público, agente institucionalmente competente para a análise de conveniência e oportunidade, quando a lei, assim, lhe reservar no caso concreto.

A fim de se traçar um panorama acerca dos limites e das possibilidades do controle judicial de atos administrativos, deve-se mencionar que houve, inicialmente, na jurisprudência norte-americana, no âmbito das agências reguladoras, que pressupõem discricionariedade técnica e, portanto, maior independência, a construção de dois mecanismos de controle judicial de atos: (i) a Doutrina Chevron, no sentido da deferência legislativa apriorística em relação a interpretações de dispositivos legais por parte das agências reguladoras e (ii) a *Hard-Look Doctrine*, por meio da qual defendeu-se o controle da motivação das agências no exercício de sua função normativa (PEREIRA NETO; LANCIERI; ADAMI, 2014, p. 176).

Essa última, a *Hard-Look Doctrine*, foi desenvolvida nos julgados da Suprema Corte norte-americana "Citizens to Preserve Overton Park versus Volpe" e "Motor Vehicle Manufacturers Association of the United States versus State Farm Mutual Mobile Insurance Co.". Segundo esses precedentes, houve o estabelecimento de "parâmetros para que o Judiciário proceda a uma avaliação material de decisões técnicas proferidas pelas agências reguladoras – com especial foco na avaliação da motivação dos atos administrativos emanados por essas autarquias" (PEREIRA NETO; LANCIERI; ADAMI, 2014, p. 179). Na Doutrina Chevron (precedente "Chevron vs. Natural Resources Defense Council"), por seu turno, foi firmado o entendimento de que "o Poder Judiciário deve acolher a escolha não ambígua realizada pela agência reguladora. E, caso haja alguma ambiguidade na decisão da agência, que a decisão da própria agência, e não a do Judiciário, seja adotada, desde que se revele razoável" (ARAÚJO, 2017, p. 78).

Desse modo, no âmbito das agências reguladoras, evidencia-se uma postura judicial, ainda que parametrizada, de deferência para com as decisões do administrador público, cujo fundamento diz respeito ao fato de que as agências representam órgãos técnicos capazes de analisar a fundo e com maior expertise os setores em que operam – o que justificaria sua prevalência sobre o juiz generalista. Ademais, embora as agências não respondam diretamente à sociedade (via eleições), o Poder Executivo ao qual estão vinculadas o faz. Assim, é justo que o Judiciário não vulgarize a substituição do julgamento da agência pelo seu, mas que, ao revés, assegure certa deferência às decisões de política pública destes órgãos, desde que entendidas como razoáveis. (PEREIRA NETO; LANCIERI; ADAMI, 2014, p. 178).

Por outro lado, em algumas circunstâncias tem se verificado, na prática, uma postura mais proativa do Judiciário, um modo de agir que consubstancia o que se conceituou como "judicialização de políticas públicas", de modo que há a "intervenção do Judiciário em áreas típicas de gestão administrativa" (CARVALHO FILHO, 2017, p. 69). Dentre as razões que justificam esse fenômeno comportamental da instituição, pode-se mencionar:

> a inércia do Poder Público, a sua ineficiência, a ausência ou deficiência no planejamento, a corrupção, os desvios de finalidade na definição de prioridades, os interesses subalternos protegidos, em detrimento de outros, especialmente relevantes para a garantia dos direitos fundamentais; de outro lado, a atuação do Ministério Público, que não mais se conforma com o seu papel de controlador da

legalidade da atuação administrativa, mas quer participar das decisões de governo, utilizando, para esse fim, os termos de ajustamento de conduta e as ações civis públicas para substituir as decisões dos poderes competentes na definição das prioridades e dos meios de atuação (DI PIETRO, 2017, p. 995).

Portanto, a despeito de, em abstrato, ser possível a adoção de condutas mais autocontidas no que tange ao controle judicial, entende-se que, sendo possível uma postura ativa do Judiciário na concretização e tutela de direitos fundamentais, uma autêntica diminuição do espaço de discricionariedade dos atos administrativos é inevitável. Isso se justifica na medida em que, contemporaneamente, a partir da análise preditiva da combinação de dados dos cidadãos e dos inúmeros instrumentos disponíveis para participação, colaboração e aferição dos interesses individuais necessários à legitimidade da atuação estatal, a opção por políticas públicas pelo administrador público tem se tornado uma verdadeira imposição normativa em prol da medida jurídica e socialmente mais adequada possível em cada caso concreto.

6. CONCLUSÃO

Verifica-se, atualmente, a disseminação da implementação de algoritmos e do uso de novas tecnologias em todas as dimensões da vida cotidiana, tanto na esfera privada, quanto na esfera pública. A despeito das ameaças que tais novidades podem oferecer a direitos fundamentais e à organização social, há diversos benefícios que podem advir de sua implementação, em especial na Administração Pública, que poderá conferir maior objetividade e previsibilidade à sua atuação.

A aplicação desses mecanismos possui a aptidão de aprimorar a qualidade decisória do administrador público, uma vez que derivam de dados dos grupos que integram determinada sociedade. Além disso, eles podem legitimar a opção por uma determinada política pública, considerando que elementos preditivos provenientes de dados estatísticos objetivos são capazes de informar a alternativa que melhor compatibiliza a escassez de recursos estatais e os interesses sociais envolvidos no caso concreto, o que leva à conclusão de que os espaços de discricionariedade do administrador público tendem a sofrer uma expressiva redução.

Esse cenário já é uma realidade não só internacional, mas, também, no Brasil. Seja a partir do sistema Bem-te-vi do TST ou do projeto VICTOR no STF, seja com as técnicas de *deep learning* e de Inteligência Artificial do TCU, seja com a seleção de declarações de imposto de renda para análise com base em algoritmos pela Receita Federal, o Brasil se insere na tendência mundial de incorporação de novas tecnologias para o aprimoramento do processo decisório da Administração Pública É preciso, assim, compreender a relação entre o Estado e a tecnologia, a fim de se garantir o respeito às garantias individuais e extrair ao máximo a potencialidade oferecida ao Estado que pode derivar dessas ferramentas.

Portanto, dada a inevitabilidade da influência tecnológica na atuação estatal nos próximos anos e considerando o ativismo judicial enquanto postura proativa do Judiciário na tutela de direitos fundamentais, é indiscutível a propensão a uma ampliação das possibilidades de controle judicial dos atos administrativos. Isso se justifica, pois as novas tecnologias viabilizam a otimização de decisões públicas que, por se tornarem cada vez mais vinculadas e funcionalizadas ao melhor atendimento de interesses públicos, tendencialmente exorbitam do espaço de análise de conveniência e oportunidade pela Administração Pública.

7. REFERÊNCIAS

AMADOR-DOMÍNGUEZ, E., et al. Prediction and Decision-Making in Intelligent Environments Supported by Knowledge Graphs: A Systematic Review. *Sensors 2019*, v. 19, 1774, 2019. DOI: 10.3390/s19081774.

ARAÚJO, V. S. Os quatro pilares para a preservação da imparcialidade técnica das agências reguladoras. *Revista Jurídica da Presidência*, v. 20, n. 120. Brasília, 2017.

BAPTISTA, P. F., KELLER, C. Por que, quando e como regular as novas tecnologias? Os desafios trazidos pelas inovações disruptivas. *RDA – Revista de Direito Administrativo*, Rio de Janeiro, v. 273.

BIGARELLI, B. Como a Estônia construiu uma sociedade digital. *Época Negócios Online*, 06 ago. 2018. Disponível em: https://epocanegocios.globo.com/Tecnologia/noticia/2018/08/como-estonia-construiu-uma-sociedade-digital.html. Acesso em: 01 jul. 2019.

CARVALHO FILHO, J. S. *Manual de Direito Administrativo*. 31. ed. rev., atual. e ampl. São Paulo: Atlas, 2017.

CHOLLET, F. *Deep Learning with Python*. United States of America: Manning Publications Co., 2018.

DI PIETRO, M. S. Z. *Direito Administrativo*. 30. ed. rev., atual. e ampl. Rio de Janeiro: Forense, 2017.

DUTRA E SILVA, L. A. Uso de técnicas de inteligência artificial para subsidiar ações de controle. *Revista do TCU 137*. Setembro/Dezembro de 2016.

DUTRA E SILVA, L. A. Utilização de deep learning em ações de controle. *Revista do TCU 135*. Janeiro/Abril de 2016.

E-ESTONIA. *e-Estonia — We have built a digital society and so can you*. 2019. Disponível em: https://e-estonia.com/. Acesso em: 27 jun. 2019.

ÉPOCA NEGÓCIOS ONLINE. *ESTÔNIA quer substituir os juízes por robôs*, 2019. Disponível em: https://epocanegocios.globo.com/Tecnologia/noticia/2019/04/estonia-quer-substituir-os-juizes-por-robos.html. Acesso em: 02 jul. 2019.

FAGUNDES, M. S. *O controle dos atos administrativos pelo Poder Judiciário*. 4. ed. Rio de Janeiro: Forense, 1967.

FANTTI, B. Reconhecimento facial falha e mulher é detida por engano. *O Dia*, 10 jul. 2019. Disponível em: https://odia.ig.com.br/rio-de-janeiro/2019/07/5662023-reconhecimento-facial-falha-e-mulher-e-detida-por-engano.html. Acesso em: 10 jul. 2019.

GOEDE, M. E-Estonia: The e-government cases of Estonia, Singapore, and Cura ao. *Archives of Business Research*, v. 7, n. 2, 216-227, 2019. DOI: 10.14738/abr.72.6174.

GOMES, H. S. Como as robôs Alice, Sofia e Monica ajudam o TCU a caçar irregularidades em licitações. *G1*, 2018. Disponível em: https://g1.globo.com/economia/tecnologia/noticia/como-as-robos-alice-sofia-e-monica-ajudam-o-tcu-a-cacar-irregularidades-em-licitacoes.ghtml. Acesso em: 02 jul. 2019.

GOVERNO FEDERAL. *Logística com Inteligência Artificial – LIA*. Disponível em: https://www.comprasgovernamentais.gov.br/index.php/noticias/1086-lancamento-lia-noticia. Acesso em: 02 jul. 2019.

GUENDUEZ, A. A., et al. *Smart Government Success Factors. Swiss Yearbook of Administrative Sciences*, v. 9, n. 1, p. 96–110, 2018. DOI: https://doi.org/10.5334/ssas.124.

HOFFMAN-RIEM, W. *Verhaltenssteuerung durch Algorithmen* – Eine Herausforderung für das Recht. Archiv des öffentlichen Rechts, v. 142, p. 1–42. 2017.

HOFSTETTER, Y. *Das Ende der Demokratie: Wie die künstliche Intelligenz die Politik übernimmt und uns entmündigt.* München: C. Bertelsmann Verlag, 2016.

HOWARD, P. N.; KOLLANYI, B. Bots, #Strongerin, and #Brexit: Computational Propaganda During the UK-EU Referendum, *SSRN Electronic Journal,* 2016. Disponível em: https://ssrn.com/abstract=2798311.

IANZEN, A.; PINTO, J. S. P.; WILDAUER, E. W. Os sistemas de proteção de direito digital (DRM): tecnologias e tendências para e-books Systems protection of digital rights (DRM): trends and technology for e-books. *Encontros Bibli: revista eletrônica de biblioteconomia e ciência da informação,* v. 18, n. 36, p. 203-230, 2013.

KATTEL, R.; MERGEL, I. *Estonia's digital transformation:* Mission mystique and the hiding hand. UCL Institute for Innovation and Public Purpose Working Paper Series, 2018-09, 2018. Disponível em: https://www.ucl.ac.uk/bartlett/public-purpose/publications/2018/sep/estonias-digital-transformation-mission-mystique-and-hiding-hand.

LATZER, M. et al. *The economics of algorithmic selection on the Internet.* In: BAUER, J.; LATZER, M. (Ed.). *Handbook on the Economics of the Internet.* Cheltenham: Edward Elgar Publishing Limited, 2016.

LECUN, Y; BENGIO, Y; HINTON, G. *Deep learning. Nature.* New York: Macmillan Publishers Limited, v. 521, p. 436-444, 2015.

LÓPEZ-QUILES, J. M.; RODRÍGUEZ BOLÍVAR, M. P. *Smart Technologies for Smart Governments*: A Review of Technological Tools in Smart Cities. Public Administration and Information Technology, Granada, v. 24, p 1-18, 2018. DOI: 10.1007/978-3-319-58577-2_1.

MARGETTS, H.; NAUMANN, A. *Government as a platform*: What can Estonia show the world? Oxford Internet Institute, Oxford, p. 1-41, 2016. Disponível em: https://www.politics.ox.ac.uk/publications/government-as-a-platform-what-can-estonia-show-the-world.html.

NOHARA, I. P. *Limites à razoabilidade nos atos administrativos.* São Paulo: Atlas, 2006.

PEREIRA NETO, C. M. S.; LANCIERI, F. M.; ADAMI, M. P. O Diálogo Institucional das Agências Reguladoras com os Poderes Executivo, Legislativo e Judiciário: Uma Proposta de Sistematização. In: SUNDFELD, C. A.; ROSILHO, A. (Org.). *Direito da Regulação e Políticas Públicas.* São Paulo: Malheiros, 2014, v. 1.

SANTOS, E. M. F. *A revolução dos algoritmos,* 2016. Disponível em: https://portal.tcu.gov.br/inovatcu/noticias/a-revolucao-dos-algoritmos.htm. Acesso em: 02 jul. 2019.

STF. *Ministra Cármen Lúcia anuncia início de funcionamento do Projeto Victor, de inteligência artificial.* Disponível em: http://www.stf.jus.br/portal/cms/verNoticiaDetalhe.asp?idConteudo=388443. Acesso em: 18 jul. 2019.

SUSTEIN, C. R.; VERMEULE, A. Interpretation and Institutions. *Michigan Law Review,* Chicago, v. 101, n. 4, p. 885-951, 2003.

TOURINHO, R. *Discricionariedade administrativa.* 2. ed. Rio de Janeiro: Juruá, 2009.

TST. *Inteligência artificial traz melhorias inovadoras para tramitação de processos no TST.* Disponível em: http://www.tst.jus.br/noticia-destaque-visualizacao/-/asset_publisher/89Dk/content/id/24875517. Acesso em: 02 jul. 2019.

ALGORITMOS, *MACHINE LEARNING* E A PROMOÇÃO DAS JUSTIÇAS CODIFICADA E EQUITATIVA: VANTAGENS X VÍCIOS (*BIAS*)

Marcus Lívio Gomes

Associate Research Fellow no Institute for Advanced Legal Studies (IALS) na Universidade de Londres. Professor de Direito Tributário na Universidade do Estado do Rio de Janeiro (UERJ). Juiz Federal. E-mail: marcusliviogomes@gmail.com.

Nathalia de Andrade Medeiros Tavares

MSc em Desigualdades e Ciências Sociais pela *London School of Economics and Political Science* (LSE), Mestre em Finanças Públicas, Tributação e Desenvolvimento pela UERJ, e Bacharel em Ciências Jurídicas e Sociais (Direito) pela Universidade Federal do Rio de Janeiro (UFRJ). Pesquisadora, advogada, lecionou "Legislação Tributária e Finanças Públicas" na UERJ. E-mail: nathalia.amtavares@gmail.com.

Sumário: 1. Introdução. 2. Algoritmos e *machine learning* na justiça codificada. 3. Algoritmos e *machine learning* na justiça equitativa e no julgamento moral e discricionário: reprodução de tendências / *Bias*. 4. Conclusões. 5. Referências.

1. INTRODUÇÃO

Com a disseminação da rede de computadores, da internet, e da promoção personalizada de propagandas e serviços, os algoritmos vêm cada vez mais assumindo um papel de relevância na sociedade juntamente ao aprendizado da máquina (*machine learning*) que é um ramo da inteligência artificial que envolve a criação de algoritmos que aprendem automaticamente a partir de dados. Basicamente os algoritmos são, nas palavras de Paulo Sá Elias[1], sequências de regras ou operações que são aplicadas a um número de dados e permitem solucionar classes semelhantes de problemas. Pode-se dizer que os algoritmos são as diretrizes seguidas por uma máquina.

Na promoção da justiça, o uso de algoritmos vem cada vez mais sendo uma realidade, seja por meio do uso de ferramentas de pesquisas *online*, como o *Google*, seja por meio do uso de *softwares* que orientam o resultado de um julgamento ou o início de uma investigação, como, por exemplo, ocorre com a Receita Federal do Brasil (RFB), por meio da utilização de sistemas de cruzamento de dados que são programados para localizar inconsistências nas informações constantes nas declarações dos contribuintes (exemplo:

---

1. SÁ ELIAS, Paulo. *Algoritmos, Inteligência Artificial e o Direito.* E-Gov. Universidade Federal de Santa Catarina. CONJUR, 2018. Disponível em: https://www.conjur.com.br/dl/algoritmos-inteligencia-artificial.pdf e https://egov. ufsc.br/portal/conteudo/algoritmos-intelig%C3%AAncia-artificial-e-o-direito. Acesso em: 05 ago. 2020.

transferência e recebimento de renda) e facilitar a investigação fiscal e a identificação de eventuais infrações fiscais.

Apesar das vantagens e benefícios que o algoritmo e a inteligência artificial trazem à promoção da justiça, principalmente no que respeita ao processamento e cruzamento de dados relativos a informações numéricas/codificadas e à facilitação e aumento na produtividade dos agentes públicos (como é o exemplo da RFB acima), a sua utilização sem consciência dos vícios que podem ser reproduzidos de maneira codificada – principalmente em hipóteses relacionadas a assuntos de caráter subjetivo e individualizados, como é o caso da avaliação de comportamentos sociais e morais – pode representar um crescente alastramento de tendências sociais que há muito tempo as Comissões de Direitos Humanos pretendem alterar.

Isso porque a criação do algoritmo e a seleção dos dados a serem inicialmente utilizados para treiná-lo é realizada por um ser humano, assim como contém as suas subjetividades. As suas mais simples escolhas como a seleção dos dados que alimentarão o algoritmo, e os próprios dados em si que já reproduzem padrões, irão influenciar diretamente no comportamento dos algoritmos e nas respostas que serão trazidas aos problemas que pretende solucionar. Assim, principalmente os algoritmos relacionados à solução de problemas de ordem moral, como ocorre, por exemplo, no bojo da justiça criminal[2], poderão refletir e reproduzir, em larga escala, os preconceitos que existirem e forem inerentes aos dados, podendo gerar impactos que prejudiquem e amplifiquem o próprio vício que eles pretendiam eliminar. Tal aspecto consiste nas chamadas *"bias"* que são justamente os vieses tendenciosos dos algoritmos que se originam da própria sociedade e dos criadores e programadores dos algoritmos.

Um exemplo que demonstra a interferência dos dados no algoritmo e a reprodução de *bias*, pode ser vista no caso Zilly[3], que contou com uma ferramenta chamada *risk scoring algorithm* (algoritmo de pontuação de risco em matéria de execução penal) que mensurou o grau de risco de um acusado mediante a verificação de diversos aspectos. Um deles aumentava o grau de risco do cidadão na medida em que os seus pais tivessem cometido crimes. Esse caso gerou diversas repercussões na medida em que o *software* usado para prever futuros ou potenciais "criminosos", na verdade, acabava por reproduzir um funcionamento racista da sociedade que sempre criminalizou e marginalizou pessoas de pele preta e, por isso mesmo, apresentou resultados que continham *bias* contra as pessoas de pele preta que mesmo diante de uma mesma situação que uma pessoa de pele branca, apresentavam grau de risco muito superior[4]. A utilização desse *software*, na

---

2. SOLOW-NIEDERMAN, Alicia; M. RE, Richard. *Developing Artificially Intelligent Justice*. 22 Stanford Technology Law Review. v. 22:2. 242-289. Stanford University. 2019. Disponível online em: https://law.stanford.edu/wp-content/uploads/2019/08/Re-Solow-Niederman_20190808.pdf. Acesso em 05 ago. 2020.

3. ANGWIN, J., LARSON, J., MATTU, S. e KIRCHNER, L., *Machine Bias. There is software that is used across the county to predict future criminals. And it is biased against blacks*. Disponível online em: https://www.propublica.org/article/machine-bias-risk-assessments-in-criminal-sentencing. Acesso em: 05 ago. 2020.

4. Ibid e HEITZ, Christoph. *Algorithmic Fairness – Algorithms and Social Justice*. Inside IT. Disponível online em: https://blog.zhaw.ch/datascience/algorithmic-fairness-algorithms-and-social-justice/. Acesso em: 05 ago. 2020: 45% das pessoas de pele preta que cometeram crimes anteriormente e não incorreram em reincidência foram identificadas como de alto risco. No mesmo grupo correspondente para pessoas de pele branca, apenas a 23% deles foi atribuído alto risco pelo algoritmo.

verdade, acabaria por alastrar e corroborar ainda mais o racismo na medida em que se utilizaria de critérios de identificação quanto ao envolvimento dos familiares em crimes apurados em uma sociedade que normalmente condena mais pessoas de pele preta do que de pele branca.

Dessa forma, apesar de os algoritmos e da inteligência artificial serem importantes e poderosas ferramentas para auxiliar a promoção da justiça, é necessário avaliar os vícios que esses algoritmos poderão reproduzir (e já reproduzem), principalmente em questões de ordem moral, bem como o alastramento e a propagação de problemas sociais em uma rede que conecta o mundo inteiro e que pode alastrar e corroborar ainda mais um problema ao invés de resolvê-lo. Muitas vezes, a identificação exata da forma como o algoritmo chegou a uma determinada solução não é divulgada, tampouco de fácil conclusão, o que pode gerar ainda mais complicações de ordem democrática e de transparência na seara da justiça[5].

Assim, o presente artigo visará demonstrar e tecer considerações acerca das vantagens e desvantagens da aplicação dos algoritmos e do *machine learning* para promoção da denominada "justiça codificada", bem como o tipo de soluções mais práticas e fáceis de serem aproveitadas. Visará também demonstrar os problemas relacionados à aplicação desses instrumentos à justiça equitativa, principalmente quando se referir a questões de ordem subjetiva, com aspectos individualizados e únicos.

Importante esclarecer que o presente artigo não visa exaurir o tema, mas sim trazer pontos relevantes a serem considerados principalmente no que respeita à utilização dos algoritmos e do *machine learning* para solução de diferentes tipos de conflitos ou análise de fatos, bem como a maior aptidão das suas utilizações na justiça codificada do que na justiça equitativa.

2. ALGORITMOS E *MACHINE LEARNING* NA JUSTIÇA CODIFICADA

A Justiça Codificada é preexistente ao próprio algoritmo e inteligência artificial, vez que se refere a rotinas de adoção de procedimentos padronizados aplicáveis a um grupo de fatos[6]. Esses procedimentos podem ser previstos em códigos, conter regras ou outras formas de orientação procedimental[7].

No judiciário, os juízes podem aplicar esses procedimentos padronizados para um grande número de casos, como, por exemplo, quando um certo tipo de medida judicial é distribuído, e o juiz orienta a sua equipe a verificar se as custas foram recolhidas e/ ou se há pedido de gratuidade e na sequência determina a intimação da outra parte e/ ou cumpre um prazo específico para análise de tutela antecipada ou pedido de liminar.

Outro exemplo pode ocorrer quando o juízo já tenha uma orientação e um tipo de decisão para um tema específico que se repete, ou, ainda, quando já exista precedente do Supremo Tribunal Federal em sede de repercussão geral ou do Superior Tribunal de

---

5. SÁ ELIAS, Paulo. Op. cit., p. 7.
6. SOLOW-NIEDERMAN, Alicia; M. RE, Richard. Op. cit., p. 253-254
7. Ver: MAYSON, Sandra G. *Bias Out*, 128, Yale, L.J. 2218, 2222 e n.5, 2017; e EAGLIN, Jessica M. *Constructing Recidivism Risk*, 67 Emory L.J. 59, 67, 2017.

Justiça em sede de recurso repetitivo sobre aquele tema que faça com que o juízo siga aquela orientação em razão de previsão do Código de Processo Civil (CPC)[8]. Assim, por exemplo, se o STF já se pronunciou no sentido de que a Tarifa de Uso do Sistema de Transmissão (TUST) e a Tarifa de Uso do Sistema de Distribuição (TUSD) não devem integrar a base de cálculo do Imposto sobre Circulação de Mercadorias e Serviços (ICMS), conforme assim o fez no julgamento em repercussão geral do Recurso Extraordinário nº 1041816 (Tema 956), os Tribunais poderão adotar um critério padrão para seguir tal precedente e adotar os procedimentos padronizados que são codificados no CPC para casos que versem sobre esse mesmo assunto.

Do mesmo modo, na seara administrativa, as investigações fiscais promovidas pela Receita Federal do Brasil, o cruzamento de informações declaradas pelos contribuintes, apenas para citar alguns exemplos, já são tarefas realizadas muito antes do algoritmo e da inteligência artificial, em atividade que é vinculada às regulamentações e Instruções Normativas que orientam, publicam e codificam suas práticas.

Esse tipo de exercício da justiça, de forma codificada, traz as vantagens de aumentar a eficiência, a consistência, e a transparência em decisões e atos ordinatórios, que deixam claros os aspectos padronizados a todos, excetuando-se as circunstâncias que individualizariam cada um dos casos.

A utilização dos algoritmos para a promoção da justiça codificada auxilia no aumento da eficiência e produtividade do judiciário, do mesmo modo que para a administração pública, posto que facilita trabalhos que já são codificados e permite a propagação e maior volume dos mesmos e, muitas vezes, com menores custos financeiros[9]. Como pode se verificar, essa justiça contempla um requisito muito básico que é a repetição, padronização codificada, e rotineira que são reproduzidas pela máquina.

As grandes questões atreladas à justiça codificada, antes mesmo de existirem os algoritmos, são os erros relativos à individualidade e especificidades de cada caso que

---

8. CPC/2015. "Art. 1.030 Recebida a petição do recurso pela secretaria do tribunal, o recorrido será intimado para apresentar contrarrazões no prazo de 15 (quinze) dias, findo o qual os autos serão conclusos ao presidente ou ao vice-presidente do tribunal recorrido, que deverá:

    I – negar seguimento:

    a) a recurso extraordinário que discuta questão constitucional à qual o Supremo Tribunal Federal não tenha reconhecido a existência de repercussão geral ou a recurso extraordinário interposto contra acórdão que esteja em conformidade com entendimento do Supremo Tribunal Federal exarado no regime de repercussão geral;

    b) a recurso extraordinário ou a recurso especial interposto contra acórdão que esteja em conformidade com entendimento do Supremo Tribunal Federal ou do Superior Tribunal de Justiça, respectivamente, exarado no regime de julgamento de recursos repetitivos;

    II – encaminhar o processo ao órgão julgador para realização do juízo de retratação, se o acórdão recorrido divergir do entendimento do Supremo Tribunal Federal ou do Superior Tribunal de Justiça exarado, conforme o caso, nos regimes de repercussão geral ou de recursos repetitivos;

    (...) Art. 1.042. Cabe agravo contra decisão do presidente ou do vice-presidente do tribunal recorrido que inadmitir recurso extraordinário ou recurso especial, salvo quando fundada na aplicação de entendimento firmado em regime de repercussão geral ou em julgamento de recursos repetitivos."

9. Ponto de extrema relevância consiste nos impactos da IA no desemprego e na substituição de seres humanos por máquinas, que se trata de tema que pode ser desenvolvido em artigo próprio. Sobre o tema, ver: FRANK, Morgan F., AUTOR, David, BESSEN, James E., e outros. *Towards understanding the impact of artificial intelligence on labour*. Proceedings of the National Academy of Sciences of the United States of America – PNAS. 2019. Disponível online em: https://www.ncbi.nlm.nih.gov/pmc/articles/PMC6452673/. Acesso em: 05 ago. 2020.

podem por vezes passar desapercebidas e comprometer a efetiva tutela jurisdicional dos cidadãos, bem como eventualmente gerar, inclusive, a alteração de precedentes dos Tribunais Superiores.

Tais erros, quando entram num sistema automatizado, poderão ser reproduzidos e alastrados ainda mais ou então poderão ser pré-programados para que se identifiquem certas peculiaridades passíveis de antevisão, com soluções prontas, ou não passíveis de previsão e que, para tanto, demandariam uma atenção detalhada e específica por parte do juiz.

De todo o modo, a justiça codificada, como se pode perceber, não é e nem pode ser aplicada a todo o tipo de caso tampouco a todas as situações, mas sim a temas e aspectos específicos, que englobem algum tipo de repetição ou padronização codificada que viabilize a sua adoção de forma transparente e conhecida por todos. A utilização da IA e dos algoritmos é uma excelente forma de aumentar a produtividade e a eficiência do poder judiciário no que respeita a esse tipo de temas, na medida em que menos tempo seria necessário para a análise e reprodução de padrões já adotados pelo juízo para um maior volume de processos, desde que observadas e detectadas as devidas atenções às individualidades de cada caso.

3. ALGORITMOS E *MACHINE LEARNING* NA JUSTIÇA EQUITATIVA E NO JULGAMENTO MORAL E DISCRICIONÁRIO: REPRODUÇÃO DE TENDÊNCIAS / *BIAS*

Diferentemente da Justiça Codificada, a Justiça Equitativa ou o julgamento moral discricionário, envolve aspectos que devem considerar a peculiaridade e individualidade de cada caso, bem como abrange aspectos e preconceitos que muitas vezes podem estar intrínsecos na sociedade (por vezes, inclusive, no juiz), e que poderiam vir a ser alterados por meio da experiência humana, e da análise individualizada do caso, a qual não é abrangida pela Justiça Codificada.

A Justiça Equitativa é justamente aquela que separa os padrões gerais e repetitivos em favor de circunstâncias únicas. Contrariamente à Justiça Codificada, que prioriza a padronização e a simplificação, a Justiça Equitativa prioriza a distinção e a especificidade de cada caso[10].

Muitas vezes, ainda que se esteja diante de códigos e regulamentações que prevejam penalidades para certas condutas, ou até mesmo diante de definições dos Tribunais Superiores em sede de repercussão geral e de recursos repetitivos, podem existir diversas peculiaridades que precisem ser avaliadas, tais como a avaliação sobre o real cometimento da conduta e o seu verdadeiro enquadramento à previsão legal, ou a exceções previstas na legislação ou no precedente que demandem juízos de valor, ou, até mesmo, a aspectos que possam levar os Tribunais Superiores a excetuar certas circunstâncias específicas da aplicação de um determinado entendimento, dentre outras.

---

10. SOLOW-NIEDERMAN, Alicia; M. RE, Richard. Op. cit., p. 252-253.

Nada obstante a individualização da Justiça Equitativa, em muitos países como os Estados Unidos e o Reino Unido, a tentativa de aplicação de algoritmos e de inteligência artificial que se utiliza do *machine learning* vem sendo realizada para fins de julgamentos individualizados, principalmente os criminais, tendo em vista que analisam e mensuram diversos aspectos individuais e sociais que são programados na linguagem algorítmica e, ao final, emitem resultados que alguns cientistas da computação julgam como sendo, ao menos em teoria, "melhores" do que aqueles proferidos pelos juízes em um contexto de avaliação de riscos que um acusado representa à sociedade e à segurança pública[11].

Tal avaliação realizada pelos cientistas da computação é justificada na possibilidade de se utilizar variáveis que analisem peculiaridades e individualidades dos casos (exemplos trazidos pelos mesmos: idade, número de vezes que o acusado deixou de comparecer a audiências) bem como que levem em consideração aspectos gerais de uma comunidade específica.

Os cientistas da computação consideram, também, que os algoritmos podem contemplar dados que representam padrões sociais a serem excepcionados e, para tanto, trazem o exemplo das mulheres de *Broward County*, que, segundo os mesmos, apresentam menor probabilidade de reincidência em crimes futuros do que homens com características similares. Segundo tais cientistas, um algoritmo que avaliasse as mulheres em referência como se elas fossem homens poderia sistematicamente estimar um risco de reincidência de mulheres em um número mais alto do que o efetivo, o que as exporia à detenção ou manutenção de detenção de maneira desnecessária, bem como sobrecarregaria o sistema penitenciário.

Nesse aspecto, é importante identificar, no mínimo, dois pontos relevantes nessa afirmativa os quais demonstram a parcialidade e a repetição de padrões sociais que muitas vezes podem não ser favoráveis à promoção da justiça por meio do uso de algoritmos ou da inteligência artificial:

(i) a criação do algoritmo de individualização demanda a seleção de variáveis que serão utilizadas para agravar ou reduzir o grau de risco de reincidência, demonstrando a subjetividade e os pré-julgamentos que serão introduzidos ao sistema no que respeita aos critérios de avaliação do risco – como foi o caso da seleção das variáveis "idade" e "número de vezes que não se comparece a audiência", gerando uma relação de causalidade entre tais variáveis e o grau de risco que o indivíduo representa à segurança pública, o que se trata de associação totalmente tendenciosa e reprodutora de *bias*;

(ii) a utilização do sistema reproduz aspectos já existentes na sociedade e nos dados, como foi o caso da percepção de que "mulheres" de *Broward County* normalmente reincidem em crimes menos que homens. Nesse aspecto, importante identificar que:

(ii.a) a afirmação realizada pelos cientistas não indica quaisquer estatísticas que a embase e, ainda que indicasse, a estatística é uma ciência que contempla as chamadas *assumptions* (presunções ou assunções de aspectos necessários à realização da pesquisa) e, por isso mesmo, englobam julgamentos nas suas considerações que minimamente deveriam ser transparentes, já que quantificam aspectos subjetivos da vida;

---

11. CORBETT-DAVIES, Sam; GOEL, Sharad. *Designing Equitable Algorithms for Criminal Justice Reform*. The Ethical Machine: Big ideas for designing fairer AI and algorithms. 2018. Disponível online em: https://ai.shorensteincenter.org/ideas/2018/11/20/designing-equitable-algorithms-for-criminal-justice-reform. Acesso em: 05 ago. 2020.

(ii.b) os algoritmos encampam a presunção de que o comportamento das mulheres daquela comunidade será sempre o mesmo, repetido, e não considera a possibilidade de que o mesmo poderá passar por mudanças, além de não especificar se a mulher é residente daquela comunidade ou se é uma mulher de outro contexto regional; e

(ii.c) ainda, deixam de considerar que os dados estatísticos utilizados englobam uma série de comportamentos sociais que muitas vezes se pretende extinguir, como ocorreu no caso do software no caso Zilly acima mencionado, que se utilizou de variáveis que levaram à avaliação de risco de maneira diferenciada e agravada a pessoas de pele preta quando comparada às pessoas de pele branca.

Da verificação dos pontos acima, tem-se, na verdade, que o criador/desenvolvedor do *software* será o verdadeiro juiz, ou o juiz acima dos juízes, posto que será ele quem irá inserir no sistema as variáveis e, junto a elas, os vícios e *bias* que não necessariamente representarão a melhor análise para o caso subjetivo e particular. Na verdade, a utilização de tais *softwares* indicaria uma nova regulamentação, ou uma legislação interna que não teria propriamente passado por uma codificação ou por um processo legislativo e democrático tampouco conteria transparência.

A dúvida fica na possibilidade de que os juízes insiram variáveis que lhe convenham e padronizem certos aspectos e seus próprios valores nas suas decisões, de modo que ele próprio fosse o codificador e pudesse emitir decisões com maior análise do contexto social e segundo suas convicções.

De todo o modo, tais ferramentas seriam meramente complementações ao processo decisório do juízo e, ainda assim, poderiam representar as suas próprias tendências morais que não necessariamente corresponderiam à legislação e à Constituição da República, poderiam, ainda, recair em ausência de transparência por impossibilidade de checagem pela população, e ainda poderia levar os cidadãos à insegurança jurídica que variaria ao sabor da sorte de cair em um ou outro juízo, sem qualquer garantia legal, como já acontece muitas vezes atualmente, mas de forma mais alastrada e mais propagada.

Dessa forma, importante ressaltar que uma das principais características do algoritmo e da inteligência artificial é reproduzir e propagar/intensificar em larga escala os padrões e/ou aspectos já existentes na sociedade, sejam eles positivos ou negativos.

4. CONCLUSÕES

Conforme acima mencionado, a utilização de algoritmos e do *machine learning* levam em consideração um importante aspecto: a repetição de padrões ou fatos em uma sociedade que possam ser padronizados, ainda que para aplicação individualizada, que alastram e intensificam padrões preexistentes na sociedade, sejam eles positivos ou negativos.

Justamente por ser uma ferramenta que reproduz repetições é que a sua utilização na Justiça Codificada (preexistente ao próprio algoritmo e ao *machine learning*), que consiste em reproduzir procedimentos repetitivos e padronizados previstos em códigos ou outras formas de orientação regrada, apresenta aspectos positivos no que respeita ao aumento da produtividade do judiciário e da administração pública, e, paralelamente, apresenta aspectos negativos no que respeita à necessidade de individualização e verificação de peculiaridades no caso a caso, podendo levar assuntos que deveriam ser individualizados a caírem em generalização, amplificando ainda mais esse problema que já existe na aplicação da Justiça Codificada antes mesmo da existência dos algoritmos e do *machine learning*.

O uso de algoritmos em situações que não demandem um julgamento moral, como é o caso da promoção da Justiça Codificada que apenas reproduz aquilo que a legislação e os códigos preveem, e muitas vezes consistem em aspectos meramente numéricos (como o cruzamento de dados realizados pela RFB) de fato é um viabilizador de maior precisão, qualidade, volume, produtividade e eficiência, desde que o algoritmo seja devidamente programado para identificar pontos em que seja necessária a individualização dos casos.

Por outro lado, temas de ordem moral ou que englobem discricionariedade, que demandem a análise de peculiaridades únicas de um caso, englobam um maior grau de complexidade na utilização do algoritmo, já que as suas programações e seleção de variáveis não estarão codificadas ou legalmente previstas, mas sim fariam parte de um conjunto de dados previamente programados que emitiriam resultados em conformidade às variáveis selecionadas pelo programador.

Na realidade, a utilização dos algoritmos acabaria por alastrar a justiça codificada a pontos que ela não possui especificamente um código prevendo a reprodução daqueles procedimentos, e, ainda, a mesma seria promovida em detrimento à justiça equitativa. Nesse caso, a padronização superaria a individualização e avaliação das peculiaridades de cada caso. A melhor solução seria separar ambas e, nos casos de individualização, a menos de início, se utilizar de softwares que pudessem ser programados de acordo com as convicções do próprio juiz, como uma ferramenta extra e não como um mecanismo principal para prolação de suas decisões.

5. REFERÊNCIAS

ANGWIN, J., LARSON, J., MATTU, S. e KIRCHNER, L. *Machine Bias. There is software that is used across the county to predict future criminals. And it is biased against blacks*. Disponível online em: https://www.propublica.org/article/machine-bias-risk-assessments-in-criminal-sentencing. Acesso em: 05 ago. 2020.

CORBETT-DAVIES, Sam; GOEL, Sharad. *Designing Equitable Algorithms for Criminal Justice Reform*. The Ethical Machine: Big ideas for designing fairer AI and algorithms. 2018. Disponível online em: https://ai.shorensteincenter.org/ideas/2018/11/20/designing-equitable-algorithms-for-criminal--justice-reform. Acesso em 05 ago. 2020.

EAGLIN, Jessica M. *Constructing Recidivism Risk*, 67 Emory L.J. 59, 67, 2017.

FRANK, Morgan F., AUTOR, David, BESSEN, James E., e outros. *Towards understanding the impact of artificial intelligence on labour*. Proceedings of the National Academy of Sciences of the United States of America – PNAS. 2019. Disponível online em: https://www.ncbi.nlm.nih.gov/pmc/articles/PMC6452673/. Acesso em: 05 ago. 2020.

HEITZ, Christoph. *Algorithmic Fairness – Algorithms and Social Justice*. Inside IT. Disponível online em: https://blog.zhaw.ch/datascience/algorithmic-fairness-algorithms-and-social-justice/. Acesso em: 05 ago. 2020.

MAYSON, Sandra G. *Bias Out*, 128, Yale, L.J. 2218, 2222 e n.5, 2017.

SÁ ELIAS, Paulo. *Algoritmos, Inteligência Artificial e o Direito*. E-Gov. Universidade Federal de Santa Catarina. CONJUR, 2018. Disponível em: https://www.conjur.com.br/dl/algoritmos-inteligencia-artificial.pdf e https://egov.ufsc.br/portal/conteudo/algoritmos-intelig%C3%AAncia-artificial-e-o-direito. Acesso em: 05 ago. 2020.

SOLOW-NIEDERMAN, Alicia; M. RE, Richard. *Developing Artificially Intelligent Justice*. 22 Stanford Technology Law Review. v. 22:2. 242-289. Stanford University. 2019. Disponível online em: https://law.stanford.edu/wp-content/uploads/2019/08/Re-Solow-Niederman_20190808.pdf. Acesso em: 05 ago. 2020.

CORTES DIGITAIS: A EXPERIÊNCIA DO SUPREMO TRIBUNAL FEDERAL

Abhner Youssif Mota Arabi

Mestrando em "Direito, Estado e Constituição" (linha: Constituição e Democracia) pela Universidade de Brasília (UnB). Autor de diversos livros, capítulos e artigos jurídicos. Juiz de Direito do Tribunal de Justiça do Estado de São Paulo (TJSP), atualmente em auxílio no Supremo Tribunal Federal (STF). Foi assessor de Ministro do Supremo Tribunal Federal (2014-2018).

Pedro Felipe de Oliveira Santos

Doutorando em Direito pela Universidade de Oxford. Mestre em Direito pela Universidade de Harvard (Diploma revalidado pela Universidade de Brasília). Graduado em Direito pela Universidade de Brasília. Professor e Coordenador Pedagógico da Escola de Magistratura Federal do TRF1. Foi Defensor Público Federal e Juiz Auxiliar do Conselho Nacional de Justiça. Juiz Federal do Tribunal Arai Federal da Primeira Região (TRF1), atualmente em auxílio no Supremo Tribunal Federal (STF).

Sumário: 1. Introdução. 2. Automação processual, inteligência artificial e cortes digitais. 3. A experiência do Supremo Tribunal Federal. 4. Conclusão.

1. INTRODUÇÃO

A digitalização das Cortes no Brasil é processo que muito já se fortaleceu. Desde as primeiras ideias que propunham a adoção de um processo eletrônico e da possibilidade da prática de atos processuais de forma remota e digital, os avanços são notórios e progressivos. Mais recentemente, o indesejável cenário de pandemia e a necessidade de isolamento domiciliar como medida de enfretamento impuseram adaptações adicionais aos agentes e às instituições jurídicas – tribunais, juízes, servidores do Judiciário, advogados públicos e privados, membros do Ministério Público, defensores públicos, colaboradores da justiça e os cidadãos em geral –, exigindo esforços não apenas comportamentais, mas também de infraestrutura de comunicações e informações.

Realização de audiências e sessões por teleconferência, envio de sustentações orais por vídeo, julgamento de processos por meio eletrônico, despachos à distância, adoção do teletrabalho são algumas das providências que, por necessidade, foram intensificadas. O processo de sua utilização, porém, tem início mais antigo e, imagina-se, consolidar-se-á ainda mais no cenário jurídico brasileiro para após a pandemia.

A partir desse cenário, o presente artigo pretende contribuir para a consolidação desse caminho no Brasil, contribuindo para a avaliação dos benefícios e perigos que sua adoção pode apresentar para o Judiciário brasileiro, especialmente sob o âmbito do princípio constitucional do acesso à Justiça (art. 5º, XXXV, da CRFB/88), não apenas para as partes e cidadãos jurisdicionados, mas também para todos os agentes processuais que nele se envolvem. Inicialmente, serão apresentados alguns vetores teóricos que possibilitam melhor compreender o caminho de digitalização das Cortes. Na sequência, dedicar-se-á a analisar alguns aspectos específicos de sua implementação no âmbito do Supremo Tribunal Federal (STF), antes e durante a pandemia do coronavírus.

Aliás, muitos nos honra poder participar dessa obra coletiva que, em boa hora, se destina a avaliar, de uma forma geral, os reflexos que o desenvolvimento de novas tecnologias pode causar no processo brasileiro, especialmente sob a ótica de uma Justiça multiportas. Com efeito, práticas como a solução consensual dos conflitos, a arbitragem, a desjudicialização de demandas e a resolução de disputas são temas que não apenas são impactados pelo fenômeno indicado, mas que também dele podem extrair aprimoramentos de relevo. Apenas o mapeamento dessas múltiplas variáveis é que permitirá o desenvolvimento de uma adequada política judiciária de tratamento adequado dos conflitos a partir do uso de novas tecnologias. Por isso, elogiosa a presente iniciativa, com qual felicita-nos poder contribuir.

2. AUTOMAÇÃO PROCESSUAL, INTELIGÊNCIA ARTIFICIAL E CORTES DIGITAIS

Os últimos vinte anos testemunharam notável impacto dos avanços da tecnologia da informação sobre os serviços judiciários. O processo físico e paginado, autuado em uma pasta de cartolina, paulatinamente cedeu espaço ao processo eletrônico, um conjunto de arquivos digitais – inclusive audiovisuais – que dão formato automatizado, em ambiente virtual, à sucessão de atos e de fatos jurídicos processuais.

A invenção do processo eletrônico alterou profundamente a natureza dos serviços judiciários e a experiência de seus usuários internos e externos. Nas palavras do professor Richard Susskind, as cortes têm deixando de ser espaços físicos para se tornarem provedores de serviços virtuais[1] – do peticionamento à sustentação oral, da audiência de instrução à sessão de julgamento colegiado. Ao tempo em que o processo judicial passou a ser *eletrônico*, as cortes passaram a ser *digitais*. Essa automação caminha *pari passu* com uma das revoluções mais profundas testemunhadas pela humanidade: a revolução digital, em que as fontes primárias de produção do conhecimento e de difusão da informação, outrora analógicas, gradativamente apoiam-se na *big data* decorrente de ferramentas digitais.

Um aspecto essencial nessa transformação de paradigma é o fator cultural. Ferramentas de infraestrutura tecnológica, como a computação, a internet e a automação, embora sempre sujeitas a aprimoramentos, já existem há algumas décadas. No entanto, a mudança central que se tem observado nos anos recentes é a quebra das barreiras que usuários do sistema de justiça detinham em relação à virtualização das cortes. Em 2020, esse movimento intensificou-se sobremaneira com a pandemia do coronavírus, que acelerou a implementação de diversas inovações tecnológicas pelos Tribunais, tais como o incremento do teletrabalho de magistrados e servidores e realização de sessões

---

1. SUSSKIND, Richard. *Online courts and the future of Justice*. Oxford University Press, 2019.

de julgamento por videoconferência. Tendo os serviços judiciários natureza essencial, o caráter ininterrupto do funcionamento do sistema de justiça exigiu das instituições considerável capacidade de adaptação num momento em que os espaços físicos dos fóruns não poderiam ser utilizados integralmente por conta das medidas de distanciamento e de isolamento social. Em termos de governança, o resultado não poderia ter sido mais proveitoso: durante a pandemia, as cortes aumentaram a sua produtividade.

Na medida em que a necessidade automação acelera a revolução digital do Poder Judiciário, cresce a oportunidade de abertura de novas frentes de incremento tecnológico. De fato, o foco desse movimento inicialmente se restringiu à automação do processo judicial, em que se transferem ao ambiente virtual os procedimentos realizados em meio físico alinhados a estratégias de desburocratização. No entanto, nos últimos anos, percebe-se uma nova tendência que complementa a automação: a utilização cada vez mais frequente de ferramentas que aliam inteligência artificial e inteligência humana.

Embora ambas trabalhem com fórmulas algorítmicas, automação e inteligência artificial são fenômenos ontologicamente distintos. Algoritmo é uma sequência de instruções predefinidas, expressa em linguagem matemática, tal como um passo a passo. Essas instruções são direcionadas ao computador, que recebe informações prévias, trabalha sobre elas e produz um resultado informacional diverso do inicial. No entanto, na automação, as fórmulas matemáticas que comandam a computação são determinadas, inflexíveis, previamente programadas. Por outro lado, na inteligência artificial (*machine learning*), os algoritmos produzem resultados a partir de probabilidades. Mais ainda, os algoritmos são autoprogramáveis, permitindo ao computador que adquira a habilidade de aprender (raciocínio indutivo e dedutivo) com os procedimentos anteriores que ele mesmo realiza, prevendo soluções com base em cálculos probabilísticos sobre experiências passadas.

Não obstante, embora sejam tecnicamente fenômenos distintos, a automação processual e a adoção de inteligência artificial complementam-se para a construção de um sistema de justiça mais eficiente e transparente. Ademais, a automação permite a reunião, em ambiente virtual, de dados e de metadados essenciais para a formação das redes de *big data*, pressuposto tecnológico da inteligência artificial.

Com efeito, a inteligência artificial pode multiplicar os cérebros pensantes sobre um mesmo problema e é mecanismo essencial para a solução de vários problemas vivenciados na realidade judiciária brasileira, especialmente quanto ao acesso à justiça, ao gerenciamento de processos e ao controle da litigância de massa.

Nesse cenário, apesar de a inteligência artificial (IA) já ser uma política estratégica no âmbito do Judiciário Brasileiro, é possível colher, a partir de experiências que outros sistemas tiveram, os ônus e os bônus já conhecidos. Em especial, é relevante a avaliação do impacto da implantação de IA sobre os serviços judiciais, sobre a experiência dos usuários internos e externos, e sobre a própria cultura jurídica.

Sob essa perspectiva comparada, classificamos os estágios de implantação de IA no Judiciário em três fases. A primeira fase corresponde a uma versão suave (*weak/soft*) da adoção de inteligência artificial. Aqui, são desenvolvidos e utilizados algoritmos que conseguem analisar os documentos do caso sob julgamento, comparar com uma base de dados de casos passados e apontar decisões semelhantes ou paradigmas (justiça preditiva), possibilitando a antecipação da previsibilidade do resultado de um processo judicial. Ademais, também no âmbito da gestão processual há benefícios, como o aprimoramento da gestão cartorária, identificação e agrupamento de processos semelhantes, bem como a própria possibilidade de melhor análise da performance dos Tribunais. A maior parte dos sistemas judiciários se encontra nesta fase.

Em uma segunda fase (*medium*), as ferramentas de inteligência artificial são capazes de apresentar uma conclusão após a análise dos arquivos que compõem o processo eletrônico e até mesmo uma minuta que possa ser adotada no caso, a partir de resultados probabilísticos. Entretanto, também nessa fase, subsiste o acompanhamento humano, sobretudo na decisão de acolher, ou não, a sugestão que inicialmente foi produzida pela adoção das ferramentas de IA.

A terceira fase, porém, é mais sofisticada (*strong/hard*). Aqui, pelas técnicas de inteligência artificial, o algoritmo é capaz de apresentar autonomamente uma decisão ou sentença que, por si só, já passa a ter validade jurídica. Nesse momento, a intervenção humana é bastante reduzida. No entanto, a despeito dos benefícios da adoção da inteligência artificial, cautelas de sua aplicação no sistema judiciário são recomendadas. Por vezes, um sentimento equivocado permeia parte das discussões sobre o tema, no sentido de que a inteligência artificial consiste em fórmula matemática objetiva, que não incorpora subjetividades típicas da inteligência humana. No entanto, urge considerar que a inteligência artificial decorre de esforços para entender os sentidos, os desejos e as racionalidades humanas, formulando modelos matemáticos que vislumbrem potencialidades – e não certezas – de futuros comportamentos. Entretanto, a construção desses modelos implica escolhas que inevitavelmente incorporam os vieses e preconcepções de quem os formula, problema de caráter técnico e ético que se agrava à medida em que se avança em cada uma das três fases acima mencionadas. Mesmo em situações em que se progrida à adoção de mecanismos de *machine learning* (aprendizado de máquina), os *softwares* e algoritmos podem ter recebido os vieses das decisões humanas que lhe treinaram.

Exemplo trágico desse dilema aconteceu na Flórida, em 2016, quando os juízes de Broward County passaram a utilizar algoritmos para prever a probabilidade de determinados presos de voltarem a reincidir caso postos em liberdade. Estudos empíricos concluíram que, naquele sistema adotado, negros tinham duas vezes mais chances de terem suas prisões cautelares mantidas em relação a brancos que cometeram as mesmas condutas. O algoritmo que gerava essas previsões correlacionava índices de violência com dados geográficos, tendo mais chances de indicar probabilidade de reincidência para habitantes de distritos mais pobres, onde há considerável população negra.[2]

Por isso mesmo, dois dos aspectos fundamentais na construção de projetos de inteligência artificial são a transparência e a *accountability*. Ambos possibilitam os controles interno e externo do trabalho informacional formulado pelos algoritmos.

---

2. J. Angwin, J. Larson, S. Mattu, L. Kirchner, "Machine bias: There's software used across the country to predict future criminals. And it's biased against blacks," ProPublica, 23 May 2016; www.propublica.org/article/machine-bias-risk-assessments-in-criminal-sentencing.

No exterior, essa questão é agravada, pois muitos dos algoritmos são formulados por empresas privadas. Destarte, exsurge o problema da adoção de algoritmos fechados e resguardados por segredos comerciais. Esse impasse parece prejudicar o controle cognitivo do juiz e das partes sobre as decisões e a condução do processo, contribuindo para um cenário de incerteza e de ausência de clareza que pode prejudicar a credibilidade e o desenvolvimento da IA.

Por outro lado, o Brasil felizmente tem adotado modelo distinto, mediante controle dos Tribunais sobre o desenvolvimento das ferramentas. Em regra, os algoritmos são desenvolvidos pelos próprios Tribunais ou em parceria com centros de pesquisa. Eventualmente, há colaboração ou contratação de entes privados para desenvolvimento dos softwares, mas sempre sob a supervisão do ente público, o que garante que matemática e os dados que informam o produto seja acessível por atores interessados.

Essas preocupações invocam a necessidade de adoção de um marco regulatório-ético para esses projetos de inteligência artificial. É preciso, por exemplo, que a adoção de IA para o alcance de decisões públicas seja acompanhada de um marco regulatório que forneça segurança aos usuários, abordando aspectos como i) a transparência dos algoritmos; ii) maior *accountability* em relação à confecção e à utilização desses sistemas informatizados; e iii) medidas de segurança e proteção de dados produzidos, utilizados e armazenados.

Adotados esses parâmetros e cientes dessas cautelas, a confecção de *softwares bem desenvolvidos*, submetidos ao escrutínio técnico, podem significar o aumento da precisão de dados obtidos, em ordem a minimizar os vieses. Sob outra perspectiva, a IA pode ser mais até transparente que o próprio cérebro humano, já que os softwares podem ser decodificados, auditados, questionados e interpretados constantemente.

Nesse ponto, destaque-se que a Comissão Europeia para a Eficiência da Justiça fez um normativo que traz os valores fundamentais, critérios técnicos e éticos, precauções metodológicas para o desenvolvimento de algoritmos.[3]

Ainda, no cenário brasileiro, há desafios adicionais para a promoção da equalização de acesso e capilarização das ferramentas. Nesse sentido, é preciso considerar desigualdades regionais (por exemplo, há Tribunais com grande quantidade de processos físicos), cabendo ao Conselho Nacional de Justiça (CNJ) a importante função de equalizar essas diferenças regionais, na tentativa de promover uma estrutura tecnológica uniforme.

É preciso, também, ter o cuidado de que essa corrida pela IA não se transforme em uma competição entre Tribunais que trará prejuízos para a política judiciária. O CNJ tem a missão fundamental de evitar disputas desnecessárias entre modelos dos tribunais, a fim de criar um ambiente colaborativo de produção e compartilhamento do conhecimento.

---

3. Vide https://www.coe.int/en/web/cepej/cepej-european-ethical-charter-on-the-use-of-artificial-intelligence-ai-in--judicial-systems-and-their-environment#:~:text=The European Commission for the, (AI) in judicial systems. Acesso em: 5 ago. 2020.

3. A EXPERIÊNCIA DO SUPREMO TRIBUNAL FEDERAL

No âmbito do Supremo Tribunal Federal, a adoção de práticas de digitalização do processo e dos atos processuais possui grande exemplo prático, não apenas pelo pioneirismo de decisões administrativas tomadas pela Corte, mas também pela repercussão e efeito pedagógico que esse fenômeno passa a adotar a partir de sua encampação pelo órgão de cúpula pelo Poder Judiciário Brasileiro.

O Supremo Tribunal Federal encontra-se num movimento híbrido de digitalização, em que convivem simultaneamente processos de automação e de aplicação de inteligência artificial. Parte ínfima do acervo processual ainda se encontra no formato físico. No entanto, ainda que grande parte dos processos esteja armazenado em meio digital, há procedimentos cartorários e jurisdicionais que ainda não foram completamente automatizados (a título de exemplo, cite-se a publicação de decisões no Diário Oficial e a contagem de prazos pela Secretaria do Tribunal). Paralelamente a diversos projetos que automatizam os atos processuais, há outros que aplicam inteligência artificial para dinamizar o processamento de parte do acervo, especialmente no que tange à admissibilidade de recursos extraordinários. Quanto à inteligência artificial, os projetos já concretizados situam o Supremo Tribunal Federal na fase 1 acima descrita (*soft artificial inteligence*): os algoritmos conseguem encontrar semelhanças entre casos atuais e pretéritos, mas ainda não conseguem formular decisões

Esta seção apresenta alguns marcos relevantes na adoção de processos e atos processuais digitais no Brasil e a expor, na sequência, alguns elementos da experiência do STF.

Um primeiro marco de relevo foi a Lei 11.419/2006, que dispões sobre a informatização do processo judicial, passando a admitir o meio eletrônico na tramitação de processos judiciais, comunicação de atos e transmissão de peças processuais no âmbito dos processos civil, penal e trabalhista, bem como aos juizados especiais, em qualquer grau de jurisdição. Segundo suas previsões, os órgãos do Poder Judiciário passaram a poder desenvolver sistemas eletrônicos que permitissem o processamento de ações judiciais por meio de autos digitais. Dentre suas inovações, encontrava-se, ainda, a possibilidade de promoção de citações, intimações e notificações, inclusive da Fazenda Pública, por meio eletrônico, a distribuição de peças e petições em formato digital de forma direta pelos advogados e de maneira automática no âmbito de processo eletrônico, sem a necessidade de intervenção do cartório ou secretaria judicial; a necessidade de proteção à autenticidade e veracidade dos dados processados, mediante o desenvolvimento de sistemas de segurança de acesso e armazenados em meio que garanta a preservação e integridade dos dados. Igualmente, na ocasião, foram implementadas alterações no então vigente Código de Processo Civil (Lei 5.869/1973), adaptando a uma nova realidade que então se iniciava.

De modo diverso, em reflexo do tempo em que nasceu, o Código de 2015 já se mostra muito mais adequado e compatível com a possibilidade de prática eletrônica de atos processuais. Aliás, tal legislação estabelece dentro do livro relativo aos atos processuais uma seção própria relativa à sua prática sob a forma eletrônica, contendo cláusula geral que permite que sejam total ou parcialmente digitais, de forma que sejam produzidos, comunicados, armazenados e validados por meio eletrônico (art. 193), o que se estende, inclusive, a prática de atos extrajudiciais notariais ou de registro. Em caráter inovador, o Código já prevê, desde sua redação original, a possibilidade até mesmo de realização de sustentação oral por meio de videoconferência, especialmente para os casos de advogados que residam em cidade diversa daquela em que o julgamento se realizará (art. 937, § 4º).

As disposições do código são cuidadosas ao externar a preocupação com a necessária publicidade dos atos, o acesso e a participação das partes e de seus procuradores. Por essa razão, inclusive, há previsão expressa de que o registro dos atos processuais eletrônicos deverá ser feito em padrões abertos, em observância a requisitos como autenticidade, integridade e, para casos que tramitem em segredo de justiça, confidencialidade (art. 195). Essas características fundamentam, inclusive, a presunção de veracidade e confiabilidade que gozam as informações constantes desses sistemas, publicadas em página própria da *internet* (art. 197).

A bem de estabelecer certa uniformidade no cenário nacional, apesar das peculiaridades de cada ramo da Justiça brasileira e das várias regiões do país, revela-se essencial a competência de o Conselho Nacional de Justiça, em coordenação e parceria com os tribunais, promover regulamentação da prática e comunicação oficial de atos processuais por meio eletrônico. Nesse sentido, é primordial, ainda, velar pela compatibilidade dos vários sistemas – ao menos enquanto ainda não se mostra possível a adoção de um sistema único –, sem prejuízo de que se permita a gradual e sucessiva incorporação de novos avanços tecnológicos.

O código revela, ainda, destacada preocupação com a materialização concreta e efetiva do acesso à justiça digital. Nesse sentido, há a previsão da obrigação de que as unidades do Poder Judiciário mantenham de forma gratuita equipamentos necessários à prática de atos processuais pelos interessados, bem como a consulta e o acesso ao sistema e aos documentos atinentes, sem prejuízo da possibilidade de que esses atos se deem de forma não eletrônica em localidades que não contem com tal infraestrutura (art. 198). Outro exemplo dessa preocupação é a previsão da necessidade de se assegurar mecanismos de acessibilidade às pessoas com deficiência, de modo que também elas possam acessar de forma útil os sítios eletrônicos dos tribunais, além de viabilizar a praticar atos judiciais de forma eletrônica (art. 199).

Além dessas previsões gerais, que se aplicam a todo o sistema processual brasileiro, o presente artigo pretende analisar também a situação normativa relativa à digitalização de procedimentos e atos processuais perante o Supremo Tribunal Federal. Na corte, a realização de julgamentos eletrônicos teve primeira aplicação no âmbito do Plenário Virtual para aferição da existência, ou não, de repercussão geral, como requisito de admissibilidade do recurso extraordinário. Com efeito, após a criação desse novo requisito pela Emenda Constitucional 45/2004 (art. 102, § 3º, da Constituição) e sua regulamentação pela Lei 11.418/2006, a matéria foi disciplina pelo Regimento Interno do STF, que passou a prever a deliberação por meio eletrônica sobre a existência, ou não, de repercussão geral de uma determinada questão constitucional veiculada em recurso extraordinário. Desde então, especialmente no recente cenário de pandemia, a utilização de técnicas de julgamento por meio eletrônico foi sucessivamente se expandindo.

Ao longo do tempo, a utilização do plenário virtual para o julgamento de processos em ambiente eletrônico foi sendo sucessivamente ampliada. Inicialmente, utilizava-se tal ferramenta para a conclusão da análise de processos de menor complexidade, especialmente em razão da dificuldade que por vezes se encontrava de seu julgamento nas sessões presenciais. Nesse sentido, a Resolução 587/2016 do STF passou a admitir o julgamento de agravos internos e embargos de declaração em ambiente eletrônico, a critério do relator, no Plenário e nas Turmas. Sob sua vigência, a ementa, o relatório e voto do relator e dos demais Ministros somente se tornavam públicos após a conclusão do julgamento, afirmada a possibilidade de o próprio relator retirar o processo do julgamento eletrônico de ofício ou mediante pedido de destaque formulado pelas partes, além de ser possível o pedido de vista ou destaque por outro Ministro. Ademais, processos em que houvesse o direito de realização de sustentação oral (como nas situações do art. 937, § 3º, do CPC/2015), a manifestação de tal interesse implicava na impossibilidade de seu julgamento em ambiente virtual.

A partir dessa experiência, as possibilidades de uso da ferramenta foram maximizadas. Assim, a Resolução 642/2019 ampliou os processos que poderiam ser submetidos ao julgamento eletrônico. Além da manutenção dos agravos internos, agravos regimentais e embargos de declaração; passou a ser possível essa espécie de julgamento para medidas cautelares em ações de controle concentrado; referendo de medidas cautelares e de tutelas provisórias; mérito de recursos extraordinários e agravos, inclusive com repercussão geral reconhecida, quando se trate de matéria sobre a qual houvesse jurisprudência dominante no âmbito do Tribunal; bem como demais classes processuais cuja matéria discutida também tivesse jurisprudência dominante. Tratou-se, portanto, de significativa ampliação do escopo do ambiente virtual de julgamento, mantida a já narrada sistemática de destaque e pedido de vista. A Resolução continha, ainda, previsão no sentido de que a não manifestação de algum Ministro durante o prazo de julgamento representava sua concordância com o Voto relator.

Grandes avanços foram implementados pela Resolução 669/2020, editada em 19 de março, que promoveu uma maior equiparação entre os julgamentos presencial e eletrônico. A partir de sua vigência, passou a estar expressamente afirmada a possibilidade de julgamento em ambiente eletrônico de todos os processos de competência do Tribunal, inclusive para a devolução de pedido de vista, desde que haja a concordância do Ministro relator. Fixou-se, também, o ambiente eletrônico como preferencial para julgamento de agravos internos, agravos regimentais e embargos de declaração; medidas cautelares em ações de controle concentrado; referendo de medidas cautelares e de tutelas provisórias; e demais classes processuais, inclusive recursos com repercussão geral reconhecida, cuja matéria discutida tenha jurisprudência dominante no âmbito do STF.

Outra grande inovação desta Resolução foi a possibilidade de sustentação oral por meio eletrônico, mediante o envio de arquivo de vídeo, pela Procuradoria-Geral da República, Advocacia-Geral da União, Defensoria Pública da União, advogados públicos e privados, bem como os demais habilitados. Dessa forma, a partir dessa possibilidade – cuja viabilização exigiu o aperfeiçoamento técnico de infraestrutura e sistemas de informação – o pedido de realização de sustentação oral deixou de ser uma causa de destaque automático do julgamento em ambiente virtual, sem prejuízo de que o próprio relator ou outro Ministro proceda ao destaque, fato que implica o deslocamento do processo para julgamento presencial.

Ainda durante a pandemia, em reflexo às adaptações que a necessidade de isolamento social impôs ao fortalecimento e melhor estruturação do julgamento eletrônicos e por videoconferência, a Resolução 675/2020 passou a prever que o relatório e os votos inseridos no ambiente virtual serão disponibilizados no sítio eletrônico do STF já durante a sessão de julgamento virtual, não apenas após a sua conclusão. A medida permite um melhor acompanhamento do julgamento pelos advogados, partes e cidadãos interessados, possibilitando o conhecimento em tempo real do teor das manifestações veiculadas durante o julgamento.

Ainda, a Resolução 684/2020 ampliou de cinco para seis dias úteis o período de duração de cada sessão virtual, ampliando o prazo de atuação dos sujeitos processuais interessados. Por fim, a Resolução 690/2020, editada em julho, passou a prever que o não pronunciamento de algum Ministro no prazo do julgamento eletrônico deixa de ser considerado como concordância com o relator, devendo ser registrada em ata a não participação, da mesma forma como ocorre nos julgamento realizados em sessões presenciais. A partir dessa situação, se não alcançado algum quórum necessário de votação ou havendo empate, o julgamento deverá ser suspenso e incluído na sessão virtual subsequente, excetuadas as situações de *habeas corpus* ou de recurso em *habeas corpus*, quando o empate significará a adoção de decisão mais favorável ao paciente.

De outro lado, também em relação às sessões presenciais houve a necessidade de adaptações, mediante a utilização de ferramentas tecnológicas digitais. Nesse sentido, a Resolução 672/2020 regulamentou a realização de sessões de julgamento do Plenário e das Turmas por videoconferência, garantido acesso e participação do MP, advogados. A medida, que no início gerou alguns temores, tornou possível o pleno funcionamento do Supremo Tribunal Federal durante o longo período de necessário isolamento social, permitindo a continuidade de desempenho de suas relevantes funções constitucionais.

Além disso, já há também projetos de inteligência artificial em desenvolvimento por Tribunais brasileiros, a exemplo dos projetos *Victor* e *Athos*, em curso perante o Supremo Tribunal Federal e no Superior Tribunal de Justiça, respectivamente. Trata-se de iniciativas que buscam oferecer novas ferramentas para potencializar a inteligência humana na prestação da tutela jurisdicional de forma mais célere, efetiva e igualmente qualificada.

Nota-se, portanto, que são diversas as experiências digitais no âmbito do Supremo Tribunal Federal, já há muito iniciadas e recentemente fortalecidas e aceleradas pela ocorrência da pandemia de Covid-19. Em todos esses meios é importante destacar que o julgamento não é virtual, mas plenamente real. Nesses casos, porém, o julgamento real se dá em ambiente eletrônico, o que não prejudica a seriedade e a efetividade de sua realização.

4. CONCLUSÃO

Nos últimos vinte anos, a revolução digital tem transformado profundamente o acesso à justiça e a execução dos serviços judiciários. O juiz, outrora um decisor de conflitos, ganhou novas funções que dinamizaram a própria natureza da atividade jurisdicional. Nesse paradigma, ele se tornou um gestor de instrumentos de automação e de inteligência artificial, que lhe auxiliam na gestão de processos, no gerenciamento de precedentes e na própria função decisória. A digitalização das cortes permite a produção e a coleta mais acurados de dados que contribuem para o exercício de uma jurisdição empiricamente informada e controlada, com transparência e governança.

Esse movimento foi sobremaneira catalisado em 2020. A pandemia do coronavírus consistiu em conjuntura crítica que testou a habilidade adaptativa de nossas instituições políticas. Nesse ínterim, o Poder Judiciário Brasileiro demonstrou uma vigorosa capacidade de resiliência institucional para enfrentar uma situação em que, de um lado, os espaços físicos dos tribunais não poderiam ser completamente utilizados; de outro, o serviço de prestação jurisdicional não poderia ser \interrompido. O caminho à completa digitalização das cortes ainda é longo, mas promissor. Com todas as cautelas, e por meio de um marco-regulatório que garanta a governança da integração entre inteligência artificial e inteligência humana, é possível enxergar com otimismo as profundas transformações do modo de se pensar e de se fazer justiça que estamos vivenciando.

PARTE II
ACESSO À JUSTIÇA

AS INOVAÇÕES TECNOLÓGICAS COMO (MAIS UMA) ONDA RENOVATÓRIA DE ACESSO À JUSTIÇA

Rodrigo Fux

Doutorando em Direito Processual pela UERJ. Mestre em Direito Processual pela UERJ. Advogado.

Sumário: 1. O "Projeto de Florença" e as ondas renovatórias do acesso à Justiça. 2. A experiência brasileira e a implantação de um sistema multiportas. 3. Ferramentas tecnológicas no sistema de Justiça: algumas aplicações na experiência brasileira. 4. A tecnologia como ferramenta poderosa de aprimoramento: uma nova onda a serviço da busca pela efetividade otimizada. 5. Conclusão. 6. Referências.

1. O "PROJETO DE FLORENÇA" E AS ONDAS RENOVATÓRIAS DO ACESSO À JUSTIÇA

Ondas marinhas são um fenômeno físico que resultam da variação de pressão do ar aplicada sobre a superfície da água do mar com transferência de energia. Da perspectiva de quem olha do continente em direção ao mar, as ondas renovam-se ciclicamente. A palavra "*onda*", talvez pela ideia de renovação que ela expressa, é usada com frequência como metáfora para referir-se a movimentos perenes, porém não lineares, que alternam maior com menor intensidade. Exemplo contemporâneo do uso dessa metáfora está na expressão "*ondas epidemiológicas*", que têm frequentado os noticiários nos tempos recentes.

A metáfora também se fez presente no conhecido Relatório assinado por Mauro Cappelletti e por Bryant Garth sob o título original de "*Acess to Justice: The Worldwide Movement to Make Rights Effective. A General Report.*"[1]. O Relatório, produzido em 1978 a partir de um projeto de quatro anos de pesquisas empíricas sobre o acesso à Justiça nos modernos sistemas jurídicos, desaguou no cognominado "Projeto de Florença", que se propôs a abordar e discutir o que os autores nomearam de "*ondas*" do movimento de reforma na busca por acesso efetivo à Justiça.

O projeto de estudo adotava como ponto de partida a ideia de que "acesso à Justiça" serve à definição de dois propósitos de um sistema jurídico (o de que ele seja igualmente acessível a todos e o de que ele produza resultados individual e socialmente justos) para

---

1. *Acess to Justice*: The Worldwide Movement to Make Rights Effective. A General Report. Milan: Dott. A. Giuffrè Editore, 1978.

lançar-se à abordagem compreensiva dos problemas[2] e entraves[3] que esse acesso enfrenta nas sociedades contemporâneas.

O Projeto identificou, em uma primeira perspectiva, que o alcance efetivo do acesso à Justiça seria dificultado por obstáculos de natureza econômica, a exemplo das despesas inerentes ao litígio (taxas judiciárias, custos envolvidos na produção de provas e na prática de alguns atos processuais, custos com a contratação de advogados), que podem constituir barreira em maior ou menor grau a depender de particularidades de cada sistema e a adoção do princípio da sucumbência; da relação desequilibrada entre os custos judiciais e as quantias envolvidas nas causas de pequeno valor; e, também, da ampliação dos custos incorridos no processo em razão da delonga na sua tramitação. Em uma segunda ótica, prejudicaria o alcance efetivo do acesso à Justiça o desequilíbrio de *"possibilidades das partes"*[4], no que toca à capacidade financeira para pagar para litigar e suportar as delongas do litígio e à capacidade jurídica de reconhecer um direito que possa ser reivindicado através do sistema jurídico. Em um terceiro prisma, o estudo identificou nos sistemas jurídicos pesquisados embaraços à defesa de interesses fragmentados ou coletivos (difusos)[5].

A partir da verificação empírica empreendida pelo projeto de pesquisa, o Relatório retratou três ondas de reformas voltadas ao aprimoramento do acesso à Justiça. A primeira onda do movimento mirou atacar a barreira de natureza financeira com a instituição e/ou fortalecimento de sistemas de assistência judiciária para os hipossuficientes. A segunda onda tratou dos embaraços à defesa de interesses fragmentados e coletivos com a formulação de reformas que, voltadas a proporcionar representação jurídica para os interesses difusos, impulsionaram reflexões sobre noções tradicionais do processo civil relacionadas à legitimidade, à citação e ao correlato direito de ser ouvido, ao papel do juiz e, em especial, à coisa julgada[6]. A terceira onda, que os autores propuseram chamar de *"enfoque de acesso à justiça"*[7], abrange as preocupações que guiavam as outras duas ondas (*i.e.*, viabilizar a representação efetiva de interesses antes marginalizados), porém *"tem alcance muito mais amplo"*[8], congregando iniciativas voltadas a aprimorar procedimentos e instituições que compõem o sistema de processamento de litígios, assim como os mecanismos para prevenir disputas.

---

2. Tradução literal da expressão utilizada na versão original em língua inglesa. "The task in this Article is to trace -the emergence and development of a new and comprehensive approach to access problems in contemporary societies".

3. A expressão foi utilizada por Aluísio Gonçalves de Castro Mendes e Larissa Clare Pochmann da Silva, em artigo dedicado a homenagear quarenta anos do início da divulgação das pesquisas do "Projeto de Florença". MENDES, Aluisio Gonçalves de Castro; SILVA, Larissa Clare Pochmann da. Acesso à Justiça: uma Releitura da Obra de Mauro Cappelletti e Bryant Garth, a partir do Brasil, após 40 anos. *Revista Quaestio Iuris*, Rio de Janeiro: UERJ, v. 8, n. 3, 2015, pp. 1.827, 1.842, 1.845 e 1.854.

4. CAPPELLETTI, Mauro; GARTH, Bryant. *Acesso à Justiça*. Trad. Ellen Gracie Northfleet. Porto Alegre: Sergio Antonio Fabris Editor, 1988, p. 21.

5. Para uma exposição mais detalhada sobre as barreiras ao efetivo acesso à Justiça, remete-se à leitura do Capítulo II do Relatório de Cappelletti e Garth. Ibid. p. 15-29.

6. Ibid. p. 49-50.

7. CAPPELLETTI, Mauro; GARTH, Bryant. Op. cit., p.68.

8. Ibid. p.67.

AS INOVAÇÕES TECNOLÓGICAS COMO (MAIS UMA) ONDA RENOVATÓRIA DE ACESSO À JUSTIÇA

O estudo serviu de inspiração para um incontável número de reflexões[9] e de reformas em aprimoramento de sistemas jurídicos mundo afora. Quase cinco décadas depois, a sua proposta de abordagem – que adotava a *efetividade* como vetor do exame empírico do acesso à Justiça – segue mais contemporânea do que nunca.

2. A EXPERIÊNCIA BRASILEIRA E A IMPLANTAÇÃO DE UM SISTEMA MULTIPORTAS

Em alguns países do Ocidente, as três ondas emergiram "mais ou menos em sequência cronológica"[10]. Na experiência brasileira, as três ondas renovatórias não se expressaram de forma sequencial; fluíram em paralelo, produzindo importantes avanços tanto na promoção dos interesses antes marginalizados quanto na implementação de mudanças no sistema judiciário que foram pensadas para uma maior efetividade dos direitos.

No Brasil, a primeira onda de reforma produziu, ainda em 1950, a Lei 1.060, que instituiu o benefício da assistência judiciária com de isenção de taxas, custas e despesas judiciais àqueles cuja situação econômica não lhe permita pagar as custas do processo e os honorários de advogado sem prejuízo do sustento próprio ou da família.[11] Também parece ter inspirado o legislador Constituinte a estimular o fortalecimento e a difusão por todos o território[12] da Defensorias Públicas, estabelecendo no art. 5º, inciso LXXIV, da Constituição Federal o dever do Estado de prestar assistência jurídica integral e gratuita aos que comprovarem insuficiência de recursos e definindo a Defensoria Pública como função essencial à Justiça (art. 134) tal qual o Ministério Público e a Advocacia. E, em tempos mais recentes, também tocou a atual legislação processual civil, que atualizou o regramento da assistência judiciária gratuita, expressamente referindo, nos casos em que contempla, à concessão do benefício em favor de pessoas jurídicas, dentre outras mudanças.

Já a segunda onda renovatória inspirou, no Brasil, a construção de um arcabouço legislativo de tutela de interesses transindividuais[13] e de solução coletiva de conflitos.

---

9. No Brasil, ganharam o merecido reconhecimento as reflexões de Paulo Cezar Pinheiro Carneiro, no que propôs uma abordagem teórica do acesso à Justiça no Estado Democrático de Direito a partir dos princípios informativos da acessibilidade, operosidade, utilidade e proporcionalidade, e os estudos que também integram a sua obra de investigação na macroestrutura da Lei 9.099/1995 e da Lei 7.347/1985, com as modificações introduzidas pela Lei 8.078/1990, se aquelas inovações legislativas foram fiéis às premissas que ensejaram as suas respectivas edições. (CARNEIRO, Paulo Cezar Pinheiro. *Acesso à justiça: juizados especiais cíveis e ação civil pública*: uma nova sistematização da teoria geral do processo. 2. ed. Rio de Janeiro: Forense, 2007).

10. Ibid. p. 31.

11. Aponta a doutrina que a Lei 1.060/1950, editada sob a égide do CPC/39, tornou-se anacrônica com o advento do CPC/73, que contemplava a condenação do vencido em honorários advocatícios quando a lei processual civil anterior não o fazia. A previsão do art. 12 de isenção do "pagamento de custas" sem nenhuma referência a honorários de sucumbência, embora fizesse sentido na legislação de 1939, ficou supervenientemente desatualizada com a entrada em vigor do Código Buzaid. MENDES, Aluisio Gonçalves de Castro; SILVA, Larissa Clare Pochmann da. Op. cit., p. 1.934.

12. Está previsto no Ato Das Disposições Constitucionais Transitórias, por inclusão da Emenda Constitucional 80/2014, que União, Estados e Distrito Federal contem com defensores públicos em todas as unidades jurisdicionais até 2022 (art. 98, § 1º, do ADCT).

13. Engloba interesses difusos, coletivos em sentido estrito e individuais homogêneos. Nesse sentido, ilustrativamente, MAZZILLI, Hugro Nigro. *A defesa dos interesses difusos em juízo: meio ambiente, consumidor e outros interesses difusos e coletivos*. 12. ed. São Paulo: Editora Saraiva, 2000, p. 41 ("a) se o que une interessados determináveis é a

No desenvolvimento e fortalecimento do acesso transindividual à Justiça, prestaram relevante contribuição a Lei 4.717/1965 (Lei da Ação Popular), a Lei 7.347/1985 (Lei da Ação Civil Pública) e o conjunto de disposições do Título III da Lei. 8.078/1990 (Código de Defesa do Consumidor). Em quadra mais recente, a influência da segunda onda renovatória é também sentida no incidente de resolução de demandas repetitivas que Código de Processo Civil de 2015 introduziu no sistema como um novo mecanismo voltado à solução coletiva de conflitos.

A terceira onda, que viria para "encoraja[r] a exploração de uma ampla variedade de reformas, incluindo alterações nas formas de procedimento, mudanças na estrutura dos tribunais (...) e a utilização de mecanismos privados ou informais de solução de litígios"[14], também produziu frutos no Brasil. Mudanças procedimentais, a exemplo da permissão em lei para a excepcional antecipação dos efeitos do provimento jurisdicional final[15], deram ares mais alvissareiros à efetividade do direito substantivo. No plano da estruturação dos Tribunais, a influência da terceira onda é vista na criação dos Juizados Especiais[16] e no conjunto de mecanismos[17] e mudanças voltados a proporcionar maior eficiência e transparência ao sistema judiciário, que foram promovidos pela Emenda Constitucional 45/2004, ou a Emenda da "Reforma do Poder Judiciário" como ficou conhecida.

Importantes mudanças também foram produzidas na esteira de outra das frentes de encorajamento da terceira onda: aquela relacionada à utilização de mecanismos de solução de litígios externos à estrutura dos tribunais. A compreensão tradicional definidora da jurisdição como a função de monopólio do Estado de dirimir conflitos por substituição foi colocada no divã e aos poucos disseminou-se, também no Brasil, a aceitação de um sentido de jurisdição desconectado[18] da noção de Estado. Uma releitura, ou ressignificação[19], dos princípios de acesso à Justiça e da inafastabilidade da jurisdição à luz da noção

---

mesma situação de fato (p. ex., os consumidores que adquiriram produtos fabricados em série com defeito), temos *interesses individuais homogêneos*; b) se o que une interessados determináveis é a circunstância de compartilharem a mesma relação jurídica (como os consorciados que sofrem o mesmo aumento ilegal das prestações), temos *interesses coletivos em sentido estrito*; c) se o que une interessados indetermináveis é a mesma situação de fato (p. ex., os que assistem pela televisão à mesma propaganda enganosa), temos *interesses difusos*.").

14. CAPPELLETTI, Mauro; GARTH, Bryant. Op. cit., p. 71.

15. A figura da titela antecipada foi introduzida em 1994 através de mudanças implementadas no CPC/73 pela Lei 8.952/1994.

16. O movimento tem início por encorajamento constitucional (art. 24, inciso X, e art. 98, inciso I, da Constituição Federal) e avança com a edição da Lei 9.099/1995 (que dispôs sobre Juizados Especiais Cíveis e Criminais), da Lei 10.259/2001 (que institui os Juizados Especiais Cíveis e Criminais no âmbito da Justiça Federal), e da Lei 12.153/2009 (que institui os Juizados Especiais da Fazenda Pública).

17. Dentre eles, merecem destaque a criação do Conselho Nacional de Justiça (CNJ), a introdução da Súmula Vinculante, adoção do instituto da repercussão geral dos recursos extraordinários, na sequência regulamentado pela Lei 11.418/2006, que também tratou do recurso extraordinário repetitivo, influenciando nova modificação da lei processual civil então vigente para estabelecer o recurso repetitivo no âmbito do Superior Tribunal de Justiça (Lei 11.672/2008).

18. MANCUSO, Rodolfo de Camargo. *A resolução dos conflitos e a função judicial no contemporâneo Estado de Direito.* São Paulo: Ed. RT, 2009, p. 52 ("O sentido contemporâneo da palavra jurisdição é desconectado – ou ao menos não é acoplado necessariamente – à noção de Estado, mas antes sinaliza para um plano mais largo e abrangente, onde se hão de desenvolver esforços para (i) prevenir formação de lides, ou (ii) resolver em tempo razoável e com justiça aquelas já convertidas em processos judiciais").

19. PINHO, Humberto Dalla Bernardina de. STANCATI, Maria M. S. Martins. A ressignificação do princípio do acesso à justiça à luz do art. 3º do Código de Processo Civil de 2015. *Revista de Processo*, v. 254, Abr/2016, pp. 17-44. São

contemporânea do Estado Democrático de Direito semeou a instituição de uma "Política Judiciária Nacional de Tratamento Adequado dos Conflitos de Interesses" (Resolução 125 editada pelo Conselho Nacional de Justiça em 29/11/2010), que prescrevia um sistema multiportas que confere ao jurisdicionado, além da via do ingresso em Juízo, outras formas de dirimir adequadamente os conflitos conforme sua natureza e particularidades. Nessa toada, ganharam fôlego, embora já fossem preexistentes, a arbitragem (que recebeu o regulamento da Lei 9.307/1996, posteriormente atualizado pela Lei 13.129/2015) e a mediação (regulada em normas do CPC/2015 e da Lei 13.140/2015).

O Código de Processo Civil de 2015, em especial através do disposto no seu art. 3º, consolidou ainda mais o conceito de Sistema Multiportas[20] e a noção de que a jurisdição se exerce nos moldes desejados pelas partes, com a entrega do conflito ao Judiciário, à mediação ou à arbitragem (nos casos em que a lei permitir).

3. FERRAMENTAS TECNOLÓGICAS NO SISTEMA DE JUSTIÇA: ALGUMAS APLICAÇÕES NA EXPERIÊNCIA BRASILEIRA

As mudanças inspiradas pelas três ondas renovatórias produziram avanços relevantes na ampliação do acesso à Justiça na experiência brasileira. Uma observação empírica da quadra mais recente revela que outros saltos de progresso foram obtidos com iniciativas de aplicação de ferramentas tecnológicas no tratamento de litígios.

Dentre as que mais se destacam, figura a implantação da tramitação eletrônica do processo judicial. A autorização dada na Lei 11.419/2006 para o uso de meio eletrônico na tramitação de processos judiciais, comunicação de atos e transmissão de peças processuais deu início a um movimento paulatino, e ainda inacabado, de informatização do processo judicial. Em 2009, o Conselho Nacional de Justiça – CNJ firmou com o Conselho da Justiça Federal – CJF e os 5 (cinco) Tribunais Regionais Federais Acordo de Cooperação Técnica[21] visando a conjugação de esforços para o desenvolvimento de um sistema de processo judicial eletrônico, com atenção às diretrizes da lei de prioridade da padronização e de uso preferencial de programas com código aberto[22]. O projeto de desenvolvimento resultou no lançamento do Sistema Processo Judicial Eletrônico – PJe, que foi instituído pela Resolução 185, de 18.12.2013, do CNJ[23] e hoje está implantado

---

Paulo: Revista dos Tribunais. ("A releitura do princípio da inafastabilidade da jurisdição deve ter como fundamento o conceito moderno de acesso à Justiça, que não se limita ao acesso ao Judiciário, mas abrange a oportunidade de solucionar conflitos no âmbito privado, onde também devem estar garantidas a independência e a imparcialidade do terceiro que irá conduzir o tratamento do conflito." – p. 21).

20. A justiça multiportas, ou, em inglês, *Multi-door Courthouse*, surgiu em 1976, a partir de estudo de Frank Sanders. Ver, para maior aprofundamento, SANDERS, Frank. *The Pound Conference*: Perspectives on Justice in the Future. St. Paul: West Pub., 1979.

21. Acordo de Cooperação Técnica 73/2009. Em seguida, alguns Tribunais Estaduais (TJAP, TJBA, TJES, TJMA, TJMT, TJPA, PJPR, TJPI, TJPE, TJRJ, TJRN, TJSP, TJRO e TJRR) aderiram à cooperação técnica e às ações atinentes ao desenvolvimento do sistema de Processo Judicial Eletrônico – PJE (Termo de Acordo de Cooperação Técnica 043/2010).

22. Lei 11.419/2006, art. 14.

23. A Resolução foi aprovada sob a consideração, dentre outras "*[d]a necessidade de regulamentar a implantação do sistema Processo Judicial Eletrônico – PJe nos órgãos do Poder Judiciário, de modo a conferir-lhe uniformidade*". Na Resolução 185/2013, o CNJ estabeleceu vedação a partir da data de sua vigência à criação, desenvolvimento, contratação ou implantação de sistema ou módulo de processo eletrônico diverso do PJe (art. 44), sendo admitida

em 72 (setenta e dois) Tribunais[24]. Mais recentemente, o CNJ lançou o Laboratório de Inovação para o Processo Judicial Eletrônico – PJe (Inova PJe), que cria um ambiente virtual de trabalho colaborativo dedicado à pesquisa, à produção e à incorporação de inovações tecnológicas à plataforma responsável pela gestão do PJe[25] (Portaria 25, de 19 de fevereiro de 2019).

Em pouco mais de uma década, a política de informatização do processo judicial produziu números expressivos. Consta do Relatório Justiça em Números do CNJ, no exemplar de 2019 referente ao ano-base 2018[26], que 108 milhões de demandas ingressaram no sistema judiciário brasileiro em formato eletrônico ao longo dos 10 anos cobertos pela série histórica. Gráfico ilustrativo presente à pág. 96 do Relatório[27] mostra a evolução no tempo da curva de crescimento do percentual de processos eletrônicos (em 2018, atingiu-se o marco de 83,8% do total de novos processos[28]) enquanto recua suavemente a Taxa de Congestionamento Líquida e se eleva o Índice de Atendimento à Demanda (que reflete a capacidade das cortes em dar vazão ao volume de casos ingressados no sistema). Também merece registro o estudo da 2ª edição da Série Justiça Pesquisa do Departamento de Pesquisas Judiciárias do Conselho Nacional de Justiça (DPJ/CNJ), com realização confiada à Fundação Getúlio Vargas[29], que identificou *efeitos positivos* do PJe no tempo de tramitação processual e no tempo médio de espera por prolação de decisões em processos conclusos[30-].

A pandemia de Covid-19 em 2020, com as restrições decorrentes das ações epidemiológicas de combate e controle do vírus, colocou ainda mais em evidência o potencial da tecnologia aplicada na tramitação processual eletrônica. A quarentena social, que progrediu em *lockdown* em algumas cidades do país, teria feito o sistema judiciário parar em razão da suspensão do expediente ordinário dos Tribunais, tivesse a pandemia eclodido alguns anos antes. A tecnologia foi fundamental nesse desiderato.

---

a relativização da vedação, por deliberação do Plenário e a requerimento do Tribunal, quando circunstâncias ou especificidades locais assim justificarem (art. 45).

24. De acordo com a última atualização feita em 18 de abril de 2020 pelo CNJ e divulgada em https://www.cnj.jus.br/programas-e-acoes/processo-judicial-eletronico-pje/implantacao-do-pje/, (acessado em 08 de julho de 2020), o PJe está implantado no Conselho Nacional de Justiça, em 14 (quatorze) Tribunais Estaduais, no Tribunal Superior Eleitoral e nos 27 (vinte e sete) Tribunais Regionais Eleitorais, no Tribunal Superior do Trabalho, no Conselho Superior da Justiça do Trabalho e em 24(vinte e quatro) Tribunais Regionais do Trabalho e em 3(três) Tribunais Regionais Federais; e está em implantação em outros 4(quatro) Tribunais Estaduais.

25. Disponível em: https://www.cnj.jus.br/laboratorio-de-inovacao-concentra-solucoes-tecnologicas-voltadas-ao-pje/. Acesso em: 12 jul. 2020.

26. Disponível em: https://www.cnj.jus.br/wp-content/uploads/conteudo/arquivo/2019/08/justica_em_numeros20190919.pdf. Acesso em: 08 jul. 2020. Até a data de fechamento desse artigo, o Relatório Justiça em Números 2020 (referente ao ano-base de 2019) ainda não havia sido divulgado.

27. Relatório Justiça em Números 2019, p. 96, figura 63.

28. "Nos 10 anos cobertos pela série histórica, foram protocolados, no Poder Judiciário, 108,3 milhões de casos novos em formato eletrônico. É notória a curva de crescimento do percentual de casos novos eletrônicos, sendo que no último ano o incremento foi de 4,4 pontos percentuais. O percentual de adesão já atinge 83,8%." (Relatório Justiça em Números 2019, p. 95).

29. FALCÃO, Joaquim et. al. Políticas Públicas do Poder Judiciário. Uma Análise quantitativa e qualitativa do Impacto da implantação do Processo Judicial Eletrônico – PJe na produtividade dos Tribunais. *Série Justiça Pesquisa*, 2. ed. 2017. Disponível em: https://www.cnj.jus.br/pesquisas-judiciarias/justica-pesquisa/publicacoes-justica-pesquisa/. Acesso em: 09 jul. 2020.

30. Relatório Analítico Propositivo, p. 266.

A tramitação processual eletrônica assegurou a continuidade do funcionamento do sistema, sob regime diferenciado conforme diretrizes de adaptação fixadas pelos Tribunais, sem comprometer a produtividade[31]. Alguns Tribunais registraram experiências exitosas com realização de audiências e sessões de julgamento[32] virtuais com emprego de ferramentas tecnológicas, e até mesmo com a realização de mutirão de conciliação virtual[33].

Outro exemplo notável de uso de tecnologia na tramitação processual é a experiência da recuperação judicial do Grupo Oi, cujo processamento perante a 7ª Vara Empresarial da Capital do Rio de Janeiro contou com o apoio de plataformas *online* para encarar os desafios colocados pelos números superlativos da maior recuperação do sistema brasileiro à época de sua distribuição (considere-se, a título ilustrativo, os R$ 65 bilhões em créditos abrangidos pela recuperação[34] e os cerca de 55 mil credores espalhados pelo país e também no exterior).

Por meio de sítio eletrônico dedicado à recuperação do Grupo Oi[35], o Administrador Judicial amplificou o alcance dos canais tradicionais de comunicação a credores (como, *v.g.*, publicação em Diário Oficial), disponibilizando na rede mundial de computadores cópia de peças do processo de recuperação, lista de credores e de incidentes (habilitações e impugnações), relatórios mensais do Administrador Judicial e outros esclarecimentos endereçados a credores.

O processamento da recuperação também aplicou tecnologia no desenvolvimento de uma Plataforma Digital que franqueava a credores a oportunidade de negociar em mediação *online* o recebimento do crédito através de um ambiente digital e multicanal (com uso de mensagem de texto, chat, áudio e videoconferência[36]). A Plataforma *Online* de Mediação Extrajudicial, ainda que não se tivesse registro de iniciativas pretéritas de natureza semelhante no processamento de recuperações judiciais, foi validada perante os órgãos judiciários competentes[37] e hoje é incentivada pelo Conselho Nacional de Jus-

---

31. A manutenção da produtividade durante a pandemia foi objeto de destaque na exposição o Corregedor Nacional de Justiça feita virtualmente na 1ª Reunião Preparatória para o XIV Encontro Nacional do Poder Judiciário, realizada em 25 de maio de 2020 (Disponível em: https://www.cnj.jus.br/reuniao-preparatoria-justica-mantem-produtividade-apesar-da-pandemia/. Acesso em: 09 jul. 2020).

32. No Superior Tribunal de Justiça - STJ, a realização de sessões de julgamento por meio de videoconferência foi autorizada pelo Pleno da Corte e foi regulamentada pela Resolução STJ/GP N. 9, de 17 de abril de 2020.

33. A experiência foi registrada pelo Tribunal Regional Federal da 2ª Região, que realizou audiências de conciliação por videoconferência através da plataforma Cisco Webex Meetings, fornecida pelo CNJ (Disponível em: https://www.jfrj.jus.br/noticia/1o-mutirao-de-conciliacao-virtual-da-justica-federal-da-2a-regiao-atinge-9813-de-acordos. Acesso em: 09 jul. 2020).

34. Disponível em: https://www.valor.com.br/node/5173088. Acesso em: 09 jul. 2020.

35. Disponível http://www.recuperacaojudicialoi.com.br.

36. CURY, Cesar. Um modelo transdisciplinar de solução de conflitos: direito e tecnologia no processo de recuperação judicial no *leading case* OI S/A. In: NUNES, Dierle; LUCON, Paulo Henrique dos Santos; WOLKART, Erik Navarro (Coord.). *Inteligência artificial e direito processual*: os impactos da virada tecnológica no direito processual. Salvador: JusPodivm, 2020, p. 99.

37. O Juízo da Recuperação autorizou o pedido da Recuperanda para a instauração de procedimento de mediação/conciliação (Processo 0203711-65.2016.8.19.0001). A impugnação recursal foi rejeitada no Tribunal de Justiça do Rio de Janeiro (AI 0018325-28.2017.8.19.0000) e, no âmbito do Superior Tribunal de Justiça, o Ministro Marco Buzzi indeferiu liminarmente a pretensão deduzida em forma de tutela provisória para a atribuição de efeito suspensivo ao Recurso Especial interposto contra aquele acórdão (Tutela Provisória 1049/RJ). Com a aprovação em Assembleia Geral de Credores do Plano de Recuperação Judicial, contendo na cláusula 3.1.2. a previsão para

tiça, que recomenda a magistrados responsáveis pelo processamento e julgamento dos processos de recuperação empresarial e falências que promovam, sempre que possível, o uso da mediação, presencial ou por meio de plataformas digitais (Recomendação 58 de 22/10/2019).

Com mais de 35 mil acordos firmados na primeira etapa do projeto[38], a plataforma tecnológica otimizou a efetividade do acesso à Justiça no âmbito da recuperação judicial: em uma projeção social, facilitou o acesso ao crédito de credores com menor potencial aquisitivo sediados em outros Estados da Federação[39]; em uma projeção jurídica, proporcionou interessante solução a bem do processamento da recuperação *vis-à-vis* os inconvenientes refletidos em perda de eficiência em Assembleias Gerais que reunissem para deliberação dezenas de milhares de credores; em uma projeção econômica, os acordos reverteram em economia para a Recuperanda, o que é útil e proveitoso para os fins de soerguimento da empresa em recuperação.

Também digno de nota é o uso de plataforma tecnológicas no tratamento de litígios relacionados aos planos econômicos. Ao longo de quase 30 (trinta) anos, muitos brasileiros buscaram a duras penas a devida reparação por perdas em rendimentos de caderneta de poupança em razão dos planos econômicos implementados entre 1987 e 1991. Em dezembro de 2017, o Instituto Brasileiro de Defesa do Consumidor (IDEC), a Frente Brasileira Pelos Poupadores (FEBRAPO) e a Federação Brasileira de Bancos (FEBRABAN), com a mediação da Advocacia-Geral da União (AGU), firmaram Acordo Coletivo submetido à homologação do Supremo Tribunal Federal (STF) que estabelecia o ressarcimento, segundo os critérios de cálculo ali fixados, a todos os poupadores com pretensões submetidas ao Judiciário (em andamento ou sobrestada pela Repercussão Geral da Matéria de planos econômicos). Na sequência, lançaram na internet o Portal Informativo dos Planos Econômicos[40], que promovia a divulgação informacional e disponibilizava plataforma *online* para adesão do poupador ao acordo coletivo.

A adesão via plataforma de internet, mediante preenchimento de dados cadastrais e anexação de documentos, apresenta como virtude a aptidão para conferir agilidade e dinamismo superiores ao formato tradicional de habilitação formalizada em autos processuais. O acordo nacional entre poupadores e bancos sobre os planos econômicos, que valeu-se de plataforma tecnológica como ferramenta para otimizar o tratamento eficaz de um litígio que chegou a gerar o maior estoque de ações do sistema judiciário brasileiro[41], foi contemplado com o Prêmio Innovare 2018 (categoria Advocacia).

O potencial contributivo das ferramentas tecnológicas para a otimização do acesso à Justiça não se esgota em aspectos relacionados à tramitação processual. Ele vai além, e

---

instaurar procedimentos de Mediação/Conciliação/Acordo com credores constantes da Relação de Credores do Administrador Judicial, foi apresentado pedido de extinção da impugnação recursal.

38. CURY, Cesar. Um modelo transdisciplinar de solução de conflitos: direito e tecnologia no processo de recuperação judicial no leading case OI S/A. In: NUNES, Dierle; LUCON, Paulo Henrique dos Santos; WOLKART, Erik Navarro (Coord.). *Inteligência artificial e direito processual*: os impactos da virada tecnológica no direito processual. Salvador: JusPodivm, 2020, p.102.

39. Disponível em: https://www.premioinnovare.com.br/pratica/9885/print. Acesso em: 09 de julho de 2020.

40. Disponível em: https://www.pagamentodapoupanca.com.br. Acesso em: 09 jul. 2020.

41. Disponível em: https://www.premioinnovare.com.br/praticas/acordo-nacional-entre-poupadores-e-bancos-sobre-os-planos-economicos. Acesso em: 09 jul. 2020.

muito além. A título de exemplo, mencione-se o portal *consumidor.gov.br* disponibilizado pelo Ministério da Justiça, que consubstancia plataforma *online* de interlocução entre consumidores e fornecedores participantes por adesão voluntária, sob o monitoramento da Secretaria Nacional do Consumidor (Senacon). Cuida-se de um serviço público que coloca à disposição do consumidor uma ferramenta gratuita, ágil e desburocratizada para tratar conflitos de consumo fora do campo do processo judicial, e que registrou no último boletim de acompanhamento um índice de 80% (oitenta por cento) de solução, dentre todas as reclamações reportadas, em um prazo médio de 6,5 dias[42].

Outro canal de facilitação da comunicação do jurisdicionado com empresas cadastradas é o Sistema de Mediação Digital[43] do Conselho Nacional de Justiça. A ferramenta também promove um diálogo voltado a tratativas para a solução de conflitos de interesses, com a possibilidade de encaminhamento do acordo construído pelas partes à homologação judicial.

Essas duas plataformas, a primeira de iniciativa do Ministério da Justiça e a segunda do Conselho Nacional de Justiça, são ferramentas gratuitas colocadas a serviço da "Política Judiciária Nacional de Tratamento Adequado dos Conflitos de Interesses" (Resolução CNJ 125/2010[44]), que também encoraja outros métodos *online* de resolução de conflitos (ODR) fora da iniciativa estatal[45].

Dentro desse tópico, uma breve referência ao uso de inteligência artificial (IA) no sistema de Justiça faz-se necessária. Em agosto de 2018, o Supremo Tribunal Federal anunciou o início do funcionamento da ferramenta de inteligência artificial desenvolvida pelo Projeto VICTOR, em parceria entre o STF e a Universidade de Brasília – UNB. A ferramenta entrou em operação para execução de quatro atividades: (a) conversão de imagens em textos no processo digital, (b) separação do começo e do fim de um documento (peça processual, decisão etc.), (c) separação e classificação das peças processuais mais utilizadas nas atividades do STF e (d) a identificação dos temas de repercussão geral de maior incidência[46]. Em apresentação feita em Londres, o Ministro Dias Toffoli destacou o ganho de eficiência e a economia de tempo e de recursos humanos proporcionados pela ferramenta, que consegue fazer em 5 segundos "tarefas que os servidores do Tribunal levam, em média, 44 minutos"[47].

---

42. Boletim Consumidor.gov.br 2019, divulgado em 14.06.2020. Disponível em: https://www.consumidor.gov.br/pages/publicacao/externo/. Acesso em: 09 jul. 2020.
43. Disponível em: https://www.cnj.jus.br/mediacaodigital/.
44. O Sistema de Mediação Digital foi lançado na esteira do art. 18-A da Resolução CNJ 125/2010 ("Art. 18-A. O Sistema de Mediação Digital ou a distância e o Cadastro Nacional de Mediadores Judiciais e Conciliadores deverão estar disponíveis ao público no início de vigência da Lei 13.140, de 26 de junho de 2015" (Lei de Mediação).(Redação dada pela Resolução 326, de 26.06.2020).
45. Na experiência brasileira, vale o registro à iniciativa do 'Mercado Livre' como exemplo de ODR endógeno, que atingiu marcas expressivas de desjudicialização (Disponível em: https://ab2l.org.br/como-o-mercado-livre-atin-giu-989-de-desjudicializacao-na-resolucao-de-conflitos/). Registra-se também que pelo menos 19 (dezenove) empresas já oferecem no Brasil serviços de ODR, segundo a Associação Brasileira de Lawtechs & Legaltechs (AB2L) (Disponível em: https://ab2l.org.br/radar-lawtechs/. Acesso em: 12 jul. 2020).
46. Disponível em: http://www.stf.jus.br/portal/cms/verNoticiaDetalhe.asp?idConteudo=388443. Acesso em: 12 jul. 2020.
47. Disponível em: http://www.stf.jus.br/portal/cms/verNoticiaDetalhe.asp?idConteudo=422699. Acesso em: 12 jul. 2020.

O Conselho Nacional de Justiça, no âmbito de suas atribuições, tem incentivado pesquisas de inovação no processo judicial eletrônico com o lançamento do Laboratório de Inovação para o Processo Judicial em meio Eletrônico – Inova PJe, o Centro de Inteligência Artificial aplicada ao PJe[48] e a plataforma SINAPSES, que cria um ambiente de desenvolvimento colaborativo que oferta um mercado de modelos de inteligência artificial para serem utilizado no PJe, possibilitando que cada Tribunal possa construir seus modelos, compartilhá-los e consumir modelos de outros Tribunais[49]. No plano normativo, o CNJ passou a discutir de que maneira disciplinar a aplicação de Inteligência Artificial no âmbito do Poder Judiciário tendo como vetores a promoção do bem-estar dos jurisdicionados e a prestação equitativa da jurisdição.

O Tribunal de Contas da União também tem apostado em inteligência artificial para dinamizar a eficiência de sua atividade. O tribunal já conta com três robôs ('Alice', 'Sofia' e 'Mônica') para auxiliar, respectivamente, o exame de editais de licitação e atas de preços em busca de fraudes e irregularidades, na análise e sugestão de aprimoramentos em relatórios internos e no acompanhamento de compras públicas, inclusive as decorrentes de contratação direta[50-51].

Para além da automatização de processos de trabalho[52], a inteligência artificial pode também funcionar como instrumento de gestão e planejamento de tribunais, como recentemente destacou o Presidente do Superior Tribunal de Justiça, Ministro João Otávio de Noronha, no Encontro Nacional de Tecnologia, Inovação e Cultura da Advocacia-Geral da União (Enastic AGU)[53].

4. A TECNOLOGIA COMO FERRAMENTA PODEROSA DE APRIMORAMENTO: UMA NOVA ONDA A SERVIÇO DA BUSCA PELA EFETIVIDADE OTIMIZADA

As experiências retratadas no tópico anterior dão uma pequena demonstração de como as ferramentas tecnológicas podem ser uma poderosa aliada na *"luta pelo acesso à Justiça"*[54]. Os resultados auspiciosos confirmam sua aptidão para amplificar os avanços produzidos sob influência das três ondas renovatórias.

---

48. Portaria 25, de 19 de fevereiro de 2019.
49. Disponível em: https://www.cnj.jus.br/programas-e-acoes/processo-judicial-eletronico-pje/sinapses-inteligencia-artificial/. Acesso em: 12 jul. 2020.
50. FERRARI, Isabela; BECKER, Daniel; WOLKART, Erik Navarro. Arbitrum ex machina: panorama, riscos e a necessidade de regulação das decisões informadas por algoritmos. *Revista dos Tribunais*, v. 995, set./2018 (versão eletrônica), p. 3.
51. 'Alice' é um acrônimo para Análise de Licitações e Editais; 'Sofia' é um acrônimo para Sistema de Orientação sobre Fatos e Indícios para o Auditor; e 'Monica' é um acrônimo para Monitoramento Integrado para Controle de Aquisições.
52. Outros Tribunais já investem em ferramentas para análise de prevenção, a exemplo do CNJ, TJRO e Tribunal Regional Federal da 3ª Região, de automação de atividades inerentes ao processo de execução fiscal, a exemplo dos robôs ELIS do TJPE e HORUS do TJDF, de classificação de petições iniciais por assunto, a exemplo da ferramenta TOTH do TJDF (Inteligência artificial na Justiça / Conselho Nacional de Justiça; Coordenação: José Antônio Dias Toffoli; Bráulio Gabriel Gusmão. – Brasília: CNJ, 2019. Disponível em: http://placamae.org/wp-content/uploads/2020/06/cnj-inteligencia-artificial.pdf. Acesso em: 15 jul. 2020.
53. Disponível em: http://www.stj.jus.br/sites/portalp/Paginas/Comunicacao/Noticias/02072020-Presidente-do-STJ-destaca-importancia-da-inteligencia-artificial-na-gestao-e-no-planejamento-da-Justica.aspx. Acesso em: 12 jul. 2020.
54. Expressão utilizada no Relatório de Cappelletti. CAPPELLETTI, Mauro; GARTH, Bryant. Op. cit., p. 8.

AS INOVAÇÕES TECNOLÓGICAS COMO (MAIS UMA) ONDA RENOVATÓRIA DE ACESSO À JUSTIÇA

A tecnologia apresenta uma virtuosa faceta capaz de fornecer (i) soluções que contribuem ao combate a barreiras de natureza financeira (foco da primeira onda) – como parece ter ocorrido, s.m.j., com a plataforma tecnológica de apoio à recuperação judicial do Grupo Oi, que facilitou o acesso ao crédito de credores com menor potencial aquisitivo sediados em outros Estados da Federação –; (ii) soluções que aprimoram a efetividade dos mecanismos de representatividade de interesses fragmentados e coletivos (foco da segunda onda) – como parece ser o caso, s.m.j., da plataforma tecnológica de apoio ao acordo coletivo sobre os planos econômicos, que conferiu capilaridade e agilidade às adesões individuais, assim fomentando uma realização mais efetiva do direito material envolvido no litígio –; (iii) soluções que otimizam o aprimoramento do sistema de processamento de litígios (foco da terceira onda) – a exemplo da implantação da tramitação eletrônica do processo judicial, que tem demonstrado por números uma importante contribuição para realizar concretamente o princípio da duração razoável do processo que é tão caro ao acesso à Justiça.

O amplo espectro de possibilidades também congrega soluções inteligentes que dão novas perspectivas a preocupações presentes em ondas diferentes, o que não chega a ser surpreendente se lembrarmos que o "Projeto de Florença" já identificara décadas atrás que são inter-relacionadas[55] algumas das barreiras que embaraçam o acesso à Justiça.

A tecnologia embarcada nos *Online Dispute Resolution* (ODRs) investe em comunicação à distância entre os interessados, em tempo real ou assíncrono, deles exigindo unicamente a conexão com a internet para acesso à plataforma. Com esse conceito, os ODRs viabilizam uma existência fora da relação espaço-temporal convencional[56], que confere dinamismo e promove a economia de custos investidos no tratamento de conflitos de interesse, além de emergir como meio viável para tratar lesões de menor expressão que antes não acessavam o sistema porque custos de deslocamento físico não justificam sequer o ingresso em Juizados Especiais (pense-se no exemplo de pequenas compras por *e-commerce* ou em *marketplace*, prática cada vez mais incorporada no cotidiano da sociedade contemporânea).

Os ODRs – seja os implementados por iniciativa de empresas que já perceberam a aptidão desses dispositivos para inspirar confiança do cliente através da reputação da marca[57], as plataformas disponibilizadas pelo Estado como serviço gratuito (*consumidor. gov.br* e o Sistema de Mediação Digital do CNJ) ou mesmo os serviços privados ofertados à livre contratação – alargam o acesso à Justiça ao conferir ao interessado mais uma alternativa à sua escolha, sem implicar em renúncia ou prejuízo ao acesso a canais de atendimento franqueados por Procons, Defensorias Públicas e Ministério Público, muito menos ao acesso ao Judiciário. Por outro lado, impulsionam a efetividade do acesso à

---

55. CAPPELLETTI, Mauro; GARTH, Bryant. Op. cit., p. 29.
56. CABRAL, Trícia Navarro Xavier e CURY, Cesar Felipe (Coord.). *Lei de Mediação comentada artigo por artigo*: dedicada à memória da Profª Ada Pellegrini Grinover. 2. ed. Indaiatuba: Foco, 2020, p.247.
57. BECKER, Daniel; FEIGELSON, Bruno. Acesso à Justiça para além de Cappelletti e Garth: a resolução de disputas na era digital e o papel dos métodos online de resolução de conflitos (ODR) na mitigação da crise de justiça no Brasil. In: WOLKART, Erik Navarro et. al. (Coord.). *Direito, processo e tecnologia*. São Paulo: Thomson Reuters Brasil, 2020, p. 211.

Justiça com a relevante colaboração que prestam a bem da desjudicialização e da otimização do funcionamento do sistema judiciário.

Funcionando eficazmente na promoção dos anseios conclamados por Cappelletti, os ODRs merecem ser levados a sério, e inclusive incentivados como política pública, ainda que não sirvam como instrumento adequado para todos os casos[58].

A nova onda de renovação, que ganha ainda mais força com os avanços da inteligência artificial, já foi sentida em escala mundial. Está em andamento um projeto de pesquisa (*Global Access to Justice Project*[59]), que busca empreender, sob a coordenação geral do Professor Bryant Garth, dentre outros, uma contemporânea investigação mundial sobre o acesso à Justiça à semelhança do que fizera o "Projeto de Florença". A estruturação da pesquisa propõe, além da avaliação sobre iniciativas deflagradas sob estímulo das três ondas renovatórias, uma análise do acesso à Justiça também sob outras dimensões: (i) ética nas profissões jurídicas e acesso dos advogados à justiça; (ii) processo de internacionalização da proteção dos direitos humanos e (iii) iniciativas promissoras e novas tecnologias para aprimorar o acesso à Justiça.

A busca pelo aprimoramento do sistema de Justiça, aqui e alhures, decerto não vai e não pode parar.

5. CONCLUSÃO

Como sempre ressaltado pelo Ministro Luiz Fux em suas exposições sobre o futuro do processo e os novos instrumentos, à medida em que o conhecimento humano avançou e a tecnologia evoluiu, os homens deixaram de navegar em mares para navegar na internet. Na quadra atual, a sociedade moderna cada vez mais incorpora em seu cotidiano aparatos tecnológicos colocados a serviço da facilitação de tarefas, do encurtamento de distâncias, da economia de tempo e do ganho de eficiência.

No âmbito do sistema de Justiça, a aplicação de tecnologia abre novos horizontes para a realização do acesso à Justiça. Essa aptidão tanto já foi captada pelos órgãos jurisdicionais que a promoção do acesso à justiça digital figura como um dos cinco eixos prioritários do Conselho Nacional de Justiça (CNJ) na proposta de gestão para o biênio 2020/2022 apresentada pelo Ministro Luiz Fux durante a posse na 318° Sessão Ordinária do Conselho[60].

Esse ensaio procurou pincelar, sem a pretensão de exaurir o tema, alguns exemplos de ferramentas tecnológicas e refletir sobre a aptidão delas para aprimorar o funcionamento do sistema de tratamento e prevenção de conflitos de interesses com incremento da governança, da transparência e da eficiência, como mira o Conselho Nacional de Justiça (CNJ).

---

58. CABRAL, Antonio do Passo. Processo e tecnologia: novas tendências. In: WOLKART, Erik Navarro et. al. (Coord.). *Direito, processo e tecnologia*. São Paulo: Thomson Reuters Brasil, 2020, p. 97.
59. Disponível em: http://globalaccesstojustice.com. Acesso em: 12 jul. 2020.
60. Disponível em: https://www.cnj.jus.br/judiciario-eficiente-inovador-e-transparente-fux-apresenta-eixos-da-gestao-no-cnj/. Acesso em: 23 set. 2020. Para o detalhamento dos 5 eixos da Justiça, conferir https://www.cnj.jus.br/wp-content/uploads/2020/09/5-Eixos-da-Justi%C3%A7a-Ministro-Luiz-Fux-22.09.2020.pdf.

Essa nova onda de renovação do acesso à Justiça ganha maior projeção com o uso da inteligência artificial e dos algoritmos inteligentes, que fornecem um cardápio amplo de possibilidades de aplicação, desde tarefas de processamento de bancos de dados (como acervos normativos e repertórios de jurisprudência), tarefas de identificação de padrões (algoritmo de regressão) e de agrupamento (algoritmo de classificação), até tarefas mais complexas baseadas em técnicas de *machine learning*. O uso de inteligência artificial no sistema jurisdicional inevitavelmente desafiará questionamentos tão sensíveis quanto interessantes[61], mas que desbordam dos fins desse breve ensaio.

Apesar do entusiasmo que inspira, o uso de novas ferramentas tem pela frente o desafio de encontrar o ponto ótimo de utilização da tecnologia. Investir no diálogo participativo que envolva os atores do sistema de Justiça, jurisdicionados e instituições, pode ser um bom caminho para a construção de soluções tecnológicas afinadas com as garantias do devido processo legal que aprimorem o funcionamento do sistema de prevenção e tratamento de conflitos. Em outra perspectiva, a expansão desse uso dos meios tecnológicos há de ser feita de forma una, efetiva e consistente, privilegiando-se uma "homogeneização tecnológica"[62], como bem advertiu o Professor Paulo Henrique dos Santos Lucon, justamente em linha com esse conceito macro de um Juízo 100 % digital e com a criação do Centro de Inteligência do Poder Judiciário como já anunciado pelo Ministro Luiz Fux.

A ressalva, sempre valiosa, é que todo remédio se prescreve na medida certa e se presta para salvar o paciente; jamais pode ser ministrado em excesso a ponto de envene-ná-lo. O sucesso do equilíbrio entre as garantias fundamentais do processo e a utilização das ferramentas tecnológicas será alcançado se respeitada a virtude do meio. Mantendo esse foco, certamente nossa nação conseguirá transformar essa nova onda tecnológica em um tsunami revolucionário do acesso à Justiça. Conseguiremos surfar essa e todas as demais ondas; não nos machucaremos nos corais.

6. REFERÊNCIAS

BECKER, Daniel; FEIGELSON, Bruno. Acesso à Justiça para além de Cappelletti e Garth: a resolução de disputas na era digital e o papel dos métodos online de resolução de conflitos (ODR) na mitigação da crise de justiça no Brasil. In: WOLKART, Erik Navarro et. al. (Coord.). *Direito, processo e tecnologia*. São Paulo: Thomson Reuters Brasil, 2020.

CABRAL, Antonio do Passo. Processo e Tecnologia: novas tendências. In: WOLKART, Erik Navarro et. al. (Coord.). *Direito, processo e tecnologia*. São Paulo: Thomson Reuters Brasil, 2020.

CAPPELLETTI, Mauro; GARTH, Bryant. *Acess to Justice*: The Worldwide Movement to Make Rights Effective. A General Report. Milan: Dott. A. Giuffrè Editore, 1978.

CAPPELLETTI, Mauro; GARTH, Bryant. *Acesso à Justiça*. Trad. Ellen Gracie Northfleet. Porto Alegre: Sergio Antonio Fabris Editor, 1988.

---

61. Para uma abordagem mais profunda sobre o tema, sugerimos a leitura de FERRARI, Isabela et al. *Justiça digital*. São Paulo: Thomson Reuters Brasil, 2020, em especial os capítulos 6, 7 e 8.
62. LUCON, Paulo Henrique dos Santos. Processo, novas tecnologias e pandemia. In: CARVALHOSA, Modesto e KUYVEN, Fernando (Coord.). *Impactos jurídicos e econômicos da Covid-19*. São Paulo: Thomson Reuters Brasil, 2020, p. 328.

CARNEIRO, Paulo Cezar Pinheiro. *Acesso à justiça*: Juizados Especiais Cíveis e Ação Civil Pública: uma nova sistematização da teoria geral do processo. 2. ed. Rio de Janeiro: Forense, 2007.

CURY, Cesar. Um modelo transdisciplinar de solução de conflitos: direito e tecnologia no processo de recuperação judicial *no leading case* OI S/A. In: NUNES, Dierle; LUCON, Paulo Henrique dos Santos; WOLKART, Erik Navarro (Coord.). *Inteligência artificial e direito processual*: os impactos da virada tecnológica no direito processual. Salvador: JusPodivm, 2020.

FALCÃO, Joaquim et. al. *Políticas Públicas do Poder Judiciário*. Uma análise quantitativa e qualitativa do Impacto da implantação do Processo Judicial Eletrônico – PJe na produtividade dos Tribunais. Série Justiça Pesquisa, 2ª ed. 2017. Disponível em: https://www.cnj.jus.br/pesquisas-judiciarias/justica-pesquisa/publicacoes-justica-pesquisa/. Acesso em: 12 jul. 2020.

FERRARI, Isabela et. al. *Justiça digital*. São Paulo: Thomson Reuters Brasil, 2020.

FERRARI, Isabela; BECKER, Daniel; WOLKART, Erik Navarro. Arbitrum ex machina: panorama, riscos e a necessidade de regulação das decisões informadas por algoritmos. *Revista dos Tribunais*, v. 995, setembro/2018 (versão eletrônica).

LUCON, Paulo Henrique dos Santos. Processo, novas tecnologias e pandemia. In: CARVALHOSA, Modesto e KUYVEN, Fernando (Coord.). *Impactos Jurídicos e Econômicos da Covid-19*. São Paulo: Thomson Reuters Brasil, 2020.

MANCUSO, Rodolfo de Camargo. *A resolução dos conflitos e a função judicial no contemporâneo Estado de Direito*. São Paulo: Ed. RT, 2009.

MAZZILLI, Hugro Nigro. *A defesa dos interesses difusos em juízo*: meio ambiente, consumidor e outros interesses difusos e coletivos. 12. ed. São Paulo: Saraiva, 2000.

MENDES, Aluisio Gonçalves de Castro; SILVA, Larissa Clare Pochmann da. Acesso à Justiça: uma Releitura da Obra de Mauro Cappelletti e Bryant Garth, a partir do Brasil, após 40 anos. *Revista Quaestio Iuris*. Rio de Janeiro: UERJ, v. 8, n. 3, 2015, p. 1.827-1.858.

PINHO, Humberto Dalla Bernardina de. STANCATI, Maria M. S. Martins. A ressignificação do princípio do acesso à justiça à luz do art. 3º do Código de Processo Civil de 2015. *Revista de Processo*, v. 254, p. 17-44. São Paulo: Ed. RT, Abr/2016.

SANDERS, Frank. *The Pound Conference:* Perspectives on Justice in the Future. St. Paul: West Pub., 1979.

ACESSO À JUSTIÇA, TECNOLOGIA, E O NOSSO REALISMO ESPERANÇOSO[1] DE CADA DIA

Thaís Amoroso Paschoal

Doutora e Mestre em Direito pela Universidade Federal do Paraná. Professora de Processo Civil e Supervisora do Núcleo de Prática Jurídica da Universidade Positivo. Pesquisadora dos Núcleos de Pesquisa Meios adequados de solução heterônoma de conflitos, dentro e fora do Estado, Direito Processual Civil Comparado, e do CCONS – Centro de Estudos da Constituição, do PPGD-UFPR. Membro integrante do Instituto Brasileiro de Direito Processual e da Processualistas. Advogada.

Sumário: 1. Introdução. 2. A promoção do acesso à justiça, a quarta revolução industrial e os objetivos do desenvolvimento sustentável. 3. Acessibilidade tecnológica e linguística: construindo as estruturas necessárias para a potencialização do acesso à justiça a partir do uso da tecnologia. 4. Conclusão. 5. Referências.

1. INTRODUÇÃO

A indústria 4.0 ou quarta revolução industrial[2] impacta diretamente na forma como vivemos e nos relacionamos. Encurtam-se as distâncias, criam-se novas formas de convivência. A tutela dos direitos, como não poderia deixar de ser, tem muito a ganhar com essa evolução. Há algum tempo a tecnologia tem facilitado a prestação jurisdicional, possibilitando o manejo de novas técnicas desenvolvidas com o uso da inovação. Como exemplos, basta pensar no processo eletrônico, implementado com a Lei 11.419/2006, que operou uma verdadeira revolução na forma de tramitação dos processos, fazendo com que os tribunais do país passassem a utilizar sistemas eletrônicos, numa transição que ainda não está finalizada, e as ODR – *Online dispute resolutions*[3], abrindo espaço para formas virtuais de solução de conflitos. Mais recentemente, a inteligência artificial tem

---

1. A expressão é de Ariano Suassuna, em entrevista a Eric Nepomuceno no Canal Brasil. Disponível em: https://www.youtube.com/watch?time_continue=442&v=42ib2FJMEwQ&feature=emb_logo.
2. "A quarta revolução industrial, no entanto, não diz respeito apenas a sistemas e máquinas inteligentes e conectadas. Seu escopo é muito mais amplo. Ondas de novas descobertas ocorrem simultaneamente em áreas que vão desde o sequenciamento genético até a nanotecnologia, das energias renováveis à computação quântica. O que torna a quarta revolução industrial fundamentalmente diferente das anteriores é a fusão dessas tecnologias e a interação entre os domínios físicos, digitais e biológicos" (SCHWAB, Klaus. *A quarta revolução industrial*. Trad. Daniel Moreira Miranda. São Paulo: Edipro, 2016, p. 16).
3. Sobre o tema: MARQUES, Ricardo Dalmaso. A resolução de disputas online (ODR): do comércio eletrônico ao seu efeito transformador sobre o conceito e a prática do acesso à justiça. *Revista de Direito e as Novas Tecnologias*, v. 5/2019, out-dez/2019; ARBIX, Daniel. Uma introdução à resolução on-line de disputas. In Revista de Direito e as Novas Tecnologias, v. 3/2019, abril-jun/2019; KATSH, Ethan; RIFKIN, Janet. *Online dispute resolution* – resolving conflicts in Cyberspace. John Wiley & Sons, 2001; SUSSKIND, Richard. *Online Courts and the Future of Justice*. Oxford, 2019; SUSSKIND, Richard. *Tomorrow's Lawyers*: An Introduction to Your Future. Oxford, 2017; KATSH, Ethan; RABINOVICH-EINY, Orna. *Digital Justice*: Technology and the Internet of Disputes. Oxford, 2017; OSNA,

orientado formas mais eficientes de trabalho[4], contribuindo, de forma significativa e fundamental, para a prestação jurisdicional.

As vantagens são inúmeras. O uso de ferramentas que utilizem meios e tecnologias de informação e comunicação pode reduzir custos, gerar eficiência técnica, eliminar barreiras e levar a prestação jurisdicional a lugares antes inalcançáveis.

Em outras palavras, ganha-se, para dizer o mínimo, em universalização e eficiência, duas importantes finalidades da Jurisdição[5].

Há, porém, um necessário contraponto: o acesso à justiça, de fato, é facilitado com o uso da tecnologia? Ou a tecnologia pode também criar barreiras antes inimagináveis à garantia do acesso à ordem jurídica justa, com as quais o Poder Judiciário, inevitavelmente, deverá se preocupar?

Se, de um lado, a tecnologia pode contribuir significativamente para a prestação jurisdicional, de outro é preciso incentivar a criação e execução de políticas que garantam a efetividade do uso dos meios tecnológicos para a garantia do efetivo acesso à justiça. Afinal, não se pode conceber o acesso à justiça sem um olhar sobre a acessibilidade linguística, estrutural e tecnológica. A superação dessas barreiras – que já permeava qualquer discussão séria que se pretendesse fazer acerca do acesso à justiça – ganha ainda mais relevância no contexto da quarta revolução industrial. É essa a reflexão que se pretende propor no presente trabalho.

2. A PROMOÇÃO DO ACESSO À JUSTIÇA, A QUARTA REVOLUÇÃO INDUSTRIAL E OS OBJETIVOS DO DESENVOLVIMENTO SUSTENTÁVEL

O acesso à justiça começa fora do Judiciário. Significa dizer que antes de se pensar em ferramentas que permitam uma prestação jurisdicional adequada, efetiva e tempestiva, é essencial que se possibilite aos titulares a compreensão dos seus direitos e os meios necessários para que possam levar adequadamente suas demandas ao Poder Judiciário.

Gustavo. *Acceso a la justicia, cultura y online dispute resolution*. Derecho PUCP, (83), 9-27. https://doi.org/10.18800/derechopucp.201902.001.

4. Estudo realizado pelo Instituto de Pesquisa Econômica Aplicada em 2011 buscou elencar os motivos da ineficiência do primeiro grau na Justiça Estadual brasileira, que, segundo os últimos relatórios do CNJ, é responsável pela maior quantidade de processos e por significativa parte da ineficiência do Judiciário. A pesquisa utilizou a base de dados "Justiça Aberta", organizada pelo Conselho Nacional de Justiça (CNJ), que contém relatórios de produção de serventias judiciais estaduais de primeira instância. "A conclusão mais importante deste estudo", revela o pesquisador do IPEA, "é que parcela significativa da variação do desempenho jurisdicional pode ser explicada pela variação na eficiência técnica, e não pela variação da utilização de insumos produtivos". Segundo se constatou, "o Brasil tem um Judiciário caro, mas que não tem logrado seu objetivo de resolução de conflitos de forma célere, violando cláusula pétrea inscrita no artigo 5o, inciso LXXVIII, do Pacto Fundamental". Consequentemente, "a questão relevante para os formuladores de política é: como melhorar o desempenho do sistema, dados seus custos? Isto é: seria possível melhorar o desempenho sem adicionar recursos?" A conclusão final é de que essa melhora é possível, a partir de adequações na administração judicial, com a mesma quantidade de recursos (CASTRO, Alexandre Samy. *Indicadores básicos e desempenho da Justiça Estadual de primeiro grau no Brasil*. Brasília: Instituto de Pesquisa Econômica e Aplicada, 2011, p. 10-11).

5. Em outro trabalho, já se apontou, como fundamentos da Jurisdição, a universalização, a participação democrática, a isonomia, a eficiência e a efetividade (LUNARDI, Thaís Amoroso Paschoal. *Coletivização da Prova. Técnicas de produção coletiva da prova e seus reflexos na esfera individual* (tese de doutorado). Curitiba: Universidade Federal do Paraná, 2018, passim).

Algo preocupante num país que apresenta significativos índices de vulnerabilidade social[6], que compõem dados que devem nortear a construção de políticas públicas[7].

Em linhas muito gerais, pode-se afirmar que não há acesso à justiça que se implemente sem que as pessoas tenham a consciência de seus direitos e a assistência necessária para a busca de sua proteção. O ponto é relevantíssimo quando se percebe que muitos conflitos potencialmente jurisdicionalizáveis são excluídos do alcance da Jurisdição, em especial quando afetos a grupos sociais vulneráveis[8-9], que desconhecem seus direitos[10] ou que são carentes da informação necessária ao exercício do direito ao acesso, características próprias dos conflitos ínsitos à sociedade moderna[11]. Esses fatores geram o inevitável distanciamento, do Poder Judiciário, de grande parte da população.

---

6. "O Índice de Vulnerabilidade Social (IVS), construído a partir de indicadores do Atlas do Desenvolvimento Humano (ADH) no Brasil, procura dar destaque a diferentes situações indicativas de exclusão e vulnerabilidade social no território brasileiro, numa perspectiva que vai além da identificação da pobreza entendida apenas como insuficiência de recursos monetários [...] o IVS traz dezesseis indicadores estruturados em três dimensões, a saber, infraestrutura urbana, capital humano e renda e trabalho, permitindo um mapeamento singular da exclusão e da vulnerabilidade social para os 5.565 municípios brasileiros (conforme malha municipal do Censo demográfico 2010) e para as Unidades de Desenvolvimento Humano (UDHs) das principais regiões metropolitanas (RMs) do país" (BRASIL. Instituto de Pesquisa Econômica Aplicada. *Atlas da vulnerabilidade social nos municípios brasileiros*. Brasília: IPEA, 2015, p. 12). "A década demonstra uma curva ascendente na redução da vulnerabilidade social e das desigualdades entre territórios, no entanto persistem: as desigualdades regionais, nas escalas das macrorregiões e UFs; as desigualdades intrametropolitanas, evidenciadas pela comparação dos indicadores entre RMs e suas sedes isoladas; e as iniquidades intraurbanas, de análise mais complexa" (COSTA, Marco Aurélio et al. Texto para discussão: *Vulnerabilidade social no Brasil: conceitos, métodos e primeiros resultados para municípios e regiões metropolitanas brasileiras*. Rio de Janeiro: IPEA, 2018, p. 73).
7. "Ele se refere, principalmente, às três dimensões que postulamos como essenciais para a garantia do bem estar da população em geral – infraestrutura urbana, capital humano e renda e trabalho – e cuja qualidade está, em grande medida, sob a responsabilidade do poder público. Por conta disso, a apuração do IVS para municípios, RMs ou qualquer outro recorte político administrativo e o seu rebatimento territorial podem se tornar importantes ferramentas para a produção de políticas públicas, assim como para a avaliação de seus resultados" (COSTA, Marco Aurélio et al. *Texto para discussão*: Vulnerabilidade social no Brasil cit., p. 72).
8. Relatório produzido após visita da Comissão de Direitos Humanos ao Brasil em 2004 apontou algumas deficiências do sistema de Justiça, em especial: "[...] problems with access to justice, its slowness and notorious delays, the fact that there are very few women or people of African descent or indigenous origin in top positions in the judiciary, a tendency towards nepotism and the non-use of competitive examinations to appoint judicial staff [...] Of all these shortcomings, the most serious is without doubt the first, since *a large proportion of the Brazilian population, for reasons of an economic, social or cultural nature or social exclusion, finds its access to judicial services blocked or is discriminated against in the delivery of those services* [...] Delays in the administration of justice are another big problem, which in practice affects the right to judicial services or renders them ineffective. Judgements can take years, which leads to uncertainty in both civil and criminal matters and, often, to impunity" (UNITED NATIONS. *Civil and political rights, including the questions of independence of the judiciary, administration of justice, impunity*. New York: United Nations. 2005, p. 2).
9. Interessante estudo sobre os impactos da prestação jurisdicional na redução da vulnerabilidade foi realizado por Fernanda Dalla Libera Damacena, numa perspectiva do direito dos desastres: DAMACENA, Fernanda Dalla Libera. Limites e possibilidades da prestação jurisdicional na redução da vulnerabilidade. In FARBER, Daniel A.; CARVALHO, Délton Winter de (Org). *Estudos aprofundados em direito dos desastres*. 2 ed. Curitiba, Appris, 2019, p. 487-482.
10. SADEK, Maria Tereza A. Poder Judiciário: Perspectivas de Reforma. *Opinião Pública*, Campinas, v. X, n. 1, pp. 1-62, 2004, p. 11.
11. "A complexidade da sociedade moderna, com intrincado desenvolvimento das relações econômicas, dá lugar a situações nas quais determinadas atividades podem trazer prejuízos aos interesses de um grande número de pessoas, fazendo surgir problemas desconhecidos às lides meramente individuais. Falsas informações divulgadas de uma sociedade por ações podem prejudicar a todos os adquirentes dos títulos acionários; atividade monopolística ou de concorrência desleal por parte de grandes sociedades comerciais pode lesar os interesses de todos os empreendedores concorrentes; um prestador de serviço que não observa uma cláusula de acordo coletivo pode violar o direito de todos os seus dependentes; resíduos poluentes despejados em um rio prejudicam os moradores

Boaventura de Souza Santos chama a atenção para esse ponto:

> Estudos revelam que a distância dos cidadãos em relação à administração da justiça é tanto maior quanto mais baixo é o estrato social a que pertencem e que essa distância tem como causas próximas não apenas factores económicos, mas também factores sociais e culturais, ainda que uns e outros possam estar mais ou menos remotamente relacionados com as desigualdades económicas. Em primeiro lugar, os cidadãos de menores recursos tendem a conhecer pior os seus direitos e, portanto, a ter mais dificuldades em reconhecer um problema que os afecta como sendo problema jurídico. Podem ignorar os direitos em jogo ou ignorar as possibilidades de reparação jurídica. Caplowitz (1963), por exemplo, concluiu que quanto mais baixo é o estrato social do consumidor maior é a probabilidade que desconheça os seus direitos no caso de compra de um produto defeituoso. Em segundo lugar, mesmo reconhecendo o problema como jurídico, como violação de um direito, é necessário que a pessoa se disponha a interpor a acção. Os dados mostram que os indivíduos das classes baixas hesitam muito mais que os outros em recorrer aos tribunais, mesmo quando reconhecem estar perante um problema legal [...] o reconhecimento do problema como problema jurídico e o desejo de recorrer aos tribunais para o resolver não são suficientes para que a iniciativa seja de facto tomada. Quanto mais baixo é o estrato socio-económico do cidadão menos provável é que conheça advogado ou que tenha amigos que conheçam advogados, menos provável é que saiba onde e como e quando pode contactar o advogado e maior é a distância geográfica entre o lugar onde vive ou trabalha e a zona da cidade onde se encontram os escritórios de advocacia e os tribunais"[12].

Daí a importância de se pensar o acesso à justiça sob a perspectiva da universalização. "Universalizar a jurisdição", como lembra Cândido Rangel Dinamarco, "é endereçá-la à maior abrangência factível, reduzindo racionalmente os resíduos não jurisdicionalizáveis"[13]. Isso passa, inevitavelmente, pelo fortalecimento de instituições vocacionadas à defesa dos grupos mais vulneráveis e da efetivação do acesso à justiça, como a Defensoria Pública, o Ministério Público, ou associações sérias que representem os interesses de certas coletividades. E exige, também, que se construa técnicas adequadas para a garantia desses direitos, como, por exemplo, o desenvolvimento de formas coletivas de tutela.

Reconhecidamente um dos maiores estudiosos sobre o tema, Mauro Cappelletti já ressaltava que a garantia do acesso à ordem jurídica justa representa "a principal resposta à crise do direito e da justiça em nossa época"[14]. No seu clássico relatório sobre acesso à justiça, Mauro Cappelletti e Bryant Garth já apresentavam ondas renovatórias que indubitavelmente exigiram uma releitura do próprio processo, para se adequar à tutela dos "novos direitos" (inclusive os transindividuais), pontuando que a expressão "acesso à

---

ribeirinhos e todos aqueles que pretenderiam usar da água não poluída daquele rio; a embalagem defeituosa ou não higiênica de um artigo do largo consumo leva prejuízo a todos os consumidores daquele bem... Os riscos de tais lesões, que afetam simultaneamente numerosas pessoas ou categorias inteiras de pessoas, constituem um fenômeno sempre muito vasto e frequente na sociedade industrial. A pessoa lesada se encontra quase sempre numa situação imprópria para obter a tutela jurisdicional contra o prejuízo advindo individualmente, e pode simplesmente ignorar seus direitos; ou, ainda, suas pretensões individuais podem ser muito limitadas para induzi-la a agir em Juízo, e o risco de incorrer em grandes despesas processuais pode ser desproporcional com respeito ao ressarcimento eventualmente obtível" (CAPPELLETTI, Mauro. Formações sociais e interesses coletivos diante da Justiça Civil. *Revista de Processo*, v. 05, 1977, p. 8, p. 130).

12. SANTOS, Boaventura de Souza. Introdução à sociologia da Administração da Justiça. *Revista Crítica de Ciências Sociais* n. 21, p. 11-44, 1986, p. 20-21.

13. DINAMARCO, Cândido Rangel. *Instituições de Direito Processual Civil*. 3. ed. São Paulo: Malheiros, 2003, p. 113. v. I.

14. CAPELLETTI, Mauro. O acesso à justiça e a função do jurista em nossa época. *Revista de Processo*, v. 61, 1991, p. 144.

justiça" serve para determinar duas finalidades básicas do sistema jurídico[15]. Em primeiro lugar, o sistema jurídico – pelo qual as pessoas podem reivindicar seus direitos e/ou resolver seus litígios sob os auspícios do Estado – deve ser igualmente acessível a todos. Além disso, ele deve produzir resultados que sejam individual e socialmente justos[16].

O "Projeto Florença", como foi chamado, realizou-se na década de 80 e tinha por objetivo, justamente, realizar uma análise das ferramentas do acesso à justiça, com a apresentação de propostas que o tornassem efetivo e a superação dos obstáculos à sua concretização. Atualmente, a pesquisa está sendo refeita mundialmente, em projeto intitulado "Global Access to Justice Project", a partir de premissa relevantíssima, criada pela Comissão das Nações Unidas sobre o Empoderamento Legal dos Pobres (United Nations Commission on Legal Empowerment of the Poor): a de que mais da metade da população mundial se encontra fora da proteção efetiva da lei no que se refere ao acesso à justiça:

> Em números atuais, isso significa que cerca de 3,8 bilhões de pessoas se encontram impedidas de reivindicar seus direitos mais básicos através do sistema de justiça, o que frequentemente resulta na exclusão social e política, ou na marginalização, tanto em aspectos legais quanto cívicos, especialmente dos membros mais pobres e vulneráveis da sociedade[17].

Não por outra razão, a garantia do acesso à justiça para todos integra o Objetivo 16 da Agenda 2030 da ONU para o desenvolvimento sustentável, permeando a agenda do Conselho Nacional de Justiça. Em 2019, com a edição da Portaria 19, o CNJ instituiu o Laboratório de Inovação, Inteligência e Objetivos de Desenvolvimento Sustentável (LIODS), "programa que une o conhecimento institucional, a inovação e a cooperação com o objetivo de se alcançar a paz, a justiça e a eficiência institucional" (art. 2º). O objetivo geral[18], em suma, é promover a gestão processual e administrativa com um olhar sobre a Agenda 2030, da ONU[19].

---

15. CAPPELLETTI, Mauro; GARTH, Bryant. *Access to Justice*, v. I – a World Survey. Access to Justice: The Worldwide Movement to Make Rights Effective – a general report. Milan: Dott. A. Giuffrè Editore, 1978.
16. CAPPELLETTI, Mauro. *Formações sociais e interesses coletivos diante da Justiça Civil* cit., p. 8.
17. Disponível em: http://globalaccesstojustice.com/project-overview/?lang=pt-br. Acesso em: 29 mar. 2020.
18. Art. 3º Compete ao LIODS:

    I – monitorar e promover a gestão judicial processual e administrativa dos dados da Agenda 2030;

    II – elaborar e implementar plano de ação com soluções conjuntas e pacíficas voltadas à melhoria da gestão pública, visando evitar judicialização excessiva, e outras agendas de interesse global;

    IV – dialogar com a Rede de Governança Colaborativa do Poder Judiciário quando necessário para a difusão da Agenda;

    V – mapear os programas e projetos desenvolvidos pelas redes de inovação dentro do Judiciário, ligados à pauta global da Agenda 2030;

    VI – estabelecer conexões entre os Laboratórios de Inovação e os Centros de Inteligência judiciários para o desenvolvimento de projetos conjuntos dentro da Agenda;

    VII – incentivar pesquisas, artigos e estudos sobre os ODS no Poder Judiciário;

    VIII – abrir espaço para a participação cidadã na concepção de projetos inovadores no Poder Judiciário que contribuam para a efetividade da Agenda 2030;

    IX – apoiar os órgãos do CNJ na buscar de soluções para problemas complexos, tomando por base metodologias de inovação e inteligência que considerem a empatia, colaboração interinstitucional e a experimentação.
19. A Agenda 2030 estabelece 17 objetivos para transformar o mundo. São eles: 1. Erradicação da pobreza; 2. Fome zero e agricultura sustentável; 3. Saúde e bem-estar; 4. Educação de qualidade; 5. Igualdade de gênero; 6. Água potável e saneamento; 7. Energia limpa e acessível; 8. Trabalho decente e crescimento econômico; 9. Indústria,

A meta 16.3 da Agenda 2030 propõe, justamente, a promoção do "Estado de Direito, em nível nacional e internacional" da garantia da "igualdade de acesso à justiça para todos". Já as metas 16.6 e 16.7, respectivamente, propõem: "Desenvolver instituições eficazes, responsáveis e transparentes em todos os níveis" e "Garantir a tomada de decisão responsiva, inclusiva, participativa e representativa em todos os níveis".

Num segundo momento, e já com um olhar "porta adentro" do Poder Judiciário, o acesso à justiça depende da prestação de uma tutela jurisdicional adequada e efetiva[20]. Também aí a informação assume especial relevância. Afinal, a parte deve estar devidamente informada dos rumos do seu processo, para tomar todas as decisões necessárias à prestação da tutela. É fundamental, nesse ponto, a ideia de *autonomia* e *acessibilidade*, inclusive linguística, além da adequação da estrutura do Judiciário para a realização de audiências e a prática de outros atos que envolvam coletividades, fatores fundamentais para a garantia do pleno acesso. Quando não atendidos, esses fatores revelam o sistema de justiça como espaço onde a fragilização democrática se destaca, evidenciando a dificuldade do Poder Judiciário em lidar com a pluralidade. Para Olívia Alves Gomes Pessoa,

> O acesso à justiça surge como demanda da sociedade moderna em busca de um Judiciário que receba os conflitos e os tratem de forma digna. Existe inicialmente a procura por uma resolução instrumental das ações pela justiça, mas, em um segundo momento, a busca pelo judiciário vai além da procura pelas portas da justiça, a procura passa a ser também por um acesso digno e humanizado[21].

É esse cenário que, há algum tempo, passa a ser permeado pelo uso dos meios tecnológicos. Permite-se, assim, o alcance da universalização e a eficiência técnica necessários à concretização dos fins da Jurisdição, voltados à prestação de uma tutela jurisdicional efetiva[22], que seja adequada às necessidades do direito material[23], concre-

---

inovação e infraestrutura; 10. Redução das desigualdades; 11. Cidades e comunidades sustentáveis; 12. Consumo e produção responsáveis; 13. Ação contra a mudança global do clima; 14. Vida na água; 15. Vida terrestre; 16. Paz, justiça e instituições eficazes; 17. Parcerias e meios de implementação. A garantia do acesso à justiça para todos integra o ODS 16: "Promover sociedades pacíficas e inclusivas para o desenvolvimento sustentável, proporcionar o acesso à justiça para todos e construir instituições eficazes, responsáveis e inclusivas em todos os níveis". A Meta 9 do Poder Judiciário, aprovada no XIII Encontro Nacional do Poder Judiciário, nos dias 25 e 26 de novembro de 2019, tem como objetivo integrar a Agenda 2030 ao Poder Judiciário. Para isso, "o tribunal deve realizar ações de prevenção ou desjudicialização de litígios voltadas aos objetivos de desenvolvimento sustentável (ODS), da Agenda 2030. A Meta foi adotada pelo STJ, Justiça Estadual, Justiça Federal, Justiça do Trabalho e Justiça Militar da União e dos Estados" (Disponível em: https://www.cnj.jus.br/programas-e-acoes/agenda-2030/meta-9-do-poder-judiciario/. Acesso em: 11 jul. 2020).

20. Em interessante trabalho no qual analisa os principais fatores que contribuem para o elevado custo e o atraso na prestação jurisdicional mesmo após a *Civil Justice Review* de 1988, além de delinear uma estratégia para buscar a melhora desse quadro, Zuckerman lembra, com razão, que a potencialização do acesso à Justiça estimulará o litígio, impondo a necessidade de criação de formas justas e não discriminatórias de desincentivo às demandas (ZUCKERMAN, A.A.S. A Reform of Civil Procedure – Rationing Procedure rather than Access to Justice. *Journal of Law and Society* v. 22, n. 2, June 1995, p. 158).

21. PESSOA, Olívia Alves Gomes. *Audiências no juizado especial cível no Distrito Federal: quem fala com quem?* (Dissertação de mestrado). Brasília, UnB, 2017, p. 13.

22. Sob o ponto de vista da tutela dos direitos, o exercício da Jurisdição será legítimo quando respeitar o direito à adequada participação, garantir o uso da técnica adequada à tutela do direito material e resultar em uma decisão que respeite os direitos fundamentais (MARINONI, Luiz Guilherme; ARENHART, Sérgio Cruz; MITIDIERO, Daniel. *Curso de Processo Civil*: teoria do processo civil. 2. ed. São Paulo: Ed. RT, 2017, v. 1, p. 521).

23. MARINONI, Luiz Guilherme; ARENHART, Sérgio Cruz; MITIDIERO, Daniel. *Curso de Processo Civil*: teoria do processo civil, v. 1, p. 124.

tizando os valores públicos[24] garantidos na Constituição Federal, dentre eles a isonomia e a participação democrática.

Contudo, se, de um lado, a tecnologia pode reduzir muitas das barreiras ao efetivo acesso à justiça, de outro a exclusão digital pode ampliá-las e manter um distanciamento ainda maior de determinados grupos da tutela de seus direitos. É imprescindível, assim, que se analise os impactos da tecnologia no acesso à justiça, a partir das ferramentas que têm sido criadas pelos Tribunais do país. Bem vistas as coisas, é possível que muitas dessas ferramentas, ao contrário de facilitar o acesso, acabem por contribuir para a construção de um Judiciário excludente.

3. ACESSIBILIDADE TECNOLÓGICA E LINGUÍSTICA: CONSTRUINDO AS ESTRUTURAS NECESSÁRIAS PARA A POTENCIALIZAÇÃO DO ACESSO À JUSTIÇA A PARTIR DO USO DA TECNOLOGIA

A promoção do acesso à justiça passa, inevitavelmente, pela superação de barreiras linguísticas, tecnológicas e estruturais. É preciso repensar os espaços, permitindo a adequada participação democrática, para o que, muitas vezes, a própria estrutura física do Poder Judiciário é prejudicial. É necessário, também, que se crie ferramentas voltadas à superação das barreiras linguísticas, bem como que se garanta a devida assistência jurídica a todos aqueles que dela necessitem. A medida exige, como já se disse, o fortalecimento de órgãos vocacionados à defesa de direitos de pessoas e grupos em situação de vulnerabilidade, como a Defensoria Pública[25].

Essas medidas devem ser ainda mais desenvolvidas quando se agrega à prestação jurisdicional um novo elemento: o uso da tecnologia. A quarta revolução industrial exige que se pense o acesso à justiça a partir de questões estruturais.

A primeira e inevitável medida necessária não depende, infelizmente, apenas do Poder Judiciário. Quando se trata de inclusão digital, adentra-se em questões de política pública que inevitavelmente devem integrar a agenda de todos os Poderes. A redução das barreiras digitais não é um fator que toca apenas à facilitação do acesso à justiça. Para muito além disso, ela possibilita uma melhor condição de vida e a integração, inclusive

---

24. Owen Fiss conceitua Jurisdição (*adjudication*) como "the process by which the values embodied in an authoritative legal text, such as the Constitution, are given concrete meaning and expression" (FISS, Owen. *The Social and Political Foundations of Adjudication*. In Law and Human Behavior, v. 6, n. 2, 1982, p. 121). Ao posicionar a concretização de valores públicos como centro da Jurisdição, Owen Fiss possibilita uma virada de paradigma que tem como resultado a adaptação das técnicas processuais ao alcance dessa finalidade (FISS, Owen. The forms of Justice. *Harvard Law Review*, v. 93, 1979, p. 2).

25. O defensor público e professor Franklyn Roger Alves Silva faz importante ponderação, em artigo em que analisa, de forma muito adequada, a relação entre tecnologia e acesso à justiça. Sem deixar de apresentar os benefícios que podem advir do uso da tecnologia, mas ponderando os riscos ao acesso caso determinados obstáculos não sejam superados, afirma: "Dentre as inúmeras hipóteses de vulnerabilidade tuteladas pela Defensoria Pública, medidas tendentes ao uso da inteligência artificial podem estimular o surgimento de vulneráveis digitais, pessoas que deixam de buscar a tutela de seus direitos por não terem a compreensão e aptidão necessárias ao manuseio de novas tecnologias. Cabe à Defensoria Pública trazer essas tecnologias para o seu cotidiano como forma de tornar sua atividade mais eficiente e menos onerosa, mas sempre oferecendo seu atendimento presencial àqueles que não se sintam aptos a manusearem instrumentos digitais" (SILVA, Franklyn Roger Alves. Tecnologia da informação como recurso ou obstáculo ao acesso à Justiça. *Revista Consultor Jurídico*, 7 de maio de 2019. Disponível em: https://www.conjur.com.br/2019-mai-07/tribuna-defensoria-tecnologia-informacao-recurso-ou-barreira-acesso-justica).

política, da população[26], exigindo uma releitura de temas fundantes, como a própria democracia e os processos de tomada de decisão.

Qualquer evolução tecnológica para o acesso à justiça deve passar pela inclusão digital, garantindo-se, de fato, que esse acesso será *universal*. Pesquisa divulgada pelo IBGE no 1º semestre de 2020 demonstra que "em 2017, a Internet era utilizada em 74,9% dos domicílios do País e este percentual subiu para 79,1%, em 2018"[27]. Analisando os resultados por regiões, tem-se que:

> Em 2018, nas Grandes Regiões, o percentual de domicílios em que havia utilização da Internet continuou mais baixo nas Regiões Nordeste (69,1%) e Norte (72,1%), que ficaram distanciados dos demais, enquanto o da Região Sudeste (84,8%) permaneceu como o mais elevado. Em área urbana, os resultados das Regiões Sudeste (86,5%) e Centro-Oeste (86,4%) ficaram praticamente iguais, e o da Região Nordeste (77,2%) manteve-se como o menor e mais distanciado dos demais. Já em área rural, o menor foi o da Região Norte (33,1%) e o maior, da Região Sul (61,4%) [...] Em 2018, nas Unidades da Federação, o percentual de domicílios em que havia utilização da Internet foi menor nos domicílios do Maranhão e Piauí, ambos com 61,4%, e consideravelmente distante do seguinte, que foi o do Acre (66,8%). No outro extremo, ficou o resultado do Distrito Federal (94,1%), com diferença expressiva em relação ao segundo mais elevado, que foi o de São Paulo (87,1%)[28].

Quanto aos motivos para a falta de acesso, a pesquisa concluiu:

> [...] falta de interesse em acessar a Internet (34,7%), serviço de acesso à Internet era caro (25,4%) e nenhum morador sabia usar a Internet (24,3%). O motivo de o serviço de acesso à Internet não estar disponível na área do domicílio abrangeu 7,5% das residências em que não havia utilização da Internet e o motivo de o equipamento eletrônico para acessar a Internet ser caro, 4,7%[29].

Já quanto aos equipamentos utilizados para o acesso, a maioria das respostas apontou o uso de celulares. O microcomputador ocupou menos da metade dos domicílios:

> No País, em 2018, em 99,2% dos domicílios em que havia utilização da Internet, o telefone móvel celular era utilizado para este fim. Em 2017, este percentual estava em 98,7%. A utilização do telefone móvel celular foi muito elevada, tanto em área urbana como rural. Em 2018, o percentual de domicílios com Internet em que o telefone móvel celular era utilizado para acessá-la alcançou 99,4%, em área rural, e 99,2%, em área urbana [...] No período de 2016 a 2018, o uso do microcomputador para acessar a Internet no domicílio mostrou nítida tendência de declínio. No País, em 2018, o microcomputador era usado para acessar a Internet em 48,1% dos domicílios em que havia utilização desta rede. Em 2017, este percentual estava em 52,4%. Também, o percentual dos domicílios em que o microcomputador era o único meio utilizado para acessar a Internet, que já era muito reduzido de 2017 (0,9%), caiu para 0,5%, em 2018. Nos domicílios em que havia utilização da Internet, o percentual daqueles em o

---

26. Já na introdução de suas "21 lições para o século 21", Yuval Noah Harari chama a atenção para esse ponto: "Embora a tecnologia encerre muitas e maravilhosas promessas, minha intenção é destacar principalmente as ameaças e os perigos que ela traz consigo. Já que as corporações e os empreendedores que lideram a revolução tecnológica tendem, naturalmente, a entoar loas a suas criações, cabe a sociólogos, filósofos e historiadores como eu fazer soar o alarme e explicar o que pode dar errado" (HARARI, Yuval Noah. *21 lições para o século 21*. São Paulo: Companhia das Letras, 2018, p. 15).

27. BRASIL. Instituto Brasileiro de Geografia e Estatística. *Pesquisa nacional por amostra de domicílios contínua* – PNAD contínua. Acesso à internet e à televisão e posse de telefone móvel celular para uso pessoal. Brasília: IBGE, 2018, p. 36. Disponível em: https://www.ibge.gov.br/estatisticas/sociais/populacao/17270-pnad-continua.html?edicao=27138&t=resultados. Acesso em: 01 ago. 2020.

28. BRASIL. Instituto Brasileiro de Geografia e Estatística. *Pesquisa nacional por amostra de domicílios* cit..., p. 37.

29. BRASIL. Instituto Brasileiro de Geografia e Estatística. *Pesquisa nacional por amostra de domicílios* cit..., p. 39.

microcomputador era usado para acessá-la da área urbana manteve-se muito superior ao da área rural e, em ambas as áreas, houve declínio expressivo de 2017 para 2018. Em área urbana, esse percentual caiu de 54,5% para 50,5% e, em rural, de 26,1% para 22,5%. O mesmo sentido de queda foi observado em todas as Grandes Regiões em área urbana e em área rural[30].

A pesquisa também traz dados relevantes relativos à idade:

Em 2018, o percentual de pessoas que utilizaram a Internet, no período de referência dos últimos três meses, foi de 75,0%, no grupo etário de 10 a 13 anos, cresceu sucessivamente nos seguintes e alcançou o máximo no de 20 a 24 anos (91,0%), passando depois a declinar até atingir 38,7%, no de 60 anos ou mais[31].

Os dados são relevantíssimos. Embora haja um aumento no número de domicílios com acesso à internet, cerca de 25% dos brasileiros ainda não têm esse acesso. Para aqueles domicílios em que há o acesso, a grande maioria o faz por meio de telefones celulares, que apresentam, como se sabe, várias limitações para o acesso a sites e, em especial, para as plataformas de acesso ao processo eletrônico.

Pode-se afirmar, diante deste quadro, que está comprometido o primeiro fator. Sem acessibilidade tecnológica não há acesso à justiça efetivo.

Além disso, e ainda que a inclusão digital seja uma realidade (e espera-se, de fato, que estejamos caminhando para isso), de nada vale a acessibilidade tecnológica sem acessibilidade linguística e estrutural. Isso resulta na conclusão de que não basta garantir que a população tenha acesso à internet. Esse acesso de nada valerá se não se der a essas pessoas os meios e as condições para, de fato, *acessar a justiça*. Algo que mesmo fora dos meios tecnológicos, não ocorre de forma adequada, como já se viu no item anterior. Basta observar que a Defensoria Pública – órgão vocacionado à "orientação jurídica, a promoção dos direitos humanos e a defesa, em todos os graus, judicial e extrajudicial, dos direitos individuais e coletivos, de forma integral e gratuita, aos necessitados" (art. 134 da Constituição Federal) está presente em apenas 28% das Comarcas do país, conforme dados apresentados pelo IPEA e pela ANADEP[32]. O dado é relevante, na medida em que não há qualquer possibilidade de se falar em acesso à justiça sem o fortalecimento da Defensoria Pública.

Como lembra Olívia Alves Gomes Pessoa,

Para que se alcance este nível de discussão, é essencial que as pessoas compreendam a linguagem que está sendo dita. Para adentrarmos no diálogo é fundamental a palavra. Além disso, Freire nos alerta que não há diálogo, se não há humildade. A pronúncia no mundo não pode ser um ato arrogante (FREIRE,1970, p.79). Diante destas questões, as interações dentro do campo jurídico e a forma como este se relaciona com as pessoas que não pertencem ao universo são fundamentais à compreensão do diálogo que é construído dentro desse espaço, bem como seus obstáculos[33].

---

30. BRASIL. Instituto Brasileiro de Geografia e Estatística. *Pesquisa nacional por amostra de domicílios* cit..., p. 42-43.
31. BRASIL. Instituto Brasileiro de Geografia e Estatística. *Pesquisa nacional por amostra de domicílios* cit..., p. 65.
32. MOURA, Tatiana Whately de; CUSTÓDIO, Rosier Batista; SILVA, Fábio de Sá e Castro, André Luis Machado de. *Mapa da Defensoria Pública no Brasil*. Brasília, Edição dos Autores, 2013, p. 33. Disponível em: https://www.ipea. gov.br/sites/images/downloads/mapa_defensoria_publica_no_brasil_19_03_paginas_separadas.pdf
33. PESSOA, Olívia Alves Gomes. *Audiências no juizado especial cível no Distrito Federal*: quem fala com quem? cit., p. 33.

Há, portanto, muito o que caminhar. A evolução tecnológica é uma realidade, e deve ser cada vez mais incentivada para a melhoria da prestação jurisdicional. Como alerta Klaus Schwab,

> A realidade da ruptura e da inevitabilidade do impacto que ela terá sobre nós não significa que somos impotentes perante ela. Faz parte de nossa responsabilidade garantir que estabeleçamos um conjunto de valores comuns que norteiem escolhas políticas, bem como realizar as alterações que vão fazer que a quarta revolução industrial seja uma oportunidade para todos[34].

Os benefícios do uso dos meios da tecnologia da comunicação e informação não podem devem caminhar lado a lado com uma imprescindível preocupação com a garantia efetiva de acessibilidade linguística, estrutural e, é claro, tecnológica. Como na antiga expressão popular, *devagar com o andor que o santo é de barro*.

4. CONCLUSÃO

A concretização dos fins do acesso à justiça depende de mecanismos que viabilizem o alcance de todos os conflitos cuja solução dependa da atuação do Poder Judiciário. O acesso à justiça começa na construção de ferramentas que permitam o conhecimento dos direitos e dos caminhos para sua proteção. Deve ser, desse modo, informado, possibilitando o adequado conhecimento, pelo titular do direito, de todas as possibilidades para sua tutela, ofertando-lhe, assim, uma escolha consciente quanto ao uso dos instrumentos colocados à sua disposição para essa tutela.

Em tempos de indústria 4.0, é fundamental que se compreenda os impactos da tecnologia no acesso à justiça, oferecendo critérios para se repensar a prestação jurisdicional na quarta revolução industrial e medindo-se os seus impactos na concretização do acesso à justiça.

Não obstante o uso dos meios e tecnologias da informação e comunicação possam contribuir para a universalização do acesso à justiça e para a eficiência da prestação jurisdicional, é fundamental que se pondere as medidas estruturais necessárias para garantir a inclusão digital e a acessibilidade linguística.

5. REFERÊNCIAS

ARBIX, Daniel. Uma introdução à resolução on-line de disputas. *Revista de Direito e as Novas Tecnologias*, v. 3/2019, abril-jun/2019.

BRASIL. Instituto Brasileiro de Geografia e Estatística. *Pesquisa nacional por amostra de domicílios contínua – PNAD contínua. Acesso à internet e à televisão e posse de telefone móvel celular para uso pessoal.* Brasília: IBGE, 2018, p. 36. Disponível em: https://www.ibge.gov.br/estatisticas/sociais/populacao/17270-pnad-continua.html?edicao=27138&t=resultados. Acesso em: 01 ago. 2020.

BRASIL. Instituto de Pesquisa Econômica Aplicada. *Atlas da vulnerabilidade social nos municípios brasileiros.* Brasília: IPEA, 2015.

---

34. SCHWAB, Klaus. *A quarta revolução industrial* cit., p. 22.

CAPELLETTI, Mauro. O acesso à justiça e a função do jurista em nossa época. *Revista de Processo*, v. 61, 1991.

CAPPELLETTI, Mauro. Formações sociais e interesses coletivos diante da Justiça Civil. *Revista de Processo*, v. 05, 1977.

CAPPELLETTI, Mauro; GARTH, Bryant. *Access to Justice*, v. I – a World Survey. Access to Justice: The Worldwide Movement to Make Rights Effective – a general report. Milan: Dott. A. Giuffrè Editore, 1978.

CASTRO, Alexandre Samy. *Indicadores básicos e desempenho da Justiça Estadual de primeiro grau no Brasil*. Brasília: Instituto de Pesquisa Econômica e Aplicada, 2011.

COSTA, Marco Aurélio et al. *Texto para discussão*: Vulnerabilidade social no Brasil: conceitos, métodos e primeiros resultados para municípios e regiões metropolitanas brasileiras. Rio de Janeiro: IPEA, 2018.

DAMACENA, Fernanda Dalla Libera. Limites e possibilidades da prestação jurisdicional na redução da vulnerabilidade. In: FARBER, Daniel A.; CARVALHO, Délton Winter de (Org.). *Estudos aprofundados em direito dos desastres*. 2 ed. Curitiba: Appris, 2019.

DINAMARCO, Cândido Rangel. *Instituições de Direito Processual Civil*. 3. ed. São Paulo: Malheiros, 2003. v. I.

FISS, Owen. The Social and Political Foundations of Adjudication. *Law and Human Behavior*, v. 6, n. 2, 1982.

FISS, Owen. The forms of Justice. *Harvard Law Review*, v. 93, 1979.

HARARI, Yuval Noah. *21 lições para o século 21*. São Paulo: Companhia das Letras, 2018.

KATSH, Ethan; RABINOVICH-EINY, Orna. *Digital Justice*: Technology and the Internet of Disputes. Oxford, 2017.

KATSH, Ethan; RIFKIN, Janet. Online dispute resolution – resolving conflicts in Cyberspace. *John Wiley & Sons*, 2001.

LUNARDI, Thaís Amoroso Paschoal. *Coletivização da Prova. Técnicas de produção coletiva da prova e seus reflexos na esfera individual* (tese de doutorado). Curitiba: Universidade Federal do Paraná, 2018.

MARQUES, Ricardo Dalmaso. A resolução de disputas online (ODR): do comércio eletrônico ao seu efeito transformador sobre o conceito e a prática do acesso à justiça. *Revista de Direito e as Novas Tecnologias*, v. 5/2019, out-dez/2019.

MARINONI, Luiz Guilherme; ARENHART, Sérgio Cruz; MITIDIERO, Daniel. *Curso de Processo Civil* :teoria do processo civil. 2. ed. São Paulo: Ed. RT, 2017. v. I.

MOURA, Tatiana Whately de; CUSTÓDIO, Rosier Batista; SILVA, Fábio de Sá e Castro, André Luis Machado de. *Mapa da Defensoria Pública no Brasil*. Brasília, Edição dos Autores, 2013, p. 33. Disponível em: https://www.ipea.gov.br/sites/images/downloads/mapa_defensoria_publica_no_brasil_19_03_paginas_separadas.pdf.

OSNA, Gustavo. *Acceso a la justicia, cultura y online dispute resolution*. Derecho PUCP, (83), 9-27. https://doi.org/10.18800/derechopucp.201902.001.

PESSOA, Olívia Alves Gomes. *Audiências no juizado especial cível no Distrito Federal: quem fala com quem?* (Dissertação de mestrado). Brasília, UnB, 2017.

SADEK, Maria Tereza A. Poder Judiciário: perspectivas de reforma. *Opinião Pública*. Campinas, v. X, n. 1, p. 1-62, 2004.

SANTOS, Boaventura de Souza. Introdução à sociologia da Administração da Justiça. *Revista Crítica de Ciências Sociais* n. 21, pp. 11-44, 1986

SCHWAB, Klaus. *A quarta revolução industrial*. Trad. Daniel Moreira Miranda. São Paulo: Edipro, 2016.

SILVA, Franklyn Roger Alves. Tecnologia da informação como recurso ou obstáculo ao acesso à Justiça. *Revista Consultor Jurídico*, 7 de maio de 2019. Disponível em: https://www.conjur.com.br/2019-mai-07/tribuna-defensoria-tecnologia-informacao-recurso-ou-barreira-acesso-justica.

SUSSKIND, Richard. *Online Courts and the Future of Justice*. Oxford, 2019.

SUSSKIND, Richard. *Tomorrow's Lawyers*: An Introduction to Your Future. Oxford, 2017.

UNITED NATIONS. *Civil and political rights, including the questions of independence of the judiciary, administration of justice, impunity*. New York: United Nations. 2005.

ZUCKERMAN, A.A.S. A Reform of Civil Procedure - Rationing Procedure rather than Access to Justice. *Journal of Law and Society* v. 22, n. 2, June 1995

INOVAÇÕES NORMATIVAS EM MATÉRIA DE VIDEOCONFERÊNCIAS

Mário Augusto Figueiredo de Lacerda Guerreiro

Mestre em ciências jurídico-políticas pela Universidade de Coimbra. Membro dos grupos de trabalho instituídos pelo CNJ para a elaboração de estudos e propostas de políticas judiciárias sobre eficiência judicial e segurança pública, otimização do julgamento das ações judiciais relacionadas a crimes dolosos contra a vida pelo tribunal do júri e realização de videoconferências no âmbito da justiça criminal. Conselheiro do Conselho Nacional de Justiça e juiz de direito do TJRS.

A marcha inexorável da evolução tecnológica impõe ao Poder Judiciário, para o adequado cumprimento de sua missão institucional, a constante incorporação da informatização e de novas tecnologias nas suas rotinas.

Surpreendido o Judiciário brasileiro, assim como os demais Poderes, pela recente pandemia global de Covid-19, evidenciou-se ainda mais premente a necessidade de incorporação de novas tecnologias para a compatibilização da continuidade da prestação jurisdicional, como serviço essencial que é, com a observância das normas sanitárias voltadas à prevenção do contágio pela Covid-19, em especial a recomendação que preconiza o distanciamento social[1].

A prática de atos por sistema de videoconferência, nesse cenário, revelou-se instrumento de especial importância e eficácia para a continuidade do serviço judicial, exigindo, no entanto, a edição de atos normativos para a regulamentação da expansão de sua utilização, com vista ao adequado resguardo dos direitos e garantias de todos os atores processuais.

Embora a realização de atos por meio eletrônico não seja propriamente uma novidade no sistema processual pátrio, havendo recebido considerável impulso com a entrada em vigor da Lei 11.419, de 19 de dezembro de 2006, que dispôs sobre a informatização do processo judicial, a utilização de videoconferência para a prática de atos processuais ainda se apresenta bastante tímida e a sua normatização insuficiente para viabilizar a necessária segurança para sua aplicação para além das hipóteses explicitamente elencadas em lei.

Vejamos.

Na seara penal, a adoção da videoconferência passou a contar com expressa previsão partir da publicação das Leis 11.690, de 9 de junho de 2008, e 11.900, de 8 de janeiro de

---

1. No mesmo sentido: ALMEIDA, Marcelo Pereira de; PINTO, Adriano Moura da Fonseca. Os impactos da pandemia de Covid-19 no Sistema de Justiça – algumas reflexões e hipóteses. *Revista Juris Poiesis*. Rio de Janeiro: v. 23, n. 31, 2020, p. 10-11.

2009[2], que, alterando dispositivos do Código de Processo Penal, estabeleceram, respectivamente, a possibilidade de inquirição de vítimas e de testemunhas por videoconferência em caso de verificação da possibilidade da presença do réu causar-lhes humilhação, temor, ou sério constrangimento, de modo a prejudicar a verdade do depoimento (art. 217 do CPP[3]), de testemunhas que morem fora da jurisdição do magistrado que preside a instrução (art. 222, § 3°, do CPP[4]) e, apenas de forma excepcional, a realização de interrogatório de réu preso por sistema de videoconferência, bem como a sua participação em acareação, reconhecimento de pessoas e coisas e inquirição de testemunha ou tomada de declarações do ofendido (art. 185 do CPP[5]).

---

2. "A Convenção de Palermo e a Convenção de Mérida, vigentes no Brasil por força do Dec. 5.015/2004 e Dec. 5.687/2006, respectivamente, assim como o Estatuto de Roma do Tribunal Pleno Internacional, preveem o uso da videoconferência e são posteriores ao Pacto de San José da Costa Rica (Dec. 678/1992)." GOMES, Rodrigo Carneiro. A Lei 11.900/2009 e a adoção da videoconferência no Brasil. *Doutrinas essenciais de processo penal*. São Paulo: Ed. RT, v. III, Capítulo 1, n. 68, 2012.

Art. 217. Se o juiz verificar que a presença do réu poderá causar humilhação, temor, ou sério constrangimento à testemunha ou ao ofendido, de modo que prejudique a verdade do depoimento, fará a inquirição por videoconferência e, somente na impossibilidade dessa forma, determinará a retirada do réu, prosseguindo na inquirição, com a presença do seu defensor. (Redação dada pela Lei 11.690, de 2008)

Parágrafo único. A adoção de qualquer das medidas previstas no *caput* deste artigo deverá constar do termo, assim como os motivos que a determinaram.

4. Art. 222. A testemunha que morar fora da jurisdição do juiz será inquirida pelo juiz do lugar de sua residência, expedindo-se, para esse fim, carta precatória, com prazo razoável, intimadas as partes.

(...)

§ 3° Na hipótese prevista no *caput* deste artigo, a oitiva de testemunha poderá ser realizada por meio de videoconferência ou outro recurso tecnológico de transmissão de sons e imagens em tempo real, permitida a presença do defensor e podendo ser realizada, inclusive, durante a realização da audiência de instrução e julgamento (Incluído pela Lei 11.900, de 2009).

5. Art. 185. O acusado que comparecer perante a autoridade judiciária, no curso do processo penal, será qualificado e interrogado na presença de seu defensor, constituído ou nomeado (Redação dada pela Lei 10.792, de 1°.12.2003).

§ 1° O interrogatório do réu preso será realizado, em sala própria, no estabelecimento em que estiver recolhido, desde que estejam garantidas a segurança do juiz, do membro do Ministério Público e dos auxiliares bem como a presença do defensor e a publicidade do ato (Redação dada pela Lei 11.900, de 2009).

§ 2° Excepcionalmente, o juiz, por decisão fundamentada, de ofício ou a requerimento das partes, poderá realizar o interrogatório do réu preso por sistema de videoconferência ou outro recurso tecnológico de transmissão de sons e imagens em tempo real, desde que a medida seja necessária para atender a uma das seguintes finalidades (Redação dada pela Lei 11.900, de 2009):

I – prevenir risco à segurança pública, quando exista fundada suspeita de que o preso integre organização criminosa ou de que, por outra razão, possa fugir durante o deslocamento; (Incluído pela Lei 11.900, de 2009)

II – viabilizar a participação do réu no referido ato processual, quando haja relevante dificuldade para seu comparecimento em juízo, por enfermidade ou outra circunstância pessoal; (Incluído pela Lei 11.900, de 2009).

III – impedir a influência do réu no ânimo de testemunha ou da vítima, desde que não seja possível colher o depoimento destas por videoconferência, nos termos do art. 217 deste Código; (Incluído pela Lei 11.900, de 2009)

IV – responder à gravíssima questão de ordem pública. (Incluído pela Lei 11.900, de 2009)

§ 3° Da decisão que determinar a realização de interrogatório por videoconferência, as partes serão intimadas com 10 (dez) dias de antecedência (Incluído pela Lei 11.900, de 2009).

§ 4° Antes do interrogatório por videoconferência, o preso poderá acompanhar, pelo mesmo sistema tecnológico, a realização de todos os atos da audiência única de instrução e julgamento de que tratam os arts. 400, 411 e 531 deste Código (Incluído pela Lei 11.900, de 2009).

§ 5° Em qualquer modalidade de interrogatório, o juiz garantirá ao réu o direito de entrevista prévia e reservada com o seu defensor; se realizado por videoconferência, fica também garantido o acesso a canais telefônicos reservados para comunicação entre o defensor que esteja no presídio e o advogado presente na sala de audiência do Fórum, e entre este e o preso (Incluído pela Lei 11.900, de 2009).

Em 6 de abril de 2010, o Conselho Nacional de Justiça (CNJ), sensível à necessidade de viabilizar e uniformizar a documentação de prova oral por meio de sistema audiovisual e a utilização da ferramenta de videoconferência, em cumprimento às suas atribuições constitucionais, editou a Resolução 105[6], regulamentando o seu uso nas hipóteses expressamente previstas em lei e comprometendo-se a desenvolver e disponibilizar a todos os tribunais sistemas eletrônicos de gravação dos depoimentos, dos interrogatórios e das inquirições de testemunhas por videoconferência.

Especificamente no âmbito processual civil, com a publicação da Lei 13.105, de 16 de março de 2015 (Código de Processo Civil), passou a ser prevista, de forma expressa, a admissão da prática de atos processuais por meio de videoconferência (art. 236, §3[07]), sendo especialmente destacada a faculdade da coleta, por essa forma, de depoimento pessoal de parte e de inquirição de testemunhas que residam fora da circunscrição territorial do juízo onde tramita o processo (arts. 385, § 3[08], e 453, § 1[09]), de realização de acareações (art. 461, § 2[010]) e de sustentação oral por advogado com domicílio profissional em cidade diversa da que sediado o tribunal[11].

Na mesma senda, o Supremo Tribunal Federal, através da Emenda Regimental 53, de 18 de março de 2020[12], incluiu § 5° nos artigos 131 e 132 de seu regimento interno,

---

§ 6° A sala reservada no estabelecimento prisional para a realização de atos processuais por sistema de videoconferência será fiscalizada pelos corregedores e pelo juiz de cada causa, como também pelo Ministério Público e pela Ordem dos Advogados do Brasil (Incluído pela Lei 11.900, de 2009).

§ 7° Será requisitada a apresentação do réu preso em juízo nas hipóteses em que o interrogatório não se realizar na forma prevista nos §§ 1° e 2° deste artigo (Incluído pela Lei 11.900, de 2009).

§ 8° Aplica-se o disposto nos §§ 2°, 3°, 4° e 5° deste artigo, no que couber, à realização de outros atos processuais que dependam da participação de pessoa que esteja presa, como acareação, reconhecimento de pessoas e coisas, e inquirição de testemunha ou tomada de declarações do ofendido (Incluído pela Lei 11.900, de 2009).

§ 9° Na hipótese do § 8° deste artigo, fica garantido o acompanhamento do ato processual pelo acusado e seu defensor (Incluído pela Lei 11.900, de 2009).

§ 10. Do interrogatório deverá constar a informação sobre a existência de filhos, respectivas idades e se possuem alguma deficiência e o nome e o contato de eventual responsável pelos cuidados dos filhos, indicado pela pessoa presa (Incluído pela Lei 13.257, de 2016).

6. DJE/CNJ 62/2010, de 08.04.2010, p. 5-6.

7. Art. 236. (...)

§ 3° Admite-se a prática de atos processuais por meio de videoconferência ou outro recurso tecnológico de transmissão de sons e imagens em tempo real.

8. Art. 385. (...)

§ 3° O depoimento pessoal da parte que residir em comarca, seção ou subseção judiciária diversa daquela onde tramita o processo poderá ser colhido por meio de videoconferência ou outro recurso tecnológico de transmissão de sons e imagens em tempo real, o que poderá ocorrer, inclusive, durante a realização da audiência de instrução e julgamento.

9. Art. 453. (...)

§ 1° A oitiva de testemunha que residir em comarca, seção ou subseção judiciária diversa daquela onde tramita o processo poderá ser realizada por meio de videoconferência ou outro recurso tecnológico de transmissão e recepção de sons e imagens em tempo real, o que poderá ocorrer, inclusive, durante a audiência de instrução e julgamento.

10. Art. 461. (...)

§ 2° A acareação pode ser realizada por videoconferência ou por outro recurso tecnológico de transmissão de sons e imagens em tempo real.

11. Art. 937. (...)

§ 4° É permitido ao advogado com domicílio profissional em cidade diversa daquela onde está sediado o tribunal realizar sustentação oral por meio de videoconferência ou outro recurso tecnológico de transmissão de sons e imagens em tempo real, desde que o requeira até o dia anterior ao da sessão.

12. DJe/STF de 18/03/2020.

disciplinando a realização de sustentação oral por videoconferência nas sessões presenciais de julgamento do Plenário e das Turmas[13].

A atual conjuntura extraordinária decorrente da pandemia de Covid-19, de termo final incerto, impõe, no entanto, uma maior proatividade ao Poder Judiciário, no sentido de promover, sem demora, a expansão da prática de atos processuais por videoconferência, viabilizando, assim, a continuidade da tramitação dos feitos nesse período de anormalidade, em consonância com o princípio constitucional da razoável duração do processo, sem prejuízo à preservação da saúde dos atores processuais.

Atento a tal cenário, o CNJ, no desempenho de sua atribuição constitucional regulamentar (art. 103-B, §4º, I e II, da CRFB), passou a protagonizar a elaboração de atos normativos com o fito de possibilitar a ampliação da prática de atos por videoconferência de modo uniforme pelo Poder Judiciário durante o período da pandemia, com resguardo dos direitos e garantias processuais, promovendo, igualmente, a imprescindível segurança jurídica.

Nessa linha, editou o CNJ a Resolução 313, de 19 de março de 2020[14], estabelecendo em seus artigos 2º, § 1º, III[15], e 3º[16] o atendimento remoto, pelos meios tecnológicos disponíveis, a partes, advogados e interessados durante o regime de plantão extraordinário instituído com objetivo de prevenir o contágio pela Covid-19 e garantir o acesso à justiça no período emergencial.

Na sequência, publicou a Portaria CNJ 61, de 31 de março de 2020[17], instituindo a plataforma emergencial de videoconferência para realização de audiências e sessões de julgamento nos órgãos do Poder Judiciário no período de isolamento social decorrente da pandemia da Covid-19, de uso facultativo, sem a exclusão de outras ferramentas que impliquem o alcance do mesmo objetivo.

---

13. Art. 131. (...)

    § 5º Os advogados e procuradores que desejarem realizar sustentação oral por videoconferência, nas sessões presenciais de julgamento do Plenário e das Turmas, deverão inscrever-se, utilizando o formulário eletrônico disponibilizado no sítio eletrônico do Supremo Tribunal Federal até 48 horas antes do dia da sessão.

    Art. 132. (...)

    § 5º Os advogados e procuradores que desejarem realizar sustentação oral por videoconferência, nas sessões presenciais de julgamento do Plenário e das Turmas, deverão inscrever-se, utilizando o formulário eletrônico disponibilizado no sítio eletrônico do Supremo Tribunal Federal até 48 horas antes do dia da sessão.

14. DJe/CNJ 71/2020, de 19.03.2020, p. 3-5.

15. Art. 2º O Plantão Extraordinário, que funcionará em idêntico horário ao do expediente forense regular, estabelecido pelo respectivo Tribunal, importa em suspensão do trabalho presencial de magistrados, servidores, estagiários e colaboradores nas unidades judiciárias, assegurada a manutenção dos serviços essenciais em cada Tribunal.

    § 1º Os tribunais definirão as atividades essenciais a serem prestadas, garantindo-se, minimamente:

    (...)

    III – o atendimento aos advogados, procuradores, defensores públicos, membros do Ministério Público e da polícia judiciária, de forma prioritariamente remota e, excepcionalmente, de forma presencial;

16. Art. 3º Fica suspenso o atendimento presencial de partes, advogados e interessados, que deverá ser realizado remotamente pelos meios tecnológicos disponíveis.

    § 1º Cada unidade judiciária deverá manter canal de atendimento remoto, a ser amplamente divulgado pelos tribunais.

    § 2º Não logrado atendimento na forma do parágrafo primeiro, os tribunais providenciarão meios para atender, presencialmente, advogados, públicos e privados, membros do Ministério Público e polícia judiciária, durante o expediente forense.

17. DJe/CNJ 91/2020, de 01.04.2020, p. 2.

Prosseguindo em sua missão, editou a Resolução CNJ 314, de 20 de abril de 2020[18], determinando, entre outras providências, que caso as sessões de julgamento se realizem por meio de videoconferência em substituição às sessões presenciais, fica assegurado aos advogados das partes a realização de sustentações orais, a serem requeridas com antecedência mínima de 24 (vinte e quatro) horas (art. 5º[19]). Outrossim, para realização de atos virtuais por meio de videoconferência, está assegurada a utilização, por todos os juízos e tribunais, da ferramenta Cisco Webex, disponibilizada pelo CNJ por meio de seu sítio eletrônico na internet, podendo, ainda, ser utilizada outra ferramenta equivalente, cujos arquivos deverão ser imediatamente disponibilizados no andamento processual, com acesso às partes e procuradores habilitados. Ressalvou-se que devem ser consideradas nas audiências em primeiro grau de jurisdição as dificuldades de intimação de partes e testemunhas, realizando-se esses atos somente quando for possível a sua participação, ficando vedada a atribuição de responsabilidade aos advogados e procuradores de providenciar o comparecimento de partes e testemunhas a qualquer localidade fora de prédios oficiais do Poder Judiciário para participação em atos virtuais (art. 6º[20]).

Avançando na temática e observando a publicação da Lei 13.989, de 15 de abril de 2020, que autoriza o uso da telemedicina[21] enquanto perdurar a crise ocasionada pela Covid-19, o CNJ editou a Resolução 317, de 30 de abril de 2020[22], estabelecendo a realização de perícias em meios eletrônicos ou virtuais em ações em que se discutem

---

18. DJe/CNJ 106/2020, de 20.04.2020, p. 3-4.
19. Art. 5º As sessões virtuais de julgamento nos tribunais e turmas recursais do sistema de juizados especiais poderão ser realizadas tanto em processos físicos, como em processos eletrônicos, e não ficam restritas às matérias relacionadas no art. 4º da Resolução CNJ 313/2020, cujo rol não é exaustivo, observado no mais o decidido pelo Plenário do Conselho Nacional de Justiça na Consulta 0002337-88.2020.2.00.0000.

    Parágrafo único. Caso as sessões se realizem por meio de videoconferência, em substituição às sessões presenciais, fica assegurado aos advogados das partes a realização de sustentações orais, a serem requeridas com antecedência mínima de 24 (vinte e quatro) horas (CPC, art. 937, § 4º).
20. Art. 6º Sem prejuízo do disposto na Resolução CNJ 313/2020, os tribunais deverão disciplinar o trabalho remoto de magistrados, servidores e colaboradores, buscando soluções de forma colaborativa com os demais órgãos do sistema de justiça, para realização de todos os atos processuais, virtualmente, bem como para o traslado de autos físicos, quando necessário, para a realização de expedientes internos, vedado o reestabelecimento do expediente presencial.

    § 1º Eventuais impossibilidades técnicas ou de ordem prática para realização de determinados atos processuais admitirão sua suspensão mediante decisão fundamentada.

    § 2º Para realização de atos virtuais por meio de videoconferência está assegurada a utilização por todos juízos e tribunais da ferramenta Cisco Webex, disponibilizada pelo Conselho Nacional de Justiça por meio de seu sítio eletrônico na internet (www.cnj.jus.br/plataformavideoconfencia-nacional/), nos termos do Termo de Cooperação Técnica 007/2020, ou outra ferramenta equivalente, e cujos arquivos deverão ser imediatamente disponibilizados no andamento processual, com acesso às partes e procuradores habilitados.

    § 3º As audiências em primeiro grau de jurisdição por meio de videoconferência devem considerar as dificuldades de intimação de partes e testemunhas, realizando-se esses atos somente quando for possível a participação, vedada a atribuição de responsabilidade aos advogados e procuradores em providenciarem o comparecimento de partes e testemunhas a qualquer localidade fora de prédios oficiais do Poder Judiciário para participação em atos virtuais.

    § 4º Os tribunais poderão, mediante digitalização integral ou outro meio técnico disponível, virtualizar seus processos físicos, que então passarão a tramitar na forma eletrônica.

    § 5º Durante o regime diferenciado de trabalho os servidores e magistrados em atividade devem observar o horário forense regular, sendo vedado ao tribunal, por ora, dispor de modo contrário, notadamente estabelecer regime de trabalho assemelhado a recesso forense.
21. Lei 13.989/2020. Art. 3º Entende-se por telemedicina, entre outros, o exercício da medicina mediado por tecnologias para fins de assistência, pesquisa, prevenção de doenças e lesões e promoção de saúde.
22. DJe/CNJ 125/2020, de 06.05.2020, p. 2-4.

benefícios previdenciários por incapacidade ou assistenciais, enquanto persistirem as recomendações sanitárias de isolamento social para redução do contágio pela Covid-19, sem prejuízo, no entanto, da realização de perícias presenciais, desde que respeitados os protocolos das autoridades de saúde locais, consoante assentado no acórdão prolatado pelo CNJ no Pedido de Providências 0003451-62.2020.2.00.0000, de minha relatoria, julgado na 35º Sessão Virtual Extraordinária, em 10 de julho de 2020[23].

Em 1º de junho de 2020, o CNJ editou a Resolução 322[24], estabelecendo regras mínimas para a retomada dos serviços jurisdicionais presenciais no âmbito do Poder Judiciário nacional, de forma gradual e sistematizada, nos tribunais em que isso for possível[25], em observância às peculiaridades locais, com determinação, entre outras providências, de que na primeira etapa se dê preferência à manutenção do atendimento

---

23. Pedido de providências. Resolução CNJ 317/2020. Realização de perícia presencial. Benefícios previdenciários por incapacidade e assistenciais de prestação continuada. Possibilidade. Consideração dos contextos fáticos locais. Pedido julgado procedente.

    1. Pedido de providências em que se discute a possibilidade de realização de perícias presenciais em processos previdenciários durante o período de pandemia ocasionada pelo novo coronavírus (Covid-19).

    2. O Conselho Nacional de Justiça, no exercício das suas atribuições constitucionais, tem buscado adotar medidas voltadas à garantia dos direitos fundamentais, notadamente do acesso à justiça, sem se apartar dos cuidados necessários à preservação da saúde dos sujeitos processuais e à prevenção da propagação do Covid-19.

    3. Nessa perspectiva, para além da edição da Resolução CNJ 313/2020, que assegura o julgamento de feitos relacionados a benefícios previdenciários por incapacidade e assistenciais de prestação continuada (art. 4º, XI), tem-se que a Resolução CNJ 317/2020 prevê que as perícias afetas às referidas ações serão realizadas por meio virtual (art. 1º, caput e § 3º).

    4. A partir, entretanto, de informações que indicam a flexibilização das regras de distanciamento social em alguns municípios do país, afigura-se possível a realização de perícias presenciais, desde que respeitados os protocolos das autoridades de saúde locais.

    5. Pedido julgado procedente, a fim de se admitir a realização de perícias presenciais nos processos judiciais que versem sobre benefícios previdenciários por incapacidade ou assistenciais de prestação continuada, mediante decisão fundamentada do juiz, à luz do contexto fático local, em especial das regras de distanciamento social e dos protocolos das autoridades de saúde aplicáveis em cada localidade, cabendo aos Tribunais editar normas gerais que disciplinem a prática dos referidos atos.

24. DJe/CNJ 164/2020, de 1º/06/2020, p. 2-4, republicada no DJe 166/2020, de 02.06.2020, em decorrência de erro material no art. 5º, VII.

25. Art. 1º Estabelecer regras mínimas para a retomada dos serviços jurisdicionais presenciais no âmbito do Poder Judiciário nacional, nos tribunais em que isso for possível.

    Art. 2º A retomada das atividades presenciais nas unidades jurisdicionais e administrativas do Poder Judiciário deverá ocorrer de forma gradual e sistematizada, observada a implementação das medidas mínimas previstas nesta Resolução como forma de prevenção ao contágio da Covid-19.

    § 1º O restabelecimento das atividades presenciais deverá ter início por etapa preliminar, e poderá ocorrer a partir de 15 de junho de 2020, se constatadas condições sanitárias e de atendimento de saúde pública que a viabilizem.

    § 2º Os presidentes dos tribunais, antes de autorizar o início da etapa preliminar a que alude o § 1º deste artigo, deverão consultar e se ampararem informações técnicas prestadas por órgãos públicos, em especial o Ministério da Saúde, a Agência Nacional de Vigilância Sanitária e as Secretarias Estaduais de Saúde, bem como do Ministério Púbico, da Ordem dos Advogados do Brasil e da Defensoria Pública.

    § 3º No prazo de dez (10) dias, a contar da data em que decidirem pela retomada das atividades presenciais, os tribunais deverão editar atos normativos no âmbito de suas jurisdições, com o objetivo de estabelecer regras de biossegurança, em consonância com esta Resolução e com as Resoluções CNJ 313/2020, 314/2020 e 318/2020, no que aplicável, promovendo adaptações, quando justificadas, tomando por base o estágio de disseminação da Covid-19 na área de sua competência.

    § 4º Será preferencialmente mantido o atendimento virtual, na forma das Resoluções do Conselho Nacional de Justiça referidas no § 3º deste artigo, adotando-se o atendimento presencial apenas quando estritamente necessário.

    § 5º Os tribunais poderão estabelecer horários específicos para os atendimentos e prática de atos processuais presenciais.

virtual e que se proceda à realização de sessões e audiências, sempre que possível, por videoconferência, possibilitando-se que essas sejam efetivadas de forma mista, com a presença de algumas pessoas no local e participação virtual de outras que tenham condições para tanto[26].

Observando, contudo, o avanço da pandemia da Covid-19 em considerável número de unidades federativas e a absoluta indefinição de seu termo, o Grupo de Trabalho instituído pelo CNJ para a elaboração de estudo sobre a realização de videoconferências no âmbito da justiça criminal e apresentação de proposta de ato normativo e de protocolos técnicos voltados à regulamentação da temática (Portaria CNJ 58, de 24 de março de 2020[27]), o qual integro, apresentou proposta de resolução dispondo sobre a regulamentação e balizamento de critérios mínimos para a realização de audiências e outros atos processuais por videoconferência em processos penais e de execução penal durante o estado de calamidade pública provocado pela pandemia da Covid-19, a qual, relatada pelo Ministro Dias Toffoli (Ato 0004117-63.2020.2.00.0000), resultou aprovada na 35º Sessão Virtual Extraordinária, realizada em 10 de julho de 2020.

Merece especial destaque a expressa exclusão pelo mencionado ato normativo da possibilidade de realização de audiência de custódia por sistema de videoconferência, haja vista o entendimento da imprescindibilidade de contato presencial imediato da pessoa presa com o magistrado para o atendimento de sua finalidade, que não se resume a aferir a legalidade da prisão e a necessidade de sua manutenção, mas também a verificar a inocorrência de tortura e de maus-tratos, consoante preconizado pelo artigo 5.2 da Convenção Americana de Direitos Humanos[28], pelo artigo 2º, § 1º, da Convenção Contra a Tortura e Outros Tratamentos ou Penas Cruéis, Desumanos ou Degradantes[29] e assen-

---

§ 6º Os tribunais deverão manter a autorização de trabalho remoto para magistrados, servidores, estagiários e colaboradores que estejam em grupos de risco, até que haja situação de controle da Covid-19 que autorize o retorno seguro ao trabalho presencial, mesmo com a retomada total das atividades presenciais.

26. Art. 4º Na primeira etapa de retomada das atividades presenciais nos tribunais, ficam autorizados os seguintes atos processuais:

I – audiências envolvendo réus presos, inclusive a realização de sessões do júri nessas mesmas circunstâncias; adolescentes em conflito com a lei em situação de internação; crianças e adolescentes em situação de acolhimento institucional e familiar; e outras medidas, criminais e não criminais, de caráter urgente, quando declarada a inviabilidade da realização do ato de forma integralmente virtual, por decisão judicial;

II – sessões presenciais de julgamento nos tribunais e turmas recursais envolvendo os casos previstos no inciso I deste artigo, quando inviável sua realização de forma virtual, de acordo com decisão judicial;

(...)

Art. 5º Para a retomada dos trabalhos presenciais durante a primeira etapa, serão observadas as seguintes medidas:

(...)

I V – as audiências serão realizadas, sempre que possível, por videoconferência, preferencialmente pelo sistema Webex/ CISCO disponibilizado por este Conselho, possibilitando-se que o ato seja efetivado de forma mista, com a presença de algumas pessoas no local e participação virtual de outras que tenham condições para tanto, observando-se o disposto no artigo 18 da Resolução CNJ 185/2017.

27. DJe/CNJ, 78, de 25.03.2020, p. 2.

28. Art. 5.2. Ninguém deve ser submetido a torturas, nem a penas ou tratos cruéis, desumanos ou degradantes. Toda pessoa privada da liberdade deve ser tratada com o respeito devido à dignidade inerente ao ser humano.

29. Art. 2º. § 1º. Cada Estado tomará medidas eficazes de caráter legislativo, administrativo, judicial ou de outra natureza, a fim de impedir a prática de atos de tortura em qualquer território sob sua jurisdição.

tado pelo CNJ na Reclamação para Garantia das Decisões 0008866-60.2019.2.00.0000[30] e por ocasião da edição das suas Recomendações 62[31] e 68[32].

---

30. Reclamação para garantia das decisões. Ratificação da tutela de urgência deferida. Audiência de custódia por videoconferência. Inadequação. Suspensão cautelar.

1. Sem olvidar da reconhecida importância da ferramenta ora em análise para o trâmite dos procedimentos judiciais, sua utilização para as audiências de custódia aparentemente contrasta com os princípios e com as garantias constitucionais que a institucionalização deste procedimento buscou preservar. Precedentes do Plenário deste Conselho neste sentido.

2. Pedido liminar acolhido diante da presença dos pressupostos do artigo 25, inciso XI, do Regimento Interno do Conselho Nacional de Justiça.

(CNJ – ML – Medida Liminar em RGD – Reclamação para Garantia das Decisões 0008866-60.2019.2.00.0000, Rel. Min. Dias Toffoli, 58ª Sessão Virtual, julgado em 13.12.2019).

31. DJe/CNJ 65/2020, de 17/03/2020, p. 2-6.

Recomendação 62. Art. 8º Recomendar aos Tribunais e aos magistrados, em caráter excepcional e exclusivamente durante o período de restrição sanitária, como forma de reduzir os riscos epidemiológicos e em observância ao contexto local de disseminação do vírus, considerar a pandemia de Covid-19 como motivação idônea, na forma prevista pelo art. 310, parágrafos 3º e 4º, do Código de Processo Penal, para a não realização de audiências de custódia.

§ 1º Nos casos previstos no *caput*, recomenda-se que:

I – o controle da prisão seja realizado por meio da análise do auto de prisão em flagrante, proferindo-se decisão para:

a) relaxar a prisão ilegal;

b) conceder liberdade provisória, com ou sem fiança, considerando como fundamento extrínseco, inclusive, a necessidade de controle dos fatores de propagação da pandemia e proteção à saúde de pessoas que integrem o grupo de risco; ou

c) excepcionalmente, converter a prisão em flagrante em preventiva, em se tratando de crime cometido com o emprego de violência ou grave ameaça contra a pessoa, desde que presentes, no caso concreto, os requisitos constantes do art. 312 do Código de Processo Penal e que as circunstâncias do fato indiquem a inadequação ou insuficiência das medidas cautelares diversas da prisão, observado o protocolo das autoridades sanitárias.

II – o exame de corpo de delito seja realizado na data da prisão pelos profissionais de saúde no local em que a pessoa presa estiver, complementado por registro fotográfico do rosto e corpo inteiro, a fim de documentar eventuais indícios de tortura ou maus tratos.

§ 2º Nos casos em que o magistrado, após análise do auto de prisão em flagrante e do exame de corpo de delito, vislumbrar indícios de ocorrência de tortura ou maus tratos ou entender necessário entrevistar a pessoa presa, poderá fazê-lo, excepcionalmente, por meios telemáticos.

§ 3º Nas hipóteses em que se mostre viável a realização de audiências de custódia durante o período de restrição sanitária relacionado com a pandemia do Covid-19, deverão ser observadas as seguintes medidas adicionais às já contempladas na Resolução CNJ 213/2015:

I – atendimento prévio à audiência de custódia por equipe psicossocial e de saúde para a identificação de sintomas e perfis de risco, a fim de fornecer subsídios para a decisão judicial e adoção de encaminhamentos de saúde necessários;

II – na entrevista à pessoa presa, prevista no art. 8º da Resolução CNJ 213/2015, o magistrado indagará sobre eventuais sintomas típicos da Covid-19, assim como a exposição a fatores de risco, como viagens ao exterior, contato com pessoas contaminadas ou suspeitas, entre outros;

III – quando for apresentada pessoa presa com os sintomas associados à Covid-19, deverão ser adotados os seguintes procedimentos:

a) disponibilização, de imediato, de máscara cirúrgica à pessoa;

b) adoção dos procedimentos determinados nos protocolos de ação instituídos pelo sistema público de saúde;

c) em caso de conversão da prisão em flagrante em prisão preventiva, encaminhamento à rede de saúde para diagnóstico, comunicação e atendimento previamente ao ingresso no estabelecimento prisional, notificando-se posteriormente o juízo competente para o julgamento do processo.

32. DJe/CNJ 190/2020, de 19.06.2020, p. 3-4.

Recomendação 68. Art. 1º A Recomendação CNJ 62/2020, passa a vigorar acrescida do seguinte dispositivo:

"Art. 8-A. Na hipótese de o Tribunal optar pela suspensão excepcional e temporária das audiências de custódia, nos termos do artigo anterior, deverá adotar o procedimento previsto na presente Recomendação.

A referida resolução suscitou intensos debates no meio jurídico por ocasião de sua inclusão em pauta, evidenciando-se como principal ponto de divergência a exclusão do uso de sistema de videoconferência para a realização de audiência de custódia, ante a sua inadequação à espécie[33].

Paralelamente à elaboração da resolução que estabelece critérios para a realização de audiências e outros atos processuais por videoconferência em processos penais e de execução penal durante o período da pandemia, o Grupo de Trabalho instituído pelo CNJ para a elaboração de estudos e propostas voltadas a otimizar o julgamento das ações judiciais relacionadas a crimes dolosos contra a vida pelo Tribunal do Júri (Portaria 36, de 22 de fevereiro de 2019[34]), que também integro, apresentou proposta de resolução para autorizar, aos Tribunais de Justiça e aos Tribunais Regionais Federais, no período em que persistirem as restrições sanitárias à aglomeração de pessoas para evitar-se a propagação da Covid-19, a realização de sessões de julgamento com auxílio de video-conferência no âmbito dos Tribunais do Júri (Ato 0004587-94.2020.2.00.0000, de minha relatoria), facultando a participação remota do representante do Ministério Público, da

---

§ 1º Sem prejuízo das disposições do artigo anterior, o ato do tribunal que determinar a suspensão das audiências de custódia durante o período de restrições sanitárias decorrentes da pandemia de Covid-19 deverá contemplar as seguintes diretrizes:

I – possibilidade de realização de entrevista prévia reservada, ou por videoconferência, entre o defensor público ou advogado e a pessoa custodiada, resguardando-se o direito à ampla defesa;

II – manifestação do membro do Ministério Público e, em seguida, da defesa técnica, previamente à análise do magistrado sobre a prisão processual;

III – conclusão do procedimento no prazo de 24 (vinte e quatro) horas, nos termos do art. 310 do Código de Processo Penal;

IV – observância do prazo máximo de 24 (vinte e quatro) horas para a expedição e o cumprimento de alvarás de soltura, nos termos da Resolução CNJ 108/2010;

V – fiscalização da regularidade do procedimento, especialmente quanto à realização prévia de exame de corpo de delito ou exame de saúde e à juntada aos autos do respectivo laudo ou relatório, bem como do registro fotográfico das lesões e de identificação da pessoa, resguardados a intimidade e o sigilo, nos termos das diretrizes previstas na Recomendação CNJ 49/2014; e

VI – determinação de diligências periciais diante de indícios de tortura ou outros tratamentos cruéis, desumanos ou degradantes, a fim de possibilitar eventual responsabilização.

§ 2º Recomenda-se, para a implementação do previsto no inciso I do parágrafo anterior, a articulação interinsti-tucional com a Ordem dos Advogados do Brasil e a Defensoria Pública em âmbito local.

§ 3º O magistrado competente para o controle da prisão em flagrante deverá zelar pela análise de informações sobre fatores de risco da pessoa autuada para o novo Coronavírus, considerando especialmente o relato de sintomas característicos, o contato anterior com casos suspeitos ou confirmados e o pertencimento ao grupo de risco, reco-mendando-se a utilização do modelo de formulário de perfil epidemiológico elaborado pelo Conselho Nacional de Justiça."

33. "Na opinião de Ribeiro e Novaes (2018), a realização de audiência de custódia por meio de videoconferência tem dividido a opinião de especialistas; enquanto alguns entendem ser perfeitamente possível, outros criticam sua utilização. A esse respeito, entre as críticas identificadas, encontram-se a falta de contato físico entre réu e juiz (GOMES, 2008), a hostilidade do presídio – o que pode inibir as declarações/acusações do réu (TAVARES, 2011), a dificuldade do juiz em extrair impressões pessoais do acusado para aplicação da pena (TAVARES, 2011) e o cerceamento do caráter antropológico e humanista da audiência de custódia (CAMARGO, 2015; SANTOS, 2016). Os favoráveis à utilização da videoconferência argumentam, por sua vez, celeridade processual (GOMES, 2008), irrestrita legitimidade de sua utilização (BARROS, 2010), garantia dos direitos fundamentais do preso (SOUZA; NUNES, 2018) e racionalização dos recursos públicos (McKAY, 2016)." NEGRINI, Rodrigo Zanetti; ARENHARDT, Daniel Luís; SIMONETTO, Eugênio de Oliveira; SAVEGNAGO, Cristiano Lanza. A Tecnologia da Informação (TI) a serviço da gestão pública: vantagens da utilização da Videoconferência em audiências penais. *Navus*. Florianópolis: v. 10, jan./dez. 2020, p. 5.

34. DJe/CNJ, 36, de 25.02.2019, p. 4-5.

Defesa técnica, do réu, da vítima e das testemunhas[35], assim como a realização do sorteio dos jurados[36], regulamentando todo o iter procedimental da sessão de julgamento nessa nova sistemática[37].

Assim como ocorrido com a resolução que estabelece critérios para a realização de audiências e outros atos processuais por videoconferência em processos penais e de execução penal durante o período da pandemia, a proposta de autorização do uso de videoconferência na realização das sessões de julgamento do Tribunal do Júri provocou controvérsia no meio jurídico, posicionando-se favoravelmente à sua aprovação a Associação dos Magistrados Brasileiros (AMB) e contrariamente o Conselho Federal da Ordem dos Advogados do Brasil (CFOAB), o Colégio Nacional de Defensores Públicos Gerais (CONDEGE), o Conselho Nacional de Corregedores-Gerais das Defensorias Públicas dos Estados, do Distrito Federal e da União (CNCG DPE/DPDFT/DPU), a Associação das Advogadas e dos Advogados Criminalistas do Estado do Rio Grande do Sul (ACRIERGS) e a Associação Nacional das Defensoras e Defensores Públicos (ANADEP). A Associação Nacional dos Membros do Ministério Público (CONAMP), por sua vez, defendeu a alteração da proposta normativa e a determinação da realização de júris apenas de réus presos preventivamente, devendo ser dada preferência à modalidade presencial.

Os respeitáveis argumentos expendidos pelos referidos entes serão, por certo, devidamente analisados e sopesados pelos membros do CNJ para a adequada deliberação acerca da efetiva edição do ato normativo proposto.

---

35. Art. 2º As sessões de julgamento do Tribunal do Júri poderão ser realizadas com auxílio de videoconferência, mediante a utilização de sistema apropriado disponibilizado pelo Conselho Nacional de Justiça ou outro que seja definido pelo respectivo Tribunal.

    § 1º O sistema de videoconferência utilizado deverá garantir a participação efetiva de todas as pessoas essenciais ao ato, bem como a necessária publicidade.

    § 2º As sessões poderão se realizar com a participação remota do representante do Ministério Público, da Defesa técnica, do réu, da vítima e das testemunhas.

    § 3º Os representantes do Ministério Público e da Defesa, bem como o réu, se estiver solto, poderão optar entre comparecer pessoalmente à sessão de julgamento ou virtualmente por videoconferência, devendo, em qualquer caso, providenciar os equipamentos e a rede de *internet* necessários à sua participação.

    § 4º A realização da sessão de julgamento também poderá contar com a equipe de apoio, incluindo serviços médicos, de segurança e de higienização do ambiente.

36. Art. 4º Na data designada, a sessão de julgamento do Tribunal do Júri poderá se iniciar virtualmente, pelo sistema de videoconferência, com o acompanhamento virtual do Juiz, do representante do Ministério Público, da Defesa técnica e do réu, momento em que será realizado o sorteio dos 7 jurados que comporão o conselho de sentença.

    § 1º Caso o Juiz Presidente opte pelo procedimento previsto no caput, após o sorteio, o ato deve ser suspenso, para que o magistrado, os jurados sorteados, o secretário de audiência e os oficiais de justiça, no mesmo dia, se façam presentes à sala de sessões plenárias do Tribunal do Júri.

    § 2º Os representantes do Ministério Público, da Defesa e o réu, se solto, deverão, antes de ser determinada a suspensão da sessão de que trata o § 1º, informar ao Juiz Presidente se desejam comparecer ao ato pessoalmente ou se estarão presentes virtualmente, pelo sistema de videoconferência.

    § 3º Além dos 7 (sete) jurados, poderão ser sorteados mais 2 (dois) suplentes, para substituir os titulares, em casos de impossibilidade de comparecimento dos primeiros.

37. "A proposta de resolução, além de possibilitar a realização das sessões de julgamento pelo júri em tempos de pandemia, também possibilita uma série de vantagens em relação ao modelo presencial, em termos de direitos e garantias, colocando a tecnologia a serviço do processo penal. Além disso, permite que os processos criminais retomem o seu curso e que se dê concretude ao princípio constitucional da razoável duração do processo (artigo 5º, LXXVIII, CF)." CRUZ, Rogério Schietti; LUNARDI, Fabrício Castagna; GUERREIRO, Mário Augusto Figueiredo de Lacerda. Tribunal do júri com apoio de videoconferência: pela ética do discurso. Disponível em: https://www.conjur.com.br/2020-jun-29/opiniao-tribunal-juri-apoio-videoconferencia. Acesso em: 15 jul. 2020.

Insta destacar, ainda, encontrar-se em fase de elaboração no CNJ, no âmbito da Comissão Permanente de Justiça Criminal, Infracional e de Segurança Pública, a qual presido (Portaria 178, de 5 de novembro de 2019[38]), propostas de resoluções para a regulamentação de audiências e outros atos processuais por videoconferência em processos de apuração de atos infracionais e de execução de medidas socioeducativas durante o período da pandemia da Covid-19 e estabelecimento de diretrizes para a realização visitas virtuais e de atendimento profissional à distância em estabelecimentos penais.

O período de excepcionalidade vivenciado por força da pandemia da Covid-19 impõe a adequada racionalização do sistema de justiça para enfrentamento da situação de anormalidade, revelando-se imprescindível a urgente expansão da utilização da videoconferência para a compatibilização da continuidade da prestação jurisdicional com a preservação da saúde dos atores processuais, ferramenta essa que, frise-se, apresenta-se de todo consentânea com os princípios da identidade física do juiz, instrumentalidade das formas, celeridade e economia processuais.

REFERÊNCIAS

ALMEIDA, Marcelo Pereira de; PINTO, Adriano Moura da Fonseca. Os impactos da pandemia de Covid-19 no Sistema de Justiça – algumas reflexões e hipóteses. *Revista Juris Poiesis*. Rio de Janeiro: v. 23, n. 31, 2020.

CRUZ, Rogério Schietti; LUNARDI, Fabrício Castagna; GUERREIRO, Mário Augusto Figueiredo de Lacerda. *Tribunal do júri com apoio de videoconferência*: pela ética do discurso. Disponível em: https://www.conjur.com.br/2020-jun-29/opiniao-tribunal-juri-apoio-videoconferencia. Acesso em: 15 jul. 2020.

GOMES, Rodrigo Carneiro. A Lei 11.900/2009 e a adoção da videoconferência no Brasil. *Doutrinas essenciais de processo penal*. São Paulo: Ed. RT, v. III, Capítulo 1, n. 68, 2012.

NEGRINI, Rodrigo Zanetti; ARENHARDT, Daniel Luís; SIMONETTO, Eugênio de Oliveira; SAVEGNAGO, Cristiano Lanza. A Tecnologia da Informação (TI) a serviço da gestão pública: vantagens da utilização da Videoconferência em audiências penais. *Navus*. Florianópolis: v. 10, jan./dez. 2020.

---

38. DJe/CNJ 232/2019, de 06.11.2019, p. 16-17.

PRINCÍPIOS ÉTICOS DA INTELIGÊNCIA ARTIFICIAL E O PODER JUDICIÁRIO

Rubens Canuto

MBA em Direito Tributário pela Fundação Getúlio Vargas (FGV). Conselheiro do Conselho Nacional de Justiça. Desembargador do Tribunal Regional Federal da 5ª Região. Presidente da Comissão de Permanente de Tecnologia da Informação e Inovação do CNJ. Coordenador do Grupo de Trabalho Ética na Inteligência Artificial no Poder Judiciário, do Conselho Nacional de Justiça.

Luciane Gomes

Mestre em Direito pela Universidade Federal da Paraíba. Especialista em Direito Constitucional pela Unipê/PB. Bacharel em Direito pela Universidade Estadual de Ponta Grossa/PR. Graduada em Fisioterapia pela Faculdade Tuiuti/PR. Assessora-chefe no Conselho Nacional de Justiça. Ex-Presidente do Comitê de Inteligência Artificial do Ministério Público Federal. Integrante do Grupo de Trabalho Ética na Inteligência Artificial no Poder Judiciário, do Conselho Nacional de Justiça.

Sumário: 1. Introdução. 2. Desenvolvimento. 3. Conclusão. 4. Referências.

1. INTRODUÇÃO

Já faz algum tempo que a tecnologia se tornou inerente ao desenvolvimento das atividades do Poder Judiciário. Não é demais lembrar a expressiva ruptura paradigmática instaurada com a adoção do processo eletrônico. Pilhas inimagináveis de "papéis", necessidade de transporte de autos, presença física e destinação de pessoal para tarefas mecânicas, como carimbar e numerar infinitas páginas, foram substituídas pelo armazenamento de documentos e informações de modo digital, o que, inegavelmente, trouxe ganhos incalculáveis, sem, contudo, deixar de exigir adaptações das mais variadas e importar em algumas dificuldades, atualmente superadas.

O processo eletrônico evoluiu e, com o objetivo de incrementar os ganhos auferidos pelos usuários internos e externos, em especial com a substituição do físico pelo digital, passa a contar com o auxílio de ferramentas de Inteligência Artificial, que, hodiernamente, destaca-se como uma das grandes evoluções tecnológicas, capazes de ofertar mudanças vertiginosas na maneira de desempenhar antigos papéis.

Neste passo, cumpre consignar que a Inteligência Artificial, apesar de parecer para alguns apenas ficção científica, já faz parte do cotidiano da grande maioria das pessoas, ainda que desconheçam, não se podendo olvidar, por exemplo, das predições da Netflix, das sugestões nas redes sociais de produtos outrora pesquisados, das ferramentas de busca etc.

Não é diferente no Poder Judiciário. Inúmeras aplicações de Inteligência Artificial já foram entregues e outras tantas se encontram em desenvolvimento, reclamando a necessidade de orquestramento dos projetos que a envolvem, com vistas à otimização e aproveitamento por todo o Judiciário, bem assim de regulamentação, notadamente diante da importância de que seja regida por parâmetros éticos, uma vez que seus propósitos devem sempre se calcar em melhorias para os usuários, em especial para os jurisdicionados.

2. DESENVOLVIMENTO

Para elaboração deste artigo, em razão da novidade da matéria e escassez de material específico, sobretudo no Brasil, serviram de suporte para a sua confecção, além de alguns artigos, buscados sobretudo nas bases de dados *Scielo*, Google Acadêmico, Rede de Bibliotecas do Ministério Público Federal, Biblioteca Digital Fórum de Direito Público e *Web of Science*, a Carta Europeia de Ética sobre o uso da Inteligência Artificial em Sistemas Judiciais e seu ambiente, elaborada pela Comissão Europeia para a Eficácia da Justiça (CEPEJ), os Princípios Éticos da IA, elaborados pelo Departamento de Indústria, Ciência, Energia e Recursos do Governo Australiano, e a Resolução CNJ 332, de 21 de agosto de 2020.

Inicialmente, cumpre alinhavar breve digressão histórica acerca da germinação da Inteligência Artificial. Nesse viés, merecem transcrição as informações de Luis Eduardo Munera[1]:

> Pero realmente como ciencia, la Inteligencia Artificial podríamos decir que tiene como precursor, por allá en los años 40, a un grupo muy importante que se formó en el Instituto Tecnológico de Massachutes (MIT) alredor de Norbert Wiener. Se congregaron uns serie de científicos, de diferentes disciplinas, fisiólogos, médicos, físicos, matemáticos, inginieros; entonces se conformo un grupo que daria origen a la ciência conoscida con el nombre de CIBERNÉTICA.
>
> La cibernética es, en certa forma, la precursora de lo que es la I.A. En esa época (1942-1943) aparaceran los trabajos de McCulloch y Pitts. Uno era médico de la Universidad de Illinois y el otro un matemático. Se unieron para hacer un modelo del cerebro. Hicieron un estudio desde el punto de vista booleano de las neuronas y construyeron un primer modelo formal del procesamiento de información a nivel del cerebro. El cerebro, que sigue siendo el gran desconocido para todos nosotros.
>
> [...] En el Dartmounth College, en el verano de 1956, se reune un grupo de investigadores, aproximadamente diez, y dan origen a lo que oficialmente ya se conoce con el nombre de Inteligencia Artificial (I.A.). Muchos de ellos venían del grupo de MIT, el grupo de Norbert Wiener.

Depreende-se, portanto, que, apesar de muitos a negarem e a rechaçarem até hoje, de causar tanto receio e, por que não dizer, indignação, já faz parte dos estudos científicos, sem falar na literatura, desde longevos tempos. Ocorre que hoje, quer queiram ou não, é realidade que acompanha a grande maioria das pessoas no cotidiano, podendo-se citar, a título de exemplo, as predições do *Netflix*, as sugestões, nas redes sociais, de produtos outrora pesquisados, os mapeamentos do *Waze* e do *Google Maps*, os aplicativos com uso de imagens para previsão de aspectos do envelhecimento, as *Alexas* e as *Siris* etc.

---

1. MUNERA, Luis Eduardo, *Inteligencia Artificial Y Sistemas Expertos*, p. 10.

No Poder Judiciário, de há muito existe a busca pelo avanço tecnológico, notadamente com o fito de promover economia, tanto do Poder Público, quanto dos jurisdicionados, a exemplo do que foi vivenciado com o estabelecimento do processo eletrônico, que reduziu expressivamente, para todos os envolvidos, despesas com deslocamento, com material de expediente, com pessoal e, sobretudo, com o tempo que atividades não essenciais consumiam.

Pela atualidade da questão, no sentir dos subscritores, com o lamentável episódio atualmente vivenciado, consubstanciado na pandemia de Covid-19, em que muitas pessoas, da noite para o dia, viram-se diante da necessidade de lançar mão dos meios tecnológicos para o desenvolvimento de tarefas antes presenciais, ganha relevo ainda mais expressivo a utilização da Inteligência Artificial, sobretudo nas atividades maçantes e repetitivas, evitando-se a destinação de tempo e custos em tarefas menos expressivas.

No sentir de Juan Gustavo Corvalán, *"uma inteligencia artificial bien "entrenada", con acceso al flujo informativo, simplifica y facilita exponencialmente las atividades de uma organización y puede obtener resultados que serían imposibles de lograr con los cérebros humanos."* [2]

Ademais, merecem referência as lições do professor Luiz Rodrigues Wambier[3], ao tratar da importância da inteligência artificial para a efetividade da pacificação de conflitos, a partir de uma visão de justiça multiportas:

> O processo de desjudicialização dos conflitos e de informatização do Direito e, precisamente, a associação entre Inteligência Artificial e meios consensuais de solução dos litígios vêm ganhando espaço e importância entre os operadores do Direito e certamente trarão inúmeros benefícios, especialmente no que diz respeito à efetividade na pacificação de conflitos.

Pelo reconhecimento da inexorabilidade da inteligência artificial, inclusive no cotidiano, percebe-se a necessidade de balizas, em especial de natureza ética, sob pena de se correr riscos, seja no desenvolvimento, seja no uso do desenvolvimento de ferramentas e aplicações de inteligência artificial.

A esse respeito, pertinentes as lições de Danilo Cesar Maganhoto Doneda, Laura Schertel Mendes, Carlos Affonso Pereira de Souza e Norberto Nuno Gomes de Andrade[4]:

> A presença de elementos que, de alguma forma, poderiam mimetizar a tomada de decisões a partir de um raciocínio lógico-dedutivo, abriu espaço para as primeiras indagações de caráter ético acerca da atuação desses entes, indagações estas que são antecedentes diretas do debate contemporâneo, mas continuam se projetando diretamente sobre ele, como demonstra a persistência do debate em torno das três leis da robótica formuladas por Isaac Asimov, no conto "Runaround", no algo longínquo ano de 1942.
>
> [...]
>
> Percebe-se, a partir de tais exemplos, o potencial de violação aos direitos fundamentais das decisões automatizadas quando tomadas sem o cumprimento de determinados parâmetros éticos e legais que assegurem a sua transparência e controle individual, a participação do indivíduo no âmbito do processo decisório, bem como a correção e atualização das informações que servem como *input* do algoritmo.

---

2. CORVALÁN, Juan Gustavo. *Inteligencia artificial*: retos, desafios y oportunidades – Prometea: la primera inteligencia artificial de Latinoamérica al servicio de la Justicia, p. 305.
3. WAMBIER, Luiz Rodrigues. *Inteligência artificial e sistema multiportas*: uma nova perspectiva do acesso à justiça, p. 4.
4. DONEDA, Danilo Cesar Maganhoto; MENDES, Laura Schertel; SOUZA, Carlos Affonso Pereira de; ANDRADE, Norberto Nuno Gomes de. *Considerações iniciais sobre inteligência artificial, ética e autonomia pessoal*, p. 2 e 4.

No âmbito do Poder Judiciário, a preocupação com os preceitos éticos ensejou a instituição, pelo Conselho Nacional de Justiça, por intermédio da Portaria CNJ n. 197, de 22 de novembro de 2019, do Grupo de Trabalho destinado à elaboração de estudos e propostas voltadas à ética na produção e uso da inteligência artificial no Poder Judiciário, do qual participam ambos os subscritores do presente artigo, responsável pela elaboração de proposta da Resolução CNJ 332, de 21 de agosto de 2020, apresentada ao Plenário por intermédio do Ato Normativo n. 0005432-29.2020.2.00.0000.

Durante os estudos, verificou-se a premente importância do estabelecimento de parâmetros éticos, dado o vultoso incremento das iniciativas de Inteligência Artificial ao longo do Poder Judiciário. A esse respeito, inclusive, há dispositivo específico acerca da criação de repositório das iniciativas, inclusive para se evitar retrabalho ou desenvolvimento de ferramentas semelhantes por equipes distintas, além de possibilitar o aproveitamento do que já foi desenvolvido por todo o Poder Judiciário, importando em inegável economicidade.

Diante da ausência de normas no ordenamento jurídico pátrio regulamentando a Inteligência Artificial, os integrantes do Grupo de Trabalho calcaram a eleição dos princípios, sobretudo, na denominada Carta Europeia de Ética sobre o Uso da Inteligência Artificial em Sistemas Judiciais e seu ambiente, adotada pela Comissão Europeia Para a Eficácia da Justiça (CEPEJ), na 31ª reunião plenária, ocorrida nos dias 3 e 4 de dezembro de 2018. A Carta elenca cinco princípios basilares: respeito aos direitos fundamentais, não discriminação, qualidade e segurança, transparência, imparcialidade e equidade e o "sob o controle do usuário".

Seguindo a trilha desenhada pelos responsáveis pela Carta Europeia, o Grupo de Trabalho do CNJ definiu, para incidência no Poder Judiciário pátrio, os seguintes princípios éticos: respeito aos direitos fundamentais, não discriminação, publicidade e transparência, governança e qualidade, segurança e "sob o controle do usuário". Ademais, tratou de estabelecer disposições atinentes à pesquisa, desenvolvimento e implantação de serviços de Inteligência Artificial, bem assim da prestação de contas e da responsabilização.

No bojo deste artigo, serão tecidos comentários mais açodados e perfunctórios acerca da maioria dos princípios, destinando maior dedicação ao princípio da não discriminação e ao capítulo referente à pesquisa, desenvolvimento e implantação de serviços de Inteligência Artificial, diante do aprofundamento mais específico dos estudos em razão da divisão de tarefas junto ao Grupo de Trabalho mencionado.

Iniciando-se com o princípio do respeito aos direitos fundamentais, vale consignar que se revela como o princípio *mater*, a partir do qual todos os demais encontram sustentáculo. Impossível imaginar o desenvolvimento e uso de qualquer instrumento tecnológico sem que esteja atrelado aos preceitos constitucionais protetivos dos mais caros direitos.

Diante da magnitude do princípio do respeito aos direitos fundamentais, convém transcrever trecho da Carta Europeia[5], que define seu objetivo como o de assegurar que

---

5. COMISSÃO EUROPEIA PARA A EFICÁCIA DA JUSTIÇA. Carta Europeia de Ética sobre o Uso da Inteligência Artificial em Sistemas Judiciais e seu ambiente, p. 4.

a concepção e a aplicação de instrumentos e serviços de inteligência artificial sejam compatíveis com os direitos fundamentais:

> Quando são utilizados instrumentos de inteligência artificial para resolver um litígio ou como instrumento de apoio à tomada de decisões judiciais ou de orientação do público, é essencial assegurar que não prejudiquem as garantias do direito ao acesso ao juiz e do direito ao julgamento justo (igualdade de armas e respeito pelo processo contraditório).
>
> Devem igualmente ser utilizados no respeito dos princípios do Estado de direito e da independência dos juízes no seu processo decisório.
>
> Por conseguinte, deve ser dada preferência a abordagens éticas desde a concepção ou aos direitos humanos desde a concepção. Isso significa que, desde as fases de concepção e de aprendizagem, as regras que proíbem violações diretas ou indiretas dos valores fundamentais protegidos pelas convenções estão plenamente integradas.

Inegavelmente, frise-se, não se pode sequer conceber o desenvolvimento de ferramentas tecnológicas de qualquer natureza sem que haja pleno respeito aos direitos fundamentais.

Na mesma esteira, segue a Resolução 332/2020, do Conselho Nacional de Justiça. Desde os considerandos, demonstra clara preocupação com a compatibilidade entre as iniciativas de inteligência artificial e os Direitos Fundamentais. Cuidou de afirmar, no artigo 4º, que "no desenvolvimento, na implantação e no uso da Inteligência Artificial, os tribunais observarão sua compatibilidade com os Direitos Fundamentais, especialmente aqueles previsto na Constituição ou nos tratados de que a República Federativa seja parte"[6].

Os principais vieses desses direitos tutelados consubstanciam-se no acesso à jurisdição, no devido processo legal e no contraditório, na independência dos juízes no processo decisório, na proteção à intimidade, no acesso à informação, na vedação de discriminação e consequente prestígio da isonomia, na obtenção lícita de provas, na dignidade humana, na garantia da preservação de postos de trabalho e na privacidade.

Seguramente, esse rol é meramente exemplificativo e, em certa medida, é complementado por outras disposições protetivas de direitos específicos, contidas na própria Resolução CNJ 332/2020, a exemplo dos que disciplinam o princípio da não discriminação.

Seguindo com o tratamento principiológico, o princípio da não discriminação possui irrefutável intento de proteger os jurisdicionados, na medida em que impõe limites, a exemplo da proibição de recortes de dados e regras de constituição de equipes, com o fito de minimizar viés discriminatório, desde a concepção dos artefatos de Inteligência Artificial até a sua efetiva utilização.

Essa preocupação deve ser uma constante e perpassa fronteiras, consoante se pode observar do contido na Carta Europeia[7], que estabeleceu como objetivo do princípio da não discriminação prevenir especificamente o desenvolvimento ou a intensificação de qualquer discriminação entre indivíduos ou grupos de indivíduos, e assim delineou:

---

6. CONSELHO NACIONAL DE JUSTIÇA. Resolução n. 332, de 21 de agosto de 2020, p. 5.
7. COMISSÃO EUROPEIA PARA A EFICÁCIA DA JUSTIÇA. Carta Europeia de Ética sobre o Uso da Inteligência Artificial em Sistemas Judiciais e seu ambiente, p. 5.

Dada a capacidade destes métodos de tratamento para revelar a discriminação existente, através do agrupamento ou da classificação de dados relativos a indivíduos ou grupos de indivíduos, os intervenientes públicos e privados devem garantir que os métodos não reproduzem ou agravam essa discriminação e que não conduzem a análises ou utilizações determinísticas.

Seria por demais ingênuo asseverar que não se tem notícias de decisões desfavoráveis para os que já estão em situações mais penosas socialmente, talvez em razão das menores condições de defesa, pela ausência de recursos para a contratação dos melhores causídicos. Todavia, se a Inteligência Artificial puder mitigar a recorrência de decisões desse jaez, em muito ganharão os jurisdicionados e, via de consequência, o próprio Poder Judiciário e o sistema de Justiça.

Neste momento, merecem atenção alguns questionamentos apresentados por Juan Gustavo Corvalán: "*¿cómo es possible "programar" la inteligencia artificial para que pueda incluir um enfoque jurídico y ético? [...] ¿ como hacer que la inteligencia artificial no profundisse las desigualdades entre las personas?.*"[8]

Ao tecer comentários sobre a busca de solução aos questionamentos, segue o autor: "*as respostas a estas preguntas, demandan un esfurezo transcendente para repensar e inovar acerca de los desafios de uma nueva revolución que estamos atravesando*".[9]

Sem sombra de dúvidas, esses questionamentos, a par de outros, revelam a correção do caminho eleito pelo Conselho Nacional de Justiça em busca da parametrização ética da concepção, do desenvolvimento e do uso das ferramentas de inteligência artificial.

A propósito, a regulamentação do princípio da não discriminação, inserta na Resolução CNJ 332/2020[10], conta com a seguinte redação:

Art. 7º As decisões judiciais apoiadas em ferramentas de Inteligência Artificial devem preservar a igualdade, a não discriminação, a pluralidade e a solidariedade, auxiliando no julgamento justo, com criação de condições que visem eliminar ou minimizar a opressão, a marginalização do ser humano e os erros de julgamento.

§ 1º Antes de ser colocado em produção, o modelo de Inteligência Artificial deverá ser testado de forma a identificar se preconceitos ou generalizações influenciaram seu desenvolvimento, acarretando tendências discriminatórias no seu funcionamento.

§ 2º Verificado viés discriminatório de qualquer natureza ou incompatibilidade do modelo de Inteligência Artificial com os princípios previstos nesta Resolução, deverão ser adotadas medidas corretivas.

§ 3º A impossibilidade de eliminação do viés discriminatório do modelo de Inteligência Artificial implicará na descontinuidade de sua utilização.

Consoante se pode observar, houve previsão expressa da preservação de direitos ligados a um julgamento justo, sem viés discriminatório, a exemplo da igualdade, da própria não discriminação, da pluralidade e da solidariedade. O escopo foi o de evitar tendências discriminatórias, com a eliminação, tanto quanto possível, ou, ao menos, com a mitigação da opressão, da marginalização do ser humano e dos erros de julgamento,

---

8. CORVALÁN, Juan Gustavo. *Inteligencia artificial*: retos, desafios y oportunidades – Prometea: la primera inteligencia artificial de Latinoamérica al servicio de la Justicia, p. 296.
9. CORVALÁN, Juan Gustavo. *Inteligencia artificial*: retos, desafios y oportunidades – Prometea: la primera inteligencia artificial de Latinoamérica al servicio de la Justicia, p. 296.
10. CONSELHO NACIONAL DE JUSTIÇA. Resolução n. 332, de 21 de agosto de 2020, p. 6.

ajustando e corrigindo, notadamente, as distorções que eventualmente já se estabeleciam na prática.

Prevê, ainda, a obrigatoriedade da realização de testes dos modelos de Inteligência Artificial antes da sua implementação, justamente para aferir e afastar eventual tendência discriminatória, que pode advir dos dados utilizados no treinamento da máquina. Havendo a identificação de afronta às disposições principiológicas do ato normativo, devem ser adotadas medidas corretivas, implicando na descontinuidade quando não for possível eliminá-la.

Isso porque não há dúvidas de que, ao se lançar mão das diversas técnicas, a exemplo de *machine learning,* a partir de dados, por assim dizer, "tendenciosos", as decisões porventura calcadas em ferramentas de Inteligência Artificial seguirão sempre o caminho para o qual foram ensinadas, razão da necessidade de imediata intervenção e correção, ou, não sendo possível, a própria interrupção.

Merece destaque, ademais, a questão da proteção de dados sensíveis. Neste passo, a Carta Europeia[11] expressa a preocupação da Comissão Europeia para a Eficácia da Justiça com a importância da sua tutela, ao definir que:

> Deve ser dada especial atenção tanto na fase de desenvolvimento como na de implantação, especialmente quanto o tratamento se baseia, directa ou indiretamente, em dados "sensíveis". Tal poderá incluir alegada origem racial ou étnica, antecedentes socioeconómicos, opiniões políticas, convicções religiosas ou filosóficas, filiação sindical, dados genéticos, dados biométricos, dados relativos à saúde ou dados relativos à vida sexual ou à orientação sexual. Quando essa discriminação tiver sido identificada, devem ser consideradas medidas corretivas para limitar ou, se possível, neutralizar esses riscos, bem como a sensibilização das partes interessadas.

A par, portanto, das orientações protetivas dos dados sensíveis, em todas as fases, elencando espécies de dados com essas características, apresenta orientação no sentido de se corrigir as discriminações porventura identificadas no tratamento dos dados.

Semelhante cuidado teve o Grupo de Trabalho do Conselho Nacional de Justiça, ao cuidar de prever, no artigo 6º da Resolução CNJ 332/2020, a necessidade de amostras representativas de dados, com a observância de cuidados quanto aos dados sensíveis.

Apesar de não estar localizado topograficamente no capítulo da não discriminação, guardam estreita correlação com o princípio em análise as normas estampadas no Capítulo VIII, que versam acerca da pesquisa, do desenvolvimento e da implantação de serviços de inteligência artificial, razão pela qual serão abordadas neste ponto.

O principal objetivo de se disciplinar a composição de equipes de pesquisa, desenvolvimento e implantação das soluções computacionais que se utilizem de Inteligência Artificial guarda correlação com a importância de se evitar tendências discriminatórias nas ferramentas, passíveis de ocorrer quando não se estabelecem equipes diversificadas.

A diversidade possui o condão, ademais, de ofertar várias óticas, a partir do olhar particular dos seus integrantes, o que evita, ou ao menos mitiga, a possibilidade de se

---

11. COMISSÃO EUROPEIA PARA A EFICÁCIA DA JUSTIÇA. Carta Europeia de Ética sobre o Uso da Inteligência Artificial em Sistemas Judiciais e seu ambiente, p. 5.

deparar com ferramentas maculadas com vieses discriminatórios, sobretudo na fase de seleção e recorte das amostras dos dados selecionadas para o treinamento.

Consubstanciam-se em equipes diversificadas aquelas integradas, por exemplo e na medida do possível, por profissionais de diferentes gêneros, raças, etnias, orientações sexuais, gerações e outras características individuais. Essa participação, dita representativa, deve ser observada em todas as etapas do processo, desde a concepção, passando pelo planejamento, pela coleta e processamento de dados, pela construção, validação, até a implementação dos modelos, envolvendo tanto a área técnica, quanto a negocial, podendo ser afastada apenas na ausência de profissionais no quadro de pessoal dos tribunais, sempre mediante decisão fundamentada.

Além da formação de equipes, a participação representativa deve ocorrer igualmente nas vagas destinadas à capacitação, até para preparar diversos profissionais, com perfis diferenciados, com vistas a integrar as equipes técnicas, sob pena de esvaziar de sentido a previsão de equipes multifacetadas.

Outra previsão que merece destaque diz com a realização de estudos, pesquisas, ensino e treinamentos livres de preconceito, vedando o desrespeito à dignidade e à liberdade, à integridade, ao proscrever atividades que envolvam qualquer espécie de risco ou prejuízo aos seres humanos, à equidade, e proibir o direcionamento do curso da pesquisa e dos seus resultados.

Neste passo, merece menção a recomendação contida no artigo 23 da Resolução CNJ 332/2020, no sentido de não se estimular a utilização de modelos de Inteligência Artificial em matéria penal, em especial no que atine à sugestão de modelos de decisões preditivas, justamente para evitar decisões que continuem a exprimir pensamentos históricos e a punir com maior severidade os menos favorecidos.

Houve ressalva, no entanto, com vistas a permitir, contudo, ferramentas auxiliares, a exemplo de calculadoras de penas, de prescrição, de verificação de reincidência (desde que não sejam mais prejudiciais que a que o magistrado chegaria), mapeamentos e de classificação e triagem, por não possuírem caráter decisório, apenas instrumental.

Cuidou, ainda, a Resolução 332/2020 de prever a necessidade de autorização do Conselho Nacional de Justiça para a utilização de modelos de Inteligência Artificial que utilizem técnicas de reconhecimento facial, sobretudo em razão das conhecidas dificuldades de acurácia, podendo importar em viés discriminatório, como visto, em muito proscrito pelo normativo.

No sentido de reforçar a importância da previsão de controle do uso de técnicas de reconhecimento facial pelo Conselho Nacional de Justiça, merecem ser consignadas as informações de Julia Bossmann[12]:

---

12. BOSSMANN, Julia. *Top 9 ethical issues in artificial intelligence*, p. 3. (Tradução livre: Embora a inteligência artificial seja capaz de uma velocidade e capacidade de processamento muito além da dos humanos, nem sempre se pode confiar que seja justa e neutra. O Google e sua controladora Alphabeth são um dos líderes quando se trata de inteligência artificial, como pode ser visto no serviço Fotos do Google, onde a IA é usada para identificar pessoas, objetos e cenas. Mas isto pode falhar, como, por exemplo, quando uma câmera perdeu a característica da da sensibilidade racial ou quando um software usado para prever futuros criminosos mostrou um viés preconceituso contra os negros. Não devemos esquecer que os sistemas de IA são criados por humanos, que podem ser tendenciosos e

PRINCÍPIOS ÉTICOS DA INTELIGÊNCIA ARTIFICIAL E O PODER JUDICIÁRIO **163**

Though artificial intelligence is capable of a speed and capacity of processing that's far beyond that of humans, it cannot Always be trusted to be fair and neutral. Google and its parent company Alphabeth are one of the leaders when it comes to artificial intelligence, as seen in Google's Photos service, where AI is used to identify people, object and scenes. But it can go wrong, such as when a camera missed the mark on racial sensivity, or when a software used to predict future criminals showed bias against black people.

We should't forget that AI systems are created by humans, who can be biased and judgemental. Once again, if used right, or if used by those who strive for social progress, artificial intelligence can become a catalyst for positive change.

Quanto ao princípio da transparência, imparcialidade e equidade, previsto pela Carta Ética Europeia, possui o objetivo de tornar os métodos de tratamento de dados acessíveis e compreensíveis, autorizadas auditorias externas.[13]

Por seu turno, o Grupo de Trabalho do Conselho Nacional de Justiça optou pela eleição da nomenclatura publicidade e transparência, indicando, no art. 8º, a sua abrangência, consubstanciada na divulgação responsável, indicação dos objetivos e resultados pretendidos, documentação dos riscos identificados e indicação dos instrumentos de segurança da informação e controle que podem auxiliar no seu enfrentamento, identificação do motivo em caso de dano, apresentação dos mecanismos de auditoria e certificação de boas práticas, e, ainda, explicação satisfatória auditável das decisões tomadas com o auxílio de modelo de Inteligência Artificial, com destaque para quando o uso for de natureza judicial.[14]

Os objetivos do dispositivo guardam relação com o próprio princípio da transparência, que deve nortear a Administração Pública como um todo, e o Poder Judiciário em particular. Ademais, possuem relação, igualmente, com a necessária fundamentação das decisões.

A esse respeito, valiosas as lições de Juan Gustavo Corvalán, que, ao tratar da transparência assinala que: *"la inteligencia artificial debe ser transparente em sus decisiones, lo que significa que se pueda inferir o deducir una "explicación entendible" acerca de los criterios en que se basa para arribar a una determinada conclusión, sugerencia o resultado."*[15]

No que atine aos princípios da governança e qualidade, revela-se bastante importante o conhecimento, por parte do Conselho Nacional de Justiça, de todas as iniciativas que vêm se desenvolvendo ao longo do país, com vistas a concentrar esforços e desenvolver de modo cooperativo, primando pelo compartilhamento dos produtos, prescrição que será analisada com mais vagar adiante. De igual sorte, o estabelecimento de critérios para o desenvolvimento das ferramentas, importa em maior homogeneidade e aproveitamento.

Por sua vez, no que se refere ao princípio da segurança, o escopo é a eleição de fontes certificadas, especialmente governamentais, ambiente seguro, conhecimento multidisciplinar, com rastreabilidade.

---

preconceituosos. Porém, se usada da maneira correta ou por aqueles que lutam pelo progresso social, a inteligência artificial pode se tornar um catalisador para mudanças positivas).

13. COMISSÃO EUROPEIA PARA A EFICÁCIA DA JUSTIÇA. Carta Europeia de Ética sobre o Uso da Inteligência Artificial em Sistemas Judiciais e seu ambiente, p. 6.

14. CONSELHO NACIONAL DE JUSTIÇA. Resolução n. 332, de 21 de agosto de 2020, p. 6.

15. CORVALÁN, Juan Gustavo. *Inteligencia artificial*: retos, desafios y oportunidades – Prometea: la primera inteligencia artificial de Latinoamérica al servicio de la Justicia, p. 311.

Neste ponto, merecem destaque as orientações do Departamento de Indústria, Ciência, Energia e Recursos da Austrália[16]:

AI systems should not pose unreasonable safety risks, and should adopt safety measures that are proportionate to the magnitude of potential risks. AI systems should be monitored and tested to ensure they continue to meet their intended purpose, and any indentified problems should be addressed with ongoing risk management as appropriate. Responsability should be clearly and appropriately identified, for ensuring that na AI system is robust and safe.

Assim, com relação à segurança, além da questão estrutural de proteção, a concepção e o desenvolvimento devem ser calcados em conhecimentos técnicos múltiplos, envolvendo a área técnica e a negocial, com vistas a entregar ferramenta que realmente atenda às expectativas dos usuários. Consoante mencionado anteriormente, seguem neste sentido as orientações do Grupo de Trabalho, com a determinação de diversidade e multidisciplinariedade nas equipes envolvidas nos projetos, bem assim nas vagas destinadas a treinamento.

A Carta Europeia recomenda que a multidisciplinariedade deve alcançar profissionais da justiça e de outras áreas, ressaltando a importância da participação acadêmica nos projetos.[17]

Outros aspectos ressaltados pela Resolução CNJ 332/2020 dizem com a proscrição da alteração dos dados antes da sua utilização nos treinamentos dos modelos e com a proteção dos dados contra riscos de destruição, modificação, extravio ou acessos e transmissões não autorizados. Ademais, merece destaque o reforço da segurança no armazenamento e execução dos modelos de Inteligência Artificial em ambientes aderentes a padrões consolidados de segurança da informação, de suma importância, em especial no que atine aos dados sensíveis.

No que atine ao Princípio do controle do usuário preconiza que o usuário seja o real destinatário dos produtos desenvolvidos a partir de Inteligência Artificial, de modo a não ser prejudicado.

Do contido na Carta Ética Europeia[18], percebe-se claramente esse pensamento, na medida em que prevê:

O utilizador deve ser informado, numa linguagem clara e compreensível, se as soluções oferecidas pelos instrumentos de inteligência artificial são ou não vinculativas, das diferentes opções disponíveis, e se tem direito a aconselhamento jurídico e direito de acesso a um tribunal. Deve igualmente ser claramente informado de qualquer tratamento prévio de um processo por inteligência artificial antes

---

16. AUSTRALIAN GOVERNMENT. DEPARTMEN OF INDUSTRY, SCIENCE, ENERGY AND RESOURCES. AI Ethics Principles, p. 5. (Tradução livre: Os sistemas de inteligência artificial não devem apresentar riscos de segurança excessivos e devem adotar medidas de segurança proporcionais à magnitude dos riscos potenciais. Os sistemas de inteligências artificial devem ser monitorados e testados para garantir que continuem atendendo ao propósito pretendido, e quaisquer problemas identificados devem ser tratados com gerenciamento de risco contínuo, conforme apropriado. A responsabilidade deve ser identificada de forma clara e adequada, para garantir que um sistema de IA seja robusto e seguro).

17. COMISSÃO EUROPEIA PARA A EFICÁCIA DA JUSTIÇA. Carta Europeia de Ética sobre o Uso da Inteligência Artificial em Sistemas Judiciais e seu ambiente, p. 5.

18. COMISSÃO EUROPEIA PARA A EFICÁCIA DA JUSTIÇA. Carta Europeia de Ética sobre o Uso da Inteligência Artificial em Sistemas Judiciais e seu ambiente, p. 7.

ou durante um processo judicial e ter o direito a se opor, para que o seu processo possa ser apreciado diretamente por um tribunal na acepção do artigo 6.o da CEDH.

Salta aos olhos a estreita correlação deste princípio com o da transparência, na medida em que, para a Comissão Europeia, além de estar ciente da utilização de produtos e ferramentas de inteligência artificial em julgamento de que é parte, deve ter acesso à forma como foram desenvolvidas.

Para Juan Gustavo Corvalán[19]:

> Una IA basada en un enfoque de derechos humanos debe poder explicar, paso a paso, las operaciones técnicas que realiza desde el inicio hasta el fin de un proceso determinado. Como regla, se debe garantir la inteligibilidad y la trazabilidad del proceso de toma de decisiones de los algoritmos inteligentes.

De outra banda, para os profissionais da Justiça, o controle do usuário importa na possibilidade de revisão das decisões, além da não obrigatoriedade de se valer dos instrumentos de Inteligência Artificial, cabendo, portanto, adesão ou não. A Resolução CNJ 332/2020 reforça a autonomia dos usuários internos, uma vez que não os vincula à solução apresentada pelo modelo.

No que toca aos usuários externos, prevê, no artigo 18, sejam "informados, em linguagem clara e precisa, quanto à utilização de sistema inteligente nos serviços que lhes forem prestados", indicando, ademais, o caráter não vinculante da proposta de solução calcada em Inteligência Artificial, uma vez será necessariamente submetida à análise da autoridade competente, que a validará.[20]

Neste momento, vale consignar que não foram previstas na Resolução CNJ 332/2020 apenas balizas éticas, mas igualmente normas de governança de Inteligência Artificial, que auxiliam, sobremaneira, na orquestração das iniciativas em todo o Judiciário brasileiro.

Nesta senda, merece destaque, consoante mencionado anteriormente, a previsão de comunicação ao Conselho Nacional de Justiça de todas as iniciativas calcadas em Inteligência Artificial, velando pela sua continuidade, bem assim informação de todos os registros de eventos adversos e depósito no Sinapses, definido no artigo 2º da Resolução CNJ 332/2020 como "a solução computacional, mantida pelo Conselho Nacional de Justiça, com o objetivo de armazenar, treinar, distribuir e auditar modelos de Inteligência Artificial".[21]

O escopo dos dispositivos em análise segue, especialmente, no sentido de se evitar dispêndio desnecessário de verbas, ainda que unicamente consubstanciado no custo da dedicação de servidores, em projetos que acabam sendo abandonados no curso do seu desenvolvimento. Assim, a determinação é de que haja plena comunicação das iniciativas, com a disponibilização dos códigos fonte, de modo a permitir o compartilhamento, bem assim continuidade, excepcionando-se os casos em que um projeto ofereça riscos, hipótese em que poderá ser descontinuado, porém apenas após estudos e parecer pormenorizado, de modo a demonstrar que não cabem ajustes ou readequações.

---

19. CORVALÁN, Juan Gustavo. *Inteligencia artificial*: retos, desafios y oportunidades – Prometea: la primera inteligencia artificial de Latinoamérica al servicio de la Justicia, p. 312.
20. CONSELHO NACIONAL DE JUSTIÇA. Resolução n. 332, de 21 de agosto de 2020, p. 7.
21. CONSELHO NACIONAL DE JUSTIÇA. Resolução n. 332, de 21 de agosto de 2020, p. 5.

Merece referência, por derradeiro, a prescrição, na Resolução CNJ 332/2020, de prestação de contas dos projetos envolvendo modelos de Inteligência Artificial, prevendo responsabilização em caso de desconformidade com os princípios e regras estabelecidos na norma, o que, no sentir dos subscritores, ensejará maior acuidade de todos os envolvidos, via de consequência, importará em soluções éticas e que atendam ao real destinatário da evolução tecnológica no Poder Judiciário, o jurisdicionado.

3. CONCLUSÃO

Em que pesem posicionamentos em contrário, a conclusão dos subscritores deste artigo segue no sentido da imprescindibilidade da adoção de mecanismos tecnológicos para dar conta das invencíveis demandas postas ao Poder Judiciário, sem que isso queira significar que a Inteligência Artificial substituirá o julgador, como foi possível observar no dispositivo constante da Resolução CNJ 332/2020.

Dessa feita, é passada a hora de se valer da inovação na busca por novos paradigmas, não só voltada para questões técnicas, mas, sobretudo, para as organizacionais, culturais, de pensamento, de substituição de tarefas rotineiras, sem descurar, contudo, dos princípios éticos que devem norteá-la, sob pena de se incorrer em riscos de desvirtuamento dos objetivos para os quais as ferramentas de Inteligência Artificial foram concebidas, desenvolvidas e aplicadas.

Isso porque, consoante se pode observar, há elenco expressivo de benefícios na adoção da Inteligência Artificial, mas riscos decorrentes de sua utilização sem parâmetros éticos, balizadores do desenvolvimento tecnológico que prima por valores e se preocupa com as consequências da sua utilização, notadamente para o jurisdicionado.

Nesse sentido, andou bem o Conselho Nacional de Justiça, tanto ao instituir o Grupo de Trabalho destinado à elaboração de estudos e propostas voltadas à ética na produção e uso da inteligência artificial no Poder Judiciário, quanto na abrangência das regras éticas que constaram da Resolução CNJ 332/2020. Seguramente, norteará, como modelo, outros órgãos e instituições, igualmente preocupados com o estabelecimento de balizas éticas para a concepção, desenvolvimento e uso da inexorável Inteligência Artificial.

4. REFERÊNCIAS

AUSTRALIAN GOVERNMENT DEPARTMENT OF INDUSTRY, SCIENCE, ENERGY AND RESOURCES. *AI Ethics Principles*. Disponível em: http: https://www.industry.gov.au/data-and-publications/building-australias-artificial-intelligence-capability/ai-ethics-framework/ai-ethics-principles. Acesso em: jul. 2020.

BOSSMANN, Julia. *Top 9 ethical issues in artificial intelligence*. Wordl Economic Forum. Disponível em: https://www.weforum.org/agenda/2016/10/top-10-ethical-issues-in-artificial-intelligence/. Acesso em: jul. 2020.

COMISSÃO EUROPEIA PARA A EFICÁCIA DA JUSTIÇA. *Carta Europeia de Ética sobre o Uso da Inteligência Artificial em Sistemas Judiciais e seu ambiente*. Adotada na sua 31ª reunião plenária. Estrausburgo, 3 e 4 de dezembro de 2018. Disponível em https://rm.coe.int/carta-etica-traduzida-para-portugues--revista/168093b7eo. Acesso em fev. 2020.

CONSELHO NACIONAL DE JUSTIÇA. Resolução 332, de 21 de agosto de 2020. Dispõe sobre a ética, a transparência e a governança na produção e no uso de Inteligência Artificial no Poder Judiciário e dá outras providências. *Diário da Justiça*, Brasília, DF, 25 de agosto de 2020. Edição n. 274/2020, p. 4 a 8.

CORVALÁN, Juan Gustavo. Inteligencia artificial: retos, desafios y oportunidades – Prometea: la primera inteligencia artificial de Latinoamérica al servicio de la Justicia. *Revista de Investigações Constitucionais*, Curitiba, vol. 5, n. 1, p. 295-316, jan./abr. 2018.

DONEDA, Danilo Cesar Maganhoto; MENDES, Laura Schertel; SOUZA, Carlos Affonso Pereira de; ANDRADE, Norberto Nuno Gomes de. Considerações iniciais sobre inteligência artificial, ética e autonomia pessoal. *Pensar Revista de Ciências Jurídicas*, Fortaleza, v.3, n. 4, p. 1-17, out./dez. 2018.

MUNERA, Luis Eduardo. *Inteligencia Artificial e Sistemas Expertos*. Universidad Icesi, Colombia: Portal de revistas. Disponível em https://core.ac.uk/reader/229158562. Acesso em 6 jul. 2020.

WAMBIER, Luiz Rodrigues. Inteligência artificial e sistema multiportas: uma nova perspectiva do acesso à justiça. *Revista dos Tribunais*, São Paulo, v. 1000/2019, p. 301-307, fev. 2019.

COURTBOX: O PAPEL DO *SANDBOX* REGULATÓRIO NA PROMOÇÃO DO ACESSO À JUSTIÇA

Daniel Becker

Professor convidado de diversas instituições, palestrante frequente e autor de diversos artigos publicados em livros e revistas nacionais e internacionais sobre os temas de arbitragem, processo civil, regulação e tecnologia. Diretor de Novas Tecnologias no Centro Brasileiro de Mediação e Arbitragem (CBMA). Advogado.

Bruno Feigelson

Doutor e mestre em Direito pela UERJ. Professor universitário, palestrante e autor de diversos livros e artigos especializados na temática direito, inovação e tecnologia. CEO da Future Law e do Sem Processo. Advogado.

Danilo Moraes

Especializado em negociação na Harvard Faculty Club pela CMI Interser em 2019. Graduando pela Universidade Federal Fluminense (UFF). Estagiário de Direito.

Sumário: 1. Introdução. 2. O que é *sandbox*. 3. Sandbox regulatório e acesso à justiça. 4. *Sandbox* regulatório e acesso à justiça no Brasil. 5. Conclusão.

1. INTRODUÇÃO

Nos últimos anos, o relatório Justiça em Números do Conselho Nacional de Justiça (CNJ) e os 2% de gastos com o PIB pelo Poder Judiciário, inobstante alarmantes, felizmente, caíram na boca da comunidade jurídica. O que era mera estatística anual virou dor de cabeça que, por sua vez, converteu-se em cinética e hoje se discute com uma intensidade valorosa novas formas de resolver a crise de justiça no país. Afinal, as sucessivas ondas de acesso à justiça[1] não se mostraram capazes de alterar a realidade da crise no sistema de Justiça brasileiro. É preciso acrescentar tecnologia e inovação à equação da resolução de conflitos.

A Justiça, historicamente, mantém-se fechada para os cidadãos, que pouco entendem dos seus trâmites, métodos e resultados. Grande parte da dificuldade em lidar com a catastrófica situação do Poder Judiciário no país encontra-se na semântica, isto é, na ausência de diferenciação entre acesso aos órgãos jurisdicionais e acesso à justiça. Este prefere aquele e não envolve apenas o acesso aos órgãos do Poder Judiciário e meios

---

1. CAPPELLETTI, Mauro; GARTH, Brian. *Acesso à Justiça*. Trad. Ellen Gracie Northfleet. Porto Alegre: Fabris, 1988.

adequados de pacificação social e de solução de conflitos, mas também o amplo acesso da população à informação jurídica[2]. O acesso à justiça, portanto, extrapola o âmbito judicial; ele abarca a necessidade de efetivação, por quaisquer vias, dos direitos fundamentais[3]. Todos os esforços devem convergir para que seja assegurada a concretização desse direito fundamental, tendo como norte que ele não se resume ao acanhado limite do acesso aos órgãos jurisdicionais. Partindo-se de uma visão axiológica de justiça, tem-se que o acesso a ela representa o "acesso a uma determinada ordem de valores e direitos fundamentais para o ser humano".[4]

Uma solução analítica começou em 2004, com a criação do Conselho Nacional de Justiça, o CNJ, por meio da Emenda Constitucional nº 45 de 2004. Dentre as principais atuações desse órgão, destaca-se o dever de produção de relatórios estatísticos e de propor políticas, programas e metas que pudessem aprimorar a eficiência e a eficácia da atividade jurisdicional no Brasil[5]. A partir dessa função foram criados diversos programas, como destaque para o "Metas do Judiciário", que desenvolve metas nacionais e específicas, como julgar mais processos que os distribuídos (*saída > entrada*), priorizar o processamento de ações judiciais de maiores litigantes e de recursos repetitivos, estimular a conciliação etc.,[6] e o "Justiça em Números", que faz o diagnóstico da prestação jurisdicional em todo o país, analisando dados como o número de processos recebidos, em trâmite e solucionados, dividindo-os por classe e fase processual, localização e outros diversos fatores e variáveis.

Um interessante resultado foi a Resolução 125 de 2010 do CNJ[7], que instituiu a Política Judiciária Nacional de tratamento adequado de conflitos, instaurando também o conceito de tribunal multiportas no Brasil, através dos Centros Judiciários de Solução de Conflitos e Cidadania (CEJUSCs). Ocorre que, apesar das grandes evoluções trazidas pela atuação do CNJ, bem como a Lei de Mediação, a renovação da Lei de Arbitragem e até a própria reforma do Código de Processo Civil, com dados evidentes na diminuição de processos vigentes, ela tem suas limitações e críticas. Nada disso foi capaz de alterar a realidade da crise no sistema de Justiça.

Em um contexto onde esses números alarmantes são realidade, a concessão do benefício da gratuidade de justiça sem a adequada documentação da hipossuficiência, bem como a gratuidade irrestrita para litigar perante os Juizados Especiais Cíveis, não apenas estimulam a litigância, mas geram, inclusive, uma seleção adversa de demandas.

---

2. MARQUES DA SILVA, Marco Antonio. A efetividade do acesso à justiça. *Revista do Instituto dos Advogados de São Paulo*, v. 17/2006, p. 125 - 144, Jan-Jun/2006.
3. BARREIROS, Lorena Miranda Santos. Breves considerações sobre o princípio do acesso à justiça no direito brasileiro. *Revista de Direito do Trabalho*, v. 134, abril-junho de 2009.
4. RODRIGUES, Horácio Wanderley. *Acesso à justiça no direito processual brasileiro*. São Paulo: Acadêmica, 1994, p. 29.
5. CNJ – Conselho Nacional de Justiça. Justiça em Números 2019. Disponível em: https://www.cnj.jus.br/wp-content/uploads/conteudo/arquivo/2019/08/justica_em_numeros20190919.pdf. Acesso em: 02 ago. 2020.
6. CNJ – Conselho Nacional de Justiça. Metas Nacionais 2020 aprovadas no XIII Encontro Nacional do Poder Judiciário. Disponível em: https://www.cnj.jus.br/wp-content/uploads/2020/01/Metas-Nacionais-aprovadas-no-XIII-ENPJ.pdf. Acesso em: 02 de ago. 2020.
7. BRASIL. Resolução 125 de 29/11/2010 do Conselho Nacional de Justiça. Dispõe sobre a Política Judiciária Nacional de tratamento adequado dos conflitos de interesses no âmbito do Poder Judiciário e dá outras providências. Disponível em: https://atos.cnj.jus.br/atos/detalhar/atos-normativos?documento=156. Acesso em: 02 ago. 2020.

São milhões de processos, muitos de má-qualidade, que, se por um lado arrombam as portas da Justiça, por outro, congestionam seus corredores empoeirados sem perspectivas de obtenção da tutela de direitos justa, efetiva e em prazo razoável (CPC, art. 6º). Assim, no lugar de acesso à Justiça, o que se tem é um cenário de tragédia[8], causado pelo esgotamento dos recursos públicos alocados ineficazmente para a solução de conflitos.[9]

Na medida em que a sociedade passa a conectar-se e a tornar-se dependente da internet para as atividades mais corriqueiras, há uma amplificação significativa da quantidade de disputas. Isso porque, ao diminuir os custos de transação das interações sociais de forma geral, a tecnologia aumenta a quantidade dessas interações, elevando bruscamente o número de conflitos. Trata-se de um efeito colateral da tecnologia.[10] Se alguém demorava duas horas para comprar um livro na livraria mais próxima e hoje faz isso em cinco minutos por um custo muito menor, é bem provável que esse alguém compre mais livros. Mas também é mais provável que ocorra alguma falha no serviço prestado: a entrega da mercadoria pode atrasar, o produto pode ter algum defeito ou, ainda, o fornecedor pode ter despachado a mercadoria errada, dentre outros problemas. Onde há comércio, há conflito[11], e, hoje, conflitos crescem quase que em proporção direta ao nível de interconectividade.[12]

Sobrecarga e o aumento do dispêndio de recursos com tecnologia da informação, com o perdão do truísmo, são inerentes ao Século XXI. Modelos escaláveis com pouca mão de obra e muito investimento em tecnologia, hoje, dominam o mundo. Para os menos versados em tecnologia, escalabilidade é um atributo que descreve a capacidade de uma organização de crescer e gerenciar a demanda crescente.[13] Essa atividade é realizada por *softwares*, que vão sendo atualizados de acordo com a necessidade. Portanto, automação dos procedimentos, *case management*, uso intensivo de videoconferência, gerenciamento online de documentos e mudanças no efetivo dos tribunais são estratégias imprescindíveis para a melhora do Poder Judiciário.

Diante da premissa inquestionável de necessidade de mudança, bem como da consciência da tecnologia como solução, a pergunta que se pretende responder neste capítulo é o que fazer? Diante deste novo paradigma tecnológico e, portanto, de acesso à justiça[14], a resposta pode estar em um instrumento de regulação criado para o ambiente da tecnologia financeira (*fintech*) no Reino Unido e tem se mostrado

---

8. WOLKART, Erik Navarro. *Análise Econômica do Processo Civil*: como a economia, o direito e a psicologia podem vencer a tragédia da justiça. São Paulo: Ed. RT, 2019.

9. WOLKART, Erik Navarro; BECKER, Daniel. Da Discórdia analógica para a Concórdia digital. In: FEIGELSON, Bruno; BECKER, Daniel; RAVAGNANI, Giovani (Org.). *O advogado do amanhã*: estudos em homenagem ao professor Richard Susskind. São Paulo: Ed. RT, 2019, p. 109-123.

10. KATSH, Ethan; RABINOVICH-EINY, Orna. *Digital Justice*. Nova York: Oxford University, 2017. p. 3.

11. CLABURN, Thomas. *Modria's Fairness Engine: Justice On Demand*. Information week. Disponível em: https://www.informationweek.com/cloud/platform-as-a-service/modrias-fairness-engine-justice-on-demand/d/d-id/1107435? Acesso em: 21 abr. 2020.

12. WOLKART, Erik Navarro; BECKER, Daniel. Da discórdia analógica para a concórdia digital. In: FEIGELSON, Bruno; BECKER, Daniel; RAVAGNANI, Giovani (Org.). *O advogado do amanhã*: estudos em homenagem ao professor Richard Susskind. São Paulo: Ed. RT, 2019, p. 109-123.

13. TECHNOPEDIA. *Scalability*. Technopedia. Disponível em: https://www.techopedia.com/definition/9269/scalability. Acesso em: 13 jul. 2020.

14. CHIESI FILHO, Humberto. *Um novo paradigma de acesso à justiça*. D'Plácido: Belo Horizonte, 2019.

uma solução válida para diversos outros setores e jurisdições ao redor do globo, o *sandbox* regulatório.

2. O QUE É *SANDBOX*?

A premissa básica do *sandbox* é mimetizar a ideia de sua tradução literal, uma caixa de areia. Explica-se. As caixas de areia presentes em diversas praças no mundo todo representam um ambiente limitado às crianças, moderado pelos pais, no qual aqueles podem exercer sua criatividade de forma mais livre e segura. Essa ideia foi originalmente utilizada no campo tecnológico, representando uma camada de sistema, de proteção paralela, no qual o sistema é capaz de concentrar ações não confiáveis em uma área restrita, isolada do resto do sistema operacional do computador, protegendo-o[15].

Aproveitando-se da interdisciplinaridade cada vez mais presente no direito, esse conceito foi transmutado para a criação de espaços onde novas tecnologias e produtos possam ser testados de forma a respeitar e fomentar inovações, mas resguardando o sistema como um todo[16]. Em outras palavras, a caixa de areia transforma-se na ideia de *sandbox* regulatório e passa a possibilitar inovações tecnológicas sem que estas encontrem as tradicionais barreiras regulatórias. Além disso, auxilia na análise de viabilidade e aplicabilidade de novas tecnologias, a partir dos impactos positivos ou negativos de seus serviços, antes de se verificar a necessidade de regulamentação em um ambiente não controlado[17] e entender como essa se daria.

A ideia do sandbox é dotar o regulador de dinamismo semelhante à inovação, detendo ele um constante olhar para o futuro e o papel de especialista de tendências do setor regulado. Nas palavras de Eduardo Bruzzi, "[*sandbox*], a partir dos objetivos que conduzem à sua instituição e da dinâmica do seu funcionamento, se encaixa, dentro da teoria da regulação, como um instrumento regulatório de fomento baseado em incentivo regulatório por meio de experimentalismo estruturado tendo como pilar indutivo a isenção normativo-regulatória temporária."[18]

Superado o entendimento do funcionamento do *sandbox* regulatório, cumpre destacar sua importância para uma realidade em constante mudança. Na recentíssima obra "*Sandbox*: experimentalismo no direito exponencial", Bruno Feigelson e Luiza Leite, clarificam de forma didática algumas forças propulsoras que ensejam a criação e o uso de um *sandbox* regulatório, independentemente do setor.[19] Confira-se:

---

15. HSC – High Security Center. Sandbox: Conheça as vantagens desta ferramenta de segurança. Disponível em: https://www.hscbrasil.com.br/o-que-e-sandbox/. Acesso em: 13 jul. 2020.

16. FEIGELSON, Bruno; LEITE, Luiza. *Sandbox*: experimentalismo no direito exponencial. São Paulo: Thomson Reuters, Ed. RT, 2020.

17. JIMÉNEZ, Jorge Gabriel & HAGAN, Margaret. *A Regulatory Sandbox for the Industry of Law*. Legal Executive Institute. Disponível em: http://www.legalexecutiveinstitute.com/wp-content/uploads/2019/03/Regulatory-Sandbox-for-the-Industry-of-Law.pdf. Acesso em: 13 jul.2020.

18. VIANNA, Eduardo Araujo Bruzzi. *Regulação das fintechs e sandboxes regulatórias*. 2019. 168 f. Dissertação (mestrado). Escola de Direito do Rio de Janeiro da Fundação Getúlio Vargas.

19. FEIGELSON, Bruno; LEITE, Luiza. *Sandbox*: experimentalismo no direito exponencial. São Paulo: Thomson Reuters, Ed. RT, 2020.

1) A existência de um descompasso entre a velocidade das mudanças sociais e econômicas e o tempo de reação do Direito.

2) A necessidade de se buscar novas formas e institutos para reconciliar o paradigma regulatório com a evolução tecnológica.

3) A diminuição da assimetria temporal entre o desenvolvimento da tecnologia e a produção jurídico-regulatória.

4) A necessidade de experimentalismo no campo jurídico-regulatório.

O instituto remonta ao ano de 2015 e tem origem no Reino Unido, o qual envidou esforços para alcançar a vanguarda em inovação no setor financeiro por meio da adoção do *sandbox* regulatório. A Financial Conduct Authority (FCA), órgão regulador responsável pelo controle e fiscalização da indústria de serviços financeiros do Reino Unido[20], foi o responsável por esse pioneirismo.

O projeto de *sandbox* regulatório britânico teve início com a divulgação de um relatório em novembro de 2015[21], que revelou as vantagens do projeto, com destaque para a diminuição do tempo entre a concepção de um produto até sua disponibilização no comércio, a melhoria do acesso a investimento pelos inovadores em razão da diminuição de incertezas regulatórias, e a possibilidade de testar e introduzir produtos no mercado. Defendeu-se, ainda, que a união desses fatores possa reduzir os custos gerais dos produtos[22].

O modelo de funcionamento proposto pelo FCA segue uma linha geral de quatro etapas, *i.e.* (i) a aplicação, consistente no pedido da empresa em ingressar no mercado com um produto ou serviço inovador, (ii) a autorização, que avaliará se o produto atende aos critérios e aos objetivos do programa, (iii) o teste, ou seja, o caráter experimental da inovação, com tempo de seis meses e abrangência limitada e, por fim, (iv) a saída[23]. Essa última fase tem importância crucial para o estabelecimento ou não das inovações fora do ambiente controlado, ajudando na criação de novas regulamentações ou no abandono da ideia. Para facilitar a visualização do fluxo do *sandbox*, preparamos este pequeno gráfico:

---

20. FCA – Financial Conduct Authority. *About Us*. Disponível em: https://www.fca.org.uk/about. Acesso em: 13 jul. 2020.

21. FCA – Financial Conduct Authority. Regulatory Sandbox, November, 2015. Disponível em: https://www.fca.org.uk/publication/research/regulatory-sandbox.pdf. Acesso em: 13 jul. 2020.

22. FEIGELSON, Bruno; LEITE, Luiza. *Sandbox*: experimentalismo no direito exponencial. São Paulo: Thomson Reuters, Ed. RT, 2020.

23. FEIGELSON, Bruno; LEITE, Luiza. *Sandbox*: experimentalismo no direito exponencial. São Paulo: Thomson Reuters, Ed. RT, 2020.

Com o sucesso do *sandbox* regulatório britânico, diversos outros países seguiram seu arrojado exemplo, com um devido destaque para os países da Ásia-Pacífico com uma dinâmica combinação de avanços tecnológicos aliada a sistemas econômicos e regulatórios interconectados, em especial, Austrália, Hong Kong e Singapura.

Nessa toada, a Austrália, por meio da Australian Securities & Investments (ASIC) apresentou consulta pública com um pacote de medidas de inovação para serviços financeiros incluindo, como era de esperar, a criação de um *sandbox* regulatório[24]. Após essa consulta foram criados dois instrumentos regulatórios, o ASIC Credit Instrument e o ASIC Corporation Instrument, que possibilitaram as *fintechs* australianas testarem, no próprio mercado, produtos e serviços financeiros inovadores[25]. Essa estrutura regulatória é composta por três opções: (i) isenções já existentes, (ii) isenção de licenciamento para *fintechs*, ou (iii) isenção individual[26].

Já o modelo de Hong Kong, lançado pela Hong Kong Monetary Authority (HKMA), já em setembro de 2016, sem consulta pública, chama-se Fintech Supervisory Sandbox (FFS). A iniciativa permitiu que bancos autorizados pela HKMA, assim como empresas parceiras de tecnologia, realizassem teste de produtos inovadores em um ambiente con-

---

24. ASIC – Australian Securities & Investments Comission. 16-185MR ASIC consults on a regulatory sandbox licensing exemption. Disponível em: https://asic.gov.au/about-asic/news-centre/find-a-media-release/2016-releases/16-185mr-asic-consults-on-a-regulatory-sandbox-licensing-exemption/. Acesso em: 02 ago. 2020.
25. FEIGELSON, Bruno; LEITE, Luiza. *Sandbox*: experimentalismo no direito exponencial. São Paulo: Thomson Reuters, Ed. RT, 2020.
26. ASIC – Australian Securities & Investments Comission. Fintech Regulatory Sandbox. Disponível em: https://asic.gov.au/for-business/innovation-hub/fintech-regulatory-sandbox/. Acesso em: 02 ago. 2020.

trolado, mas com um sistema regulatório mais flexível[27]. Além desse modelo, foi lançado um novo, em 29 de setembro de 2017, pela Securities and Futures Comission (HKSFC), a Comissão de Valores Mobiliários honconguês[28]. Seguindo essa linha, a Hong Kong Insurance Authority (HKIA) também lançou mão de um *sandbox* regulatório voltado para o setor securitário.

Em Singapura, a Monetary Authority of Singapore publicou, no mês de novembro de 2016, um relatório com as diretrizes para seu *sandbox* regulatório voltado às *fintechs*[29]. O sistema de funcionamento e requisitos do programa singapuriano não se desloca muito dos supracitados, com destaque para a exigibilidade de que todos os consumidores envolvidos nos testes sejam notificados e alertados dos riscos envolvidos.

No Brasil, seguindo os passos do modelo britânico e com um viés multissetorial semelhante ao modelo chinês, foi lançado em junho de 2019, o documento "Diretrizes gerais para a constituição de *sandbox* regulatório no âmbito do mercado financeiro brasileiro"[30], estabelecendo os objetivos, as premissas e os procedimentos do *sandbox* regulatório tupiniquim. Esse relatório serviu de inspiração para a CVM, a SUSEP e o Banco Central do Brasil, tomarem seus primeiros passos rumo aos próprios *sandboxes* regulatórios, acompanhando as vantagens de um sistema regulatório dinâmico que acompanha a evolução tecnológica da era digital e o modelo britânico.

3.   *SANDBOX* REGULATÓRIO E ACESSO À JUSTIÇA

Felizmente, já há exemplos de aplicação de *sandboxes* regulatórios fora do setor financeiro que alcançaram o setor jurídico, aptos a validar a hipótese central ventilada neste capítulo. A seguir, serão apresentados três interessantes e recentes casos de *sandbox* no sistema de justiça.

A Suprema Corte do Estado de Utah nos Estados Unidos desenvolveu uma das mais emblemáticas iniciativas de uso de *sandbox* para promoção do acesso à justiça. Ela essa teve início a partir de estudo intitulado de "Narrowing the Access to Justice Gap by Reimangining Regulation". Esse estudo e suas recomendações para uma inovação regulatória no Estado de Utah foram aprovados, unanimemente, pela Suprema Corte de Utah em agosto de 2019, colocando em prática sua arrojada e inovadora iniciativa.

O seu escopo principal era "reimaginar profundamente o modo que serviços legais são regulados a fim de aproveitar o poder do empreendedorismo, do capital e do machine

---

27. FEIGELSON, Bruno; LEITE, Luiza. *Sandbox*: experimentalismo no direito exponencial. São Paulo: Thomson Reuters, Ed. RT, 2020.

28. SFC – Securities and Future Comission. Circular to announce the SFC Regulatory Sandbox. Disponível em: https://www.sfc.hk/edistributionWeb/gateway/EN/circular/doc?refNo=17EC63. Acesso em: 02 ago. 2020.

29. MAS – Monetary Authority of Singapore. Fintech Regulatory Sandbox Guidelines. Disponível em: https://www.mas.gov.sg/-/media/MAS/Smart-Financial-Centre/Sandbox/FinTech-Regulatory-Sandbox-Guidelines-19Feb2018.pdf?la=en&hash=B1D36C055AA641F580058339009448CC19A014F7. Acesso em: 02 ago. 2020.

30. LAB, ABDE, BID e CVM. Diretrizes gerais para a constituição de sandbox regulatório no âmbito do mercado financeiro brasileiro. Disponível em: http://www.labinovacaofinanceira.com/wp-content/themes/enfold-child/pdf/Sand_box_lab_vs8_web.pdf. Acesso em: 13 jul. 2020.

learning no campo jurídico"[31]. Em outras palavras, o objetivo é otimizar a estrutura regulatória de serviços legais face ao paradigma tecnológico, e influenciar positivamente o acesso à justiça e à acessibilidade a serviços jurídicos[32]. Acesso que contém uma enorme lacuna, com cerca de cinco bilhões de pessoas no mundo desamparadas, segundo o World Justice Project[33]. Para atingir esse nobre objetivo, o projeto divide-se em dois caminhos.

A primeira etapa foca em diminuir restrições aos advogados e à advocacia, com a adesão de novos *players*, não limitando aos advogados a prestação de determinados serviços jurídicos, possibilitando, assim, maior competição e inovação no campo. Já a segunda, propriamente um *sandbox*, consiste no desenho de um ambiente controlado de inovação e desenvolvimento de ferramentas em benefício dos jurisdicionados sem barreiras legais ou regulatórias.

Importante salientar que esse *sandbox* regulatório será guiado por três aspectos fundamentais, *id est*, o (i) teste de quantas e quais inovações são possíveis através do relaxamento ou da eliminação de regras, (ii) a autoavaliação de risco das empresas, sopesando benefícios, malefícios e riscos das inovações, e, por fim, (iii) novas fontes de dados através das coletas de usuários para medir seu desempenho, evidenciando qual regulamentação funcionará melhor.

Isto posto, é necessário expor que este louvável projeto, que é dividido em duas fases, já está com sua primeira fase em desenvolvimento, com previsão de duração de dois anos. Essa fase inicial está sendo gerida por uma força tarefa responsável por criar, operar e supervisionar o *sandbox* regulatório, focando no desenvolvimento de uma abordagem empírica dos objetivos e na regulamentação dos serviços jurídicos desenvolvidos. Otimizando, assim, o processo regulatório e fomentando novas ferramentas e possibilidades ao acesso à justiça. A segunda fase do projeto não contém muitos detalhes, tendo em vista a grande gama de possibilidades do *sandbox* regulatório. Todavia, é esperado um regulador independente e sem fins lucrativos com poder regulatório delegado com autoridade sobre alguns ou todos serviços legais[34].

Outro caso interessantíssimo foi desenvolvido pela Tech Nation em parceria com o Lawtech Delivery Panel e o Ministério da Justiça do país, o LawtechUK. O projeto é voltado para ajudar no fomento de uma mudança radical na compressão e na aplicabilidade de novas tecnologias para a conseguinte promoção da mesma mudança em todo o setor jurídico.

Os três objetivos principais do referido plano são (i) construir uma conscientização e um entendimento da interdisciplinaridade das lawtechs, (ii) fomentar a inovação

---

31. AMBROGI, Bob. *Utah Supreme Court Votes to Approve Pilot Allowing Non-Traditional Legal Services*. Disponível em: https://www.lawsitesblog.com/2019/08/utah-supreme-court-votes-to-approve-pilot-allowing-non-traditional-legal-services.html. Acesso em: 12 jul. 2020.
32. THE UTAH WORK GROUP ON REGULATORY REFORM. Narrowing the Access-to-Justice Gap by Reimagining Regulation. Utah, Agosto de 2019.
33. WORLD JUSTICE PROJECT. Task Force on Justice, Measuring the Justice Gap. Fevereiro de 2019, Disponível em: https://worldjusticeproject.org/sites/default/files/documents/Measuring%20the%20Justice%20Gap_Feb2019.pdf. Acesso em: 12 jul. 2020.
34. THE UTAH WORK GROUP ON REGULATORY REFORM. Narrowing the Access-to-Justice Gap by Reimagining Regulation. Utah, agosto de 2019.

transformadora através da colaboração e suporte a novos caminhos para entrega de excelência, do melhor serviço possível, e (iii) ser uma liderança intersetorial, auxiliando a definir e a moldar, através da tecnologia, o futuro e o propósito dos serviços legais e dos sistemas de resolução de disputas.[35]

O LawtechUK se dividirá em quatro diferentes programas para atingir os objetivos supracitados, visando não somente fomentar inovações tecnológicas, mas a capacitar e conscientizar os operadores do direito da transição para a era digital.

O primeiro programa é o Lawtech *Sandbox*, que objetiva criar um ambiente de pesquisa e desenvolvimento para inovação em um ambiente regulatório de teste dinâmico, acelerando a promoção de serviços jurídicos inovadores por meio do uso da tecnologia. Esse *sandbox* aplicará os princípios e o aprendizado obtido através do FCA *Sandbox*, abordado acima. Ato contínuo, além do Lawtech *Sandbox*, foi criado o SME Dispute Resolution Platform, voltado para a resolução de conflitos de pequenas e médias empresas através de uma plataforma totalmente digital.

Ademais, LawtechUK fundou o Online Hub e um Centro de Treinamento voltado para o treinamento e desenvolvimento de criação e uso de novas tecnologias, mostrando sua importância não somente para entendimento da dinamização do mundo moderno, mas também em auxílio a uma mudança cultural. Criou-se também, nessa linha, um programa de aconselhamento para dirimir dúvidas através de um conselho de autoridade sobre situações inéditas ligados ao uso de tecnologia, incluindo em questões envolvendo o *sandbox* regulatório.

Por último, mas não menos importante, trazemos a iniciativa da California Bar Association, a Ordem dos Advogados californiana, a qual criará o seu próprio *sandbox* regulatório. Diferente dos outros exemplos, o *sandbox* californiano é mais embrionário e idealizado com um escopo mais reduzido, voltado unicamente à prática da advocacia, mas, ainda assim, pode representar um significativo avanço no acesso à justiça no estado americano. Inicialmente, foi aprovada a formação de um grupo de estudos com o foco principal de analisar o possível relaxamento de regras que limitam e impedem a prática do Direito, como a divisão de honorários – proibida que seja feita entre advogados e não advogados, salvo algumas exceções[36] –, e que não advogados sejam sócios de escritórios de advocacia. Todavia, para exercer quaisquer mudanças regulatórias significativas e um *sandbox* regulatório, de fato, funcional, ainda é necessária a autorização da Suprema Corte da California e da legislação, semelhante ao ocorrido no Estado de Utah – o que ainda não ocorreu.

Ante todo o exposto, percebe-se que todos os três casos paradigmas revelam uma ruptura com o sistema atual que, por vezes, pode ser vista com certa reticência, mas trata-se de uma necessidade de o direito acompanhar a realidade na qual ele inexoravelmente está

---

35. LAWTECH DELIVERY PANEL, TECHNATION, MINISTRY OF JUSTICE. Lawtech UK, Transforming the UK legal sector through technology. Disponível em: https://technation.io/wp-content/uploads/2020/05/Lawtech-Vision-Report-V4.pdf. Acesso em: 13 jul. 2020.

36. De acordo com a "Rule 5.4" da American Bar Association, a qual determina a independência profissional do advogado. Disponível em: https://www.americanbar.org/groups/professional_responsibility/publications/model_rules_of_professional_conduct/rule_5_4_professional_independence_of_a_lawyer/. Acesso em: 13 jul. de 2020.

inserido. Não é só uma quebra do *status quo*, mas também um rompimento do hermetismo do sistema de justiça. Essa liberdade regulatória em um ambiente empírico e controlado de testes pode trazer benefícios e ideais que dificilmente seriam colocadas em prática, mas que podem exercer um impacto positivo e realista no acesso à justiça, garantindo, assim, uma prestação jurisdicional não só mais adequada, como mais próxima do ideal.

4. *SANDBOX* REGULATÓRIO E ACESSO À JUSTIÇA NO BRASIL

Em um primeiro momento, não nos parece haver dúvidas que o ente mais adequado para a criação de um *sandbox* regulatório no setor jurídico seja o CNJ. Dentre os ramos de atuação do Conselho, destacam-se o papel de controle da atividade administrativa e financeira dos órgãos do Judiciário até o cumprimento de deveres funcionais em atuações primárias, controle administrativo, e secundárias, demarcadas pela expedição de atos regulamentares, ou recomendação de providências no limite do Poder Judiciário[37]. E é justamente desta atribuição secundária que pode nascer um *sandbox* regulatório no âmbito do CNJ.

Afinal, cabe ao CNJ "realizar, fomentar e disseminar melhores práticas que visem à modernização e à celeridade dos serviços dos órgãos do Judiciário" vis-à-vis o "relatório estatístico sobre movimentação processual e outros indicadores pertinentes à atividade jurisdicional em todo o País, formular e executar políticas judiciárias, programas e projetos que visam à eficiência da justiça brasileira"[38].

E o ambiente é extremamente favorável. A uma, por conta da já dita e repetida crise de justiça no país. A duas, porque o Banco Central do Brasil, a Comissão de Valores Mobiliários e a Superintendência de Seguros Privados já possuem um *benchmark* relevantíssimo para o CNJ utilizar como base. A três, porque, segundo os dados mais atualizados da Associação Brasileira de Lawtechs & Legaltechs (AB2L), o Brasil conta com mais de 100 (cem) empresas de tecnologia focadas no mercado jurídico, ativas e aptas a celebrar parcerias. A quatro, pela já identificada capacidade institucional do CNJ e o seu papel analítico no Justiça em Números.

Como isso poderia ocorrer na prática? O CNJ poderia distribuir os serviços inovadores de acordo com as necessidades de cada estado e município. Explica-se com um exemplo hipotético. Por meio do Justiça em Números, foi percebida uma maior incidência de conflitos relacionados a disputas trabalhistas em determinado estado; portanto, lá poderiam ser aplicados e introduzidas ferramentas ou métodos adequados voltados a esse tema, como o fomento a negociação nesse estado, criação de procedimento expeditos pré-processuais. Feito isso, as mudanças poderiam ser testadas no decorrer do ano e avaliadas no próximo relatório, sendo mantidas ou descontinuadas. Os inovadores que quiserem participar do programa deveriam apresentar requerimento, demonstrando porque sua ideia é inovadora e se encaixa nos critérios de um *sandbox* regulatório do CNJ.

---

37. PEÑA DE MORAES, Guilherme. *Curso de Direito Constitucional.* 9. ed. rev. e atual. São Paulo: Atlas, 2017.
38. CNJ – Conselho Nacional de Justiça. Quem somos. Disponível em: https://www.cnj.jus.br/sobre-o-cnj/quem-somos/. Acesso em: 13 jul. 2020.

A ideia é justamente criar um conjunto de soluções para problemas de forma mais específica, afastando-se de uma fórmula comum e linear (*one size fits all*), com uma abordagem mais contextual e flexível.[39] A solução contrária, que é a que vivemos, implica no ecossistema jurídico-processual reativo e descompassado do mundo real.[40]

Retirando-se do plano das ideias, vale trazer alguns projetos incríveis realizados por entes privados que demonstram como é possível fazer a diferença e que tragam luz sobre as inúmeras possibilidades de inovação no ambiente de resolução de disputas.

A Associação Brasileira de Jurimetria (ABJ) tem alcançado resultados interessantes no âmbito da política judiciária. Um bom exemplo é o estudo realizado sobre volume estimado de trabalho proporcionado pelos processos de matéria empresarial na Comarca de São Paulo. Verificou-se, na ocasião, um problema de distribuição, haja vista que, em linhas simples, para fins de alocação de trabalho, um processo envolvendo protesto detinha o mesmo peso que uma recuperação judicial – o que, por óbvio, resultava numa discrepância em volume de trabalho e ineficiência.[41] A análise culminou, entre outros resultados positivos, na inauguração, na comarca de São Paulo, da 1ª e 2ª Varas Empresariais e de Conflitos Relacionados à Arbitragem.[42]

Outro interessante exemplo é o projeto Supremo em Números, da Escola de Direito da Fundação Getúlio Vargas (FGV Direito Rio). O estudo, com edições anuais quase desde o início da década e inspirado no Justiça em Números do CNJ, propõe-se a estudar a curva do tempo no recebimento, processamento e julgamento de processos pelo STF. A pesquisa, que responde questionamentos como "quanto tempo decorre entre o início do processo e a decisão liminar?" e "qual a média de tempo entre o julgamento e a publicação do acórdão?", funciona como fonte de informações para o aprimoramento da Suprema Corte brasileira.[43]

Também oriundo do Rio de Janeiro, vale mencionar o Programa para Acordos com credores da Recuperação Judicial do Grupo Oi[44] feito através da Plataforma Online de Solução de Conflitos da FGV Projeto com o objetivo de auxiliar parte dos 55 mil credores da maior recuperação judicial do país, com dívidas na monta de 63 bilhões de reais[45]. O programa basicamente consiste na habilitação de credores na plataforma que, se atenderem os requisitos, são chamados para uma mediação extrajudicial com a Oi, a

---

39. FORD, Cristie. Innovation and the *state*: finance, regulation, and justice. New York: Cambridge University Press, 2017, p. 12.
40. VIANNA, Eduardo Araujo Bruzzi. *Regulação das fintechs e sandboxes regulatórias*. 2019. 168 f. Dissertação (mestrado). Escola de Direito do Rio de Janeiro da Fundação Getúlio Vargas.
41. ABJ – Associação Brasileira de Jurimetria. Estudo sobre varas empresariais na Comarca de São Paulo. JOTA. Disponível em: https://abj.org.br/wp-content/uploads/2018/01/ABJ_varas_empresariais_tjsp.pdf - Acesso em: 16 out. 2019.
42. CALÇAS, Manoel de Queiroz Pereira; NUNES, Marcelo Guedes. *Um ano e meio das varas empresariais de São Paulo*: uma iniciativa de sucesso. *JOTA*. Disponível em: https://www.jota.info/opiniao-e-analise/artigos/varas-empresariais-sucesso-05082019. Acesso em: 16 out. 2019.
43. FGV – Fundação Getúlio Vargas. Supremo em Números. Disponível em: http://www.fgv.br/supremoemnumeros/index.html. Acesso em: 10 ago. 2020.
44. OI e FGV. Plataforma de Recuperação Judicial do Grupo Oi. Disponível em: https://www.credor.oi.com.br/. Acesso em: 10 ago. 2020.
45. TJRJ – Tribunal de Justiça do Estado do Rio de Janeiro. Caso Oi: mediação extrajudicial com cerca de 20 mil credores começa nessa sexta-feira no Rio. Disponível em: https://tj-rj.jusbrasil.com.br/noticias/471222140/caso-oi-mediacao-extrajudicial-com-cerca-de-20-mil-credores-comeca-nessa-sexta-feira-no-rio. Acesso em: 10 ago. 2020.

qual contratou cerca de 200 mediadores credenciados pelo Tribunal de Justiça do Rio de Janeiro para o projeto.

Um exemplo empresarial é o *marketplace* argentino Mercado Livre, fundado no apagar das luzes do último milênio, e que opera em 19 países e possui quase 200 milhões de usuários. É o site de *e-commerce* mais popular da América Latina.[46] Somente no Brasil, a plataforma registra aproximadamente dez vendas por segundo e 1 milhão de negócios por dia.[47] Com o uso de ferramentas estatísticas, em estudo realizado no ano de 2017, o Mercado Livre compreendeu que aproximadamente 40% dos usuários que ajuizavam ações contra a companhia não haviam informado sua pretensão, *id est* sequer tentavam resolver amigavelmente a disputa.[48]

Eram demandas simples e evitáveis. Por isso, a companhia optou por criar uma ferramenta chamada "Compra Garantida", na qual o usuário, caso atendidos os requisitos pelo comprador e respeitado o prazo da reclamação, recebe seu dinheiro de volta. Na hipótese de o método não resolver a questão, a plataforma disponibiliza um chat para comprador e vendedor tentarem uma composição, podendo contar ou não com a ajuda de um terceiro, o mediador, que pode vir a participar do processo.[49] Um impacto grandioso.

O CNJ – lembre-se, criado em 2004 – foi o primeiro a trazer o consequencialismo para o macrossistema de resolução de disputas, sobretudo ao publicar a primeira edição do Justiça em Números no ano de 2011[50]. Antes disso, quase que todo e qualquer passo dado para mitigação da crise de justiça no Brasil era um tiro no escuro que saía pela culatra. Para não gastar rios de tinta, basta analisarmos o que representa a Lei nº 9.099/95 para o Poder Judiciário; a despeito das boas intenções, o que se vê é uma prestação jurisdicional de classe econômica, seleção adversa de demandas e nenhuma celeridade se comparada à Justiça Estadual. Certamente, se houvesse um estudo consequencial, a Lei poderia até ter sido promulgada, mas seria bem diferente. Mas isso já é história. Hoje, o CNJ é capaz de realizar estudos de custo-benefício de projetos inovadores[51], na forma da *ratio* consequencialista da recente alteração da Lei de Introdução às Normas do Direito Brasileiro (LINDB).

Contudo, qualquer possibilidade de avanço pode acabar sendo estagnada pelo próprio CNJ com algumas medidas recentes e outras nem tanto.

A Resolução 121/2010 do CNJ limitou a publicidade dos autos a (i) número, classe e assuntos do processo; (ii) nome das partes e de seus advogados, (iii) movimentação

---

46. RODRÍGUEZ, Carlos G. El portal Mercado Libre vendió 181,2 millones de productos en 2016. La República. Disponível em: https://www.larepublica.co/empresas/el-portal-mercado-libre-vendio-1812-millones-de-productos-en-2016-2479791. Acesso em: 06 abr. 2020.

47. GEJUR. *Dez vendas por segundo*: Mercado Livre é case de gestão em evento da Intelijur que acontece 26/06, em SP. Inteligência Jurídica. Disponível em: https://www.intelijur.com.br/gejur/noticias/entrevistas/dez-vendas-por-segundo--mercado-livre-e-case-de-gestao-em-evento-da-intelijur-que-acontece-2606-em-sp. Acesso em: 06 abr. 2020.

48. MIGALHAS. MercadoLivre cria canal para facilitar acordos e promover a desjudicialização. *Migalhas*. Disponível em: https://www.migalhas.com.br/Quentes/17,MI286497,71043-MercadoLivre+cria+canal+para+facilitar+acordos+e+promover+a. Acesso em: 06 abr. 2020.

49. CHIESI FILHO, Humberto. *Um novo paradigma de acesso à justiça*. D'Plácido: Belo Horizonte, 2019, p. 61 e ss.

50. GUEDES, Marcelo. *Jurimetria*: como a estatística pode reinventar o direito. 2. ed. São Paulo: Ed. RT, 2020, p. 24-25.

51. MANDEL, Gregory; GATHII, James Thuo. Cost-Benefit Analysis Versus the Precautionary Principle: Beyond Cass Sunstein's Laws of Fear. University of Illinois *Law Review*, n. 05, 2006.

processual, (iv) inteiro teor das decisões, sentenças, votos e acórdãos. Depois disso, tratando a questão de forma franca, o Conselho desceu ladeira abaixo com a edição de outras resoluções a respeito. Destacam-se a Resolução nº 185/2013, que instituiu o polêmico Processo Judicial Eletrônico (PJe), trazendo a limitação de que os usuários terão acesso às funcionalidades do PJe de acordo com o perfil que lhes for atribuído no sistema e em razão da natureza de sua relação jurídico-processual, e a Resolução nº 215/2015, que regulamentou a Lei de Acesso à Informação, dando azo a proteção da intimidade e da privacidade dos dados pessoais contidos nos autos processuais. Em relação à Resolução nº 185/2013, entendemos que há, antes de qualquer coisa, um óbice puramente técnico no sistema que foi usado para limitar um direito constitucional e de classe. a Resolução nº 215/2015 trabalha com o conceito de dados pessoais, pretendendo limitar o acesso com base na frágil constatação de que a consulta processual na íntegra violaria a intimidade e a privacidade de eventos pessoas naturais que estivessem em contenda. Transforma-se a exceção na regra. Nada mais equivocado.[52]

O CNJ prometeu abrir a consulta pública sobre uso de dados dos tribunais em março de 2020, mas adiada *sine die* por conta da pandemia do coronavírus. Os principais argumentos do CNJ para restrição de acesso aos dados são que (i) o acesso incondicionado às informações contidas em processos judiciais representa risco à intimidade e privacidade dos cidadãos, e que (ii) as empresas especializadas no tratamento desses dados estariam sobrecarregando os sistemas dos tribunais. As razões, ao nosso ver, não se sustentam.[53]

A uma, parte da discussão encontra seu cerne na análise do binômio: direito ao acesso à informação *versus* direito à privacidade. É inegável que ambos os direitos são ditos fundamentais, bem como que, às vezes, estão em contrariedade, razão pela qual sujeitam-se às técnicas de ponderação. A saída hermenêutica para resolver esse conflito aparente consiste em que, para processos judiciais, cujo conteúdo é de interesse público, o princípio da publicidade deve prevalecer, valorizando-se a transparência da coisa pública em detrimento da privacidade[54]. A Constituição da República e o CPC/15 cuidam – de forma clara – das hipóteses de segredo de justiça. Fechar o acesso a dados não protegidos pelo segredo de justiça configura restrição não admitida pela Constituição e pela lei.[55] Afinal, a publicidade do processo judicial é a regra, enquanto o sigilo é a exceção. Em consonância com esses princípios, os Tribunais brasileiros entendem, majoritariamente, que devem ser divulgados os autos dos processos eletrônicos, tendendo para a

---

52. BECKER, Daniel; WOLKART, Erik Navarro. *Injustiça digital*: o processo é público, só que não. JOTA. Disponível em: https://www.jota.info/opiniao-e-analise/artigos/injustica-digital-o-processo-e-publico-so-que-nao-23012019. Acesso em: 02 maio 2020.

53. WOLKART, Erik Navarro; BECKER, Daniel. Como Roma, cidade aberta: Open Justice! JOTA. Disponível em: https://www.jota.info/opiniao-e-analise/colunas/regulacao-e-novas-tecnologias/como-roma-cidade-aberta-open--justice-21032020 - Acesso em 02 de mai. 2020.

54. PERLINGEIRO, Ricardo. O livre acesso à informação, as inovações tecnológicas e a publicidade processual. *Revista de Processo*, v. 203, p. 149-180, 2012.

55. WOLKART, Erik Navarro; BECKER, Daniel. Como Roma, cidade aberta: Open Justice! *JOTA*. Disponível em: https://www.jota.info/opiniao-e-analise/colunas/regulacao-e-novas-tecnologias/como-roma-cidade-aberta-open--justice-21032020. Acesso em: 02 maio 2020.

prevalência do princípio do acesso à informação quando colocado em conflito com os princípios ligados à privacidade.[56]

A duas, a verdade inconveniente é que há recursos para a melhoria dos sistemas – lembre-se dos 2% do PIB que gastamos com o Poder Judiciário[57]. O argumento do CNJ equivale a dizer que o Uber não pode existir porque eu tenho um celular de primeira geração cujo sistema operacional não suporta o aplicativo.[58]

Não há como testar, revisitar e depurar dados sem a permissão e facilitação de sua coleta, senão através da publicação de dados não sigilosos de processos judiciais. É somente com ciência dos dados que descobriremos as características de jurisdicionados, modalidades de demandas e seus aspectos geodemográficos de uso dos tribunais, paridade de armas, integridade e produtividade dos órgãos, entre outros indicadores úteis em nível macro e microeconômico.[59] A despeito dos aproximadamente 80 milhões de processos em trâmite na justiça, vivemos uma escassez de dados estruturados por conta da dificuldade de identificá-los nos bancos de dados dos tribunais, bem como por barreiras sistêmicas e técnicas no acesso por terceiros.[60]

Dados trazem respostas[61]. É preciso dizer, com o perdão do truísmo, que a diferença entre Aristóteles, Galileu e Newton foi a quantidade de dados que eles foram capazes de analisar, e nos parece que a diferença entre os achados científicos de cada um deles é significativa. O regulador que obstaculiza a inovação promissora e o desenvolvimento econômico sustentável está ultrapassado. Tratando do sistema de justiça, o CNJ deve entender a sua crise como um desafio permanente, preparando ferramentas, práticas e processos e lidar com uma realidade tecnológico-inovadora em constante evolução.[62] O experimentalismo implica em tentativa e erro com vistas a melhora contínua; sem dados, portanto, não há experimentalismo. Justiça aberta já!

5. CONCLUSÃO

A transformação digital, antes gradual e lenta, dispara em tiro, impulsionada pela pandemia, em um efeito de manada. Basta conferir o sítio eletrônico Remote Courts

---

56. TJSP, Apelação Cível 1005980-03.2016.8.26.0663, Relator Desembargador Miguel Brandi, 7ª Câmara de Direito Privado, j. 27.04.2018; TJSP, Apelação Cível 1002737-57.2017.8.26.0100, Relator Desembargador Moreira Viegas, 5ª Câmara de Direito Privado, j. 20.09.2017.

57. WOLKART, Erik Navarro. *Análise econômica do processo civil*: como a Economia, o Direito e a Psicologia podem vencer a tragédia da justiça. São Paulo: Ed. RT, 2019.

58. WOLKART, Erik Navarro; BECKER, Daniel. Como Roma, cidade aberta: Open Justice! *JOTA*. Disponível em: https://www.jota.info/opiniao-e-analise/colunas/regulacao-e-novas-tecnologias/como-roma-cidade-aberta-open--justice-21032020. Acesso em 02 maio 2020.

59. WOLKART, Erik Navarro; BECKER, Daniel. Tecnologia e precedentes: do portão de Kafka ao panóptico digital pelas mãos da jurimeria In: ALVES, Isabella Fonseca (Org.). *Inteligência artificial e processo*. Belo Horizonte: D'Plácido, 2019, p. 7-17.

60. WOLKART, Erik Navarro; BECKER, Daniel. Como Roma, cidade aberta: Open Justice! *JOTA*. Disponível em: https://www.jota.info/opiniao-e-analise/colunas/regulacao-e-novas-tecnologias/como-roma-cidade-aberta-open--justice-21032020. Acesso em: 02 maio 2020.

61. DOMINGOS, Pedro. *The master algorithm*: how the quest for the ultimate machine learning will remake our world. Basic Books: Nova Iorque, 2015, p. 1.

62. VIANNA, Eduardo Araujo Bruzzi. *Regulação das fintechs e sandboxes regulatórias*. 2019. 168 f. Dissertação (mestrado). Escola de Direito do Rio de Janeiro da Fundação Getúlio Vargas.

Worldwide[63], criado pela Society for Computers and Law (SCL), HM Courts & Tribunals Service (HMCTS) e a Tech Nation, a qual consolida mudanças no Poder Judiciário em quase quarenta países desde a disseminação do vírus e as medidas globais de distanciamento social. Benchmarks não faltam para reconstruirmos o processo civil e a resolução de disputas como um todo.

Considerando que o Brasil possui, de longe, a maior massa de processos do mundo, não podemos desperdiçar a oportunidade única de transformar um dos nossos maiores custos no maior *datalake* jurídico do mundo.[64] O CNJ não pode ser herói e carrasco. É hora do Conselho se posicionar como o inovador analítico e propositivo que sempre foi e transformar o Brasil em um *case* de sucesso de *open justice*, ou seja, uma justiça aberta, legível, escrutável e compreensível para que, assim, possamos utilizar *sandboxes* temporários e localizados para validar soluções amplas para os milhões de cidadãos brasileiros que vivem à margem do acesso à justiça.

Estamos cada dia mais próximos do fim do "consequenciachismo" não só na produção legislativa e regulatória, mas também na resolução de conflitos. Hoje, a pergunta que deve ser feita pelos operadores não é mais "como se faz um processo?", mas como se desfaz e o refaz para que ele atenda sua real, porém esquecida finalidade que é o acesso à justiça.

---

63. REMOTE COURTS. News. *Remote Courts Worldwide*. Disponível em: https://remotecourts.org/. Acesso em: 02 maio 2020.
64. WOLKART, Erik Navarro; BECKER, Daniel. Tecnologia e precedentes: do portão de Kafka ao panóptico digital pelas mãos da jurimeria In: ALVES, Isabella Fonseca (Org.). *Inteligência artificial e processo*. Belo Horizonte: D'Plácido, 2019, p. 16.

LEVANDO O DEVER DE ESTIMULAR A AUTOCOMPOSIÇÃO A SÉRIO: UMA PROPOSTA DE RELEITURA DO PRINCÍPIO DO ACESSO À JUSTIÇA À LUZ DO CPC/2015[1]

Fernando da Fonseca Gajardoni

Doutor e Mestre em Direito Processual pela Faculdade de Direito da USP (FD-USP). Professor Doutor de Direito Processual Civil da Faculdade de Direito de Ribeirão Preto da USP (FDRP-USP). Juiz de Direito no Estado de São Paulo.

Sumário. 1. A tentativa de solução extrajudicial do conflito é condicionante legítima para o acesso ao Judiciário? 2. A evolução da jurisprudência brasileira na última década. 3. Eficiência do sistema extrajudicial de atendimento ao jurisdicionado como requisito necessário para a releitura do princípio de acesso à justiça. 4. A plataforma *consumidor.gov.br*. 5. Levando o dever de estimular a autocomposição a sério: consequências práticas do descumprimento do dever imposto às partes de buscar a autocomposição. 6. Conclusões. 7. Referências.

---

1. A TENTATIVA DE SOLUÇÃO EXTRAJUDICIAL DO CONFLITO É CONDICIONANTE LEGÍTIMA PARA O ACESSO AO JUDICIÁRIO?

A tentativa de solução do conflito extrajudicialmente é condicionante legítima para o acesso ao sistema de Justiça? É necessário prévio requerimento administrativo para o acesso ao Poder Judiciário?

Esta questão, que durante longos anos foi respondida no Brasil de modo negativo, tem ganhado novos contornos a partir de diversos precedentes de Tribunais Superiores, em releitura das condições para o exercício do direito de ação, especialmente do interesse processual (interesse de agir).

De fato, visto o interesse processual (art. 17 do CPC) como um duplo juízo de necessidade/utilidade e adequação do provimento jurisdicional[2], não parece fazer sentido

---

1. O presente estudo é uma versão unificada, revista e ampliada, de dois textos recentemente publicados pelo autor no Portal Migalhas, ambos na mesma linha de pensamento aqui defendida. O primeiro deles, nominado *Releitura do princípio do acesso à justiça: a necessidade do prévio requerimento administrativo e a plataforma consumidor.gov*, escrito em coautoria com os professores Zulmar Duarte de Oliveira Jr. (SC), Luiz Dellore (SP), Marcelo Pacheco Machado (ES) e Andre Vasconcelos Roque (RJ), publicado em 17.06.2019 (Disponível em: https://www.migalhas. com.br/coluna/tendencias-do-processo-civil/304544/releitura-do-principio-do-acesso-a-justica-a-necessidade--de-previo-requerimento-e-o-uso-da-plataforma-consumidorgovbr). O segundo, fruto de um trabalho individual com o título *Levando o dever de estimular a autocomposição a sério*, publicado em 02.09.2019. (Disponível em: https://www.migalhas.com.br/coluna/tendencias-do-processo-civil/310064/levando-o-dever-de-estimular-a-autocomposicao-a-serio).
2. LIEBMAN, Enrico Tullio. *Manual de direito processual civil.* 3. ed. Trad. e notas de Cândido Rangel Dinamarco. São Paulo: Malheiros, 2005. v. 1, p. 206.

se afirmar "*necessário*" o pronunciamento judicial, sem que o interessado tenha, antes, manifestado ao adversário sua pretensão. Afinal, como dizer existente a resistência à pretensão (lide), se o adverso sequer sabe da existência dela?

Além disso, não se pode ignorar o estímulo que o CPC/2015 (Lei 13.105) – nitidamente influenciado que foi pela política de solução consensual dos conflitos inaugurada pela Resolução 125/2010 do CNJ – confere aos meios extrajudiciais de solução de conflitos (art. 3º, § 3º), o que sugestiona afirmar que, como regra, nenhum conflito deve ser enfrentado pelo Poder Judiciário antes que as partes possam tentar resolvê-lo consensualmente.

Desse modo, é necessária a releitura do princípio do acesso à justiça para afirmar que, dentro de certos parâmetros, e desde que isso seja possível sem maiores dificuldades, não viola o art. 5º, XXXV, da CF e o art. 3º, *caput*, do CPC, a exigência de prévio requerimento extrajudicial antes da propositura de ações perante o Judiciário.

2. A EVOLUÇÃO DA JURISPRUDÊNCIA BRASILEIRA NA ÚLTIMA DÉCADA

É possível verificar a evolução da jurisprudência no sentido da necessidade de prévio requerimento administrativo como condição de acesso ao Judiciário, deixando de lado uma visão de que sempre, em qualquer situação e sem qualquer critério, seria possível ajuizar uma medida judicial diretamente.

O Supremo Tribunal Federal (STF), no julgamento do Recurso Extraordinário 631.240[3], com repercussão geral reconhecida (tema 350), considerou que a exigência do prévio requerimento administrativo em causas previdenciárias – antes de o segurado recorrer à Justiça para a concessão de benefício previdenciário – não fere a garantia de livre acesso ao Judiciário, previsto no artigo 5º, inciso XXXV, da Constituição Federal, pois sem pedido administrativo anterior, não fica caracterizada lesão ou ameaça de direito.

Em seu voto, o ministro Roberto Barroso considerou que "não há como caracterizar lesão ou ameaça de direito *sem que tenha havido um prévio requerimento do segurado*. O INSS não tem o dever de conceder o benefício de ofício. Para que a parte possa alegar que seu direito foi desrespeitado é preciso que o segurado vá ao INSS e apresente seu pedido".

Ficou decidido, porém – dentro da visão de que a exigência de prévio requerimento perante o INSS não pode ser erigida a instrumento de postergação ou embaraço do acesso à Justiça (aí sim, óbice inconstitucional!) –, que não é necessário o exaurimento de todas as instâncias administrativas, não havendo impedimento ao segurado para que ingresse no Judiciário antes que eventual *recurso* contra a decisão administrativa do INSS seja examinado pela autarquia.

Considerou-se, ainda, não haver de aguardar a apreciação de prévio requerimento administrativo para que o segurado ingresse judicialmente: a) com pedidos de revisão de benefícios (a não ser nos casos em que seja necessária a apreciação de matéria de fato); b) com pedidos em que a posição do INSS seja notoriamente contrária ao direito postulado

---

3. O STJ encampou o entendimento do STF na integralidade, a partir do julgamento em sede de repetitivos, do REsp 1.369.834/SP, de Relatoria do Ministro Benedito Gonçalves, 1ª Seção, j. 24.09.2014, DJe 02.12.2014 (tema 660).

(como é o caso das aposentadorias por idade rural com base exclusivamente em prova oral, nos termos da súmula 149 do STJ); e c) com pedidos em que, apresentado o requerimento administrativo, não haja resposta do INSS em prazo razoável (fixado em 90 dias).

Embora a repercussão geral supra referida se refira a benefícios previdenciários/assistenciais/acidentários, *o entendimento tem sido estendido para outros quadrantes*, aplicando-se a *ratio* do precedente para exigir prévio requerimento administrativo em uma infinidade de outros temas.

A Segunda Turma do STJ tem exigido prévia tentativa extrajudicial de solução do conflito junto à Secretaria da Receita Federal, para processamento das ações judiciais concernentes às contribuições previdenciárias pagas por empresários, empregadores e afins (revisões de valores, repetição de indébito, compensação etc.).

De acordo com a Corte Cidadã, "efetivamente, o direito de ação garantido pelo art. 5º, XXXV, da CF tem como legítimo limitador o interesse processual do pretenso autor da ação. O interesse de agir, também chamado interesse processual, caracteriza-se pela materialização do binômio necessidade-utilidade da atuação jurisdicional. A existência de conflito de interesses no âmbito do direito material faz nascer o interesse processual para aquele que não conseguiu satisfazer consensualmente seu direito (...) Substanciado pelo apanhado doutrinário e jurisprudencial, tem-se que a falta de postulação administrativa dos pedidos de compensação ou de repetição do indébito tributário resulta, como no caso dos autos, na ausência de interesse processual dos que litigam diretamente no Poder Judiciário. O pedido, nesses casos, carece do elemento configurador de resistência pela Administração Tributária à pretensão. Não há conflito. Não há lide. Não há, por conseguinte, interesse de agir nessas situações. O Poder Judiciário é a via destinada à resolução dos conflitos, o que também indica que, enquanto não houver resistência da Administração, não há interesse de agir daquele que 'judicializa' sua pretensão (...) Como as matérias tributária e previdenciária relacionadas ao Regime Geral de Previdência Social possuem natureza jurídica distinta, mas complementares, pois, em verdade, tratam-se as relações jurídicas de custeio e de benefício (prestacional) titularizadas pela União e pelo INSS, respectivamente, com o fim último de garantir a cobertura dos riscos sociais de natureza previdenciária, entende-se que a 'ratio decidendi' utilizada quando do julgamento da exigência ou não do prévio requerimento administrativo nos benefícios previdenciários pode também ser adotada para os pedidos formulados à Secretaria da Receita Federal concernentes às contribuições previdenciárias" (REsp 1.734.733/PE, Rel. Min. Herman Benjamin, 2ª Turma, julgado em 7/6/2018, DJe 28.11.2018).[4]

Também em tema de cobrança de seguro obrigatório (DPVAT), há precedente do STF no sentido de que só se é possível afirmar a existência de interesse processual (necessidade) a partir da negativa ou demora na apreciação de pedidos formulados

---

4. Há diversos outros precedentes do STJ no sentido da exigência do prévio requerimento administrativo nos pedidos de compensação das contribuições previdenciárias: AgRg nos EDcl no REsp 886.334/SP, Rel. Ministro Castro Meira, Segunda Turma, julgado em 10.08.2010, DJe 20.08.2010; REsp 952.419/SP, Rel. Ministro Castro Meira, Segunda Turma, julgado em 02.12.2008, DJe 18.12.2008; REsp 888.729/SP, Rel. Ministro João Otávio de Noronha, Segunda Turma, julgado em 27.02.2007, DJ 16.03.2007, p. 340; REsp 544.132/RJ, Rel. Ministra Denise Arruda, Primeira Turma, julgado em 23.05.2006, DJ 30.06.2006, p. 166.

previamente, antes do ingresso em juízo, junto à Seguradora Líder (Resolução CNSP 154/2006 e Portaria CNSP 2.797/07).

Conforme o Ministro Luiz Fux, "O estabelecimento de condições para o exercício do direito de ação é compatível com o princípio do livre acesso ao Poder Judiciário, previsto no art. 5º, XXXV, da Constituição Federal, conforme firmado pelo Plenário da Corte no julgamento de repercussão geral reconhecida nos autos do RE 631.240, Rel. Min. Roberto Barroso" (...) A ameaça ou lesão a direito aptas a ensejar a necessidade de manifestação judiciária do Estado só se caracteriza após o prévio requerimento administrativo, o qual não se confunde com o esgotamento das instâncias administrativas (...) Inexiste necessidade do pronunciamento judicial, pois não havendo que se falar em pretensão resistida a justificar a propositura da presente demanda, não há o interesse de se ingressar com a demanda em juízo" (STF, RE 839.353/MA, Relator Ministro Luiz Fux, DJE 09.02.2015).

Esse mesmo entendimento também tem sido aplicado aos pedidos de exibição de documentos em geral, inclusive em sede de relações de consumo regidas pelo CDC.

O STJ decidiu, em sede de recursos repetitivos (art. 543-C do CPC/1973) (art. 1.036 do CPC/2015), que a exigência de requerimento prévio junto aos bancos é indispensável para aquilatar o interesse processual/necessidade no pedido de exibição de documentos, não implicando violação do princípio do acesso à Justiça.

De acordo com a corte, a propositura de pedido de "exibição de documentos bancários (cópias e segunda via de documentos) é cabível como medida preparatória a fim de instruir a ação principal, bastando a demonstração da existência de relação jurídica entre as partes, *a comprovação de prévio pedido à instituição financeira não atendido em prazo razoável*, e o pagamento do custo do serviço conforme previsão contratual e normatização da autoridade monetária" (STJ, Resp. 1.349.453-MS, Rel. Min. Luis Felipe Salomão, 2ª Seção, j. 10.12.2014, grifos nossos).[5]

E, mais recentemente, em pedidos direcionados às pessoas jurídicas de direito público e concessionárias de serviço público, já se encontram alguns julgados que tem aplicado a mesma *ratio* do entendimento do STF no RE 631.240 (tema 350): somente após a prévia negativa do atendimento à demanda pela administração ou afim que se tem permitido o processamento das ações respectivas perante o Poder Judiciário.

O TJSP, exemplificativamente, já entendeu que a concessão de uso especial para moradia, nos termos da MP 2.220/01, pode ser concedida aos possuidores de área pública em dadas condições, mas o acesso à via judicial para tanto depende da omissão ou recusa administrativa, sendo necessário prévio requerimento administrativo, sendo lícito o indeferimento da inicial quando não observada tal condicionante (Apelação

---

5. Este entendimento tem sido diuturnamente reafirmado pelo STJ em diversos julgados: AgInt no AREsp 1.328.134/SP, Rel. Ministro Antonio Carlos Ferreira, 4ª Turma, j. 25.11.2019; AgInt no AREsp 1.403.993/SP, Rel. Ministro Marco Buzzi, 4ª Turma, DJe de 29.3.2019. Contudo, há precedentes do STJ que, mesmo depois do pronunciamento do próprio Tribunal em sede de repetitivos, ainda persistem no entendimento de que é desnecessário prévio requerimento administrativo de exibição para acesso ao Judiciário (AgRg no AREsp 747.499/PR, Rel. Ministra Assusete Magalhães, Segunda Turma, DJe 17.03.2016; e AgRg no AREsp 799.031/PR, Rel. Diva Malerbi, 2ª Turma, DJe de 18.12.2015).

Cível 1031511-09.2018.8.26.0506, Relator Torres de Carvalho, 10ª Câmara de Direito Público, j. 23.09.2019).

E nos pedidos para fornecimento de medicamentos/insumos pelo Estado, já se encontram decisões exigindo prévio requerimento administrativo para processamento das demandas judiciais, pese a ressalva de que, processada a ação sem a exigência, não se pode, oportunamente, obstar-se o acesso com a extinção da ação sem análise do mérito, vez que a contestação do Poder Público seria suficiente para fazer presente a resistência à pretensão e, consequentemente, o interesse processual.[6]

A tendência está bem-posta e ainda que parte da jurisprudência, sem muita reflexão, resista *indevidamente* à aplicação da *ratio* dos precedentes qualificados supra alinhavados[7], a tendência é que cada vez mais a prévia tentativa de solução extrajudicial da controvérsia seja erigida a condição de acesso ao Poder Judiciário como regra geral.[8]

3. EFICIÊNCIA DO SISTEMA EXTRAJUDICIAL DE ATENDIMENTO AO JURISDICIONADO COMO REQUISITO NECESSÁRIO PARA A RELEITURA DO PRINCÍPIO DE ACESSO À JUSTIÇA

A necessidade de racionalização do acesso à Justiça (essencial para a própria contenção de gastos em um Estado agigantado) e de se reduzir o número de demandas derivadas de conflitos hipotéticos (em que o adverso sequer tem conhecimento prévio da pretensão apresentada em juízo), bem indicam que o mote do sistema de Justiça é cada vez mais prestigiar mecanismos extrajudiciais de solução dos conflitos[9], sejam os contenciosos administrativos nos casos de demandas contra o Poder Público, os SACs (Serviços de Atendimento ao Consumidor) nas relações de consumo, ou mesmo fer-

---

6. STJ, AgRg no REsp 1492148/SC, Rel. Ministra Assussete Magalhães, 2ª Turma, j. 10.03.2016. No mesmo sentido, cf. Recurso Cível n. 71008901381, 2a Turma Recursal da Fazenda Pública do TJRS, Relatora Rosane Ramos de Oliveira Michels, j. 23.10.2019).

7. Na jurisprudência do TJSP: Apelação Cível 1001361-57.2019.8.26.0426; Relator: Cauduro Padin, 13ª Câmara de Direito Privado, j. 20.02.2020; Apelação Cível 1034373-70.2019.8.26.0100; Relatora Ana Catarina Strauch, 27ª Câmara de Direito Privado, j. em 26/11/2019; Apelação Cível 1002989-55.2019.8.26.0079; Relator Fernando Sastre Redondo, 38ª Câmara de Direito Privado, j. 14.10.2019; Apelação Cível 1017968-82.2017.8.26.0114; Relator Souza Lopes; 17ª Câmara de Direito Privado, j. 24.09.2018) e do TJRS (Apelação Cível n. 70079379012, 2ª Câmara Cível, Relatora Laura Louzada Jaccottet, j. 30.01.2019.

8. Nesse sentido, a doutrina processual começa a caminhar para a releitura do acesso à justiça. Como exemplo, João Batista Lopes aponta que o "atual modelo processual está esgotado", sendo necessário repensá-lo, propondo uma série de sugestões para 'coibir o abuso no direito de demandar', dentre as quais uma proposta em parte análoga à que se defende neste artigo (Modelo Constitucional de Processo e lentidão da Justiça, *Revista de Processo*, v. 295, São Paulo: Ed. RT, setembro/2019).

9. Conforme argutamente ponderado pelo Ministro Herman Benjamim, "dois aspectos merecem ser observados quanto a matérias com grande potencial de judicialização, como a tributária e a previdenciária. O primeiro, sob a ótica da análise econômica do direito, quando o Estado brasileiro realiza grandes despesas para financiar o funcionamento do Poder Executivo e do Poder Judiciário para que o primeiro deixe de exercer sua competência legal de examinar os pedidos administrativos em matéria tributária; e o segundo, em substituição ao primeiro, exerce a jurisdição em questões que os cidadãos poderiam ver resolvidas de forma mais célere e menos dispendiosa no âmbito administrativo. Criam-se, assim, um ciclo vicioso e condenações judiciais a título de honorários advocatícios cujos recursos financeiros poderiam ser destinados a políticas públicas de interesse social (...) Outro ponto a ser considerado é o estímulo criado pelo Novo Código de Processo Civil de 2015 à solução consensual da lide, prevendo uma série de instrumentos materiais e processuais que direcionam as partes para comporem, de forma autônoma e segundo sua vontade, o objeto do litígio" (STJ, REsp 1.734.733/PE, j. em 07.06.2018, DJe 28.11.2018).

ramentas (especialmente virtuais) de recepção e atendimento a reclamações em geral (contra o poder público e/ou empresas privadas).

Evidentemente, a releitura do princípio do acesso à Justiça, com exigência de prévio requerimento extrajudicial como condição para a postulação em juízo, pressupõe um grau de eficiência mínima da instância administrativa. Tanto a administração pública quanto as empresas privadas devem conceber meios eficientes e julgamentos pautados nas reais expectativas jurídicas das partes, solucionando as questões favoravelmente ao demandante todas as vezes que puder identificar que este possui significativas chances de ter seu pedido acolhido caso, no futuro, valha-se do Judiciário[10].

Colocando em outros termos, só faz sentido condicionar o acesso ao Judiciário mediante demonstração de que houve prévia tentativa de se solucionar extrajudicial-mente a questão se – e somente se –, o sistema extrajudicial de recepção e solução dos conflitos tenha capacidade de processar a reclamação e atendê-la em tempo razoável, com respostas aos reclamantes que, além de breves, possam, no mais das vezes, atendê-los de maneira satisfatória (algo que deve ser constantemente auditado pelas autoridades públicas, inclusive Judiciárias).

Em sendo o sistema extrajudicial de solução do conflito lento, burocrático, de difícil acesso/manejo, ou incapaz de dar respostas em tempo razoável ou acolher o reclamo dos jurisdicionados nos casos em que ele efetivamente tenha razão, aí sim a exigência da prévia tentativa extrajudicial de solução do conflito seria óbice inconstitucional ao acesso à Justiça, não sendo minimamente razoável submeter a parte a cumprir essa etapa vazia do procedimento só para demandar perante o Poder Judiciário. [11]

4. A PLATAFORMA *CONSUMIDOR.GOV.BR*

Neste quadrante o uso de instrumentos extrajudiciais de aporte e solução de recla-mações, ganha especial relevo a plataforma consumidor.gov.br.

Trata-se de plataforma digital que permite a interlocução direta entre consumi-dores e fornecedores (inclusive da administração federal[12]), via internet, para solução

---

10. Louvável, por isso, a edição do recente Decreto 9.830, de 10 de junho de 2019, regulamentando a nova redação dos artigos 20 ao 30 do Decreto-Lei 4.657, de 4 de setembro de 1942, que pretende qualificar a motivação das decisões, inclusive administrativas.

11. Sobre o tema, já se advertiu: "Em contrapartida, atualmente ganha força a tese de ausência de interesse processual pela inexistência de exaurimento da via administrativa, exceto se demonstrado, prima facie, a absoluta impossibi-lidade de qualquer êxito naquela (decisões ou práticas administrativas anteriores e contrárias ao êxito do requeri-mento administrativo). Conquanto sejamos simpáticos à tese, ela pressupõe e exige a estruturação adequada dos contenciosos administrativos, a fim de oferecer respostas rápidas e com qualidade aos administrados. No contexto atual, em que o procedimento administrativo, ressalvadas algumas exceções, apresenta baixa performance, inviável exigir seu prévio exaurimento, sob pena de erigir mais um obstáculo ao acesso à justiça" (GAJARDONI, Fernando da Fonseca; DELLORE, Luiz; ROQUE, André Vasconcelos; OLIVEIRA JUNIOR, Zulmar Duarte de. *Teoria geral do processo*: comentários ao CPC de 2015; parte geral. 3. ed. rev. e atual. Rio de Janeiro: Forense, 2019. p. 125).

12. Conforme o art. 1º do Decreto 8.573, de 19 de novembro de 2015 (com a redação dada pelo Decreto 10.197/2020), o "Consumidor.gov.br é a plataforma digital oficial da administração pública federal direta, autárquica e funda-cional para a autocomposição nas controvérsias em relações de consumo", devendo "os órgãos e as entidades que possuam plataformas próprias para solução de conflitos de consumo migrarão os seus serviços para o Consumidor. gov.br até 31 de dezembro de 2020".

de conflitos de consumo, evitando, assim, o ajuizamento de ações perante o Judiciário (especialmente JECs e JEFs).

Monitorada[13] pela Secretaria Nacional do Consumidor (Senacon), Ministério da Justiça, Procons, Defensorias, Ministérios Públicos e, também, por toda a sociedade, a ferramenta permite que as reclamações dos consumidores sejam encaminhadas diretamente a entidades previamente cadastradas no sistema (inclusive as do poder público federal), que têm o prazo de 10 (dez) dias para apresentar uma resposta à postulação administrativa.

Considerando a possibilidade de aperfeiçoamento da plataforma e expansão de seu alcance para outras empresas e órgãos da administração, afigura-se correto o entendimento, baseado na proposta aqui apresentada, de que o exercício do direito de ação perante o Judiciário seja condicionado à prévia tentativa de solução do conflito através da referida plataforma, desde que se trate de fornecedores/órgãos da administração previamente cadastrados no sistema e que tenham histórico razoável de solução extrajudicial de litígios por esta plataforma (conforme já expusemos no item 3 supra).

Pedidos de revisão de contratos bancário; pleito de baixa de apontamentos indevidos em cadastros de maus pagadores (inclusive com reflexos indenizatórios em padrões razoáveis), reclamações sobre o mau funcionamento de serviços (públicos ou privados) como telefonia, energia elétrica, internet; entre tantos outros; somente poderiam aportar perante o Poder Judiciário após o interessado tentar, previamente, a autocomposição administrativa com o uso da plataforma consumidor.gov (ou afim), preservando o acesso direto à Justiça, apenas, para aqueles casos que a resolução extrajudicial não se mostre possível ou recomendável.

Assim, ajuizada diretamente ação judicial sem que a parte, nos casos em que isso seja possível e recomendável, tenha tentado extrajudicialmente a solução do conflito, deve o Judiciário, com base nos artigos 3º e 6º do CPC (dever de autocomposição e cooperação), suspender o feito (e não indeferir a inicial) para que seja, então, feita a postulação pela via administrativa própria pelo autor. Com a notícia de que não houve reconhecimento ou transação extrajudicial com o demandado, o processo terá seguimento, mesma solução a ser adotada se, eventualmente, a resposta à reclamação do jurisdicionado não for dada em prazo razoável (estimado pelo juiz). Caso, contudo, venha a notícia de que as partes se entenderam extrajudicialmente por transação ou reconhecimento jurídico do pedido, não há mais interesse/necessidade da prestação jurisdicional, pelo que feito prematuramente proposto será extinto, sem análise, nos termos do art. 485, VI, do CPC.

A legalidade/constitucionalidade da exigência do prévio requerimento extrajudicial, obviamente, só se sustentará a partir da afirmação da credibilidade desse sistema de resolução de conflitos, cuja responsabilidade recai sobre os seus próprios usuários, utilizando-o como oportunidade efetiva de resolver conflitos de parte a parte, sem os custos inerentes ao Poder Judiciário. Uma sociedade que se pretende madura deve ser

---

13. De acordo com dados informados na própria plataforma, 80% das reclamações registradas no Consumidor.gov.br são solucionadas pelas empresas, que respondem as demandas dos consumidores em um prazo médio de 7 dias. Evidente, portanto, estar atendido o grau de eficiência mínimo a que se referiu anteriormente.

capaz de resolver algumas controvérsias via negociação direta, não necessitando ser, invariavelmente, tutelada pelo Poder Judiciário.

Por evidente, tanto quanto nos casos de ações previdenciárias, exibitórias e etc., esse entendimento deve ser temperado pela admissão de hipóteses excepcionais em que o acesso à Justiça se daria de forma direta, como nos casos em que: a) a resposta não se dê em tempo razoável (os 10 dias previstos na plataforma ou outro estimado pelo juiz); b) os pedidos de consumidores, de ordinário, não são atendidos pelos fornecedores/órgãos cadastrados (o que, mais uma vez insista, deve contar com o acompanhamento do próprio Poder Judiciário); e c) seja necessária tutela de urgência, não sendo possível ao jurisdicionado aguardar eventual solução extrajudicial.

De se considerar, ainda, que uma vez tentada a solução extrajudicial do conflito pela plataforma consumidor.gov.br ou afim (SACs etc.), e não havendo sucesso na pretensão administrativamente esboçada: a) fica dispensada a audiência de conciliação do art. 334 do CPC ou do rito sumaríssimo da Lei 9.099/95, até como forma de acelerar o tramitar do processo judicial e desincentivar comportamento ímprobo de fornecedores/órgãos da administração (que podem ver na prévia exigência do uso da plataforma salvaguarda para postergar a prestação da tutela jurisdicional); e b) o comportamento do reclamado (*apenas nos casos* de não atender pretensões legítimas e razoáveis dos que acessam o sistema extrajudicial de solução dos conflitos), à luz da boa-fé processual (art. 5º do CPC), deve ser considerado pelo juiz no momento da fixação dos valores devidos ao reclamante em juízo, seja no aspecto da litigância ímproba quando ocorrente (arts. 77 e 80 do CPC), seja no próprio arbitramento dos valores devidos pelo dispêndio de tempo do jurisdicionado com a prévia tentativa de solução extrajudicial do conflito (dano marginal).

5. LEVANDO O DEVER DE ESTIMULAR A AUTOCOMPOSIÇÃO A SÉRIO: CONSEQUÊNCIAS PRÁTICAS DO DESCUMPRIMENTO DO DEVER IMPOSTO ÀS PARTES DE BUSCAR A AUTOCOMPOSIÇÃO

Na Inglaterra, as *Civil Procedure Rules* (CPRs) impõem ao juízo e às partes/procuradores o dever de evitar, sempre que possível, as demandas judiciais (que devem ser processadas apenas em casos extremos), encorajando-se o atores processuais a se utilizarem de outros meios mais apropriados para a resolução dos conflitos (ADR).

Antes de dar início à demanda, ambas as partes deverão fazer ofertas de acordo relacionadas à íntegra ou a parte da pretensão[14] Havendo necessidade de decisão judicial no processo, eventual recusa imotivada de qualquer das partes à tentativa de utilização

---

14. Conforme Marcato, "uma das alterações mais significativas foi a introdução de regramentos/protocolos de pre-action, representativos de uma fase prévia, anterior ao processo litigioso, tendente a disciplinar as formas de autocomposição. Por outras palavras, trata-se de método de trabalho destinado a constituir e a aumentar os benefícios da realização de acordos em fase precoce e com boa base de informação para ambas as partes, de modo a satisfazê-las genuinamente em uma disputa. Os propósitos da pre-action são, portanto, (a) chamar a atenção dos litigantes para as vantagens da resolução de uma disputa sem a instauração de um processo judicial; (b) permitir-lhes a obtenção de informações sobre a razoabilidade das exigências para a aceitação de um acordo apropriado, ou, ainda, (c) apresentar uma oferta apropriada de acordo, de tal forma que haja consequências pecuniárias no caso de, diante da recusa da outra parte, o processo deva ser instaurado ou prosseguir; e, finalmente, (d) estabelecer as bases para acelerar os procedimentos judiciais, se e quando não houver acordo nessa fase prévia" (*Algumas considerações sobre*

da conciliação/mediação, ou o comportamento desarrazoado no curso das ADRs, será levado em consideração pelo juiz no momento de decidir.[15]

Embora não haja previsão legal expressa no Brasil a respeito do tema – como há na Inglaterra (CPRs, Part 36 – *offers to settle*[16]) –, razoável sustentar que, também aqui, o comportamento das partes a bem da solução autocompositiva do conflito seja considerado pelo juiz no momento de decidir, algo a ser feito pela aplicação de medidas sancionatórias próprias do sistema (artigos 77, 80 e 81 do CPC), pela elevação/diminuição de valores indenizatórios reclamados (especialmente relacionados a danos morais) e até na consideração do percentual de sucumbência a ser fixado com base no art. 85 do CPC (considerando o maior/menor trabalho do advogado da parte).

Com efeito, o comando processual de que a solução consensual dos conflitos deve ser promovida (art. 3º, § 2º, CPC) e estimulada pelos atores do processo (art. 3º, § 3º, CPC), inclusive no termos da Resolução CNJ 125/2010, não pode ser visto, apenas, como o dever de as partes/procuradores participarem de sessões de mediação e conciliação, ou mesmo de apresentarem prévia postulação administrativa antes do acesso ao Judiciário.

Mais do que isso – e até, em reforço argumentativo, pela incidência dos princípios da boa-fé e da cooperação (artigos 5º e 6º do CPC) –, o comportamento pré-processual das partes a bem da solução negociada do conflito (a fim de evitar o ajuizamento de demandas judiciais), ou mesmo durante os procedimentos (extrajudiciais e judiciais) de mediação/conciliação (a fim de solucionar aos conflitos), é componente importante a ser considerado na tomada de decisão pelo órgão jurisdicional.

Consequentemente, se efetuado o requerimento administrativo pelo consumidor, com pretensão lícita/proporcional; e se observado um comportamento desarrazoado do fornecedor demandado (inclusive do Estado) de negar a solução extrajudicial do conflito despropositadamente (*v.g.*, mesmo não havendo dúvida sobre o fato afirmado e consequências jurídicas), tal conduta deve não só autorizar o ajuizamento da demanda judicial (inclusive com dispensa da audiência do art. 334 do CPC, a fim de acelerar o trâmite do processo), mas também justificar, caso o processo precise mesmo ser julgado, a fixação de multa por litigância de má-fé ao requerido, já que restaram violados não só os comandos dos artigos 77, II e 80, III, IV e V, do CPC, como também as próprias normas fundamentais dos arts. 3º, § 3º, 5º e 6º, todos do CPC.

Acredita-se, ainda – dentro do sistema bifásico de fixação de dano moral ordinariamente adotado pelo STJ[17] –, que o comportamento processual do requerido de negar,

---

a crise da Justiça. Disponível em: http://www.marcatoadvogados.com.br/wp-content/uploads/2015/07/arquivo66. pdf. Acesso em 29.02.2020. Item 5.1).

15. MARCATO, Antonio Carlos. Algumas considerações sobre a crise da Justiça. Op. cit., Item 5.1.

16. A normativa inglesa referida pode ser conferida no link: https://www.justice.gov.uk/courts/procedure-rules/civil/rules/part36#I.

17. Conforme jurisprudência do STJ, a fixação do valor devido à título de indenização por danos morais deve considerar o método bifásico, que conjuga os critérios da valorização das circunstâncias do caso e do interesse jurídico lesado, e minimiza eventual arbitrariedade ao se adotar critérios unicamente subjetivos do julgador, além de afastar eventual tarifação do dano (AgInt no REsp 1533342/PR, Rel. Ministro Paulo de Tarso Sanseverino, Terceira Turma, julgado em 25.03.2019, DJe 27.03.2019; AgInt no AREsp 900932/MG, Rel. Ministro Moura Ribeiro, Terceira Turma, julgado em 25.02.2019, DJe 27.02.2020; REsp 1771866/DF, Rel. Ministro Marco Aurélio Bellizze, Terceira Turma, julgado em 12.02.2019, DJe 19.02.2019; AgInt no REsp 1719756/SP, Rel. Ministro Luis Felipe Salomão,

sem nenhuma razoabilidade, a solução extrajudicial do conflito, deve justificar, na 2ª fase da fixação do montante indenizatório (caso haja pedido de dano moral), a elevação do valor usualmente fixado para casos semelhantes, firme no ideário de que não houve, pela parte, cumprimento adequado do dever de buscar a solução consensual do conflito (art. 3º, § 3º, do CPC).

O entendimento se torna ainda mais evidente ante o recente reconhecimento, pelo STJ, da teoria do desvio produtivo[18] como fator de indenizabilidade por dano moral (o que afasta a crítica de que a fixação de tal verba não pode ter caráter punitivo). O comportamento da parte em recusar, desarrazoadamente, a solução consensual do conflito no pleito extrajudicial, certamente toma tempo daquele que terá que buscar ou responder no Judiciário pela solução, o que justifica a fixação de indenização reparatória (e não sancionatória) em seu favor.[19]

Por evidente, a tese ora defendida não pode servir de substrato para violar o princípio da autonomia da vontade das partes em se submeter aos processos de mediação, negociação e conciliação. Tampouco visa tornar cogente a celebração de acordos nos instrumentos extrajudiciais e judiciais de solução dos conflitos, sob pena de sancionamento com multas e condenações ao pagamento de alto valores.

O que se propugna por aqui é fomentar o uso responsável do sistema de Justiça, com a participação ativa das partes na busca da solução consensual do conflito. A solução adjudicada da pendenga, via juiz, deve mesmo ser reservada para casos extremos, derivados de fatos complexos, de questões dúbias ou juridicamente intrincadas, não sobre temas a cujo respeito haja previsão expressa da lei ou precedentes qualificados dos Tribunais (art. 927 do CPC). A judicialização dos conflitos não pode ser utilizada pelo demandante para buscar vantagem desproporcional, e nem servir ao demandado para postergar o cumprimento de obrigação que sabe ser devida.

Até porque dados recentíssimos do relatório Justiça em Números do CNJ/STF (2018/2019[20]) revelaram que, mesmo após o advento do CPC/2015, não houve varia-

---

Quarta Turma, julgado em 15.05.2018, DJe 21.05.2018; REsp 1669680/RS, Rel. Ministra Nancy Andrighi, Terceira Turma, julgado em 20.06.2017, DJe 22.06.2017).

18. Pela teoria do desvio produtivo, o tempo desperdiçado pelo consumidor para a solução de problemas gerados por maus fornecedores constitui dano indenizável. A 2ª Seção do STJ (direito privado) tem acolhido tal tese e fixado indenização em favor de consumidores que tenham despendido considerável tempo na frustrada tentativa de solucionar extrajudicialmente seus conflitos (REsp 1.634.851/RJ, 3ª Turma, Rel. Min. Nancy Andrighi; AREsp 1.260.458/SP, 3ª Turma, Rel. Min. Marco Aurélio Belizze; AREsp 1.132.385/SP, 3ª Turma, Rel. Min. Paulo de Tarso Sanseverino; e AREsp 1.241.259/SP, 4ª Turma, Rel. Min. Antonio Carlos Ferreira).

19. Do mesmo modo – e agora fora dos casos em que se deve exigir prévio requerimento administrativo para admissibilidade do próprio acesso ao Judiciário –, se no curso da audiência de conciliação/mediação designada, na forma dos arts. 334 ou 695 do CPC, alguma das partes se recusar a participar responsavelmente das soluções possíveis para o conflito (v.g. negando aceitação de proposta razoável para resolução da lide, especialmente nos casos em que haja precedente qualificado em desfavor da sua tese), possível a incidência das sanções dos artigos 77, I e 80, III, IV e V do CPC. E em havendo pedido de indenização por danos morais, o comportamento do autor que negou desarrazoadamnte a proposta de acordo oferecida pelo demandado em audiência (principalmente nos casos em que o pedido formulado é irascível), deve justificar a eventual redução do quantum devido a título de indenização por danos morais; enquanto que a negativa do requerido em oferecer proposta ou proposta razoável para a solução consensual do conflito, deve justificar a elevação do valor indenizatório a esse título.

20. Os dados podem ser encontrados no link: https://www.cnj.jus.br/wp-content/uploads/conteudo/arquivo/2019/08/justica_em_numeros20190919.pdf. Acesso em: 20.02. fev. 2020.

ções significativas no indicador de conciliação no 2o e 1o graus em relação aos anos anteriores, observando-se aumento de 0,2 ponto percentual no 2º grau e redução de 0,7 ponto percentual no 1o grau (de 2017 para 2018). Consta do relatório: "a conciliação, política permanente do CNJ desde 2006, apresenta lenta evolução. Em 2018 foram 11,5% de processos solucionados via conciliação. Apesar de o novo Código de Processo Civil (CPC) tornar obrigatória a realização de audiência prévia de conciliação e mediação, em três anos o índice de conciliação cresceu apenas 0,5 ponto percentual".

O indicativo numérico supra reforça o sentido prático da tese ora sustentada de que, para os conflitos onde seja evidente quem está certo e quem está errado, é dever das partes e dos procuradores buscar a solução consensual e extrajudicial do conflito. Trazido o conflito ao Judiciário, aquele que resistiu sem razoabilidade à solução consensual (seja demandante ou demandado), impondo arbitrariamente que o caso seja decidido pelo juiz, deve sofrer as consequências do seu comportamento processual conflitivo, em violação ao espírito dos arts. 3º, §§ 2º e 3º, e 5º, todos do CPC, e da Resolução 125 do CNJ.

Só assim estaremos, efetivamente, levando o dever de estimular a autocomposição a sério, com a possibilidade concreta de colher frutos futuros e reais de uma verdadeira e efetiva política nacional de solução consensual dos conflitos[21].

6. CONCLUSÕES

A proposta de releitura do princípio do acesso à Justiça ora apresentada, leva em consideração que o Judiciário deve mesmo ser a *ultima ratio* do sistema de Justiça.

Sendo possível a apresentação de prévio requerimento administrativo por mecanismos formais de recepção e justa apreciação, em tempo razoável, de reclamações (como é o caso da plataforma consumidor.gov.br), tal requerimento deve ser considerado como condição para o exercício do direito de ação (interesse processual – necessidade) perante o Judiciário.

Por outro lado, em havendo resistência injustificada dos que se submetam ao sistema extrajudicial de solução dos conflitos, em atender ao pedido legítimo e proporcional dos que o buscarem – em contrariedade a disposição legal expressa ou entendimento uniforme e qualificado dos Tribunais a respeito do tema (*v.g.*, art. 927 do CPC) –; ou em aceitar proposta razoável e dentro dos parâmetros legais e jurisprudenciais formulada pelos acionados; tal comportamento deverá ser considerado pelo juiz no momento de julgar a pretensão judicializada, seja para fixação de eventuais apenamentos por conta da violação da boa-fé (artigos 5º, 77 e 80 do CPC), seja na quantificação de indenizações devidas em prol ou contra o jurisdicionado que cumpriu adequadamente o ônus que lhe impunha o art. 3º do CPC (estímulo à autocomposição).

---

21. Daí a importância de as partes, no curso do processo e das audiências de conciliação/mediação, reduzirem a escritos/termo suas propostas de solução consensual do conflito, a fim de que não se lhes aponha, oportunamente, a pecha de não terem colaborado na busca da autocomposição.

7. REFERÊNCIAS

GAJARDONI, Fernando da Fonseca. *Levando o dever de estimular a autocomposição a sério*. Migalhas. Publicado em 02.09.2019. Disponível em: https://www.migalhas.com.br/coluna/tendencias-do-processo-civil/310064/levando-o-dever-de-estimular-a-autocomposicao-a-serio. Acesso em 29 fev. 2020.

GAJARDONI, Fernando da Fonseca; DELLORE, Luiz; ROQUE, André Vasconcelos; OLIVEIRA JUNIOR, Zulmar Duarte de. *Teoria geral do processo*: comentários ao CPC de 2015: parte geral. 3. ed. rev. e atual. Rio de Janeiro: Método, 2019.

GAJARDONI, Fernando da Fonseca; OLIVEIRA JR., Zulmar Duarte de; DELLORE, Luiz; MACHADO, Marcelo Pacheco; ROQUE, Andre Vasconcelos. Releitura do princípio do acesso à justiça: a necessidade do prévio requerimento administrativo e o uso da plataforma consumidor.gov. *Migalhas*. Publicado em 17.06.2019. Disponível em: https://www.migalhas.com.br/coluna/tendencias-do--processo-civil/304544/releitura-do-principio-do-acesso-a-justica-a-necessidade-de-previo-reque-rimento-e-o-uso-da-plataforma-consumidorgovbr). Acesso em: 29. fev. 2020.

LIEBMAN, Enrico Tullio. *Manual de direito processual civil*. 3. ed. Trad. e notas de Cândido Rangel Dinamarco. São Paulo: Malheiros, 2005. v. 1, p. 206.

LOPES, João Batista. Modelo Constitucional de Processo e lentidão da Justiça. *Revista de Processo*, v. 295, São Paulo: Ed. RT, setembro 2019.

MARCATO, Antonio Carlos. *Algumas considerações sobre a crise da Justiça*. Disponível em: http://www.marcatoadvogados.com.br/wp-content/uploads/2015/07/arquivo66.pdf. Acesso em: 29 fev. 2020.

A AUDIÊNCIA DE CONCILIAÇÃO E MEDIAÇÃO COMO IMPORTANTE INSTRUMENTO NO SISTEMA MULTIPORTAS PARA A GARANTIA DO ACESSO À JUSTIÇA

Murilo Muniz Fuzetto

Mestrando em Direito pela Universidade de Marília (UNIMAR), onde é bolsista CAPES. Especialista em Direito Civil e Processo Civil pelo Centro Universitário Antônio Eufrásio de Toledo de Presidente Prudente (2019). Graduado em Direito pela mesma instituição (2016). Estagiário-docente na Toledo Prudente, atua como tutor de EaD (Ensino a Distância) na disciplina de Estágio Supervisionado II (arbitragem) e como supervisor da extensão do Núcleo Especial Criminal (NECRIM) e ministra aulas de Estágio Supervisionado I (métodos adequados de solução de conflitos). Advogado. E-mail: murilo.munizfuzetto@gmail.com.

Elias Marques de Medeiros Neto

Pós-Doutorado em Direito Processual Civil na Faculdade de Direito da Universidade de Lisboa (2015). Pós Doutorado em Democracia e Direitos Humanos, com foco em Direito Processual Civil, na Faculdade de Direito da Universidade de Coimbra/Ius Gentium Conimbrigae (2019). Pós-Doutorado em Direitos Sociais, com foco em Direito Processual Civil, na Faculdade de Direito da Universidade de Salamanca (2019/2021). Doutor e Mestre em Direito Processual Civil pela PUC/SP (títulos obtidos em 2014 e em 2009). Professor Doutor de Direito Processual Civil no Curso de Mestrado e Doutorado na Universidade de Marília – Unimar (desde 2014). Advogado. Autor de livros e artigos no ramo do Direito Processual Civil. Membro fundador e Diretor do Ceapro – Centro de Estudos Avançados de Processo (desde 2014). Coordenador do Núcleo de Direito Processual Civil da ESA-OAB/SP (desde 2019). Vice Presidente da Comissão de Direito Processual Civil da OAB/SP (desde 2019). Presidente da Comissão de Direito Processual Civil da OAB/SP, Pinheiros (desde 2013). Secretário Membro da comissão de Direito Processual Civil do Conselho Federal da OAB (desde 2019). Membro do Instituto Brasileiro de Direito Processual (IBDP). E-mail: eliasmarquesneto@hotmail.com.

Sumário: 1. Introdução. 2. Formas de solução dos conflitos. 3. A audiência de conciliação e mediação no novo código de processo civil. 4. As ondas renovatórias e o sistema multiportas: fundamentos para a mediação e a conciliação. 5. A gestão de dados, a tecnologia e a técnica de precedentes como aliadas da mediação e da conciliação. 6. Conclusão. 7. Referências.

1. INTRODUÇÃO

A história da humanidade é permeada de conflitos, isto é, de disputa de interesses entre os indivíduos. Na história do homem, tem-se que, em primeiro momento, imperava a ideia do individualismo, uma vez que cada um vivia por conta própria. Em dado momento, o ser humano passa a viver em pequenos agrupamentos, os quais deram início às primeiras comunidades.

Embora tenha decidido conviver em sociedade, está entranhado na essência humana a característica da individualidade, apenas interessando sua própria vontade, seu próprio desejo. Diante disso, a célebre máxima *onde há sociedade, há direito* se mostra acertada, haja vista que os primeiros grupos precisaram criar formas de solucionar os conflitos existentes entre seus membros.

Para evitar que se impere o uso da força irrestrita, necessitou-se da criação e do emprego de métodos adequados para resolver as disputas de interesses colidentes e, com isso, fazer cessar as brigas presentes e promover a paz social. Com a formação do Estado, houve a previsão de um mecanismo oficial a ser utilizado, dando origem à *jurisdição*.

Nessa senda, a conciliação e a mediação são técnicas autocompositivas utilizadas há longo período para dirimir os litígios existentes.

Os métodos adequados de resolução de controvérsias – que recebem também o nome de *alternativos* –, tais como são a mediação e a conciliação, voltam a ser estudados após as décadas de 70 e de 80 diante da necessidade de driblar a crise jurisdicional instalada, cujas características centrais são a morosidade do Poder Judiciário na apreciação dos pedidos e a ineficiência das tutelas jurisdicionais prestadas.

O presente trabalho visa dissertar, por meio do método dedutivo e se valendo de pesquisa bibliográfica sobre o assunto na doutrina e na legislação brasileiras, sobre a aplicação dos meios adequados de solução de conflitos como garantidores da concretização do direito ao acesso à justiça e da oportunidade de oferecer um tribunal com múltiplas portas, o qual possui o condão de fornecer vários instrumentos aptos a resolver a disputa e que irão ser escolhidos pelas partes ao analisar qual o melhor a ser empregado no caso concreto.

Por este motivo, inicialmente serão abordadas quais as formas de solução de controvérsias e quais as técnicas empregadas. Posteriormente, o presente trabalho discorrerá sobre os dispositivos normativos presentes no Novo Código de Processo Civil de métodos alternativos empregados judicialmente e das teorias que motivaram tais previsões na legislação processual cível, focando-se na abordagem das teorias das *Ondas Renovatórias* do acesso à justiça, formulada por Mauro Cappelletti e Bryan Garth, e do *Sistema Multiportas*, de autoria de Frank Sander.

Posteriormente, vai se abordar como a formação de precedentes e a tecnologia se aliam ao uso da mediação/conciliação.

2. FORMAS DE SOLUÇÃO DOS CONFLITOS

De acordo com o exposto alhures, evidenciado o conflito de interesses entre duas ou mais pessoas, surge a necessidade de desenvolvimento e aplicação de métodos adequados a solucionar esta disputa. Por este modo, vê-se que o homem sempre buscou formas de colocar fim a eventuais colisões de interesses, de vontades.

Nessa esteira, o entendimento de *conflito* pode ser delimitado como a divergência de vontades entre dois ou mais sujeitos que se chocam ou, reiterando o exposto acima, a colisão de interesses entre dois ou mais indivíduos que interajam entre si. Mister se faz trazer a explicação de Luiz Fernando do Vale de Almeida Guilherme (2018, p. 36) sobre *conflito, ipsis litteris*:

> Quando se tem a presença de duas partes coabitando um mesmo espaço ou, ainda que distantes, interagindo de algum modo entre si, é possível que esses dois universos pensam para um mesmo lado, fazendo resplandecer um todo harmônico e homogêneo. Porém, na prática, isso não é o que geralmente ocorre. É mais comum que eventualmente as pessoas transpareçam posições diferentes, ainda que não completamente antagônicas entre si, mas que guardem distinções. Entrementes, quando se tem um quadro pintado que oriente interesses completamente diferentes é mais provável que se tenha um conflito real

Quando o homem se torna ser social e entrega seu individualismo para a formação do Estado – o qual passa a gerir a vida em sociedade ao estipular normas de conduta e a buscar o convívio social em harmonia – nasce a premência de criar um mecanismo oficial para a solução dos conflitos colidentes que seria capaz de promover a pacificação social.

Nesse entrelinho, tem-se o advento da jurisdição que, segundo Daniel Amorim Assumpção Neves (2017, p. 59), "pode ser entendida como a atuação estatal visando à aplicação do direito objetivo ao caso concreto, resolvendo-se com definitividade uma situação de crise jurídica e gerando com tal solução a pacificação social".

O esforço de solucionar uma lide – a qual é entendida como a existência de conflito de interesses – está pautada na própria busca pela Justiça, uma vez que se pretende evitar lesões ou ameaças aos direitos subjetivos, bem como de garantir a justa medida para cessar a violação e de propiciar instrumentos reparatórios. Cita-se, aqui, escólio de Fábio Victor de Fonte Monnerat, (2018, p. 71):

> Solucionar a lide, portanto, é necessário não apenas para restabelecer a ordem jurídica e garantir o respeito aos direitos subjetivos lesados ou ameaçados, mas também para reafirmar a autoridade do Estado e do Direito, bem como gerar paz social e a conscientização de que o Direito deve ser cumprido. Em última análise, a não resolução da lide redundaria em um descrédito do Estado e do próprio Direito, em uma sensação de insegurança, bem como no desrespeito a direitos subjetivos lesados ou ameaçados.

Todavia, a Jurisdição não é a única medida existente e colocada à disposição das partes, uma vez que há a existência de outros métodos de solução de controvérsias, os quais, podem consistir, em algumas situações, tão eficazes quanto a própria Jurisdição.

Inclusive, ressalta-se que a tutela jurisdicional é *ultima ratio*, isto é, o último instrumento na busca pela pacificação social, sendo que será utilizada quando estritamente necessária, salvo em situações que se fizer necessário o provimento jurisdicional pela natureza da relação material ou por exigência legal. (DONIZETTI, 2019, p. 111)

Ademais, essas técnicas são tão antigas quanto o instrumento estatal e demonstram que o Estado não possui monopólio para a resolução de um conflito. Diante disso, discute-se qual é a melhor terminologia a ser empregada para esses outros mecanismos, pairando a dúvida se deve empregar a expressão *alternativo* ou o palavra *adequado*.

O presente artigo coaduna com a ideia de que a terminologia correta para os métodos aqui debatidos é *adequado*, uma vez que, conforme explicitado, estes não são mecanismos alheios a jurisdição e, porquanto, utilizados apenas quando esta falhar.

Na verdade, estes instrumentos são – assim como a jurisdição – caminhos aptos, *adequados*, na solução das disputas de interesses colidentes, operando, para tanto, na busca pela pacificação social.

Por este modo, a palavra *alternatividade* deixa entender que os meios em voga estão em segundo plano, ou seja, formam um segundo caminho, e, por este motivo, devem ser utilizados apenas quando estes não atenderem ao objetivo precípuo de resolver a disputa. Tal ideia se mostra incorreta ao se analisar que alguns dos instrumentos usados são mais antigos que a própria jurisdição.

Com a crise do Judiciário, cujo momento é destacado pela morosidade dos Tribunais e pela pouca eficiência das tutelas prestadas, o Estado passa a incentivar o emprego desses mecanismos para que as próprias partes possam atuar na luta de seus interesses em um procedimento célere e de baixo, quiçá nenhum, custo. É a própria concretização da democracia, a qual está insculpida no entendimento de plena participação dos próprios envolvidos.

Nessa esteira, Elpídio Donizetti (2019, p. 111) afirma:

> Esses procedimentos não jurisdicionais de solução dos conflitos é que são denominados meios alternativos39 de pacificação social (ou equivalentes jurisdicionais). Ao contrário da jurisdição, as formas alternativas não são dotadas de definitividade, submetendo-se ao controle do Judiciário. No entanto, os equivalentes jurisdicionais apresentam o benefício da celeridade – porquanto menos formalistas do que um processo comum – e do baixo custo financeiro, que é elevado nos processos jurisdicionais (taxas judiciárias, honorários advocatícios, custas de perícia...) e que muitas vezes sequer existem nos meios alternativos. Tais particularidades, aliadas à percepção de que o Estado, muitas vezes, falha em sua missão pacificadora, têm contribuído para uma valorização crescente dos meios não jurisdicionais de pacificação social.

Diante disso, as formas de solução de conflitos encontradas no ordenamento jurídico são a *autotutela*, a *autocomposição* e a *heterocomposição*. Embora a primeira seja vedada pelo Legislador brasileiro, este traz a previsão de algumas situações que serão exceções à proibição e, portanto, admitidas.

A *autotutela* é caracterizada pelo uso da força das partes interessadas para fazer cessar o conflito e assim impor a sua vontade, sendo que essa forma de resolução está calcada na ideia de *imposição*. Aqui, cita-se escólio de Monnerat (2018, p. 72):

> Conforme já asseverado, denomina-se autotutela o meio de resolução da lide caracterizado pela imposição do interesse de uma parte sobre outra pela força, independentemente, portanto, da participação do Estado ou de qualquer terceiro imparcial, bem como sem a observância de qualquer norma jurídica. Por este motivo, a autotutela, via de regra, é vedada pelo Direito, sendo inclusive tipificada como crime à luz do Direito penal.

Com isso, a *autotutela* consiste em solução parcial do conflito e, por estar baseada na imposição da vontade de um dos litigantes em detrimento do interesse de outrem, se trata de medida egoística. Ademais, é vedada no ordenamento jurídico pátrio pela impossibilidade de o Estado-juiz estar presente em todas as situações que um direito esteja sendo violado ou na iminência de ser e também pela desconfiança de cada indivíduo no altruísmo alheio. (DONIZETTI, 2019, p. 112)

A AUDIÊNCIA DE CONCILIAÇÃO E MEDIAÇÃO PARA GARANTIA DO ACESSO À JUSTIÇA **201**

Em todo o caso, o exercício da *autotutela*, quando admitido, deverá observar três critérios, sendo que o primeiro é a expressa previsão legal que permite seu exercício. A segunda é a presença de todas as condições autorizadoras para que o uso particular da força seja tido como lícito e, por fim, que o emprego dessa força se limite a cessar a situação que autorizou a se valer da *autotutela*, não podendo haver o cometimento de excessos. A título de exemplo de *autotutela*, pode-se referenciar a legitima defesa da posse, cuja previsão se encontra no artigo 1.210 do Código Civil. (MONNERAT, 2018, p. 74).

Por sua vez, o outro meio de solução de conflitos presente no direito brasileiro é a *autocomposição*, a qual está calcada na noção de altruísmo e se fundamenta na busca da solução consensual da disputa por parte dos próprios conflitantes. Nessa senda, Neves (2017, p. 67) leciona que:

> O que determina a solução do conflito não é o exercício da força, como ocorre na autotutela, mas a vontade das partes, o que é muito mais condizente com o Estado democrático de direito em que vivemos. Inclusive é considerado atualmente um excelente meio de pacificação social porque inexiste no caso concreto uma decisão impositiva, como ocorre na jurisdição, valorizando-se a autonomia da vontade das partes na solução dos conflitos.

Nesse diapasão, frisa-se que a *autocomposição* é a forma pela qual os conflitantes irão solucionar o litígio com base em seus interesses e em concessões reciprocas. Além disso, é importante anotar que tal meio se apresenta como gênero, possuindo como espécies a transação, a submissão e a renúncia.

Sobre a transação, é importante destacar que está centrada na vontade bilateral das partes, sendo que cada uma abdica parcialmente de sua vontade para resolver o litígio. Por sua vez, a renúncia é o ato em que uma das partes abdica de seu direito, enquanto que a submissão consiste no ato de o sujeito se submeter à pretensão contrária, demonstrando que ambas as espécies se fundamentam no exercício de vontade unilateral de uma das partes (NEVES, 2017, p. 63).

A mediação e a conciliação são instrumentos colocados que servem de estímulo à *autocomposição*. Em outras palavras, são técnicas em que as partes podem chegar até à *autocomposição* e, com isso, obter a solução do conflito. Embora haja a presença de um terceiro imparcial, a atuação deste será meramente para facilitar os canais de comunicação para que os disputantes consigam analisar a disputa objetivamente. Donizetti (2019, p. 112) explicita:

> A mediação é técnica de estímulo à autocomposição. Um terceiro (mediador), munido de técnicas adequadas, ouvirá as partes e oferecerá diferentes abordagens e enfoques para o problema, aproximando os litigantes e facilitando a composição do litígio. A decisão caberá às partes, jamais ao mediador. A mediação assemelha-se à conciliação, uma vez que ambas visam à autocomposição. Dela se distingue somente porque a conciliação busca sobretudo o acordo entre as partes, enquanto a mediação objetiva debater o conflito, surgindo o acordo como mera consequência. Trata-se mais de uma diferença de método, mas o resultado acaba sendo o mesmo.

O mediador atuará, então, na busca pela retomada da comunicação entre as partes, retirando todos os ruídos existentes para que possam analisar o conflito objetivamente, sem que os antigos laços estejam presentes para anuviar a visão dos conflitos na busca pelo consenso. Por este modo, o mediador não irá propor soluções da disputa em questão, mas tão somente induzi-las ao ponto de chegada (NEVES, 2017, p. 64-65).

Por outro lado, a atuação do conciliador é mais ativa e permite com que deduza propostas para a solução das partes, cabendo às partes concordar ou não ou, ainda, ajustar os termos dessa proposta conforme suas pretensões. Com isso, tem-se que o papel do conciliador é orientar e apontar soluções na tentativa de agilizar a obtenção do acordo e, consequentemente, da resolução do conflito, sem que aborde as questões intersubjetivas desencadeadoras da disputa (DONIZETTI, 2019, p. 113).

Mister se faz destacar que o Código de Processo Civil, em seu artigo 165, § 2º (para a conciliação) e §3º (para a mediação), disciplina a atuação exposta acima do terceiro imparcial, definindo ainda em quais situações cada técnica será melhor aplicada. Em rápida leitura, percebe-se que o conciliador atuará preferencialmente em casos em que as partes não possuem entre si vínculo anterior, enquanto que o mediador será de melhor auxílio para aqueles em que há vínculo anterior entre as partes.

Em outras palavras, a conciliação é a medida mais adequada para os conflitos que não envolvam relação continuada entre as partes, isto é, o vínculo entre os disputantes foi formado apenas em razão da lide instaurada, citando-se os casos que englobam direito do consumidor. Por sua vez, a mediação é melhor empregada em situações que a parte mantinha algum tipo de vínculo continuado antes do surgimento da disputa, como, por exemplo, acontece em casos que envolvam direito de família ou de vizinhança (NEVES, 2017, p. 65).

Por sua vez, a *heterocomposição* é a forma pela qual um terceiro imparcial irá decidir a solução do conflito, ou seja, irá julgar qual o melhor meio de colocar fim à disputa. É de suma importância esclarecer que este terceiro possui poder decisório, vinculativo e, portanto, as partes estão obrigadas a acatar tal decisão. Os exemplos de métodos heterocompositivos são a própria Jurisdição tradicional e a Arbitragem.

Nessa toada, Eduardo Arruda Alvim, Daniel Willian Granado e Eduardo Aranha Ferreira (2019, p. 91) explicitam o seguinte sobre a *heterocomposição*, além de expor sobre os benefícios da *autocomposição* e da possibilidade de o Estado-juiz incentivar tal forma, *in verbis*:

> A jurisdição constitui forma de heterocomposição do conflito, ou seja, não havendo acordo de vontades entre as partes, cabe ao terceiro (Estado-juiz) pacificar o conflito. A heterocomposição é sempre "traumática", já que uma das partes sairá, inexoravelmente, sucumbente. Deve-se, com efeito, primar pela autocomposição, em que as próprias partes chegam ao consenso. Na autocomposição, as próprias partes é que decidem, em conjunto, a melhor solução para o seu conflito de interesses. Os métodos de solução consensual de conflitos, pois, além de permitir que as próprias partes decidam a melhor solução para si, sem a imposição da decisão por terceiro, acaba por beneficiar o próprio Estado, já que diminui a quantidade de causas a serem decididas.

Entretanto, pequena parte da doutrina moderna vem defendendo que a *heterocomposição* é, na verdade, a manifestação de vontade das partes para a solução do litígio com o auxílio de um terceiro imparcial, sendo que, aqui, a mediação e a conciliação seriam métodos heterocompositivos. Corroborando essa explanação, Monnerat (2018, p. 76) leciona:

Assim, a heterocomposição pode ser entendida como meio de resolução de conflito de interesses que se caracteriza por um acordo de vontade entre as partes, com a participação de um terceiro imparcial, estranho à lide, eleito ou aceito pelas partes, que participa da resolução do conflito, propondo ou viabilizando uma solução. A depender do grau de atuação e condução do diálogo por este terceiro imparcial, pode-se classificar este método como mediação ou conciliação.

Este artigo não coaduna com o posicionamento acima apresentado e defende que a mediação e a conciliação são meios autocompositivos, haja vista consistirem em instrumentos que fomentam as partes a solucionar os conflitos com base em seus próprios interesses. No caso referendado, tal corrente analisa a presença do terceiro imparcial, sendo que, então, a *heterocomposição* é apresentada quando presente um terceiro na relação formada entre os disputantes.

Por seu turno, este trabalho entende que o que deve ser avaliado para identificar se a forma é autocompositiva ou heterocompositiva é a atuação das partes, uma vez que, no primeiro caso, os litigantes irão solucionar por si próprios a contenda, apenas com o auxílio do terceiro, enquanto que, na segunda hipótese, o papel do terceiro imparcial é decidir o conflito, ou seja, este terceiro tem poder vinculativo para impor uma solução, a qual os sujeitos envolvidos estarão obrigados a acatar.

Por fim, insta salientar que os termos dos acordos celebrados em audiências de mediação ou de conciliação podem consistir em título executivo extrajudicial, nos moldes do artigo 784 do Código de Processo Civil ou, então, em judicial quando a autocomposição for homologada em juízo, conforme preceitua o artigo 515 do mesmo *Códex*.

3. A AUDIÊNCIA DE CONCILIAÇÃO E MEDIAÇÃO NO NOVO CÓDIGO DE PROCESSO CIVIL

O Código de Processo Civil é categórico em afirmar que não se excluirá quaisquer formas de ameaça ou de lesão a direito da apreciação jurisdicional. Embora o artigo 3º do *Códex* consagre o direito ao acesso ao Poder Judiciário, o §3º deste dispositivo retrata que o Estado irá fomentar, sempre que possível, a solução consensual dos conflitos.

Conforme será objeto de discussão no tópico seguinte deste trabalho, os meios adequados de solução de controvérsias, embora existentes antes da própria jurisdição, foram menos estudados quando o Estado passou a criar e promover o seu mecanismo oficial de solução jurisdicional das controvérsias.

Todavia, diante da famigerada crise jurisdicional – a qual é provocada pela morosidade e pela ineficiência das prestações jurisdicionais ante o elevado volume de processos em tramitação –, os meios ora debatidos voltaram fortemente a ser lembrados e estudados pela comunidade jurídica.

Nesse aspecto, as duas maiores teorias para o ressurgimento destas formas foram o *Sistema Multiportas* e *As Ondas Renovatórias*, cujas abordagens serão feitas em momento oportuno neste artigo, e que são as grandes inspirações para o dispositivo retromencionado do Novo Código de Processo Civil.

Anteriormente, convém lembrar que Poder Judiciário brasileiro vem se preocupando há tempo razoável com a demora em sua própria atuação e tem procurado incentivar a *autocomposição* antes do próprio Código de Processo Civil.

Por meio da Resolução 125/2010, o Conselho Nacional de Justiça disciplinou sobre a "Política Judiciária Nacional de tratamento adequado dos conflitos de interesses no âmbito do Poder Judiciário".

De certa maneira, houve o início ao trazer diversas mudanças no uso dos meios adequados de solução de controvérsia no âmbito judicial, concretizando, para tanto, os dois movimentos teóricos elencados alhures.

Por sua vez, o *Códex* processual cível procura, a todo momento, frisar a busca pela *autocomposição*, valendo-se das técnicas da mediação e da conciliação, ou, ainda, por método heterocompositivo extrajudicial, como é o caso da arbitragem. Percebe-se, com isso, que o texto normativo processual trata sobre a temática em diversos dispositivos.

Entretanto, a grande mudança no cenário prático é a criação do artigo 334 da combalida norma, cujo enunciado prevê a realização de audiência de conciliação e mediação após o recebimento da petição inicial. Percebe-se que a intenção do Legislação é estimular que as partes procurem compor a solução da controvérsia sem que o processo caminhe por longo tempo.

É a oportunidade conferida aos litigantes para que não esperem o transcurso do prazo do procedimento judicial, o qual se encerrará com a sentença do juízo que irá decidir o caso com base em sua convicção dos fatos e dos fundamentos apresentados. Ora, é propiciado um momento para que as partes envolvidas naquele processo possam tentar chegar a um consenso com base em suas vontades, sem depender da decisão vinculativa de um terceiro imparcial.

Nessa senda, Eduardo Arruda Alvim, Daniel Willian Granado e Eduardo Aranha Ferreira (2019, p. 515) discorrem:

> Pode-se afirmar que, a previsão da realização da audiência de conciliação ou mediação antes da apresentação da contestação, pelo réu, é fruto de uma tentativa de "conscientização da necessidade de se romper com o dogma de que a justiça só pode ser implementada pelo Judiciário", como afirma Arruda Alvim. Essa conscientização surge com o objetivo de diminuir o tempo de tramitação dos processos judiciais e oferecer a efetiva solução para determinados conflitos. É dizer: melhor do que obter, pela via da jurisdição, a heterocomposição (imposição da resolução da lide às partes, por meio da substituição da sua manifestação de vontade, pela decisão judicial), é obter a solução da lide construída pelas próprias partes, autocompondo-se. Com isso, dá-se às partes uma melhor solução, já que encontrada por elas próprias e, ao lado disso, diminui-se a quantidade de processos pendentes de julgamento nos variados cartórios e secretarias do país, o que advoga em prol da celeridade processual.

De tal sorte, Marcus Vinicius Rios Gonçalves (2018, p. 420) entende que a audiência em questão concretiza o princípio da economia ao lecionar que:

> É fase indispensável nos processos de procedimento comum. A sua designação no começo funda-se na ideia de que, após o oferecimento da contestação, o conflito poderá recrudescer, tornando mais difícil a conciliação das partes. A busca pela solução consensual dos conflitos vem prevista como norma fundamental do processo civil, no art. 3o, §§ 2o e 3o, do CPC. A eventual conciliação nesta fase ainda inicial do processo se adequa ao princípio econômico, já que o poupará de avançar a fases mais adiantadas.

Diante disso, tendo a petição inicial preenchido todos os requisitos de admissibilidade e não sendo o caso de improcedência de plano, o juízo irá designar a audiência de tentativa de conciliação e mediação, a qual deverá ter atuação necessariamente de um conciliador ou de um mediador, onde houver. Aponta-se que essa audiência será realizada nos Centros Judiciários de Solução Consensual de Conflitos, conforme preceitua o *caput* do artigo 165 do Código de Processo Civil, e deverá ser designada com antecedência. (GONÇALVES, 2018, p. 421)

Seguindo artigo 334, §7º, do *Códex* processual civil, esta audiência poderá ser realizada por meios eletrônicos e contará com a participação das partes – as quais poderão estar acompanhadas de seus advogados, de acordo com §9º do mesmo dispositivo – e de um ou mais conciliador ou mediador.

Nessa senda, Marcus Vinícius Rios Gonçalves (2018, p. 421) preceitua que a audiência de tentativa de conciliação e mediação deve ser designada com antecedência mínima de 30 dias enquanto que o réu deve ser citado com, no mínimo, 20 dias antes da data marcada.

Mister se faz salientar que, de acordo com os ditames do §4º ao §6º do artigo 334, a audiência em comento não será realizada em casos que não se admite a *autocomposição* ou quando ambas as partes manifestarem expressamente desinteresse na composição consensual. Com isso, autor deverá indicar o interesse na petição inicial e o réu deverá fazer tal manifestação por meio de petição que deverá ser apresentada com 10 dias de antecedência contados da data da audiência. Por fim, em casos de litisconsórcio, o desinteresse deve ser indicado por todos os litisconsortes.

Por sua vez, uma parte da doutrina entende que não há necessidade de que ambas as partes manifestem o desinteresse, bastando que apenas uma delas indique que não possui vontade em solucionar o conflito consensualmente. Cita-se, para tanto, o escólio de Alexandre Câmara (2017, p. 182) sobre o exposto:

> Apesar do emprego, no texto legal, do vocábulo "ambas", deve-se interpretar a lei no sentido de que a sessão de mediação ou conciliação não se realizará se qualquer das partes manifestar, expressamente, desinteresse na composição consensual. Basta que uma das partes manifeste sua intenção de não participar da audiência de conciliação ou de mediação para que esta não possa ser realizada. É que um dos princípios reitores da mediação (e da conciliação) é o da voluntariedade, razão pela qual não se pode obrigar qualquer das partes a participar, contra sua vontade, do procedimento de mediação ou conciliação (art. 2o, § 2o, da Lei no 13.140/2015). A audiência, portanto, só acontecerá se nem o autor nem o réu afirmarem expressamente que dela não querem participar (e o silêncio da parte deve ser interpretado no sentido de que pretende ela participar da tentativa de solução consensual do conflito)

Ainda, o artigo 334, §12, do Código de Processo Civil delimita que, ao organizar as pautas de audiências, seja respeitado intervalo mínimo de vinte minutos entre o momento de início de cada uma, objetivando, com isso, evitar com que as tentativas de conciliação e mediação sejam feitas de maneira apressada.

Ademais, o §2º do dispositivo normativo retromencionado preceitua que a audiência em voga pode se desdobrar em duas mais sessões, as quais não poderão exceder a 2 meses da data de realização da primeira sessão e desde que sejam necessárias à *autocomposição* das partes. Por sua vez, artigo 28 da Lei nº 13.140/2015 prevê a possibilidade de as partes convencionarem expressamente a prorrogação do espaçamento de tempo acima exposto entre as sessões. (CÂMARA, 2017, p. 182)

Destaca-se que, designada a data de realização da audiência, a presença das partes é obrigatória, sendo que a ausência é considerada como ato atentatório à dignidade da justiça e enseja aplicação de multa. Nesse entrelinho, Gonçalves (2018, p. 421) leciona o seguinte sobre a punição para caso de não comparecimento dos litigantes e da possibilidade de nomear representantes:

> Designada a data, o comparecimento das partes é obrigatório. A ausência delas implicará ato atentatório à dignidade da justiça, incorrendo o ausente em multa de até 2% da vantagem econômica pretendida, que reverterá em favor da União ou do Estado. Ela poderá, se não puder ou não quiser comparecer, constituir um representante, por meio de procuração específica, com poderes para negociar e transigir, mas que não se confundirá, em princípio, com o advogado. As partes devem comparecer à audiência acompanhados de seus advogados ou Defensor Público. A ausência destes, no entanto, não implica ato atentatório nem impede que se tente a conciliação, que é ato jurídico material, para o qual a presença de advogado não é indispensável. Parece-nos que, por procuração específica, a parte pode constituir como seu representante, com poderes para transigir, o próprio advogado. Nesse caso, o advogado figuraria como representante constituído da parte para participar da audiência, hipótese em que se dispensaria o comparecimento pessoal dela.

De tal sorte, é de suma importância discorrer sobre a possibilidade de as custas finais do processo judicial não serem devidas em caso de obtenção do acordo, uma vez que coloca fim ao procedimento. O artigo 29 da Lei nº 13.140/2015 afirma que não haverá pagamento das custas finais em caso de acordo obtido antes da citação do réu.

Todavia, Cássio Scarpinella Bueno (2019, p. 371) entende que o dispositivo normativo supramencionado deve ser estendido para casos em que o réu já foi citado, conforme se extrai de suas seguintes lições:

> Assim, o art. 29 da Lei n. 13.140/2015, ao dispor que, "solucionado o conflito pela mediação antes da citação do réu, não serão devidas custas judiciais finais", merece ser interpretado no sentido de que as custas não serão devidas na hipótese de haver mediação após o início do processo mas antes da citação do réu ou, ainda, no sentido de que o réu (já citado, por força do art. 334, caput, do CPC de 2015) não pagará custas finais se o conflito for resolvido na audiência por meio da mediação, tornando desnecessário, por isso mesmo, o prosseguimento do processo com relação à definição do direito aplicável. Trata-se, assim, de mais um estímulo para que as partes alcancem a resolução do conflito por meios autocompositivos, pensamento que se harmoniza com os parágrafos do art. 3o do CPC de 2015.

Referente ao procedimento da mediação e da conciliação, evidencia-se que este se pautará, segundo Alvim, Granado e Ferreira (2019, p. 515-516), "pelos princípios da independência, imparcialidade, autorregramento da vontade, confidencialidade, oralidade, informalidade e da decisão informada, nos termos do art. 166, do CPC". Além disso, o artigo 2º, II e VI, acrescentam os princípios da isonomia entre as partes e da busca do consenso.

Em linhas gerais, a independência se expressa na liberdade de atuação do terceiro imparcial, o qual não será influenciado por quaisquer pressões internas ou externas. A imparcialidade é apresentada como o dever de agir sem considerar seus próprios sentimentos ou interesses, enquanto que a autonomia de liberdade confere às partes plena liberdade para manifestar suas vontades, não havendo pressão ou coação para autocomposição. Já a confidencialidade é o dever de que todas as informações produzidas ao longo do procedimento não poderão ser utilizados para fim diverso daquele previsto entre as partes. (ALVIM; GRANADO; FERREIRA, 2019, p. 516)

Um importante destaque sobre a imparcialidade é que as causas de impedimento e de suspeição, previstas no artigo 144 e 145 do Código de Processo Civil, são aplicadas também aos mediadores e conciliadores judiciais, segundo os preceitos do artigo 148 do *Códex*.

A oralidade e a informalidade se resumem na ideia de que o terceiro imparcial – mediador ou conciliador – deverá se valer de uma linguagem mais simples e acessível, necessitando de um diálogo mais aberto. A decisão informada é o princípio pelo qual garante a imprescindibilidade de que as partes recebam as informações necessárias sobre o procedimento e do direito discutido no caso concreto. Ainda, a isonomia é a garantia de que as partes terão paridade de tratamento, enquanto que o princípio da busca do consenso visa exprimir a necessidade de o terceiro imparcial envolvido não medir esforços para chegar a um consenso. (ALVIM; GRANADO; FERREIRA, 2019, p. 517).

Não se obtendo o acordo, o processo judicial continuará em seus regulares trâmites. Entretanto, chegando à solução consensual na audiência do artigo 334 do Código de Processo Civil, os termos estabelecidos serão escritos e será encaminhando para homologação judicial.

Destaca-se que, nos casos das ações de família – as quais consistem, por força do artigo 693 do Código de Processo Civil, nos processos de divórcio, reconhecimento e extinção de união estável, separação, filiação, guarda e visitação –, os dispositivos aplicados para a solução consensual são os previstos no Capítulo X de referida norma.

Por este motivo, o artigo 695 do *Códex* também prevê a possibilidade de designação de audiência de tentativa de conciliação e de mediação, sendo que o mandado de citação estará desacompanhado de cópia da petição inicial, cujo intento legislativo é fazer com que o réu vá à audiência desprovidos de sentimentos negativos por saber os fundamentos apontados na exordial.

Outro ponto basilar é que a citação será realizada na pessoa do réu e deverá ocorrer com antecedência mínima de 15 dias da data designada para a audiência. Nesta audiência de tentativa de conciliação e mediação, os litigantes deverão estar acompanhados de seus advogados ou de defensores públicos.

Outro ponto que chama atenção é que o artigo 696 preceitua que "A audiência de mediação e conciliação poderá dividir-se em tantas sessões quantas sejam necessárias para viabilizar a solução consensual, sem prejuízo de providências jurisdicionais para evitar o perecimento do direito".

Não havendo a solução consensual, aplica-se as normas do procedimento comum seguindo os ditames do artigo 395, de acordo com o artigo 696. De outro lado, havendo o acordo, este será reduzido a termo e irá para homologação judicial e se tornará título executivo judicial, nos moldes do artigo 515, II, do Código de Processo Civil.

Salienta-se que o Ministério Público somente irá intervir em casos que houver interesse de incapaz, sendo que o membro do *Parquet* deverá ser ouvido previamente à homologação do acordo nesta hipótese apontada alhures, consoante o artigo 598 do *Códex*.

4. AS ONDAS RENOVATÓRIAS E O SISTEMA MULTIPORTAS: FUNDAMENTOS PARA A MEDIAÇÃO E A CONCILIAÇÃO

Para que o uso dos métodos adequados de solução de controvérsias chegasse ao ponto atual de o próprio Legislador se preocupar em empregar a mediação e a conciliação judicialmente e de fomentar o uso destas e de outras técnicas extrajudiciais, necessitou-se de longo período e do surgimento de duas importantes teorias.

Conforme já apontado em momento anterior, os meios em comento são tão antigos quanto a própria jurisdição, a qual veio posteriormente com a formação do Estado para suprir a necessidade de ter uma forma oficial para resolver os conflitos. Por haver um mecanismo estatal de solução de conflitos, as pessoas preferiam busca-lo em um primeiro momento ante a própria confiabilidade que emanava.

Cita-se, então, escólio de Paulo Eduardo Alves da Silva (2019, p. 14), o qual corrobora o argumento supra:

> Na verdade, a resolução consensual de disputas é historicamente mais antiga do que o processo judicial. Mecanismos privados e informais de justiça já eram praticados quando o Estado e a jurisdição oficial ainda ganhavam corpo e é presumível que nunca deixaram de ser praticados e que sempre estiveram em desenvolvimento. A jurisdição e o processo judicial representam apenas a resolução mais formal e, na perspectiva do Estado moderno, a mais democrática e justa porque pautada e voltada para a aplicação da lei. Nos dias atuais, entretanto, é provável que as sociedades oscilem no sentido de considerarem a resolução comunitária e menos formal das disputas como justa, ou simplesmente como a opção factível de justiça.

No entanto, com o aumento avassalador pela procura da jurisdição, os tribunais passam a ser mais morosos e as tutelas jurisdicionais prestadas começam a se tornar ineficientes. Surge-se, porquanto, indagações sobre qual o verdadeiro sentido de *acesso à justiça*, bem como se coloca em xeque o próprio processo em busca de alcançar o seu papel instrumental.

Embora a concepção de *justiça* seja difícil de delinear, tem-se um consenso social sobre as ideais fundamentais que alicerça a sua percepção, conforme destaca Fernanda Tartuce (2019, p. 81):

> É pertinente a afirmação de que o pressuposto da ideia de justiça para o Direito é a existência de um consenso social acerca, pelo menos, das ideias fundamentais da justiça, sendo seus postulados, de evidência imediata: o respeito e a proteção da vida humana e da dignidade do homem; a proibição da degradação do homem em objeto; o direito ao livre desenvolvimento da personalidade; a exigência da igualdade de tratamento e a proibição do arbítrio. É com base em tais premissas que serão abordados a justiça e o acesso a ela.

Deste modo, tem-se que o direito ao acesso à justiça, previsto no artigo 5º, XXXV, da Constituição Federal brasileira, não garante apenas o acesso aos tribunais, ou seja, aos órgãos jurisdicionais, mas também o acesso necessário para que o sujeito receba a solução para o seu problema jurídico. Cita-se doutrina de Kazuo Watanabe (2011, p. 03) sobre essa ideia:

> O princípio de acesso à justiça, inscrito no n. XXXV do art. 5º, da Constituição Federal, não assegura apenas acesso formal aos órgãos judiciários, e sim um acesso qualificado que propicie aos indivíduos o

acesso à ordem jurídica justa, no sentido de que cabe a todos que tenham qualquer problema jurídico, não necessariamente um conflito de interesses, uma atenção por parte do Poder Público, em especial do Poder Judiciário. Assim, cabe ao Judiciário não somente organizar os serviços que são prestados por meio de processos judiciais! como também aqueles que socorram os cidadãos de modo mais abrangente, de solução por vezes de simples problemas jurídicos, como a obtenção de documentos essenciais para o exercício da cidadania! e até mesmo de simples palavras de orientação jurídica. Mas é, certamente, na solução dos conflitos de interesses que reside a sua função primordial, e para desempenhá-la cabe--lhe organizar não apenas os serviços processuais como também, e com grande ênfase, os serviços de solução dos conflitos pelos mecanismos alternativos à solução adjudicada por meio de sentença, em especial dos meios consensuais, isto é, da mediação e da conciliação.

Com isso, o que se consagra é o *acesso à ordem jurídica*, sendo que o sujeito busca a obtenção de justiça substancial, abarcando inúmeras possibilidades de verificação e de realização da justiça. Percebe-se que a ideia é que fazer com que as técnicas processuais atinjam às funções sociais, não sendo possível constituir a jurisdição como única forma de solução de conflitos a ser considerada (TARTUCE, 2019, p. 83).

Ante a necessidade de abrandar os efeitos sociais da crise jurisdicional – o que demandou reflexões sobre a concepção de acesso à justiça e sobre o papel instrumental do processo civil –, os meios adequados de solução de conflitos voltaram aos debates novamente. É por este motivo que as décadas de 70 e de 80 ficaram conhecidas pelos movimentos que marcaram o renascimento destas técnicas.

Duas importantes teorias consistem em verdadeiros marcos nessa época e que reverberam até os dias atuais pela importante contribuição nos estudos dos mecanismos extrajudiciais, sendo elas: *As Ondas Renovatórias* e *O Sistema Multiportas*.

A criação das *ondas renovatórias* foi de Mauro Cappelletti e de Bryan Garth em obra que analisa o conceito de acesso à justiça. Nessa senda, Fernanda Tartuce (2019, p. 84) aponta a importância dos trabalhos dos autores supracitados ao expor que:

> Na seara do processo civil, o tema do acesso à justiça foi desenvolvido de forma inigualável por Mauro Cappelletti. Sua importância é crucial, porquanto o direito de acesso à justiça é o mecanismo essencial para garantir a efetiva proteção de todos os outros direitos. Destaca o autor, que com Bryant Garth desenvolveu o Projeto Florença18, que a noção de acesso à justiça serve para determinar duas finalidades básicas do sistema jurídico: proporcionar acesso igualitário a todos e produzir resultados individual e socialmente justos19. Dada sua imensa relevância, mostra-se essencial constatar as dificuldades e possíveis soluções para que se alcance o efetivo acesso à justiça. O notável estudo de Mauro Cappelletti e Bryant Garth, desenvolvido principalmente no Projeto Florença, propiciou tanto um diagnóstico do panorama existente sobre o acesso como das possibilidades de superação dos obstáculos observados por meio das denominadas "ondas renovatórias de universalização do acesso à justiça".

Sobre a teoria das *ondas renovatórias*, pode-se afirmar, em síntese, que a concepção de *acesso à justiça* passa por transformações com o decorrer do tempo por grandes movimentos que refletem a necessidade social.

Em outras palavras, a compreensão de *acesso à justiça* é modificada pelo desenvolvimento da sociedade, a qual demanda a criação de formas de adaptações para aplacar os anseios das pessoas. Essas necessidades funcionam como verdadeiras ondas por atingir o que se entende por acessar à justiça.

Nesse sentido, cita-se os apontamentos de Fernanda Tartuce (2019, p. 84) sobre quais foram os problemas diagnosticados por Cappelletti e Garth, os quais ensejaram as modificações necessárias para adequar o entendimento do que seria conferir pleno acesso à justiça:

> Quanto aos óbices no acesso à distribuição da justiça, apontaram os autores os seguintes problemas: dificuldade de acesso pelos custos ou pelas condições pessoais (de incapacidade ou despreparo) das partes; dificuldade de proteção de certos interesses, tanto por sua conotação difusa (e fragmentada) na sociedade quanto por sua dimensão diminuta se considerada individualmente, a desestimular a atuação dos lesados; preocupante inter-relacionamento entre as barreiras existentes como fator que dificultava a adoção de medidas isoladas para sanar os problemas.

A conclusão obtida por Mauro Cappelletti e Bryan Garth (1988) é que a concepção de *acesso à justiça* passa por transformações por três grandes ondas renovatórias, os quais consistem em movimentos que facilitam os sujeitos em concretizar esse direito basilar. A primeira onda é caracterizada pela criação de políticas públicas para fornecer assistência jurídica especializada gratuita para pessoas de baixa renda ante a impossibilidade financeira de arcar com as custas judiciárias e com os honorários advocatícios.

Já a segunda onda consiste em adequações nos instrumentos processuais clássicos com o fito de que possam lutar por direitos difusos. Em outras palavras, percebeu-se uma necessidade de se buscar a tutela para direitos difusos e coletivos, atuando em nome da coletividade, como são os casos envolvendo direito do consumidor e questões envolvendo o meio ambiente. Por este motivo, precisou-se fazer alterações para tornar realidade o processo coletivo.

Apesar das duas mudanças significativas anteriores – as quais propiciaram que as pessoas com parcos recursos conseguissem buscar uma tutela jurisdicional e que houvesse a proteção para interesses coletivos a fim de atender os anseios de sujeitos indeterminados ou indetermináveis –, o tempo evidenciou que acessar à justiça não consistia em simplesmente *bater às portas dos tribunais*, porém em garantir prestação jurisdicional efetiva.

Ora, de nada adiantaria o Estado-juiz proferir decisão conferindo determinado direito a um sujeito, se esta não atingir a sua finalidade em efetivar aquele direito, tornando-se, portanto, ineficiente. Com isso, surge a necessidade de se alterar procedimentos existentes, para que se fosse criado um modelo novo de resolução de conflitos.

Nessa senda, Fernanda Tartuce (2019, p. 84), corroborando as ideias aqui lançadas, resume as três ondas da seguinte maneira:

> A primeira onda renovatória de universalização do acesso focou a necessidade de propiciar acesso aos marcados pela vulnerabilidade econômica. Já a segunda buscou reformar os sistemas jurídicos para dotá-los de meios atinentes à representação jurídica dos interesses "difusos", atuando especialmente sobre conceitos processuais clássicos para adaptá-los à adequada concepção de processo coletivo. A terceira onda, por seu turno, preconizou uma concepção mais ampla de acesso à justiça, com a inclusão da advocacia, e uma especial atenção ao conjunto geral de instituições e mecanismos, pessoas e procedimentos utilizados para processar e prevenir disputas nas sociedades modernas.

Por este motivo, o *acesso à justiça* não se resume em dizer que o autor da ação judicial tem o direito de receber determinada quantia de dinheiro a título de indenização

A AUDIÊNCIA DE CONCILIAÇÃO E MEDIAÇÃO PARA GARANTIA DO ACESSO À JUSTIÇA **211**

do réu, mas em garantir que essa tutela jurisdicional será cumprida, ou seja, que o autor receberá o numerário.

Com os mecanismos antes presentes, via-se que a percentagem de prestações jurisdicionais, pouco ou nada eficientes, cresciam com o tempo, colocando em descrédito a própria jurisdição, além de que a pacificação social ficava inatingível diante da insatisfação dos jurisdicionados com as tutelas prestadas.

Nesse diapasão, deve-se buscar avaliar o papel instrumental do processo civil, sendo que ficaria inadmissível o fato de o formalismo prejudicar a própria solução dos litígios por engessar os procedimentos ao ponto de não adequar o procedimento à cada situação.

Há a exigência de que o processe civil se adapte, portanto, ao tipo de litígio, haja vista que existem diversas características que permitem distinguir um litígio de outro e que demonstram que diferentes barreiras podem ser mais evidentes e que diferentes soluções sejam mais eficientes. Aqui, avalia-se a complexidade de cada litígio e possibilita-se diversos mecanismos para atender o anseio de solucionar aquele conflito em específico de forma célere, satisfativa e menos custosa (CAPPELLETTI; GARTH, 1988, p. 71).

Mister se faz citar as lições de Fernanda Tartuce (2019, p. 85) ao expressar e resumir as mudanças primordiais que vieram com a terceira onda, *in verbis*:

> Reconhecida a complexidade do problema, revelava-se necessária a adoção de uma nova visão, global e sistematizada, capaz de pensar em uma variedade de mudanças significativas. Para tanto, buscou-se implementar diversas reformas para simplificar procedimentos, mudar instâncias julgadoras, modificar o direito material (no sentido de prevenir conflitos), utilizar pessoas paraprofissionais e criar vias alternativas de solução de controvérsias, considerando a necessária correlação entre processo civil e o tipo de litígio. Nesse contexto, destacaram os autores a necessidade de conceber vários meios de composição de conflitos [...].

Pouco após o surgimento das *Ondas Renovatórias* e de certa forma compartilhando da mesma preocupação, tem-se o nascimento do *Sistema Multiportas*, teoria formulada por Frank Sander, que também traz, em síntese, a preocupação com a ineficiência e a morosidade do Poder Judiciário e com a premência de buscar o papel instrumental do processo civil. Assim como a terceira onda, esta teoria também defendia a criação e o emprego de diferentes formas de solução de conflitos que estariam à disposição das partes conflitantes.

Diante disso, o Estado deveria providenciar para os jurisdicionados um sistema em que há a presença de várias formas de solução de conflitos que serão disponibilizadas para que sejam usadas a partir de análise do caso concreto, que buscará definir qual a melhor a ser utilizada naquela situação. É verdadeiramente o sentido de fornecer vários caminhos, representados por *portas*, em que as partes serão colocadas defronte para que possam escolher por qual seguir.

Os tribunais passam, então, a prever diversos mecanismos – que, inclusive, tem a Jurisdição como um deles – e que forneçam auxilio, representado por um terceiro imparcial, que irá identificar qual o tipo de conflito existente e qual o melhor meio a ser empregado, ou seja, escolher a *porta* que revele o melhor caminho a ser percorrido para o caso concreto. Para tanto, cita-se doutrina de Lilia Maia de Morais Sales e Mariana Almeida de Sousa (2011, p. 207) sobre o tema:

Frank Sander expôs, então, a ideia de se introduzir no âmbito do Poder Judiciário americano mecanismos múltiplos de resolução de conflitos por meio de métodos alternativos. Estes poderiam ser aproveitados durante o curso do processo ou mesmo antes do ajuizamento de uma ação judicial. O modelo idealizado por Frank Sander, denominado de Multidoor Courthouse System – Sistema das Múltiplas Portas, tinha como fulcro central oferecer soluções mais congruentes às peculiaridades de cada demanda, de forma mais efetiva, célere e de custeio razoável. Esse sistema consiste em disponibilizar vários mecanismos de solução de conflitos para os processos trazidos ao Judiciário. O conceito tem a premissa da noção de que há vantagens e desvantagens em cada caso específico ao usar um ou outro processo de resolução de disputas, sendo que a existência de várias possibilidades é a situação ideal.

Em realidade, a ideia de Sander transpassava a noção de tribunal e revelava verdadeiros centros de solução de conflitos que iriam dar suporte aos disputantes em buscar o melhor meio em colocar fim ao litígio. Ainda, pode-se chegar a ter situações em que esse tribunal ou centro aconselhe as partes em se valer de um meio extrajudicial.

Além do mais, os mecanismos ora previstos poderiam ser utilizados dentro ou fora do próprio processo judicial, pouco importando se seria aplicado antes ou durante o procedimento.

Ora, a audiência de mediação e conciliação do artigo 334 do Código de Processo Civil consiste verdadeiramente em concretização dos ideais lançados pelas *Ondas Renovatórias* de Cappelletti e de Garth e pelo *Sistema Multiportas* de Sander, uma vez que adapta o procedimento judicial a comportar uma audiência inicial de conciliação e mediação.

Nesse ínterim, vê-se que a audiência fomenta a busca pelo consenso. E ao se oportunizar que partes participem de tentativas de obter a autocomposição do litígio, o tribunal oferece *portas* com métodos diferentes, em que a tradicional sentença de mérito oriunda do procedimento comum, após contraditório sem transação viável, consiste em apenas mais um meio possível na solução do conflito.

5. A GESTÃO DE DADOS, A TECNOLOGIA E A TÉCNICA DE PRECEDENTES COMO ALIADAS DA MEDIAÇÃO E DA CONCILIAÇÃO

No julgamento do REsp 1623475 / PR, tendo sido relatora a Ministra Nancy Andrighi, consignou-se sabiamente que:

A desjudicialização dos conflitos e a promoção do sistema multiportas de acesso à justiça deve ser francamente incentivada, estimulando-se a adoção da solução consensual, dos métodos autocompositivos e do uso dos mecanismos adequados de solução das controvérsias, tendo como base a capacidade que possuem as partes de livremente convencionar e dispor sobre os seus bens, direitos e destinos.

Como já mencionado, a estrutura do Código de Processo Civil incentiva claramente a adoção dos métodos consensuais de resolução de conflitos, seja através da dinâmica da audiência do artigo 334 do CPC/15, seja através de outros institutos que empoderam o diálogo entre as partes, tais como os negócios processuais.

Nesta linha, a Professora Tricia Navarro Xavier Cabral (CABRAL, 2019, p.36) bem frisa que:

Os últimos anos foram marcados por relevantes alterações legislativas, as quais refletiram o reconhecimento de importantes mudanças sociais e jurídicas, criando novas perspectivas em nosso ordenamento jurídico. E uma das novidades implementada pelo legislador foi a abertura e o incentivo à consensualidade, na tentativa de modificar uma cultura predominantemente adversarial em nosso sistema.

E na qualidade de verdadeiro suporte para que as partes privilegiem o diálogo e o consenso, a técnica de precedentes obrigatórios prestigiada no Código de Processo Civil merece destaque.

Os benefícios da estrutura de precedentes são apontados pela jurista americana Toni M. Fine (FINE, 2000) como os seguintes: (i) imparcialidade do sistema, na medida em que as regras não mudam de juiz para juiz; (ii) previsibilidade quanto à intepretação e aplicação de determinada norma, (iii) fortalecimento institucional do judiciário, na medida em que haverá uniformidade; (iv) estabilidade do ordenamento jurídico.

Para Luiz Guilherme Marinoni (MARINONI, 2011, p.101):

> A segurança jurídica, postulada na tradição do civil law, está a exigir o sistema de precedentes, há muito estabelecido para assegurar essa mesma segurança no ambiente do common law, em que a possibilidade de decisões diferentes para casos iguais nunca foi desconsiderada e, exatamente por isso, fez surgir o princípio, inspirador do stare decisis, de que os casos similares devem ser tratados do mesmo modo (treat like cases alike).

O artigo 926 do novo código claramente determina que "os tribunais devem uniformizar sua jurisprudência e mantê-la estável, íntegra e coerente. § 1º Na forma estabelecida e segundo os pressupostos fixados no regimento interno, os tribunais editarão enunciados de súmula correspondentes a sua jurisprudência dominante. § 2º Ao editar enunciados de súmula, os tribunais devem ater-se às circunstâncias fáticas dos precedentes que motivaram sua criação".

Teresa Arruda Alvim (ALVIM, 2016, p. 1455), neste campo, bem frisa que:

> Este dispositivo revela, de forma inequívoca, uma preocupação que esteve presente, como pano de fundo, em todos os momentos de elaboração do novo CPC. Esta preocupação diz respeito à extrema desuniformidade da jurisprudência brasileira, que ocorre mesmo em torno de temas extremamente relevantes, desuniformidade esta que compromete de maneira profunda e indesejável a previsibilidade e a segurança jurídica.

Os artigos 927 e 928 do novo CPC conferem as diretrizes para a aplicação uniforme da jurisprudência dominante, havendo, inclusive, conforme artigo 988 do novo CPC, previsão para o manejo de reclamação no caso de inobservância, para algumas hipóteses, do precedente consagrado.

Também se nota a valorização do precedente no inciso II do artigo 311 do novo CPC, com a clara possibilidade de antecipação dos efeitos da sentença de mérito, independentemente da presença de perigo de dano ou de risco ao resultado útil do processo, quando: "as alegações de fato puderem ser comprovadas apenas documentalmente e houver tese firmada em julgamento de casos repetitivos ou em súmula vinculante".

Trata-se, aqui, da tutela provisória de evidência, a qual, para a hipótese do inciso II, pode, inclusive, ser concedida na forma liminar, sem a necessidade de oitiva prévia do réu (artigo 9, II, do novo CPC).

A possibilidade de antecipação dos efeitos da tutela de mérito, independentemente da presença do perigo da demora, em prestígio a determinados precedentes judiciais, demonstra uma grande evolução do sistema processual civil nacional, bem como sinaliza para uma maior proximidade do sistema processual com o princípio da efetividade.

O direito a um processo efetivo tem fundamento constitucional, seja em virtude da leitura do princípio da eficiência (art. 37 da CF de 1988), seja como decorrência dos princípios da duração razoável do processo e da celeridade (art. 5º, LXXVIII, da Magna Carta), seja em razão das próprias garantias inerentes ao *due process of law* (art. 5º, LIV e LV, da Magna Carta), seja, por fim, como consequência lógica e natural do adequado, preciso, técnico e amplo acesso à justiça (art. 5º, XXXV, da CF de 1988).

A natureza constitucional da efetividade do processo foi reconhecida por Teori Albino Zavascki (ZAVASCKI, 1997, p. 64):

> Sob a denominação de direito à efetividade da jurisdição queremos aqui designar o conjunto de direitos e garantias que a Constituição atribui ao indivíduo que, impedido de fazer justiça por mão própria, provoca a atividade jurisdicional para vindicar bem da vida de que se considera titular. A este indivíduo devem ser, e são, assegurados meios expeditos e, ademais, eficazes, de exame da demanda trazida à apreciação do Estado. Eficazes, no sentido de que devem ter aptidão de propiciar ao litigante vitorioso a concretização 'Tática" da sua vitória.

José Rogério Cruz e Tucci sustenta que decorre do *due process of law* a garantia do processo sem a indevida morosidade (TUCCI, 1999).

Nesse contexto, a formação de precedentes obrigatórios confere mais segurança jurídica, já delineando para as partes em quais casos faz mais sentido obter-se consenso, e em quais o litígio aparentemente teria maiores chances de êxito quanto ao mérito.

Como exemplo, a própria Lei de Declaração da Liberdade Econômica – Lei n. 13.874/2019, em seu artigo 13, incentiva a Procuradoria Geral da Fazenda Nacional a não prosseguir com a interposição de recursos caso a matéria, em regra, já esteja disciplinada de forma contrária aos interesses defendidos pela PGFN em precedentes obrigatórios.

Verifica-se, assim, uma forte possibilidade de mudança cultural, visto que, a depender do tema jurídico objeto de determinado caso concreto, as partes poderão ganhar mais com a conciliação/mediação do que com o litígio. Com assuntos já disciplinados em precedentes judiciais referidos acima, as partes poderão promover uma competente análise prévia para compreender se o seu caso concreto será melhor resolvido através da conciliação/mediação.

E a tecnologia, neste contexto, também se mostra forte aliada na criação de um ambiente propício de incentivo à mediação/conciliação.

No universo 4.0, são abertos diversos canais de soluções modernas e rápidas – inclusive com gestão de dados e tendências de jurimetria –, tudo de modo a se evitar que tarefas repetitivas consumam muito tempo, bem como para facilitar a solução de atividades jurídicas complexas.

Com ferramentas que facilitam a gestão de dados e o mapeamento de tendências jurisprudenciais, a tecnologia é essencial para o controle de informações quanto à existência e trâmite de processos, assim como para o refinamento estatístico em relação à performance de determinados temas nos tribunais; além, é claro, do controle quanto ao próprio mapeamento mais seguro da formação de teses nos termos do artigo 927 do CPC/15.

A AUDIÊNCIA DE CONCILIAÇÃO E MEDIAÇÃO PARA GARANTIA DO ACESSO À JUSTIÇA **215**

Através da tecnologia, a parte também já terá condições de realizar uma análise estatística quanto às chances de êxito de uma determinada matéria no Poder Judiciário, mesmo antes de a respectiva tese ser formalmente declarada como precedente nos termos do artigo 927 do CPC/15.

Por isso, que se pode afirmar que a tecnologia, nos diais atuais, também é uma forte e fiel aliada das técnicas de mediação e conciliação, dado que as partes, com mais velocidade do que no passado, já possuem condições de verificar, através de ferramentas tecnológicas, se o litígio faz mais sentido do que a busca de um saudável consenso em um determinado caso concreto.

6. CONCLUSÃO

Portanto, a criação e o emprego de formas de solução de conflitos são absolutamente necessários na sociedade, haja vista a humanidade possuir como característica principal o individualismo e a necessidade de satisfazer suas vontades. Diante disso, frisa-se que uma disputa pode ser resolvida por meio da autotutela – que é vedada no ordenamento jurídico brasileiro, salvo exceções expressamente previstas –, da *autocomposição* e da *heterocomposição*.

Embora encontre pensamentos dissonantes, a jurisdição é tida, por maioria da doutrina e da jurisprudência, como forma heterocompositiva de resolução dos conflitos, uma vez que o terceiro imparcial irá analisar o caso trazido à baila e proferirá uma decisão vinculativa, a qual as partes são, porquanto, obrigadas a cumprir. Por ser método estatal, isto é, oficial, as pessoas costumam ver esse mecanismo como o capaz de colocar fim à controvérsia.

Pela grande procura e, consequentemente, com o aumento vertiginoso do número de demandas, instalou-se verdadeira crise jurisdicional, caracterizada pela morosidade do Poder Judiciário e pela ineficiência das tutelas prestadas ante a demora para apreciar os pedidos.

Os métodos autocompositivos, bem como a arbitragem, verdadeiramente ganham fôlego, uma vez que juristas voltam a se debruçar a estudar sobre as técnicas alternativas/adequadas existentes. Buscando confirmar o papel instrumental do processo civil, viu-se que as décadas de 70 e de 80 foram grandes marcos após o surgimento das teorias de Sander e de Cappelletti e de Garth.

O Novo Código de Processo Civil é a prova da influência das *Ondas Renovatórias* e do *Sistema Multiportas* – debatidos em tópico especifico – para o emprego das técnicas da mediação e da conciliação no âmbito judicial.

Mais do que isso, referido *Códex* consiste em verdadeiro garantidor da existência de um tribunal com múltiplas portas e de que a ideia de acesso à justiça está interligada com a noção de acesso à decisão justa, fazendo com que o jurisdicionado busque, além da tutela que diga seu direito, a efetivação dos direitos ditos.

A formação de precedentes no CPC/15 e a tecnologia, neste passo, ganham importante destaque, pois aparecem como verdadeiros alicerces para o protagonismo da conciliação e da mediação no sistema de resolução de conflitos dos tempos modernos.

7. REFERÊNCIAS

ALVIM, Eduardo Arruda; GRANADO, Daniel Willian; FERREIRA, Eduardo Aranha. *Direito processual civil*. São Paulo: Saraiva Educação, 2019

BUENO, Cassio Scarpinella. *Manual de direito processual civil*: volume único. São Paulo: Saraiva Educação, 2019.

CABRAL, Tricia Navarro Xavier. *Limites da liberdade processual*. Indaiatuba, SP: Foco, 2019.

CÂMARA, Alexandre Freitas. *O novo processo civil brasileiro*. São Paulo: Atlas, 2017.

CAPPELLETTI, Mauro; GARTH, Bryan. *Acesso à justiça*. Trad. Ellen Gracie Northfleet. Porto Alegre: Fabris, 1988.

CRUZ e TUCCI, José Rogério. *Garantias Constitucionais do Processo Civil*. São Paulo: Ed. RT, 1999.

DONIZETTI, Elpídio. *Curso didático de direito processual civil*. São Paulo: Atlas, 2019.

FINE, Toni M. O uso do precedente e o papel do princípio do stare decisis no sistema legal norte americano. *Revista dos Tribunais*, v. 89, n. 782, p. 90-96, São Paulo, dez.2000.

GONÇALVES, Marcus Vinicius Rios. *Novo curso de direito processual civil*: teoria geral e processo de conhecimento (1ª parte). São Paulo: Saraiva Educação, 2018.

GUILHERME, Luiz Fernando do Vale de Almeida. *Manual de arbitragem e mediação*: conciliação e negociação. São Paulo: Saraiva Educação, 2018.

LORENCINI, Marco Antonio Garcia Lopes. Sistemas Multiportas: opções para tratamento de conflitos de forma adequada. In: SALLES, Carlos Alberto de; LORENCINI Marco Antônio Garcia Lopes; SILVA, Paulo Eduardo Alves da (Coord.). *Negociação, mediação e arbitragem*. Rio de Janeiro: Forense, 2012.

MARINONI, Luiz Guilherme. *Precedentes obrigatórios*. São Paulo: Ed. RT, 2011.

MONNERAT, Fábio Victor da Fonte. *Introdução ao estudo do direito processual civil*. São Paulo: Saraiva Educação, 2018.

NEVES, Daniel Amorim Assumpção. *Manual de direito processual civil*: volume único. Salvador: Editora JusPodivm, 2017.

SALES, Lilia Maia de Morais; SOUSA, Mariana Almeida de. O sistema de múltiplas portas e o judiciário brasileiro. *Revista Brasileira de Direitos Fundamentais & Justiça*, v. 5, n. 16, p. 204-220, 2011.

SILVA, Paulo Eduardo Alves da. Resolução de disputas: métodos adequados para resultados possíveis e métodos possíveis para resultados adequados. *Negociação, mediação, conciliação e arbitragem*: curso de métodos adequados de solução de controvérsias. In: SALLES, Carlos Alberto de; LORENCINI Marco Antônio Garcia Lopes; SILVA, Paulo Eduardo Alves da (Coord.). Rio de Janeiro: Forense, 2019.

TARTUCE, Fernanda. *Mediação nos conflitos civis*. São Paulo: Método, 2019.

WAMBIER, Teresa Arruda Alvim. CONCEIÇÃO, Maria Lúcia Lins. RIBEIRO, Leonardo Ferres da Silva. TORRES de MELLO, Rogério Licastro. *Primeiros Comentários ao Novo Código de Processo Civil*. 2. ed. São Paulo: Ed. RT, 2016.

WATANABE, Kazuo. Política Pública do Poder Judiciário Nacional para tratamento adequado dos conflitos de interesses. *Revista de Processo*. 2011.

ZAVASCKI, Teori Albino. *Antecipação de tutela*. São Paulo: Saraiva, 1997.

ACESSO À JUSTIÇA E EXTENSÃO DA CONVENÇÃO DE ARBITRAGEM EM CONTRATOS COLIGADOS

Gustavo Tepedino

Professor Titular de Direito Civil e ex-diretor da Faculdade de Direito da Universidade do Estado do Rio de Janeiro (UERJ). Sócio fundador do escritório Gustavo Tepedino Advogados.

Laís Cavalcanti

Mestranda em Direito Civil da Universidade do Estado do Rio de Janeiro (UERJ). Sócia do escritório Gustavo Tepedino Advogados.

Sumário: 1. Notas Introdutórias. 2. Eficácia da convenção de arbitragem. 3. Contratos coligados e a abrangência da convenção de arbitragem. 3.1 Abrangência subjetiva vertical da convenção de arbitragem. 3.2 Abrangência subjetiva horizontal da convenção de arbitragem. 4. Análise de casos de extensão da convenção de arbitragem no âmbito de contratos coligados. 5. Notas conclusivas. 6. Referências.

1. NOTAS INTRODUTÓRIAS

O instituto da arbitragem encontra-se visceralmente ligado à autonomia privada. Constitui-se, por isso mesmo, em verdadeiro exercício cultural para o aperfeiçoamento da vida associativa, na formulação do livre consenso e no respeito à solução de conflitos ao largo da interferência estatal. Por se tratar de mecanismo de solução de conflitos eleito pelas partes, cujo procedimento apresenta particular flexibilidade justamente para atender aos interesses e necessidades dos litigantes, sua adoção revela-se valioso instrumento de concretização do acesso à justiça.

No Brasil, todavia, o instituto foi inicialmente recebido com desconfianças e hesitações, o que se justifica, em certa medida, pela falta de tradição associativa da sociedade brasileira, na qual a autonomia privada não se encontra suficientemente reconhecida como expressão dos princípios da igualdade e da liberdade.

Mostra-se eloquente, sob esse prisma, que a constitucionalidade da Lei de Arbitragem (Lei 9.307/1996) tenha sido desafiada em longo e conhecido processo concluído somente em 2004 pelo plenário do Supremo Tribunal Federal, quando foram afastadas, finalmente, as suspeitas de inconstitucionalidade. No julgado, discutiram-se a possibilidade e os limites da renúncia à jurisdição estatal – cujo acesso é garantido pelo art. 5º, XXXV, da Constituição da República – por meio de cláusula compromissória ou compromisso arbitral, e a consequente atribuição de poderes a árbitros privados para a solução dos conflitos.[1]

Dentre os fundamentos (por vezes velados) refratários à arbitragem como procedimento alternativo à prestação jurisdicional, destaca-se o receio de que o crescimento da arbitragem decorresse de perspectiva ideológica neoliberal, a retirar do Estado função que lhe é essencial. Tal raciocínio se robustece na experiência brasileira, em que, por pluralidade de razões históricas, associam-se, na percepção popular, o progresso social e as ideologias progressistas à maciça intervenção estatal, atribuindo-se somente ao Estado, e não ao conjunto (e a cada um) dos agentes econômicos privados, o dever de reduzir a desigualdade social e promover as liberdades fundamentais.

No decorrer dos anos, desde a edição da Lei de Arbitragem, observou-se o amadurecimento da experiência brasileira acerca do procedimento arbitral, podendo-se tomar como sinalizações desse movimento a maior deferência do Judiciário a cláusulas compromissórias e compromissos arbitrais;[2] crescimento e consolidação das câmaras de arbitragem;[3] publicações especializadas na matéria;[4] bem como as alterações promovidas na Lei de Arbitragem pela Lei nº. 13.129/2015, cujo nível de sofisticação[5] demonstra os passos galgados pelo instituto em nosso país.

Esse aprimoramento apenas reforçou a contínua necessidade do controle de legalidade da prática arbitral, no intuito de preservar a formação livre e consensual da convenção de arbitragem como garantia da eficácia da sentença arbitral, apta a atender à finalidade econômica e social de solucionar conflitos com otimização de tempo e recursos. Da constante investigação da qual o procedimento arbitral é objeto exsurgem

---

1. No supracitado julgamento, o Supremo Tribunal Federal, em decisão plenária, considerou constitucional a renúncia à jurisdição estatal, desde que limitada às matérias atinentes a direitos patrimoniais disponíveis, como determina a Lei nº. 9.307/1996, em seu artigo 1º. Assim decidiu o Supremo Tribunal Federal: "Constitucionalidade declarada pelo plenário, considerando o Tribunal, por maioria de votos, que a manifestação de vontade da parte na cláusula compromissória, quando da celebração do contrato, e a permissão legal dada ao juiz para que substitua a vontade da parte recalcitrante em firmar o compromisso não ofendem o artigo 5º, XXXV da CF" (STF, Ag.R. na SE 5.206, Pleno, Rel. Min. Sepúlveda Pertence, julg. 12.12.2001).

2. Nesse sentido: "Conflito positivo de competência. Juízo arbitral e juízo da Recuperação judicial. Discussão acerca da legalidade de disposições Integrantes do plano de soerguimento. Aumento de capital. Assembleia de acionistas. Não realização. Cláusula compromissória prevista no Estatuto social. Questões societárias. Competência do juízo Arbitral. (...) 3. As jurisdições estatal e arbitral não se excluem mutuamente, sendo absolutamente possível sua convivência harmônica, exigindo-se, para tanto, que sejam respeitadas suas esferas de competência, que ostentam natureza absoluta. Precedentes. 4. Em procedimento arbitral, são os próprios árbitros que decidem, com prioridade ao juiz togado, a respeito de sua competência para examinar as questões acerca da existência, validade e eficácia da convenção de arbitragem e do contrato que contenha cláusula compromissória – princípio da kompetenz-kompetenz. Precedentes. 5. A instauração da arbitragem, no particular, foi decorrência direta de previsão estatutária que obriga a adoção dessa via para a solução de litígios societários" (STJ, CC 157.099, S2, Rel. Min. Nancy Adrighi, julg. 10.10.2018). No mesmo sentido: STJ, REsp 1.694.826, 3ª T., Rel. Ministra Nancy Andrighi, julg. 7.11.2017.

3. Em 2014, a Câmara de Comércio Internacional (CCI), instituição líder mundial na resolução de litígios comerciais, inaugurou a ICC Brasil, sediada em São Paulo.

4. Nesse sentido, destacam-se as publicações da Revista de Arbitragem e Mediação e da Revista Brasileira de Arbitragem.

5. Por exemplo, confira-se o art. 13, § 4º da Lei 13.129/2015: "As partes, de comum acordo, poderão afastar a aplicação de dispositivo do regulamento do órgão arbitral institucional ou entidade especializada que limite a escolha do árbitro único, coárbitro ou presidente do tribunal à respectiva lista de árbitros, autorizado o controle da escolha pelos órgãos competentes da instituição, sendo que, nos casos de impasse e arbitragem multiparte, deverá ser observado o que dispuser o regulamento aplicável".

questões controvertidas que conclamam a análise cuidadosa do intérprete para que, a um só tempo, o procedimento arbitral receba os influxos de realidade substantiva dos fatos – sem se restringir a controles formais que impeçam a compreensão da complexidade dos problemas da sociedade, em contínua transformação – e resguarde a livre vontade das partes, fundamento jurídico de sua validade.

Nessa direção, os estudos sobre a eficácia da convenção de arbitragem não se esgotam, mas se renovam diuturnamente à luz do emprego cada vez mais difundido da arbitragem. Também como resultado dessa maior adesão ao procedimento arbitral, as dificuldades jurídicas relacionadas à matéria se tornaram mais intrincadas e complexas, notadamente no campo empresarial, âmbito em que sua utilização é mais frequente. A partir dos desafios das relações contratuais concretamente tomadas, desponta como questão instigante a abrangência subjetiva de convenções de arbitragem, em especial no universo dos contratos coligados.[6]

A reflexão mostra-se benfazeja, tendo em vista que os critérios estabelecidos nessa análise definirão a aplicação ou o afastamento da cláusula compromissória em disputas nas quais haja controvérsia quanto à eficácia da disposição; e, ainda, determinarão a inclusão ou exclusão de partes em procedimentos arbitrais. Tais decisões, além de efeitos práticos dramáticos, colocam em xeque o consensualismo em que se funda a arbitragem e, em última análise, o acesso à justiça pela via arbitral. Afinal, se é verdadeira a premissa de que, no âmbito da autonomia privada, é legítima a decisão das partes de excluírem determinada controvérsia da apreciação do Poder Judiciário, ajustando a prestação jurisdicional privada, é igualmente válida a conclusão de que a inclusão em procedimento arbitral de parte não vinculada à cláusula compromissória representa afronta às mais comezinhas regras do instituto e resulta na recusa de acesso ao Poder Judiciário.

2. EFICÁCIA DA CONVENÇÃO DE ARBITRAGEM

Ao consolidar-se a arbitragem, no final do Século XX, como mecanismo ordinário e fundamental para o pleno desenvolvimento do comércio internacional e da economia,[7] pacificou-se concomitantemente a compreensão de que a submissão ao processo arbitral deveria ter por base a expressa, livre e imaculada manifestação de vontade dos contratantes.[8] No Brasil, controvérsias surgem já na compreensão do sentido e do

---

6. Bernard Hanotiau destaca a relevância do assunto no âmbito das arbitragens internacionais: "More than one-third of all international arbitration cases filed these recent years have involved issues of non-signatories, groups of companies or groups of contracts" (HANOTIAU, Bernard. Non-signatories, Groups of Companies and Groups of Contracts in Selected Asian Countries: A Case Law Analysis. *Journal of International Arbitration*, v. 32, n. 6, p. 571-620, 2015, p. 571).

7. A constatação é de LYNCH, Katherine. *The Forces of Economic Globalization: Challenges to the Regime of International Commercial Arbitration.* Alphen: Kluwer Law International, 2003, p. 1.

8. Nesse sentido posiciona-se o Superior Tribunal de Justiça (Corte suprema para matérias infraconstitucionais no Brasil): "Processual civil. Sentença estrangeira contestada. Homologação. Descabimento. Eleição do juízo arbitral. Ausência de manifestação expressa da parte requerida. Ofensa a princípio de ordem pública. Indeferimento do pedido de homologação" (STJ, Sec 967, Corte Especial, Rel. Min. José Delgado, julg. 15.2.2006). Em doutrina, não são poucas as manifestações que reverenciam o consensualismo na formação do procedimento arbitral. Confira-se, a título exemplificativo: "Funda-se o instituto da arbitragem na autonomia da vontade ou na autonomia privada, que constitui, no plano dos direitos subjetivos, o poder de auto-regulamentação ou autodisciplina dos interesses

alcance da convenção de arbitragem.[9] O artigo 3° da Lei n°. 9.307/1996 faz referência, especificamente, à convenção de arbitragem como gênero no qual se enquadram tanto a cláusula compromissória quanto o compromisso arbitral.[10] Entende-se por cláusula compromissória o dispositivo contratual em que as partes se comprometem a submeter futuro e eventual litígio a um tribunal arbitral, renunciando, portanto, ao recurso ao Poder Judiciário; possui absoluta capacidade vinculativa e, por isso mesmo, já tendo sido aposta ao contrato, dispensa-se o compromisso arbitral. O compromisso arbitral, por sua vez, consubstancia-se em negócio jurídico que, embora tenha o mesmo escopo da cláusula compromissória, qual seja, o de atribuir o julgamento da causa a tribunal arbitral, é concluído após o surgimento do litígio.[11]

Alguns regulamentos preveem como etapa obrigatória o compromisso arbitral. Disto resulta situação nem sempre bem compreendida, como se fosse criado outro elemento ou requisito para a instauração efetiva do procedimento arbitral, a desafiar a plena eficácia da cláusula compromissória anteriormente pactuada. De todo modo, obteve-se razoável consenso entre os especialistas no sentido de que contrato com cláusula compromissória dispensa compromisso arbitral, proclamando-se assim a plena eficácia jurídica da convenção de arbitragem.[12]

Por outro lado, discute-se a fronteira entre o que se convencionou chamar de cláusula compromissória cheia e cláusula compromissória vazia. Esta última não conteria todos os elementos necessários para assegurar a sua eficácia,[13] carecendo de aspectos fundamentais,

---

patrimoniais" (CARVALHOSA, Modesto. *Comentários à Lei de Sociedades Anônimas*, v. 4, t. II, São Paulo: Saraiva, 2003, p. 302). Ainda sobre o tema, v. HANOTIAU, Bernard. *Groupes de sociétés et groupes de contrats dans l'arbitrage commercial international. Revista de Arbitragem e Mediação*, n. 12, p. 114-123, jan/mar 2007, p. 116.

9. O tema foi analisado em outras oportunidades. V.: TEPEDINO, Gustavo. Arbitragem e autonomia privada: a importância da boa-fé objetiva na delimitação do consentimento. *Quaestio Iuris*, v. 9, n. 1, p. 604-619, 2016; TEPEDINO, Gustavo. VIÉGAS, Francisco de Assis. Arbitragem e autonomia privada: desafios na delimitação do consentimento. *Cadernos FGV Projetos*, v. 30, p. 76-87, 2017.

10. "Art. 3°. As partes interessadas podem submeter a solução de seus litígios ao juízo arbitral mediante convenção de arbitragem, assim entendida a cláusula compromissória e o compromisso arbitral".

11. Doutrina e jurisprudência estabelecem as diferenças entre os institutos: "Pelo compromisso, os interessados na solução de pendências, ajuizada ou ainda não ajuizada, escolhem árbitros que a dirimam. (...) Há uma distinção fundamental entre o compromisso e a chamada cláusula compromissória, muito frequente nos contratos. Por esta, que não passa de pré-contrato, as partes estabelecem que, na eventualidade de futura divergência, os interessados recorrerão ao juízo arbitral" (PEREIRA, Caio Mário da Silva. *Instituições de Direito Civil*, v. III, Rio de Janeiro: Forense, 2007, p. 515-516). Em jurisprudência, fixa-se em termos similares a diferenciação: "As duas espécies de convenção de arbitragem, quais sejam, a cláusula compromissória e o compromisso arbitral, dão origem a processo arbitral, porquanto em ambos ajustes as partes convencionam submeter a um juízo arbitral eventuais divergências relativas ao cumprimento do contrato celebrado. A diferença entre as duas formas de ajuste consiste no fato de que, enquanto o compromisso arbitral se destina a submeter ao juízo arbitral uma controvérsia concreta já surgida entre as partes, a cláusula compromissória objetiva submeter a processo arbitral apenas questões indeterminadas e futuras, que possam surgir no decorrer da execução do contrato" (STJ, SEC 1.210, Corte Especial, Rel. Min. Fernando Gonçalves, julg. 26.6.2007).

12. WALD, Arnoldo. Os meios judiciais do controle da sentença arbitral. *Revista de Arbitragem e Mediação*, v. 1, n. 1, p. 40–65, jan/abr 2004; ARAÚJO, Nadia de; SOUZA JR, Lauro da Gama e. Arbitragem internacional nos contextos interamericanos e brasileiro. *Revista Brasileira de Arbitragem*, n. 0, p. 69-90, jul/out 2003; CARMONA, Carlos Alberto. O processo arbitral. *Revista de Arbitragem e Mediação*, v. 1, p. 21-31, jan/abr. 2004; BONILHA, Márcio Martins. Do efeito vinculante da cláusula arbitral. *Revista de Arbitragem e Mediação*, v. 1, p. 138-141, set/dez 2004; NUNES PINTO, José Emilio. A cláusula compromissória à luz do Código Civil. *Revista de Arbitragem e Mediação*, v. 2, n. 4, p. 34-47, jan/mar 2005.

13. BRAGHETTA, Adriana. Cláusula compromissória: autossuficiência da cláusula cheia. *Doutrinas Essenciais*: Arbitragem e Mediação, v. 2. São Paulo: Ed. RT, 2014, p. 33-42.

como a forma de instituir a arbitragem ou a adoção de regulamento de entidade especializada que permitisse a deflagração do procedimento. Na cláusula compromissória cheia, por outro lado, estariam convencionados os parâmetros para nomeação dos árbitros ou adoção de regras institucionais, prescindindo de complementação por meio de compromisso arbitral.[14] Nesse contexto, assume especial relevância o princípio da boa-fé objetiva, a guiar o intérprete na análise da vinculação das partes à cláusula compromissória.

Dito diversamente, deverá o intérprete avaliar, à luz da cláusula geral da boa-fé objetiva e das circunstâncias do caso concreto, em que medida as partes efetivamente obtiveram o consenso mínimo indispensável à submissão do litígio à arbitragem. A boa-fé, evidentemente, não poderá gerar a obrigatoriedade da cláusula compromissória pelo simples fato de ter sido esta assinada, a impor a sua execução específica independentemente da presença dos elementos do negócio que, sob a perspectiva do interesse das partes, mostram-se essenciais e que, por vezes, não se tornaram objeto de consenso.[15] Outra importante questão atinente à eficácia das cláusulas compromissórias associa-se à dificuldade econômica superveniente para uma das partes, a qual, após renunciar à jurisdição estatal, mediante cláusula compromissória cheia, deixa de ter o capital necessário para mover o procedimento arbitral. Indagar-se-ia se, nestas hipóteses, a via judicial poderia ser franqueada em nome do princípio constitucional do amplo acesso à Justiça (art. 5º, XXXV, da CR).

Nenhuma dessas questões se encontra inteiramente pacificada. Na jurisprudência, encontram-se precedentes que prestigiam a convenção de arbitragem,[16] superando, inclusive, relevante objeção à eficácia do compromisso arbitral, ao argumento de que o elevado custo do procedimento violaria o direito de defesa, a confirmar o entendimento de que, uma vez livremente escolhida pelas partes a via arbitral, há de ser preservada a autonomia privada.[17]

---

14. STJ, REsp 1.389.763, 3ª T., Rel. Min. Nancy Andrighi, julg. 12.11.2013.

15. Como observa José Emílio Nunes Pinto, "a simples existência da cláusula compromissória não é suficiente para que se institua o procedimento arbitral, sendo então necessário que se recorra ao compromisso para que se assegure a regularidade do procedimento e se proteja a sentença arbitral livre de quaisquer vícios que poderiam, se assim não fosse, dar lugar a causas de anulação futura" (NUNES PINTO, José Emilio. Contrato de adesão. Cláusula compromissória. Aplicação do princípio da boa-fé. A convenção arbitral como elemento de equação econômico-financeira do contrato. *Revista de Arbitragem e Mediação*, v. 10, p. 234-242, jul/set 2006).

16. V. a título ilustrativo, STJ, SEC 507, Corte Especial, Rel. Min. Gilson Dipp, julg. 18.10.2006. V., ainda, na mesma direção de confirmar a eficácia da cláusula compromissória, TJRS, Ap. Cív. 70064674310, 11ª C.C., Rel. Des. Katia Elenise Oliveira da Silva, julg. 27.5.2015, em cujo voto vencedor se ressalta: "Por outro lado, cumpre trazer a baila o princípio da boa-fé que rege as relações obrigacionais entre as partes. Portanto, sendo a cláusula compromissória, de natureza contratual, o art. 422 do Código Civil se aplica integralmente. Assim, surgindo a controvérsia, as partes deverão agir de acordo com o que convencionaram e tomarem todas as providências necessárias para instaurar o procedimento arbitral, nos termos dos artigos 5º ou 6º da Lei de Arbitragem".

17. Sobre o ponto, concluiu o mesmo acórdão acima mencionado (STJ, SEC 507, Corte Especial, Rel. Min. Gilson Dipp): "No tocante à alegada violação à ampla defesa e ao contraditório, afirma a requerida que o procedimento arbitral é extremamente custoso, motivo pelo qual não pôde indicar árbitro, que acabou sendo escolhido pelo Tribunal Inglês, com violação ao procedimento arbitral. Ainda, em face do alto custo não teve condições de apresentar recurso em face da decisão arbitral. Em que pesem os argumentos expendidos, da análise dos autos exsurge certo que as ora requeridas não só aderiram livremente aos contratos que continham expressamente a cláusula compromissória, como tiveram amplo conhecimento da instauração do procedimento da arbitragem, sendo certo que apresentaram mais de uma manifestação – considerações preliminares e defesa. A partir do momento em que as requeridas celebraram contratos que continham a referida cláusula aderiram expressamente à possibilidade de solução de litígios pela via arbitral, sendo despicienda agora, nesta seara, a tentativa de se discutir a onerosidade do procedimento".

3. CONTRATOS COLIGADOS E A ABRANGÊNCIA DA CONVENÇÃO DE ARBITRAGEM

A defasagem dos modelos jurídicos tradicionais para o atendimento de novos interesses conduz as partes, por vezes, ao expediente de utilizarem-se de distintos negócios jurídicos, ligados entre si, para a realização de uma mesma operação econômica. De maneira geral, trata-se de fenômeno mais frequente no âmbito empresarial e provavelmente dele originário, onde se exemplifica com elaboradas cadeias societárias, entre *holdings* e subsidiárias, intrincadas operações de transferência de controle ou aporte de recursos para projetos (*joint ventures*) e estratégicos mecanismos de descentralização da realização de serviços por meio da chamada terceirização.[18]

Esse fenômeno, por vezes referido como "conexão contratual", "coligação contratual" ou "grupos de contratos", demanda atenção especial ao intérprete, ante as repercussões jurídicas que pode trazer.[19] Cumpre superar, nesses casos, a leitura do negócio jurídico isolado, abstrato e individualizado pelo rígido esquema típico, em favor da consideração (com efeitos jurídicos) do conjunto de contratos vinculados entre si em concreto, no qual o negócio objeto de exame encontra-se inserido. O desafio, neste âmbito, é determinar que implicações jurídicas se podem inferir de contratos que, posto celebrados de forma separada, encontram-se em conexão quanto à sua finalidade, ligados nos efeitos que pretendem atingir.[20]

Dessa forma, a interpretação, a qualificação, a validade e a eficácia de certo contrato dependem da sua coligação a outros contratos. Isto é, as vicissitudes de um, como a invalidade ou ineficácia por causa superveniente, podem acabar por também tornar o outro ineficaz, conforme o aforisma latino, *simul stabunt, simul cadent*, a depender da avaliação funcional dos contratos em questão e da ligação estabelecida entre eles.[21]

O desafio se torna ainda maior quando há coligação contratual com diversidade de partes, isto é, quando os dois contratos vinculados entre si não foram celebrados pelas mesmas partes. Surge aqui a figura do "contratante-terceiro", "simples parte" ou "parte

---

18. Para análise mais aprofundada do tema, v.: TEPEDINO, Gustavo. KONDER, Carlos Nelson da Paula. BANDEIRA, Paula Greco. *Fundamentos do Direito Civil*: Contratos, v. III, Rio de Janeiro: Forense, 2020, pp. 83-85.

19. Sobre o tema, v. também KONDER, Carlos Nelson. *Contratos conexos*: grupos de contratos, redes contratuais e contratos coligados, Rio de Janeiro: Renovar, 2006; MARINO, Francisco Paulo De Crescenzo. *Contratos coligados no direito brasileiro*, São Paulo: Saraiva, 2009; LEONARDO, Rodrigo Xavier. Contratos coligados, In: BRANDELLI, Leonardo (Org.). *Estudos de direito civil, internacional privado e comparado: coletânea em homenagem à professora Vera Jacob de Fradera*, São Paulo: LEUD, 2014; e KATAOKA, Eduardo Takemi. *A coligação contratual*, Rio de Janeiro: Lumen Juris, 2008.

20. "La teoría jurídica que permita explicar y establecer reglas para solucionar los conflictos que presentan las redes, no puede dejar de considerar la novedad que ellas presentan. El enfoque no puede basarse en el contrato, sino en la interacción de un grupo de contratos que actúan en forma relacionada, de modo que el contrato es un instrumento para la realización de negocios. Este enfoque permite establecer que hay una finalidad negocial supracontractual que justifica el nacimiento y funcionamiento de una red. El grupo que surge de esa manera, no es sólo una unión convencional de contratos, que puede ser analizada mediante el examen de los vínculos individuales. Se requiere una comprensión del sistema y por ello, de una teoría sistemática." (LORENZETTI, Ricardo. *Redes contractuales: conceptualización jurídica, relaciones internas de colaboración, efectos frente a terceros. Revista da Faculdade de Direito da UFRGS*, v. 16, 1999, p. 170).

21. Enunciado 24 da I Jornada de Direito Comercial – CEJ/CJF: "Os contratos empresarias coligados, concretamente formados por unidade de interesses econômicos, permitem a arguição da exceção de contrato não cumprido, salvo quando a obrigação inadimplida for de escassa importância".

por equiparação". A despeito da incidência do princípio da relatividade dos efeitos do contrato, vem se admitindo de forma ampla a possibilidade de coligação entre contratos com partes distintas, quando houver vinculação funcional entre eles. Ainda que o sujeito que figura como parte somente em um dos contratos possa alegar que os efeitos do outro contrato não lhe são oponíveis, eis que não participou da sua celebração, a incidência de outros princípios, como a boa-fé objetiva, pode submetê-lo a efeitos do contrato a ele coligado.[22]

No campo da arbitragem, não obstante a essencialidade do consenso para a instituição da arbitragem, vive-se, em especial na experiência das Cortes Arbitrais europeias, franco alargamento do conceito de *partes*,[23] suscitando aparente paradoxo. Por um lado, tem-se afirmado a necessidade de superação de teorias formalistas, que atribuem interpretação restritiva do compromisso arbitral, em desapreço à complexidade das relações comerciais na contemporaneidade. Por outro, advoga-se o indispensável consentimento para a instauração do processo arbitral. Daqui exsurge a necessidade de investigação dos limites subjetivos de abrangência vertical e horizontal da convenção de arbitragem.

3.1 Abrangência subjetiva vertical da convenção de arbitragem

Por abrangência subjetiva vertical entendem-se hipóteses como a do acordo de acionistas em companhia inserida em cadeia societária de controle. A matéria tem sido objeto de amplo exame na jurisprudência da Câmara de Comércio Internacional (CCI), como adiante se minudenciará. Não raro, a violação ao acordo de acionistas de determinada companhia coligada ou subsidiária – inserida em cadeia societária na qual há várias coligadas ou subsidiárias – gera desrespeito a acordos de acionistas das companhias presentes nos níveis societários superiores. Tais acordos, embora celebrados com sociedades juridicamente distintas, preveem direitos e deveres que transcendem o âmbito da companhia específica para abranger também as sociedades subsidiárias.[24] Nesta hipótese,

---

22. É o caso da resilição unilateral exercida perante sociedade estrangeira, que atinge também sua subsidiária brasileira que figurou como parte em contrato acessório, voltado apenas para dar execução ao contrato principal firmado com a *holding* estrangeira, o qual foi objeto de estudo de José Carlos Barbosa Moreira. V. MOREIRA, José Carlos Barbosa. Unidade ou pluralidade de contratos: contratos conexos, vinculados ou coligados. Litisconsórcio necessário ou facultativo. 'Comunhão de interesses', 'conexão de causas' e 'afinidade de questões por um ponto comum de fato ou de direito'. *Revista dos Tribunais*, v. 448, p. 51-60, fev. 1973.

23. Conforme observa Bernard Hanotiau, desvincula-se o conceito de parte daquele de signatários da cláusula arbitral: "It should first be pointed out that in a multiparty situation, the parties to the arbitral proceedings will not necessarily be all the parties bound by the arbitration clause; and conversely, there may be parties to the arbitral proceedings who were not parties to the original arbitration clause or at least not signatories of the contract in which it was included" (HANOTIAU, Bernard. Problems Raised by Complex Arbitrations Involving Multiple Contracts-Parties-Issues – An Analysis. *Journal of International Arbitration*, v. 18, n. 3, p. 253-360, 2001, p. 334-335).

24. Destaca-se a inclusão pela Lei 13.129/2015 do art. 136-A na Lei das S.A. (Lei 6.404/1976): "Art. 136-A. A aprovação da inserção de convenção de arbitragem no estatuto social, observado o quorum do art. 136, obriga a todos os acionistas, assegurado ao acionista dissidente o direito de retirar-se da companhia mediante o reembolso do valor de suas ações, nos termos do art. 45. § 1º A convenção somente terá eficácia após o decurso do prazo de 30 (trinta) dias, contado da publicação da ata da assembleia geral que a aprovou. § 2º O direito de retirada previsto no caput não será aplicável: I – caso a inclusão da convenção de arbitragem no estatuto social represente condição para que os valores mobiliários de emissão da companhia sejam admitidos à negociação em segmento de listagem de bolsa de valores ou de mercado de balcão organizado que exija dispersão acionária mínima de 25% (vinte e cinco por cento) das ações de cada espécie ou classe; II – caso a inclusão da convenção de arbitragem seja efetuada no

discute-se como o acionista prejudicado no acordo de acionistas de companhia subsidiária ou coligada pode, em via arbitral – já que no acordo de acionistas consta previsão de compromisso arbitral – se ressarcir ou pedir as providências necessárias a recompor a vontade do acordo originário. Note-se que, em cada acordo de acionistas, há cláusula compromissória autônoma, de modo que, supondo-se haver previsão de indicação de árbitro por ambas as partes em litígio, cada companhia da cadeia societária deveria indicar um membro do painel arbitral e discutir as questões específicas no âmbito de cada acordo, o que tornaria inviável, na prática, a discussão, com risco de decisões díspares, em violação aos princípios da eficiência e da utilidade da arbitragem.

Nesses casos, em que várias sociedades se encontram sob controle comum, vislumbrando-se entre as diversas pessoas jurídicas unidade de orientação econômica, a jurisprudência da CCI considera como um único *Respondent* (Requerido) as sociedades controladas e controladora, a elas dispensando tratamento jurídico unitário.[25] Vale dizer: verifica-se a *unidade de interesses* ou *de posição jurídica* entre a companhia-mãe e suas coligadas ou subsidiárias, de modo que o grupo de sociedades adquire relevância jurídica, impondo que sejam contempladas em sua unidade, embora cada sociedade conserve personalidade jurídica autônoma. Deste modo, admite-se que se discuta, na arbitragem instaurada para analisar o acordo de acionistas vigente em nível societário inferior, todos aqueles desdobramentos e descumprimentos em cadeia, a exemplo da eleição de nova diretoria para determinada companhia subsidiária em violação aos direitos de um acionista de indicar parte do Conselho de Administração, a qual implica concomitantemente violação aos acordos de acionistas das companhias presentes nos níveis societários superiores. No intuito de se dar utilidade à arbitragem em hipóteses em que há grupos econômicos, muitas vezes se reduz a discussão ao acordo de acionistas da companhia subsidiária ou coligada, tendo-se o grupo econômico como um todo submetido à mesma disciplina.[26]

---

estatuto social de companhia aberta cujas ações sejam dotadas de liquidez e dispersão no mercado, nos termos das alíneas "a" e "b" do inciso II do art. 137 desta Lei."

25. Essa é a conclusão a que Yves Derains e Eric A. Schwartz chegam ao analisar a jurisprudência da Câmara de Comércio Internacional: "(...) there are many cases with multiple parties that are not necessarily true multi-party arbitrations, e.g., where multiple Respondents are under common control or otherwise have identical interests in the outcome of the arbitration. In such a case, the multiple entities concerned might more properly be seen as forming, in reality, a single Respondent party, and there would not seem to be any legitimate reason why they should not normally be expected to agree upon an arbitrator" (DERAINS, Yves; SCHWARTZ, Eric A. *A Guide to the New ICC Rules of Arbitration*. Haia Kluwer Law International, 1998, p. 172).

26. Veja-se o seguinte precedente da CCI nesse sentido: "A similar resulted was obtained in ICC Case 1434, where the concept of the corporate group was likewise applied to hold corporate entities bound to an arbitration clause contained in a contract they had not signed" (CRAIG, W. Laurence; PARK, William W.; PAULSSON, Jan. *International Chamber of Commerce Arbitration*. New York: Oceana Publications, 2000, p. 78). Outros precedentes da Câmara ilustram essa mesma orientação, como na sentença do caso 5103: "Les trois sociétés demanderesses, lors de la conclusion, l'exécution, l'inexécution et la renégociation de relations contractuelles entretenues avec (les défenderesses), apparaissent selon la commune volonté de toutes les parties à la procédure comme ayant été de véritables parties à l'ensemble de ces contrats. Cette analyse s'appuie, dans sa lettre et dans son esprit, sur une tendance remarquée et approuvée de la 'jurisprudence arbitrale' favorable à la reconnaissance, dans de telles circonstances, de l'unité du groupe (...). Le Tribunal arbitral estime qu'en l'espèce les conditions de la reconnaissance de l'unité du groupe sont remplies, les sociétés composant celui-ci ayant toutes participé, dans une confusion aussi réelle qu'apparente, à une relation contractuelle internationale complexe dans laquelle l'intérêt du groupe l'emportait sur celui de chacune d'elles. La sécurité des relations commerciales internationales exige qu'il soit tenu compte de cette réalité économique et que toutes les sociétés du groupe soient tênues ensemble et solidairement des dettes

Nessa esteira, estendeu-se de forma pioneira, na sentença do *ICC Case* n. 1434, a sociedades não signatárias cláusula compromissória convencionada por outro componente do grupo.[27] O contrato analisado pela CCI opunha B à sociedade A, integrante de um grupo. Ao longo de todas as etapas da contratação, o grupo do qual A fazia parte apresentou-se como verdadeira unidade econômica, razão pela qual a B não interessava conhecer as vicissitudes do grupo com o qual contratava. O Tribunal afirmou que o consentimento das demais sociedades restava implícito e se indicava pela própria intenção das partes contratantes, traduzida na participação, constante e informal, do presidente do grupo nas negociações.[28-29]

---

dont elles ont directement ou indirectement profité à cette occasion" (Sentença proferida no case 5103, 1988. In: JARVIN, Sigvard; DERAINS, Yves; ARNALDEZ, Jean-Jacques. *Collection of ICC Arbitral Awards*, v. II. London: Kluwer Law International, 2003, p. 366-367). Conforme observa Bernard Hanotiau, "when the project which is at the heart of the dispute has been negotiated and performed by one or more companies which belong to a group of companies (e.g., with a parent and subsidiary relationship) and/or by one or more individuals, some or all of which have not formally signed the arbitration clause or the contract containing this clause, the issue arises as to whether such non-signatories may be properly considered to be parties to the arbitration agreement (HANOTIAU, Bernard. Non-signatories, Groups of Companies and Groups of Contracts in Selected Asian Countries: A Case Law Analysis. *Journal of International Arbitration*, v. 32, n. 6, p. 571-620, 2015, p. 572).

27. "A similar resulted was obtained in ICC Case 1434, where the concept of the corporate group was likewise applied to hold corporate entities bound to an arbitration clause contained in a contract they had not signed" (CRAIG, W. Laurence; PARK, William W.; PAULSSON, Jan. *International Chamber of Commerce Arbitration*. New York: Oceana Publications, 2000, p. 78).

28. A sentença arbitral consignou: "*Il serait contraire à tout príncipe d'interprétation, raisonnable, à la volonté commune des parties et à l'esprit de toute l'opération que d'attacher une importance prépondérante à la lettre de telle ou telle de ces rédactions, et aux variations ou même incohérences des formules utilisées dans les divers contrats. (...) Dans ces conditions, il y a lieu de s'en tenir à l'idée, conforme à l'esprit des contrats comme à la réalité économique, que ni le groupe A, ni son président ni telle ou telle des sociétés membres de ce groupe, ne peuvent s'abriter derrière la rédaction de telle clause particulière, interprétée littéralement et isolée du contexte de l'ensemble des accords, pour demander à être mise hors de cause dans un litige qui concerne directement le groupe ou l'organisation A. Ceci à moins qu'il ne soit établi dans un cas donné, par celui qui s'en prévaut, qu'une interprétation formaliste s'impose et correspond à la volonté réelle des parties, interprétée de bonne foi, et à l'esprit de l'opération*. Des observations analogues doivent être faites en ce qui concerne la question particulière de l'engagement d'arbitrage" (JARVIN, Sigvard; DERAINS, Yves; ARNALDEZ, Jean-Jacques. *Collection of ICC Arbitral Awards*, v. I. Deventer: Kluwer Law and Taxation, 1994, p. 264). Baseou-se no mesmo argumento a sentença do *ICC Case* n. 2375/1975: "*comme dans la sentence rendue dans l'affaire 1434, les arbitres privilégient ici l'unité économique du groupe par rapport à son pluralisme juridique*" (JARVIN, Sigvard; DERAINS, Yves; ARNALDEZ, Jean-Jacques. *Collection of ICC Arbitral Awards*, v. I. Deventer: Kluwer Law and Taxation, 1994, p. 261).

29. A busca pela intenção comum das partes também orientou o Tribunal na sentença do caso Dow Chemical (*ICC Case* 4131), provavelmente o mais conhecido exemplo de extensão de cláusula compromissória com base na teoria do grupo de sociedades. No caso, quatro sociedades que integravam o grupo Dow Chemical requereram instauração de arbitragem contra a sociedade francesa Isover Saint Gobain, visando à responsabilização por danos causados na execução de contratos de distribuição firmados entre a Isover Saint Gobain e duas sociedades integrantes do Grupo Dow Chemical (Dow Chemical Company e Dow Chemical Europe). Tais contratos continham cláusulas compromissórias e, embora as sociedades Dow Chemical AG e Dow Chemical France não houvessem subscrito os contratos e suas respectivas convenções de arbitragem, também figuraram como demandantes no pedido de instauração da arbitragem, tendo em vista que: (i) a Dow Chemical AG, subsidiária da Dow Chemical Company, seria responsável pela organização do sistema mundial de vendas do produto explorado pelo grupo econômico; e (ii) a Dow Chemical France teria participado efetivamente da execução dos contratos celebrados com a Isover Saint Gobain, vez que havia previsão contratual de que as entregas poderiam ser realizadas pela Dow Chemical France ou por qualquer outra sociedade do grupo Dow Chemical. Por sua vez, a Isover Saint Gobain, em sua defesa, arguiu a ilegitimidade ativa das Sociedades Dow Chemical AG e Dow Chemical France, que não foram partes na convenção de arbitragem. O Tribunal Arbitral, instado a decidir sobre a submissão de tais companhias ao procedimento arbitral, rejeitou a preliminar, considerando que as sociedades impugnadas eram componentes do Grupo Dow Chemical e participaram efetivamente das negociações, da execução ou da extinção dos contratos, o que ocorreu com o consentimento implícito das partes (inclusive da Isover Saint Gobain). Desse modo, segundo

Na busca pela determinação da vontade das partes, não apenas o comportamento se afigura indicativo da concordância com o procedimento arbitral, mas alguns Tribunais consideram, por vezes, que a existência de grupo de sociedades gera presunção de consentimento. Embora não se trate de presunção absoluta, mas de indício de submissão ao procedimento arbitral, que pode ser afastado por outras circunstâncias, a orientação parece pouco prudente, por desconsiderar a autonomia que, em princípio, deve reger a orientação de cada sociedade na assinatura do compromisso arbitral.

Na mesma perspectiva, a temperar a extensão da cláusula compromissória com base na teoria do grupo, algumas decisões atentam para a necessidade de se observarem outros elementos além da mera existência do grupo, como muito bem exposto na sentença arbitral do *ICC Case* n. 6519.[30] Conforme advertido em doutrina, o Tribunal deve extrair das circunstâncias da negociação a manifestação do consentimento, ainda que não expressamente, de quem se pretenda vincular à cláusula compromissória, partindo-se da premissa de que não se afigura possível tornar-se parte de procedimento arbitral sem com ele consentir.[31]

3.2 Abrangência subjetiva horizontal da convenção de arbitragem

Outra ordem de controvérsia associa-se à abrangência subjetiva horizontal, vale dizer, a extensão da cláusula compromissória entre partes que participaram, direta ou indiretamente, da negociação do contrato, ainda que não o tenham firmado, ou que nele não constem como partes contratantes. A complexidade da controvérsia, neste caso, decorre da multiplicidade subjetiva, não já objetiva, por força da pluralidade de contratos. Nessa direção, mostra-se relevante o *ICC Case* n. 6769. Na hipótese, discutiu-se a relação contratual entre X e Y, em que X necessitava de prestação de Z (entrega de determinadas mercadorias, cujas características se encontravam descritas em documento anexo ao contrato) para cumprir sua obrigação. Apesar de a assinatura de Z constar apenas do documento anexo ao contrato, compreendeu-se que a manifestação de Z nas discussões entre as partes limitou-se a esclarecer questões técnicas sobre suas prestações e que seu comportamento quando da conclusão e execução do contrato não se mostrou suficiente para concluir que intencionava submeter-se à cláusula compromissória. Enalteceu-se,

---

o Tribunal Arbitral, ambas deveriam ser consideradas contratualmente vinculadas à sociedade francesa: "In reality, all the entities of the Dow Group involved in distribution in France understood themselves to be contracting with the distributor or distributors in France. (…). *Considering, in particular, that the arbitration clause expressly accepted by certain of the companies of the group should bind the other companies which, by virtue of their role in the conclusion, performance, or termination of the contracts containing said clauses, and in accordance with the mutual intention of all parties to the proceedings, appear to have been veritable parties to these contracts or to have been principally concerned by them and the disputes to which they may give rise*" (JARVIN, Sigvard; DERAINS, Yves; ARNALDEZ, Jean-Jacques. *Collection of ICC Arbitral Awards*, v. I. Deventer: Kluwer Law and Taxation, 1994, p. 150).

30. Na linguagem da sentença: "*C'est dire qu'il serait excessif de considérer que la signature d'une clause d'arbitrage par une société membre d'un groupe engage nécessairement toutes le sociétés du groupe; en revanche, il serait dans bien des cas tout à fait artificiel et contraire à la réalité économique de limiter pour des raisons purement formelles les effets de la clause d'arbitrage à la société qui l'a signée, lorsque, dans la pratique, d'autres sociétés membres du groupe ont été, au même titre que la société signataire, et parfois au-delà, les véritables acteurs.*" (ARNALDEZ, Jean-Jacques; DERAINS, Yves; HASCHER, Dominique. *Collection of ICC Arbitral Awards*, v. III. London: Kluwer Law International, 1998, p. 424).

31. Como afirma Bernard Hanotiau, "when a court or an arbitral tribunal has to determine who is a party to an arbitration agreement, it will first determine – with more or less formalism – who has consented to the agreement" (HANOTIAU, Bernard. Problems Raised by Complex Arbitrations Involving Multiple Contracts-Parties-Issues – An Analysis. *Journal of International Arbitration*, v. 18, n. 3, p. 253–360, 2001, p. 257).

ACESSO À JUSTIÇA E EXTENSÃO DA CONVENÇÃO DE ARBITRAGEM EM CONTRATOS COLIGADOS

no caso, a importância da manifestação de vontade dirigida especificamente ao compromisso arbitral para a sua extensão.[32]

No *ICC Case* n. 17669, por sua vez, analisou-se contrato de concessão em que dois dos requeridos (A e B), embora não signatários, figuravam como beneficiários do contrato. O requerido A, inclusive, era mencionado no contrato como beneficiário de uma quota dos ganhos do requerente, e o requerido B, ainda que não mencionado como beneficiário, havia sido o contratante original na concessão, tendo recebido parte dos ganhos durante muitos anos. O Tribunal Arbitral considerou que ambos os requeridos não signatários estariam vinculados à convenção de arbitragem, tanto por figurarem como terceiros beneficiários,[33] quanto por terem atuado diretamente no âmbito da relação contratual, cobrando e recebendo pagamentos.[34] Destaca-se, sobretudo, a conclusão de que a aferição quanto à participação do terceiro no contrato de concessão e, consequentemente, sua vinculação à convenção de arbitragem, associa-se à interpretação do contrato "as well as the circumstances of how the Concession Agreement were handled in practice".[35]

Ainda no âmbito da extensão subjetiva horizontal encontra-se a resistência de sócios minoritários ao compromisso arbitral assumido por deliberação da Assembleia, com base no princípio majoritário, que rege as sociedades anônimas.[36]

4. ANÁLISE DE CASOS DE EXTENSÃO DA CONVENÇÃO DE ARBITRAGEM NO ÂMBITO DE CONTRATOS COLIGADOS

No âmbito de contratos coligados em que se possa identificar o instrumento principal e seus acessórios, adota-se recorrentemente como critério o vínculo de dependência entre os contratos, de modo a reputar que o contrato considerado acessório deve acom-

---

32. Vale conferir a decisão: *"la volonté des parties joue un rôle déterminant dans la jurisprudence française permettant l'extension d'une clause d'arbitrage à une partie qui ne l'a pas signée. En effet, cette jurisprudence, développée en matière de groupes de sociétés se fonde sur une intention présumée des parties. Leur rôle dans la conclusion et l'exécution du contrat, auquel s'ajoute l'existence sous-jacente d'un groupe lodes sociétés sont les éléments constitutifs de la présomption"* (ARNALDEZ, Jean-Jacques; DERAINS, Yves; HASCHER, Dominique. *Collection of ICC Arbitral Awards*, l. III. London: Kluwer Law International, 1998, p. 458). Alude-se à intenção das partes ainda uma vez no *ICC Case* n. 6610/1991: "it is beyond doubt that the intention of the parties as expressed by their written agreements was that claimant was not contracting merely as agent nor on behalf of others without personal engagement" (ARNALDEZ, Jean-Jacques; DERAINS, Yves; HASCHER, Dominique. *Collection of ICC Arbitral Awards*, v. III. London: Kluwer Law International, 1998, p. 279).

33. Conforme consta da sentença arbitral, "it is widely held in arbitration practice that third party beneficiaries are bound by a valid arbitration clause unless otherwise provided in the contract" (VAN DEN BERG, Albert Jan. Interim Award, ICC Case 17669, 2012. *Yearbook Commercial Arbitration*, v. 41, p. 250-275, Kluwer Law International, 2016, p. 250)

34. Para o Tribunal, "the second and third respondent had complied with the contractual framework of the concession agreement by receiving payments under it and requesting those payments actively" (VAN DEN BERG, Albert Jan. Interim Award, ICC Case 17669, 2012. *Yearbook Commercial Arbitration*, v. 41, p. 250-275, Kluwer Law International, 2016, p. 250-251).

35. VAN DEN BERG, Albert Jan. Interim Award, ICC Case 17669, 2012. *Yearbook Commercial Arbitration*, v. 41, p. 250-275, Kluwer Law International, 2016, p. 262. V., na mesma direção, *ICC Case* 17176, 2012, Final Award, p. 108-109." (VAN DEN BERG, Albert Jan. Final Award, ICC Case 17176, 2012. *Yearbook Commercial Arbitration*, v. 41, p. 86-126, Kluwer Law International, 2016.

36. Sobre o tema, v. BATISTA MARTINS, Pedro A. Arbitragem no direito societário. *Revista de Arbitragem e Mediação*, v. 39, p. 55-64, 2013. Quanto à progressiva ampliação das matérias sujeitas à arbitrabilidade na experiência brasileira (abrangência objetiva), v. ROQUE, Andre Vasconcelos. A evolução da arbitrabilidade objetiva no Brasil: tendências e perspectivas. *Revista de Arbitragem e Mediação*, v. 33, p. 301-337, 2012.

panhar o destino daquele entendido como principal, em conformidade com o princípio da gravitação jurídica. Deve-se ter cuidado, todavia, para que a simplicidade da regra da acessoriedade não despreze as complexidades que podem estar envolvidas no arranjo de interesses composto pelas partes, no qual, muitas vezes, o vínculo de dependência entre os contratos é bilateral.[37]

Além das hipóteses típicas, como aquelas envolvendo contratos de garantia (fiança, penhor, hipoteca) e contratos derivados (subcontrato), o critério costuma ser utilizado pela jurisprudência em casos concretos nos quais se entende presente o liame de acessoriedade em razão do fim buscado pelas partes. É o caso do precedente do REsp 1.639.035, interposto no âmbito de ação anulatória de sentença arbitral, em que se analisou a possibilidade de extensão dos efeitos de cláusula compromissória constante em contrato de abertura do crédito para contratos de *swap* – que contavam com cláusula de eleição do foro de São Paulo – celebrados pela Paranapanema S.A., BTG Pactual S.A. e Banco Santander S.A.[38] Os pontos centrais da controvérsia se relacionaram à referida extensão dos efeitos da cláusula e, nesse contexto, à validade da formação do Tribunal Arbitral.

No caso, as partes firmaram contrato de abertura de crédito, que continha cláusula compromissória. O referido contrato fora quitado, posteriormente, com a integralização de ações societárias da devedora em favor dos bancos credores. Concomitante à subscrição das referidas ações, foram celebrados contratos de *swap*, com eleição do foro de São Paulo, que estabeleciam pagamento complementar em favor dos credores na hipótese de o valor das ações por eles subscritas vir a atingir, até determinada data, patamar inferior àquele estipulado. E com base nos contratos de *swap*, o Banco Santander instaurou arbitragem em face da Paranapanema para promover a cobrança de valores. O BTG Pactual também foi incluído no polo passivo do procedimento arbitral, deduzindo-se contra ele apenas pedido declaratório. Diante da ausência de estipulação acerca da nomeação de árbitro em procedimentos multipartes no regulamento da câmara arbitral à época, o seu presidente

---

37. Ressalta Carlos Nelson Konder: "O exemplo dos perigos da generalização do esquema principal-acessório nas coligações pode ser identificado em julgado do STJ acerca de efeitos da resolução por inadimplemento. Tratava-se de dois contratos, um de cessão de direitos e outro de compra e venda de imóvel, voltados à transferência de três lotes formalmente apartados (posto na prática serem casa, piscina e área de lazer) em que o segundo e terceiro já eram de propriedade do contratante, mas o terceiro ainda estava em financiamento, razão pela qual a transferência desse terceiro não pôde ser objeto de compra e venda, recorrendo-se à cessão de direitos. Inadimplido o pagamento somente da compra e venda, o entendimento que predominou foi pela resolução somente daquele contrato, sem a extinção também da cessão de direitos, ao argumento de que a extinção do acessório (transferência dos lotes com a piscina e área de lazer) não atinge o principal (transferência do lote com a casa). Isso, contudo, gerou a situação inusitada em que, ao final, a piscina e a área de lazer retornariam ao vendedor, enquanto o comprador manteria consigo o lote onde estava a casa. Cumpre, portanto, evitar a simplificação que, reduzindo toda coligação ao modelo "principal-acessório", desconsidere a unidade funcional da operação como um todo. O mesmo cuidado deve-se ter no exame da cláusula compromissória nas coligações, pois quando o vínculo entre os contratos não se subsume à unilateralidade da relação de acessoriedade, a situação é mais complexa, impondo-se investigar se o silêncio no outro instrumento é representativo de opção pelo Judiciário ou simples dispensa de nova manifestação ante o exposto pela preexistente. Imagine-se, analogamente ao caso descrito, que os contratos de compra e venda contivessem cláusula compromissória e contrato de cessão de direitos tivesse apenas cláusula de eleição de foro: entender que os conflitos decorrentes da cessão de direitos sobre a casa não estão abarcados pela arbitragem, prevista em cláusula de contrato supostamente acessório, seria incompatível com a confiança criada pela unidade da operação negocial" (KONDER, Carlos Nelson. O alcance da cláusula compromissória em contratos coligados: leitura a partir da tutela da confiança. *Revista de Arbitragem e Mediação*, v. 63, p. 295- 331, out/dez 2019, p. 311-312).

38. STJ, REsp 1.639.035, 3ª T., Rel. Min. Paulo de Tarso Sanseverino, julg. 18.9.2018.

determinou que o BTG Pactual e a Paranapanema indicassem um único árbitro. Diante do impasse na escolha de um nome comum, o presidente da câmara nomeou árbitro em nome dos Requeridos.

Esse árbitro e aquele indicado pelo Banco Santander nomearam, posteriormente, o Presidente do Tribunal Arbitral. Sobreveio Sentença Arbitral que condenou a Paranapanema a realizar pagamento em favor do Banco Santander.

Em sede de recurso no âmbito da ação anulatória, o STJ confirmou o entendimento do Tribunal de Justiça do Estado de São Paulo pela possibilidade de extensão dos efeitos da cláusula compromissória constante no contrato de abertura de crédito aos contratos de *swap*, tendo aquele sido reputado o instrumento principal em virtude da arquitetura jurídica da operação.[39] Contudo, reputou-se ter sido inválida a formação do Tribunal Arbitral pela determinação de indicação comum de árbitro por partes que, embora pertencentes ao mesmo polo, possuíam interesses distintos, razão pela qual restou anulada a Sentença Arbitral.[40]

Anota-se, no julgamento em análise, a existência de voto divergente do Ministro Luis Felipe Salomão, que entendeu pela impossibilidade de extensão dos efeitos da cláusula compromissória "por força da autonomia e da individualidade que cada relação jurídica terá preservadas no respectivo contrato", destacando que "o princípio da gravitação jurídica, na forma destacada pelo eminente Ministro Relator, não soluciona satisfatoriamente a controvérsia", e registrando, assim, que "a ausência de cláusula compromissória expressa nos contratos de *swap* impede que os litígios decorrentes de tais pactos sejam dirimidos por meio arbitragem, sob pena de violação do princípio basilar

---

39. Extrai-se do voto do Ministro Relator: "Nessa ordem de ideias, adotando-se o *entendimento de que efetivamente existe coligação entre os contratos entabulados entre as partes litigantes, mostra-se flagrante a possibilidade de extensão da cláusula compromissória prevista no contrato principal aos contratos de swap, eis que vinculados a uma única operação econômica*" (grifou-se). No mesmo acórdão, reproduziu-se eloquente trecho do acórdão do TJSP: "Submeter as questões emergentes do Contrato de 'Swap' à jurisdição estatal, conforme defende a Autora, consistiria visível afronta aquela vontade cristalina das partes de arbitralizar os conflitos emergentes do negócio jurídico realizado (...) Havia por extensão, conforme já se demonstrou, a convenção de arbitragem. E por fim é sabido que nas declarações de vontade se deve atender mais à intenção nelas consubstanciada do que ao sentido literal da linguagem, ou seja, precisa o intérprete fugir das interpretações literais e capciosas, para buscar na declaração negocial a real intenção dos agentes".

40. "Caso envolvendo litisconsórcio de partes com interesses distintos no mesmo polo. Omissão do Regulamento da Câmara de Arbitragem quanto à indicação de árbitros em casos de multipartes com interesses distintos no mesmo polo. Integração do regulamento pelo Presidente daquele órgão que não se deu com melhor técnica jurídica por fazer prevalecer a indicação de árbitro de apenas uma das partes, suprimindo o direito de indicação das outras. Inobservância de princípios basilares da isonomia e imparcialidade que viciaram a formação do painel arbitral. (...) Sentença arbitral anulada. (...) No juízo comum (estatal), o julgador é investido diretamente pelo próprio Estado; no juízo arbitral, diferentemente, o julgador é investido diretamente pelas próprias partes. Portanto, se há algum momento em que não pode haver qualquer espécie de dúvida, incerteza ou mácula este reside no ato dessa verdadeira 'investidura' manifestada pelas partes. Afinal, o poder de dizer o direito sobre um caso concreto outorgado ao juiz arbitral só goza de tal predicado de impor decisão com eficácia vinculante para as partes porque estas assim o quiseram". Reproduziu-se, ainda, trecho da sentença de 1º grau: 'A cláusula compromissória específica deixa claro que todas as partes com interesses distintos devem ter a mesma e igual oportunidade de indicar árbitros de sua escolha. (...) Se não era possível superar o impasse resultante do dissenso entre Paranapanema e BTG, poderia ter sido adotada solução outra, que não mantivesse apenas o árbitro indicado pelo Banco Santander, tal como a indicação de dois árbitros pelo Presidente da Câmara, de Arbitragem eleita na cláusula compromissória, a quem caberia indicar um árbitro para presidir a arbitragem. Se a cláusula compromissória não podia ser seguida à risca, a intervenção do Presidente da Câmara de Arbitragem deveria ter sido feita de modo a preservar o compromisso sem distinguir entre as partes'" (STJ, REsp 1.639.035, 3ª T., Rel. Min. Paulo de Tarso Sanseverino, julg. 18.9.2018).

da autonomia das partes, que constitui a própria *ratio essendi* desse método alternativo de heterocomposição dos litígios".

Carlos Nelson Konder analisa a preponderância no entendimento divergente do Ministro Luis Felipe Salomão acerca da ausência de intensidade do vínculo dos contratos em questão,[41] de modo a permitir a divisão entre os modos de solução de conflitos no âmbito dos contratos coligados. Ressalva, contudo, os cuidados que devem ser adotados diante dessa divisibilidade. Para o autor, "a divisibilidade ou indivisibilidade dos conflitos oriundos da mesma operação não é um dado definitivo nem pode ser apreciado como requisito formal *sic et simpliciter*. A rigor, se fossem absolutamente indivisíveis não seriam contratos diversos, mas o mesmo negócio, e se fossem absolutamente divisíveis, não haveria coligação entre eles".[42]

A ponderada crítica do autor vai ao encontro do parâmetro por ele antes delineado no sentido de que a determinação do alcance da cláusula compromissória no âmbito das coligações negociais deve pautar-se criteriosamente pela proteção da confiança despertada pela relação contratual.[43] De fato, o princípio da boa-fé objetiva, como sublinhado previamente, deve pautar a averiguação das circunstâncias concretas na investigação da vontade das partes, definindo-se, a partir daí, a expectativa legítima dos contratantes sobre o meio de solução de controvérsias a reger determinado conjunto de contratos.

Por outro lado, em trabalho dedicado à análise do mesmo precedente, Gustavo Scheffer anota que a decisão do STJ, embora demonstre esforço para garantir a eficácia da arbitragem, concedeu excessiva importância para o critério da unidade econômica da operação e a interdependência dos contratos e, ainda, realizou interpretação de forma

---

41. Para Konder, a caracterização da coligação contratual não é suficiente para a atração da cláusula compromissória aos contratos em questão: "Caso, contudo, o vínculo não seja tão intenso, de modo a permitir a divisão entre os modos de solução de conflitos, seria concebível que as partes tenham estabelecido que certos litígios, relativos a determinados aspectos separados da coligação, sejam solucionados de uma forma, enquanto os demais litígios, oriundos a outros aspectos da operação, submetam-se a outro método de solução de conflitos. Inclusive, no citado caso Paranapanema x Santander/BTG, o entendimento vencido, capitaneado pelo Min. Luis Felipe Salomão, foi de que, posto presente a coligação, o exame do caso concreto revelava que os negócios não perdiam a autonomia e individualidade (...)" (KONDER, Carlos Nelson. O alcance da cláusula compromissória em contratos coligados: leitura a partir da tutela da confiança. *Revista de Arbitragem e Mediação*, v. 63, p. 295-331, out/dez 2019, p. 313).

42. KONDER, Carlos Nelson. O alcance da cláusula compromissória em contratos coligados: leitura a partir da tutela da confiança. *Revista de Arbitragem e Mediação*, v. 63, p. 295-331, out/dez 2019,, p. 314, o qual aduz ainda: "Torna-se mais adequado argumentativamente, portanto, buscar reconhecer a intensidade da ligação entre os negócios como critério ou indício a ser apreciado pelo intérprete na identificação do grau de confiança despertado nas partes acerca do alcance da cláusula compromissória: quanto mais estreito o vínculo entre os negócios, mais legítima a expectativa de que a cláusula compromissória contida em um dos instrumentos abarque os litígios decorrentes da qualquer dos negócios que compõem a operação como um todo".

43. KONDER, Carlos Nelson. O alcance da cláusula compromissória em contratos coligados: leitura a partir da tutela da confiança. *Revista de Arbitragem e Mediação*, v. 63, p. 295- 331, out/dez 2019, p. 301-302. No mesmo sentido: "O intérprete não mais – ou não mais apenas – se vê às voltas da 'comum intenção' dos contratantes, devendo considerar outros complexos elementos, pois o campo da autonomia não é pensável como se fosse uma mônada, restrita à irredutibilidade do sujeito, mas é visto em sua concreta circunstancialidade. Cabe ao intérprete, portanto, compreender o ajuste, considerando a racionalidade econômica e estratégica do 'sistema contratual' em que eventualmente alocados os singulares acordos; atentar para as circunstâncias que ditaram a sua conformação e para a posição social concreta dos contraentes, pois o princípio da desigualdade material convive com o da igualdade formal; ter presentes os motivos que ensejaram o ato comunicativo, percebendo, no espírito e na letra do Código Civil (LGL\2002\400), o relevantíssimo papel reservado às 'circunstâncias do caso'". (NANNI, Giovanni Ettore. Contratos coligados. In: LOTUFO, Renan. NANNI, Giovanni Ettore (Coord.). *Teoria geral dos contratos*. São Paulo: Atlas, 2011. p. 268).

excessivamente flexível da manifestação de vontade das partes. Assim, defende que o fundamento adequado, em tese, seria o consentimento implícito das partes, único critério capaz de justificar tal extensão diante da Lei de Arbitragem.[44] No caso concreto, para o autor, a eleição do foro de São Paulo nos contratos de *swap* inviabilizaria a conclusão de que as partes implicitamente manifestaram sua vontade de submeter as controvérsias desse instrumento à arbitragem.[45]

A questão é certamente delicada e a presença de cláusula de eleição de foro no contrato acessório – para além da mera ausência de previsão da cláusula compromissória ou remissão à sua existência no contrato principal – torna a análise mais árdua.

Em precedente diverso do TJSP, se analisou a possibilidade de extensão dos efeitos da cláusula compromissória constante no instrumento principal, contrato de seguro prestamista, a contrato acessório, denominado "termo de acordo de negócios", que nada dispunha sobre o meio para solução de controvérsias. A Desembargadora Rosa Maria de Andrade Nery, diante das particularidades do caso concreto, entendeu que o contrato principal enquadrava o instrumento acessório, devendo-se remeter suas controvérsias à cláusula compromissória eleita no contrato principal.[46]

No referido precedente, diante das especificidades do caso analisado, no qual as partes celebraram conjuntamente os instrumentos, dispondo no principal sobre a opção pela arbitragem na solução de eventual controvérsia, sem haver, por outro lado, qualquer indicação de se pretender conferir ao contrato acessório tratamento diverso, é menos tormentosa a justificativa da extensão dos efeitos da cláusula compromissória. Isso porque

---

44. "This decision is part of the STJ's efforts to promote and increase the effectiveness of arbitration. However, considering the broad and far-reaching terms of this decision, it deserves some criticism and should even have its value as a precedent (*décision de principe*) attenuated. The criticism is due in light of the legal arguments on which the STJ relied to assert the possibility of extending the arbitration clause contained in one contract to other connected contracts. In the present case, the judgment by majority of the STJ seems, on the one hand, to have placed excessive importance on an insufficient criterion to justify the extension, without giving sufficient weight to the essential criterion (I) and, on the other hand, to have interpreted in an extremely flexible fashion the express manifestation of the will of the parties (II)". (DA SILVEIRA, Gustavo Scheffer. *Brazilian Special Appeal no. 1.639.035-SP, 18 September 2018, Paranapanema S/A vs/ BTG Pactual S/A and Santander Brasil S/A. ASA Bull.* n. 4, Kluwer Law International, 2019, p. 857).

45. "Although there are precedents in comparative law giving prevalence to the arbitration agreement over choice of jurisdiction clauses, the exact opposite conclusion seems to be the most recommended. In the presence of an accessory contract concluded after the main contract, in which the parties expressly provide for a choice of jurisdiction clause without any reference to the arbitration agreement, what seems to be contrary to the will of the parties is to disregard this choice of forum and send the parties to arbitration. If the parties expressly provided in a contract for a choice of forum clause, how could they have implicitly consented that the disputes arising out of that very contract be submitted to arbitration? In the present case, it would seem reasonable to believe that the parties intended that the disputes relating to the Loan Agreement be submitted to arbitration, whereas disputes relating to Swap Agreements be submitted to the state jurisdiction33. This solution is the one that prevails in comparative law and arbitral jurisprudence" (DA SILVEIRA, Gustavo Scheffer. *Brazilian Special Appeal no. 1.639.035-SP, 18 September 2018, Paranapanema S/A vs/ BTG Pactual S/A and Santander Brasil S/A. ASA Bull.* n. 4, Kluwer Law International, 2019, p. 865).

46. "A essa conclusão se chega pelo fato de terem sidos todos os contratos, os anexos e adendos, formulados, assinados e firmados, numa mesma data, pelas mesmas partes e de ambas as empresas autoras terem sido representadas pelo sócio comum, que a todos os instrumentos assina, firmando negócios com características que não podem ser dissociadas do contrato firmado, principal, sob cujos regramentos repousam as tratativas dos demais negócios acessórios, que têm razão de ser e funcionalidade no contexto do contrato principal, onde está pactuada a arbitragem, referida a todos os vínculos que lhe são acessórios" (TJSP, 34ª C.D.Priv., Ap. Cív. 0018814-07.2010.8.26.0068, Rel. Des. Rosa Maria de Andrade Nery, julg. 31.3.2014).

não se cogita de vulneração da autonomia privada das partes. Tanto o comportamento dos contratantes, quanto a estrutura jurídica da operação e, principalmente, a função do contrato acessório à luz do contrato principal, permitem visualizar a unicidade dos interesses instrumentalizados nos contratos para se concluir pela vontade, ainda que não explícita no instrumento acessório, de submeter à arbitragem eventual litígio.[47]

5. NOTAS CONCLUSIVAS

Como se vê, no silêncio do contrato acessório coligado sobre a convenção de arbitragem, diante de elementos concretos extraídos do comportamento das partes que permitam deduzir a escolha da via arbitral – especialmente a partir da legítima expectativa dos contratantes de que eventual controvérsia seja submetida à arbitragem –, e, ainda, da estrutura econômico-jurídica da operação da qual exsurja a unidade de interesses, é possível estabelecer a extensão dos efeitos da cláusula compromissória prevista no instrumento principal.

Em contrapartida, em situações em que o contrato acessório contém previsão que, em tese, confronta a opção pelo procedimento arbitral, tem-se maior ônus de reunir elementos que demonstrem que, apesar de previsão aparentemente contrária, a vontade das partes formalizada no contrato principal deve prevalecer e se estender aos demais instrumentos que dele decorrem. Ressalta-se a importância, nesse contexto, de análise não limitada à incidência do princípio da gravitação jurídica.

A rica casuística relativa à extensão da convenção de arbitragem, notadamente no âmbito de contratos coligados – questão de relevantes impactos dogmáticos e práticos –, permite concluir que, com base no exame das circunstâncias do caso concreto, se pode proceder à ponderação necessária para se interpretar a vontade das partes no sentido de estabelecer (ou não) a opção pela via arbitral, resguardando-se a formulação do livre consenso como requisito fundamental da arbitragem, cunhada na manifestação de vontade livre e imaculada dos contratantes e no respeito à eficácia da convenção de arbitragem.

Em última análise, a reflexão acerca da eficácia e extensão dos efeitos da convenção de arbitragem deita raízes no espaço constitucionalmente conferido à autonomia privada e sua relação intrínseca, no âmbito da arbitragem, com o acesso à justiça. Assim, o respeito à jurisdição do Tribunal Arbitral, legitimamente outorgada pelas partes, para sua plena tutela, deve ser compreendido em suas duas facetas: na garantia de que as partes consigam submeter seu litígio a painel arbitral por elas escolhido e na proteção das partes que não elegeram esse meio alternativo de solução de controvérsias, a fim de que tenham resguardado o seu direito de acesso ao Poder Judiciário.

---

47. "Si, d'autre part, les divers contrats composant le groupe contiennent la même clause d'arbitrage ou à tout le moins ne contiennent pas de clauses incompatibles (par example lorsqu'un seul contrat du groupe contient une clause d'arbitrage et les autres ne contiennent aucune clause de résolution des litiges) l'on procédera à l'analyse de la volonté des parties pour déterminer si elles ont envisagé les différents contrats comme constituant un ensemble contractuel unique ou une seule opération économique. Le fait que les contrats forment un ensemble indivisible ou sont très étroitement liés, ou qu'il existe une relation étroite entre les droits et obligations réciproques, et dans certains cas que les parties appartiennent au même groupe, tend à établir l'existence d'une telle volonté" (HANOTIAU, Bernard. *Groupes de sociétés et groupes de contrats dans l'arbitrage commercial international. Revista de Arbitragem e Mediação,* n. 12, p. 114-123, jan/mar 2007, p. 123).

6. REFERÊNCIAS

ARAÚJO, Nadia de; SOUZA JR, Lauro da Gama e. Arbitragem internacional nos contextos interamericanos e brasileiro. *Revista Brasileira de Arbitragem*, n. 0, p. 69-90, jul/out 2003.

ARNALDEZ, Jean-Jacques; DERAINS, Yves; HASCHER, Dominique. *Collection of ICC Arbitral Awards*, v. III. London: Kluwer Law International, 1998.

BATISTA MARTINS, Pedro A. Arbitragem no direito societário. *Revista de Arbitragem e Mediação*, v. 39, p. 55-64, 2013.

BONILHA, Márcio Martins. Do efeito vinculante da cláusula arbitral. *Revista de Arbitragem e Mediação*, v. 1, p. 138-141, set/dez 2004.

BRAGHETTA, Adriana. Cláusula compromissória: autossuficiência da cláusula cheia. *Doutrinas Essenciais*: Arbitragem e Mediação, v. 2. São Paulo: Ed. RT, 2014.

CARMONA, Carlos Alberto. O processo arbitral. *Revista de Arbitragem e Mediação*, v. 1, p. 21-31, jan/abr. 2004.

CARVALHOSA, Modesto. *Comentários à Lei de Sociedades Anônimas*, v. 4, t. II, São Paulo: Saraiva, 2003.

CRAIG, W. Laurence; PARK, William W; PAULSSON, Jan. *International Chamber of Commerce Arbitration*. New York: Oceana Publications, 2000.

DA SILVEIRA, Gustavo Scheffer. *Brazilian Special Appeal n. 1.639.035-SP, 18 September 2018, Paranapanema S/A vs/ BTG Pactual S/A and Santander Brasil S/A*. ASA Bull. n. 4, Kluwer Law International, 2019.

DERAINS, Yves; SCHWARTZ, Eric A. *A Guide to the New ICC Rules of Arbitration*. Haia: Kluwer Law International, 1998.

HANOTIAU, Bernard. Non-signatories, Groups of Companies and Groups of Contracts in Selected Asian Countries: A Case Law Analysis. *Journal of International Arbitration*, v. 32, n. 6, p. 571-620, 2015.

HANOTIAU, Bernard. Problems Raised by Complex Arbitrations Involving Multiple Contracts-Parties-Issues – An Analysis. *Journal of International Arbitration*, v. 18, n. 3, p. 253-360, 2001

HANOTIAU, Bernard. *Groupes de sociétés et groupes de contrats dans l'arbitrage commercial international*. *Revista de Arbitragem e Mediação*, n. 12, p. 114-123, jan/mar 2007.

JARVIN, Sigvard; DERAINS, Yves; ARNALDEZ, Jean-Jacques. *Collection of ICC Arbitral Awards*, v. I. Deventer: Kluwer Law and Taxation, 1994.

JARVIN, Sigvard; DERAINS, Yves; ARNALDEZ, Jean-Jacques. *Collection of ICC Arbitral Awards*, v. II. London: Kluwer Law International, 2003.

KATAOKA, Eduardo Takemi. *A coligação contratual*, Rio de Janeiro: Lumen Juris, 2008.

KONDER, Carlos Nelson. *Contratos conexos*: grupos de contratos, redes contratuais e contratos coligados, Rio de Janeiro: Renovar, 2006.

KONDER, Carlos Nelson. O alcance da cláusula compromissória em contratos coligados: leitura a partir da tutela da confiança. *Revista de Arbitragem e Mediação*, v. 63, p. 295- 331, out/dez 2019.

LEONARDO, Rodrigo Xavier. Contratos coligados, In: BRANDELLI, Leonardo (Org.). *Estudos de direito civil, internacional privado e comparado: coletânea em homenagem à professora Vera Jacob de Fradera*, São Paulo: LEUD, 2014.

LORENZETTI, Ricardo. *Redes contractuales: conceptualización jurídica, relaciones internas de colaboración, efectos frente a terceiros*. *Revista da Faculdade de Direito da UFRGS*, v. 16, 1999.

LYNCH, Katherine. *The Forces of Economic Globalization*: Challenges to the Regime of International Commercial Arbitration. Kluwer Law International, 2003.

MARINO, Francisco Paulo De Crescenzo. *Contratos coligados no direito brasileiro*, São Paulo: Saraiva, 2009.

MOREIRA, José Carlos Barbosa. Unidade ou pluralidade de contratos: contratos conexos, vinculados ou coligados. Litisconsórcio necessário ou facultativo. 'Comunhão de interesses', 'conexão de causas' e 'afinidade de questões por um ponto comum de fato ou de direito'. *Revista dos Tribunais*, v. 448, p. 51-60, fev. 1973.

NANNI, Giovanni Ettore. Contratos coligados. In: LOTUFO, Renan. NANNI, Giovanni Ettore (Coord.). *Teoria geral dos contratos*. São Paulo: Atlas, 2011.

NUNES PINTO, José Emilio. A cláusula compromissória à luz do Código Civil. *Revista de Arbitragem e Mediação*, v. 2, n. 4, p. 34-47, jan/mar 2005.

NUNES PINTO, José Emilio. Contrato de adesão. Cláusula compromissória. Aplicação do princípio da boa-fé. A convenção arbitral como elemento de equação econômico-financeira do contrato. *Revista de Arbitragem e Mediação*, v. 10, p. 234-242, jul/set 2006.

PEREIRA, Caio Mário da Silva. *Instituições de Direito Civil*, v. III, Rio de Janeiro: Forense, 2007.

ROQUE, Andre Vasconcelos. A evolução da arbitrabilidade objetiva no Brasil: tendências e perspectivas. *Revista de Arbitragem e Mediação*, v. 33, p. 301-337, 2012.

TEPEDINO, Gustavo. Arbitragem e autonomia privada: a importância da boa-fé objetiva na delimitação do consentimento. *Quaestio Iuris*, v. 9, n. 1, p. 604-619, 2016.

TEPEDINO, Gustavo; VIÉGAS, Francisco de Assis. Arbitragem e autonomia privada: desafios na delimitação do consentimento. *Cadernos FGV Projetos*, v. 30, p. 76-87, 2017.

TEPEDINO, Gustavo; KONDER, Carlos Nelson da Paula; BANDEIRA, Paula Greco. *Fundamentos do Direito Civil*: Contratos, v. III, Rio de Janeiro: Forense, 2020.

VAN DEN BERG, Albert Jan. Final Award, ICC Case 17176, 2012. *Yearbook Commercial Arbitration*, v. 41, p. 86-126, Kluwer Law International, 2016.

VAN DEN BERG, Albert Jan. Interim Award, ICC Case 17669, 2012. *Yearbook Commercial Arbitration*, v. 41, p. 250-275, Kluwer Law International, 2016.

WALD, Arnoldo. Os meios judiciais do controle da sentença arbitral. *Revista de Arbitragem e Mediação*, v. 1, n. 1, p. 40-65, jan/abr 2004.

DISPUTE RESOLUTION PARA GRANDES TRAGÉDIAS – UMA ALTERNATIVA PARA PROMOVER ACESSO À JUSTIÇA TEMPESTIVO PARA AS VÍTIMAS DE BRUMADINHO

Isabela Ferrari

Mestre e Doutoranda em Direito Público pela Universidade do Estado do Rio de Janeiro. *Advisor* da *The Future Society, think tank* incubado na *Harvard Kennedy School of Government*. Coordenadora acadêmica do Instituto New Law. Palestrante internacional em temas afetos a direito e tecnologia. Juíza federal desde 2012. Foi *Visiting Researcher* pela *Harvard Law School* (2016/2017).

Sumário: Diagnóstico preliminar: sugestões iniciais. 1. Introdução. 2. Reflexões iniciais. 3. Prioridade Zero: a leitura do ambiente de conflito. 4. Prioridade um: preparando o ambiente para um sistema de resolução de disputas (DRS) efetivo. 5. O processo de luto. 6. Construindo um sistema de resolução de disputas efetivo. 7. O sistema de resolução de disputas: desenvolvimento. 8. O sistema de resolução de disputas: custo. 9. O sistema de resolução de disputas: formulários e inteligência artificial. 10. Construindo soluções para Brumadinho: como implementar algo assim? 11. Conclusão. 12. Algumas referências.

DIAGNÓSTICO PRELIMINAR: SUGESTÕES INICIAIS

1. INTRODUÇÃO

Este documento traz sugestões concretas voltadas à implantação de ferramentas de *Online Dispute Resolution* para lidar com grandes tragédias, a partir do exemplo da que acometeu a cidade de Brumadinho/MG[1].

Tem início com algumas reflexões fundamentais para a abordagem dos conflitos nesse tipo de situação especialmente sensível. Segue tratando de questões fundamentais como a leitura do ambiente, a preparação necessária para a implantação de um *Dispute Resolution System* (DRS) efetivo, aborda detalhes do processo de luto necessário para o sucesso de negociações feitas nesse contexto. Finalmente, endereça aspectos fundamentais do DRS a ser implantado, incluindo sua estrutura, desenvolvimento, custo esperado, aspectos relevantes dos formulários de coleta de informação e a aplicação de ferramentas de *data mining* e inteligência artificial, além de endereçar as melhores formas (em nossa visão) de implementar algo do gênero. Conclui destacando que a situação de Brumadinho pode inaugurar um novo paradigma de endereçamento de conflitos pelo Poder Público e apresenta algumas obras seminais sobre o tema.

---

1. As ideias aqui expostas partem de diversos estudos na área, bem como discussões travadas com grandes nomes de ODR no mundo, a exemplo de Colin Rule e Graham Ross, a quem agradeço a atenção dispensada.

2. REFLEXÕES INICIAIS

A implantação de um sistema de resolução de disputas efetivo demanda análise detida do ambiente em que aplicado. O melhor dos sistemas corre o risco de ser ineficaz se não houver atenção às necessidades específicas dos seus destinatários.

No caso de grandes tragédias, é possível destacar os seguintes pontos de atenção, que podem ser decisivos para conseguir a aderência das vítimas ao sistema de *dispute resolution*:

(i) a necessidade de que haja responsabilização moral dos causadores da tragédia, acompanhada de um pedido de desculpas formulado de maneira explícita;

(ii) a adoção, pelos agentes direta e indiretamente responsáveis pelo problema, de providências concretas e visíveis para evitar a sua repetição (o que inclui não apenas a iniciativa privada, mas também os agentes reguladores e governos, quando for o caso);

(iii) a inserção, no processo, de uma "fase de luto", necessária para que as vítimas consigam se recuperar minimamente e, assim, superar as barreiras psicológicas tendentes a impedir a obtenção de acordos.

Nas seções seguintes, atentaremos a cada um desses pontos.

3. PRIORIDADE ZERO: A LEITURA DO AMBIENTE DE CONFLITO

As ferramentas de *online dispute resolution* conseguem endereçar os conflitos de forma mais ampla do que os mecanismos tradicionais de resolução de disputas, especialmente quando comparadas à forma de abordagem desses conflitos no curso de um processo judicial.

O seu *framework* tem o potencial de (i) trabalhar de forma muito eficiente aspectos emocionais dos conflitos, (ii) transmitir informações complexas em linguagem ordinária, compreensível até mesmo por aqueles que têm pouca (ou nenhuma) educação formal; (iii) adequar a abordagem do conflito àqueles que se utilizam da plataforma, através dos conhecimentos derivados do emprego de *big data analytics*, de forma rápida, barata e escalável.

Exemplos dessa situação são o *Justice42* holandês e *TurboTax* americano. O primeiro é ferramenta de ODR empregada extrajudicialmente para casos de divórcio. O *Justice42* estrutura a comunicação entre os futuros ex-cônjuges de forma positiva (e propositiva), estimulando que cheguem a um acordo sobre questões como divisão de bens, alimentos e até mesmo guarda dos filhos.

Conduzindo o diálogo de forma a focar no que precisa ser resolvido, o *software* evita que a liberdade no endereçamento dos tópicos escale mágoas e frustrações que não seriam positivas para as providências concretas que precisam ser adotadas. Assim, consegue mediar uma relação potencialmente difícil e conflituosa.

O *TurboTax*, por sua vez, é uma ferramenta empregada nos Estados Unidos para auxiliar os contribuintes em suas declarações tributárias, que são bastante complexas. Com o slogan "tudo o que você precisa conhecer é você mesmo", a ferramenta traduz as complexas perguntas em linguagem ordinária, e em seguida insere as respostas dos usuários nos campos adequados do formulário.

DISPUTE RESOLUTION PARA GRANDES TRAGÉDIAS **237**

Assim, dispensa a necessidade de contratação de contadores, recurso usualmente empregado pela classe média americana diante não apenas da complexidade da declaração, mas também da dificuldade de comunicação com a *Internal Revenue Service* (IRS), agência responsável por esclarecer eventuais dúvidas da população.

O exemplo da *Turbo Tax* mostra que é possível empregar ferramentas de ODR para "traduzir" informações complexas e específicas de determinado setor em linguagem ordinária e compreensível por qualquer pessoa.

Além desses dois exemplos, podemos referir, ainda, ao *Civil Resolution Tribunal* (CRT), tribunal administrativo inteiramente online criado para resolver causas de pequeno valor na província canadense de British Columbia.

Ao navegar na página do CRT (https://civilresolutionbc.ca), o usuário encontra informações sobre a disputa em que está envolvido, incluindo as chances de sucesso do pleito, patamares de indenização, modelos dos documentos necessários para a notificação da outra parte e para a instrução de uma futura demanda, além de vídeos que trazem as mais avançadas técnicas de negociação em linguagem ordinária e com formato agradável.

Todas as experiências destacadas acima mostram o potencial das ferramentas de ODR no endereçamento dos conflitos de forma holística, que vai muito além da mera decisão sobre aqueles que têm ou não razão em seus pleitos.

Por todo esse potencial, e pela abordagem conglobante do conflito, essas ferramentas são opções interessantes em contextos de grandes tragédias, em que são gerados não apenas danos materiais, mas também emocionais em larga escala.

Entretanto, para o sucesso do emprego desse tipo de ferramenta, é imprescindível partir de uma adequada leitura do ambiente de conflito, com dois focos diversos: o emocional e o pragmático.

O foco emocional observa a situação do emocional coletivo após a grande tragédia, atentando à "temperatura do conflito", que inclui o estado emocional da população em relação ao ocorrido, a "sede de justiça", o nível de inconformismo, a percepção coletiva acerca da imagem dos causadores da tragédia e de seu nível de arrependimento e comprometimento com a reparação dos danos causados, e também a qualidade da assistência por eles prestada às vítimas.

Após analisar esse aspecto, pode-se chegar à conclusão de que, mais eficiente do que vedar discussões que permitam a expressão de insatisfação e raiva dos indivíduos com os causadores da tragédia, talvez seja necessário construir um ambiente seguro em que esses sentimentos possam ser expressados e elaborados antes de se passar a qualquer tipo de negociação – em estratégia diversa da adotada pelo Justice42.

O resultado da leitura do ambiente com foco na temperatura do conflito determinará de maneira decisiva o teor das providências preparatórias a serem adotadas, ou seja, quais serão as ações adotadas antes de se passar à negociação de indenizações. Determinará, ainda, o tempo que será dedicado a tais providências, bem como aos demais pontos de atenção referidos acima (responsabilização moral, pedido de desculpas e "fase de luto").

No caso de Brumadinho, recomendamos que essa análise do ambiente de conflito passe por uma visita presencial (que deve ser uma das primeiras ações a serem adotadas) e envolva de forma intensa a rede de amparo já existente e os agentes que tenham interagido com mais profundidade com a população local e sejam vistos por ela como referências positivas[2].

O segundo foco de observação na análise do ambiente de conflito é o pragmático. Nesse momento, é fundamental compreender número de pessoas afetado pela tragédia e a extensão de suas perdas. Apenas a partir de uma noção precisa de quem são as vítimas e dos danos produzidos será possível estruturar uma rede de apoio e um sistema de indenização adequados à realidade que se apresenta.

Existem diversas vantagens em realizar essa análise no momento inicial. Para os governos, ela possibilitará a identificação e a (necessária) exposição dos responsáveis, bem como a noção dos custos de reparação do dano causado e da escala dos prejuízos gerados.

Para eventuais empresas envolvidas, a ciência do valor aproximado da responsabilização confere segurança e permite o planejamento para atender às demandas que surgirem sem que haja uma completa desestruturação da operação ou do modelo de negócio. Criar um sistema de indenizações que gere a falência das empresas envolvidas obviamente não é interessante para as vítimas, que correm o risco de não ver os danos que lhes foram causados reparados.

4. PRIORIDADE UM: PREPARANDO O AMBIENTE PARA UM SISTEMA DE RESOLUÇÃO DE DISPUTAS (DRS) EFETIVO

Após a necessária leitura do ambiente (sob as óticas do emocional coletivo e pragmática), será possível avaliar o tempo e a energia a serem dedicados aos pontos de atenção que havíamos destacado acima:

(i) extensão e transparência da etapa da responsabilização moral e publicidade do pedido de desculpas;

(ii) adoção de providências concretas e visíveis para evitar a repetição da tragédia. Isso é fundamental para descolar a imagem do governo e/ou das empresas dos fatos, e para demonstrar o comprometimento desses entes com a reparação e o aprendizado das lições necessárias após a tragédia. Nesse ponto, cabe destacar que a ausência ou insuficiência de (i) e (ii) tornam vazias e pouco críveis ações empreendidas posteriormente, minando a confiança necessária para a celebração de acordos.

(iii) Finalmente, a fase de luto merece especial atenção em situações de grandes tragédias com perdas humanas. Em Brumadinho, o ponto é especialmente relevante pela maneira como as vidas humanas foram perdidas, soterradas por lama e dejetos. A perenidade do cenário de devastação ambiental, sem que seja possível reconstituir o ambiente ao que era, também aumenta a dor das vítimas que sobreviveram à tragédia ao não as deixar esquecer o ocorrido. É fundamental criar ferramentas para que essas pessoas sejam capazes de elaborar a dor. Só então elas poderão lidar com aspectos patrimoniais da tragédia. Esse ponto específico é tão fundamental que será abordado de forma mais detida na seção seguinte.

5. O PROCESSO DE LUTO

O processo de luto a ser elaborado como fase preparatória do *Dispute Resolution System* em situações de grandes tragédias deve envolver necessariamente os seguintes aspectos: (i) justiça restaurativa; e (ii) assistência psicológica às vítimas.

---

2. Como parece ser o caso do Tenente Aihara.

A atenção à justiça restaurativa deve incluir a construção de memória coletiva sobre a tragédia. Para tanto, é fundamental que haja espaço para que os sobreviventes falem sobre os seus mortos, as memórias da tragédia, as dificuldades que enfrentaram e enfrentam. A visibilidade de suas dores garante que o ocorrido não será esquecido, e é um símbolo importante no sentido de que não está havendo uma "troca" do sofrimento gerado pelas indenizações – o que psicologicamente faria com que buscassem indenizações astronômicas e em descompasso com os parâmetros jurisprudenciais.

Nossa sugestão para tanto é a criação de um portal online, onde sejam disponibilizados, em vídeo, os depoimentos de quem desejar participar (depoimento por adesão). Algo do gênero não demanda gastos importantes em termos estruturais, bastando, por exemplo, a criação de site, disponibilização de uma sala com aparato de gravação e um agente facilitador com *expertise* para acompanhar essa atividade.

O ideal é que a coleta de tais depoimentos aconteça no primeiro momento possível, e a economia de recursos (materiais e de tempo) faz com que nossa sugestão seja no sentido de realizá-la no primeiro atendimento das vítimas.

Por "primeiro atendimento" leia-se o atendimento jurídico ou não jurídico pós tragédia, quando as informações sobre as vítimas são coletadas, informações essas que serão empregadas para avaliação dos danos e posterior desenho do DRS.

Além de informações objetivas sobre a situação das vítimas, o ideal é que os formulários do primeiro atendimento também enderecem questões de ótica emocional, não apenas pela vantagem objetiva de possuir dados sobre essa situação, mas também pela vantagem subjetiva de imediatamente transmitir para as vítimas a percepção de que sua dor está sendo considerada.

Além do exposto, é fundamental que o processo de luto preveja o fornecimento de assistência psicológica especializada às vítimas, de forma permanente, até o final de todo o processo indenizatório (ocasião em que deve ser avaliada a necessidade de continuidade caso a caso).

Isso porque muitas questões costumam aparecer após esse tipo de evento, como a dificuldade de voltar ao trabalho, ou a *survivor's guilt* – uma espécie de culpa que os sobreviventes sentem por não terem sucumbido à tragédia, como os familiares/amigos falecidos.

Uma sugestão para aumentar a efetividade e diminuir o custo no campo da assistência psicológica corresponde à mobilização, na medida do possível, da rede de apoio já presente na localidade afetada, por exemplo, envolvendo ONGs no processo, e capacitando agentes locais, que vivenciaram a experiência de lidar com a tragédia, e que continuarão no local após o fim da negociação.

Durante o processo de luto e o tempo de elaboração da tragédia (que em média demora cerca de três meses), é necessário coletar as informações que servirão de base para o desenho do DRS e desenvolvê-lo *a partir delas*.

Nesse ponto, releva destacar que o sistema deve ser adaptável à situação que se apresenta. Por esse motivo, antes de examinar o ambiente só é possível ter alguma ideia de seus traços. Sua conformação final deve ser definida ao longo do processo, de forma a endereçar efetivamente a situação que se apresenta.

Assim, a partir da análise do caso concreto e das informações coletadas nesse período de luto, deve ser definido, por exemplo, se será empregado um sistema totalmente online ou misto; se o ideal é que as indenizações sejam meramente definidas por acordo entre as partes ou se a situação recomenda que haja, ao final, homologação judicial etc.

Mais do que isso, é importante que os responsáveis pelo desenho do DRS

estejam abertos para rever as escolhas referentes a ele – ainda que ele já esteja operante. O sistema, nesse sentido, é um meio, e é ele que deve se adequar à situação – e não o contrário. Por isso, eventuais contratos firmados com desenvolvedores externos devem prever a possibilidade de modificação do produto – mesmo na fase de implementação/execução.

6. CONSTRUINDO UM SISTEMA DE RESOLUÇÃO DE DISPUTAS EFETIVO

Como destacado acima, as propriedades de um sistema de resolução de disputas a ser aplicado em situações sensíveis como grandes tragédias devem ser decididas após uma leitura atenta do ambiente conflituoso. Entretanto, algumas observações podem ser feitas.

A primeira delas é a de que, em um cenário ideal, a adoção pelos órgãos responsáveis (Conselho Nacional de Justiça, Observatório da Justiça, Poder Judiciário) de uma estratégia de criação de um sistema de ODR para enfrentar a situação de Brumadinho pode ser piloto para uma nova forma de olhar o enfrentamento das ações decorrentes de grandes desastres.

Na linha do que é oferecido no mercado, imagina-se que o sistema a ser adotado será modular, ou seja, composto por módulos ou blocos, que podem ser estruturados com maleabilidade, como um jogo de LEGO, para se adaptar perfeitamente à situação que visa endereçar.

O exemplo mais relevante de algo do tipo é o sistema de ODR *MODRIA*, estruturado por Colin Rule para o Ebay. Esse sistema se divide em algumas fases:

(i) Diagnóstico do problema: momento em que as partes recebem informação sobre o conflito e sobre o que esperar em termos de conteúdo de uma eventual decisão judicial. Essa fase é fundamental para diminuir a assimetria de informação entre as partes e aumentar a janela de acordo. Combate-se, assim, o *optimism bias*, o viés humano do super otimismo, que faz com que achemos que temos mais chances de ganhar do que na realidade temos, ou menos chances de perder, ou faz com que erremos a projeção de um eventual dever de indenizar (para mais, quando teremos a receber, para menos quando teremos que pagar). Assim, a entrega de informação situa ambas as partes no que concretamente esperar e, tendo expectativas semelhantes, elas conseguem negociar de forma muito mais razoável. Isso, é claro, se estiverem abertas para a negociação, e não virem a indenização como uma "troca" pela perda de um ente querido, por exemplo. Daí a importância de os responsáveis assumirem a culpa pela dor que causaram, e da fase de luto, em que as vítimas elaborarão a dor.

(ii) Negociação: que acontece entre as partes envolvidas, diretamente. Nessa etapa, o valor de indenização já deve ser oferecido àqueles que comprovem os danos sofridos.

(iii) Facilitação: nesse momento, um software passa a atuar como mediador, sugerindo patamares de acordo.

(iv) Julgamento ou adjudicação: quando a decisão se dá fora do Poder Judiciário e sem força cogente, falamos em adjudicação. Caso contrário, emprega-se a expressão "julgamento".

DISPUTE RESOLUTION PARA GRANDES TRAGÉDIAS **241**

Apesar de as ideias que inspiraram o MODRIA terem sido pensadas, em um primeiro momento, para a seara extrajudicial, nada impede, no entanto, que essas ferramentas de ODR também sejam empregadas para a instrução de processos a serem julgados por juízes. Situação semelhante, inclusive, vem ocorrendo em diversos países, no fenômeno mundialmente conhecido como "Corte Online".

Dessa forma, seria possível utilizar ODR para possibilitar uma etapa prévia, de negociação (que pode ou não ser cogente) e, caso as partes cheguem a um acordo, conforme o caso, optar entre um sistema que passe diretamente à execução voluntária do acordo ou a um momento anterior de homologação judicial.

A escolha entre essas muitas opções, como tantas vezes destacamos, deve ser feita a partir da análise do ambiente de conflito. Assim, o que ora propomos é um desenho *tailormade* para a situação que se apresenta, a partir dos dados captados nas duas primeiras etapas que sugerimos (o momento de leitura do ambiente de conflito e o processo de luto)

Diante da necessidade de segurança jurídica para o sucesso da empreitada, recomendamos que o recurso a ODR seja feito por adesão voluntária, ou como etapa cogente e preparatória para o acesso ao Poder Judiciário (na linha do uso da plataforma *consumidor.gov*). Em razão do princípio da inafastabilidade e da jurisprudência sobre o tema, consideramos prudente que o recurso às Cortes em seu formato tradicional esteja aberto àqueles que assim o desejarem.

Apesar disso, espera-se que um sistema que, ao mesmo tempo, observe aspectos emocionais sensíveis e traga razões pragmáticas para a adesão voluntária seja bem-sucedido na prática (como no exemplo do Caso OI[3]).

A adoção, pelos órgãos competentes, de uma solução do tipo (modular), ainda possui a vantagem de ser escalável e adaptável a outras situações, para enfrentar conflitos de massa que por alguma peculiaridade não possam ser atendidos no tempo e com o enfoque adequado dentro da estrutura processual tradicional.

Ressaltamos, ainda, que grandes tragédias "provocadas" (entendidas como aquelas derivadas de comportamentos ao menos culposos de agentes identificados, como parece ser o caso de Brumadinho), correspondem a situação das mais complexas pelos elementos emocionais envolvidos nos casos que delas derivam.

Dessa forma, tratando-se do ápice da complexidade no enfrentamento da litigância, o sistema adotado em Brumadinho e o *know how* desenvolvido para enfrentar a tragédia não só podem como devem ser aproveitados para endereçar outras situações desafiadoras.

Outra questão crucial para o sucesso do *Dispute Resolution System* em situações sensíveis corresponde ao envolvimento dos múltiplos *stakeholders* presentes no ambiente de conflito desde os seus momentos iniciais. Assim, Poder Judiciário, Ministério Público, Defensorias Públicas, Procuradorias e, de forma geral, todos os órgãos públicos

---

3. A menção ao "caso Oi" refere-se à recuperação judicial que envolveu a empresa de telefonia móvel. O número de credores do processo superava 55 mil pessoas, sendo que cerca de 53 mil desses tinham a receber valores de até R$50 mil. Em uma iniciativa que envolveu o TJ/RJ e a Fundação Getúlio Vargas (FGV-RJ), foi criado um sistema de negociação online, para o qual foram convidados esses pequenos credores. Na primeira etapa, mais de 30 mil acordos foram celebrados e o caso se tornou paradigmático por corresponder à quitação de débitos privados mais abrangente da história da economia brasileira.

em todas as esferas (federal, estadual e, quando for o caso, municipal), ONGs, Ordem dos Advogados do Brasil, sociedade civil, todos os afetados e seus representantes devem ser e se sentir ouvidos e integrados no processo decisório desde o seu desenvolvimento.

Voltaremos agora em um ponto que destacamos acima, e que corresponde a um pressuposto jurídico da instituição do DRS: a adesão voluntária a ele por ambas as partes.

Sob a ótica da vítima, essa voluntariedade na adesão costuma depender (i) de seu desbloqueio emocional (fruto de um processo de luto bem feito) e (ii) da redução da assimetria de informação na preparação para o DRS (assim, cria-se uma expectativa real, ou seja, em consonância com a jurisprudência dos tribunais superiores, em relação ao *quantum* de indenização esperado no acordo).

Por sua vez, sob a ótica da empresa envolvida – ou, de forma mais geral, do causador, direta ou indiretamente, da tragédia –, a adesão voluntária ao DRS depende da percepção (i) do ganho de imagem associado a uma solução do conflito que seja satisfatória para as vítimas – e, como destacado por Stephen Pinker, "a força da reputação é a principal descoberta da psicologia no século XX") e (ii) das vantagens decorrentes da segurança jurídica que deriva da rápida previsão do montante indenizatório a ser despendido.

Em nossa visão, são essas, portanto, as primeiras reflexões necessárias para a construção de um sistema de resolução de disputas efetivo. Na próxima seção, trataremos mais especificamente de aspectos de seu desenvolvimento.

7. O SISTEMA DE RESOLUÇÃO DE DISPUTAS: DESENVOLVIMENTO

A seguir, apresentaremos algumas sugestões de atuação relativas ao desenvolvimento de um sistema de resolução de disputas para Brumadinho, considerando especialmente o tempo da tragédia e a urgência em resolver a situação. Tais soluções não correspondem às únicas alternativas possíveis, nem fática, nem juridicamente, mas nos parecem as mais interessantes diante do cenário que se apresenta.

Em primeiro lugar, entendemos que o DRS deveria ser adquirido entre os disponíveis no mercado pelo agente econômico responsável pela situação, como parte de acordo de reparação de danos com o poder público.

Não vemos razão que justifique a assunção de tais despesas pelo contribuinte, especialmente porque, para a empresa causadora direta ou indiretamente dos danos, uma solução do tipo é extremamente vantajosa – seja pela economia de tempo e de recursos, pelo aumento da segurança jurídica decorrente da previsibilidade do montante indenizatório, pela melhora de sua imagem pública etc. Pela possibilidade de emprego do sistema em outras situações, sugerimos a negociação envolva a sua cessão ao Poder Público.

Nesse contexto, diante de especificidades tecnológicas e da necessidade de velocidade na implementação, consideramos prudente evitar soluções *in house,* e priorizar sistemas que já tenham sido empregados, em âmbito internacional, para lidar com situações especialmente demandantes com a ora endereçada. Tememos que não haja *expertise* dentro do Poder Judiciário para desenvolver com a velocidade necessária um sistema ótimo de resolução de conflitos, inclusive pelo (quase) ineditismo da situação enfrentada[4].

Não vemos dificuldade na busca dessa expertise e da exigência de experiência prévia no mercado internacional, inclusive com atenção especial a *players* internacionais com atuação pretérita em tragédias e/ou desastres ambientais , eis que, como dissemos, a aquisição de um sistema desse tipo não seria realizada pelo Poder Público e, assim, não demandaria a realização de processo licitatório.

8. O SISTEMA DE RESOLUÇÃO DE DISPUTAS: CUSTO

Além do tempo necessário para o desenvolvimento de uma solução adequada, mais uma razão para evitar soluções *in house* refere-se ao fato de que os custos de desenvolvimento (e de integração) de um sistema criado do zero seriam possivelmente mais altos do que encomendar e adquirir uma solução *tailormade* a partir de um sistema modular existente, previamente testável e de efetividade comprovada.

Uma boa referência de mercado para examinar a relação custo/benefício de um sistema de ODR refere-se à sua aptidão para "se pagar" em no máximo 5 anos. Ou seja, os custos envolvidos na aquisição do sistema devem ser amortizados integralmente por seu uso nesse prazo, sendo considerados nos cálculos inclusive a economia de recursos públicos que seriam despendidos para manter a máquina judiciária e o funcionamento de seus órgãos auxiliares, além, é claro, da economia de recursos do agente que adquire o sistema, seja com a manutenção de corpo de defensores por tempo considerável, gastos com gerenciamento de imagem, perdas indiretas relacionadas à reputação etc.

9. O SISTEMA DE RESOLUÇÃO DE DISPUTAS: FORMULÁRIOS E INTELIGÊNCIA ARTIFICIAL

Além dos destacados acima, pontos especialmente sensíveis para o sucesso de uma empreitada como a aqui endereçada referem-se: (i) ao desenho dos formulários que serão utilizados como base para a coleta de informações e (ii) ao papel da inteligência artificial nesse processo.

É fundamental desenhar adequadamente os formulários de coleta de informações. Eles precisam, em primeiro lugar, endereçar os pontos relevantes para o desenho do sistema em si, ainda que, nesse primeiro momento, todas as características do sistema não estejam claras. Essa complexidade, que não pode ser ignorada, pode ser enfrentada com mais propriedade por aqueles que já tenham experiência em desenho de sistemas, uma vez que conseguem vislumbrar com mais clareza os diferentes cenários futuros possíveis.

Uma segunda complexidade diz respeito à forma como esses formulários serão redigidos, já que essas informações serão empregadas no futuro para organizar as demandas, inclusive a partir de ferramentas de automação e emprego de inteligência artificial.

---

4. Em nossa visão, o único caso da história recente que se aproxima da tragédia de Brumadinho corresponde à situação de Mariana, que não parece ainda ter sido resolvida de forma satisfatória.

Isso faz com que a escolha entre perguntas binárias (do tipo "sim" e "não") e perguntas abertas gere reflexos no sucesso do DRS.

Em uma situação como Brumadinho, em que o aspecto emocional das vítimas é tão ou mais relevante do que os prejuízos materiais sofridos, redigir tais formulários de forma adequada a captar as informações relevantes para a construção da fase de luto e posterior construção do sistema de resolução de disputas não parece tarefa fácil. Muito pelo contrário, parece ser um dos primeiros grandes desafios a serem enfrentados pelos responsáveis pelo desenho do sistema.

A partir da captura e da organização das informações coletadas nesse momento inicial, serão tomadas decisões sobre os aspectos fundamentais do DRS (ainda que alguns pontos do mesmo possam ser alterados no futuro, para melhor adequação à situação endereçada).

Entre tais decisões, destacamos a referente à maneira como as demandas serão estruturadas, que deverá considerar a aplicação de inteligência artificial para tratar a informação disponível. Esse tratamento da informação possibilitará, inclusive, manejar as expectativas dos demandantes (que precisam sentir que estão recebendo o suficiente em termos materiais, e que seus sentimentos foram levados em consideração), dos demandados e também da sociedade. É importante, nesse sentido, que a visão geral em relação a um eventual acordo atenda ao critério do *fair without judge*, ou seja, não basta que a negociação seja justa, ela deve parecer justa.

A correta formulação e organização dos dados coletados nos formulários está intimamente relacionada com o sucesso do momento seguinte, em que ferramentas de inteligência artificial podem ser empregadas para descobrir padrões (inclusive de desvio nos pedidos formulados, bem como situar o caso específico no cenário geral) e, assim, tornar o volume de processos mais facilmente manejável.

10. CONSTRUINDO SOLUÇÕES PARA BRUMADINHO: COMO IMPLEMENTAR ALGO ASSIM?

A implementação de soluções para desafios complexos como o de Brumadinho demanda múltiplas habilidades, razão pela qual recomendamos a criação de um grupo de trabalho multidisciplinar para analisar o ambiente de conflito e tomar algumas decisões fundamentais para o manejo do caso.

O referido grupo, que na nossa visão deveria incluir juristas com experiência prática em ferramentas de ODR, membros do Poder Judiciário, psicólogos, programadores, ambientalistas, entre outros, teria papel central na liderança de todo o projeto e no seu acompanhamento– e não, necessariamente, na sua execução propriamente dita.

A velocidade da tragédia e a gravidade e perenidade de seus efeitos demanda velocidade semelhante na implementação de soluções. Por isso, recomendamos o emprego de métodos que permitam desenvolver o sistema a ser aplicado rapidamente. Sugerimos, assim, a adoção de alternativas à gestão tradicional de projetos, como o método *agile* e o recurso a *sprints*.

Apenas modificando o *mindset* tradicional do Poder Judiciário com relação à abordagem do conflito conseguiremos apresentar opções satisfatórias para o segmento da população que há anos sofre com as consequências do referido desastre ambiental sem perspectiva de dias melhores.

11. CONCLUSÃO

Como destacado, uma solução bem-sucedida para um caso tão complexo como o de Brumadinho passa por escolhas acertadas durante todo o processo, além de respeito e cuidado com cada uma das etapas que ele envolver; com cada um dos afetados pela tragédia; com cada um dos *stakeholders* e instituições, que devem estar integrados em um diálogo propositivo em torno do objetivo comum de minorar os danos produzidos pelo desastre ambiental, sejam eles ordem material, emocional, ambiental.

Não é demais lembrar que o tempo, como elemento fundamental para a composição do conflito, depõe contra o recurso ao Poder Judiciário, em suas formas tradicionais, como meio satisfatório de resolver a situação.

Além de um grande desafio, a situação de Brumadinho, caso adequadamente endereçada, pode ser vista também como uma grande oportunidade, e a experiência aí desenvolvida pode ser piloto para uma forma totalmente inovadora de abordagem de processos de volume em grandes tragédias.

12. ALGUMAS REFERÊNCIAS

As recomendações aqui feitas fundam-se em múltiplos estudos, de diversos campos, além de conversas com *experts* no assunto. Embora reconheçamos que o endereçamento das questões ora postas deva ser feito, em larga medida, a partir de grupos multidisciplinares que congreguem especialistas com experiência prática nos temas endereçados, é possível destacar algumas obras do campo jurídico que podem servir de guia para o trabalho a ser desenvolvido, como as que se seguem:

CONSELHO NACIONAL DE JUSTIÇA– COMITÊ GESTOR NACIONAL DA CONCILIAÇÃO. *Manual de Mediação Judicial*. 6. ed. 2016.

KATSH, Ethan; RABINOVICH-EINY, Orna. *Digital Justice: Technology and the Internet of Disputes*. New York: Oxford University Press, 2017.

ROGERS, Nancy; BORDONE, Robert; SANDER, Frank; McEWEN, Craig. *Designing Systems and Processes for Managing Disputes*. New York: Wolters Kluwer, 2019.

SCHMITZ, Amy; RULE, Colin. *The New Handshake: Online Dispute Resolution and the Future of Consumer Protection*. Chicago: American Bar Association, 2017.

SUSSKIND, Richard. *Online Courts and the Future of Justice*. Oxford: Oxford University Press, 2019

WAHAB, Mohamed; KATSH, Ethan; RAINY, Daniel. *Online Dispute Resolution: Theory and Practice*. Eleven, 2012.

A TECNOLOGIA E A INTELIGÊNCIA ANALÍTICA APLICADA À RECUPERAÇÃO DE CRÉDITOS PELA PGFN

Daniel de Sabóia Xavier

Assessor na Adjuntoria da Gestão da Dívida Ativa da União e FGTS. Procurador da Fazenda Nacional.

Fernanda Mattar Furtado Suriani

Mestre em Direito pela Universidade de Edimburgo e Doutoranda em Direito pela USP. Pesquisadora. Instrutora da Escola da AGU. Procuradora Federal.

Rita Dias Nolasco

Doutora em Direito pela PUC/SP, Professora de Direito Processual Civil e de Processo Tributário. Pesquisadora. Instrutora da Escola da AGU. Procuradora da Fazenda Nacional.

Sumário: 1. Introdução. 2. *Rating* da dívida ativa da União – Classificação dos créditos inscritos em DAU. 3. Inteligência analítica aplicada à recuperação de créditos. 4. Regularize. 5. Monitoramento de decisões automatizadas

1. INTRODUÇÃO

O presente artigo pretende analisar de que forma a tecnologia está sendo utilizada de forma eficaz em projetos estratégicos baseados em análise de dados desenvolvidos pela Procuradoria Geral da Fazenda Nacional – PGFN. Esses projetos têm gerado impacto positivo não apenas na arrecadação, mas também na redução do contencioso fiscal, no uso mais racional dos recursos físicos e humanos disponíveis, bem como no ambiente concorrencial e econômico, por meio de tratamento customizado dos contribuintes devedores.

O contencioso fiscal é apontado há anos como um dos grandes gargalos da Justiça. De acordo com o Relatório Justiça em Números de 2020 os processos de execução fiscal representam 39% do total de casos pendentes e 70% das execuções pendentes no Poder Judiciário, com taxa de congestionamento de 87%, o que significa que, de cada cem processos de execução fiscal que tramitaram no ano de 2019, apenas 13 foram baixados.[1]

---

1. Apesar das altas taxas de congestionamento, o Judiciário tem registrado o destacado êxito na recuperação de ativos como resultado das execuções fiscais que, em 2019, foi de aproximadamente R$ 47,9 bilhões. (Relatório "Justiça em Números" 2020/ano-base 2019. Disponível em: https://www.cnj.jus.br/wp-content/uploads/2020/08/WEB-V3-Justi%C3%A7a-em-N%C3%BAmeros-2020-atualizado-em-25-08-2020.pdf).

Apesar de ainda ser um número bastante elevado, na série histórica do mesmo relatório é possível observar o início de uma curva descendente tanto nos processos novos e pendentes, quanto na taxa de congestionamento fiscal a partir de 2017.

Figura 112: Série histórica do impacto da execução fiscal nos processos novos e pendentes

Figura 113: Série histórica do impacto da execução fiscal na taxa de congestionamento total

Essa recente melhoria se deve em parte a projetos como o "Regime Diferenciado de Cobrança de Créditos – RDCC" (Portaria PGFN n. 396/2016), que "determinou o arquivamento de ações executivas fiscais ajuizadas pela PGFN, nas quais não havia notícia de bens úteis à satisfação do crédito ou discussão acerca da exigibilidade da cobrança, com valor até R$ 1.000.000,00 para que as buscas por bens passíveis de penhora e devedores

---

De acordo com o relatório PGFN em Números 2020, a Procuradoria-Geral da Fazenda Nacional recuperou em 2019 o total de 24,4 bilhões: Não Tributários R$ 854.464.516,75; Tributários Não Previdenciários R$ 10.047.833.340,73; Tributários Previdenciários R$ 6.204.982.411,20; FGTS/CS R$ 268.866.653,09 (https://www3.pgfn.fazenda.gov.br/acesso-a-informacao/institucional/o pgfn-em-numeros-2020/view).

ativos fosse feita administrativamente."[2] Essa busca é operacionalizada a partir do monitoramento de bens dos devedores que tiveram seu processo arquivado, e é realizada por sistemas automatizados de análise de dados patrimoniais dos contribuintes.

Em um mundo em constante transformação e com o uso cada vez mais frequente da tecnologia, é desejável que os órgãos fiscais disponham de informações relevantes para fundamentar sua tomada de decisão, reduzir riscos fiscais, melhorar a experiência do usuário dos serviços fiscais e elevar os níveis de conformidade fiscal, evitando fraudes e evasões fiscais, como recomendado pelo relatório da Organização para a Cooperação e Desenvolvimento Econômico – OCDE de 2016.[3]

Vivemos hoje em uma sociedade digital, em que uma quantidade extraordinária de dados é produzida diariamente. Apesar de apenas 62% da população mundial estar conectada à internet[4], a quantidade de dados gerados *online* supera a cada dois dias todos os dados produzidos pela humanidade até 2003.[5] Ademais, o poder de processamento dos computadores tem crescido de forma exponencial[6] e novas tecnologias surgem com capacidade de transformar dados em novos conhecimentos. É por isso que determinados modelos de computação são denominados de "inteligência artificial" pois têm se tornado cada vez mais capazes de superar os seres humanos no desenvolvimento de tarefas complexas que até então pareciam necessitar exclusivamente da cognição humana para sua realização.

Os algoritmos inteligentes no Direito servem para auxiliar o jurista a tratar os dados a fim de que obtenha melhores informações para definir sua estratégia jurídica de atuação. A transformação digital na forma de se analisar os dados gera novos conhecimentos que seriam impossíveis sem o uso da tecnologia e foi fundamental para a efetivação, por exemplo, do projeto da PGFN denominado "Novo Modelo de Cobrança da Dívida Ativa da União" iniciado no final de 2015. Este projeto teve como objetivo redesenhar sua forma de trabalho na cobrança judicial e extrajudicial dos créditos inscritos, com ênfase na racionalização e otimização de recursos e na implementação de soluções tecnológicas inovadoras baseadas na mineração de dados e no aprendizado de máquina.

Dentre um dos produtos do "Novo Modelo de Cobrança da Dívida Ativa da União", a Portaria PGFN 33/2018 trata, dentre outros assuntos, do protesto da Certidão de Dívida Ativa da União[7] como importante ferramenta de cobrança extrajudicial eletrônica, com

---

2. GRAMSTRUP, Erik Frederico; CONRADO, Paulo Cesar; DIAS NOLASCO, Rita e MENDONÇA, Priscila Faricelli de. Redução de executivos fiscais e os impactos arrecadatórios decorrentes do regime diferenciado de cobrança de crédito instituído pela PGFN. *Desjudicialização, Justiça Conciliativa e Poder Público*. São Paulo: Ed. RT, 2021.
3. OECD, Technologies for Better Tax Administration: A Practical Guide for Revenue Bodies, OECD Publishing, Paris, 2016.
4. Ver https://www.internetworldstats.com/stats.htm. Acesso em: 10.08.2020.
5. SCHIMIDIT, Eric; COHEN, Jared. *The new digital age*: reshaping the future of people, nations and business. Nova York: Alfred A. Knopf, 2013.
6. Moore em 1965 previu que os circuitos integrados dos computadores poderiam ser dobrados a cada dois anos, em um aumento exponencial do poder de processamento dos sistemas computacionais que ficou conhecida como "lei de Moore". MOORE, Gordon. *Cramming more components onto integrated circuits*, Eletronics Magazine, n. 8, p. 33-35, abr. 1965. Susskind afirma que essa dobra não apenas se mostrou real, como subdimensionada, pois está ocorrendo a cada 18 meses. SUSSKIND, Richard; SUSSKIND, Daniel. The future of the professions: How technology will transform the work of human experts. Oxford: Oxford University Press, 2015 p. 156.
7. Autorizado pela Lei 12.767/12, que introduziu o parágrafo único no artigo 1º da Lei 9.492/97. Inicialmente, o protesto de certidão de Dívida Ativa da União se limitava ao valor consolidado não superior a R$ 20.000,00 (vinte mil reais). O limite mínimo de envio é de R$ 1.000,00, que é o limite valorativo para inscrição em dívida ativa da União. Tendo em vista o alto índice de recuperação do protesto como medida de cobrança, no dia 04 de junho de

um alto índice de recuperação em comparação às demais formas diretas de cobrança tributária[8], o que acaba contribuindo para a redução do ajuizamento de execuções fiscais. E, ao que mais interessa no presente trabalho, o art. 33 da Portaria PGFN n. 33/2018 prevê o ajuizamento seletivo de execuções fiscais, o que significa condicionar a utilização da execução fiscal ao esgotamento dos meios extrajudiciais de cobrança e à localização de indícios de bens, direitos ou atividade econômica do devedor ou corresponsável, desde que úteis à satisfação integral ou parcial do débito a ser executado.

O potencial de recuperabilidade do crédito passa a ser fundamental e, para isso, foi necessário desenvolver ferramentas capazes de classificar os créditos inscritos na Dívida Ativa da União - DAU, que também consideram as características do contribuinte, o que se concretizou por meio de sistema de inteligência artificial capaz de realizar o perfilamento do devedor (Portaria MF n. 293/2017) e o monitoramento de seu patrimônio. Essa classificação (rating) também é relevante para instrumentalizar a política de transação tributária (Lei n. 13.988/2020), em especial os créditos de difícil recuperação, atualmente possível através do Portal "Regularize", importante ferramenta da PGFN para o tratamento adequado das demandas de recuperação de crédito fiscal, com o fomento à solução consensual, como preconizado pela Resolução CNJ n. 125/2010.

Para analisar o uso da inteligência analítica nos referidos projetos estratégicos da PGFN, o artigo foi estruturado da seguinte forma. Primeiramente, será explicado como se dá a classificação dos créditos inscritos na Dívida Ativa da União – DAU. Em seguida será analisada como a inteligência analítica está sendo utilizada para entender o comportamento dos contribuintes a fim de fundamentar as estratégias de atuação da PGFN bem como para detectar e evitar fraudes. Após será tratada a implementação do programa "Regularize" como exemplo de customização e digitalização dos serviços prestados ao contribuinte. Por fim, serão pontuados os cuidados que as políticas públicas baseada em algoritmos de aprendizado de máquina devem ter a fim de se alcançar grande eficácia, com evitação de opacidade e vieses algorítmicos.

2. RATING DA DÍVIDA ATIVA DA UNIÃO – CLASSIFICAÇÃO DOS CRÉDITOS INSCRITOS EM DAU

Em 2017, foi constituído Grupo de Trabalho no âmbito do Ministério da Fazenda, com a participação da PGFN, da Receita Federal, da Secretaria do Tesouro Nacional e da Secretaria-Executiva do MF, que aprofundou os estudos e definiu os critérios e a metodologia para classificação dos créditos inscritos em DAU. As conclusões dos estudos

---

2014 foi editada a Portaria PGFN n. 429 que aumentou o limite de valor do protesto para R$ 50.000,00 (cinquenta mil reais). A Portaria PGFN n. 693, de 30 de setembro de 2015, a qual exclui o limite valorativo para envio a protesto. Desde novembro de 2015, a PGFN encaminha a protesto certidões de dívida ativa com valor consolidado de até R$ 1 milhão de reais. Em julho de 2019, a PGFN e a Caixa Econômica Federal - agente operador do Fundo de Garantia do Tempo de Serviço (FGTS) – implantaram o projeto de protesto de Certidão de Dívida Ativa do Fundo de Garantia do Tempo de Serviço. Em menos de um ano do início do projeto, mais de 11,3% do volume protestado, de aproximadamente R$2,3 milhões, foi pago ou parcelado. (https://www.gov.br/pgfn/pt-br/assuntos/noticias/2020/protesto-do-fgts-tem-mais-de-11-3-das-dividas-pagas-ou-parceladas).

8. Relatórios da PGFN apontam que a arrecadação financeira a partir do protesto chega a 19% nos três primeiros meses de cobrança, um índice nove vezes maior do que o resultado obtido pela execução fiscal, que alcança aproximadamente 2% de recuperação para o mesmo intervalo de tempo.

foram contempladas pela Portaria MF 293, de 12 de junho de 2017, publicada no diário oficial da União de 13 de junho de 2017.[9]

O índice geral de recuperabilidade (IGR) leva em consideração o potencial de solvabilidade do contribuinte e é calculado usando o denominado "sistema de rating bidimensional" Esse sistema de rating bidimensional é composto por dois vetores: um relativo aos créditos inscritos em DAU (V-Deb), que abarca a suficiência e liquidez das garantias e os parcelamentos ativos; o outro relativo aos devedores inscritos em DAU (V-Dev), composto pela capacidade de pagamento, pelo endividamento total e pelo histórico de adimplemento.[10]

Assim, são analisados não só aspectos relativos aos débitos inscritos em dívida ativa, a exemplo da suficiência e liquidez das garantias, mas também aspectos associados às características dos próprios contribuintes inscritos, como sua situação econômico-fiscal e sua capacidade de gerar resultados para pagamento dos débitos.

Os créditos inscritos em dívida ativa foram classificados pelo grau de recuperabilidade em: A: créditos com alta perspectiva de recuperação; B: créditos com média perspectiva de recuperação; C: créditos com baixa perspectiva de recuperação; D: créditos considerados irrecuperáveis. São classificados no grupo "D", independente do IGR: os créditos dos devedores pessoa jurídica a depender da situação cadastral do CNPJ; os débitos inscritos há mais de 15 anos, sem anotação atual de parcelamento ou garantia; dívidas de pessoas jurídicas com indicativo de falência decretada ou recuperação judicial deferida; débitos de pessoas físicas com indicativo de óbito; e os créditos com anotação de suspensão de exigibilidade por decisão judicial.[11]

---

9. Disponível em: http://normas.receita.fazenda.gov.br/sijut2consulta/link.action?visao=anotado&idAto=83674.
10. Portaria MF 293, de 12 de junho de 2017 "Art. 3o. Os créditos inscritos em dívida ativa da União serão classificados por sistema de rating bidimensional, observando as seguintes variáveis:

I – variável relativa aos créditos inscritos em dívida ativa da União (V-Deb): a) suficiência e liquidez das garantias; b) parcelamentos ativos.

II – variável relativa aos devedores inscritos em dívida ativa da União (V-Dev): a) capacidade de pagamento; b) endividamento total; c) histórico de adimplemento."

"Art. 9º. O índice geral de recuperabilidade (IGR) do devedor será calculado a partir do resultado da análise bidimensional das variáveis descritas no art. 3o, sendo:

I – eixo 'x': variável relativa ao devedor (V-Dev);

II – eixo 'y': variável relativa aos débitos (V-Deb).

Parágrafo único. Para o cálculo do índice geral de recuperabilidade de grupo de devedores, será considerada a média ponderada, em relação ao endividamento total, dos valores correspondentes à variável 'V-Dev' de cada devedor."
11. Portaria MF 293, de 12 de junho de 2017 "Art. 11. Serão classificados com rating "D", independentemente do índice geral de recuperabilidade (IGR):

I – os créditos dos devedores pessoa jurídica cuja situação cadastral do CNPJ seja:

a) baixada por inaptidão;

b) baixada por inexistência de fato;

c) baixada por omissão contumaz;

d) baixada por encerramento da falência;

e) inapta por localização desconhecida;

f) inapta por inexistência de fato;

g) inapta por omissão e não localização;

h) inapta por omissão contumaz;

i) inapta por omissão de declarações;

j) suspensa por inexistência de fato.

Se considerarmos o valor total consolidado da dívida ativa da União, R$ 1.624.970.314.889,40 são dívidas de grandes devedores e R$ 811.072.583.297,06 dos demais devedores. No entanto, cerca de 67% do estoque da DAU são considerados com baixa possibilidade de recuperação ou mesmo irrecuperáveis.

Conforme verificamos no Relatório PGFN em números dados de 2019[12], a recuperação de créditos por parte da PGFN alcançou o montante de R$ 24,4 bilhões, sendo que os devedores das classes "A" e "B", foram responsáveis por apenas 32,64% do valor total inscrito em dívida ativa, por outro lado, os devedores classificados com rating "C" e "D", responsáveis por 67,19% de todo o estoque inscrito.

Rating do devedor	Valor Consolidado (PGFN em números dados de 2019)	Estoque por rating do devedor (PGFN em números dados de 2019)
Aguardando Classificação	R$ 4,109,288,046.25	0.17%
A	R$ 236,612,880,665.14	9.71%
B	R$ 558,552,893,918.44	22.93%
C	R$ 339,965,678,297.01	13.96%
D	R$ 1,296,802,157,259.62	53.23%
TOTAL:	R$ 2,436,042,898,186.46 (R$ 2,436 Trilhões)	

Os devedores das classes "A" e "B", responsáveis por apenas 33% do valor total inscrito em dívida ativa, respondem, conjuntamente, por 92,03%, 90,94% e 90,24% de todas as extinções por pagamento nos últimos 5, 10 e 15 anos. Da mesma forma, se considerarmos a arrecadação total da dívida ativa nos últimos 5, 10 e 15 anos, os devedores das classes "A" e "B" são responsáveis, igualmente, por 89,33%, 89,67% e 89,32% de toda a arrecadação. Por outro lado, os devedores classificados com rating "C" e "D", responsáveis por 67% de todo o estoque inscrito, acumularam, nos últimos 5, 10 e 15 anos, apenas 7,97%, 9,06% e 9,76% de todas as extinções por pagamento.[13]

A referida Portaria MF 293/2017 também estabelece que o ajuste para perdas passa a ser mensurado considerando a expectativa de recuperação apenas dos créditos com rating "A" e "B" (classe "A": créditos com alta perspectiva de recuperação; e classe "B": créditos com média perspectiva de recuperação). Os créditos classificados com rating "C" e "D" não devem ser reconhecidos no Balanço Geral de União (BGU) e permanecem apenas em contas de controle, até a sua extinção ou reclassificação.

II – os créditos inscritos há mais de 15 (quinze) anos, sem anotação atual de parcelamento ou garantia;

III – os créditos dos devedores pessoa jurídica com indicativo de falência decretada ou recuperação judicial deferida;

IV – os créditos dos devedores pessoa física com indicativo de óbito;

V – os créditos com anotação de suspensão de exigibilidade por decisão judicial."

12. Disponível em: https://www3.pgfn.fazenda.gov.br/acesso-a-informacao/institucional/pgfn-em-numeros-2014/pgfn-em-numeros-2020/view.

13. MORAIS, Cristiano Neuenschwander Lins de e XAVIER, Daniel de Sabóia. A classificação dos créditos inscritos em DAU – Maior parte do estoque da dívida ativa é de baixa possibilidade de recuperação ou irrecuperável. In: JOTA (https://www.jota.info/opiniao-e-analise/colunas/contraditorio/a-classificacao-dos-creditos-inscritos-em-dau-10072017).

3. INTELIGÊNCIA ANALÍTICA APLICADA À RECUPERAÇÃO DE CRÉDITOS

A partir do rating dos devedores a PGFN implantou um sistema que cuida do monitoramento patrimonial dos devedores, denominado de Sistema PGFN Analytics, com estratégias de recuperação, aprimorando os mecanismos de combate à fraude fiscal estruturada.

O PGFN Analytics utiliza a inteligência analítica de uma maneira geral às estratégicas de recuperação de crédito. Trata-se da introdução do pensamento analítico dentro de uma política pública de recuperação de crédito.

Quando se fala em pensamento analítico, sempre se traz o binômio risco X retorno, pois tal binômio pauta as nossas ações em relação à execução das políticas púbicas tentando orientar a sua execução a dados.

Como as demandas no serviço público são infinitas e os recursos são finitos, precisamos tomar melhores decisões a partir da inteligência analítica, com a análise do binômio risco X retorno.

Estabelecido o grau de recuperabilidade dos créditos, de A (alta propensão ao pagamento) ao D (baixa ou não propensão ao pagamento), verificou-se que no caso das pessoas físicas 90% de tudo que foi recuperado está concentrado nos devedores das classes "A" e "B", mostrando um grau de precisão nessa estimativa de concentração de esforços naquilo que é recuperável. Nas pessoas jurídicas 87% de tudo que foi recuperado também está concentrado nesses devedores com maior propensão ao pagamento. O desenvolvimento matemático da classificação de risco em relação à dívida ativa da União possibilitou segmentar a carteira para concentrar os esforços no que realmente é recuperável, assim foi estabelecida a denominada "régua de cobrança".

Se aplica as estratégias mais adequadas dependendo do perfil, primando para contribuintes que possuem histórico de adimplemento por estratégias consensuais. Já os contribuintes que têm um histórico de tentativa de furtar do adimplemento e praticam fraudes, se aplica outras estratégias mais gravosas.

Assim, para aplicação dos métodos analíticos, há ferramentas utilizadas hoje na PGFN, quais sejam:

a) PGFN DATA (ambiente de armazenamento distribuído)

b) IBM i2 Analyst's Notebook

c) Sas

d) Python

e) Qlik'SEnse

f) SQL

g) IBM

h) Microstrategy

i) R.

A partir dessas ferramentas, é possível agregar valores aos dados e conseguir executar políticas públicas baseadas em dados e, assim, melhorar a execução das atividades de cobrança.

É possível montar painéis que permitam aos procuradores tomar melhores decisões em face dos comportamentos desses contribuintes, identificando suas tendências, padrões, desconformidades, anomalias. É possível ter uma atuação mais específica a depender do caso.

Tem também o SNA – Social network analysis: que possibilita aplicar técnicas de análise de redes sociais, de relacionamento para entender não só o contribuinte de maneia isolada, mas como o contribuinte se relaciona com outros contribuintes e qual o contexto dessas relações. A ideia é realmente ter uma capacidade de processamento de dados grande e ter condições de efetivamente tomar melhores decisões e aplicar melhores técnicas.

A PGFN tem trabalhado com geoanálise, chamada de estatística espacial. Faz análise de comportamento e/ou previsão de comportamento do contribuinte a partir de sua geoposição, estabelecendo concentrações onde efetivamente temos que focar os esforços no território brasileiro, onde as práticas estão acontecendo, para que a Administração possa se organizar efetivamente para atender às demandas localizadas em determinados locais.

Há também a análise setorial, pois é possível verificar o comportamento dos contribuintes a partir de um setor. É preciso olhar com mais precisão o comportamento em cada setor. No momento atual, já a PGFN já tem analisado o impacto do COVID-19 por setor econômico. Verificou-se que diversos setores foram extremamente impactados com os efeitos da crise econômica gerada pela pandemia, mas por outro lado identificou setores cuja atividade econômica ganhou relevo no período de pandemia. A análise setorial permite fazer essas estimativas, diagnósticos e é possível ter uma política fiscal para cada contribuinte a partir do setor a que faz parte. Política fiscal mais adequada às necessidades.

O "Data mining" permite trazer todo o processo de mineração de dados para a atividade de recuperação da PGFN desde o entendimento das necessidades até a implantação de modelos de mineração que permitam detectar padrões de fraudes, passando pela análise exploratória de dados. Entender os perfis dos contribuintes que cometem ou não fraudes. Identificar padrões e diferenças de comportamentos, distinguindo um contribuinte de outro. Correlações entre variáveis. É possível separar os contribuintes por grupos a partir de seu perfil e comportamento e por isso é possível direcionar as forças de trabalho. Assim, a administração pode atuar de forma mais efetiva e eficiente.

O nível de sofisticação eletrônica dos fraudadores tem aumentado com o incremento dos sistemas computacionais, gerando grandes desafios para a detecção em especial das fraudes relacionadas à identidade, que prejudicam o perfilhamento do contribuinte. Daí a importância de estabelecer estratégias para identificar as fraudes, quantificar os riscos a elas associados, criar indicadores de suspeita de fraude, medidas para fomentar conformação fiscal, dentre outras, como sugerido pelo Relatório da OCDE "Report on identity fraud: tax evasion and money laudering vulnerabilities".[14]

Os algoritmos de inteligência artificial e redes neurais estão sendo utilizadas para tentar potencializar as tipologias de fraudes e riscos.

Com a utilização da tecnologia tem sido possível detectar os padrões comportamentais e uma vez detectadas as anomalias, é encaminhado os alertas aos procuradores. Os procuradores que atuam no PGFN Analytics realizam o aprofundamento dessa análise e indicam a atuação adequada ao caso concreto.

4. REGULARIZE

O REGULARIZE é uma plataforma digital de serviços da Procuradoria-Geral da Fazenda Nacional (https://www.regularize.pgfn.gov.br). Ao realizar o cadastro no portal regularize o contribuinte terá acesso on-line e exclusivo as informações mais detalhadas e a respectiva situação dos seus débitos inscritos em dívida ativa da União e FGTS e terá acesso a diversos serviços prestados de forma eletrônica, tais como: certidões de regularidade fiscal; suspensão ou exclusão do CADIN; revisão administrativa de débitos inscritos em dívida ativa da União (o motivo da revisão pode ser pagamento, parcelamento, compensação, suspensão de exigibilidade por decisão judicial, compensação, retificação ou erro no preenchimento da declaração ou vício formal na constituição do crédito, decadência, prescrição – devendo juntar os documentos que comprovem a alegação); poderá impugnar procedimento administrativo de reconhecimento de responsabilidade; poderá ofertar antecipadamente garantia em execução fiscal; efetuar pagamentos; parcelamentos e transações formalizados perante a PGFN.

O instituto da Transação Tributária previsto na Lei 13.988, de 14/04/2020, também conhecida como "lei do contribuinte legal", que possibilita a realização de acordos com prazos dilatados e condições diferenciadas de pagamento, com a redução juros, multas e encargos, além de contribuir significativamente para o enfrentamento da crise decorrente da pandemia de Covid-19.

Existem as seguintes modalidades de transação com a PGFN:

– Extraordinária (transação por adesão destinada aos débitos considerados pela PGFN como de difícil recuperação ou irrecuperáveis, levando-se em consideração os impactos econômicos e financeiros sofridos pelo contribuinte devido à pandemia – portaria n. 9.924, de 14 de abril de 2020, com prazo de adesão prorrogado até 29 de dezembro de 2020 pela portaria 20.162, 28 de agosto de 2020);

– Excepcional (transação por adesão destinada aos débitos considerados pela PGFN como de difícil recuperação ou irrecuperáveis, levando-se em consideração os

---

14. OCDE. Report on identity fraud: tax evasion and money laundering vulnerabilities, 2006. O relatório define fraude de identidade da seguinte forma: "Identity fraud and identity theft are often used to describe any situation in which personal details are misappropriated for gain. Examples of identity fraud include using a false identity or someone else´s identity details (e.g. name, address, previous address, date of birth etc.) for commercial, economic or monetary gain; or obtaining goods or information; or obtaining access to facilities or services (such as opening a bank account, applying for a benefit or obtaining a loan/credit card)."

impactos econômicos e financeiros sofridos pelo contribuinte devido à pandemia – portaria PGFN n. 14.402, de 16 de junho de 2020, com prazo de adesão até 29 de dezembro de 2020);

– Excepcional para débitos rurais e fundiários (transação por adesão para débitos de titularidade de pequenos produtores rurais e agricultores familiares, originários de operações de crédito rural e das dívidas contraídas no âmbito do Fundo de Terras e da Reforma Agrária e do Acordo de Empréstimo 4.147-BR, prevista na Portaria PGFN 21561, de 30 de setembro de 2020, com prazo de adesão até 29 de dezembro de 2020);

– Dívida Ativa de Pequeno de Valor (para débitos cujo valor consolidado da inscrição em dívida ativa seja igual ou inferior a 60 (sessenta) salários-mínimos, incluindo os optantes pelo Simples Nacional conforme autorização dada na Lei complementar 174, de 5 de agosto de 2020. Transação por adesão prevista no Edital PGFN n. 16, de 2020, com prazo de adesão até 29 de dezembro de 2020);

– Transação no contencioso tributário de relevante e disseminada controvérsia jurídica (Regulamentada pela Portaria ME 247/2020, que em seu art. 28 estabelece uma espécie de regime cooperativo de detecção de temas passíveis de transação, fazendo-o pela outorga de competência a certas autoridades para formulação de sugestões. Ainda não foram publicados editais com *temas de relevante e disseminada controvérsia jurídica*);

– Por proposta individual do contribuinte (Portaria PGFN n. 9.917, de 14 de abril de 2020);

– Por proposta individual da PGFN (Portaria PGFN n. 9.917, de 14 de abril de 2020).

As modalidades de transação por adesão à proposta da Procuradoria-Geral da Fazenda Nacional – de débitos inscritos em dívida ativa da União cujo valor consolidado seja igual ou inferior a R$ 15.000.000,00 (quinze milhões de reais) – são realizadas exclusivamente através do acesso à plataforma REGULARIZE da PGFN. A transação de créditos cujo valor atualizado seja superior a R$ 150.000.000,00 (cento e cinquenta milhões de reais) deverá ser objeto de proposta individual, pelo contribuinte ou pela PGFN, nos termos da Portaria PGFN 9.917, de 14 de abril de 2020.

Em qualquer das modalidades será mensurada a situação econômica e a capacidade de pagamento do sujeito passivo a partir da verificação das informações cadastrais, patrimoniais ou econômico-fiscais prestadas pelo devedor ou por terceiros à PGFN ou aos demais órgãos da Administração Pública. Observada a capacidade de pagamento do sujeito passivo os créditos inscritos em dívida ativa da União serão classificados em ordem decrescente de recuperabilidade, sendo: I – créditos tipo A: créditos com alta perspectiva de recuperação; II – créditos tipo B: créditos com média perspectiva de recuperação; III – créditos tipo C: créditos considerados de difícil recuperação; IV – créditos tipo D: créditos considerados irrecuperáveis. O contribuinte terá acesso à metodologia de cálculo e às demais informações utilizadas para mensuração da sua capacidade de pagamento através da plataforma REGULARIZE e poderá apresentar pedido de revisão da classificação exclusivamente pela plataforma REGULARIZE (Portaria 9.917, de 14 de abril de 2020).

A transação tributária é um dos programas mais eficientes de estímulo à regularidade fiscal já lançados pela PGFN, que até julho de 2020 já negociou 204 mil débitos, num total de R$ 18,8 bilhões. De abril até julho de 2020 mais de 55 mil contribuintes já celebraram a transação, tendo sido recuperados R$ 484 milhões com acordos de transação[15]. Certamente os números devem aumentar consideravelmente até dezembro de 2020.

5. MONITORAMENTO DE DECISÕES AUTOMATIZADAS

A "inteligência artificial" é um termo de difícil definição e não há consenso entre os cientistas da computação. Para os fins deste trabalho, no entanto, é suficiente entender que os sistemas de inteligência artificial chegam a um resultado semelhante ao que um humano chegaria, porém, por outros caminhos que não se assemelham à cognição humana (que é baseada na razão, compreensão, percepção contextual, e conceitos abstratos), ou seja, eles são inteligentes apenas no sentido funcional.[16]

Isto ocorre por meio da programação de um algoritmo, que, em sua definição mais simples, é uma sequência de instruções que diz ao computador o que fazer.[17] Os algoritmos de aprendizado de máquina (*machine learning*), também chamados de *learners*, são capazes de detectar padrões em um determinado banco de dados, e, a partir das correlações obtidas eles criam novas regras capazes de automatizar tarefas complexas ou fazer previsões, ou seja, eles criam novos algoritmos sem a necessidade de intervenção do programador.[18] Esses sistemas computacionais se alimentam de dados para gerar resultados cada vez mais acurados e se tornarem cada vez mais eficientes.

Algumas técnicas de aprendizado de máquina são chamadas de "caixas pretas" ou *black boxes* porque ocorre uma perda de controle sobre os processos de aprendizagem de algoritmos. A autonomia desses algoritmos "faz com que as tarefas por eles desempenhadas sejam difíceis de antever e, mesmo após a decisão, difíceis de explicar".[19] Trata-se da chamada opacidade algorítmica.

Outro problema que pode ocorrer no uso de algoritmos de aprendizado de máquina é a ocorrência de vieses ou preconceitos, que podem gerar resultados materialmente injustos. Isso pode ocorrer tanto por escolhas subjetivas realizadas pelos programadores (na escolha dos dados, do modelo de sistema de inteligência artificial etc.), quanto pelo uso de banco de dados com desigualdades estruturais existentes na sociedade. Como os

---

15. Disponível em: https://www.gov.br/pgfn/pt-br/assuntos/noticias/2020/transacao-tributaria-pgfn-negocia-204-mil--debitos-ate-julho-deste-ano-totalizando-r-18-8-bilhoes.
16. SUSSKIND, Online Courts, p. 265 e SURDEN Ethics of AI in Law: Basic Questions.
17. Essa é a definição trazida por Pedro Domingos, no original "An algorithm is a sequence of instructions telling a computer what to do. (…) An algorithm is not just any set of instructions: they have to be precise and unambiguous enough to be executed by a computer." DOMINGOS, Pedro. *The Master Algorithm*, Basic Books. Kindle Edition, p. 1 e 4.
18. FERRARI Lex machina p. 641
19. FERRARI Lex machina p. 645.

learners são bons em detectar padrões, ao analisar esse banco de dados enviesado, eles provavelmente irão incorporar esse padrão em seu modelo preditivo.[20]

Em estudo comissionado por Obama concluiu-se que a utilização de *big data* e inteligência analítica inquestionavelmente potencialmente aumenta o poder do governo na identificação de potenciais fraudes e na contenção de práticas de não conformidade fiscal, entretanto, também pode diminuir a proteção aos dados pessoais dos contribuintes e causar discriminação a indivíduos ou grupos de pessoas.[21]

As ferramentas utilizadas pela PGFN mencionadas anteriormente na construção do perfil do contribuinte e ranking de créditos utilizam modelos de inteligência artificial com modelagens que preservam a capacidade de explicação, portanto, não são "caixas pretas".[22] E esse dado é relevante, pois indica a conformação das políticas adotadas pela PGFN à regra do art. 20 da Lei Geral de Proteção de Dados, que prevê o direito à explicação das decisões tomadas unicamente com base em tratamento automatizado de dados, com preservação do sigilo fiscal, por óbvio.

Também é importante mencionar que a Portaria PGFN n. 293/2017 institui no art. 14 o Grupo Permanente de Classificação dos Créditos Inscritos na Dívida Ativa da União (GPCLAS), que tem como atribuição o constante aprimoramento dos modelos de classificação de créditos. Como os vieses são de difícil detecção, o monitoramento dos sistemas é fundamental para a redução de riscos de enviesamento e manutenção de resultados justos.

6. CONCLUSÕES

Technology tools are not a single fix to the problem of tax fraud and tax evasion, but if implemented effectively, substantial progress can be made in high risk areas. These solutions should always be accompanied by the other necessary tools available to tax authorities, including legislative measures, effective enforcement, taxpayer consultation and international co-operation (OCDE – 2017 Technology Tools to Tackle Tax Evasion and Tax Fraud, p. 32).

---

20. SURDEN – Ethics of AI in Law: Basic Questions. O autor traz o exemplo de perfilhamento de criminosos: imagine-se que indivíduos de todas as classes sociais cometam pequenos delitos, como dirigir o carro sem o cinto de segurança. Agora, suponha-se que a polícia tende a monitorar e parar mais indivíduos em áreas da cidade onde o poder aquisitivo é menor. Os delitos cometidos pelos indivíduos mais pobres vão aparecer em uma taxa mais alta do que dos indivíduos com maior poder aquisitivo, gerando um banco de dados distorcido, ou enviesado. Considerando que os algoritmos de IA são bons em detectar padrões, ao analisar esse banco de dados enviesado, eles provavelmente irão incorporar esse padrão em seu modelo preditivo. A partir daí, o sistema de IA que analisa o risco de reincidência de novos criminosos, por exemplo, utilizando-se de informações socioeconômicas do réu, vai indicar que os indivíduos pobres têm maior probabilidade de cometer novos crimes que os mais ricos, ainda que estejam na mesma circunstância delitiva. Ao disseminar o uso desses sistemas de AI, cujo enviesamento é de difícil detecção, o que pode ocorrer não é apenas a codificação de vieses estruturais ou institucionais. Esses sistemas podem, inadvertidamente, reforçar e fortalecer preconceitos ao tomar decisões automatizadas que colocam ainda mais certos grupos em desvantagem (ou seja, negar fiança a réus de baixa renda a uma taxa desproporcionalmente mais baixa do que merecido).
21. HOUSER, Kimberley e SANDERS, Debra. The use of big data analytics by the irs: what tax practitioners need to know.
22. As informações sobre a modelagem dos algoritmos utilizados nos sistemas da PGFN são sigilosas, entretanto, Daniel Saboia afirma não é utilizada a tecnologia *black box*.

PARTE III
JUSTIÇA MULTIPORTAS

JUSTIÇA MULTIPORTAS E INOVAÇÃO

Trícia Navarro Xavier Cabral

Pós-Doutora pela USP. Doutora em Direito Processual pela UER. Mestre em Direito pela UFES. Professora da Graduação e do PPGDIR/UFES. Juíza Auxiliar da Presidência do CNJ. Membro do Comitê Gestor da Conciliação do CNJ.
tricianavarro@hotmail.com

Sumário: 1. Introdução. 2. Justiça Multiportas no Brasil. 3. Inovação tecnológica e política judiciária. 4. ODR e cortes *online*. 5. Processo civil, tecnologia e *case management*. 6. Notas conclusivas. 7. Referências.

1. INTRODUÇÃO

O uso da tecnologia tem impactado cada vez mais a nossa sociedade, o Direito e o sistema de justiça. Trata-se uma tendência mundial, sendo que inúmeros países vêm implementando projetos inovadores capazes de promover maior acesso à justiça e com resultados mais eficientes.[1]

O maior obstáculo para uma transformação tecnológica talvez seja o cultural, embora o preconceito e a resistência demonstrados muitas vezes não se sustentam, como tentou demonstrar Richard Susskind em obra primorosa sobre Cortes *online*, cuja mensagem essencial é a de que os profissionais do direito precisam ter mente aberta para os avanços tecnológicos.[2]

De fato, precisamos estar receptivos para identificar, aceitar e utilizar as novas ferramentas digitais em prol da racionalidade das atividades judiciárias e dos benefícios de custo, tempo e complexidade.

O Poder Judiciário já vinha promovendo a digitalização dos processos e a automação dos procedimentos, eliminando o que se denomina de "tempo morto" para melhorar a gestão das atividades judiciárias por meio da informatização. A possibilidade de realização de audiências por videoconferências, uso de WhatsApp e e-mail para comunicação entre os sujeitos processuais, implementação de plataformas *online* de resolução de disputas, e outras iniciativas envolvendo inteligência artificial também já se encontravam em desenvolvimento no âmbito dos tribunais pátrios.

Contudo, a crise sanitária gerada pela pandemia da Covid-19 acelerou e incrementou as práticas até então conhecidas, o que permitiu que o Poder Judiciário pudesse dar continuidade às suas atividades, substituindo atos presenciais por virtuais[3]. Assim, os

---

1. Tratando de alguns projetos de tecnologia e inteligência artificial nos Estados Unidos, cf.: FUX, Luiz, BODART, Bruno. *Processo civil e análise econômica*. Rio de Janeiro: Forense, 2019, p. 47-48.
2. SUSSKIND, Richard. *Online courts and the future of justice*. Oxford: Oxford University Press, 2019, p. 33-45.
3. Devido à pandemia do coronavírus, a *Society for Computers and Law,* (presidida pelo Professor Richard Susskind), *fundada pela UK LawTech Delivery Panel, com suporte da Her Majesty's Courts & Tribunals Service,* criou um site

servidores passaram a trabalhar em sistema de *home office*, os juízes continuaram julgando e atendendo advogados por aplicativos audiovisuais, as sessões e audiências passaram a ser realizadas por meio telepresencial.

Neste "novo normal" constatou-se três circunstâncias: a) que possuíamos mitos tecnológicos que não se justificavam; b) que os tribunais precisam finalizar as etapas de digitalização dos processos e investir cada vez mais em tecnologia e projetos envolvendo o uso de inteligência artificial; e c) temos um longo caminho pela frente discutindo a ética, a proteção de dados e a preservação das garantia processuais no uso das ferramentas digitais.

Mas todos os esforços devem ser direcionados para a adequada gestão e resolução dos conflitos, tanto na esfera pública como na privada.

Assim, o presente estudo objetiva analisar, de forma não exaustiva, as principais novidades em torno do uso da tecnologia para a prevenção e solução das disputas.

2. JUSTIÇA MULTIPORTAS NO BRASIL

Nas últimas décadas o Brasil tem experimentado uma importante evolução legislativa que prestigia o tratamento adequado dos conflitos, por meios de métodos que se ajustam às particularidades do caso concreto, com incentivo deliberado à consensualidade.

A história da nossa formação jurídica e cultural sempre teve a imposição de uma sentença judicial como única forma de se resolver as disputas, independentemente da natureza ou da complexidade da contenda. Todavia, há diversas outras ferramentas de solução de conflitos que podem ser mais apropriadas e proporcionais para o caso concreto, como a negociação, a conciliação, a mediação, a arbitragem, só para citar os mais utilizados.

A criação dos Juizados Especiais, com a instituição de uma audiência de conciliação obrigatória no início do procedimento, foi um grande avanço, uma vez que aproximou a sociedade do Judiciário e a apresentou à uma via consensual. Contudo, foi somente com o advento da Resolução 125/2010, do Conselho Nacional de Justiça que se concretizou uma verdadeira Política Nacional de Tratamento Adequado de Conflitos de Interesses, destinada à solução adequada dos conflitos.

Na sequência, houve a reforma do Código de Processo Civil (Lei 13.105/15), incorporando a política pública nacional do CNJ, a Lei de Mediação (Lei 13.140/15) e a reforma da Lei de Arbitragem (Lei 13.129/15), formando, assim, um microssistema de métodos apropriados de resolução de disputas no Brasil.

Deixe-se assente, que inúmeras leis posteriores, envolvendo diferentes matérias, passaram a inserir o princípio da consensualidade[4] em suas disposições. Não obstante, o legislador brasileiro tem prestigiado de modo bastante amplo a desjudicialização[5], que

---

em que são compartilhadas várias experiências e inovações no uso de meios tecnológicos que permitiram a continuidade dos trabalhos judiciários por vias remotas. Disponível em: https://remotecourts.org/. Acesso em: 30 jul. 2020.

4. Acerca do princípio da consensualidade, ver: CABRAL, Trícia Navarro Xavier. *Limites da liberdade processual*. Indaiatuba: Editora Foco, 2019.

5. Sobre o tema, cf.: CAVACO, Bruno de Sá Barcelos. *Desjudicialização e resolução de conflitos*: participação procedimental e o protagonismo do cidadão na pós-modernidade. Curitiba: Juruá, 2017.

consiste em evitar a judicialização dos conflitos, retirando da justiça estatal atividades antes reservadas exclusivamente ao Poder Judiciário.

Nesse contexto, Kazuo Watanabe preconiza que o conceito de acesso à justiça foi atualizado e ganhou nova dimensão, que abarca a possibilidade de os cidadãos resolverem suas controvérsias na esfera judicial e na esfera extrajudicial, constituindo o que o autor denomina de "acesso à ordem jurídica justa".[6]

E para além das formas tradicionais de resolução de conflitos, atualmente temos que inserir na equação os ambientes proporcionados pela tecnologia, permitindo novas potencialidades de comunicação, bem como de solução de disputas.

Esses variados instrumentos postos à disposição do jurisdicionados formam o que denominamos de justiça multiportas.[7]

Em outros termos, justiça multiportas representa a ressignificação do acesso à justiça, para contemplar diferentes ambientes e formas de resolução de conflitos. Sua concepção inclui a autocomposição e a heterocomposição, as esferas judicial e extrajudicial, os setores público e privado, e os ambientes presenciais e virtuais.

Inspirado na ideia de "tribunal multiportas"[8]-[9], concebida pelo Professor de Harvard Frank Sanders[10], o formato de justiça multiportas desenvolvido no Brasil ganhou contornos próprios no que tange à sua abrangência e aplicação, mas manteve a essência, que é melhorar o sistema de justiça e conferir tratamento adequado aos conflitos.

3. INOVAÇÃO TECNOLÓGICA E POLÍTICA JUDICIÁRIA

A tecnologia tem se tonado cada vez mais presente no Poder Judiciário, aprimorando a atividade jurisdicional e imprimindo mais eficiência aos procedimentos administrativos e judiciais.

---

6. WATANABE, Kazuo. *Acesso à ordem jurídica justa (conceito atualizado de acesso à justiça)*: processo coletivo e outros estudos. Belo Horizonte: Del Rey, 2019, p. 109-113.

7. ZANETI JR., Hermes; CABRAL, Trícia Navarro Xavier. *Justiça Multiportas*: mediação, conciliação, arbitragem e outros meios de solução adequada de conflitos. 2. ed. rev., ampl. e atual. Salvador: JusPodivm, 2018. Coleção Grandes Temas do Novo CPC – v. 9.

8 Quanto à terminologia, originalmente, a expressão concebida foi "Tribunal Multiportas", foi fruto da conferência "Variedades de processamento de conflitos", proferida na *Pound Conference* em St. Paul, Minessota, em 1976, pelo Professor de Harvard, Frank E. A. Sander. A proposta foi no sentido de que as Cortes se transformassem em "Centros de Resolução de Disputas", onde o interessado primeiro seria atendido por um funcionário encarregado da triagem dos conflitos, que depois faria o seu encaminhamento ao método de resolução de controvérsia mais apropriado às especificidades do caso (conciliação, mediação, arbitragem, entre outras formas).Cf.: WATANABE, Kazuo. "Juizados Especiais" e política judiciária nacional de tratamento adequado dos conflitos de interesses. CEJUSC e Tribunal Multiportas. In: BACELLAR, Roberto Portugal; LAGRASTA, Valeria Ferioli (Coord.). *Conciliação e mediação*: ensino em construção. São Paulo: IPAM/ENFAM, 2016, p. 122-123.

9. Essa concepção, contudo, foi divulgada por uma das revistas da ABA (*American Bar Association*) como "Tribunal Multiportas", e assim ficou mundialmente conhecida. MENDES, Gardenia M. L. *Tribunal multiportas e sua adequação no Brasil*. Disponível em: https://jus.com.br/artigos/36758/tribunal-multiportas. Acesso em: 13 fev. 2018.

10. De acordo com o Professor Sander seriam inúmeros os benefícios desse sistema, tornando a justiça mais acessível, barata, rápida, informal e compreensível, viabilizando o uso de técnicas em que as quais as próprias partes desenham a solução para o conflito, eliminando os desgastes do processo litigioso, e conferindo mais satisfação e menos animosidade do que o processo adversarial. Cf.: KESSLER, Gladys; FINKELSTEIN, Linda J. *The Evolution of a Multi-Door Courthouse*. 37 Cath. U. L. Rev. 577 (1988). Available at: http://scholarship.law.edu/lawreview/vol37/iss3/2. Acesso em: 13 fev. 2018.

Por outro lado, muito se vê a ideia de tecnologia atrelada à de inovação, terminologia esta pouco explicada no âmbito do Direito. Contudo, sua conceituação pode ser encontrada no Manual de Oslo de 2018[11], publicado em outubro de 2019, inovação seria, em tradução livre, "[...] um produto ou processo novo ou melhorado (ou combinação disso), que difere significativamente dos produtos ou processos anteriores da unidade e que, foi disponibilizado para potenciais usuários (produto) ou trazido em uso pela unidade, (processo)".

Como se observa, a inovação não se confunde com a criação de novas tecnologia, embora aquela muitas vezes dela decorra. No campo jurídico, a inovação implicaria no em melhorias "[...] de produtos, de processos de trabalho, de novas formas de organização e de comunicação".[12]

Sobre a temática, em rápida síntese temporal, constatou-se que máquinas datilográficas foram substituídas pelos computadores e internet, processos passaram a ser digitalizados, procedimentos foram automatizados, sistemas de busca de jurisprudências ficaram cada vez mais apurados, projetos de inteligência artificial começaram a ser criados e implementados, ampliou-se a forma de comunicação e de produção de atos processuais por meio de diferentes recursos tecnológicos, síncronos e assíncronos.[13]

O Conselho Nacional de Justiça, atento à estes impactos no Poder Judiciário, tem acompanhado essas transformações tecnológicas, inclusive com respaldos normativos capazes de legitimar e padronizar as novas potencialidades no âmbito nacional, como foi o caso da Resolução 261/2018, que criou o Sistema de Solução Digital da Dívida Ativa, que tem por objetivo melhorar a composição entre o contribuinte e as Fazendas Públicas.[14]

O comprometimento do CNJ com a governança digital fez com que o órgão instituísse em 2020 a Meta Nacional 9[15], integrando a Agenda 2030 de Direitos Humanos das Nações Unidas, aprovada em Assembleia Geral das Nações Unidas em 2018, nos termos da Resolução A/RES/72/279, ao Poder Judiciário. Esta Agenda tem como um de seus 17 Objetivos de Desenvolvimento Sustentável planejar medidas qualitativas com foco na desjudicialização e prevenção de litígios, em busca da solução pacífica de controvérsias. Diante disso, haverá "uma forma inovadora de analisar os dados do Poder

---

11. "An innovation is a new or improved product or process (or combination thereof) that differs significantly from the unit's previous products or processes and that has been made available to potential users (product) or brought into use by the unit (process).". OECD/Eurostat (2018), *Oslo Manual 2018*: Guidelines for Collecting, Reporting and Using Data on Innovation, 4th Edition, The Measurement of Scientific, Technological and Innovation Activities, OECD Publishing, Paris/Eurostat, Luxembourg. Disponível em: https://doi.org/10.1787/9789264304604-en. Acesso em: 20 ago. 2020.

12. Tratando do tema da inovação, ver interessante artigo: NEVES JUNIOR, Paulo Cezar. Laboratório de inovação (iJuspLab) e legal design no Poder Judiciário. *Revista de Direito e as Novas Tecnologias*, v. 1/2018. out.-dez. 2018.

13. Sobre a evolução do uso da tecnologia nas Cortes brasileiras, cf.: LEITE, Rafael. Tecnologia e corte: panorama brasileiro I. In: FERRARI, Isabela (Coord.) *Justiça digital*. São Paulo: Ed. RT, 2020, p. 105-115.

14. BRASIL. Conselho Nacional de Justiça. *Resolução 261/2018*. Disponível em: https://atos.cnj.jus.br/atos/detalhar/2689. Acesso em: 30 jul. 2020.

15. Meta 9 – Integrar a Agenda 2030 ao Poder Judiciário (STJ, Justiça Estadual, Justiça Federal, Justiça do Trabalho e Justiça Militar da União e dos Estados) – Realizar ações de prevenção ou desjudicialização de litígios voltadas aos objetivos de desenvolvimento sustentável (ODS), da Agenda 2030. Disponível em: https://www.cnj.jus.br/wp-content/uploads/2020/01/Metas-Nacionais-aprovadas-no-XIII-ENPJ.pdf. Acesso em: 30 jul. 2020.

Judiciário e criar movimentos por meio dos Planos de Ação dos Tribunais e da Rede de Inovação e Inteligência do Poder Judiciário para potencializar a interação do Judiciário com a Sociedade Brasileira".[16]

E para concretizar as Metas, foi criado, por meio da Portaria 119/2019[17], o Laboratório de Inovação, Inteligência e Objetivos de Desenvolvimento Sustentável (LIODS).

Por sua vez, a Resolução 296 de 19/09/2019[18] foi instituída a Comissão Permanente de Tecnologia da Informação e Inovação, responsável pela gestão da política pública relativa à inserção das novas tecnologias no âmbito do Poder Judiciário.

Não obstante, o CNJ publicou um documento denominado "Inteligência Artificial no Poder Judiciário brasileiro"[19], o qual trata do Laboratório de Inovação para o Processo Judicial em meio Eletrônico – Inova PJe, criado por intermédio da Portaria 25/2019, que seria um espaço para pensar, pesquisar e produzir inovação para o processo judicial eletrônico. A proposta é que o PJe adquira a característica de uma plataforma de microsserviços, possibilitando uma constante evolução, bem como a inclusão de novas funcionalidades. A pesquisa ainda compila e descreve os projetos de tribunais envolvendo o uso da inteligência artificial para diversas funcionalidades.

Não obstante, com a crise sanitária gerada pela Covid-19, o CNJ editou, em 19 de março, a Resolução 313/2020[20], estabelecendo o Regime de Plantão Extraordinário,

---

16. BRASIL. Conselho Nacional de Justiça. *Agenda 2030 no Poder Judiciário*: Comitê Interinstitucional. Disponível em: https://www.cnj.jus.br/programas-e-acoes/agenda-2030/. Acesso em: 30 jul. 2020.

17. O Laboratório possui as seguintes competências: "Art. 3º Compete ao LIODS:I – monitorar e promover a gestão judicial processual e administrativa dos dados da Agenda 2030; II – elaborar e implementar plano de ação com soluções conjuntas e pacíficas voltadas à melhoria da gestão pública, visando evitar judicialização excessiva, e outras agendas de interesse global; IV – dialogar com a Rede de Governança Colaborativa do Poder Judiciário quando necessário para a difusão da Agenda; V – mapear os programas e projetos desenvolvidos pelas redes de inovação dentro do Judiciário, ligados à pauta global da Agenda 2030; VI – estabelecer conexões entre os Laboratórios de Inovação e os Centros de Inteligência judiciários para o desenvolvimento de projetos conjuntos dentro da Agenda; VII – incentivar pesquisas, artigos e estudos sobre os ODS no Poder Judiciário; VIII – abrir espaço para a participação cidadã na concepção de projetos inovadores no Poder Judiciário que contribuam para a efetividade da Agenda 2030; IX – apoiar os órgãos do CNJ na buscar de soluções para problemas complexos, tomando por base metodologias de inovação e inteligência que considerem a empatia, colaboração interinstitucional e a experimentação.". Disponível em: https://atos.cnj.jus.br/atos/detalhar/2986. Acesso em: 30 jul. 2020.

18. Sobre a competência da Comissão: "Art. 4º À Comissão Permanente de Tecnologia da Informação e Inovação compete: I – propor ao Plenário diretrizes para a definição da estratégia nacional de Tecnologia da Informação do Judiciário, tendo por objetivo assegurar a infraestrutura adequada ao devido funcionamento do Poder Judiciário; II – elaborar o planejamento estratégico em Tecnologia da Informação, com auxílio do Departamento de Tecnologia da Informação e Comunicação; III – supervisionar a implantação do processo judicial eletrônico – PJe; IV – sugerir ao Plenário a adoção de medidas relacionadas à segurança de dados e o sigilo de dados, quando necessário; V – acompanhar a implantação de novas tecnologias no âmbito do Poder Judiciário; VI – apresentar ao Plenário propostas de regulamentação do uso de novas tecnologias, inclusive relacionadas a instrumentos de inteligência artificial; VII – representar o CNJ perante os comitês gestores e grupos de trabalho dos sistemas Restrições Judiciais sobre Veículos Automotores – Renajud, Atendimento ao Poder Judiciário – Bacenjud, Informação ao Judiciário – Infojud e Serasa Judicial – Serasajud; e VIII – promover medidas voltadas a garantir a interoperabilidade entre os diversos sistemas.". Disponível em: https://atos.cnj.jus.br/atos/detalhar/3038. Acesso em: 30 jul. 2020.

19. BRASIL. Conselho Nacional de Justiça. In: TOFFOLI, José Antônio Dias; GUSMÃO, Bráulio Gabriel (Coord.). *Inteligência artificial na Justiça*. Brasília: CNJ, 2019. Disponível em: https://www.cnj.jus.br/wp-content/uploads/2020/05/Inteligencia_artificial_no_poder_judiciario_brasileiro_2019-11-22.pdf. Acesso em: 17 jul. 2020.

20. BRASIL. Conselho Nacional de Justiça. *Resolução 303 de 19 de março de 2020*. Disponível em: https://atos.cnj.jus.br/files/original221425202003195e73eec10a3a2.pdf. Acesso em: 28 mar. 2020.

posteriormente prorrogado por atos normativos subsequentes em razão da continuidade da pandemia.[21]

E diante da suspensão do trabalho presencial, o CNJ, por meio da Portaria 61 de 31/03/2020, instituiu a plataforma emergencial de videoconferência para realização de audiências e sessões de julgamento nos órgãos do Poder Judiciário, no período de isolamento social, decorrente da pandemia Covid-19. O projeto decorre de Acordo de Cooperação Técnica celebrado com a Cisco Brasil Ltda.[22]

A continuidade da pandemia também provocou, por parte do CNJ, a iniciativa de lançamento de uma plataforma online de resolução de conflitos, que oferecerá aos cidadãos a possibilidade de negociação, conciliação e mediação, inclusive antes do ajuizamento da demanda[23], ampliando, assim, o acesso à justiça.

Como se vê, o CNJ tem implementado diversas iniciativas de modernização do Poder Judiciário pelo uso da tecnologia e da inteligência artificial, desenvolvendo relevante papel de fomentador de um modelo de justiça mais eficiente.

Por fim, importante registrar que o CNJ tem, ao lado do incentivo ao incremento tecnológico, tem se preocupado com o tratamento adequado no uso das novas ferramentas, exigindo a observância da ética, transparência e governança na produção e no uso de Inteligência Artificial no Poder Judiciário (Resolução 332 de 21/08/2020)[24], e também à proteção de dados de acordo com a LGPD (Recomendação 73 de 20/08/2020.[25]

4. ODR E CORTES *ONLINE*

Os métodos adequados de solução de conflitos, também conhecidos pela expressão ADR (*Alternative Dispute Resolution*) ganharam destaque nas últimas décadas, como formas legítimas de resolução de disputas, por meio de ferramentas como a negociação, a conciliação, a mediação e a arbitragem.

Com o surgimento da internet, os avanços tecnológicos e uma sociedade cada dia mais hiperconectada, foi possível desenvolver plataforma virtuais de resolução de conflitos, denominadas de ODR (*Online Dispute Resolution*).

---

21. Registre-se que, embora a Resolução 322 do CNJ, tenha disciplinado a flexibilização para a retomada gradual do expediente físico nos tribunais, a partir do dia 15 de junho, o retorno às atividades presenciais não ocorreu na maioria dos tribunais, em razão na necessidade do estabelecimento de um planejamento logístico para evitar riscos aos servidores e jurisdicionados.
   BRASIL. Conselho Nacional de Justiça. *Resolução 322 de 01 de junho de 2020*. Disponível em: https://atos.cnj.jus.br/atos/detalhar/3333. Acesso em: 30 jul. 2020.
22. BRASIL. Conselho Nacional de Justiça. *Portaria 61 de 31 de março de 2020*. Disponível em: https://atos.cnj.jus.br/atos/detalhar/3266. Acesso em: 30 jul. 2020.
23. CNJ lançará plataforma on-line para conflitos relacionados à covid-19. *Valor Econômico*. 11 mai. 2020. Disponível em: https://valor.globo.com/legislacao/noticia/2020/05/11/cnj-lancara-plataforma-on-line-para-conflitos-relacionados-a-covid-19.ghtml. Acesso em: 30 jul. 2020.
24. BRASIL. Conselho Nacional de Justiça. *Recomendação 73 de 20 de agosto de 2020*. Disponível em: https://atos.cnj.jus.br/atos/detalhar/3429. Acesso em: 30 ago. 2020.
25. BRASIL. Conselho Nacional de Justiça. *Resolução 332 de 21 de agosto de 2020*. Disponível em: https://atos.cnj.jus.br/atos/detalhar/3432. Acesso em: 30 ago. 2020.

Inicialmente o ODR representava apenas a transposição de técnicas de ADR para o ambiente virtual[26]. Porém "[...] o desenvolvimento da *Inteligência Artificial e Big Data Analytics* permitiram um avanço significativo na prevenção e solução eficaz das controvérsias".[27]

Em obra dedicada ao tema, Daniel Arbix assevera que as tecnologias de informação e comunicação empregadas "[...] agem como vetores para oferecer às partes ambientes e procedimentos ausentes em mecanismos convencionais de dirimir conflitos.", de modo que a ODR constitui "[...] uma "porta a mais" –, não apenas um caminho novo para se chegar a uma porta já existente".[28]

As ODRs tiveram início na década de 90, cujos precursores foram Ethan Katsh e Janet Rifkin, com a fundação, em 1997 do National Center for Technology and Dispute Resolution (NCDR), vinculado à Universidade de Massachussets, tendo escrito importante obra sobre o tema em 2001.[29]

A partir de então o interesse pelo assunto aumentou, ganhando projeção com a expansão do comércio eletrônico, e tendo como experiência mais exitosa o projeto piloto do eBay. Idealizado por Colin Rule, trata-se de uma plataforma *online* que intermedeia compra e venda de produtos usados e novos, gerando milhões de contratos, por meio de anúncios gratuitos, derrubando, assim, os custos de transação. O sistema passou por aperfeiçoamento ao longo dos anos, e na atualidade resolve cerca de 60 milhões conflitos/ano. As etapas escalonadas de resolução do conflito são: 1) informações sobre dúvidas; 2) mediação online (custo de US$ 15 dólares); e 3) arbitragem. O índice de acordo é de 90%, garantindo rapidez na solução e a reputação da empresa.[30]

Ethan Katsh & Colin Rule conceituam a ODR como sendo a "aplicação da tecnologia da informação e da comunicação para a prevenção, gestão e resolução de disputas". A tecnologia atuaria como uma "quarta parte", substituindo um facilitador humano em

---

26. Tainá Aguiar Junquilho sistematizou as principais formas de ODR: i) E-negociação/Negociação on-line: a) e-negociação automatizada: partes do conflito enviam as propostas e contrapropostas monetárias on-line, que são mantidas ocultas durante a negociação. O algoritmo combina as ofertas, calcula a média aritmética das propostas realizadas e, por aí, atinge-se o consenso; b) e-negociação assistida: as partes chegam a um consenso se comunicando pela internet (e-mail, videoconferência). ii)E-mediação/Mediação on-line: forma tradicional da mediação (presença de um terceiro neutro que ajuda as partes no diálogo), que ocorre on-line e não off-line, como na comum. iii) E-arbitragem/Arbitragem on-line: também se assemelha à forma tradicional de arbitragem (presença de um terceiro escolhido pelas partes ou por terceiro que decide após ouvir os argumentos levantados), mas se desenvolve on-line. Cf. JUNQUILHO, Tainá Aguiar. Resolução in-line de conflitos: limites, eficácia e panorama de aplicação no Brasil. In: NUNES, Dierle; LUCON, Paulo Henrique dos Santos; WOLKART, Erik Navarro. *Inteligência artificial e direito processual*: os impactos da virada tecnológica no direito processual. Salvador: JusPodivm, 2020, p. 189-190.
27. FERRARI, Isabela. In: FERRARI, Isabela (Coord.)*Justiça digital*. São Paulo: Ed. RT, 2020, p. 34.
28. ARBIX, Daniel do Amaral. *Resolução online de controvérsias*. São Paulo: Intelecto, 2017, p. 58-59.
29. BECKER, Daniel; LAMEIRÃO, Pedro. Online Dispute Resolution (ODR) e a ruptura no ecossistema da resolução de disputas. *Direito da Inteligência Artificial*. Disponível em: https://direitodainteligenciaartificial.wordpress.com/2017/08/22/online-dispute-resolution-odr-e-a-ruptura-no-ecossistema-da-resolucao-de-disputas/#_ftn5. Acesso em: 22 jul. 2020.
30. BECKER, Daniel; LAMEIRÃO, Pedro Online Dispute Resolution (ODR) e a ruptura no ecossistema da resolução de disputas. Direito da Inteligência Artificial. Disponível em: https://direitodainteligenciaartificial.wordpress.com/2017/08/22/online-dispute-resolution-odr-e-a-ruptura-no-ecossistema-da-resolucao-de-disputas/#_ftn5. Acesso em: 22 jul. 2020.

algumas tarefas, como, por exemplo, auxiliando as partes a identificar interesses comuns e resultados aceitáveis.[31]

Como se vê, a ODR não se limita a deslocar as técnicas presenciais de resolução adequada de conflitos para o ambiente virtual, mas realiza outras tarefas que ajudam na prevenção, na gestão e na própria resolução da controvérsia, sendo, pois, bem mais ampla e complexa no tratamento das disputas.[32]

No Brasil há interessantes experiências envolvendo a ODR, como, por exemplo, projetos implementados pelo Mercado Livre, empresa líder no comércio eletrônico na América Latina. Como o desenvolvimento de ferramentas e canais de ODR, que também oferecem soluções faseadas, tem-se alcançado a resolução de cerca de 8 milhões de disputas por ano[33]. Com isso, a empresa tem se destacado no uso de ODR, inclusive ganhado prêmio nacional, como ocorreu com o Projeto *Action*, vencedor do VII Prêmio Conciliar é Legal do CNJ.[34]

E para além do âmbito privado, o setor público também tem investido em plataforma *online* de resolução de conflitos, com é o caso da consumidor.gov[35]. Trata-se de um serviço público, gratuito, que permite a interlocução direta entre consumidores e empresas para solução de conflitos de consumo pela internet. Monitorada pela Secretaria Nacional do Consumidor – Senacon – do Ministério da Justiça, Procons, Defensorias, Ministérios Públicos e também por toda a sociedade, a plataforma possibilita a resolução de conflitos de consumo de forma rápida e desburocratizada, sendo que, atualmente, 80% das reclamações são solucionadas pelas empresas, que respondem as demandas dos consumidores em um prazo médio de 7 dias.

A plataforma consumidor.gov tem sido disponibilizada em sites de diversos tribunais brasileiros, e já há decisões judiciais condicionando o seu uso ao prosseguimento da demanda, sob pena de extinção[36]. Recentemente, o CNJ reconheceu que não há impropriedade na Resolução 43/2017 do TJMA que recomenda aos juízes a suspensão dos

---

31. KATSH, Ethan; RULE, Colin. *What We Know and Need to Know About Online Dispute Resolution*. 67 S.C. L. REV. 329 (2016). Disponível em: https://www.americanbar.org/content/dam/aba/images/office_president/katsh_rule_whitepaper.pdf. Acesso em: 21 jul. 2020.

32. O uso da ODR atualmente possui dimensão transnacional, de modo que se fez necessária a devida regulamentação das atividades, por meio das seguintes referências legislativas: a) Lei Modelo da UNCITRAL sobre comércio eletrônico, da Organização das Nações Unidas – Nova York, 1997 – Resolução 51/162 da Assembleia Geral de 16 de dezembro de 1996; b) Diretiva 2013/11/UE do Parlamento Europeu e do Conselho de 21 de maio de 2013, sobre a resolução alternativa de litígios de consumo, que altera o Regulamento (CE) 2006/2004 e a Diretiva 2009/22/CE (Diretiva Ral); e c) Regulamento (UE) 524/2013 do Parlamento Europeu e do Conselho de 21 de maio de 2013, sobre a resolução de litígios de consumo em linha, que altera o regulamento (CE) 2006/2004 e a diretiva 2009/22/CE (regulamento rll).

33. Sobre o assunto, cf.: MARQUES, Ricardo Dalmaso. A resolução de disputas online (ODR): do comércio eletrônico ao seu efeito transformador sobre o conceito e a prática do acesso à justiça. *Revista de Direito e as Novas Tecnologias*, v. 5/2019. out.-dez. 2019.

34. *CNJ premia Mercado Livre por conciliar conflitos antes do processo judicial*. Conselho Nacional de Justiça. Assessoria de imprensa. 18 mar. 2020. Disponível em: https://www.cnj.jus.br/cnj-premia-mercado-livre-por-conciliar-conflitos-antes-do-processo-judicial/. Acesso em: 28 jul. 2020.

35. Confira o seu funcionamento no site: https://consumidor.gov.br/pages/principal/?1595682562411. Acesso em: 28 jul. 2020.

36. MIGALHAS. *Consumidora que não buscou solução consensual com banco tem inicial indeferida*. Disponível em: https://www.migalhas.com.br/quentes/331031/consumidora-que-nao-buscou-solucao-consensual-com-banco-tem-inicial-indeferida. Acesso em: 22 jul. 2020.

processos para que o interessado demonstre a pretensão resistida, inclusive com o uso da plataforma consumidor.gov.br.[37]

De fato, a dimensão do acesso à justiça no Brasil precisa ser discutida e repensada, pois a sua amplitude adoeceu o sistema de justiça, que hoje – tão quanto os conflitos – precisa de tratamento.

Outra experiência exitosa foi o uso de uma plataforma *online* para solucionar conflitos decorrentes da recuperação judicial da OI. Em parceria com a Fundação Getúlio Vargas (FGV – RJ), o Tribunal de Justiça do Rio de Janeiro propiciou o acesso à mediação *online*, utilizando-se de ambiente digital e multicanal com uso de mensagens de texto, chat, áudio e videoconferência realizada pela internet. O sistema de negociação *online*, que contemplou credores do Brasil e de Portugal, superou a margem de 46.000 (quarenta e seis mil) acordos homologados.[38]

O êxito do caso serviu de inspiração para edição da Recomendação CNJ 58, de 22 de outubro de 2019[39], que orienta os juízes sobre o uso da mediação, de forma a auxiliar a resolução de todo e qualquer conflito entre o empresário/sociedade, em recuperação ou falidos, e seus credores, fornecedores, sócios, acionistas e terceiros interessados no processo. De acordo com o referido ato normativo (art. 4º), a mediação poderá ser presencial ou *online* por meio de plataformas digitais, quando justificada a utilidade ou necessidade.

Como se vê, embora a funcionalidade das ODR tenha sido projetada para o setor privado[40], a sua utilização também tem sido incorporada ao setor público.[41]

Ademais, a inserção das ferramentas tecnológicas para melhorar a prestação jurisdicional tem proporcionado a criação de Cortes *online*[42] que consiste no uso da tecnologia para transformar a forma de pensar e de entregar a tutela jurisdicional.[43]

---

37. *CNJ reconhece que não há impropriedade na Resolução 43/2017 do TJMA*. Tribunal de Justiça do Maranhão. Assessoria de imprensa. 18 set. 2020. Disponível em: https://www.tjma.jus.br/midia/portal/noticia/500837. Acesso em: 25 set. 2020.

38. Cf.: CURY, Cesar. Um modelo transdisciplinar de solução de conflitos: direito e tecnologia no processo de recuperação judicial no *leading case* OI S/A. In: NUNES, Dierle; LUCON, Paulo Henrique dos Santos; WOLKART, Erik Navarro. *Inteligência artificial e direito processual*: os impactos da virada tecnológica no direito processual. Salvador: JusPodivm, 2020, p. 83-104.

39. BRASIL. Conselho Nacional de Justiça. *Recomendação 58 de 22/10/2019*. Disponível em: https://atos.cnj.jus.br/atos/detalhar/3070. Acesso em: 25 jul. 2020.

40. Atualmente existem empresas e *startaps* criadas com a finalidade específica de resolução de conflitos, como a Acordo Fechado, Concilie Online, eConciliar, Jussto, Mol e Sem Processo, as quais prestam serviços de resolução de disputas virtualmente. Cf.: BECKER, Daniel; LAMEIRÃO, Pedro. Online Dispute Resolution (ODR) e a ruptura no ecossistema da resolução de disputas. *Direito da Inteligência Artificial*. Disponível em: https://direitodainteligenciaartificial.wordpress.com/2017/08/22/online-dispute-resolution-odr-e-a-ruptura-no-ecossistema-da-resolucao-de-disputas/#_ftn5. Acesso em: 22 jul. 2020.

41. Tratando do tema da inserção do ODR nas Cortes e em instituições públicas, cf.: KATSH, Ethan; RABINOVICH-EINY, Orna. *Digital justice*: technology and the internet os disputs. New York: Oxford University Press, 2017, p. 149-169.

42. Richard Susskind, para evitar confusão, prefere utilizar o termo ODR para se referir ao setor privado (eletronic ADR) e cortes *online* a um serviço público. SUSSKIND, Richard. *Online courts and the future of justice*. Oxford: Oxford University Press, 2019, p. 62-63.

43. FERRARI, Isabela. In: FERRARI, Isabela (Coord.) *Justiça digital*. São Paulo: Ed. RT, 2020, p. 38-47.

Com efeito, diversos países estão implementando as Cortes *online*[44], tendo como experiência mais exitosa a canadense, da província de *British Columbia* que, em 2012, instituiu o Civil Resolution Tribunal, que é um tribunal integralmente *online*, destinado à solução de causa de pequena monta financeira. O funcionamento, cuja duração é de máximo de noventa dias, possui três fases: a) na primeira, chamada de "explorador de soluções", o interessado recebe informações importantes sobre o seu conflito com o objetivo de resolvê-lo; b) caso não solucionado, um software realiza a intermediação entre os envolvidos objetivando encerrar a disputa; e c) se o conflito persistir, passa-se à etapa final da adjudicação, feita por um juiz. Este modelo de Corte *online*, que tem inspirado diversos países, passa por constantes aperfeiçoamentos e também presta suporte na fase executiva, garantindo a efetividade da decisão judicial.[45]

Observa-se, pois, que a concepção de tribunal como um local tem sido substituída pela de um serviço, de modo a desmistificar a necessidade de ambiente físico e presencial para que a jurisdição possa ser prestada a contento.[46]

No Brasil, embora a incorporação da tecnologia e da inteligência artificial esteja cada vez mais presente em nossos tribunais, racionalizando sobremaneira as tarefas judiciárias, há ainda um longo caminho para o desenvolvimento de um modelo seguro e adequado de Corte *online*.

De qualquer forma, trata-se de uma evolução natural e necessária para o aperfeiçoamento do acesso à justiça.

5. PROCESSO CIVIL, TECNOLOGIA E *CASE MANAGEMENT*

No âmbito processual, a evolução tecnológica teve como importante marco a Lei 11.419/2006, que disciplinou o processo eletrônico. Não obstante, o CPC/15 regulamentou a prática eletrônica de atos processuais nos arts. 193 a 199, o que, na prática, tem ensejado novas rotinas de trabalho, readequação de funções e enormes ganhos em eficiência e celeridade.

As atividades forenses também passaram a ser feitas por diferentes vias tecnológicas, como e-mails, WhatsApp, sistemas de teleconferência, entre outros, circunstância que foi ampliada com a pandemia Covid-19.

A permissão de trabalho remoto, por exemplo, ainda era tímida no âmbito do Poder Judiciário, só sendo autorizada em circunstâncias excepcionais. Agora, diante dessa nova realidade, talvez a sua utilização se torne mais frequente, desde que fique comprovada a sua eficiência, especialmente quanto à produtividade.

Por sua vez, o uso de plataformas tecnológicas também faz surgir novas perspectivas. É certo que o CPC/15, atento às potencialidades virtuais, já havia previsto hipóteses

---

44. Canadá, Inglaterra e País de Gales, China, Singapura, Austrália e Estados Unidos são alguns exemplos. SUSSKIND, Richard. *Online courts and the future of justice*. Oxford: Oxford University Press, 2019, p. 165-175.

45. Cf.: FERRARI, Isabela. In: FERRARI, Isabela (Coord.) *Justiça digital*. São Paulo: Ed. RT, 2020, p. 50-54.

46. Richard Susskind, para evitar confusão, prefere utilizar o termo ODR para se referir ao setor privado (eletronic ADR) e cortes *online* a um serviço público. SUSSKIND, Richard. *Online courts and the future of justice*. Oxford: Oxford University Press, 2019, p. 95-97.

de uso de prática de atos processuais por meio de videoconferência ou outro recurso tecnológico de transmissão de sons e imagens em tempo real, nos termos dos arts. 236, § 3º, 334, § 7º, 385, § 3º, 453, § 1º, e 937, § 4º.

No entanto, essa prática ainda não havia sido instituída pelos tribunais, que continuam, por exemplo, a fazer uso de carta precatória para a produção de prova oral por outro juízo, sem que o próprio juiz da causa estabelecesse diretamente um contato com o depoente ou testemunha por videoconferência. A experiência, em meio a um momento tão sério e incerto, trouxe consequências para as atividades judiciárias que provavelmente perdurarão para além da crise sanitária.

Com efeito, despachos poderão ocorrer por algum meio tecnológico (Skype, WhatsApp, ou outro meio legítimo de comunicação), sendo que as audiências e sessões poderão ser presenciais ou virtuais[47], fazendo com que a necessidade de comparecimento na unidade judiciária seja reduzida.

Por outro lado, a produção de meios de provas orais tende a diminuir, com a substituição de depoimentos presenciais por escritos ou de outra forma documentados.

Dessa forma, verifica-se que os juízes necessitarão de novas habilidades na produção de atos virtuais, novas competências audiovisuais, cuidados com a confidencialidade, cautela com a autenticidade e o armazenamento de dados, controle das questões éticas, só para citar alguns dos novos desafios decorrentes do uso da tecnologia.

Portanto, o gerenciamento do processo[48], nos aspectos administrativo e judicial, ganham nova dimensão, constituindo um desafio aos magistrados na missão de solucionar adequadamente os conflitos, e que deverá ter reflexo na formação e no aperfeiçoamento dos julgadores pelas Escolas Judiciais destinadas à capacitação.

6. NOTAS CONCLUSIVAS

A ideia de justiça multiportas permite a oferta de diferentes ferramentas de solução de controvérsias à sociedade, como a negociação, a conciliação, a mediação, a arbitragem e a justiça estatal, sendo que esses métodos podem ser operados presencialmente ou em ambiente virtual. Esta realidade permite o empoderamento das partes na resolução de seus próprios conflitos.

Por sua vez, o sistema de justiça brasileiro vem sendo transformado pelo uso cada vez maior da tecnologia, que inclui desde a digitalização de processos até alcançar novas forma de resolução de conflitos.

---

47. De acordo com Richard Susskind, os juízes que trabalharem online necessitarão ser mais proativos do que a condução de audiências tradicionais, impulsionando as partes a esclarecerem seus argumentos, dizendo quando a prova está falando e explicando quando um ponto está faltando. SUSSKIND, Richard. *Online courts and the future of justice*. Oxford: Oxford University Press, 2019, p. 158.
48. Confira interessante artigo sobre o assunto: CABRAL, Antonio do Passo. In: LUCON, Paulo Henrique dos Santos; WOLKART, Erik Navarro; LAUX, Francisco de Mesquita; RAVAGNANI, Giovani dos Santos. *Direito, processo e tecnologia*. São Paulo: Thomson Reuters Brasil, 2020, p. 83-109.

O CNJ tem um papel fundamental na gestão de uma política pública que incentive e controle as inovações por meio de novas tecnológicas, conferindo segurança aos tribunais e aos jurisdicionados.

Há uma tendência global de resolução de conflitos pelo ambiente virtual, por meio de ODR (*Online Dispute Resolution*), sendo que essa experiência vem sendo, aos poucos, inserida nas Cortes e nas instituições públicas. Importante destacar que as plataformas virtuais mais eficientes prestigiam de forma contundente a prevenção dos conflitos, evitando que as contendas desaguem no Poder Judiciário.

Além disso, os atos processuais documentais têm ganhado forma digital, enquanto os atos processuais presenciais têm sido substituídos pelo ambiente virtual, exigindo do juiz uma gestão peculiar sobre as novas potencialidades tecnológicas, seus riscos e desafios.

Portanto, as novas modalidades de tratamento de conflitos devem ser recepcionadas com grande entusiasmo, pois a sociedade é a maior beneficiária de soluções mais rápidas, menos custosas e menos complexas.

7. REFERÊNCIAS

ARBIX, Daniel do Amaral. *Resolução online de controvérsias*. São Paulo: Intelecto, 2017.

BECKER, Daniel; LAMEIRÃO, Pedro. Online Dispute Resolution (ODR) e a ruptura no ecossistema da resolução de disputas. *Direito da Inteligência Artificial*. Disponível em: https://direitodainteligenciaartificial.wordpress.com/2017/08/22/online-dispute-resolution-odr-e-a-ruptura-no-ecossistema-da-resolucao-de-disputas/#_ftn5. Acesso em: 22 jul. 2020.

BRASIL. Conselho Nacional de Justiça. *Resolução 261/2018*. Disponível em: https://atos.cnj.jus.br/atos/detalhar/2689. Acesso em: 30 jul. 2020.

BRASIL. Conselho Nacional de Justiça. *Metas Nacionais 2020*. Disponível em: https://www.cnj.jus.br/wp-content/uploads/2020/01/Metas-Nacionais-aprovadas-no-XIII-ENPJ.pdf. Acesso em: 30 jul. 2020.

BRASIL. Conselho Nacional de Justiça. *Agenda 2030 no Poder Judiciário*: Comitê Interinstitucional. Disponível em: https://www.cnj.jus.br/programas-e-acoes/agenda-2030/. Acesso em: 30 de jul. 2020.

BRASIL. Conselho Nacional de Justiça. *Portaria 119 de 21/08/2019*. Disponível em: https://atos.cnj.jus.br/atos/detalhar/2986. Acesso em: 30 jul. 2020.

BRASIL. Conselho Nacional de Justiça. *Resolução 296 de 19/09/2019*. Disponível em: https://atos.cnj.jus.br/atos/detalhar/3038. Acesso em: 30 jul. 2020.

BRASIL. Conselho Nacional de Justiça. In: TOFFOLI, José Antônio Dias; GUSMÃO, Bráulio Gabriel (Coord.). *Inteligência artificial na Justiça*. Brasília: CNJ, 2019. Disponível em: https://www.cnj.jus.br/wp-content/uploads/2020/05/Inteligencia_artificial_no_poder_judiciario_brasileiro_2019-11-22.pdf. Acesso em: 17 jul. 2020.

BRASIL. Conselho Nacional de Justiça. *Resolução 303 de 19 de março de 2020*. Disponível em: https://atos.cnj.jus.br/files/original221425202003195e73eec10a3a2.pdf. Acesso em: 28 mar. 2020.

BRASIL. Conselho Nacional de Justiça. *Resolução 322 de 01 de junho de 2020*. Disponível em: https://atos.cnj.jus.br/atos/detalhar/3333. Acesso em: 30 jul. 2020.

BRASIL. Conselho Nacional de Justiça. *Portaria 61 de 31 de março de 2020*. Disponível em: https://atos.cnj.jus.br/atos/detalhar/3266. Acesso em: 30 jul. 2020.

BRASIL. Conselho Nacional de Justiça. *Recomendação 73 de 20 de agosto de 2020*. Disponível em: https://atos.cnj.jus.br/atos/detalhar/3429. Acesso em: 30 ago. 2020.

BRASIL. Conselho Nacional de Justiça. *Resolução 332 de 21 de agosto de 2020*. Disponível em: https://atos.cnj.jus.br/atos/detalhar/3432. Acesso em: 30 ago. 2020.

BRASIL. Conselho Nacional de Justiça. *Recomendação 58 de 22/10/2019*. Disponível em: https://atos.cnj.jus.br/atos/detalhar/3070. Acesso em: 25 jul. 2020.

BRASIL. *Consumidor.gov.br*. Disponível em: https://consumidor.gov.br/pages/principal/?1595682562411. Acesso em: 28 jul. 2020.

CABRAL, Antonio do Passo. In: LUCON, Paulo Henrique dos Santos; WOLKART, Erik Navarro; LAUX, Francisco de Mesquita; RAVAGNANI, Giovani dos Santos. *Direito, processo e tecnologia*. São Paulo: Thomson Reuters Brasil, 2020.

CABRAL, Trícia Navarro Xavier. *Limites da liberdade processual*. Indaiatuba: Editora Foco, 2019.

CAVACO, Bruno de Sá Barcelos. *Desjudicialização e resolução de conflitos*: participação procedimental e o protagonismo do cidadão na pós-modernidade. Curitiba: Juruá, 2017.

CNJ lançará plataforma on-line para conflitos relacionados à covid-19. *Valor Econômico*. 11 mai. 2020. Disponível em: https://valor.globo.com/legislacao/noticia/2020/05/11/cnj-lancara-plataforma-on-line-para-conflitos-relacionados-a-covid-19.ghtml. Acesso em: 30 jul. 2020.

CNJ premia Mercado Livre por conciliar conflitos antes do processo judicial. *Conselho Nacional de Justiça*. *Assessoria de imprensa*. 18 mar. 2020. Disponível em: https://www.cnj.jus.br/cnj-premia-mercado-livre-por-conciliar-conflitos-antes-do-processo-judicial/. Acesso em: 28 jul. 2020.

CNJ reconhece que não há impropriedade na Resolução 43/2017 do TJMA. Tribunal de Justiça do Maranhão. Assessoria de imprensa. 18 de set. 2020. Disponível em: https://www.tjma.jus.br/midia/portal/noticia/500837. Acesso em: 25 set. 2020.

CURY, Cesar. Um modelo transdisciplinar de solução de conflitos: direito e tecnologia no processo de recuperação judicial no *leading case* OI S/A. In: NUNES, Dierle; LUCON, Paulo Henrique dos Santos; WOLKART, Erik Navarro. *Inteligência artificial e direito processual*: os impactos da virada tecnológica no direito processual. Salvador: JusPodivm, 2020.

FERRARI, Isabela. In: FERRARI, Isabela (Coord.) *Justiça digital*. São Paulo: Ed. RT, 2020.

FUX, Luiz, BODART, Bruno. *Processo civil e análise econômica*. Rio de Janeiro: Forense, 2019.

JUNQUILHO, Tainá Aguiar. Resolução in-line de conflitos: limites, eficácia e panorama de aplicação no Brasil. In: NUNES, Dierle; LUCON, Paulo Henrique dos Santos; WOLKART, Erik Navarro. *Inteligência artificial e direito processual*: os impactos da virada tecnológica no direito processual. Salvador: JusPodivm, 2020.

KATSH, Ethan; RABINOVICH-EINY, Orna. *Digital justice*: technology and the internet os disputs. New York: Oxford University Press, 2017.

KATSH, Ethan; RULE, Colin. *What we need to know about Online Dispute Resolution*. 67 S.C. L. REV. 329 (2016). Disponível em: https://www.americanbar.org/content/dam/aba/images/office_president/katsh_rule_whitepaper.pdf. Acesso em: 21 jul. 2020.

KESSLER, Gladys; FINKELSTEIN, Linda J. *The Evolution of a Multi-Door Courthouse*. 37 Cath. U. L. Rev. 577 (1988). Available at: http://scholarship.law.edu/lawreview/vol37/iss3/2. Acesso em: 13 fev. 2018.

LEITE, Rafael. Tecnologia e corte: panorama brasileiro I. In: FERRARI, Isabela (Coord.) *Justiça digital*. São Paulo: Ed. RT, 2020.

MARQUES, Ricardo Dalmaso. A resolução de disputas online (ODR): do comércio eletrônico ao seu efeito transformador sobre o conceito e a prática do acesso à justiça. *Revista de Direito e as Novas Tecnologias*, v. 5. out.-dez. 2019.

MENDES, Gardenia M. L. *Tribunal multiportas e sua adequação no Brasil*. Disponível em: https://jus.com.br/artigos/36758/tribunal-multiportas. Acesso em: 13 fev. 2018.

MIGALHAS. *Consumidora que não buscou solução consensual com banco tem inicial indeferida*. Disponível em: https://www.migalhas.com.br/quentes/331031/consumidora-que-nao-buscou-solucao-consensual-com-banco-tem-inicial-indeferida. Acesso em: 22 jul. 2020.

NEVES JUNIOR, Paulo Cezar. Laboratório de inovação (iJuspLab) e legal design no Poder Judiciário. *Revista de Direito e as Novas Tecnologias*, v. 1. out-dez. 2018.

NORUEGA. OECD/Eurostat (2018), Oslo Manual 2018: Guidelines for Collecting, Reporting and Using Data on Innovation, 4th Edition, The Measurement of Scientific, Technological and Innovation Activities, OECD Publishing, Paris/Eurostat, Luxembourg. Disponível em: https://doi.org/10.1787/9789264304604-en. Acesso em: 20 ago. 2020.

SUSSKIND, Richard. *Online courts and the future of justice*. Oxford: Oxford University Press, 2019.

UNITED KINGDOM. *Remote courts world*. Disponível em: https://remotecourts.org/. Acesso em: 30 jul. 2020.

WATANABE, Kazuo. *Acesso à ordem jurídica justa (conceito atualizado de acesso à justiça)*: processo coletivo e outros estudos. Belo Horizonte: Del Rey, 2019.

WATANABE, Kazuo. "Juizados Especiais" e política judiciária nacional de tratamento adequado dos conflitos de interesses. CEJUSC e Tribunal Multiportas. In: BACELLAR, Roberto Portugal; LA-GRASTA, Valeria Ferioli (Coords.). *Conciliação e mediação*: ensino em construção. 1. edição. São Paulo: IPAM/ENFAM, 2016.

ZANETI JR., Hermes; CABRAL, Trícia Navarro Xavier. *Justiça Multiportas*: mediação, conciliação, arbitragem e outros meios de solução adequada de conflitos. 2. ed. rev., ampl. e atual. Salvador: JusPodivm, 2018. Coleção Grandes Temas do Novo CPC – v. 9.

ONLINE COURTS:
PANORAMA E REFLEXÕES

Juliana Loss de Andrade

Doutoranda em Direito Privado pela Universidade Paris I Panthéon Sorbonne. Mestre em Direito Público e Especialista em resolução de conflitos pela Universidade Carlos III de Madri. Especialista em Direito Público pela UFES. Presidente da Comissão de Mediação da OAB/RJ. Professora e Coordenadora Técnica da FGV.

Sumário: 1. Introdução. 2. ODR e ampliação do acesso à justiça. 3. As dimensões do acesso à justiça na arquitetura das *online courts*. 4. Oportunidades, limites e desafios das *Online Courts*. 5. Conclusão. 6. Referências.

1. INTRODUÇÃO

As *online courts,* conforme são referidas pela doutrina internacional especializada no assunto, já se apresentavam há alguns anos como uma tendência em diversos países, notadamente na China, em alguns Estados europeus e na América do Norte. Neste ano, as mesmas foram impulsionadas em uma escala sem precedentes, na medida em que a pandemia de Covid-19 fez com que os órgãos judiciários migrassem integralmente para o ambiente virtual em um período de tempo praticamente instantâneo.

Para tratar esse contexto, o presente estudo se desenvolve a partir das seguintes etapas: o primeiro ponto traz um panorama geral sobre a *online dispute resolution* e a sua repercussão sobre o acesso à justiça. Em seguida, são abordadas as dimensões do acesso à justiça na arquitetura das *online courts* conforme a proposta de Richard Susskind. E, por fim, o artigo trata sobre oportunidades, limites e desafios dos tribunais digitais.

A metodologia de pesquisa consistiu em uma revisão bibliográfica deste assunto na doutrina, particularmente norte-americana e europeia.

2. ODR E AMPLIAÇÃO DO ACESSO À JUSTIÇA

A internet surgiu, no final da década de 60 e, nos anos 90, com o surgimento da *"World Wide Web"* ao aproximar as pessoas e, assim, contribuir para a globalização, fez com que surgissem outras formas de conflito: as disputas *online.* Isto é, a disputa que já nasce nesse ambiente. O conflito sempre esteve presente nas diversas esferas da sociedade e no meio virtual não poderia ser diferente.[1]

---

1. KATSH, Ethan. Online Dispute Resolution: Some Implications for the Emergence of Law in Cyberspac, *Lex Electronica*, v.10 n.3, Hiver/Winter, 2006.

Um dos grandes setores revolucionados pela internet foi o da compra e venda. As atividades comerciais em rede tiveram início em 1992, ano em que a Sociedade Nacional de Ciência deixou de banir o uso da internet para esse fim. A retirada da proibição foi altamente criticada e debatida por especialistas e usuários. [2]

A comercialização na internet mostrava, desde o princípio, desafios relativos a fraudes, verificação de contratos e transações e até mesmo no que tange à aplicação da jurisdição adequada e a própria garantia de acesso à justiça. Afinal, a tecnologia também possibilitou que pessoas de diferentes países transacionassem em questão de segundos. Assim, um brasileiro poderia comprar um produto de um argentino em um site americano, por exemplo.[3]

Entretanto, esse tipo de ampliação ensejava não só novos conflitos, como também novos desafios para sua solução, em especial, nas interações comerciais entre várias nacionalidades, nas quais há dificuldades em se atribuir jurisdição e competência aplicáveis para sanar o problema, principalmente diante do fato de os países terem normas diferentes sobre esse tipo de questão.

Diante de todos esses problemas identificados, a National Center for Automated Information Research (NCAIR), em 1996, promoveu uma conferência sobre resolução de disputas *online*, que teve como resultado três projetos experimentais de ODR:[4] 1) O projeto *Virtual Magistrate* que visava solucionar disputas entre provedores de serviços de Internet e usuários; 2) O Escritório de *Ombudsman Online* da Universidade de Massachusetts que esperava facilitar a resolução de disputas na Internet em geral; 3) A Universidade de *Maryland* que propôs verificar se a ODR poderia ser empregada em disputas familiares em que os pais estavam localizados à distância.

Em todos eles, os procedimentos estabelecidos foram espelhados nos métodos de resolução de conflitos *offline* já existentes como arbitragem e, em especial, na mediação. A evolução desses métodos e técnicas propiciou o uso do meio virtual para promover facilitações virtuais. Em princípio, o uso da tecnologia era usado apenas para propiciar um ambiente *online* de encontro entre as partes do conflito, em negociação e os terceiros neutros, caso fosse aplicada a facilitação. As negociações eram feitas via *e-mail*.

Entretanto, em 1999, o *eBay* solicitou à Universidade de Massachusetts a condução de um projeto piloto de mediação *online*, cujos resultados fizeram com que a empresa investisse em uma *startup*, *Square Trade*, para que desse continuidade ao projeto[5]. Nessas circunstâncias, a empresa levou a mediação e a negociação *online* para ambiente específico de contato virtual, medida que ampliou a taxa de sucesso das negociações [6].

---

2. KESAN; SHAH. Fool Us Once Shame On You – Fool Us Twice Shame On Us: What We Can Learn From the Privatizations of the Internet Backbone Network and the Domain Name System. Washington *University Law Quarterly*, V. 79, p. 89, 2001.

3. CHURCH, Ray Everett. The spam that started it all. *Revista Eletrônica WIRED*. Disponível em: http://www.wired.com/politics/law/news/ 1999/04/19098. Acesso em: 12 jul. 2020.

4. KATSH, Ethan. *The Online Ombuds Office: Adapting Dispute Resolution to Cyberspace*. Disponível em: http://www.odr.info/ncair/katsh.htm. Acesso em: 12 jul. 2020.

5. KATSH, RIFKING, GAITENBY. E-Commerce, E-Disputes, and E-Dispute Resolution: In the Shadow of eBay Law, 15 *Ohio St. J. on Disp. Resol.* 705, 2000.

6. Ibidem.

A partir de então, novas formas de inclusão da tecnologia nas relações conflituosas virtuais fizeram com que surgissem estudos e teorias acerca do papel da Tecnologia da Informação (TI) nos mecanismos *online* de solução de disputas.[7] Ela pode funcionar de diferentes maneiras: desde um suporte para a comunicação até mesmo como um terceiro ou um quarto elemento nas tentativas de autocomposição.

Em um primeiro momento, as tecnologias podem ser aplicadas como instrumentos de comunicação, servindo para aproximar partes que não possam se encontrar ou que teriam dificuldades de utilizar os mecanismos adequados de solução de conflitos na forma presencial[8].

Outras perspectivas trazidas pela evolução de tecnologia nessa área de solução de conflitos focam na aplicação de TI, também alavancadas pelo crescente uso de telefones móveis[9] e sob a forma de inteligência artificial, seja para auxiliar o facilitador na condução do procedimento,[10] ao fazer as vezes de uma quarta parte, ou, ainda, assumir um papel ainda mais ativo, em que atuará como terceiro, ou ainda, representará as partes.

O *European Committee on Legal Co-operation* (CDCJ) desenvolveu em 2018 um estudo sobre ODR a fim de identificar o potencial de seus instrumentos sobre o acesso à justiça e o referido documento indica que a ODR pode ampliar o acesso à justiça:

> 63. ODR processes may be able to facilitate access to justice in that, if designed and developed correctly, ODR systems can be economically viable, efficient, fast and flexible. This is quite an obvious characteristic of online systems. Using technology and the internet can allow litigants to access information about how to lay a claim, submit a claim and inform them of the process of how to go about resolving their dispute. In fact, ODR may structure the process itself for litigants. It also means that this process can be done just about anywhere with internet access, making the process convenient and easy for litigants. This is a massive improvement of access to justice for litigants[11].

Para além das novas formas de ODR existentes e todas as questões éticas que ensejam, os métodos alternativos de solução de conflitos que envolvem, de alguma forma, a tecnologia trazem o potencial de maximizar os benefícios da terceira onda renovatória de acesso à justiça, idealizada por Mauro Capelletti e Bryant Garth. A primeira onda diz respeito à assistência judicial à camada economicamente hipossuficiente da sociedade, a segunda abrange a representação dos interesses difusos em juízo e, por fim, a terceira,

---

7. MUELLER, Milton Mueller. *Ruling the Root: Internet Governance and the Taming of Cyberspace. Cambridge,* MA: MIT Press; 2001.
8. CORTÉS, Pablo. What should the ideal ODR system for e-commerce consumers look like? The Hidden World of Consumer. *ADR: Redress and Behaviour.* CSLS Oxford, 2011.
9. "It has become clear in the last few years that the future of the internet is mobile devices. [...] We (along with many others) believed that the desktop computer-centric model for the web – with its large screens, big keyboards, and local storage – was not going anywhere, as it was a richer and more satisfying way to plug into the global network. [...] It would remain, we asserted, the preferred access channel, with mobile as a second choice. What is also obvious is that mobile is not only the future of the internet in the developing world, but increasingly it is apparent that mobile is the future of the internet in the developed world as well". (RULE, Colin e NAGARAJAN, Chittu. *Crowdsourcing Dispute Resolution Over Mobile Devices.* Disponível em: http://colinrule.com/writing/mobile.pdf. Acesso em: 20 maio 2020).
10. LODDER; THISSEN. *The Role of Artificial Intelligence in Online Dispute Resolution.* Disponível em: http://www. odr.info/unece2003/pdf/lodder_thiessen.pdf. Acesso em: 12 jul. 2020.
11. EUROPEAN COMMITTEE ON LEGAL CO-OPERATION (CDCJ). *Technical Study on online dispute resolutions mechanisms* Nov. 2018. Disponível em: https://rm.coe.int/cdcj-2018-5e-technical-study-odr/1680913249. Acesso em 10 jun. 2020.

que enfatiza a necessidade do princípio de adequação dos mecanismos às necessidades de cada conflito.[12]

Nesse caso, o princípio de acesso à justiça e sua relação com a ODR também se alinha com o que defende o Professor Kazuo Watanabe, que redefine o acesso à justiça como o acesso à ordem jurídica justa[13]. Isso porque o uso de tecnologia possibilita que a ordem jurídica justa e o direito alcancem seus jurisdicionados em situações que a justiça tradicional não o faria.

Um exemplo dessas circunstâncias é o cenário causado pela COVID-19, em que a inexistência de métodos adequados, apoiados pela tecnologia, poderia ter mitigado ou até mesmo extinguido o acesso à justiça, diante da necessidade de isolamento da população e dos regimes limitados de atendimento dos órgãos estatais. Nesse sentido, a tecnologia não só apoiou os sistemas jurídicos no mundo como também proporcionou avanços de processos revolucionários na justiça, anteriormente embrionários, como é o caso das *Online Courts*, que serão abordadas nos próximos tópicos deste artigo.

3. AS DIMENSÕES DO ACESSO À JUSTIÇA NA ARQUITETURA DAS *ONLINE COURTS*

Richard Susskind faz uma interessante indagação: "Is court a service or a place?"[14]. Afirma o autor que para resolver as disputas perante o judiciário, as partes e seus advogados não precisam partilhar o mesmo ambiente físico:

> The judiciary would clearly benefit from the use of document assembly technology, where much of what appears in these final documents is standard wording with minor variations.
>
> Initial legal research could also be conducted in different ways, as is already demonstrated by the deployment of judicial assistants in the court of appeal and in the supreme court. I am calling, therefore, at the very least, for serious, further investigation of the scope for the "decomposing and multi-sourcing" of judicial work.
>
> A visit to most courts in England and Wales reveals a working environment that is less efficient and automated than most ordinary offices in the country. Judges complain of antiquated systems, outdated working practices, excessive running costs, inefficiencies, errors, and delays. Court users suffer and the reputation of the justice system is adversely affected[15].

O crescente uso de videochamada e videoconferência, segundo Susskind, já revelava em 2013 um quadro muito propício para o desenvolvimento das *online courts*.

---

12. CAPPELLETTI, Mauro; GARTH, Bryan. *Acesso à Justiça*. Trad. Ellen Gracie Northfleet. Porto Alegre: Fabris Editora, 1988.

13. WATANABE, Kazuo. *Acesso à ordem jurídica justa: conceito atualizado de acesso à justiça, processos coletivos e outros estudos*. Belo Horizonte: Del Rey, 2019.

14. SUSSKIND, Richard. Tomorrow's Lawyers: a virtual judiciary – extract. *The Guardian*. 29 jan. 2013. Disponível em: https://www.theguardian.com/law/2013/jan/29/tomorrows-lawyers-virtual-judiciary-richard-susskind?CMP=EM-CLAWEML1646. Acesso em: 15 maio 2020. Essa abordagem é explorada em outras obras do autor: SUSSKIND, Richard. *Tomorrow's Lawyers*: An Introduction to Your Future. Oxford, UK: Oxford University Press, 2013; SUSSKIND, Richard; SUSSKIND Daniel. *The Future of the Professions*: How Technology Will Transform the Work of Human Experts. Oxford: Oxford University Press, 2015.

15. SUSSKIND, Richard. Tomorrow's Lawyers: a virtual judiciary – extract. *The Guardian*. 29 jan 2013. Disponível em: https://www.theguardian.com/law/2013/jan/29/tomorrows=-lawyers-virtual-judiciary-richard-susskind?CMP-EMCLAWEML1646. Acesso em: 15 maio 2020.

Ao se pensar na estrutura dos tribunais *online*, deve-se analisar algumas peculiaridades sobre o modelo que se pretende instituir. Além disso, questões que não eram encontradas no sistema tradicional, passam a merecer especial atenção, tais como: a) armazenamento e proteção de dados, b) acesso à internet; c) certificação da identidade das partes e dos advogados e d) confidencialidade.

Como se verifica, não se trata, portanto, de mera transposição de um ambiente para outro, mas sim de uma recriação do serviço judicial pelo uso da tecnologia. A estrutura deve ser pensada, também, a fim de evitar que a instantaneidade e facilidade de acesso pela internet motive a propositura de processos frívolos.

A análise do modelo que se pretende instituir passa pela avaliação da forma de conexão da ODR ao Poder Judiciário que pode se dar das seguintes formas: integração total, triagem ou paralela.

Susskind vai além da indicação das ferramentas tecnológicas ao tratar da arquitetura das *online courts*, pois considera dois movimentos: o primeiro, no qual os juízes atuarão remotamente, tanto de forma síncrona como assíncrona; e o segundo, com a incorporação de outras funcionalidades que permitirão o desenho do que ele denomina de 'extended court'.

Para o autor, as *online courts* geram a diminuição de custos e maior celeridade, bem como são responsáveis pela ampliação do acesso à justiça[16]. Ao considerar esse movimento de ampliação, a arquitetura desenhada por Susskind para as *online courts* dialoga com a proposta de um modelo aprimorado de acesso à justiça[17]. O autor apresenta um modelo a partir da analogia médica, com referências ao remediar, prevenir e vacinar, para tratar das seguintes dimensões do acesso à justiça: a resolução da disputa, a contenção da disputa, a evitação da disputa e a promoção do bem-estar.

A resolução da disputa é, sem dúvida, o serviço originário do sistema de justiça, que deve ofertar, também, a forma adjudicada para as partes. Pode-se afirmar que trata-se de uma leitura tradicional e conservadora do sistema de justiça, que, atualmente, permite a interação com a tecnologia por meio, por exemplo, do processo eletrônico e das audiências por videoconferência. No sistema adjudicatório, a inserção da tecnologia não promove modificações na proposta que é a da resolução de conflitos por um terceiro, mas apenas abre outras possibilidades de interação entre as partes, os advogados e o Poder Judiciário[18].

---

16. SUSSKIND, Richard. *Online courts and the future of justice*. New York: Oxford Press, 2019, p. 101.

17. "My line of argument in summary is this – when I talk of improving access to justice, I am referring to much more than providing access to quicker, cheaper, and less combative mechanism for resolving disputes. I am also speaking of the introduction of techniques that deeply empower all members of society – to contain disputes that have arisen, to avoid disputes in the first place and, more, to have greater insight in to the benefits that the law can confer" (SUSSKIND, Richard. *Online courts and the future of justice*. New York: Oxford Press, 2019, p. 70).

18. Ao analisar a realidade brasileira, pode-se identificar que diversas atividades já são intermediadas pela tecnologia: a) plataformas exclusivas, públicas e privadas, para tratamento de conflitos por negociação e facilitação, em paralelo à funcionalidade da negociação presente em vários serviços *online*, como *Airbnb, Ebay, Facbeook*, dentre outros; b) digitalização dos processos judiciais; c) realização de audiências e sessões de facilitação por videoconferência; d) conexão entre plataformas de tratamento de conflitos e os tribunais.

Já na dimensão da contenção de disputas, o sistema ofertará os meios mais adequados para a solução do caso, com a inclusão de ferramentas de negociação, conciliação e mediação, tanto na modalidade presencial, como também *online*. Quando são adicionadas as ADR e ODR à arquitetura, aí sim há alteração e agregação de uma outra dimensão de acesso à justiça, representada pela contenção da disputa.

Com esta dimensão, não será ofertado apenas um sistema *alternativo* ao dos tribunais, mas sim formas de solução de conflitos que podem integrar, também, o sistema dos tribunais. É o que se verifica nos tribunais brasileiros após o advento da política pública da consensualidade e, bem como, da recente notícia da criação de uma plataforma pelo CNJ[19] em parceria com a iniciativa privada, com o objetivo de instrumentalizar os tribunais para realização de sessões de conciliação e mediação *online* para diversos tipos de conflitos.

Tradicionalmente, as facilitações são realizadas por um terceiro que pode atuar presencial ou remotamente. Susskind afirma que tal sistema pode ser ampliado com a incorporação de um sistema que não envolva um terceiro, mas sim alguma ferramenta tecnológica[20]. Outra possibilidade apontada pelo autor e que já se encontra incorporada em plataformas brasileiras é o uso de formas de comunicação assíncrona entre as partes permitindo a realização da negociação direta, como se verifica na plataforma Consumidor.gov.br.

Na evitação da disputa, Susskind, ao utilizar a analogia médica, afirma que é melhor prevenir do que remediar, e propõe a criação de uma ampla rede de informação e apoio ao cidadão para melhor condução de suas demandas, que seria composta não só por advogados, mas também por atendimentos e encaminhamentos *online*[21]. Susskind entende que essa dimensão estaria alocada no que ele denomina "extension of the courts", nas quais seriam agregadas ferramentas tais como um menu de opções, árvores decisórias e funcionalidades de inteligência artificial que poderiam predizer as soluções possíveis[22].

Alguns críticos entendem que o suporte legal às partes não seria função dos tribunais e Susskind afirma que não seria uma função apenas dos tribunais, mas também de organizações não governamentais, universidades e empresas privadas, num modelo colaborativo.

Na dimensão denominada pelo autor de "promoção de bem-estar", ele afirma que o conhecimento da lei pelos cidadãos permite que eles sejam empoderados, a fim de gerenciarem seus conflitos de forma mais adequada[23].

---

19. VALOR ECONÔMICO. *CNJ lançará plataforma on-line para conflitos relacionados à covid-19* (11/05/2020). Disponível em: https://valor.globo.com/legislacao/noticia/2020/05/11/cnj-lancara-plataforma-on-line-para-conflitos-relacionados-a-covid-19.ghtml. Acesso em: 29 jun. 2020.
20. SUSSKIND, Richard. *Online courts and the future of justice.* New York: Oxford Press, 2019, p. 138-139.
21. Susskind utiliza a expressão "online assessment": "[…] a term wich I now favour over 'evaluation' wich has misleading moral overtones), helping users to categorize and classify their problems, to understand the law applicable to them, and to guide them on the options and remedies available to them." (SUSSKIND, Richard. *Online courts and the future of justice.* New York: Oxford Press, 2019, p 117-118).
22. SUSSKIND, Richard. *Online courts and the future of justice.* New York: Oxford Press, 2019, p.127.
23. SUSSKIND, Richard. *Online courts and the future of justice.* New York: Oxford Press, 2019, p. 69.

4. OPORTUNIDADES, LIMITES E DESAFIOS DAS *ONLINE COURTS*

As *online courts* costumam ser bastante enaltecidas pela celeridade, facilidade e menores custos que, em geral, oferecem aos seus usuários. A flexibilidade dos procedimentos e a praticidade na submissão e acompanhamento dos casos são vantagens que se somam às demais.

Além disso, um dos pontos positivos no uso de ferramentas de ODR é a capacidade de coletar dados, organizar e processar informações que podem ser úteis para a resolução de conflitos, bem como para a prevenção também. O ponto de identificação do conflito também pode ser antecipado pelos sistemas de ODR, pois estes sistemas permitem que não ocorra a ampliação do conflito, ou seja, permitem identificar o conflito numa fase inicial, evitando o seu escalonamento[24]. Segundo Orna Rabinochy-Einy:

> Experience with ODR has uncovered creative ways in which the goals of accountability and learning can be met despite the informal, flexible and confidential nature of these processes. Because in ODR processes all communications are automatically stored in digital format, a rich searchable database is created instantaneously, at no added cost. This data, which includes all communications between the third party and the mediator as well as any resolution reached, is broad enough to uncover third party misconduct or incompetence. At the same time, by detecting and analyzing cases that were successfully resolved, effective mediator techniques and relevant training techniques can be identified. In addition, the analysis of data collected across cases according to suspect categories of parties can reveal systematic biases embedded in the process and offer insight into the conditions under which such bias can be lifted[25].

Não obstante todos esses benefícios e o novo horizonte de oportunidade que abriu em relação ao acesso à justiça, algumas ponderações precisam ser realizadas.

O crescimento das plataformas de ODR aliado ao oferecimento de métodos consensuais em fases precoces do conflito no espaço virtual dos próprios tribunais deu mais independência às partes para resolverem seus conflitos sem assistência jurídica. Nesse sentido, uma das mais duras críticas feitas pela doutrina especializada no assunto é a questão da desnecessidade de aconselhamento por um advogado.

George Applebey ressalta que a opção por uma "autorrepresentação" a partir de uma estimativa excessivamente confiante das próprias habilidades ou, a falta de escolha devido à pressão financeira pode ter repercussões danosas em razão do desconhecimento

---

24. "[...] if one party is frustrated with another party because they did not deliver a package to a hotel for an important meeting, a quick check via mobile device of the shipper's website may indicate that the package was already delivered and received by a hotel employee, who placed it safely in a storage closet. Without the key piece of information, a dispute might have arisen and escalated between the parties, with mutual accusations of responsibility back and forth. But the availability of information over the mobile device resolved the issue even before the aggrieved party communicated their concern to the respondent. In fact, the easy availability of information over mobile devices has probably resolved more disputes than all the online mediators in the world combined" (RULE, Colin e NAGARAJAN, Chittu. *Crowdsourcing Dispute Resolution Over Mobile Devices*. Disponível em: http://colinrule. com/writing/mobile.pdf. Acesso em: 20 jun. 2020).

25. RABINOVICH-EINY, Orna. *Enhancing Accountability and Learning in Dispute Resolution Through Technology*. Disponível em: http://weblaw.haifa.ac.il/he/Faculty/RabinovichEiny/Publications/Enhancing%20Accountability%20 and%20Learning%20in%20Dispute%20Resolution%20Through%20Technology.pdf. Acesso em: 08 jun. 2020.

ou má compreensão do Direito. O autor também observa que no sistema do *Common Law* a ausência de representação é bem menos frequente do que no *Civil Law*[26].

Uma outra preocupação constante é que a incorporação de novas tecnologias aos tribunais seja acompanhada de uma normatização, tendo em vista conferir maior segurança jurídica e uma orientação adequada sobre o uso dessas ferramentas tanto por parte do Judiciário quanto dos jurisdicionados. Não obstante, este tipo de reforma geralmente ocorre em um ritmo muito mais lento.

A pandemia de Covid-19 acelerou, consideravelmente, não apenas a rapidez de incorporação dessas tecnologias como também incentivou a elaboração de guias, recomendações e normas internas em diversos tribunais pelo mundo. Como já ressaltado anteriormente, as maiores mudanças foram sentidas particularmente nas audiências e nas sessões de facilitação, que estão migrando paulatinamente para o espaço virtual. Atualmente, as experiências das *online courts* são compartilhadas em um site desenvolvido por Richard Susskind, intitulado *Remote Courts Worlwide*[27]. As informações são disponibilizadas e categorizadas por país e permitem um compartilhamento de boas práticas, técnicas e protocolos.

A velocidade com que isso vem acontecendo torna difícil a previsão dos efeitos, mas certamente reformulará o sistema judicial em todo mundo. O maior desafio dessa transição rápida, sem dúvida, é encontrar o equilíbrio certo para proteger os direitos e interesses de curto e longo prazo das partes e do público[28].

Cabe sopesar que este movimento, apoiado no uso de ferramentas virtuais, está vulnerável a falhas tecnológicas; o que também gera implicações sobre o acesso à justiça. Mesmo em países mais desenvolvidos foi percebido que existe uma discrepância no acesso à tecnologia, criando um problema de exclusão digital. As duas discrepâncias mais marcantes foram *i)* a velocidade da conexão com a internet e *ii)* as habilidades dos participantes no decorrer do procedimento. Essas diferenças geralmente refletem fatores como a localização do litigante, condições físicas e mentais, renda e idade[29].

Joe Mcintyre, Anna Olijnyk e Kieran Pender observam, no entanto, que até certo ponto, essas diferenças são mitigadas quando todas as partes em disputa têm representação legal, na medida em que se pode esperar que a maioria dos escritórios de advocacia tenha um acesso razoável às ferramentas digitais.

Outros problemas de acessibilidade são comuns tantos aos tribunais online quanto na estrutura tradicional. De modo geral, o poder judiciário em todos os países possui protocolos bem desenvolvidos para acomodar partes, testemunhas e advogados com necessidades de acesso específicas relacionadas à mobilidade, assistência visual e auditiva

---

26. APPLEBEY, George. Justice without Lawyers? Litigants in Person in the English Civil Courts, 18 *Holdsworth L. Rev.* 109, p. 939, 1997.
27. Disponível em: https://remotecourts.org/news.htm.
28. MCINTYRE, Joe; OLIJNYK, Anna; PENDER, Kieran. Courts and COVID-19: Challenges and Opportunities in Australia. *Auspublaw*, 4 de maio de 2020. Disponível em: https://auspublaw.org/2020/05/courts-and-covid-19-challenges-and-opportunities-in-australia/. Acesso em: 09 jul. de 2020.
29. Idem.

e tradução. A tecnologia se apresenta como uma chave para melhorar o acesso à justiça e deve ser uma prioridade central no *design* de qualquer tribunal.

Em que pese as enormes facilidades, alguns autores[30] alertaram que o decorrer da pandemia gerou um efeito de 'zoom-fadiga' em relação aos procedimentos *online*. Cabe ressaltar que isso não deve ser entendido como qualquer tipo de sugestão no sentido que as audiências virtuais sejam juridicamente impróprias, mas, em vez disso, não se pode simplesmente transportar as agendas e os padrões de trabalho dos procedimentos físicos diretamente para o ambiente digital[31].

Uma medida que pode ser bastante útil para monitorar essas dificuldades e, consequentemente, aproximar o cidadão do serviço da justiça é a criação de um sistema de avaliação para identificação dos principais entraves no sistema e assim gerar um consequente aperfeiçoamento da tecnologia, além da programação de iniciativas que visem diminuir ou eliminar essas discrepâncias.

Um outro desafio relacionado à circunstância da pandemia é a criação de uma estratégia para lidar com o alto volume de litígios em determinados assuntos, tais como: assistência social e previdência; relações laborais; aluguéis de pessoas físicas e jurídicas; falências e insolvências; saúde; dentre outras[32].

Nesse sentido, uma iniciativa que vem se consolidando é a criação de sistemas destinados a cada um desses setores separadamente. Um plano importante é o investimento em coleta de dados para ver quais áreas carecem de maior suporte no tratamento dos litígios.

Sem dúvida, um ponto que ganha uma nova escala de atenção é a proteção de dados. O acesso aos mesmos e até aos testemunhos no bojo dos processos deve ser acompanhado de proteções contra o uso indevido desse conteúdo. E isto faz com que o princípio da publicidade dos julgamentos precise ser sopesado à luz deste novo espaço: a internet[33].

No Brasil, o Conselho Nacional de Justiça deu um primeiro impulso nessa direção com a Recomendação 63 de 2020[34], que dispôs sobre medidas a serem observadas pelos juízos com competência para o julgamento de ações de recuperação judicial e falência com o intuito de mitigar os impactos do novo coronavírus.

---

30. Cf. LEMOS, Ronaldo. Por que o Zoom cansa tanto? Por mais que a imagem tente nos enganar, o fato é que não estamos olhando para ninguém. *Folha de São Paulo*, Colunas, 21 de junho de 2020. Disponível em: https://webcache.googleusercontent.com/search?q=cache:QfSOgKslc0cJ:https://www1.folha.uol.com.br/colunas/ronaldo-lemos/2020/06/por-que-o-zoom-cansa-tanto.shtml+&cd=1&hl=pt-BR&ct=clnk&gl=br&client=safari. Acesso em: 13 jul. 2020.
31. MCINTYRE, Joe; OLIJNYK, Anna; PENDER, Kieran. Op. cit.
32. UNODC. Guidance Note: Ensuring Access to Justice in the Context of COVID-19, maio de 2020. Disponível em: https://www.unodc.org/documents/Advocacy-Section/Ensuring_Access_to_Justice_in_the_Context_of_COVID-191.pdf. Acesso em: 11 jul. 2020.
33. Cf. SALYZYN, Amy. "Trial by Zoom": What Virtual Hearings Might Mean for Open Courts, Participant Privacy and the Integrity of Court Proceedings. *Slaw, Canada`s online legal magazine*, 17 abr 2020. Disponível em http://www.slaw.ca/2020/04/17/trial-by-zoom-what-virtual-hearings-might-mean-for-open-courts-participant-privacy-and-the-integrity-of-court-proceedings/. Acesso em: 11 jul. 2020.
34. CONSELHO NACIONAL DE JUSTIÇA. *Recomendação 63 de 31.03.2020*. Recomenda aos Juízos com competência para o julgamento de ações de recuperação empresarial e falência a adoção de medidas para a mitigação do impacto decorrente das medidas de combate à contaminação pelo novo coronavírus causador da Covid-19. Disponível em: https://atos.cnj.jus.br/atos/detalhar/3261. Acesso em: 13 jul. 2020.

A partir dessa orientação, os tribunais começaram a se mobilizar pela criação de centros judiciários de solução de conflitos e cidadania específico para a área empresarial. O TJSP, através do Provimento CG 11 de 2020[35], criou um projeto piloto de conciliação e mediação pré processuais com sessões realizadas através da plataforma de videoconferência *Microsoft Teams*. As atas são assinadas digitalmente tanto pelo juiz responsável quanto pelo mediador e procurador das partes.

O TJPR[36] também previu a criação de um CEJUSC voltado à recuperação judicial. O Tribunal se preocupou ainda com a capacitação dos mediadores, conciliadores judiciais e facilitadores em justiça restaurativa que irão atuar com essa temática, também com a inclusão de módulos específicos sobre legislação e teoria econômica na formação.

Um ato normativo conjunto do TJRJ[37] implementou o Sistema Especial de tratamento de conflitos relativos à recuperação empresarial e falência – SER, com o intuito de promover a mediação nos processos judiciais e procedimentos extrajudiciais nas disputas empresariais decorrentes dos efeitos da Covid-19, com solicitações do procedimento efetuadas através de *e-mail* e com o uso da plataforma e-NUPEMEC.

Uma estratégia própria também deve ser pensada para o campo penal, em particular no que concerne à priorização de casos críticos. A garantia de proteção dos direitos dos réus deve fazer parte do planejamento e preparação de respostas em face da COVID-19[38].

Como se verifica, o sistema judiciário brasileiro já vem encampando muitas das propostas apresentadas por Susskind a partir da arquitetura para os tribunais *online* e que permite revelar um caminho para um melhor e maior acesso à justiça.

5. CONCLUSÃO

A partir do que foi exposto, verifica-se que a internet revolucionou não só as relações interpessoais, mas até mesmo a forma de fazer negócios, e, com isso, os tipos de conflito e de resolução vigentes.

O meio digital foi incluído como ferramenta de gestão, prevenção e solução de conflitos de forma gradual, tanto em meios consensuais como também em alguns casos específicos, na adjudicação.

A arquitetura proposta por Susskind parte de uma ressignificação do conceito de tribunais para entendê-los como o serviço e não como um lugar, de forma a ampliar as suas funcionalidades e aprimorar o acesso à justiça com o uso da tecnologia.

---

35. TRIBUNAL DE JUSTIÇA DO ESTADO DE SÃO PAULO. *Provimento CG 11 de 2020*. Dispõe sobre a criação de projeto-piloto de conciliação e mediação pré-processuais para disputas empresariais decorrentes dos efeitos da Covid-19, 17 de abril de 2020.

36. Cf. TRIBUNAL DE JUSTIÇA DO ESTADO DO PARANÁ. "CEJUSC Recuperação Empresarial" é implantado na comarca de Francisco Beltrão. *Portal TJPR*, Notícias, 4 de maio de 2020. Disponível em: https://www.tjpr.jus.br/home/-/asset_publisher/9jZB/content/id/35253519. Acesso em: 13 jul. 2020.

37. Cf. TRIBUNAL DE JUSTIÇA DO RIO DE JANEIRO. *Ato normativo conjunto*. Dispôs sobre a sobre a implantação de projeto de sistema especial de tratamento de conflitos relativos à renegociação prévia, à recuperação empresarial, judicial e extrajudicial, e à falência das empresas atingidas pelo impacto da pandemia COVID-19. Disponível em: http://www.tjrj.jus.br/noticias/noticia/-/visualizar-conteudo/5111210/7328589. Acesso em: 13 jul. 2020.

38. Ibidem, p. 14.

Com o passar do tempo, é natural que as medidas adotadas passem por revisão e atualização. Esta reflexão teve como norte principal o favorecimento cada vez maior ao acesso à justiça. O compartilhamento de boas práticas entre os atores judiciários, incluindo o setor privado e a sociedade civil também é um elemento fundamental neste processo de fortalecimento e expansão das *online courts*.

6. REFERÊNCIAS

APPLEBEY, George. Justice without Lawyers? Litigants in Person in the English Civil Courts, 18 *Holdsworth L. Rev.* 109, 1997.

CAPPELLETTI, Mauro; GARTH, Bryan. *Acesso à Justiça*. Trad. Ellen Gracie Northfleet. Porto Alegre: Fabris Editora, 1988.

CHURCH, Ray Everett. The spam that started it all. *Revista Eletrônica WIRED*. Disponível em: http://www.wired.com/politics/law/news/ 1999/04/19098. Acesso em: 12 jul. 2020.

CONSELHO NACIONAL DE JUSTIÇA. *Recomendação 63 de 31/03/2020*. Recomenda aos Juízos com competência para o julgamento de ações de recuperação empresarial e falência a adoção de medidas para a mitigação do impacto decorrente das medidas de combate à contaminação pelo novo coronavírus causador da Covid-19. Disponível em: https://atos.cnj.jus.br/atos/detalhar/3261. Acesso em: 13 jul. 2020.

CORTÉS, Pablo. What should the ideal ODR system for e-commerce consumers look like? The Hidden World of Consumer. *ADR: Redress and Behaviour*. CSLS Oxford, 2011.

EUROPEAN COMMITTEE ON LEGAL CO-OPERATION (CDCJ). *Technical Study on online dispute resolutions mechanisms*. Coord.: Julia H rnle, Matthew Hewitson e Illia Chernohorenko. Nov. 2018. Disponível em: https://rm.coe.int/cdcj-2018-5e-technical-study-odr/1680913249. Acesso em: 10 jun. 2020.

KATSH, Ethan. Online Dispute Resolution: Some Implications for the Emergence of Law in Cyberspac, *Lex Electronica*, v. 10, n.3, Hiver/Winter, 2006.

KATSH, RIFKING, GAITENBY. E-Commerce, E-Disputes, and E-Dispute Resolution: In the Shadow of eBay Law, 15 *Ohio St. J. on Disp. Resol.* 705, 2000.

KATSH, Ethan. *The Online Ombuds Office*: Adapting Dispute Resolution to Cyberspace. Disponível em: http://www.odr.info/ncair/katsh.htm. Acesso em: 12 jul. 2020.

KESAN; SHAH. Fool Us Once Shame On You – Fool Us Twice Shame On Us: What We Can Learn From the Privatizations of the Internet Backbone Network and the Domain Name System. *Washington University Law Quarterly*, v. 79, 2001.

LEMOS, Ronaldo. Por que o Zoom cansa tanto? Por mais que a imagem tente nos enganar, o fato é que não estamos olhando para ninguém. *Folha de São Paulo*, Colunas, 21 de junho de 2020. Disponível em: https://webcache.googleusercontent.com/search?q=cache:QfSOgKslc0cJ:https://www1.folha.uol.com.br/colunas/ronaldolemos/2020/06/por-que-o-zoom-cansa-tanto.shtml+&cd=1&hl=p-t-BR&ct=clnk&gl=br&client=safari. Acesso em: 13 jul. 2020.

LODDER; THISSEN. *The Role of Artificial Intelligence in Online Dispute Resolution*. Disponível em: http://www.odr.info/unece2003/pdf/lodder_thiessen.pdf. Acesso em: 12 jul. 2020.

MCINTYRE, Joe; OLIJNYK, Anna; PENDER, Kieran. Courts and COVID-19: Challenges and Opportunities in Australia. *Auspublaw*, 4 de maio de 2020. Disponível em: https://auspublaw.org/2020/05/courts-and-covid-19-challenges-and-opportunities-in-australia/. Acesso em: 09 jul. 2020.

MUELLER, Milton Mueller. *Ruling the Root*: Internet Governance and the Taming of Cyberspace. Cambridge, MA: MIT Press; 2001.

RABINOVICH-EINY, Orna. *Enhancing Accountability and Learning in Dispute Resolution Through Technology*. Disponível em: http://weblaw.haifa.ac.il/he/Faculty/RabinovichEiny/Publications/Enhancing%20Accountability%20and%20Learning%20in%20Dispute%20Resolution%20Through%20Technology.pdf. Acesso em: 08 jun. 2020.

RULE, Colin e NAGARAJAN, Chittu. *Crowdsourcing Dispute Resolution Over Mobile Devices*. Disponível em: http://colinrule.com/writing/mobile.pdf. Acesso em: 20 jun. 2020.

SALYZYN, Amy. "Trial by Zoom": What Virtual Hearings Might Mean for Open Courts, Participant Privacy and the Integrity of Court Proceedings. *Slaw, Canada's online legal magazine*, 17 abr 2020. Disponível em: http://www.slaw.ca/2020/04/17/trial-by-zoom-what-virtual-hearings-might-mean-for-open--courts-participant-privacy-and-the-integrity-of-court-proceedings/. Acesso em: 11 jul. 2020.

SUSSKIND, Richard. Tomorrow's Lawyers: a virtual judiciary – extract. *The Guardian*. 29 jan 2013. Disponível em: https://www.theguardian.com/law/2013/jan/29/tomorrows-lawyers-virtual-judiciary-richard-susskind?CMP=EMCLAWEML1646. Acesso em: 15 maio 2020.

SUSSKIND, Richard. *Tomorrow's Lawyers*: An Introduction to Your Future. Oxford, UK: Oxford University Press, 2013.; SUSSKIND, Richard; SUSSKIND Daniel. *The Future of the Professions*: How Technology Will Transform the Work of Human Experts. Oxford: Oxford University Press, 2015.

SUSSKIND, Richard. *Online courts and the future of justice*. New York: Oxford Press, 2019.

SUSSKIND, Richard. *Remote courts worldwide*. Disponível em: https://remotecourts.org/news.htm.

TRIBUNAL DE JUSTIÇA DO ESTADO DE SÃO PAULO. *Provimento CG 11 de 2020*. Dispõe sobre a criação de projeto-piloto de conciliação e mediação pré-processuais para disputas empresariais decorrentes dos efeitos da Covid-19, 17 de abril de 2020.

TRIBUNAL DE JUSTIÇA DO ESTADO DO PARANÁ. "CEJUSC Recuperação Empresarial" é implantado na comarca de Francisco Beltrão. *Portal TJPR*, Notícias, 4 de maio de 2020. Disponível em: https://www.tjpr.jus.br/home/-/asset_publisher/9jZB/content/id/35253519. Acesso em: 13 jul. 2020.

TRIBUNAL DE JUSTIÇA DO RIO DE JANEIRO. *Ato normativo conjunto*. Dispôs sobre a sobre a implantação de projeto de sistema especial de tratamento de conflitos relativos à renegociação prévia, à recuperação empresarial, judicial e extrajudicial, e à falência das empresas atingidas pelo impacto da pandemia COVID-19. Disponível em: http://www.tjrj.jus.br/noticias/noticia/-/visualizar-conteudo/5111210/7328589. Acesso em: 13 jul. 2020.

UNODC. *Guidance Note: Ensuring Access to Justice in the Context of COVID-19*, maio de 2020. Disponível em https://www.unodc.org/documents/Advocacy-Section/Ensuring_Access_to_Justice_in_the_Context_of_COVID-191.pdf. Acesso em: 11 jul. 2020.

VALOR ECONÔMICO. *CNJ lançará plataforma on-line para conflitos relacionados à covid-19* (11/05/2020). Disponível em: https://valor.globo.com/legislacao/noticia/2020/05/11/cnj-lancara-plataforma-on--line-para-conflitos-relacionados-a-covid-19.ghtml. Acesso em: 29 jun. 2020.

WATANABE, Kazuo. *Acesso à ordem jurídica justa: conceito atualizado de acesso à justiça, processos coletivos e outros estudos*. Belo Horizonte: Del Rey, 2019.

A JUSTIÇA MULTIPORTAS – UMA ALTERNATIVA PARA A SOLUÇÃO PACÍFICA DOS CONFLITOS

Mariângela Meyer Pires Faleiro

Graduada pela Faculdade de Direito da PUC/MG. Pós-Graduada em Direito Público pela PUC/MG. Desembargadora do TJMG. Ouvidora-Geral do TJMG, de 13/08/2012 a 13/08/2013. Vice Corregedora Geral de Justiça 2016-2018. 3ª. Vice-Presidente do TJMG Biênio 2018-2020. Membro do Comitê Gestor do Movimento pela Conciliação – CSAC. Formadora capacitada pela ENFAM. Superintendente Adjunta da Escola Judicial Edésio Fernandes biênio 2020/2022. E-mail pra contato: mariangela.meyer@tjmg.jus.br

Clayton Rosa de Resende

Mestre em Direito Privado pela PUC Minas. Professor da graduação em Direito do Centro Universitário de Sete Lagoas – UNIFEMM. Tutor e Formador da Escola Judicial Desembargador Edésio Fernandes – EJEF/TJMG. Formador capacitado pela Escola Nacional de Formação e Aperfeiçoamento de Magistrados – ENFAM. Coordenador de Centro Judiciário de Solução de Conflitos e Cidadania – CEJUSC de Belo Horizonte-MG. Juiz de Direito do Tribunal de Justiça do Estado de Minas Gerais. E-mail para contato: claytonderesende@gmail.com

Juliano Carneiro Veiga

Pós-graduado em Direito Processual e em Gestão de Negócios. Graduado em Direito e em Filosofia. Professor de Filosofia do Direito e Teoria Geral do Processo. Instrutor de cursos de capacitação de servidores, juízes e demais colaboradores pela Escola Judicial Desembargador Edésio Fernandes – EJEF/TJMG. Formador capacitado pela Escola Nacional de Formação e Aperfeiçoamento de Magistrados – ENFAM. Coordenador de Centro Judiciário de Solução de Conflitos e Cidadania – CEJUSC. Juiz de Direito do Tribunal de Justiça do Estado de Minas Gerais. E-mail para contato: julianocarneiroveiga@hotmail.com

Sumário: 1. Dez anos da política judiciária de tratamento adequado dos conflitos no Brasil e os avanços tecnológicos. 2. O uso da tecnologia na ampliação do acesso ao sistema de justiça. 3. Perspectivas para a política judiciária nacional de tratamento adequado de conflitos na era digital. 4. Referências.

O termo "Justiça Multiportas" foi utilizado pelo professor Frank Sander, da Faculdade de Direito de Harvard como uma forma de oposição ao sistema clássico, que previa a atividade jurisdicional estatal como a única capaz de solver conflitos. Nesse sistema de Justiça Multiportas, a jurisdição estatal, passa a ser apenas mais uma dentre as diversas técnicas disponibilizadas, contando com diferentes mecanismos de tutela de direitos, e vários métodos adequados para cada tipo de disputa. (CABRAL; ZANETI Jr., 2019).

O Sistema de Múltiplas Portas, denominado de *Multidoor Courthouse System* foi pela primeira vez descrito na Conferência Pound, de 1976, na cidade de Washington, como alternativa diante das insuficiências das práticas da justiça até então realizadas nos Estados Unidos, as quais não atendiam satisfatoriamente às pessoas que buscavam um amparo judicial.

E o citado professor de Direito da Universidade de Harvard, Frank Sander, foi quem propôs um sistema de acesso a diferentes "portas", com o propósito de resolver os problemas enfrentados pelo Judiciário estadunidense no que tange à administração da justiça na solução dos conflitos.

O Sistema de Múltiplas Portas visa, portanto, orientar os litigantes sobre os diferentes mecanismos de tratamento do conflito, sugerindo a "porta" mais pertinente e adequada para a demanda apresentada. São consideradas "portas" dentre outras, a mediação, a conciliação e a arbitragem como métodos alternativos de resolução de conflitos. Esse sistema teve como intuito analisar qual o melhor método de solução daquele conflito, que não seja necessariamente o Judiciário, mas sem afastar a jurisdição tradicional (DAMASCENO; MACEDO, 2018).

Conforme leciona Leonardo Cunha, "a expressão multiportas decorre de uma metáfora: seria como se houvesse, no átrio do fórum, várias portas; a depender do problema apresentado, as partes seriam encaminhadas para a porta da mediação, ou da conciliação, ou da arbitragem, ou da própria justiça estatal" (CUNHA, L. C., 2016).

Diverso do modelo de justiça tradicional, autocentrado e interventivo, o modelo multiportas considera também as soluções extrajudiciais, sejam elas: autocompositivas, por meio da mediação, conciliação ou outros métodos de solução consensual de litígios, a exemplo da negociação direta; ou heterocompositivas, como é o caso da arbitragem, apresentada pelo CPC/2015 como uma jurisdição extraestatal.

> O Judiciário deixa de ser um lugar de julgamento apenas para ser um local de resolução de disputas. Trata-se de uma importante mudança paradigmática. Não basta que o caso seja julgado; é preciso que seja conferida uma solução adequada que faça com que as partes saiam satisfeitas com o resultado (CUNHA, L. C., 2016).

Ora, se de um lado, a Constituição Federal assegura a inafastabilidade da jurisdição com o benefício do amplo acesso à justiça, de outro lado, não se pode negar que um número desenfreado de demandas passou a desaguar no Judiciário, ocasionando muitas das vezes na inviabilização de sua resolução em tempo de duração razoável de cada lide.

E foi justamente a partir do advento da Resolução 125/2010 do Conselho Nacional de Justiça (CNJ), que instituiu a "Política Judiciária Nacional de tratamento dos conflitos de interesses", visando assegurar a todos o direito à solução dos conflitos por meios adequados à sua natureza e peculiaridade que se inicia, no Brasil, a implementação do Sistema de Justiça Multiportas para a solução de litígios com previsão de criação de unidades do Poder Judiciário responsáveis pela realização e gestão das sessões e audiências de conciliação e mediação.

Essa ideia de justiça multiportas foi trazida para demonstrar que a atividade jurisdicional estatal não é a única porta e nem a principal opção das partes para colocarem fim ao litígio surgido entre elas, mas que existe um leque de possibilidades, ou seja, muitas outras portas que levam à pacificação social. E para cada tipo de litígio existe uma forma mais adequada de solução.

O sistema de justiça multiportas incentiva a utilização de métodos consensuais de resolução de conflitos e alcança ainda as disputas envolvendo a Fazenda Pública, uma das maiores litigantes do país, segundo dados do próprio CNJ.

Tais métodos se distinguem por serem autocompositivos, pois devolvem às partes o diálogo e o poder de negociação, através do estímulo e do auxílio dos mediadores e conciliadores, profissionais devidamente capacitados, os quais são dotados de neutralidade, sempre na busca do consenso.

Introduzido e adotado pelo CPC de 2015, o Sistema Multiportas se apresenta como uma solução possível e eficaz para efetivar o acesso à justiça, na medida em que os litigantes passam a ser menos adversários e mais cooperativos, e a solução do conflito se apresenta com ganhos mútuos e múltiplos que resultam no fortalecimento da cidadania através da promoção da paz social, da entrega de uma justiça mais célere e eficaz onde os protagonistas são os próprios envolvidos que, ao invés de buscar a via judicial de um processo aprendem a participar efetivamente da solução de seus conflitos, construindo um acordo que melhor atenda às suas necessidades sem que haja o pronunciamento judicial imperativo.

1. DEZ ANOS DA POLÍTICA JUDICIÁRIA DE TRATAMENTO ADEQUADO DOS CONFLITOS NO BRASIL E OS AVANÇOS TECNOLÓGICOS

A política pública de pacificação social surge mostrando outros caminhos a serem seguidos, pensando na maior celeridade e eficácia na solução das demandas e permitindo a adoção de formas mais harmoniosas e cooperativas de convivência social humanística, através das quais o cidadão, além de resolver sua questão jurídica, tem a oportunidade de se acertar com a outra parte, restabelecendo o vínculo familiar, societário e outros que tinham se rompido com aquele conflito que se instalou entre eles.

É inegável a superioridade das soluções alcançadas pelas próprias partes, num paralelo com outras que resultam da decisão judicial oferecida pelo Estado por meio da sentença judicial. Quando a superação do conflito resulta da vontade livre das partes, as quais fazem concessões recíprocas, o ganho social é muito maior.

A conciliação permite maior autonomia e independência ao indivíduo, pois o educa para as disputas e o exercita para a tomada de decisões, sem a interferência de terceiros, apresentando-se como um verdadeiro instrumento de exercício da cidadania. Ela confere aos envolvidos a responsabilidade de melhorar suas relações interpessoais, cabendo ao Poder Judiciário o papel de promover a paz social, garantindo um acesso mais amplo à justiça de forma equilibrada e harmoniosa.

Assim sendo, mostra-se justa e meritória a comemoração dos dez anos da edição da Resolução 125 do CNJ, uma vez que tanto a mediação como a conciliação, enquanto políticas públicas de acesso à justiça e pacificação social, caminham juntas na tentativa de "desafogar" o Judiciário, e, sobretudo, visando restaurar o diálogo entre as partes, orientando-as a lidar com seus conflitos e a chegar a uma composição amigável adequada para ambas.

Com a sua edição, a Resolução 125 introduziu a mudança de mentalidade na sociedade, ao incentivar a constante utilização dos meios alternativos de solução de conflitos, produzindo, em consequência, uma filtragem imediata das causas para as quais não existe a necessidade de intervenção judicial, criando uma forma educativa colocada à disposição do cidadão, fazendo com que este seja o protagonista na solução daquele conflito que o aflige e saiba que, a partir de então, encontrou o caminho através do qual poderá edificar uma composição amigável e até restabelecer os laços anteriormente rompidos.

A implementação dessa política pública e adequada de pacificação social requer uma atenção especial, pois se apresenta com um formato diverso do tradicional processo judicial, sem o formalismo, a excessiva normatividade e, sobretudo, sem o caráter adversarial do litígio, conferindo aos litigantes o poder de decisão para que construam juntos um acordo que seja melhor para ambos.

Com essa atuação conjunta entre Estado (Judiciário) e sociedade, cresceu a confiança da população, aumentou a cooperação e a participação dos envolvidos, inclusive com novas formas de tratamento de conflitos que promovem incessantemente espaços públicos destinados às políticas públicas de bem-estar e de pacificação social, uma vez que houve a priorização da inclusão através do fortalecimento da cidadania.

Com a implementação e colocação em prática do contido na Resolução 125, que passou a adotar como mecanismos consensuais a conciliação e a mediação, houve a transformação das relações não só dos envolvidos, como simbolizou uma contribuição grandiosa para a mudança de paradigma, fazendo com que o sistema de justiça compreendesse a necessidade de se voltar mais para o consenso e a pacificação social, trazendo maior harmonia à sociedade.

A cultura litigante no Brasil pode gerar um colapso do sistema judicial, que já funciona próximo ao seu limite, situação que vem se agravando a cada dia, devido à previsão de ajuizamento excessivo de demandas relacionadas à crise da pandemia.

O cenário atual deixa claro a importância das experiências tecnológicas bem sucedidas que vêm sendo desenvolvidas, dentro e fora dos Tribunais, para oferecer uma resposta mais célere aos conflitos e assegurar o uso adequado e responsável dos serviços do Poder Judiciário, assegurando o acesso à justiça de forma moderna e atuante.

Dúvida não se tem quanto à realidade do futuro dos sistemas judiciais e da necessidade de sua transformação pela tecnologia, pois, a justiça não pode mais ser um lugar onde os conflitos sejam levados para que o magistrado os resolva através de um processo físico de forma unilateral e imperiosa.

As pessoas clamam por agilidade, não pretendem mais estarem presentes, fisicamente, nos Fóruns e Tribunais para resolver suas questões. Elas desejam a evolução dos mecanismos de atendimento e de solução rápida das demandas.

Por isso, a justiça tem que inovar, tem que se reinventar, se atualizar, se adequar aos novos tempos, tudo fazendo para cuidar da inovação tecnológica por meio do uso de ferramentas de automação e de inteligência artificial (IA) na estrutura do Poder Judiciário e em espaços extrajudiciais também.

A JUSTIÇA MULTIPORTAS – UMA ALTERNATIVA PARA A SOLUÇÃO PACÍFICA DOS CONFLITOS

Acompanhando a evolução da tecnologia, as formas alternativas de resolução de conflitos (como a mediação, a conciliação e a arbitragem) passaram a se desenvolver também em ambientes virtuais, originando as chamadas *Online Dispute Resolution*, experiência que começou na iniciativa privada, para resolver problemas de compras realizadas em sites de grandes empresas, através de um sistema de inteligência artificial que informa as partes sobre seus direitos e, caso não se chegue a um acordo, uma decisão é emitida pelo próprio sistema.

No Brasil, o uso do site *"Consumidor.gov"* vem sendo incentivando e estimulando pelo poder executivo federal e por vários tribunais, justamente por tratar-se de um serviço público e gratuito que permite a interlocução direta entre consumidores e empresas para buscar uma solução mediante acordo em conflitos de consumo pela internet. Muitos magistrados, em atitude vanguardista, já estão a adotar a exigência prévia de uso desse serviço para comprovar o interesse do consumidor de agir perante o Judiciário.

2. O USO DA TECNOLOGIA NA AMPLIAÇÃO DO ACESSO AO SISTEMA DE JUSTIÇA

Com o advento da Política Judiciária Nacional de Tratamento Adequado dos Conflitos de Interesses, estabelecida pela Resolução n. 125/2010, do Conselho Nacional de Justiça, objetivou-se assegurar a todos os jurisdicionados o direito à solução dos conflitos por meios adequados à sua natureza e peculiaridade. Consoante as disposições da referida Resolução, cabe ao Poder Judiciário oferecer, antes da solução adjudicada mediante sentença, outros mecanismos de solução de controvérsias, em especial os chamados meios consensuais, como a conciliação e a mediação (art. 1º, parágrafo único, da Res. 125/2010/CNJ).

Outrossim, o atual Código de Processo Civil (CPC/2015) prevê, como norma fundamental, que "não se excluirá da apreciação jurisdicional ameaça ou lesão a direito" (art. 3º, CPC), ressaltando, entretanto, que "*o Estado promoverá, sempre que possível, a solução consensual dos conflitos*" (art. 3º, § 2º, CPC/2015). Assim, percebe-se que o atual diploma processual foi estruturado tendo como um de seus principais pilares o estímulo à autocomposição.

Nesse sentido, inobstante o CPC/2015 tenha enfatizado a garantia constitucional de inafastabilidade da jurisdição, consoante previsão contida no art. 5º, inciso XXXV, da Constituição da República), foi além ao positivar o denominado Princípio da Promoção pelo Estado da Autocomposição, reforçando que a solução adjudicada tem natureza substitutiva com o estabelecimento do dever de incentivo, sempre que possível, da prévia tentativa de resolução consensual dos conflitos de interesses.

Com isso, a doutrina enfatiza a necessidade de releitura do próprio conceito de Acesso à Justiça, "não apenas como garantia de mero acesso aos órgãos do Poder Judiciário, mas como garantia de acesso à ordem jurídica justa, de forma efetiva, tempestiva e adequada" (WATANABE, p. 05). Ganha força, assim, a preocupação estampada na Res. 125/CNJ/2010 de que o Poder Judiciário promova o alargamento das vias de acesso e de tratamento adequado dos conflitos, oportunizando a participação decisiva dos envolvidos na busca do resultado que satisfaça seus interesses, quer seja por meio da heterocomposição ou da autocomposição.

Nesse contexto, vale destacar que o movimento de acesso à justiça, que ganhou força com o denominado "Projeto Florença", cujos principais resultados foram expostos por Mauro Cappelletti e Bryant Garth na obra Acesso à Justiça, dividiu em três ondas renovatórias a preocupação relacionada à promoção do acesso à justiça. Nesse movimento renovatório, restou enfatizada a necessidade de se garantir o acesso ao Poder Judiciário às pessoas hipossuficientes, com a devida representatividade (1ª onda), bem como tutelar de maneira efetiva os direitos difusos e coletivos (2ª onda), além do estímulo à solução alternativa de conflitos (3ª onda).

Atualmente, abre-se espaço para a discussão acerca de uma quarta onda renovatória, marcada pela necessidade de se garantir o acesso à justiça digital, permitindo a universalização do uso de ferramentas tecnológicas no tratamento e na resolução adequada dos conflitos de interesses.

Nesse cenário de ampliação do rol de métodos disponíveis para o adequado tratamento e resolução do conflito de interesse, consoante preconizado pela Res. 125/2010/CNJ, o incentivo à resolução extrajudicial e pré-processual, com a utilização das ferramentas tecnológicas, descortina-se como uma das principais diretrizes no fortalecimento da resolução autocompositiva dos conflitos.

Exemplificativamente, destaca-se a rica experiência da plataforma do consumidor. gov.br, instituída pelo Ministério da Justiça e que possibilita a resolução de conflitos gratuitamente de forma rápida e efetiva. Consoante registros estatísticos da citada plataforma, a ferramenta possibilitou a resolução de 80% das reclamações registradas pelos consumidores, com um prazo médio de 7 dias para a resposta das empresas cadastradas.

Ademais, cabe destacar que a grande ampliação do acesso ao uso de ferramentas tecnológicas de comunicação, vivenciada nos últimos anos no Brasil, possibilitou a facilitação da interação entre as pessoas e instituições, alargando os canais de comunicação, especialmente por intermédio da internet.

Segundo a última pesquisa nacional sobre o uso da Tecnologia da Informação e Comunicação – "TIC Domicílio", divulgada em 28/08/2019, o uso da internet no país cresceu aproximadamente 25% em relação ao ano anterior, alcançando 70% da população brasileira em 79,1% dos domicílios, tendo o celular como a principal forma de conexão em 99,2% dos domicílios brasileiros com acesso à internet (IBGE, 2018).

Assim, percebe-se que tais ferramentas tecnológicas podem contribuir significativamente para a ampliação do acesso a diferentes métodos de tratamento e resolução dos conflitos de interesses, inclusive com a racionalização do acesso ao Poder Judiciário, com a disponibilização e utilização prévia de plataformas digitais e ferramentas virtuais de atendimento e resolução de conflitos.

3. PERSPECTIVAS PARA A POLÍTICA JUDICIÁRIA NACIONAL DE TRATAMENTO ADEQUADO DE CONFLITOS NA ERA DIGITAL

Os chamados meios alternativos de solução de conflitos (MASC) se referem aos procedimentos que tem por finalidade solucionar litígios entre duas ou mais partes sem a necessidade de um processo judicial. Na atualidade, convencionou-se trocar o termo *alternativo* por *adequado*, porque o que se deve buscar é o procedimento mais apropriado para cada tipo de litígio, que possa proporcionar a efetiva resolução.

Com o desenvolvimento dos meios eletrônicos, os MASC evoluíram para MESC – Meios Eletrônicos de Solução de Conflitos. Segundo Eckschmidt; Magalhães; Muhr (2016):

> Os MESC são um processo de solução de conflitos que se estrutura em ferramentas eletrônicas que promovem a comunicação, interação e formalização de maneira *eficiente* (p.e. baixo custo), *conveniente* (p.e. não presencial e previsível em custo e prazo) e *aplicável* (à questão em disputa), garantindo *autenticidade* (veracidade das partes envolvidas), *privacidade* (conteúdo protegido de terceiros não envolvidos), e *exequibilidade* (o resultado do conflito é exequível e exigível perante a lei) (Posição 1595 de 3560).

A Política Judiciária Nacional criada pela Resolução 125 deu novos contornos ao tratamento dos conflitos de interesse. A inserção da Justiça Multiportas na reforma do sistema processual brasileiro buscou consolidar a proposta da utilização de métodos adequados, visando a solução consensual das controvérsias, como tentativa de conter a crescente judicialização das demandas.

Por conseguinte, o sucesso da Política Pública e a sua atuação nestes novos tempos, não poderia ignorar os avanços tecnológicos, sob pena, de se comprometer o seu desenvolvimento na era digital.

Desde o advento do Processo Judicial Eletrônico, as ferramentas tecnológicas vêm ganhando espaço na solução dos conflitos e a mencionada reforma processual buscou adequar os procedimentos para torná-los cada vez mais virtuais.

A prática de atos processuais por meio de videoconferência é medida prevista no novo Código de Processo Civil, como previsto no art. 236, § 3º: *Admite-se a prática de atos processuais por meio de videoconferência ou outro recurso tecnológico de transmissão de sons e imagens em tempo real.*

A Lei de Mediação (Lei 13.140/2015) também prevê a possibilidade da utilização do método através de ferramentas que permitam a comunicação a distância, conforme art. 46: *A mediação poderá ser feita pela internet ou por outro meio de comunicação que permita a transação à distância, desde que as partes estejam de acordo.*

Não obstante as previsões normativas recentes e as vantagens de sua adoção, as ferramentas digitais eram pouco utilizadas na resolução de conflitos, exceto nas já referidas *Online Dispute Resolution (ODR)* no âmbito privado.

Segundo NASCIMENTO JÚNIOR (2017), as ODR se dividem em dois grandes grupos:

> um deles representados por ferramentas computacionais, tais como chats, e-mails, *instant messaging*, fóruns, vídeos e chamadas de telefone, videoconferência, as quais contam contando com a intervenção humana de um terceiro facilitador; e outro representado por sistemas automatizados (softwares e programas de computador) especializados na resolução objetiva de conflitos, programados com base na experiência multidisciplinar da ciência, valendo-se da matemática, filosofia, direito e, sobretudo, da inteligência artificial (p. 273).

Com efeito, a introdução de mecanismo de resolução online de conflitos passou a ser uma necessidade da Política Pública Judiciária Nacional.

Neste aspecto, a Emenda 2, de 08 de março de 2016 atualizou a referida Resolução do CNJ, para adequá-la aos ditames da Lei de Mediação e ao novo Código de Processo Civil.

Assim, na atualização da Resolução 125/2010, dentro das competências que cabem ao CNJ, está a criação de sistema de mediação e conciliação digital ou a distância, para atuação no âmbito pré-processual, como ferramenta virtual para a solução de conflitos[1].

Em maio de 2016, o CNJ lançou o Sistema de Mediação Digital, com acesso através do seu Portal na internet, visando aproximar clientes e empresas, através de troca de mensagens e informações, para a celebração de acordos de forma virtual, que podem, inclusive, ser homologados pela justiça, caso as partes considerem necessário. Inicialmente, duas instituições aderiam ao sistema, com a previsão de que qualquer empresa possa se inscrever, conforme noticiado em seu sítio na rede mundial de computadores[2].

Todavia, no momento em que a Política Pública de autocomposição buscava se consolidar com a introdução de ferramentas tecnológicas, a humanidade foi surpreendida pela pandemia de um vírus[3], obrigando a todos a uma mudança rápida de comportamento, o que também afetou o andamento dos processos judiciais e a forma de utilização dos métodos de resolução consensual de controvérsias.

Neste ínterim, a mudança exigiu uma pronta resposta para que as resoluções de conflitos não fossem comprometidas e o que acabou se apresentando mais eficaz no momento foi a implantação das sessões virtuais através de simples ferramentas computacionais.

As sessões de conciliação e mediação, tanto no âmbito processual, quanto no âmbito pré-processual, passaram a ser realizadas através de plataforma virtual que foi disponibilizada pelo CNJ para uso emergencial e que acabaram criando um novo modo de fazer, que restará consolidado como prática comum para a resolução dos conflitos doravante.

A videoconferência, então, passou a ser o meio utilizado para a realização de sessões de conciliação e mediação, no período em que não foi possível a realização de atos presenciais no Centro Judiciário de Solução de Conflitos – CEJUSC da Comarca de Belo Horizonte – MG.

Inicialmente, a prática contou com resistência de partes e advogados. Mas a necessidade de se dar andamento ao processo e buscar a rápida solução do litígio levou ao incremento da adesão.

---

1. Art. 6º Para o desenvolvimento da rede referida no art. 5º desta Resolução, caberá ao Conselho Nacional de Justiça: X – criar Sistema de Mediação e Conciliação Digital ou a distância para atuação pré-processual de conflitos e, havendo adesão formal de cada Tribunal de Justiça ou Tribunal Regional Federal, para atuação em demandas em curso, nos termos do art. 334, § 7º do Código de Processo Civil de 2015 e do art. 46 da Lei 13.140 de 26 de junho de 2015 (Lei de Mediação);
2. Disponível em: https://www.cnj.jus.br/cnj-lanca-sistema-de-mediacao-digital-para-solucionar-conflitos-da-populacao/.
3. Pandemia do Novo coronavírus que se iniciou no término do ano de 2019 e perdurou por todo o ano de 2020, quando a Organização Mundial da Saúde – OMS sinalizou pela necessidade de um isolamento social para conter o surto da COVID-19, doença provocada pelo referido vírus.

Inúmeras são as vantagens apontadas por ECKSCHMIDT; MAGALHÃES; MUHR (2016) para a utilização de meios eletrônicos de resolução de conflitos:

> A utilização de meios eletrônicos permite que a discussão ocorra durante períodos de ociosidade das partes (quando o processo de resolução eletrônica é assíncrono) ou através de agendamento prévio (em casos de soluções síncronas), evitando perda de tempo e custo de deslocamentos. As soluções eletrônicas, por serem menos pessoais, também contribuem para a minimização do impacto pessoal, evitando o escalamento dos ânimos e tensões das partes envolvidas. (Posição 1760 de 3560).

O uso da plataforma de videoconferência nos trabalhos do CEJUSC de Belo Horizonte-MG, permitiu extrair diversas percepções, que demonstraram a viabilidade da continuidade da utilização da ferramenta virtual.

A participação de partes que estão em diferentes localidades, às vezes distantes, é um benefício no uso destas ferramentas.

A otimização do tempo é um aspecto positivo, uma vez que as partes e advogados não precisam se deslocar aos fóruns, podendo participar da sessão dos seus escritórios ou de casa.

É de se observar que as partes ficam mais tranquilas e acolhidas quando estão em ambientes conhecidos, como o recesso do seu lar, diferentemente do que acontece quando elas estão nos ambientes forenses, que para muitos são incômodos e ameaçadores.

A prática da escuta no ambiente virtual é mais exigida, uma vez que não é possível que mais de uma pessoa se manifeste, sem prejuízo da qualidade do som e sem os inconvenientes ruídos.

Evita-se também que a parte se sinta desconfortável por estar no mesmo espaço físico da outra parte.

Ainda que existam pontos negativos, estes podem ser mais facilmente contornáveis e não serão empecilhos à consolidação da utilização das ferramentas eletrônicas.

Certo é que, a tecnologia passou a ser importante aliada na Política de Tratamento Adequado de Conflitos, exigindo que CNJ e Tribunais, que busquem a necessária adequação, permitindo que os MESC sejam cada vez mais difundidos e cada vez mais eficazes na solução dos litígios.

4. REFERÊNCIAS

AZEVEDO, André Gomma de (Org.). *Manual de mediação judicial*. Brasília/DF: Ministério da Justiça e Programa das Nações Unidas para o Desenvolvimento – PNUD, 2015.

BRASIL. Lei 13.105, de 16 de março de 2015. Código de Processo Civil. Brasília:

Senado Federal, 2015. Disponível em: http://www.planalto.gov.br/ccivil_03/_Ato2015-2018/2015/Lei/L13105.htm. Acesso em: 11 set. 2020.

BRASIL.: Lei 13.140, de 26 de junho de 2015. Brasília: Senado Federal, 2015. Disponível em: http://www.planalto.gov.br/ccivil_03/_ato2015-2018/2015/Lei/L13140.htm. Acesso em: 11 set. 2020.

CABRAL, F.; S.; ZANETI Jr, H. Temas de Direito Processual Contemporâneo. *III Congresso Brasil/Argentina de Direito Processual*. Serra: Editora Milfontes, 2019. v. II.

CÂMARA, Alexandre Freitas. *O novo processo civil brasileiro.* 2. ed. São Paulo: Atlas, 2016.

CAPPELLETTI, Mauro; GARTH, Bryant. *Acesso à Justiça.* Porto Alegre: Sérgio Antônio Fabris Editor, 1988.

CONSELHO NACIONAL DE JUSTIÇA. *Resolução n. 125/2010.* Disponível em: https://atos.cnj.jus.br/files/resolucao_comp_125_29112010_19082019150021.pdf. Acesso em: 13 set. 2020.

CUNHA, L. C. *A Fazenda Pública em Juízo.* 13 ed. Rio de Janeiro: Editora Forense, 2016.

ECKSCHMIDT, Thomas; MAGALHÃES, Mario E. S.; MUHR, Diana. *Do conflito ao acordo na era digital*: MESC – Meios Eletrônicos para Solucionar Conflitos. São Paulo: Moderattus, 2016. Formato digital.

GARCIA, Gustavo Filipe Barbosa. Mediação e Autocomposição: considerações sobre a Lei n. 13.140/2015 e o Novo CPC. *Revista Magister de Direito Civil e Processo Civil* n. 66 – Maio-jun. 2015.

IBGE, Instituto Brasileiro de Geografia e Estatística. *Pesquisa Nacional por Amostra de Domicílios Contínua 2017-2018.* Disponível em: https://biblioteca.ibge.gov.br/visualizacao/livros/liv101705_informativo.pdf. Acesso em: 13 set. 2020.

MACEDO, E.; H.; DAMASCENO, M. *Sistema multiportas e métodos integrados de resolução de conflitos.* Porto Alegre: EDIPUCRS, 2018.

NASCIMENTO JÚNIOR, Vanderlei de Freitas. A evolução dos métodos alternativos de resolução de conflitos em ambiente virtual: *online dispute resolution. Revista Eletrônica da Faculdade de Direito de Franca.* v. 12, n. 1, jul. 2017. p. 265-282. Disponível em https://www.revista.direitofranca.br/index.php/refdf/article/viewFile/439/pdf. Acesso em: 11 set. 2020.

SALES, Lília Maia de Morais. *Justiça e mediação de conflitos.* Belo Horizonte: Del Rey, 2004.

WATANABE, Kazuo. A política pública do Poder Judiciário Nacional para tratamento adequado dos conflitos de interesses. In: CEZAR PELUSO, Antônio; RICHA, Morgana de Almeida (Coord.). *Conciliação e mediação*: estruturação da política judiciária nacional. Rio de Janeiro: Forense, 2011.

TECNOLOGIA E EQUIDADE PARA UM SERVIÇO MULTIPORTAS NO JUDICIÁRIO

Alexandre Lopes de Abreu

Especialista em Direito Civil e Processo Civil pela Universidade Estácio de Sá (2002). Especialista em Curso de Pós-Graduação *Latu Senso*/Especialização em Direito Constitucional pela Unidade de Ensino Superior Dom Bosco (2006). Graduado em Direito pela Universidade Federal do Maranhão (1990). Juiz de Direito – Magistrado da Poder Judiciário do Estado do Maranhão. Tem experiência na área de Direito, com ênfase em Direito Privado.

Sumário: 1. Introdução. 2. Equidade no tratamento de conflitos e sistema multiportas. 3. Tecnologia e a facilitação no mundo moderno. 4. Tecnologia no mundo jurídico. 5. Interação consumidor.gov.br e o PJE, uma experiência a ser expandida. 6. Proposta de ferramenta para a negociação coletiva no caso de demandas de consumidor em situação de superendividamento. 7. Uso da Tecnologia do Serviço de IA para Divórcio Australiana (AMICA), como termo de pré-mediação nas demandas de família. 8. Mediação de saúde: interface entre ouvidoria e Cejusc da saúde. 9. Conclusão. 10. Referências.

1. INTRODUÇÃO

A inclusão do termo *eficiência* como um dos princípios da administração pública na Constituição Brasileira, em emenda regida 10 anos após sua publicação original, apenas veio ratificar a necessidade de que se implantassem mecanismos capazes de tornar efetivos os compromissos da Nação para a construção de uma sociedade livre, justa e solidária.

Em uma ação conjunta dos Poderes da Federação foi lançado o I Pacto Republicano[1] que, dentre outras medidas, trouxe a inclusão para o Judiciário de um órgão de gestão nacional, e passa a deter informações, promover análise, bem como propor medidas de melhoramento dos trabalhos disponibilizados de forma universal aos cidadãos.

Mensurada as dificuldades e percebendo que os resultados alcançados pelos investimentos do tipo "mais do mesmo" não vinham alcançando resultados satisfatórios, foi constatada a necessidade de uma mudança de postura, e assim a estrutura responsável pela oferta pública do serviço de solução de conflitos passa a adotar metodologia alternativa ao provimento judicial, para resolver os conflitos de interesses pelas próprias partes por meio da autocomposição.

Surge assim o Movimento de Conciliação[2], no ano de 2006, capitaneado pela Ministra Ellen Gracie, Presidente do Supremo Tribunal Federal e do Conselho Nacional

---

1. BRASIL. *Pacto de Estado em favor de um Judiciário mais rápido e republicano*. Diário Oficial da União. Brasília, 16 dez. 2004. n. 241, seção 1, p. 8-9.
2. CONSELHO NACIONAL DE JUSTIÇA. *Movimento pela conciliação*. 2006. Disponível em: https://www.cnj.jus.br/programas-e-acoes/conciliacao-e-mediacao/movimento-pela-conciliacao/documentos-conciliacao/. Acesso em: 2 maio 2020.

de Justiça – CNJ, com o objetivo de *alterar a cultura da litigiosidade e promover a busca de soluções para os conflitos mediante a construção de acordos*[3].

Mesmo existindo previsões legais que reservavam um espaço para solução dos conflitos por meio de audiências de conciliação, foi a partir desse momento, inclusive por influência de estudos em outros países do uso da sistematização esse modelo de trabalho, que o Brasil percebe que, paralelamente aos meios processuais, precisava oferecer outras vias para o atendimento dos jurisdicionados.

No final de 2010, com a edição da Resolução CNJ 125[4], instituída a Política Judiciária Nacional para o tratamento adequado dos conflitos, houve uma oferta de serviços com variedade de ambientes em que os conflitos pudessem ter seu correspondente mecanismo de resposta, incorporando de forma definitiva e estruturada o sistema multiportas de solução de conflitos.

2. EQUIDADE NO TRATAMENTO DE CONFLITOS E SISTEMA MULTIPORTAS

Tratando da oferta da justiça estatal, Rodolfo Mancuso[5] acentua o compromisso constitucional com a seguinte ponderação:

> A fim de que a construção de uma "sociedade livre, justa e solidária", almejada pelo constituinte (art. 3º, I), não se degrade numa utopia irrealizável ou não acabe reduzida a uma singela norma programática, é imprescindível que o Poder Público diligencie a oferta igualitária e universalizada das prestações primárias, posta como metas de governo e preordenadas à melhoria da qualidade de vida da população.

A palavra-chave no sistema multiportas de solução de conflitos, bem incorporada pela Resolução CNJ n. 125/2010, é *adequação*.

O compromisso pela universalização da oferta pública à solução de conflitos eficiente não prescinde de uma gestão quanto à definição de meio eficaz para a produção de uma solução efetiva.

Esse sistema 3Es da qualidade da prestação Jurisdicional é incorporado pelos serviços de solução de conflitos, que encontram no princípio da equidade utilizado na oferta da saúde pública o complemento da adequação.

O professor Kazuo Watanabe[6] (2019) é bem claro ao pontuar essa característica como instrumento de garantia do acesso à Justiça para a sociedade moderna quando esclarece:

> A multiplicidade de conflitos de configurações variadas reclama, antes de mais nada, a estruturação da Justiça de forma a corresponder adequadamente, em quantidade e qualidade, as exigências que tais conflitos trazem.

---

3. GRACIE, Ellen. Conversar faz diferença. *Conselho Nacional de Justiça*, Brasília, 2007. Disponível em: https://www.cnj.jus.br/conversar-faz-diferenca/. Acesso em: 15 maio 2020.

4. CONSELHO NACIONAL DE JUSTIÇA. *Resolução 125 de 29/11/2010*. Dispõe sobre a Política Judiciária Nacional de tratamento adequado dos conflitos de interesses no âmbito do Poder Judiciário e dá outras providências. Disponível em: https://atos.cnj.jus.br/atos/detalhar/atos-normativos?documento=156. Acesso em: 11 jul. 2020.

5. MANCUSO, Rodolfo de Camargo. *Acesso à justiça*: condicionantes legítimas e ilegítimas. São Pulo: Ed. RT, 2011. p. 207.

6. WATANABE, Kazuo. *Acesso à ordem jurídica justa*: conceito atualizado de acesso à justiça, processos coletivos e outros estudos. Belo Horizonte: Del Rey, 2019. p. 7.

Portanto, a Política Judiciária Nacional de tratamento adequado de conflitos adota como diretriz o reconhecimento de que todos que buscam reconhecimento ou garantia de direitos, devem receber o atendimento pelo meio eficiente de assegurar seus direitos.

Em um estudo sobre as demandas e os ambientes adequados para o tratamento adequado de conflitos, o Núcleo Permanente de Métodos Consensuais de Solução de Conflitos do Tribunal de Justiça do Estado do Maranhão estruturou seu projeto de ação a partir de um modelo piramidal:

FIGURA 1 – ESTRUTURA DO PROJETO DE AÇÃO

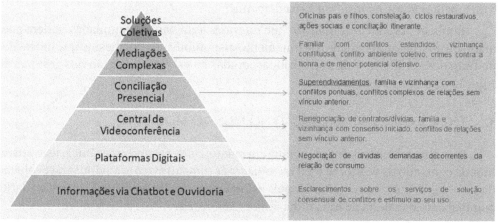

Fonte: O autor.

Inspirado no princípio da equidade, o desenho apresentado para o tratamento adequado de conflitos buscou um equilíbrio entre custo e demandas, de modo a oferecer maior acesso aos usuários que receberiam serviços mais versáteis, assim como ações que mais demandassem empenho, atendesse menor ocorrência, mas evidenciasse grande efeito.

A estrutura tem como base o serviço de informação de direitos e do uso adequado dos meios de solução de conflitos, com especial convocação do usuário aos meios consensuais.

A segunda camada dessa pirâmide é reservada à disponibilidade de plataformas digitais de atendimento do consumidor, conflito que ocupa posição de destaque dentre as demandas mais recorrentes na justiça estadual (Varas e Juizados).

No terceiro andar tem-se um sistema de atendimento por ferramentas de comunicação de áudio e vídeo, que interliga o solicitante residente no Maranhão com convidados de qualquer lugar do mundo, pela rede internacional, para realização de audiências, com a garantia de homologação judicial de acordos.

A camada seguinte do edifício da oferta equânime de solução de conflitos é destinada às audiências de conciliação, reservado para demandas com um grau de dificuldade de solução mais objetiva, sendo possível o uso de meios de comunicação a distância, mas com preferência pela audiência presencial.

O pavimento logo acima é destinado às mediações complexas, com a atuação de mediadores experientes ou especialistas, com eventualidade de sessões múltiplas, atendimentos individualizados e com a pluralidade de envolvidos.

Por fim, no ápice se apresenta uma preocupação com ações que atendam grupo de pessoas ou coletividades, desenvolvendo-se ações de cidadania, com impacto em soluções diretas ou indiretas de conflitos.

Importante registrar que uma das características que marcam os serviços alternos de solução de conflitos é sua capacidade de adaptação, pois os ambientes não possuem regras de acolhimento de controvérsias como um critério inflexível, ao contrário, conforme a avaliação no atendimento. Assim o conflito com definição de um espaço para atendimento, pode ser encaminhado para outro patamar, de modo a oferecer-se ao usuário o que melhor ajude na resposta à sua demanda.

Também deve ser reconhecido que questões aqui não contempladas podem adequar-se a uma das modalidades de tratamento disponibilizada, ou mesmo que inovações no trato dos conflitos venham a ser incorporadas na estrutura de ação dos gestores da solução equânime de conflitos.

3. TECNOLOGIA E A FACILITAÇÃO NO MUNDO MODERNO

Para quem fez curso de datilografia em máquinas de escrever mecânica, usar aparelhos de comando de voz torna fácil reconhecer as transformações advindas da evolução da tecnologia, até mesmo temê-la, pois as previsões de Asimov e de Kubrick e Clarke pairam como um alerta de uma linha limite a ser evitada.

Reforçando esse temor, Harari[7] (2019) anuncia:

> Quando a revolução na biotecnologia se fundir com a revolução na tecnologia da informação, ela produzirá algoritmos de Big Data capazes de monitorar e compreender meus sentimentos muito melhor do que eu, e então a autoridade provavelmente passará dos humanos para os computadores. Minha ilusão de livre-arbítrio provavelmente vai se desintegrar à medida que eu me deparar, diariamente, com instituições, corporações e agências do governo que compreendem e manipulam o que era, até então, meu inacessível reino interior.

Tal receio parece não fazer parte da preocupação das gerações Z e posteriores, que tiveram telas interativas como substituta de brincadeiras de rua, ou companhia paterna/materna.

A certeza de que a tecnologia pode ir além à sua evolução é imune de preconceitos, mas aqui também se reconhece a necessidade de comedimento, o que alimenta fortemente o debate ético da atualidade para tentar definir onde seria esse limite.

Veículos autônomos, robôs em sistemas ou executando atividades antes humanas, interligação dos equipamentos, interoperabilidade das máquinas são ocorrências cotidianas que parecem trazer o desenho dos Jetsons para a vizinhança, e suas facilitações algorítmicas incorporadas no universo jurídico foram recebidas com saudações de boas-vindas.

---

7. HARAHI, Noah Yuval. *21 lições para o século 21*. São Paulo: Companhia das Letras, 2018.

Os buscadores, que foram capazes de tornar acessíveis legislações e precedentes em aparelhos de bolso, eliminaram buscas às bibliotecas e aproximaram os livros da obsolescência.

Exames médicos com mais acurácia, operação mais eficiente de máquinas, análises estatísticas criteriosas e outros avanços da tecnologia que nos vêm como ganhos, também trazem uma perplexidade com o novo, causa preocupação quanto ao futuro profissional.

Em bom momento nos vem a visão alentadora de Scott (2017)[8], quando alerta que é necessária a preocupação, mas sem medo:

> Em muitos empregos, uma série de tarefas que podem ser automatizadas, porque são rotineiras, ou podem ser mais bem realizadas pela análise de grandes quantidades de dados, serão assumidas pelas máquinas. Mas em muitos casos, o resultado não será deslocar trabalhadores humanos; em vez disso, será liberar as pessoas para passar mais tempo nos aspectos de seu trabalho que exigem habilidades humanas exclusivas – tarefas não rotineiras e resolução de problemas complexos que as máquinas hoje não podem realizar, e talvez jamais possam.

As comodidades adquiridas a partir da presença da tecnologia no nosso dia a dia evidenciam um processo evolutivo, cujas memórias nostálgicas são alimentadas com uso de aparelhos de alta definição, que nos mostram fotografias do passado, ou seja, em uma irreversível trajetória, cumpre, agora, zelar para que todas essas descobertas se destinem ao melhoramento da vida na terra.

4. TECNOLOGIA NO MUNDO JURÍDICO

Tratando sobre o desenvolvimento econômico e tecnológico e a inovação, Rony Vainzof, em sua contribuição literária na obra coordenada por Maldonado e Blum[9] (2019), registra que *uma sociedade percorre os caminhos de acordo com as possibilidades técnicas de sua época.*

Coube ao visionário Richard Susskind enunciar mudanças *radicais* nas práticas da advocacia e, dentre elas, a tecnologia ganhou especial destaque, como apontam Feigelson, Beker e Ravagnani[10] (2019): *O movimento de mudança envolve a manipulação da tecnologia.*

Esse movimento é sempre crescente, como observa Scott (2017)[11], quando adverte:

> Uma das tendências predominantes na tecnologia nas últimas décadas tem sido a "democratização" das ferramentas utilizadas para a criação de produtos e serviços de tecnologia.

Desse modo, com relação aos serviços de soluções de conflitos, seja na forma tradicional, seja na modalidade alternativa, inclusão da tecnologia vem sendo implementada com muito sucesso.

---

8. HARTLEY, Scott. *O fuzzy e o techie*: porque as ciências humanas vão dominar o mundo digital. Trad. Luis Dolhnokoff. São Paulo: BEI Comunicação, 2017. p. 21-22.
9. MALDONADO, Vivianne Nóbrega; BLUM, Renato Opice. *Lei geral de proteção de dados* – comentada. São Paulo: Thomson Reuters Brasil, 2019. p. 37.
10. FEIGELSON, Bruno; BEKER, Daniel; RAVAGNANI, Giovani. *O advogado do amanhã*: estudos em homenagem ao professor Richard Susskind. São Paulo: Thomson Reuters Brasil, 2019. p. 19.
11. HARTLEY, 2017, op. cit., p. 25.

Inicialmente explorada por grandes demandantes, com necessidade de monitoramento dos litígios em que se achavam envolvidos, passando pelo conhecimento antecipado, construção de defesa, aferição de viabilidade entre a continuidade do litígio ou sua solução consensual, até chegar à predição de resultado, essas ferramentas passaram a ganhar usos por públicos mais variados.

Organizações e escritórios especializados em promoção de direitos de uma coletividade de consumidores, usuários de serviços públicos, contribuintes, trabalhadores, vítimas de desastres etc., começaram a desenvolver suas ferramentas para promoção de ações, com facilidade de reprodução, levando todo esse volume de descontentamento contido, com grande facilidade, ao Judiciário.

Seria imprudente não pensar que o órgão Estatal responsável pela política pública de tratamento de conflitos não passasse a investir em tecnologia para o melhor atendimento da sociedade, que cobra, com razão, pela qualidade da prestação jurisdicional.

A inovação introduzida na solução de conflitos teve início na modalidade de facilitação da comunicação entre as partes com o uso da videoconferência, e foi assumindo um papel mais relevante, como registra Hyndara Freitas[12], ao constatar que um levantamento produzido pelo Centro de Inovação, Administração e Pesquisa do Judiciário da Fundação Getúlio Vargas identificou 72 projetos de investimento em tecnologia, *utilizadas para agilizar tanto atividades-meios quanto atividades-fim dos tribunais.*

As novidades trazidas pelo Processo Judicial Eletrônico, com o uso de ferramentas eletrônicas para realização de penhoras de valores em contas bancárias, vedação de transferência de veículos ou imóveis dentre outros mecanismos que viabilizam a efetividade da prestação dos serviços judiciais, já surgem para assegurar a sua eficiência (duração razoável).

Assim, podemos registrar casos de sucesso, como:

Quadro 1 – Inovações trazidas pelo Processo Judicial Eletrônico

Nº	Ferramenta	Origem	Funcionalidade
01	VICTOR[13]	STF	Capacidade de identificar, nos recursos extraordinários, quais estão vinculados a determinados temas de repercussão geral
02	SÓCRATES[14]	STJ	Capacidade para identificar processos similares, ou de mesma matéria
03	ATHOS[15]	STJ	Permite o agrupamento de acórdãos similares
04	RADAR[16]	TJMG	Identifica e separa recursos com idênticos pedidos, para julgamento em bloco.

Fonte: O autor.

---

12. FREITAS, Hyndara. *Judiciário brasileiro tem ao menos 72 projetos de inteligência artificial nos tribunais.* 2020. Disponível em: https://www.jota.info/coberturas-especiais/inova-e-acao/judiciario-brasileiro-tem-ao-menos-72-projetos-de-inteligencia-artificial-nos-tribunais-09072020. Acesso em: 11 jul. 2020.
13. SUPREMO TRIBUNAL FEDERAL. *Inteligência artificial vai agilizar a tramitação de processos no STF.* 2018. Disponível em: http://www.stf.jus.br/portal/cms/verNoticiaDetalhe.asp?idConteudo=380038. Acesso em: 11 jul. 2020.
14. FUNDAÇÃO GETULIO VARGAS. *I Fórum sobre Direito e Tecnologia.* 2020. Disponível em: https://www.youtube.com/watch?v=LbVnv7a1wkU. Acesso em: 11 jul. 2020.
15. FUNDAÇÃO GETULIO VARGAS, 2020, op. cit.
16. TRIBUNAL DE JUSTIÇA DO ESTADO DE MINAS GERAIS. *TJMG utiliza inteligência artificial em julgamento virtual.* 2018. Disponível em: https://www.tjmg.jus.br/portal-tjmg/noticias/tjmg-utiliza-inteligencia-artificial-em-julgamento-virtual.htm#.XwnT7ihKjIU. Acesso em: 11 jul. 2020.

Com foco na inovação e no compromisso assumido para cumprimento da Agenda 2030 pelos Objetivos do Desenvolvimento Sustentável, o CNJ expediu a Portaria 119 de 21.08.2019[17], instituindo o Laboratório de Inovação, Inteligência e Objetivos de Desenvolvimento Sustentável – LIODS, que, dentre outras atribuições, passa a mapear programas e projetos de inovação dentro do Judiciário, e a estimular a conexão das experiências desenvolvidas.

Para além da iniciativa de funcionamento dentro do ambiente de cada Tribunal, a interoperabilidade dos sistemas do Judiciário, interfaces com órgãos da Administração púbica e, até mesmo, com a iniciativa particular, são tendências que servirão para uma melhor prestação de serviços.

Apenas com esses investimentos de tecnologia avançada, junto com a oferta de soluções alternativas, será possível ao Judiciário corresponder às expectativas de uma justiça mais acessível e eficiente.

5. INTERAÇÃO CONSUMIDOR.GOV.BR E O PJE, UMA EXPERIÊNCIA A SER EXPANDIDA

Em recente pesquisa feita por solicitação da Associação dos Magistrados do Maranhão, o Grupo de Trabalho[18] para estudo de ação nas demandas de relação de consumo em tempo da pandemia do novo coronavírus, do qual tive a honra de participar, desafiado a apresentar ferramentas de solução extrajudicial existentes, contabilizou-se 12 mecanismos de proteção não judicial de proteção ao consumidor, sem necessidade de intervenção judicial, muitas delas com o uso da tecnologia.

Mecanismos estes que vão desde a Autotutela Digital, quando o consumidor utiliza da sua mídia social para expor um descontentamento com produto ou serviço; à consulta de precedentes dominantes, são favorecedores de entendimentos extrajudiciais.

Mas no Brasil o instrumento que tem demonstrado maior aceitação de usuários e repercussão nas demandas judiciais é a plataforma consumidor.gov.br da Secretaria Nacional do Consumidor[19], que conta com 839 empresas cadastradas, 2.143.954 usuários e 2.921.984 reclamações finalizadas, medidas a partir de setembro de 2014.

Apenas para que se tenha uma dimensão de sua atuação, durante o período de 20 de março a 30 de junho, o uso da ferramenta registrou um aumento de 77% no ano de 2020 em relação ao mesmo período de 2019, o que confirmou seu papel como meio de acesso à solução adequada de conflitos.

---

17. CONSELHO NACIONAL DE JUSTIÇA. *Portaria 119 de 21/08/2019*. Institui o Laboratório de Inovação, Inteligência e Objetivos de Desenvolvimento Sustentável (LIODS) e dá outras providências. Disponível em: https://atos.cnj. jus.br/atos/detalhar/2986. Acesso em: 11 jul. 2020.
18. ASSOCIAÇÃO DOS MAGISTRADOS DO MARANHÃO. *AMMA encaminha pleitos formulados com base em propostas de mais dois grupos de trabalho*. Disponível em: https://amma.com.br/2020/07/11/amma-encaminha-pleitos-formulados-com-base-em-propostas-de-mais-dois-grupos-de-trabalho/. Acesso em: 06 jun. 2020.
19. SECRETARIA NACIONAL DO CONSUMIDOR – SENACON. *Consumidor.gov.br: É seu. É fácil. Participe*. Disponível em: https://consumidor.gov.br/pages/principal/?1594586099105. Acesso em 11 jul. 2020.

Por sua eficiência, o Conselho Nacional de Justiça e o Ministério da Justiça firmaram o Termo de Cooperação Técnica 16/2019[20], integrando o consumidor.gov.br com o sistema de processo judicial eletrônico – PJE, permitindo ao usuário dos Juizados Especiais que, opcionalmente, em paralelo à reclamação formulada, possa iniciar tratativa na plataforma do consumidor, antecipando a busca de uma solução consensual, ou acelerando o trâmite da demanda na Justiça.

Contudo, o potencial a ser extraído dessa parceria pode ser ainda maior. Além de uma integração, a interoperabilidade dos sistemas pode permitir o compartilhamento de maior volume de informações e, até mesmo, usando-se as técnicas de inteligência antes mencionadas, assegurar maior dinamismo nos processos, ao se confirmar que o conflito versa sobre tema já decidido em precedentes de repercussão geral; identificação de demandas similares ou de mesma matéria, com respostas mais eficientes nas demandas de interesse do consumidor.

6. PROPOSTA DE FERRAMENTA PARA A NEGOCIAÇÃO COLETIVA NO CASO DE DEMANDAS DE CONSUMIDOR EM SITUAÇÃO DE SUPERENDIVIDAMENTO

Kazuo Watanabe[21] (2019) defende que é dever do Estado a organização dos meios alternativos de solução de conflitos, tanto os oferecidos pelo Poder Judiciário, como os que estiverem sob os cuidados de entidades públicas e mesmo privadas, esclarecendo:

> É importante que o Estado estimule a criação desses serviços, controlando-os convenientemente, pois o perfeito desempenho da Justiça dependerá, doravante, da correta estruturação desses meios alternativos e informais de solução dos conflitos de interesse.

Tal fundamento é expresso nas justificativas da Resolução CNJ 125/2010, quando expressa:

> Cabe ao Judiciário estabelecer política pública de tratamento adequado dos problemas jurídicos e dos conflitos de interesses, de forma a organizar, em âmbito nacional, não somente os serviços prestados nos processos judiciais, como também os que possam sê-lo mediante outros mecanismos de solução de conflitos, em especial dos consensuais, como a mediação e a conciliação.

Essa atribuição traz para o Judiciário o dever de buscar o melhor atendimento a um público em situação de risco por conta da inadimplência ou superendividamento, como anota o Estudo sobre Educação, Proteção e Inclusão do Banco Central do Brasil[22] (publicado em junho/2020), que reconhece o grau de endividamento da população

---

20. CONSELHO NACIONAL DE JUSTIÇA. *Acordo de cooperação técnica n. 016/2019*. Acordo de cooperação técnica que entre si celebram o conselho nacional de justiça (CNJ) e o ministério da justiça e segurança pública, por meio da secretaria nacional do consumidor (SENACON), para incremento de métodos autocompositivos, mediante a plataformas on-line, para solução de controvérsias consumeristas. Disponível em: https://www.cnj.jus.br/wp--content/uploads/2019/06/20b9300f43209abf4670bb17fb02b7b4.pdf. Acesso em: 11 jul. 2020.

21. WATANABE, 2019, op. cit., p. 7.

22. BANCO CENTRAL DO BRASIL. *Série cidadania financeira*: estudos sobre educação, proteção e inclusão. Brasília, DF: Banco Central do Brasil, 2020. Disponível em: https://www.bcb.gov.br/content/cidadaniafinanceira/documentos_cidadania/serie_cidadania/serie_cidadania_financeira_6_endividamento_risco.pdf. Acesso em: 11 jul. 2020.

brasileira, inclusive com contabilização de pessoas que, *após pagamento do serviço de suas dívidas, ficaram com renda abaixo da linha de pobreza.*

No momento, a única referência de uma solução viável está no Projeto de Lei 3515/2015, em trâmite na Câmara dos Deputados, originado no Senado em 2012, tem em seu conteúdo o procedimento de conciliação no superendividamento, em que se elabora um plano de pagamento com garantia de renda, que preserve o mínimo existencial do consumidor.

A ausência de preparo no Brasil para o enfretamento da demanda do superendividamento é confirmada por Cláudia Lima Marques e Roberto Castellanos Pfeiffer[23], que apontam o procedimento de repactuação do PL 3515 como a cura para esse mal, ressaltando as vantagens para todos os envolvidos, quando reconhece o entendimento como a possibilidade do credor *recuperar a integralidade ou parcela substancial da dívida* e do consumidor *por ter possibilitada a sua recuperação econômica com a preservação do mínimo existencial.*

Em uma expectativa de aprovação próxima, quem sabe até mesmo antes da publicação desta obra, será necessário que se introduza uma tecnologia inovadora para uso dessa ferramenta alternativa de solução de conflitos, que é a discussão sobre o plano de pagamento.

Eis uma ação que reclama qualificação solicitada pelo mestre Kazuo Watanabe[24] (2019), quando anota:

> A multiplicidade de conflitos de configurações variadas reclama, antes de mais nada, a estruturação da Justiça de forma a corresponder adequadamente, em quantidade e qualidade, às exigências que tais conflitos trazem.

Uma audiência presencial com o conjunto de credores, ou mesmo que em apenas um encontro se solucione uma demanda complexa como é o exemplo apresentado, parece contraproducente.

Mecanismos eletrônicos, com mínimo grau de inteligência, como uma calculadora de orçamento familiar, que contabilize o ganho e despesas essenciais, expondo margem negociável, é a primeira etapa desse procedimento.

O uso de mecanismos de comunicação permitirá o envio da uma proposta de plano de pagamento para o coletivo de credores em que, não havendo objeções, poderá ser submetido à homologação judicial, caso contrário, uma audiência por videoconferência pode ser realizada, para esclarecimentos e construção de propostas alternativas, cujo resultado consensual será ratificado judicialmente.

Vale acentuar que a proposta, dentro de um ambiente de solução consensual de conflitos pré-processual, no respeito à autonomia da vontade das partes, com a observância

---

23. CONSULTOR JURÍDICO. *Superendividamento dos consumidores*: Vacina é o PL 3.515 de 2015. Disponível em: https://www.conjur.com.br/2020-mai-14/garantias-consumo-superendividamento-consumidores-vacina-pl-3515-2015#:~:text=Superendividamento%20dos%20consumidores%3A%20Vacina%20%C3%A9%20o%20PL%203.515%20de%202015,-14%20de%20maio&text=A%20pandemia%20de%20Covid%2019,crise%20econ%C3%B4mica%20a%20ela%20associada. Acesso em: 11 jul. 2020.

24. WATANABE, 2019, op. cit., p. 7.

da preservação da dignidade do consumidor, poderá ser confirmado pela Justiça, porém somente a vigência da Lei pode assegurar a participação dos credores nesse entendimento.

7. USO DA TECNOLOGIA DO SERVIÇO DE IA PARA DIVÓRCIO AUSTRALIANA (AMICA), COMO TERMO DE PRÉ-MEDIAÇÃO NAS DEMANDAS DE FAMÍLIA

Recente notícia trouxe certo abalo no romantismo dos casamentos, o lançamento de uma plataforma de inteligência artificial na Austrália destinada à mediação de divórcios[25].

Tecnicamente destinada à negociação mediada, a ferramenta denominada de AMICA usa a inteligência artificial, fazendo a comparação entre demandas semelhantes já resolvidas, para fazer sugestões sobre como dividir seu dinheiro e seus bens; pagamento de pensão para os filhos.

A notícia já coloca algumas questões sobre a ética do procedimento, como a mensuração do impacto emocional que envolve esse tipo de conflito, ou mesmo a construção de uma deliberação sem verdadeira autonomia de vontade.

Conforme a notícia, que aponta ser o futuro custo do uso da plataforma *mais barato que a média de um advogado*, o procedimento dispensaria esse profissional.

Uma das boas qualidades do sistema multiportas de solução consensual de conflitos é a adequação de ambientes às demandas.

Na experiência com o atendimento nos Centros, especialmente nas viagens da conciliação itinerante, retira-se inúmeras experiências de casais que já não possuem vida comum a um longo tempo[26], apenas não tiveram a oportunidade de formalizar a dissolução, o que cria até um constrangimento para a nova família formada sem oficialização.

As videoconferências também comprovam que muitos casais não possuem discordâncias, no máximo dúvidas quanto a direitos e obrigações. Aqui é bem adequado um serviço que se assemelhe à plataforma australiana.

Uso de tecnologias como o robô LIA[27] (Lógica de Inteligência Artificial), lançado pelo Conselho da Justiça Federal, com a finalidade de responder dúvidas ou ATHENA, em desenvolvimento pelo Tribunal de Justiça do Estado do Maranhão com a capacidade de interagir com o usuário, esclarece as principais dúvidas dos usuários do sistema de solução consensual de conflitos, por isso são modelos que podem ser adaptados para torna as partes mais cientes dos efeitos de um processo de divórcio, tornando a decisão ainda mais autêntica.

---

25. WODINSKY, Shoshana. *Austrália lança inteligência artificial para mediar divórcios*. 2020. Disponível em: https://gizmodo.uol.com.br/australia-inteligencia-artificial-mediar-divorcios/. Acesso em: 11 jul. 2020.

26. TRIBUNAL DE JUSTIÇA DO MARANHÃO. *Conciliação itinerante |casal separado há quase 60 anos consegue o divórcio em Mirinzal*. 2019. Disponível em: http://www.tjma.jus.br/tj/visualiza/sessao/19/publicacao/429942. Acesso em: 11 jul. 2020.

27. CONSELHO DA JUSTIÇA FEDERAL. *Na era da inteligência artificial, Conselho da Justiça Federal lança plataforma que interage com usuários no portal*. 2019. Disponível em: https://www.cjf.jus.br/cjf/noticias/2019/06-junho/na-e-ra-da-inteligencia-artificial-conselho-da-justica-federal-lanca-plataforma-que-interage-com-usuarios-no-portal. Acesso em: 11 jul. 2020.

8. MEDIAÇÃO DE SAÚDE: INTERFACE ENTRE OUVIDORIA E CEJUSC DA SAÚDE

Um dos grandes desafios da solução adequada de conflitos é a construção do entendimento em demandas da saúde pública. Diversos Tribunais vêm buscando construir um mecanismo de atendimento e solução para as questões da saúde.

No Maranhão surgiu a proposta de uma ação a ser desenvolvida de forma integrada, escorado com quatro eixos: Informação, Mediação, Instrução e Fortalecimento do Usuário.

Com atendimento inicial por uma Ouvidoria Integrada de Saúde Público – OIS, por telefone ou na internet, o usuário apresenta sua demanda quanto a dificuldade de acesso ao serviço de atenção à saúde (medicamento, leito ou procedimento médico), sendo ali aberto um cadastro eletrônico que será formado por documentos relacionados ao pedido administrativo, oportunidade em que o atendente esclarecerá os motivos do não atendimento ou demora pela entrega do serviço, lançando no pasta digital correspondente àquele atendimento a justificativa do Poder Público, repassando ao usuário o número de um protocolo e esclarecendo sobre a possibilidade de levar sua demanda ao Centro Judiciário de Solução Consensual de Conflitos da Saúde – Centro da Saúde.

O Centro da Saúde tem agendamento por meio eletrônico, no qual o usuário informa o número do protocolo do cadastro na OIS, que fica acessível ao atende do Centro, que lançara todos os documentos no sistema do Processo Judicial Eletrônico – PJe, fazendo um agendamento para uma audiência por videoconferência com o usuário.

Iniciada a sessão, o mediador especializado no tema que fará a acolhida do usuário, esclarecendo os objetivos daquele atendimento e repassando informações complementares quanto aos estudos científicos sobre o tema, e instruindo o arquivo digital do usuário com pareceres pertinentes já lançados por Núcleo de Apoio Tecnológico da Justiça – NAT-JUS.

Caso esses esclarecimentos não sejam suficientes, uma sessão de mediação é realizada com a presença de um preposto da Rede de Saúde, onde será oferecida, dentro dos serviços que integram a oferta pública de saúde uma alternativa ao pleito do usuário, observando a cronologia de atendimento, fazendo-se as necessárias anotações e, havendo consenso.

Persistindo a insistência do usuário quanto a recomendação do médico assistente, em discordância do que lhe fora ofertado pelo serviço público, um perito médico ou farmacêutico será acionado para emitir parecer um laudo técnico sobre o melhor para a atenção da saúde do usuário.

Alcançado o entendimento nessa fase de mediação, o procedimento registrado no PJe será encaminhado para homologação judicial. Caso insista o usuário em um processo judicial, toda documentação estará disponível para instruir o pedido a ser apreciado por juiz competente.

Um ganho colateral do serviço desenvolvido na mediação das demandas de saúde é o fortalecimento do Usuário, que ultrapassa a barreira do desconhecimento sobre várias óticas: reconhecimento da doença e sua forma de tratamento; ambientes para cuidado; mecanismo de defesa de direitos não atendidos; busca de ofertas alternativas, dentre outras habilidades adquiridas nesse processo de autocomposição, uma verdadeira emancipação que impacta na sua autonomia e na busca de respeito de seus direitos.

9. CONCLUSÃO

Provavelmente, ao término da leitura dessa obra, um novo dispositivo, plataforma, aplicativo ou qualquer modelo de engenho tecnológico pode tornar obsoleto o que aqui se sugere, algo já previsível, pois a incessante busca pelo aperfeiçoamento levará o homem a seguir o caminho da inovação, indefinidamente.

E esse percurso está muito longe de se esgotar, pois a modernidade amplia as ligações de pessoas com produtos e serviços, relacionamentos diversos e conflitos variados passam a exigir estruturas de solução adequadas.

Mas isso não é o bastante, pois como informa SADEK[28] (2017), o grande volume de demandas no Judiciário não reflete o compromisso pela universalização do acesso aos meios de solução de conflitos, pois em um país desigual como o nosso, *amplas camadas da população desconhecem tanto o seus direitos como a possibilidade de reclamá-los.*

Apenas a diversificação trazida pelo sistema multiportas de garantia integral de direitos à população, reforçado pelas inovações tecnológicas que possibilitam a universalização do acesso, possibilita ao Judiciário o cumprimento de sua parcela individual de compromisso com a oferta pública de solução adequada de conflitos.

Contudo, é preciso prosseguir com formação de parcerias, e a cobrança institucional dos compromissos dos demais atores na garantia de uma sociedade justa, que promova os necessários investimentos na educação, com especial olhar para o desenvolvimento das Competências Gerais da Base Nacional Comum Curricular[29], com capacidade de empoderamento dos cidadãos para o exercício da autocomposição, e na inclusão digital, via de acesso à grande oportunidade de solução de conflitos para o futuro.

Até lá, Centros de Conciliação, Centrais de Videoconferência, Conciliação Itinerante e outras ações oferecidas pelo Judiciário já estão à disposição da sociedade, cumprindo o Judiciário, com os recursos possíveis, o seu papel de defesa dos direitos das pessoas.

10. REFERÊNCIAS

ASSOCIAÇÃO DOS MAGISTRADOS DO MARANHÃO. *AMMA ENCAMINHA PLEITOS FORMULADOS COM BASE EM PROPOSTAS DE MAIS DOIS GRUPOS DE TRATABALHO*. Disponível em: https://amma.com.br/2020/07/11/amma-encaminha-pleitos-formulados-com-base-em-propostas-de-mais--dois-grupos-de-trabalho/. Acesso em: 06 jun. 2020.

BANCO CENTRAL DO BRASIL. *Série cidadania financeira*: estudos sobre educação, proteção e inclusão. Brasília, DF: Banco Central do Brasil, 2020. Disponível em: https://www.bcb.gov.br/content/cidadaniafinanceira/documentos_cidadania/serie_cidadania/serie_cidadania_financeira_6_endividamento_risco.pdf. Acesso em: 11 jul. 2020.

BRASIL. *Pacto de Estado em favor de um Judiciário mais rápido e republicano*. Diário Oficial da União. Brasília, 16 dez. 2004. n. 241, seção 1, p. 8-9.

---

28. FUNDAÇÃO GETÚLIO VARGAS. *Caderno FGV projetos*: solução de conflitos, Brasília, DF, n. 30, ano 12, abr./maio 2017. p. 42.
29. MINISTÉRIO DA EDUCAÇÃO. *Base nacional comum curricular*: educação é a base. Brasília, DF: MEC, 2018. Disponível em: http://basenacionalcomum.mec.gov.br/images/BNCC_EI_EF_110518_versaofinal_site.pdf. Acesso em: 12 jul. 2020.

CONSELHO DA JUSTIÇA FEDERAL. *Na era da inteligência artificial, Conselho da Justiça Federal lança plataforma que interage com usuários no portal.* 2019. Disponível em: https://www.cjf.jus.br/cjf/noticias/2019/06-junho/na-era-da-inteligencia-artificial-conselho-da-justica-federal-lanca-plataforma-que-interage-com-usuarios-no-portal. Acesso em: 11 jul. 2020.

CONSELHO NACIONAL DE JUSTIÇA. *Acordo de cooperação técnica n. 016/2019.* Acordo de cooperação técnica que entre si celebram o conselho nacional de justiça (CNJ) e o ministério da justiça e segurança pública, por meio da secretaria nacional do consumidor (SENACON), para incremento de métodos autocompositivos, mediantes a plataformas on-line, para solução de controvérsias consumeristas. Disponível em: https://www.cnj.jus.br/wp-content/uploads/2019/06/20b9300f43209abf4670bb-17fb02b7b4.pdf. Acesso em: 11 jul. 2020.

CONSELHO NACIONAL DE JUSTIÇA. *Movimento pela conciliação.* 2006. Disponível em: https://www.cnj.jus.br/programas-e-acoes/conciliacao-e-mediacao/movimento-pela-conciliacao/documentos--conciliacao/. Acesso em: 2 maio 2020.

CONSELHO NACIONAL DE JUSTIÇA. *Portaria 119 de 21/08/2019.* Institui o Laboratório de Inovação, Inteligência e Objetivos de Desenvolvimento Sustentável (LIODS) e dá outras providências. Disponível em: https://atos.cnj.jus.br/atos/detalhar/2986. Acesso em: 11 jul. 2020.

CONSELHO NACIONAL DE JUSTIÇA. *Resolução 125 de 29/11/2010.* Dispõe sobre a Política Judiciária Nacional de tratamento adequado dos conflitos de interesses no âmbito do Poder Judiciário e dá outras providências. Disponível em: https://atos.cnj.jus.br/atos/detalhar/atos-normativos?documento=156. Acesso em: 11 jul. 2020.

CONSULTOR JURÍDICO. *Superendividamento dos consumidores*: Vacina é o PL 3.515 de 2015. Disponível em: https://www.conjur.com.br/2020-mai-14/garantias-consumo-superendividamento-consumidores-vacina-pl-3515-2015#:~:text=Superendividamento%20dos%20consumidores%3A%20Vacina%20%C3%A9%20o%20PL%203.515%20de%202015,-14%20de%20maio&text=A%20pandemia%20de%20Covid%2019,crise%20econ%C3%B4mica%20a%20ela%20associada. Acesso em: 11 jul. 2020.

FEIGELSON, Bruno; BEKER, Daniel; RAVAGNANI, Giovani. *O advogado do amanhã*: estudos em homenagem ao professor Richard Susskind. São Paulo: Thomson Reuters Brasil, 2019.

FREITAS, Hyndara. *Judiciário brasileiro tem ao menos 72 projetos de inteligência artificial nos tribunais.* 2020. Disponível em: https://www.jota.info/coberturas-especiais/inova-e-acao/judiciario-brasileiro-tem--ao-menos-72-projetos-de-inteligencia-artificial-nos-tribunais-09072020. Acesso em: 11 jul. 2020.

FUNDAÇÃO GETÚLIO VARGAS. *Caderno FGV projetos*: solução de conflitos, Brasília, DF, n. 30, ano 12, abr./maio 2017.

FUNDAÇÃO GETULIO VARGAS. *I Fórum sobre Direito e Tecnologia.* 2020. Disponível em: https://www.youtube.com/watch?v=LbVnv7a1wkU. Acesso em: 11 jul. 2020.

GRACIE, Ellen. Conversar faz diferença. *Conselho Nacional de Justiça*, Brasília, 2007. Disponível em: https://www.cnj.jus.br/conversar-faz-diferenca/. Acesso em: 15 maio 2020.

HARAHI, Noah Yuval. *21 lições para o século 21.* São Paulo: Companhia das Letras, 2018.

HARTLEY, Scott. *O fuzzy e o techie*: porque as ciências humanas vão dominar o mundo digital. Trad. Luis Dolhnokoff. São Paulo: BEI Comunicação, 2017.

MALDONADO, Vivianne Nóbrega; BLUM, Renato Opice. *Lei geral de proteção de dados* – comentada. São Paulo: Thomson Reuters Brasil, 2019.

MANCUSO, Rodolfo de Camargo. *Acesso à justiça*: condicionantes legítimas e ilegítimas. São Pulo: Revista dos Tribunais, 2011.

MINISTÉRIO DA EDUCAÇÃO. *Base nacional comum curricular*: educação é a base. Brasília, DF: MEC, 2018. Disponível em: http://basenacionalcomum.mec.gov.br/images/BNCC_EI_EF_110518_versaofinal_site.pdf. Acesso em: 12 jul. 2020.

SUPREMO TRIBUNAL FEDERAL. *Inteligência artificial vai agilizar a tramitação de processos no STF.* 2018. Disponível em: http://www.stf.jus.br/portal/cms/verNoticiaDetalhe.asp?idConteudo=380038. Acesso em: 11 jul. 2020.

TRIBUNAL DE JUSTIÇA DO ESTADO DE MINAS GERAIS. *TJMG utiliza inteligência artificial em julgamento virtual.* 2018. Disponível em: https://www.tjmg.jus.br/portal-tjmg/noticias/tjmg-utiliza-inteligencia-artificial-em-julgamento-virtual.htm#.XwnT7ihKjIU. Acesso em: 11 jul. 2020.

TRIBUNAL DE JUSTIÇA DO MARANHÃO. *Conciliação itinerante |casal separado há quase 60 anos consegue o divórcio em Mirinzal.* 2019. Disponível em: http://www.tjma.jus.br/tj/visualiza/sessao/19/publicacao/429942. Acesso em: 11 jul. 2020.

WATANABE, Kazuo. *Acesso à ordem jurídica justa*: conceito atualizado de acesso à justiça, processos coletivos e outros estudos. Belo Horizonte: Del Rey, 2019.

WODINSKY, Shoshana. *Austrália lança inteligência artificial para mediar divórcios.* 2020. Disponível em: https://gizmodo.uol.com.br/australia-inteligencia-artificial-mediar-divorcios/. Acesso em: 11 jul. 2020.

TECNOLOGIA, ÉTICA E JUSTIÇA MULTIPORTAS

Luiz Cláudio Allemand

Mestre em Direito pela Universidade Cândido Mendes – UCAM/RJ, L.L.M pela Steinbeis University Berlin. Diretor Jurídico da FIESP. Conselheiro do Conselho Superior da FecomercioSP. Presidente da Câmara de Conciliação, Mediação e Arbitragem da Cindes/Findes. Fundador do Instituto de Governança, Integridade e Desenvolvimento Organizacional – IGIDO e Conselheiro Federal da OAB. Ex-Ouvidor e Conselheiro do CNJ. Advogado em Vitória/ES.

Sumário: 1. Introdução. 2. A tecnologia na Constituição Federal. 2.1 A 4ª Revolução Industrial. 3. Ética na 4ª Revolução Industrial. 4. Justiça multiportas. 4.1 Inteligência artificial no direito e as mediações digitais. 5. Conclusão.

1. INTRODUÇÃO

Venho trabalhando em uma linha de pesquisa sobre "ética e tecnologia", mas neste artigo farei uma abordagem dos temas com a mediação.

Estamos vivendo a 4ª Revolução Industrial, que nos impõe uma velocidade vertiginosa de tecnologias disruptivas, as quais chegam e desaparecem superadas por outras, em um ritmo de "aceleração" jamais visto na história da humanidade, impondo um desenvolvimento tecnológico que obriga os governos, empresas e sociedade a estarem preparados para tais mudanças.

Na peça Antígona, de Sófocles[1] (*primeira estrofe, da primeira antístrofe, do primeiro estásimo, cantada pelo coral logo depois do primeiro episódio*), é possível detectar uma passagem que exalta a tecnologia do homem, que na visão de Hans Jonas bem demonstra o seu atrevimento nos diferentes domínios da natureza, mas que também criou a cidade, onde desenvolveu sua vida: "o que permanecia era a natureza, o que mudava eram suas próprias obras".[2]

Ao que parece, não aprendemos a conviver com a ética em sociedade, muito menos agora com a tecnologia disruptiva que nos impõe realidades jamais vivenciadas.

2. A TECNOLOGIA NA CONSTITUIÇÃO FEDERAL

No Brasil, o intérprete deverá iniciar seus estudos pela Constituição Federal, lei fundamental do Estado, firmada através de um pacto com o cidadão, que, nas palavras do Professor José Afonso da Silva, representa o modelo jurídico adotado pelo Estado Brasileiro, bem como "...é o conjunto de normas que organiza os elementos constitutivos

---

1. Disponível em https://direitorio.fgv.br/sites/direitorio.fgv.br/files/antigona.pdf. Acesso em: 06 jul. 2020.
2. JONAS, Hans. *O princípio Responsabilidade* – Ensaio de uma ética para a civilização tecnológica Rio de Janeiro: Contraponto: Ed. PUC-Rio, 2006. p. 31.

do Estado"[3], e não poderia ser diferente com a ciência, tecnologia, e inovação, pois são temas estratégicos para a nossa Nação.

Em 1988, a Constituição Federal inovou diante das demais Constituições do Mundo Livre ao apresentar os artigos 218 e 219, que garantem a promoção e o incentivo ao desenvolvimento científico, à pesquisa e à capacitação tecnológica, e asseguram a integração do mercado interno ao patrimônio nacional, devidamente incentivado de modo a viabilizar o desenvolvimento cultural e socioeconômico, visando o bem-estar da população e a autonomia tecnológica do País, nos termos de lei federal (Lei 10.973/2004).[4]

A importância da ciência, da tecnologia e da inovação para algumas Nações desenvolvidas se apresenta no Relatório chamado "Preparação para o futuro da Inteligência Artificial", elaborado pelo Escritório de Política de Ciência e Tecnologia da Casa Branca, onde está detalhado um "Plano estratégico de pesquisa e desenvolvimento de inteligência artificial nacional", devidamente financiado pelo próprio governo[5].

Assim, vê-se que temos uma Constituição Federal que detalhou a importância estratégica da ciência, tecnologia e inovação para a Nação Brasileira, mas, ao que tudo indica, tal ficou no papel, pois continuamos a errar nos mais diversos aspectos relacionados ao desenvolvimento na área de tecnologia.

2.1 A 4ª Revolução Industrial

Estamos no limiar de uma nova era, na borda da 4ª Revolução Industrial, momento em que a Lei de Moore foi acelerada com um ponto de inflexão ocorrido no ano de 2007. Foi nesse ano que ocorreu um cruzamento entre as novas tecnologias, redundando na redução do custo de armazenamento e processamento de dados, com o aumento da velocidade de upload ou download, do surgimento do Iphone, da conexão de internet democratizada, da usabilidade (facilidade de usar) dos softwares etc.: "... quando a *conectividade* se tornou rápida, grátis, fácil de usar e onipresente e quando lidar com a *complexidade* se tornou rápido, grátis, fácil de usar e invisível –, ocorreu uma liberação de energia nas mãos dos seres humanos e das máquinas jamais vista e cujo significado só agora começamos a compreender".[6]

Para entender a afirmação acima, é importante conceituar a Lei de Moore para, ao final, conceituar a 4ª Revolução Industrial.

A Lei de Moore, estabelecida como um conceito em 1965, por Gordom Moore, fundador da INTEL, estabelece que "... o poder de processamento dos computadores dobraria a cada 18 meses", tornando-se os processadores mais potentes, com menos custo de energia e muito mais baratos.

---

3. SILVA, José Afonso da. *Curso de direito constitucional positivo*. 19. ed. São Paulo: Malheiros, 2001. p. 38.
4. ALLEMAND, Luiz Cláudio; PETER, Leonardo. Tecnologia, Inovação e o Futuro das Instituições: A Advocacia. In: COÊLHO, Marcus Vinicius Furtado (Coord.) *A Constituição entre o direito e a política*: o futuro das instituições. estudos em homenagem a José Afonso da Silva. Rio de Janeiro: G/Z Editora, 2018. p. 892.
5. FELTEN, Ed; LYONS, Terah. *The Administration's Report on the Future of Artificial Intelligence*. Disponível em: https://obamawhitehouse.archives.gov/blog/2016/10/12/administrations-report-future-artificial-intelligence Acesso em: 09 jul. 2020.
6. FRIEDMAN, Thomas Loren, *Obrigado pelo Atraso*, Rio de Janeiro: Malheiros, 2017. p. 116.

Hoje, temos processadores mais potentes, com gasto de energia mais eficiente e com menores custos. Essa lei se mantém até hoje, mas, diante das facilidades atuais como a existência do GitHub[7], com a chegada da "nuvem", que Thomas L. Friedman chama de "supernova" ocorreu "...a liberação de energia que vem amplificando todos os tipos de poder – o poder das máquinas, das pessoas individualmente, do fluxo de ideias e da humanidade como um todo – em níveis sem precedentes"[8] e, com a proximidade da computação quântica deixar os laboratórios para ser utilizada pelos usuários comuns, como aconteceu com o computador pessoal, certamente a Lei de Moore deverá ser atualizada, para prever um poder de processamento muito maior do que previsto.

Um exemplo para entender a lei de Moore foi apresentado pelos engenheiros da INTEL, que fizeram um cálculo do que aconteceria com um fusca *Volkswagem*, se este fosse aperfeiçoado na mesma medida dos microchips sob o efeito da lei de Moore:

> Estes são os números: hoje o fusca seria capaz de andar a 480 mil quilômetros por hora. Rodaria mais de 3 milhões de quilômetros com quase quatro litros de gasolina e custaria apenas quatro centavos de dólar![9]

Não precisa ser um engenheiro da INTEL para apresentar um exemplo pessoal de como os preços dos computadores pessoais eram caros, comparados com os valores dos equipamentos atuais. No ano de 1994, o valor para aquisição de 4 computadores pessoais da marca Compaq 486 (os mais avançados tecnologicamente), custava o preço de um carro de luxo no Brasil. Hoje, se tomarmos como referência um equipamento atual, com tecnologia de ponta, o custo não representa ¼ do preço de um carro de luxo, o que demonstra como o custo da tecnologia tende a baratear com o passar do tempo.

Estamos vivendo um momento ímpar, na chamada "era do conhecimento", com uma velocidade vertiginosa de tecnologias disruptivas, que chegam e desaparecem superadas por outras tecnologias, a um ritmo de aceleração jamais visto na história da humanidade, como bem definido por Ray Kurzweil, Diretor de Engenharia da Google:

> Estamos entrando em uma era de aceleração. Os modelos sobre os quais a sociedade está baseada em todos os níveis, apoiados em grande parte em um modelo linear de mudança, terão de ser redefinidos. Devido à força explosiva do crescimento exponencial, o século XXI será o equivalente a 20 mil anos de progresso concretizados ao ritmo do progresso atual: as organizações precisam ser capazes de se redefinir a uma velocidade cada vez maior.

A mudança de cultura deve acontecer até para os mais céticos, pois não se luta contra a máquina, mas com a máquina.

Feitas essas considerações sobre a era da aceleração, do conhecimento, é importante conceituar a chamada 4ª Revolução Industrial apresentando a cronologia de todas as revoluções anteriores, para demonstrar como nosso poder de assimilação de uma tecnologia nova está mais rápido.

---

7. ESTRELLA, Carlos, *O que é GitHub e para que serve*. Disponível em: https://www.weblink.com.br/blog/programacao/o-que-e-github/ Acesso em: 09 jul. 2020.
8. FRIEDMAN, Thomas Loren, op cit. p.106.
9. FRIEDMAN, Thomas Loren, op cit. p. 49-50.

A 1ª Revolução Industrial ocorreu no século XVIII, mais de 200 anos atrás, na Grã-Bretanha, e tem como marco o surgimento da máquina a vapor empregada nas indústrias têxteis, substituindo, assim, a mão de obra e iniciando uma industrialização em série; por sua vez, a 2ª Revolução Industrial teve início na segunda metade do século XIX, com o seu encerramento no final da segunda grande guerra, e tem como marco principal a mudança da máquina a vapor pela máquina movida pela eletricidade, que impulsionou a indústria; a 3ª Revolução Industrial teve início em meados do século XX, com o surgimento da eletrônica, como propulsora da modernização da indústria, período conhecido como a "Era da Eletrônica"; e, por fim, a 4ª Revolução Industrial teve início na segunda década do século XXI, mais conhecida como a "Era do Conhecimento", que tem como marco "... a convergência de níveis importantes de sensoriamento, controle e inteligência artificial ornamentados por requisitos de comunicação e intercomunicação de forma maciça, estabelecidos globalmente".[10]

Existem inúmeras razões para afirmar que este momento não representa a continuidade da 3ª Revolução Industrial, dentre as quais podemos apresentar as seguintes: a enorme velocidade das transformações; o alcance dessas transformações; e, o impacto dessas transformações nos sistemas sociais.[11]

Com o objetivo de se lançar de forma estratégica nessa 4ª Revolução Industrial, a Alemanha apresentou o projeto "Industrie 4.0: Smart manufacturing for the future", da Agência Alemã de Investimento e Comércio (GTAI), no ano de 2014, com parceria das Universidades e da indústria, que tem por objetivo aumentar a competitividade da sua economia, com a utilização de tecnologia de informação industrial, o mesmo ocorrendo nos Estados Unidos da América que, no final de 2015, apresentou uma proposta capitaneada por 180 organizações e empresas, chamada "Industrial Internet Consortium Architecture Task Group (IIC)", com o mesmo objetivo da Alemanha, demonstrando que esses países estão preocupados com essa nova era e estão se organizando para manter suas economias no protagonismo mundial.

Assim, é possível constatar que os países, as organizações e as empresas estão se preparando para a 4ª Revolução Industrial, com o único objetivo de manter a competitividade das suas economias.

Concluindo, a 4ª Revolução Industrial, nas palavras de Klaus Schwab, fundador e Presidente Executivo do Fórum Mundial, "...é uma forma de descrever um conjunto de transformações em curso e iminentes dos sistemas que nos rodeiam; sistemas que a maioria de nós aceita como algo que sempre esteve presente. (...) não consiste em uma pequena mudança – ela é um novo capítulo do desenvolvimento humano, no mesmo nível da Primeira, da Segunda e da Terceira Revolução Industrial e, mais uma vez, causada pela crescente disponibilidade e interação de um conjunto de tecnologias extraordinárias. (...) Mais importante que isso, ela é uma oportunidade para estruturar uma série de conversas públicas que podem ajudar todos nós – desde líderes do setor de tecnologia

---

10. JÚNIOR, Sergio Luiz Stevan; LEME, Murilo Oliveira; SANTOS, Max Mauro Dias, *Indústria 4.0* – Fundamentos, perspectivas e aplicações. São Paulo: Ed. Érica, 2018, p. 17-37.

11. PERASSO, Valeria. *O que é a 4ª Revolução Industrial e como ela deve afetar nossas vidas*. Disponível em: https://www.bbc.com/portuguese/geral-37658309 Acesso em: 06 jul. 2020.

até autoridades políticas e cidadãos de todos os grupos de renda, nacionalidade e origens – a entender e orientar a forma como essas tecnologias poderosas, emergentes e convergentes influenciam o mundo que nos rodeia. (...) encontrando maneiras de oferecer (...) capacidade de impactar positivamente a sua família, organizações e comunidade".[12]

A tecnologia veio para ajudar a sermos mais eficientes, mas para tanto é preciso observar regras de governança, respeito aos planejamentos estratégicos, diálogo com os usuários, *compliance*, integridade, ética, bem como a formação de uma nova cultura.

Ao enveredar na área da tecnologia, seja uma empresa ou um órgão público, é preciso observar 4 elementos desencadeadores da transformação de um ambiente analógico para um digital 4.0: a) Produtividade: é preciso aumentar a eficiência operacional, por meio da tecnologia; b) Competitividade: é preciso aumentar a competitividade no ambiente em que se está inserido; c) Novas oportunidades de negócios: é preciso buscar novas formas de gerar valor, através da tecnologia; e, d) Moonshot: Termo usado pelos cientistas da NASA, na década de 60, para superar uma missão impossível, que era enviar um homem à lua, o que aconteceu com o projeto Apolo XI. Assim, moonshot se caracteriza como uma expressão que, envolvendo tecnologia, valendo-se de um projeto inovador, representa uma extrema ousadia para resolver um grande problema.[13]

Mas, para que essas tecnologias possam auxiliar, é preciso que os estados, as organizações, as empresas e a sociedade formem líderes com objetivos "moonshot" e que tenham as características exigidas nessa nova fase da humanidade.

3. ÉTICA NA 4ª REVOLUÇÃO INDUSTRIAL

Tomo como partida o livro "O princípio responsabilidade – Ensaio de uma ética para a civilização tecnológica", de Hans Jonas, que apresenta como tese principal do livro o fato de que a tecnologia moderna se converteu em ameaça, pois nenhuma ética tradicional instruiu o ser humano sobre as normas do "bem" ou do "mal":[14]

> "O novo continente da práxis coletiva que adentramos com a alta tecnologia ainda constitui, para a teoria ética, uma terra de ninguém".

Hans Jonas chama atenção para a responsabilidade, que a Teoria da Ética concedeu pouca atenção, pois sempre se pautou na qualidade moral do ato momentâneo, mas com olhos nessas novas tecnologias, a ética tem que observar as ações coletivas que, para o futuro, podem causar impactos de longo prazo, com consequente irreversibilidade.

Para Gerd Leonhard a ética não acompanha a tecnologia: "Vamos fazer uns cálculos exponenciais. Se continuarmos neste caminho, em apenas oito a doze anos (dependendo de quando começarmos a contar) o progresso tecnológico global vai saltar do ponto de viragem de quatro para 128. Ao mesmo tempo, o alcance dos nossos princípios éticos

---

12. SCHWAB, Klaus. *Aplicando a quarta revolução industrial*. São Paulo: Edipro, 2018, p. 35-36.
13. JÚNIOR, Sergio Luiz Stevan; LEME, Murilo Oliveira; SANTOS, Max Mauro Dias, op. cit., p. 135.
14. JONAS, Hans, *O princípio Responsabilidade* – Ensaio de uma ética para a civilização tecnológica. Rio de Janeiro: Contraponto: Ed. PUC-Rio, 2006. p. 21.

continuará a progredir lentamente, ao longo de um percurso de melhoria linear (...). Irá melhorar ligeiramente à medida que nos formos adaptando a um novo enquadramento".[15]

A preocupação com a ética na tecnologia foi objeto de estudo pelo Future of Life Institute que, no balneário de Asilomar, perto de Monterey, no ano de 2017, reuniu os maiores pesquisadores de inteligência artificial, cientistas e legisladores para definir a melhor forma de garantir o uso seguro da Inteligência Artificial que, ao final, apresentou os princípios Asilomar para Inteligência Artificial, em 23 diretrizes, divididas em três áreas: Questões da área de pesquisa; Questões sobre Ética e Valores; e, Questões de Longo Prazo.

Para o seguimento do direito, na área de Ética e Valores, chama atenção a diretriz 8, que trata de Transparência Judicial: "Qualquer envolvimento de um sistema autônomo na tomada de decisões judiciais deve fornecer uma explicação satisfatória e auditável por uma autoridade humana e competente".[16]

Sobre o motivo pelo qual precisamos de uma agenda para discutir algoritmos pela ótica da transparência e da necessidade de auditibilidade, vejamos a autorizada lição dos Professores Coriolano Aurélio de Almeida Camargo Santos e Marcelo Crespo:[17]

> Fato é que discussões sobre a responsabilidade e transparência no uso de algoritmos ainda são incipientes no Brasil.
>
> Embora fundamentais para a construção da atual sociedade digital, não são comumente auditados e habitam o ordenamento jurídico sem que normas possam reger sua utilização e transparência. Não há, igualmente, diretivas sobre melhores práticas. É, portanto, fundamental haver um diálogo global entre as empresas que se valem deste tipo de tecnologia, consumidores e os reguladores com vistas a garantir que os direitos dos cidadãos sejam devidamente protegidos e que as análises possam ser contestadas.

O tema ganha relevância quando a Universidade de Stanford, no coração do Vale do Silício, lança o Instituto Stanford de Inteligência Artificial Centrada no Homem (HAI), formando um grupo de pesquisa interdisciplinar, que na sua primeira apresentação deixou expresso que: "A inteligência artificial tem o potencial de nos ajudar a alcançar nossos sonhos compartilhados de um futuro melhor para toda a humanidade, mas irá trazer com ela desafios e oportunidades que não podemos prever".

Importante essa visão interdisciplinar, permitindo um debate amplo no campo da sociologia, filosofia e ética no desenvolvimento da Inteligência Artificial.

4. JUSTIÇA MULTIPORTAS

Como sempre denominei conciliação, mediação e arbitragem como "meios alternativos de resolução de conflitos", fui obrigado a me atualizar por entender que a palavra "alternativa" não condiz com a realidade desses institutos no Sistema Jurídico Brasileiro,

---

15. LEONHARD, Gerd, *Tecnologia versus* Humanidade – O confronto futuro entre a Máquina e o Homem. Lisboa: Gradiva Publicações, 2018. p. 161.
16. Disponível em: https://ierfh.org/principios-asilomar-de-ia/. Acesso em: 13 jul. 2020.
17. SANTOS, Coriolano Aurélio de Almeida Carmargo; CRESPO, Marcelo, *Por quê precisamos de uma agenda para discutir algoritmos?* Disponível em: https://www.migalhas.com.br/coluna/direito-digital/248162/por-que-precisamos-de-uma-agenda-para-discutir-algoritmos. Acesso em: 13 jul. 2020.

pois, com a vigência do Código de Processo Civil de 2015, tais institutos passaram a ser considerados como garantidores do direito fundamental ao acesso à justiça, de sorte que o correto é chamar de "meios adequados de solução de conflitos", que se resume na "Justiça Multiportas", conceito derivado do "Tribunal Multiportas", desenvolvido pelo Professor Frank Sander, da Harvard Law School: "A concepção parte do pressuposto de que é necessário avaliar, a partir das características do conflito, a adequação dos variados meios para solução de controvérsias, tais como mediação, conciliação, arbitragem e negociação."[18]

Entretanto, nesse artigo o foco será a mediação. Para tanto, é preciso apresentar o estudo de Miguel Reale sobre a "Teoria da Justiça", no livro Lições Preliminares de Direito[19], que traz o conceito de "justiça" de Aristóteles, que nada mais é do que equidade, uma expressão ética do princípio da igualdade, para ao final do livro afirmar que: "... na história da Teoria da Justiça, desdobra-se em qualidade subjetiva e forma objetiva".[20]

Na qualidade *subjetiva*, Reale cita as lições da Filosofia estoica: "contans ac perpetua voluntas unicuique suum tribuendi" (vontade constante e perpétua de dar a cada um o que é seu) e, na forma *objetiva*, apresenta o predomínio das concepções naturalistas, a justiça passou a ser vista como realização da ordem social justa para viver o coletivo, tendo Miguel Reale, seguindo Platão, afirmado que não há como separar a compreensão subjetiva da objetiva: "não pode haver justiça sem homens justos", para em seguida, concluir que a justiça: "...vista apenas como virtude ou vontade de dar a cada um o que é seu, fica-se à metade do caminho".[21]

Assim, o conceito de justiça, diante da sociedade participativa na era da informação, não está mais atendendo seus interesses, pois uma sentença favorável a "A", mas contrária a "B", no sentimento desse último, não lhe fez justiça. No mesmo caso, se a sentença fosse favorável a "B", certamente "A" se sentiria injustiçado. Nessa linha de interpretação, caso a sentença fosse parcialmente procedente, o sentimento de justiça de "A" e "B" estariam frustrados.

Para piorar a situação de sentimento de injustiça, imaginemos uma sentença sendo proferida 10 anos após o ajuizamento da ação judicial. Nesse caso, tomando como base o coletivo, certamente o sentimento de injustiça atingirá toda sociedade, pois supera o sentimento de justiça de "A" ou de "B".

Assim, tomando como referência o estudo de Miguel Reale sobre "Teoria da Justiça", como virtude ou vontade de dar o que é seu, fica na metade do caminho (qualidade subjetiva) quando uma sentença decide em favor de uma das partes, como também não atende à coletividade (forma objetiva), diante da ausência de efetividade. O Poder Judiciário não faz justiça, ao contrário do que muitos possam imaginar, mas decide, com

---

18. MUNIZ, Tânia Lobo, SILVA, Marcos Claro da. *O modelo de tribunal multiportas americano e o sistema brasileiro de solução de conflito*. Porto Alegre: Revista da Faculdade de Direito da UFRGS n. 39, Volume Especial, 2018, p. 295-296.
19. REALE, Miguel. *Lições preliminares de direito*. São Paulo: Saraiva, 1991, p. 370.
20. REALE, Miguel, op. cit., p 371.
21. REALE, Miguel, op. cit., p. 371-372.

base no direito, para dirimir os conflitos da sociedade, um poder/dever garantido na Constituição e nas leis.

Diante do quanto apresentado, e, avaliando os "meios adequados de solução de conflitos", qual seria o mais recomendado, tomando como referência o estudo de Miguel Reale?

Pelo conceito de Justiça Multiportas, cada problema jurídico demanda "meios adequados de solução de conflitos", mas posso afirmar que, certamente, a conciliação e a mediação são aptas a levar ao sentimento de justiça, pois um terceiro imparcial, escolhido entre as partes, se valendo das técnicas, auxilia e estimula a identificar e desenvolver soluções consensuais para a controvérsia (Artigo 1º da Lei 13.140/2015).

Mas nem tudo são flores e o problema começa com a união da tecnologia e os métodos de solução consensuais, sem a observância da ética.

4.1 Inteligência artificial no direito e as mediações digitais

Estamos na borda da 4ª Revolução Industrial, na era do conhecimento, com tecnologias surgindo em um ritmo acelerado e nos fazendo escutar sobre Inteligência Artificial todos os dias, que pode ser conceituada como "...um ramo da ciência da computação que se propõe a elaborar dispositivos que simulem a capacidade humana de raciocinar, perceber, tomar decisões e resolver problemas".[22]

O termo Inteligência Artificial surgiu em convite enviado por John McCarthy, um professor de matemática, no Dartmouth College, juntamente com seus colegas, propondo um estudo sobre inteligência artificial, no período de 2 meses, naquele verão de 1956.[23]

Para Frank Ned Santa Cruz, o desafio da inteligência artificial está na elaboração de algoritmos capazes de realizar duas tarefas consideradas fáceis pelos humanos: reconhecimento de padrões e bom senso:[24]

> E parte deste desafio já foi solucionado através das redes neurais computacionais que são algoritmos matemáticos, que utiliza lógica fuzzy, redes bayesianas e a partir da leitura de base de dados armazenadas em repositórios como BigData, possuem a capacidade de realizar, de forma automática a análise, interpretação e tomada de decisões, podendo ser calibradas por um ser humano e gradualmente adquirem a capacidade de autoaprendizado conseguindo com isso realizar a correção de erros sem a necessidade de interação humana. Tudo isso com grande precisão de acerto, esta técnica é conhecida como aprendizado profundo.

Com relação aos padrões, os algoritmos já estão trabalhando em bancos de dados não estruturados com certa facilidade e resolvendo tarefas simples, específicas e repetitivas, mas, certamente, o objetivo é poder trabalhar em tarefas que demandam cognição.

O mercado jurídico brasileiro é vasto e praticamente está começando a ser explorado. Com um estoque de mais de 70 milhões de processos sem julgamento, com 92 Tribunais

---

22. CIRIACO, Douglas, *O que é inteligência artificial*. Disponível em: https://collbusinessnews.com.br/o-que-e-inteligencia-artificial/. Acesso em: 06 jul. 2020.

23. Disponível em: https://epocanegocios.globo.com/Tecnologia/noticia/2019/03/leia-o-texto-do-convite-que-criou-o-termo-inteligencia-artificial.html. Acesso em: 06 jul. 2020.

24. CRUZ, Frank Ned Santa. *Inteligência artificial no judiciário*. Disponível em: https://www.migalhas.com.br/arquivos/2017/4/art20170428-01.pdf. Acesso em: 06 jul. 2020.

em todos os segmentos do Poder Judiciário, com mais de 17 mil magistrados e um orçamento superior a 100 bilhões e com mais de hum milhão e trezentos mil advogados, a Inteligência Artificial não ficará de fora desse enorme mercado, pois sistema é payback que se paga no tempo e mão de obra é custo continuado.

As previsões apresentadas sobre a Inteligência Artificial no direito já se concretizaram, pois, em um primeiro momento, toda atividade humana, caracterizada por tarefas repetitivas e de pouca complexidade, foram alcançadas por sistemas específicos que utilizam a Inteligência Artificial.

Em um segundo momento, os algoritmos funcionando com mais detalhamento e trabalhando em bancos de dados não estruturados na tecnologia BigData, permitiram alta velocidade na captura, armazenamento e análise de dados, além de uma série de serviços específicos de busca de jurisprudência.

Por fim, em um terceiro momento, dentro de uma cognição simples, foi possível extrair relatórios, produzir documentos, contratos, estudos jurídicos e peças processuais com uma simples e pequena pesquisa, mas sempre tomando como base os dados não estruturados ou estruturados alimentados pelo ser humano, bem como elaborar triagem de recursos, elaboração de minutas de contratos, petições e sentenças, o surgimento de sistemas como Sócrates (STJ) e Victor (STF), serviços de predição etc.

Assim, diante desses momentos tecnológicos relatados acima, torna-se importante verificar a mediação digital e a ética.

O Conselho Nacional de Justiça, no ano de 2016, lançou o Sistema de Mediação Digital para solucionar conflitos da população, atendendo às regras da Lei de Mediação (Lei 13.140/2015) e do Novo Código de Processo Civil (Lei 13.105/2015). Na mesma linha da política Nacional do CNJ de fomentar os meios adequados de solução de conflitos, algumas empresas, bem como startups, também estavam trabalhando em plataformas para oferecer a mediação digital, seguindo regras de governança e *compliance*, inclusive a resolução do Conselho Nacional de Justiça, que exige o cadastramento nos Tribunais de Justiça dos Estados (Resolução 215 do CNJ).

Entretanto, no ano de 2018, as LawTechs começaram a apresentar uma postura mais comercial e agressiva, sem observar o *compliance*, especialmente, as regras da classe dos advogados e o Código de Ética da profissão, que proíbem a captação de clientela, a mercantilização e a publicidade abusiva.

Mesmo alegando não se tratar de um escritório de advocacia, pois estaria fora do alcance das regras da classe dos advogados, certo é que as atividades praticadas por várias dessas LawTechs são privativas da classe dos advogados.

Aqui é importante consignar que, se uma LawTech for definida como um escritório de advocacia, estaria obrigada a observar as regras da OAB, em especial o Código de Ética, mas, se não for conceituada como um escritório de advocacia, caracterizada estaria a prática irregular da profissão, o que é crime.

Não se pode esquecer, também, que, sendo caracterizada como um escritório de advocacia, pelas regras da OAB, não poderia ter, na sua composição societária, profissional não registrado na OAB.

Por fim, o ponto mais relevante para o serviço a que se propõe é de que a mercantilização não condiz com a mediação, pois, em muitos casos, a LawTech compra o direito do cidadão por valores abaixo do que receberia caso um acordo fosse fechado, pois quem se propõe a mediar não pode se beneficiar sobre aqueles que buscam os meios adequados para a solução de seus conflitos. Infelizmente, porém, essa prática de obter benefícios tem crescido muito.

Seguindo na análise, alguns sistemas de mediação digital podem utilizar chatbot simples (software que utiliza a fala humana para interagir com o usuário), Machine Learning (algoritmos que aprendem através de dados fornecidos) ou mesmo Deep Learning (algoritmos que apreendem através de rede neural), dispensando o mediador humano para interagir com duas pessoas no processo de solução do conflito.

O chatbot não tem processo de aprendizado, mas esses sistemas podem ser associados ao Machine Learning ou ao Deep Learning, o que já vem acontecendo.

Por sua vez, no Machine Learning, os algoritmos podem aprender as técnicas de mediação, inclusive se valendo da "teoria dos jogos" para estabelecer um padrão de confiança com as partes no processo de mediação, usando dados previamente inseridos.

Por fim, no Deep Learning, os algoritmos trabalham com Big Data, simulando uma rede neural e permitindo um aprendizado com mais cognição e autonomia nas informações que vai buscar.

Tome-se como exemplo o direito do consumidor e as mediações digitais realizadas entre empresas e o cidadão, através de uma plataforma com chatbor, Machine Learnig e/ou Deep Learning.

O problema ético pode estar no fato de que, através de algoritmos simples e usando um banco de dados estruturado ou um algoritmo de aprendizagem, seja impossível detectar se existe um favorecimento para uma das partes que estão sendo mediadas, seja pela utilização da técnica de mediação, que pode induzir uma parte, ou nas sugestões de acordos, pois, em inúmeros casos, essas mediações estão ocorrendo sem um advogado, conhecedor do direito e da jurisprudência dos tribunais.

Tudo é muito novo e o desconhecimento, associado à percepção de que a justiça é lenta, permite que empresas contratem mediação digital para reduzir seu custo com demandas judiciais, pagando para que uma LawTech faça essas mediações com o consumidor através de algoritmos, que são desenvolvidos para essa função, sem qualquer auditabilidade e transparência, seja pelo Poder Judiciário, Procon, Associação de Consumidores etc., pois "...se tornará cada vez mais importante desenvolver algoritmos de IA que não sejam apenas poderosos e escaláveis, mas também transparentes para inspeção – para citar umas das muitas propriedades socialmente importantes".[25]

Os autores afirmam que a responsabilidade, transparência, auditabilidade, incorruptibilidade, previsibilidade são uma tendência e devem ser observadas na elaboração de algoritmos destinados a substituir o julgamento humano.

---

25. BOSTRON, Nick, YUDKOWSKY, Elieser. *A ética da inteligência artificial*. Disponível em: https://ierfh.org/a-etica--da-inteligencia-artificial/ Acesso em: 06 jul. 2020.

No caso da mediação digital, o mínimo que se espera é a observância aos princípios listados no artigo 2º da Lei 13.140/2015, seja por regras de governança, *compliance* ou por imposição legal.

5. CONCLUSÃO

Ao contrário do que possa parecer, as regras de governança e compliance não impedem a tecnologia. Ao contrário, uma Law Tech que apresente um programa de compliance tem mais chance de crescer, pois até os investidores estarão atentos, como também terá a credibilidade do cidadão, se permitir transparência e auditabilidade nos algoritmos.

Para que uma mediação possa acontecer corretamente, atendendo aos princípios da mediação, é preciso que o mediador conquiste a confiança das partes e mantenha sua independência e imparcialidade, não importando se o mediador é um ser humano ou um algoritmo, pois até mesmo quando um algoritmo Deep Learning estiver atuando, certo é que, no início, um programador escreveu suas primeiras linhas de código e a ética deve prevalecer.

No mundo digital, só sobreviverão aqueles que construírem credibilidade e reputação, o que somente será alcançado com ética nos negócios, que, nas palavras de Peter Drucker[26], vem a ser aquela que os gestores "...exijam de sim mesmos rejeitar comportamentos que não respeitariam nos outros e que de resto pratiquem comportamentos apropriados para o tipo de pessoa que eles gostariam de ver no espelho pela manhã".

---

26. DRUCKER, Peter. *Os novos desafios dos executivos*. Campus, Rio de Janeiro, 2012, p. 240.

A ARBITRAGEM COMO MEIO ADEQUADO DE RESOLUÇÃO DE DISPUTAS RELACIONADAS À TECNOLOGIA

Ana Frazão

Doutora em Direito Comercial pela Pontifícia Universidade Católica de São Paulo – PUCSP. Mestre em Direito e Estado pela Universidade de Brasília – UnB. Especialista em Direito Econômico e Empresarial pela Fundação Getúlio Vargas – FGV. Graduada em Direito pela Universidade de Brasília – UnB. Professora de Direito Civil, Comercial e Econômico da Universidade de Brasília – UnB. Líder do GECEM – Grupo de Estudos Constituição, Empresa e Mercado. Ex-Conselheira do CADE – Conselho Administrativo de Defesa Econômica (2012-2015). Ex-Diretora da Faculdade de Direito da Universidade de Brasília (2009-2012). Advogada

Angelo Prata de Carvalho

Mestre e Doutorando em Direito na Universidade de Brasília. Professor voluntário na Faculdade de Direito da Universidade de Brasília. Vice-líder do GECEM – Grupo de Estudos Constituição, Empresa e Mercado. Advogado.

Sumário: 1. Introdução. 2. Disputas relacionadas à tecnologia e o escopo da arbitragem. 3. A dinâmica dos processos tecnológicos e a demanda por um processo expedito. 4. A especialização da arbitragem na resolução de questões complexas e as disputas em mercados de tecnologia. 5. Considerações finais. 6. Referências.

1. INTRODUÇÃO

A construção de sistemas adequados de resolução de disputas exige não somente a estruturação e difusão de técnicas como a mediação, a conciliação, a arbitragem ou outros instrumentos, mas sobretudo identificação das situações nas quais o uso de cada uma dessas estratégias possa ser mais efetivo para sanar cada conflito em particular. Em outras palavras, não se deve buscar qualquer mecanismo de resolução simplesmente por se apresentar como alternativa ao Judiciário, por mais sofisticados que sejam seus métodos, e tampouco se pode supor que a tutela jurisdicional estatal é sempre a via mais privilegiada para a pacificação de conflitos, de sorte que se deve primar pela busca da *justiça adequada* para a situação concreta que se apresenta[1].

A transformação dos meios de resolução de disputas, por conseguinte, anda lado a lado com a transformação dos processos econômicos no âmbito da chamada economia

---

1. DIDIER JR., Fredie; ZANETI JR., Hermes. Justiça multiportas e tutela constitucional adequada: autocomposição em direitos coletivos. In: ZANETI JR., Hermes; CABRAL, Trícia Navarro Xavier. *Justiça multiportas*: mediação, conciliação, arbitragem e outros meios de solução adequada para conflitos. Salvador: JusPodivm, 2017. p. 36.

movida a dados, marcada pela criação de novos negócios, novos serviços, novas formas da organização da atividade econômica e, fatalmente, novos conflitos. A resolução dos conflitos, dessa maneira, se insere entre as diversas funções jurídicas que vêm sendo constantemente desafiadas pelas inovações decorrentes do advento da internet e das tecnologias de informação.

Diante desse cenário, torna-se imperiosa a implementação de mecanismo de resolução de conflitos que compreenda as complexidades e as especificidades técnicas atinentes aos conflitos relacionados à tecnologia. Trata-se de discussões que envolvem a compreensão da possibilidade de que a própria tecnologia atue como vetor regulatório, de forma a exigir soluções jurídicas que sejam compatíveis e viáveis com tal circunstância, sob pena da sua completa falta de efetividade.

Ademais, trata-se de controvérsias com alto grau de exigência tanto de provas técnicas que sejam capazes de adequadamente compreender tecnologias inovadoras e disruptivas quanto de julgadores altamente especializados que adequadamente equacionem os riscos e interesses envolvidos em cada disputa. Ademais, tais conflitos são marcados também pela demanda por celeridade, tendo em vista o dinamismo que caracteriza os processos tecnológicos, de tal maneira que o prolongamento de uma disputa pode significar condenar determinada tecnologia à obsolescência.

A arbitragem, assim, tem se apresentado como mecanismo por excelência para endereçar disputas jurídicas relacionadas à tecnologia, considerando que apresenta arcabouço procedimental e técnico aptos a tratar dessas questões de maneira célere, eficaz e com a especialização que se faz necessária. Dessa maneira, o presente trabalho pretende, à luz da concepção básica da justiça multiportas, segundo a qual o acesso à justiça não se traduz em um direito genérico de acesso aos tribunais, mas sim em um acesso ao direito e à tutela adequada dos direitos[2], discorrer sobre o papel da arbitragem na resolução de conflitos relacionados à tecnologia.

Para tanto, após expor o contexto geral das disputas relacionadas à tecnologia e de sua relação com a arbitragem, serão explorados dois aspectos que justificam a aptidão da arbitragem para adequadamente endereçar esse tipo de conflito: o acompanhamento da dinâmica dos processos tecnológicos pela arbitragem e a especialização dos sujeitos que participam de procedimentos arbitrais.

2. DISPUTAS RELACIONADAS À TECNOLOGIA E O ESCOPO DA ARBITRAGEM

No contexto econômico atual, ganham relevância empresas eletrônicas que revolucionam modelos de negócios e criam novos mercados por intermédio de maneiras inovadoras de efetuar "operações-chave de administração, financiamento, inovação, produção, distribuição, vendas, relações com empregados e relações com clientes [...] seja qual for o tipo de conexão entre as dimensões virtuais e físicas da firma"[3]. Dessa ma-

---

2. Ver: SILVA, Paula Costa. *A nova face da justiça*: os meios extrajudiciais de resolução de controvérsias. Coimbra: Coimbra Editora, 2009. p. 19-21.

3. CASTELLS, Manuel. *A galáxia da internet*: reflexões sobre a internet, os negócios e a sociedade. Rio de Janeiro: Zahar, 2003. p. 57.

A ARBITRAGEM COMO MEIO ADEQUADO DE RESOLUÇÃO DE DISPUTAS RELACIONADAS À TECNOLOGIA **325**

neira, ainda que a atividade-fim do agente econômico em questão não seja propriamente o desenvolvimento de soluções tecnológicas, dificilmente ele deixará de interagir com agentes que operam em mercados de inovação.

Na esteira da própria transformação dos processos produtivos e da necessidade de construção de um sistema jurídico que sirva de base adequada a transações envolvendo tecnologia, surgem também novos conflitos e novos litígios que exigem resposta adequada dos meios de composição de disputas. Pode-se mencionar, nesse sentido, as transformações da responsabilidade civil decorrentes do desenvolvimento de sistemas de inteligência artificial[4], as novas abordagens de análise da propriedade intelectual e a expansão dos ativos imateriais enquanto bens centrais para o próprio exercício da atividade econômica[5], a ascensão das plataformas enquanto modelos de negócio dos principais agentes econômicos[6], o papel dos dados pessoais[7], dentre muitos outros aspectos.

Não é sem motivo que Klaus Schwab, fundador do Fórum Econômico Mundial, assevera que a velocidade e a amplitude da revolução tecnológica ainda carece de compreensão mais abrangente, tendo em vista a profusão de novidades tecnológicas em diversas áreas que estão apenas no início de seu desenvolvimento, como "inteligência artificial (IA), robótica, a internet das coisas [...], veículos autônomos, impressão em 3D, nanotecnologia, biotecnologia, ciência dos materiais, armazenamento de energia e computação quântica"[8].

Ademais, o fato de a própria tecnologia hoje ser um vetor de regulação traz inúmeras implicações para a solução de disputas daí decorrentes, as quais precisarão envolver, em muitos casos, as discussões sobre a própria escolha da tecnologia[9], sob pena da prolação de decisões ineficazes ou inexequíveis. Um exemplo importante é a questão relacionada à possibilidade de interceptação judicial de conversas travadas pelo Whatsapp, havendo um histórico de decisões judiciais ineficazes por determinarem algo que é incompatível com a criptografia de ponta a ponta adotada pelo dispositivo[10].

Outro aspecto importante da discussão é que, com a crescente importância da utilização de algoritmos na estruturação dos negócios e no próprio processo de tomada

---

4. Ver: FRAZÃO, Ana. Responsabilidade civil de administradores de sociedades empresárias por decisões tomadas com base em sistemas de inteligência artificial. In: FRAZÃO, Ana; MULHOLLAND, Caitlin. *Inteligência artificial e direito*: ética, regulação e responsabilidade. São Paulo: Thomson Reuters Brasil, 2019.

5. MERGES, Robert P.; MENELL, Peter S.; LEMLEY, Mark A. *Intellectual property in the new technological age*. Nova York: Aspen, 2006.

6. FRAZÃO, Ana. Plataformas digitais e os desafios para a regulação jurídica. In: PARENTONI, Leonardo. *Direito, tecnologia e inovação*. Belo Horizonte: D'Plácido, 2018.

7. WU, Tim. *The attention merchants*: the epic scramble to get inside our heads. Nova York: Knopf, 2016; O'NEIL, Cathy. *Weapons of math destruction*: How big data increases inequality and threatens democracy. Nova York: Crown Publishers, 2016; FRAZÃO, Ana. Fundamentos da Proteção dos Dados Pessoais. In: FRAZÃO, Ana; TEPEDINO, Gustavo; OLIVA, Milena Donato. *A Lei Geral de Proteção de Dados Pessoais e suas repercussões no direito brasileiro*. São Paulo: Ed. RT, 2019.

8. SCHWAB, Klaus. *A quarta revolução industrial*. Bauru: Edipro, 2016. p. 14.

9. FRAZÃO, Ana. Objetivos e alcance da Lei Geral de Proteção de Dados. In: FRAZÃO, Ana; TEPEDINO, Gustavo; OLIVA, Milena Donato. *A Lei Geral de Proteção de Dados Pessoais e suas repercussões no direito brasileiro*. São Paulo: Ed. RT, 2019.

10. SCRIVANO, Roberta. 'Não é possível interceptar', afirma especialista sobre dados do WhatsApp. *O Globo*. 20 jul. 2016; BALAN, Mariana. WhatsApp explica por que não pode quebrar o sigilo dos usuários. *Gazeta do Povo*. 21 jul. 2017.

de decisões empresariais, muitos dos aspectos relacionados a tais atividades são ocultos ou pouco transparentes. Na medida em que a realidade cada vez mais se encaixa no diagnóstico de Frank Pasquale, no sentido de que vivemos em uma *black box society*, ela também passa a demandar que, para a solução de muitos dos conflitos daí resultantes, haja a compreensão pelo menos dos parâmetros fundamentais das decisões algorítmicas, uma vez que, sem a devida explicabilidade ou inteligibilidade dos processos, não se terá nem entender nem regular os conflitos daí resultantes[11].

Consequentemente, são consideráveis os potenciais conflitos advindos das inovações tecnológicas e, enquanto não forem encaminhados para um espaço de composição de disputas que compreenda a sua natureza e as suas idiossincrasias, dificilmente se poderá falar no adequado desenvolvimento dessas tecnologias, que trazem consigo uma série de incertezas[12]. Daí ser possível sustentar que, em relações jurídicas que envolvem tecnologia, faz-se necessário um especial nível de planejamento inclusive quanto à forma de resolução das disputas que possivelmente surgirão, de maneira a otimizar tanto o mecanismo de resolução de controvérsias a ser adotado quanto o impacto social desses litígios[13].

Tais considerações, portanto, se fazem relevantes não simplesmente por serem as empresas de tecnologia grandes agentes econômicos que participariam de relações contratuais de maior valor econômico, mas por congregarem um conjunto de fatores que exigem um mecanismo de resolução de disputas marcado pela especialização, pela objetividade e pela celeridade, dentre os quais: (i) a complexidade dos negócios de alta tecnologia, envolvendo sistemas produtivos e mesmo produtos sofisticados e de difícil compreensão geral, como o que ocorre nas indústrias de *software*, de telecomunicações, farmacêutica e de biotecnologia; (ii) a existência de informações confidenciais e proprietárias, muitas vezes envolvendo segredos de negócio; (iii) o forte caráter transnacional dos agentes econômicos que operam nesses mercados; e (iv) a característica extremamente dinâmica dos mercados de tecnologia, caracterizados por ciclos de consumo curtos, preferências em constante mudança e mesmo padrões tecnológicos que rapidamente se tornam ou deixam de ser essenciais[14].

Nesse contexto, a arbitragem consiste em mecanismo mais capaz de compreender a dinâmica dos processos tecnológicos e fornecer decisões consistentes no âmbito da lógica desses mercados. A resolução de disputas em áreas de elevada expertise técnica, nesse sentido, muitas vezes exige não somente um alto nível de dispêndios com provas técnicas e profissionais altamente especializados, mas também um procedimento dotado de maior flexibilidade como a arbitragem, permitindo a escolha do tribunal e dos julgadores mais aptos a endereçar determinado conflito[15], o que abre a desejável possibilidade

---

11. PASQUALE, Frank. *The Black Box Society*: The Secret Algorithms That Control Money and Information. Cambridge: Harvard University Press, 2015.
12. NELSON, Steven C. Planning for resolution of disputes in international technology transactions. *Boston College international & comparative Law Review*. v. VII, n. 2, p. 269-284, 1984. p. 269-270.
13. NELSON, Op. cit., p. 274-276.
14. Nesse sentido: BENDER JR., Raymond G. Arbitration: an ideal way to resolve high-tech industry disputes. *Dispute resolution journal*. v. 65, n. 4, p. 1-9, nov.2010 / jan.2011.
15. MAWREY, Richard B. Commercial arbitration and information technology disputes. *The Denning Law Journal*. v. 30, p. 155-166, 2018. p. 155-160.

A ARBITRAGEM COMO MEIO ADEQUADO DE RESOLUÇÃO DE DISPUTAS RELACIONADAS À TECNOLOGIA

inclusive de formar tribunais multidisciplinares, com a presença não apenas de juristas, mas também de cientistas especializados na tecnologia que irá ser submetida a escrutínio.

É claro que a arbitragem não se propõe a resolver toda e qualquer disputa relacionada à tecnologia, sobretudo diante da expansão dos mecanismos de defesa dos indivíduos e de seus direitos de personalidade na internet[16]. Porém, certo é que a atribuição dos casos de maior complexidade e mais demandantes de recursos a tribunais arbitrais pode tanto fornecer decisões que mais bem equacionem os interesses envolvidos[17] como pode colaborar com a pacificação social na lógica do sistema de justiça multiportas e em tempo mais adequado com a celeridade que esse tipo de disputa exige, como se explorará mais profundamente na próxima seção.

Adicione-se, ainda, que disputas relacionadas à tecnologia não raro atingem caráter transnacional, motivo pelo qual a arbitragem se apresenta como mecanismo de redução de possíveis contradições entre decisões das diversas jurisdições na quais o aludido conflito pode surgir. Nesse sentido, na esteira da compreensão segundo a qual é economicamente interessante que essa centralização ocorra, organismos internacionais como a Organização Mundial da Propriedade Intelectual têm desenvolvido seus próprios tribunais arbitrais, inclusive com especialização em setores específicos como nomes de domínio, transferência de tecnologia, propriedade industrial, dentre outros[18].

Em síntese, as vantagens da arbitragem para a resolução de litígios relacionados a mercados tecnológicos não reside em questões meramente formais, mas se apresenta pelo fato de que a arbitragem, contrariamente a outros métodos de resolução de conflitos, é mais receptiva à própria dinâmica dos processos produtivos e negociais da sociedade da informação, seja em virtude oferecer soluções cogentes de maneira célere, seja por seu potencial de assumir alto grau de especialização, inclusive podendo contar com *experts* na tecnologia objeto da disputa que, unidos aos especialistas em direito, poderão enfrentar a questão com um olhar mais abrangente e adequado dos fenômenos que estão em julgamento.

3. A DINÂMICA DOS PROCESSOS TECNOLÓGICOS E A DEMANDA POR UM PROCESSO EXPEDITO

Ao tratar da relação entre o direito e o tempo, François Ost assevera que o tempo do processo é um tempo próprio, carregado de um sentido instituinte de direitos que lhe qualifica como tempo separado daquele da vida real, momentaneamente abandonando-se o curso do tempo físico para que se desenvolvam processos cognitivos relacionados a um conflito específico[19]. Em outras palavras, o tempo do direito é distinto do tempo do

---

16. Ver: FRAZÃO, Ana; PRATA DE CARVALHO, Angelo. Os gigantes da internet e a apropriação e exploração de dados pessoais: direitos fundamentais e direito ao esquecimento digital. In: VERONESE, Alexandre et al. *A efetividade do direito em face do poder dos gigantes da internet*: diálogos acadêmicos entre o Brasil e a França. Belo Horizonte: Fórum, 2018.
17. MAWREY, Op. cit., p. 165-166.
18. CASTRO, Ignacio; CHALKIAS, Panagiotis. Mediation and arbitration of intellectual property and technology disputes. *Singapore Academy of Law Journal*. v. 24, p. 1059-1081, 2012.
19. OST, François. *O tempo do direito*. Bauru: Edusc, 2005. p. 14-15.

mundo real, uma vez que exige a análise detida e pormenorizada de um ponto específico no tempo e no espaço enquanto a sociedade segue sua dinâmica habitual.

No caso da tecnologia, essa disparidade é ainda mais flagrante, tendo em vista que o intenso dinamismo das preferências, dos contratos e mesmo dos padrões tecnológicos adotados tende a radicalmente alterar-se na medida em que novos processos tecnológicos são desvelados. Assim, como constatou Schumpeter, os processos de desenvolvimento da tecnologia (e, em verdade, do capitalismo em geral), com a introdução de novos mercados, novos bens e novos serviços, inserem-se num processo de verdadeira destruição criadora, na medida em que revolucionam incessantemente a estrutura econômica a partir de dentro, destruindo o que era antigo para introduzir novos elementos[20].

A arbitragem, por se tratar de mecanismo privado de resolução de disputas que não se vincula à exaustiva carga de trabalho que caracteriza o Judiciário, bem como por contar com profissionais que contam com expertise específica no tema jurídico que se lhes apresenta, tem o condão de fornecer decisões tempestivas que acompanhem a dinâmica da tecnologia. Evidentemente que a arbitragem também traz em sua estrutura o permanente desafio de conciliação entre celeridade e eficiência ou, ainda, celeridade e qualidade das decisões, especialmente quando se está a tratar de questões que, como as que envolvem a tecnologia, detêm alto grau de complexidade[21]. No entanto, não se está a falar em um procedimento expedito a todo custo, mas sim de um método de resolução de disputas que resolva determinada controvérsia em tempo razoável e compatível com a dinâmica do mercado em questão.

Não se ignora, por conseguinte, que procedimentos arbitrais podem tanto alongar-se no tempo quanto apresentar custos consideráveis, porém ainda assim tais elementos não guardam paralelismo com o tempo e o dinheiro a serem dispendidos em processos judiciais, sujeitos a significativos prolongamentos em virtude da sobrecarga do Judiciário e da existência de intrincados sistemas recursais[22]. Basta ver que, segundo o relatório Justiça em Números, o tempo médio de tramitação de um processo na Justiça Comum é de três anos e oito meses[23], ao passo que o tempo médio para a resolução de controvérsias via arbitragem no Brasil é de um ano e nove meses[24].

Significa dizer que arbitragem, ao envolver agentes que conhecem profundamente as dinâmicas dos mercados envolvidos nos litígios que lhes são submetidos, comprome-te-se com a dinâmica do mercado e com a necessidade de oferecimento de uma solução

---

20. SCHUMPETER, Joseph A. *Capitalismo, socialismo e democracia*. Rio de Janeiro: Fundo de Cultura, 1961. p. 110. Trata-se, segundo o autor, do chamado "processo de destruição criadora", compreendido como essencial para a compreensão da estrutura do capitalismo. "É dele que se constitui o capitalismo e a ele deve se adaptar toda a empresa capitalista para sobreviver" (SCHUMPETER, Op. cit., p. 110).

21. RUBINO-SAMMARTANO, Mauro. *International arbitration*: law and practice. Nova York: Jurisnet, 2014. p. 1081-1086.

22. BORN, Gary. *International arbitration*: law and practice. Alphen aan den Rijn: Kluwer, 2016. p. 13.

23. CNJ. *Justiça em números*. Brasília: CNJ, 2019. p. 34.

24. MIGALHAS. Arbitragem demora, em média, 1 ano e 9 meses para solucionar conflitos no Brasil. Abr. 2019. Disponível em: https://www.migalhas.com.br/quentes/299336/arbitragem-demora-em-media-1-ano-e-9-me-ses-para-solucionar-conflitos-no-brasil#:~:text=Raio%2DX-,Arbitragem%20demora%2C%20em%20m%C3%A-9dia%2C%201%20ano%20e%209%20meses,para%20solucionar%20conflitos%20no%20Brasil&text=A%20 arbitragem%20%C3%A9%20um%20m%C3%A9todo,seja%20enviado%20ao%20Poder%20Judici%C3%A1rio. Acesso em: 10 jul. 2020.

jurídica de qualidade e em tempo adequado – o que não significa o fornecimento de solução instantânea, e sim de decisão que efetivamente equacione os interesses envolvidos.

A própria flexibilidade dos ritos e a definição do calendário processual pelas partes cumpre também a importante função de garantir segurança e previsibilidade, uma vez que as partes podem ajustar suas atividades sabendo antecipadamente como o processo fluirá e quando haverá a decisão, inclusive no que diz respeito a cautelares. Em mercados dinâmicos como os de tecnologia, em que períodos curtos de tempo podem fazer grande diferença sobre investimentos e estratégias, a simples circunstância de os agentes econômicos saberem quando o conflito será resolvido, nos termos de um cronograma processual previamente definido, pode fazer muita diferença.

Trata-se, em suma, de característica fundamental da arbitragem fornecer decisões capazes de resolver adequadamente um conflito sem interferir demasiadamente na dinâmica da economia, consistindo em mecanismo de estímulo dos mercados de tecnologia em lugar de mais uma dificuldade inserida na lógica dos processos produtivos. Nesse sentido, ao tratar de disputas envolvendo propriedade intelectual, assevera Donahey que o ciclo de vida das tecnologias diminui na mesma proporção em que aumentam a intensidade e a velocidade do desenvolvimento de novas tecnologias, de tal maneira que o prolongamento de litígios envolvendo tecnologias tanto aumenta os custos dos procedimentos quanto reduz o valor da tecnologia em questão[25].

A arbitragem, por conseguinte, mostra-se como instrumento que, ao compreender a dinâmica dos mercados de tecnologia e articular expertises especificamente voltadas ao setor em questão, têm o potencial de reduzir custos de litigância e especialmente de fornecer decisões que não gerem distorções no mercado em virtude de demasiados prolongamentos que afetaria diretamente os ciclos de inovação e consumo.

4. A ESPECIALIZAÇÃO DA ARBITRAGEM NA RESOLUÇÃO DE QUESTÕES COMPLEXAS E AS DISPUTAS EM MERCADOS DE TECNOLOGIA

Em continuidade à orientação do capítulo anterior, o principal motivo pelo qual a arbitragem é capaz de compreender a dinâmica de mercados complexos como os de tecnologia é justamente o fato de que esse método de resolução de disputas é caracterizado pela alta especialização dos profissionais envolvidos, tanto no caso dos julgadores – apontados pelas partes justamente segundo critérios relacionados à sua qualificação profissional para a prolação da decisão –, tanto no caso de *experts* que eventualmente se manifestem ao longo do procedimento.

Dessa forma, a especialização se destaca como uma das principais vantagens da arbitragem, seja em virtude da possibilidade de convocação de especialistas (tanto árbitros quanto *experts* auxiliares do tribunal arbitral) relacionados especificamente ao campo de disputa, seja pelo paulatino desenvolvimento da expertise de determinadas cortes arbitrais. Exemplos claros desse cenário, ainda que distintos das discussões relacionadas

---

25. DONAHEY, M. Scott. Unique considerations for the international arbitration of intellectual property disputes. *Dispute resolution journal*. v. 65, n. 1, fev. 2010.

à tecnologia, é o da Corte Arbitral de Arte (*Court of Arbitration for Art*), na Holanda, e o Tribunal Arbitral do Esporte (*Tribunal Arbitral du Sport*), na Suíça. Em ambos os exemplos, trata-se de campos que abrangem de maneira transversal diversas searas do direito e, ao mesmo tempo, envolvem um alto grau de especialização, motivo pelo qual tais instituições foram criadas em virtude da necessidade de compreender as peculiaridades seja do mercado da arte, seja do mercado desportivo, e com vistas a centralizar o processo decisório sobre essas searas[26].

Daí dizerem Bracker e Soderquist que, diferentemente do que costuma ocorrer no Judiciário, que, salvo raras exceções, é marcadamente generalista, um painel arbitral é selecionado pelas partes e tipicamente será constituído por *experts* no campo em questão, reduzindo substancialmente os custos de aprendizado de um juiz ou tribunal sobre o cenário fático e, ainda, incrementando consideravelmente a confiança das partes no resultado[27]. Não é sem motivo que se pode sustentar inclusive que a arbitragem, ao voltar-se à preservação do interesse das companhias envolvidas na disputa, ao seu objeto e ao sentido da tutela dos interesses envolvidos, constituiria inclusive mecanismo consentâneo com princípios de governança corporativa[28].

Pode-se identificar, nesse sentido, um paulatino aprimoramento nos regulamentos de arbitragem justamente no sentido de abarcar as realidades existentes nos mercados de tecnologia segundo as necessidades específicas de cada um deles, como é o caso das arbitragens expeditas e da resolução de disputas sobre nomes de domínio[29], mecanismos voltados a adequadamente endereçar as peculiaridades desse contexto[30].

Ao mesmo tempo, a atribuição de disputas envolvendo a tecnologia à arbitragem acompanha também a tendência de adoção de sistemas multiportas, tendo em vista a progressiva transição de um modelo de intensas disputas judiciais em algumas searas – como, por exemplo, em disputas relacionadas à propriedade intelectual – para procedimentos arbitrais que, embora menos "agressivos", são capazes de fornecer uma resposta mais eficaz[31]. Acrescenta-se, ainda, o fato de que a arbitragem adere à cultura negocial dos mercados de tecnologia, fortemente marcados pelo discurso de que o direito vigente

---

26. Ver: KADHIM, Noor. Arbitration in the art world and the court of arbitration for art: heading towards a more effective resolution of arts disputes? *Art Antiquity & Law*. v. 24, n. 3, out. 2019; BLACKSHAW, Ian. ADR and sport: settling disputes through the court of arbitration for sport, the FIFA dispute resolution chamber, and the WIPO arbitration & mediation center. *Marquette Sports Law Review*. v. 24, n. 1, p. 1-58, 2013.

27. BRACKER, Julie K.; SODERQUIST, Larry D. Arbitration in the corporate context. *Columbia Business Law Review*. v. 1, p. 1-34, 2003.

28. Nesse sentido: "Dentre esses conceitos [de governança corporativa] desponta a necessidade de se implementar meios mais ágeis de solução de conflitos surgidos no seio das sociedades. A demora na solução de uma controvérsia envolvendo a companhia e seus acionistas, ou o seu controlador, encerra um óbvio prejuízo. A perda de produtividade da administração na gestão social é fato inquestionável. A queda no valor das ações em Bolsa é outro aspecto que não se pode perder de vista. A perda de oportunidades negociais é outro ponto relevante, sem se falar na possível paralisação ou estagnação das atividades da companhia" (MARTINS, Pedro Baptista. *Arbitragem no direito societário*. São Paulo: Quartier Latin, 2012. p. 114).

29. A respeito dos nomes de domínio, ver: LEE, Ilhyung. The Uniform Domain Name Dispute Resolution Policy (UDRP): not quite arbitration, but satisfying? In: APLIN, Tanya. *Research Handbook on Intellectual Property and Digital Technologies*. Londres: Elgar, 2020.

30. CARON, David D. The world of intellectual property and the decision to arbitrate. *Arbitration international*. v. 19, n. 4, p. 441-450, 2003. p. 440-445.

31. CARON, Op. cit., p. 446.

não é capaz de compreender as idiossincrasias de seus negócios e, portanto, um painel especializado de árbitro constituiria *locus* mais adequado para a resolução de disputas[32].

Assim, a arbitragem tem o condão de oferecer decisões altamente especializadas para situações complexas, tendo em vista que as partes têm a prerrogativa de apontar árbitros com as habilidades necessárias para fornecer uma solução baseada nos interesses das partes e do mercado – isto é, não apenas na mera sobreposição unilateral de uma vontade sobre a outra – e que seja minimamente sustentável, tendo em vista a irrecorribilidade e as limitadas possibilidades de impugnação judicial[33].

5. CONSIDERAÇÕES FINAIS

A construção de um sistema de justiça multiportas envolve reconhecer as vantagens e desvantagens dos mecanismos de resolução de disputas quanto ao endereçamento de problemas segundo as suas particularidades. Não é suficiente, portanto, argumentar que o Judiciário, a arbitragem ou a mediação servem para resolver disputas contratuais, societárias, ou outra modalidade de litígio, sendo imprescindível também analisar as necessidades concretas dos agentes e das transações levadas a cabo nos mercados em que tais controvérsias surgirão.

A arbitragem, nesse sentido, apresenta-se como método de resolução de disputas por excelência para controvérsias relacionadas à tecnologia, marcadas pela alta complexidade e pela predominância de questões técnicas que exigem a formação de painéis arbitrais altamente especializados. Dessa forma, a arbitragem é capaz de apreender a dinâmica competitiva e negocial dos mercados de alta tecnologia com vistas a fornecer não apenas decisões de alta qualidade técnica, mas também que compreendam os rápidos ciclos de consumo e de substituição tecnológica que exigem especial agilidade dos tomadores de decisão.

Dessa maneira, a arbitragem, dentre os diversos métodos de resolução de disputa que compõem o sistema de justiça multiportas, serve como mecanismo catalisador da inovação ao fornecer a expertise necessária e ao compreender os mecanismos de funcionamento dos mercados, servindo inclusive para identificar mecanismos jurídico-econômico que muitas vezes refogem à dogmática tradicional justamente em virtude do caráter inovador dos negócios de alta tecnologia.

6. REFERÊNCIAS

BALAN, Mariana. WhatsApp explica por que não pode quebrar o sigilo dos usuários. *Gazeta do Povo.* 21 jul. 2017.

BENDER JR., Raymond G. Arbitration: an ideal way to resolve high-tech industry disputes. *Dispute resolution journal.* v. 65, n. 4, p. 1-9, nov.2010/jan.2011.

---

32. CARON, Op. cit., p. 447.
33. KWAK, Choong mok. Alternative dispute resolution in genetic resources and traditional knowledge: settlement at the World Intellectual Property Arbitration and Mediation Center. *Journal of Arbitration Studies.* v. 29, n. 3, p. 75-97, set. 2019. p. 85-86.

BLACKSHAW, Ian. ADR and sport: settling disputes through the court of arbitration for sport, the FIFA dispute resolution chamber, and the WIPO arbitration & mediation center. *Marquette Sports Law Review*. v. 24, n. 1, p. 1-58, 2013.

BORN, Gary. *International arbitration*: law and practice. Alphen aan den Rijn: Kluwer, 2016.

BRACKER, Julie K.; SODERQUIST, Larry D. Arbitration in the corporate context. *Columbia Business Law Review*. v. 1, p. 1-34, 2003.

CARON, David D. The world of intellectual property and the decision to arbitrate. *Arbitration international*. v. 19, n. 4, p. 441-450, 2003.

CASTELLS, Manuel. *A galáxia da internet*: reflexões sobre a internet, os negócios e a sociedade. Rio de Janeiro: Zahar, 2003.

CASTRO, Ignacio; CHALKIAS, Panagiotis. Mediation and arbitration of intellectual property and technology disputes. *Singapore Academy of Law Journal*. v. 24, p. 1059-1081, 2012.

CNJ. *Justiça em números*. Brasília: CNJ, 2019.

DIDIER JR., Fredie; ZANETI JR., Hermes. Justiça multiportas e tutela constitucional adequada: autocomposição em direitos coletivos. In: ZANETI JR., Hermes; CABRAL, Trícia Navarro Xavier. *Justiça multiportas*: mediação, conciliação, arbitragem e outros meios de solução adequada para conflitos. Salvador: Juspodivm, 2017.

DONAHEY, M. Scott. Unique considerations for the international arbitration of intellectual property disputes. *Dispute resolution journal*. v. 65, n. 1, fev. 2010.

FRAZÃO, Ana. Fundamentos da Proteção dos Dados Pessoais. In: FRAZÃO, Ana; TEPEDINO, Gustavo; OLIVA, Milena Donato. *A Lei Geral de Proteção de Dados Pessoais e suas repercussões no direito brasileiro*. São Paulo: Ed. RT, 2019.

FRAZÃO, Ana. Objetivos e alcance da Lei Geral de Proteção de Dados. In: FRAZÃO, Ana; TEPEDINO, Gustavo; OLIVA, Milena Donato. *A Lei Geral de Proteção de Dados Pessoais e suas repercussões no direito brasileiro*. São Paulo: Ed. RT, 2019.

FRAZÃO, Ana. Responsabilidade civil de administradores de sociedades empresárias por decisões tomadas com base em sistemas de inteligência artificial. In: FRAZÃO, Ana; MULHOLLAND, Caitlin. *Inteligência artificial e direito*: ética, regulação e responsabilidade. São Paulo: Thomson Reuters Brasil, 2019.

FRAZÃO, Ana. Plataformas digitais e os desafios para a regulação jurídica. In: PARENTONI, Leonardo. *Direito, tecnologia e inovação*. Belo Horizonte: D'Plácido, 2018.

FRAZÃO, Ana; PRATA DE CARVALHO, Angelo. Os gigantes da internet e a apropriação e exploração de dados pessoais: direitos fundamentais e direito ao esquecimento digital. In: VERONESE, Alexandre et al. *A efetividade do direito em face do poder dos gigantes da internet: diálogos acadêmicos entre o Brasil e a França*. Belo Horizonte: Fórum, 2018.

KADHIM, Noor. Arbitration in the art world and the court of arbitration for art: heading towards a more effective resolution of arts disputes? *Art Antiquity & Law*. v. 24, n. 3, out. 2019.

KWAK, Choong mok. Alternative dispute resolution in genetic resources and traditional knowledge: settlement at the World Intellectual Property Arbitration and Mediation Center. *Journal of Arbitration Studies*. v. 29, n. 3, p. 75-97, set. 2019.

LEE, Ilhyung. The Uniform Domain Name Dispute Resolution Policy (UDRP): not quite arbitration, but satisfying? In: APLIN, Tanya. *Research Handbook on Intellectual Property and Digital Technologies*. Londres: Elgar, 2020.

MARTINS, Pedro Baptista. *Arbitragem no direito societário*. São Paulo: Quartier Latin, 2012.

MAWREY, Richard B. Commercial arbitration and information technology disputes. *The Denning Law Journal*. v. 30, p. 155-166, 2018.

MERGES, Robert P.; MENELL, Peter S.; LEMLEY, Mark A. *Intellectual property in the new technological age*. Nova York: Aspen, 2006.

MIGALHAS. Arbitragem demora, em média, 1 ano e 9 meses para solucionar conflitos no Brasil. Abr. 2019. Disponível em: https://www.migalhas.com.br/quentes/299336/arbitragem-demora-em-media-1-ano-e-9-meses-para-solucionar-conflitos-no-brasil#:~:text=Raio%2DX-,Arbitragem%20demora%2C%20em%20m%C3%A9dia%2C%201%20ano%20e%209%20meses,para%20solucionar%20conflitos%20no%20Brasil&text=A%20arbitragem%20%C3%A9%20um%20m%C3%A9todo,seja%20enviado%20ao%20Poder%20Judici%C3%A1rio. Acesso em: 10 jul. 2020.

NELSON, Steven C. Planning for resolution of disputes in international technology transactions. *Boston College international & comparative Law Review*. v. VII, n. 2, p. 269-284, 1984.

O'NEIL, Cathy. *Weapons of math destruction*: How big data increases inequality and threatens democracy. Nova York: Crown Publishers, 2016.

OST, François. *O tempo do direito*. Bauru: Edusc, 2005.

RUBINO-SAMMARTANO, Mauro. *International arbitration*: law and practice. Nova York: Jurisnet, 2014.

PASQUALE, Frank. *The Black Box Society*: The Secret Algorithms That Control Money and Information. Cambridge: Harvard University Press, 2015.

SCHUMPETER, Joseph A. *Capitalismo, socialismo e democracia*. Rio de Janeiro: Fundo de Cultura, 1961.

SCHWAB, Klaus. *A quarta revolução industrial*. Bauru: Edipro, 2016.

SCRIVANO, Roberta. 'Não é possível interceptar', afirma especialista sobre dados do WhatsApp. *O Globo*. 20 jul. 2016.

SILVA, Paula Costa. *A nova face da justiça*: os meios extrajudiciais de resolução de controvérsias. Coimbra: Coimbra Editora, 2009.

WU, Tim. *The attention merchants*: the epic scramble to get inside our heads. Nova York: Knopf, 2016.

REFLEXÕES SOBRE TECNOLOGIAS DA INFORMAÇÃO E COMUNICAÇÃO (TIC) APLICADAS À CONCILIAÇÃO E MEDIAÇÃO DE CONFLITOS

Flávia Moreira Guimarães Pessoa

Doutora em Direito Público e Pós Doutora em Direito do Trabalho pela Universidade Federal da Bahia (UFBA). Professora do Mestrado em Direito da Universidade Tiradentes (UNIT) e da Universidade Federal de Sergipe (PRODIR/UFS). Juíza do Trabalho Titular da 4ª Vara do Trabalho (TRT/SE). Conselheira do Conselho Nacional de Justiça (CNJ). Titular da Cadeira n. 3 da Academia Sergipana de Letras Jurídicas e da Cadeira n. 67 da Academia Brasileira de Direito do Trabalho.

Amanda Inês Morais Sampaio

Mestranda em Direito pela Universidade Federal de Sergipe (PRODIR/UFS), bolsista (CAPES). Membro dos grupos de pesquisa: (GEDH/UFS/CNPq), (EDUCON/UFS/CNPq) e (PEJDH/UNIT/CNPq). Membro do projeto de pesquisa Programa de Mobilidade de Docentes e Discentes entre UFS e UNISINOS financiado pela CAPES/FAPITEC (PROMOB – Edital 10/2016). Especialista em Direito Processual Civil (EJUSE – TJ/SE). Advogada. E-mail: amandaimsampaio@gmail.com.

Sumário: 1. Introdução. 2. Aspectos gerais da conciliação e mediação de conflitos. 3. A normatividade da conciliação e mediação de conflitos no ordenamento jurídico brasileiro. 4. Tecnologias contemporâneas a serviço do judiciário. 4.1 O uso de tecnologias da informação e comunicação nas sessões virtuais de conciliação e mediação de conflitos. 5. Considerações finais. 6. Referências.

1. INTRODUÇÃO

Ao longo dos últimos quarenta anos, vem sendo desenvolvida uma ideia de gestão de conflitos, para que haja um tratamento adequado destes. É diante de um sistema multiportas que se observam esforços nesse sentido. Esse sistema contempla também os métodos adequados de solução de conflitos, sendo as espécies autocompositivas da conciliação e da mediação objetos do presente estudo. Ambas oportunizam às partes a construção por elas mesmas da melhor solução para a questão demandada, com o auxílio de um facilitador que se utilize de técnicas específicas para resgatar o diálogo.

Diante da importância que a conciliação e a mediação têm apresentado no ordenamento jurídico brasileiro, inclusive como fator que colabora na desjudicialização, estudam-se meios que facilitem ainda mais a sua promoção. Exemplo disso é a tentativa atual de se promover sessões virtuais, com o auxílio de aparatos tecnológicos que proporcionam a comunicação virtual, as denominadas Tecnologias de Informação e Comunicação (TIC).

Aliás essa medida resulta também da observância do perfil da sociedade moderna, qual seja informacional e tecnológica, marcada pelo ciberespaço e cibercultura. Marcos sociais estes que impõem repensar as estruturas sociais, inclusive o Direito, já que se conecta à dinâmica social.

Deste modo, o presente artigo objetiva refletir sobre o novo desafio de promover sessões de conciliação e mediação não presenciais, amparado em previsões legislativas.

Para tanto, estudam-se, nos consecutivos capítulos, os aspectos gerais desses métodos consensuais de solucionar conflitos e a sua normatividade. E por fim, vislumbra-se a necessidade da aplicação das tecnologias contemporâneas às sessões de conciliação e mediação, pela própria realidade moderna em que a sociedade 4.0 está inserida.

Assim, adota-se uma abordagem de pesquisa qualitativa, por buscar descrever, compreender, explicar o fenômeno da aplicabilidade das TIC em sessões de conciliação e mediação. No que se refere aos objetivos, constata-se a pesquisa exploratória, tendo em vista a busca de maior familiaridade com o problema, para torná-lo mais explícito e para construir hipóteses, com levantamento bibliográfico; e a pesquisa descritiva, a fim de se alcançar ao máximo informações acerca do problema de pesquisa suscitado.

São utilizados os procedimentos de pesquisa bibliográfica, a partir do estudo em referências teóricas, em meios escritos e eletrônicos, em documentos, especialmente normas e Resoluções afins à mediação de conflitos; e pesquisa de levantamento, por meio da análise de dados do Relatório Justiça em números do Conselho Nacional de Justiça (CNJ), com o escopo de alcançar um conhecimento direto da realidade e obter dados que possibilitem uma riqueza na análise quantitativa.

2. ASPECTOS GERAIS DA CONCILIAÇÃO E MEDIAÇÃO DE CONFLITOS

O sistema multiportas consiste é uma nova abordagem de tratar conflitos, propiciando mecanismos adequados para cada tipo de embate. Desse sistema, observam-se os métodos consensuais de solução de conflitos, que trazem consigo a conciliação e a mediação de conflitos como meios na modalidade autocompositiva, cujo problema intersubjetivo é trabalhado com auxílio de um terceiro imparcial, o conciliador e o mediador, respectivamente.

O objetivo principal desses métodos consiste em favorecer a comunicação das partes que restou prejudicada diante do conflito gerado. Desse modo, o conciliador/mediador intenta restabelecer o canal comunicativo das partes, de forma harmoniosa, utilizando-se de técnicas específicas. E é por meio do diálogo que as partes não só compreendem as ressalvas alheias, como também tentam realizar acordos de modo que todos saiam ganhando, sobrelevando um sistema de ganhos mútuos.

Tanto a mediação, quanto a conciliação podem ocorrer no âmbito judicial cível, num processo em andamento ou antes do ajuizamento de forma pré-processual, ou fora dele, isto é, de modo extrajudicial, gerando um acordo com poder de título executivo extrajudicial. O acordo eventualmente gerado nas sessões tem caráter permanente, não sendo cabível recurso judicial.

A diferença entre esses métodos reside na postura do mediador e do conciliador, pois enquanto este pode propor soluções, aquele não pode. Além disso, a mediação é recomendável para relações duradouras, ou seja, que as partes tenham que conviver em espaços diversos, como familiar, laboral, escolar. Já a conciliação é adequada diante de fatos conflituosos pontuais, como um conflito consumerista.

A resolução do conflito geralmente ocorre em algumas poucas sessões, pois há uma simplificação de procedimento, especialmente por ser informal, uma conversa direta entre as partes, por intermédio do mediador/conciliador. Os princípios da confidencialidade e imparcialidade também são resguardados. Tudo isso, juntamente com as técnicas específicas que o profissional utiliza, proporciona autonomia às partes, de modo a permiti-las não apenas construírem por si mesmas a melhor solução, como também a gerirem melhor os conflitos intersubjetivos.

Outra vantagem da conciliação e mediação é a sua colaboração em desjudicializar demandas que, acaso não fossem esses métodos, seriam mais números a abarrotarem o sistema judicial. Entretanto, ressalve-se que a sua percepção deve ser apenas como colaboradora e não como razão de sua existência, é dizer, os métodos consensuais de solução de conflitos existem por serem eficazes na esfera de sua atuação, e não por serem apenas um instrumento de desjudicialização.

Inclusive, diante da crise numérica de processos judiciais, o Conselho Nacional de Justiça, no cumprimento de sua política de metas no âmbito do Judiciário, desde 2009, bem como do seu dever de produzir relatórios estatísticos, elaborou o 15º Relatório Justiça em números, publicado em 2019, referente ao ano base de 2018. São agregadas informações dos 90 órgãos do Poder Judiciário, listados no art. 92 da Constituição Federal de 1988, excluídos o Supremo Tribunal Federal e o próprio Conselho Nacional de Justiça, visto possuírem relatórios à parte[1].

De sua análise pode-se observar que em 2018 havia aproximadamente 72.590.764 processos judiciais não criminais na seara estadual em trâmite, contra 39.522.335 casos julgados e baixados, resultando-se em cerca de 33.068.429 casos excedentes que não alcançaram um julgamento ou baixa, restando pendentes e acumulados com os novos casos no posterior ano. Saliente-se que a Justiça estadual, criminal e cível, abrange 80% dos processos em curso.[2]

Somando os Tribunais de Justiça de todos os estados e do Distrito Federal resulta um tempo médio de 3 anos e 7 meses, no juízo singular e de 8 meses no juízo recursal. Tempo longo, portanto, para que as partes conflitantes obtenham uma resposta à celeuma demandada, sendo que a expectativa de menor tempo de espera reside no Tribunal de

---

1. BRASIL. *Justiça em números 2019*. Conselho Nacional de Justiça – Brasília: CNJ, 2019. Disponível em: https://www.cnj.jus.br/wp-content/uploads/conteudo/arquivo/2019/08/justica_em_numeros20190919.pdf. Acesso em: 12 abr. 2020.
2. BRASIL. *Justiça em números 2019*. Conselho Nacional de Justiça – Brasília: CNJ, 2019, p. 36 e 82. Disponível em: https://www.cnj.jus.br/wp-content/uploads/conteudo/arquivo/2019/08/justica_em_numeros20190919.pdf. Acesso em: 12 abr. 2020.

Justiça de Sergipe, cerca de 1 ano e 1 mês no 1º grau e 4 meses no 2º grau. Isso sem levar em conta o tempo que um processo judicial de competência estadual em fase recursal pode restar pendente nos Tribunais Superiores, sendo em média 2 anos e 6 meses.[3]

Quanto aos índices de conciliação, a Justiça do Trabalho se destaca como a que mais faz, tendo solucionado 24% de seus casos por meio de acordo, "valor que aumenta para 39% quando apenas a fase de conhecimento de primeiro grau é considerada". Na Justiça Comum, foram 11,5% sentenças homologatórias de acordo, sendo que a fase de conhecimento corresponde a 16,7% e a de execução corresponderam a 6%.[4]

Isso significa que 11,5% dos casos judiciais já em trâmite alcançaram um acordo, evitando-se assim o prosseguimento que poderia tardar muitos anos. Em 2018 contabilizaram-se 1.088 CEJUSCs instalados, na Justiça Estadual, evidenciando um aumento de mais de 100 unidades anualmente, em comparação ao ano anterior.

Em que pese seja um número relativamente baixo de sentenças homologatórias em relação ao montante de casos judiciais em trâmite no âmbito da Justiça Comum, são verdadeiras conquistas no que diz respeito à desjudicialização e a própria satisfação das partes, uma vez que obtiveram a garantia de seus direitos num tempo mais satisfatório.

3. A NORMATIVIDADE DA CONCILIAÇÃO E MEDIAÇÃO DE CONFLITOS NO ORDENAMENTO JURÍDICO BRASILEIRO

A Lei 13.105 de 06 de março de 2015, atual Código de Processo Civil (CPC), é um marco legal no que diz respeito à observância dos métodos consensuais de solução do conflito no sistema processual. Já em seus primeiros dispositivos estimula-se o uso desses métodos, incluindo a conciliação e a mediação. No artigo 3º afirma-se que eles devem "ser estimulados por juízes, advogados defensores públicos e membros do Ministério Público".[5]

Assegura-se a audiência de conciliação ou mediação judicial como requisito obrigatório. Admitindo-se apenas duas exceções, a de "ambas as partes manifestarem, expressamente, desinteresse na composição consensual" e "quando não se admitir a autocomposição".[6] A constituição dessa audiência deve ser dada em qualquer fase do processo, ainda que já iniciado. E aqui denota-se a preferência da decisão ser de comum acordo entre as partes, devendo o Estado promover a solução consensual dos conflitos, sempre que possível.[7]

Há multa de até dois por cento da vantagem econômica perseguida ou do valor da causa, em caso do não comparecimento sem justificativa do autor ou do réu à audiência de conciliação. Considera-se esse ato como atentatório à dignidade da justiça, sendo a multa, portanto, revertida em favor da União ou do Estado[8].

---

3. Ibidem, p. 153.
4. Ibidem, p. 143
5. BRASIL. *Código de Processo Civil de 16/04/2015*. 2015, n.p. Disponível em: http://www.planalto.gov.br/ccivil_03/_ato2015-2018/2015/lei/l13105.htm. Acesso em: 11 maio de 2020.
6. Ibidem, artigo 334, §4º, I e II.
7. Ibidem.
8. Ibidem, artigo 334, § 8º.

Eventual acordo celebrado na audiência mencionada será homologado por sentença, constituindo título executivo judicial. A recusa pelo magistrado no ato de homologação deve ser motivada e apenas pode ocorrer em caso de violação de um dos princípios insertos na Resolução 125/2010 do CNJ e na lei.[9]

A grande novidade do CPC/2015 reside na audiência de conciliação ou de mediação, de modo prévio, anterior à contestação. Isso se traduz na tentativa de que haja uma audiência antes de as partes, especialmente as citadas, estarem impregnadas de sentimentos de litígio processual para com o outro.[10]

Tudo isso demonstra que o atual CPC inaugura um novo sistema judicial, ao passo que se desapega do modelo antigo galgado na cultura da sentença e da litigiosidade e prestigia um modelo consensual de solucionar conflitos. "O novo CPC parece se revelar sensível à necessidade de alterar-se o panorama de franca litigiosidade".[11] O CPC/2015 traz consigo um novo paradigma, o qual intenta o dever de buscar resolver os conflitos interpessoais de uma maneira cooperativa, e antes de qualquer processo judicial. A propósito, mesmo já ajuizada uma ação deve-se refletir sobre a construção de consenso para o caso a todo momento, mediante a participação de um terceiro que resgate o diálogo entre os conflitantes.[12]

O Conselho Nacional de Justiça fixou as diretrizes da Política Judiciária Nacional, mediante a edição da Resolução 125/2010, considerando, dentre outras circunstâncias, a eficiência operacional; o acesso ao sistema de Justiça; o direito de acesso à Justiça como sendo também o acesso à ordem jurídica justa e a soluções efetivas; que ao Judiciário cabe estabelecer política pública de tratamento adequado dos problemas jurídicos e dos conflitos de interesses, inclusive mediante mecanismos consensuais de solução de conflitos.[13]

Estabeleceu-se como precursora, ao passo que contempla um Código de Ética dos facilitadores e diretrizes curriculares para a sua capacitação. Esta deve ocorrer, conforme dispõem a resolução aludida e o CPC vigente, por meio de curso realizado por Tribunais ou por entidades formadoras reconhecidas pela Escola Nacional de Formação e Aperfeiçoamento de Magistrados (ENFAM). Ressalve-se que para ser mediador judicial há mais uma exigência, qual seja de ser graduado, há pelo menos dois anos, em qualquer área de formação em curso de ensino superior de instituição reconhecida pelo Ministério da Educação[14].

---

9. Ibidem, artigo 515, inciso II.
10. GRINOVER, Ada Pellegrini. *O minissistema brasileiro de Justiça consensual*: compatibilidades e incompatibilidades. Disponível em: https://docplayer.com.br/64282406-Ada-pellegrini-grinover-o-minissistema-brasileiro-de-justica--consensual-compatibilidades-e-incompatibilidades.html. Acesso em: 25 set. 2019.
11. MANCUSO, Rodolfo de Camargo. *Acesso à Justiça condicionantes legítimas e ilegítimas*. 3. ed. at. amp. Salvador: Editora JusPodivm, 2019, p. 77.
12. TARTUCE, Fernanda. *Conciliação em juízo*: questionamentos relevantes. 2017, p. 4. Disponível em: http://www.fernandatartuce.com.br/wpcontent/uploads/2019/01/Concilia%C3%A7%C3%A3o-questionamentos-Fernanda-Tartuce-versao-parcial.pdf. Acesso em: 14 ago. 2019.
13. BRASIL. *Resolução 125 de 29 de novembro 2010 do Conselho Nacional de Justiça*. CNJ, 2010. Disponível em: https://atos.cnj.jus.br/atos/detalhar/atos-normativos?documento=156. Acesso em: 11 maio 2020.
14. BRASIL. *Lei 13.140 de 26 de junho de 2015*. 2015. Disponível em: http://www.planalto.gov.br/ccivil_03/_ato2015-2018/2015/Lei/L13140.htm. Acesso em: 13 maio 2020.

Ademais, a Resolução 125/2010 do CNJ dispõe que os conciliadores e mediadores devem atuar à luz da boa-fé, da busca do consenso, da informalidade, da oralidade, do empoderamento das pessoas, da isonomia e da confidencialidade. Deve-se buscar, portanto, um movimento de pacificação.[15]

O tratamento adequado dos conflitos de interesses no âmbito do Poder Judiciário estrutura-se em forma de tripé: com o CNJ no ápice, com algumas atribuições de caráter geral e nacional e com os Núcleos Permanentes de Métodos Consensuais de Solução de Conflitos (NUPEMECs) de cada tribunal e com os Centros Judiciários de Solução de Conflitos e Cidadania (CEJUSCs) logo abaixo.

Os NUPEMECs devem ser compostos por magistrados, em atividade ou aposentados, e servidores, preferencialmente atuantes na área, com atribuições atinentes às políticas e logísticas de implementação dos métodos adequados de solução de conflitos. Já os CEJUSCs correspondem às unidades físicas onde atuam os conciliadores, mediadores e demais facilitadores de solução de conflitos, e ainda os servidores do Judiciário, que são responsáveis pela triagem dos casos e "pela prestação de informação e orientação aos jurisdicionados para garantia do legítimo direito ao acesso à ordem jurídica justa".[16]

Cada Centro Judiciário deve englobar três setores, o pré-processual, o processual e um setor de solução de conflitos de cidadania, onde são ofertados serviços relacionados à obtenção de documentos, assistência social e esclarecimentos.[17] A fase pré-processual, conforme sugere o nome, é anterior à distribuição do processo. Havendo acordo, as partes assinam um termo que assumirá validade de título executivo judicial, ao ser homologado. Já "se a sessão for infrutífera ou prejudicada as partes são aconselhadas a encaminhar seu conflito para solução judicial". A fase processual é posterior ao ajuizamento da ação judicial, podendo, inclusive, substituir a audiência de conciliação dos Juizados Especiais ou do CPC.[18]

A Resolução 125 de 2010 foi crucial na busca da promoção da conciliação em todo o país, uma vez que determinou aos órgãos judiciários a oferecerem mecanismos de resolução consensual de controvérsias para as partes, bem como a prestação de atendimento e orientação aos cidadãos, com a criação de Núcleos e Centros de Solução de Conflitos e Cidadania.[19]

Mesmo antes da edição da resolução, o CNJ viabilizara mutirões de conciliação, com a implementação do Movimento pela Conciliação, desde meados de 2006. A partir de então, são promovidas anualmente as Semanas Nacionais pela Conciliação, durante a semana que contempla o Dia Nacional da Conciliação (8 de novembro), quando os tribunais incentivam a promoção de acordos. Portanto, o que se quer destacar aqui é a

---

15. BRASIL. *Resolução 125 de 29 de novembro 2010 do Conselho Nacional de Justiça*. CNJ, 2010. Disponível em: https://atos.cnj.jus.br/atos/detalhar/atos-normativos?documento=156. Acesso em: 11 maio 2020.

16. BRASIL. *Resolução 125 de 29 de novembro 2010 do Conselho Nacional de Justiça*. CNJ, 2010. Disponível em: https://atos.cnj.jus.br/atos/detalhar/atos-normativos?documento=156. Acesso em 11 maio 2020.

17. Ibidem, artigo 10.

18. Ibidem.

19. TAKAHASHI, Bruno; MONTEIRO, Daniela. *Manual apresenta técnicas para formar mediadores e conciliadores*. 2019. Disponível em: https://www.cnj.jus.br/noticias/cnj/89022-manual-apresenta-tecnicas-para-formarmediadores-e-conciliadores. Acesso em: 11 maio 2020.

relevância que essa norma teve diante da institucionalização das práticas de conciliação e mediação em âmbito nacional[20].

No âmbito da Justiça Federal, destaca-se a Resolução 398/2016, editada pelo Conselho da Justiça Federal, dispondo sobre a Política Judiciária de solução consensual dos conflitos de interesses no âmbito da Justiça Federal. Considera como aportes a edição da Lei 13.140/2015; do CPC/2015; e da Resolução 125/2010 do CNJ, consolidando a "regulamentação de uma Política Judiciária de solução consensual dos conflitos de interesses no âmbito da Justiça Federal"[21]. Trata-se de uma adaptação da aludida resolução do CNJ com vista à realidade da Justiça Federal.

4. TECNOLOGIAS CONTEMPORÂNEAS A SERVIÇO DO JUDICIÁRIO

A sociedade contemporânea, considerada informacional e tecnológica, tem passado por transformações e inovações. Intitulada como Sociedade 4.0, advinda da quarta Revolução Industrial, ou simplesmente Indústria 4.0, impulsiona que os seus profissionais e instituições propriamente ditas se aperfeiçoem com as novidades tecnológicas, a fim de que acompanhem essa realidade cada vez mais fluida.

Trata-se de uma sociedade marcada por uma estrutura social "associada ao surgimento de um novo modelo de desenvolvimento, o informacionalismo, historicamente moldado pela reestruturação do modo capitalista de produção, no final do século XX"[22]. Deste modo, mudanças tecnológicas ocorrem a todo momento, repercutindo em novas práticas e implicando em um processo de reinvenção permanente dos atores sociais.

Destacam-se os marcos do ciberespaço e da cibercultura – "novo meio de comunicação que surge da interconexão mundial dos computadores" e "conjunto de técnicas (materiais e intelectuais), de práticas, de atitudes, de modos de pensamento e de valores que se desenvolvem juntamente com o crescimento do ciberespaço", respectivamente[23] –, que demandam, dentre outras reflexões, repensar as estruturas sociais. Consecutivamente, há que também ponderar essa nova realidade no Direito, especialmente por estar conectado à dinâmica social. Tornando-se imprescindível, assim, a inserção das tecnologias contemporâneas.

Frequentemente tem sido debatido o uso da Inteligência Artificial (IA) no campo jurídico, como auxiliar do processo de tomada de decisão, pelas instituições jurídicas e pelos advogados. O implemento da IA vislumbra de que forma os computadores podem desenvolver atividades que, hodiernamente, são desempenhadas mais eficientemente pelos seres humanos. Além disso, a IA busca reproduzir o pensamento humano, aperfeiçoando constantemente a inteligência do computador, de modo a ser útil na solução de problemas[24].

---

20. Ibidem.
21. BRASIL. *Resolução 398 de 04/05/2016 do Conselho de Justiça Federal*. CJF, 2016, n.p. Disponível em: https://www2. cjf.jus.br/jspui/handle/1234/49003. Acesso em: 11 maio 2020.
22. CASTELLS, Manuel. *A sociedade em rede*: a era da informação, economia, sociedade e cultura. 8 ed. São Paulo: Paz e Terra, 2005, p. 51.
23. LÉVY, Pierre. *Cibercultura*. Tradução de Carlos Irineu da Costa. São Paulo: Ed. 34, 1999, p. 16.
24. DIRENE, Alexandre. *Visão Geral Sobre Inteligência Artificial*. 2020. [Página online]. Mestrado de Informática Aplicada à Educação. Universidade Federal do Paraná. Disponível em: http://www.nce.ufrj.br/GINAPE/VIDA/ia.htm. Acesso em 14 maio 2020.

Por outro lado, a aplicação da IA pelo Poder Judiciário tem suscitado questionamentos sobre a relativização do elemento humano no processo decisório, despertando a atenção acerca das consequências da intervenção cibernética na análise meritória do Direito. Ressalte-se que "não se trata de avaliar seus 'impactos', mas de situar as irreversibilidades às quais um de seus usos nos levaria, de formular os projetos que explorariam as virtualidades que ela transporta e de decidir o que fazer dela."[25]

Outro fator advindo das tecnologias contemporâneas são os instrumentos tecnológicos empregados no exercício da própria atividade jurídica. Destacam-se, crescentemente, a utilização da Tecnologia da Informação (TI) e das Tecnologias da Informação e da Comunicação (TIC) em múltiplas profissões, inclusive nas jurídicas. Aparatos tecnológicos modernos eclodem a todo momento, demandando uma constante atualização dos profissionais.

Tecnologia da Informação é toda a forma de *hardware* (parte física de um computador), *software* (sistemas operacionais de um computador), rede ou telemóveis em geral que serve de suporte na produção, transmissão, armazenamento e utilização de diversas informações. Já as Tecnologias da Informação e Comunicação, mais conhecidas por sua sigla TIC, utilizam essas ferramentas tecnológicas para tratar a informação e auxiliar na comunicação. Disso, resulta-se a "possibilidade de interação comunicativa e a linguagem digital"[26].

Neste sentido, as TIC derivam diretamente do marco do ciberespaço, que diminui os obstáculos do acesso e propaga domínio das novas tecnologias, à medida que oportuniza uma recontextualização das habilidades comunicativas. Essas ferramentas têm proporcionado oportunidades inéditas de interação, independentemente de distâncias, que "pressupõe a troca, o diálogo, o fazer junto".[27]

Naturalmente a implementação das TIC foi desenvolvida no âmbito do Poder Judiciário no Brasil. Inicialmente, com a virtualização dos processos judiciais, impulsionada com a Lei 11.419 de 2006[28], que dispõe sobre a informatização do processo judicial, a comunicação eletrônica dos atos processuais e o processo eletrônico propriamente dito. Essa virtualização ocorre por meio de sistemas como o Processo Judicial Eletrônico (PJe), que tem permitido ganhos significativos em termos de praticidade e de eficiência na prestação jurisdicional, reduzindo-se o tempo de tramitação das ações em geral.

Posteriormente o CNJ editou a Resolução 91 de 2009, dispondo sobre o Modelo de Requisitos para Sistemas Informatizados de Gestão de Processos e Documentos do Poder Judiciário e disciplinando a obrigatoriedade da sua utilização no desenvolvimento e manutenção de sistemas informatizados para as atividades judiciárias e administrativas no âmbito do Poder Judiciário.[29]

---

25. LÉVY, Pierre. *Cibercultura*. Trad. Carlos Irineu da Costa. São Paulo: Ed. 34, 1999, p. 24.
26. KENSKY, Vani Moreira. *Tecnologias e ensino presencial e à distância*. São Paulo: Papirus, 2003, p. 22.
27. VASCONCELOS, Carlos Alberto de. *As Interfaces interativas na educação a distância*: estudo sobre cursos de geografia. Recife: Editora UFPE, 2017, p. 48.
28. BRASIL. *Lei 11.419, de 19 de dezembro de 2006*. 2006. Disponível em: http://www.planalto.gov.br/ccivil_03/_ato2004-2006/2006/lei/l11419.htm. Acesso em: 18 maio 2020.
29. BRASIL. *Resolução 91, de 29 de setembro de 2009*. Conselho Nacional de Justiça, 2009. Disponível em: https://atos.cnj.jus.br/atos/detalhar/78. Acesso em 11 maio 2020.

Em mesmo ano foi editada também pelo CNJ a Resolução 99, tratando do Planejamento Estratégico de TIC no âmbito do Poder Judiciário.[30] O bojo do texto dispõe sobre metas e indicadores com o escopo de prover soluções tecnológicas efetivas para que o Judiciário cumpra sua função institucional.

Os atributos de celeridade, modernidade, acessibilidade, transparência, responsabilidade social e ambiental, imparcialidade, ética e probidade inspiraram a edição da Resolução 99 do CNJ. E os objetivos estratégicos foram contemplados nos temas de eficiência operacional, acesso ao sistema de Justiça, responsabilidade social, alinhamento e integração, atuação institucional, gestão de pessoas, infraestrutura e tecnologia e orçamento.[31]

Aperfeiçoando essa norma e as demais Resoluções do CNJ pertinentes (121/2010, 182/2013, 185/2013, 192/2014, 194/2014 e 198/2014), foi editada a Resolução 211 de 2015, a fim de aprimorar a infraestrutura e a governança de TIC no âmbito do Poder Judiciário, referente ao período 2015-2020.

Assim, atualmente o CNJ conta com uma estrutura voltada ao cumprimento dessas metas e indicadores, dispondo de uma governança e gestão de TIC; de uma Estratégia Nacional de Tecnologia da Informação e Comunicação do Poder Judiciário (ENTIC-JUD); de Plano Estratégico de Tecnologia da Informação e Comunicação do Conselho Nacional de Justiça (PETIC-CNJ); e de um Plano Diretor de Tecnologia da Informação e Comunicação (PDTIC).[32]

Tudo isso levando em consideração que o uso das TIC tem sido disseminado em todo o mundo, pela própria necessidade humana de se desenvolver, especialmente no que se refere ao seu modo de trabalhar e de se comunicar.

4.1 O uso de tecnologias da informação e comunicação nas sessões virtuais de conciliação e mediação de conflitos

Nesta conjuntura contemporânea, que propaga o uso de inovações tecnológicas nas profissões, inclusive jurídicas, tem-se repensado o fazer Direito. Isto porque as novas tecnologias de informação e transmissão de dados transformaram profundamente "como os indivíduos estabelecem relações jurídicas"[33], sendo a *internet* o espaço de sua concretização.

Neste sentido, aplicar as TIC em audiências judiciais, incluindo as de conciliação e mediação, tem sido um desafio atual. Recentemente, foi sancionada a Lei 13.994, de 24 de abril de 2020, que autoriza a realização de audiência de conciliação de forma não presencial, no âmbito dos Juizados Especiais Cíveis, alterando assim o texto da Lei

---

30. BRASIL. *Resolução 99, de 24 de novembro de 2009.* Conselho Nacional de Justiça, 2009. Disponível em: https://www.cnj.jus.br/wp-content/uploads/2019/08/peti_nacional_v2.pdf. Acesso em 11 maio 2020.
31. Ibidem.
32. BRASIL. *Tecnologia da Informação e Comunicação.* CNJ. 2020. Disponível em: https://www.cnj.jus.br/tecnologia-da-informacao-e-comunicacao/. Acesso em: 18 maio 2020.
33. AMORIM. Fernando Sérgio Tenório de. A resolução online de litígios (odr) de baixa intensidade: perspectivas para a ordem jurídica brasileira. *Revista de Ciências Jurídicas Pensar*, Fortaleza, v. 22, n. 2, p. 514-539, maio/ago. 2017, p.515.

9.099, de 26 de setembro de 1995, em seus artigos 22 e 23[34]. Devendo ocorrer "mediante o emprego dos recursos tecnológicos disponíveis de transmissão de sons e imagens em tempo real"[35].

O Código de Processo Civil em vigor, desde o seu nascedouro, já previa a possibilidade de participações virtuais em audiências, para colher o depoimento pessoal (art. 385, § 3º), a oitiva de testemunha (art. 453, § 1º), a acareação de testemunhas (artigo 461, § 2º) e a sustentação oral de advogado (artigo 937, § 4º). Todas essas situações são possíveis quando o demandado "residir em comarca, seção ou subseção judiciária diversa daquela onde tramita o processo"[36].

Embora o CPC/15 não tenha mencionado a participação virtual em audiências de conciliação e mediação, tampouco ter regulamentado essas circunstâncias nos Juizados Especiais, demonstra, ainda assim, a tendência da aplicação das TIC em audiências judiciais. Neste sentido a Lei de Mediação trouxe expressamente a faculdade de as partes, em acordo, realizarem a mediação via *internet* ou "por outro meio de comunicação que permita a transação à distância"[37], inclusive em caso de parte domiciliada no exterior.

A questão que se impõe e se discute atualmente é de que forma se implementará essa nova realidade, sobretudo quanto às audiências de conciliação e mediação. Inicialmente, buscam-se sistemas informatizados para viabilizar essa possibilidade, através de plataformas digitais. Neste sentido, o CNJ tem buscado, em parceria com a iniciativa privada, oferecer uma plataforma digital para a realização dessas sessões, em todos os tribunais[38].

Extrajudicialmente, ocorre o *Online Dispute Resolution* (ODR), onde os meios consensuais de solução de conflitos são postos em prática com o auxílio de TIC, especialmente plataformas digitais em celulares e computadores, para tratar conflitos oriundos em relações de comércio eletrônico, ou seja, estabelecidos na própria rede de *internet*.[39] O facilitador, como *cyberconciliadores* e *cybermediadores*, exerce seu ofício de facilitar o diálogo, no encontro virtual. Evitar desgastes emocionais – uma vez que não é face-a-face ou *face-to-face (F2F)* –, possuir maior flexibilidade de horários e reduzir custos são atrativos para essa modalidade. [40]

---

34. BRASIL. *Lei 9.099, de 26 de setembro de 1995*. Disponível em: http://www.planalto.gov.br/ccivil_03/_ato2019-2022/2020/lei/l13994.htm. Acesso em: 14 maio 2020.

35. BRASIL. *Lei 13.994, de 24 de abril de 2020*. Disponível em: http://www.planalto.gov.br/ccivil_03/_Ato2019-2022/2020/Lei/L13994.htm. Acesso em: 14 maio 2020.

36. BRASIL. *Lei 13.105, de 16 de março de 2015*. Código de Processo Civil. Disponível em: http://www.planalto.gov.br/ccivil_03/_ato2015-2018/2015/lei/l13105.htm. Acesso em: 14 maio 2020.

37. BRASIL. *Lei 13.140, de 26 de junho de 2015*. Art. 46. Disponível em: http://www.planalto.gov.br/ccivil_03/_ato2015-2018/2015/Lei/L13140.htm. Acesso em: 18 maio 2020.

38. *CNJ lançará plataforma on-line para conflitos relacionados à covid-19*. Associação brasileira de lawtechs e legaltechs. 2020. Disponível em: https://www.ab2l.org.br/cnj-lancara-plataforma-on-line-para-conflitos-relacionados-a-covid-19/. Acesso em: 16 maio 2020.

39. ZANFERDINI, Flávia de Almeida Montigelli; OLIVEIRA, Rafael Tomaz de. Online Dispute Resolution in Brazil: are we ready for this cultural turn? *Revista Paradigma*, Ribeirão Preto-SP, a. XX, v.24, n.1, p. 68-80. jan./jun. 2015

40. AMORIM. Fernando Sérgio Tenório de. A resolução online de litígios (odr) de baixa intensidade: perspectivas para a ordem jurídica brasileira. *Revista de Ciências Jurídicas Pensar*, Fortaleza, v. 22, n. 2, p. 514-539, maio/ago. 2017, p.516.

O Portal do Consumidor se apresenta como um exemplo de ODR bem-sucedido no Brasil, lançado pelo Ministério da Justiça, por meio da Secretaria Nacional do Consumidor. Trata-se de uma plataforma digital "que permite a interlocução direta entre consumidores e empresas para solução de conflitos de consumo pela internet", enquadrando-se, portanto, na modalidade de negociação. [41] As empresas interessadas devem estar cadastradas na plataforma.

Outra questão palpitante é que a Lei 13.994 de 2020 prevê que em caso de não comparecimento ou recusa de algum conciliando de participar da tentativa de conciliação não presencial, o Juiz togado proferirá sentença[42]. Logo, emerge-se a necessidade de estudos sobre os efeitos ante a não disponibilidade de aparatos tecnológicos para poder participar da assentada de alguma das partes.

Isso porque, há casos em que o interessado pela conciliação *online*, no intuito de resolver a demanda, por não possuir TIC poderá restar prejudicado. De outro lado, aquele que persegue a morosidade judicial, para o não cumprimento de suas obrigações, poderá alegar o desprovimento de tais recursos tecnológicos, sendo então beneficiado acaso a decisão meritória tarde, além de poder se utilizar de recursos judiciais com o fim escuso de prolongar a celeuma.

Ainda assim, pode-se entender que a regra de o magistrado proferir a sentença, em caso de inviabilidade da audiência de conciliação virtual, pelas circunstâncias mencionadas, confere um andamento ao processo. É dizer, por ser uma fase obrigatória, o impedimento da realização da conciliação, por motivos fáticos, não atravanca a solução do conflito, apenas a responsabilidade retorna para a autoridade estatal.

Por outro lado, aplicar essas TIC em audiências de conciliação e mediação suscita o questionamento sobre a sua viabilidade, visto que esses métodos de resolução de conflitos demandam a observância de características próprias, como um ambiente que propicie harmonia aos demandados. No entanto, sob a ótica do princípio da instrumentalidade das formas, a ausência de um ambiente dentro dos padrões, como o CEJUSC, não parece ser um argumento razoável para a não realização da conciliação/mediação virtual, acaso as partes logrem resultados positivos. Todavia, deve-se, previamente, recomendar e orientar as partes acerca da observância de todos os parâmetros, dentro das possibilidades fáticas de cada um.

Portanto, a tentativa de se implementar audiências de conciliação e mediação virtuais pode alcançar o fim proposto por esses métodos, qual seja viabilizar um diálogo baseado numa comunicação não violenta, gerando a resolução do conflito demandado. Devendo esse resultado ser ponderado como um ponto positivo frente às hesitações sobre a aplicabilidade das TIC na conciliação e mediação, assim como a redução de custos, a celeridade e a desjudicialização.

---

41. BRASIL. Portal do Consumidor. Disponível em: https://www.consumidor.gov.br/pages/principal/?1589662831996. Acesso em: 16 maio 2020.
42. BRASIL. *Lei 13.994, de 24 de abril de 2020.* Disponível em: http://www.planalto.gov.br/ccivil_03/_Ato2019-2022/2020/Lei/L13994.htm. Acesso em: 14 maio 2020.

5. CONSIDERAÇÕES FINAIS

O desenvolvimento da sociedade moderna tem sido impulsionado pelo uso e aprimoramento das tecnologias contemporâneas. As novas tecnologias de informação e transmissão de dados transformaram profundamente as relações jurídicas entre os indivíduos.

É sobretudo na esfera da comunicação que se depreende grandes desenvolvimentos, através do auxílio das TIC. Tais aparatos tecnológicos se tornaram necessários para o exercício das profissões, inclusive as derivadas do Direito. Desde a implementação dos processos eletrônicos, a virtualização dos atos processuais tem sido um caminho sem volta.

Neste sentido, audiências não presenciais têm sido uma tendência, inclusive as de conciliação e mediação. Todavia, estas demandam um cuidado especial, eis que se fazem necessárias peculiaridades para o seu desenrolar, como um ambiente harmonioso, para que o terceiro facilitador consiga restaurar o diálogo entre as partes.

Reflete-se também a respeito do *modus operandi* da aplicação de TIC nessas audiências virtuais. Neste aspecto, vislumbram-se medidas sendo adotadas pelo Conselho Nacional de Justiça quanto à busca de plataformas digitais que as possibilitem.

Vislumbram-se experiências extrajudiciais exitosas, como os *Online Dispute Resolution* e o Portal do Consumidor. Vantagens como flexibilidade de horário, redução de custos, desjudicialização são evidenciadas.

Levando-se em consideração os benefícios dos métodos consensuais de solução de conflitos e o uso das TIC, conclui-se que ambos fatores podem se unir e contribuir com o desenvolvimento da sociedade contemporânea. Deste modo, deve-se pensar prospectivamente sobre os caminhos para ampliar essa união.

6. REFERÊNCIAS

AMORIM. Fernando Sérgio Tenório de. A resolução online de litígios (odr) de baixa intensidade: perspectivas para a ordem jurídica brasileira. *Revista de Ciências Jurídicas Pensar*, Fortaleza, v. 22, n. 2, p. 514-539, maio/ago. 2017.

BRASIL. *Código de Processo Civil de 16/04/2015*. 2015, n.p. Disponível em: http://www.planalto.gov.br/ccivil_03/_ato2015-2018/2015/lei/l13105.htm. Acesso em: 11 maio de 2020.

BRASIL. *Justiça em números 2019*. Conselho Nacional de Justiça – Brasília: CNJ, 2019. Disponível em: https://www.cnj.jus.br/wp-content/uploads/conteudo/arquivo/2019/08/justica_em_numeros20190919.pdf. Acesso em: 12 abr. 2020.

BRASIL. *Lei 11.419, de 19 de dezembro de 2006*. 2006. Disponível em: http://www.planalto.gov.br/ccivil_03/_ato2004-2006/2006/lei/l11419.htm. Acesso em: 18 maio 2020.

BRASIL. Portal do Consumidor. Disponível em: https://www.consumidor.gov.br/pages/principal/?1589662831996. Acesso em: 16 maio 2020.

BRASIL. Resolução 125 de 29 de novembro 2010 do Conselho Nacional de Justiça. CNJ, 2010. Disponível em: https://atos.cnj.jus.br/atos/detalhar/atos-normativos?documento=156. Acesso em: 11 maio 2020.

BRASIL. *Resolução 398 de 04/05/2016 do Conselho de Justiça Federal.* CJF, 2016, n.p. Disponível em: https://www2.cjf.jus.br/jspui/handle/1234/49003. Acesso em: 11 maio 2020.

BRASIL. *Resolução 91, de 29 de setembro de 2009.* Conselho Nacional de Justiça, 2009. Disponível em: https://atos.cnj.jus.br/atos/detalhar/78. Acesso em 11 maio 2020.

BRASIL. *Resolução 99, de 24 de novembro de 2009.* Conselho Nacional de Justiça, 2009. Disponível em: https://www.cnj.jus.br/wp-content/uploads/2019/08/peti_nacional_v2.pdf. Acesso em 11 maio 2020.

BRASIL. *Tecnologia da Informação e Comunicação.* CNJ. 2020. Disponível em: https://www.cnj.jus.br/tecnologia-da-informacao-e-comunicacao/. Acesso em: 18 maio 2020.

CASTELLS, Manuel. *A sociedade em rede:* a era da informação, economia, sociedade e cultura. 8 ed. São Paulo: Paz e Terra, 2005.

CNJ lançará plataforma on-line para conflitos relacionados à covid-19. Associação brasileira de lawtechs e legaltechs. 2020. Disponível em: https://www.ab2l.org.br/cnj-lancara-plataforma-on-line-para-conflitos-relacionados-a-covid-19/. Acesso em: 16 maio 2020.

DIRENE, Alexandre. *Visão Geral Sobre Inteligência Artificial.* 2020. [Página online]. Mestrado de Informática Aplicada à Educação. Universidade Federal do Paraná. Disponível em: http://www.nce.ufrj.br/GINAPE/VIDA/ia.htm. Acesso em 14 maio 2020.

GRINOVER, Ada Pellegrini. *O minissistema brasileiro de Justiça consensual:* compatibilidades e incompatibilidades. Disponível em: https://docplayer.com.br/64282406-Ada-pellegrini-grinover-o-minissistema-brasileirode-justica-consensual-compatibilidades-e-incompatibilidades.html. Acesso em: 25 set. 2019.

KENSKY, Vani Moreira. *Tecnologias e ensino presencial e à distância.* São Paulo: Papirus, 2003.

LÉVY, Pierre. *Cibercultura.* Tradução de Carlos Irineu da Costa. São Paulo: Ed. 34, 1999.

MANCUSO, Rodolfo de Camargo. *Acesso à Justiça condicionantes legítimas e ilegítimas.* 3. ed. at. amp. Salvador: JusPodivm, 2019.

TAKAHASHI, Bruno; MONTEIRO, Daniela. *Manual apresenta técnicas para formar mediadores e conciliadores.* 2019. Disponível em: https://www.cnj.jus.br/noticias/cnj/89022-manual-apresenta-tecnicas-para-formarmediadores-e-conciliadores. Acesso em: 11 maio 2020.

TARTUCE, Fernanda. *Conciliação em juízo:* questionamentos relevantes. 2017. Disponível em: http://www.fernandatartuce.com.br/wpcontent/uploads/2019/01/Concilia%C3%A7%C3%A3o-questionamentos-FernandaTartuce-versao-parcial.pdf. Acesso em: 14 ago. 2019.

VASCONCELOS, Carlos Alberto de. *As Interfaces interativas na educação a distância:* estudo sobre cursos de geografia. Recife: Editora UFPE, 2017.

ZANFERDINI, Flávia de Almeida Montigelli; OLIVEIRA, Rafael Tomaz de. Online Dispute Resolution in Brazil: are we ready for this cultural turn? *Revista Paradigma,* Ribeirão Preto-SP, a. XX, v.24, n.1, p. 68-80. jan./jun. 2015

A TECNOLOGIA COMO INSTRUMENTO DOS MÉTODOS ADEQUADOS DE SOLUÇÃO DE CONFLITOS NA JUSTIÇA DO TRABALHO

Tânia Regina Silva Reckziegel

Doutoranda em Ciências Jurídicas pela Universidad del Museo Social Argentino. Mestre em Direito pela Universidade de Santa Cruz do Sul – UNISC. Especialista em Gestão Pública pela Universidade Federal do Rio Grande do Sul – UFRGS. Graduada em Ciências Jurídicas e Sociais pela Universidade do Vale do Rio dos Sinos – UNISINOS. Desembargadora do Trabalho (TRT da 4ª Região – RS). Conselheira do CNJ (Conselho Nacional de Justiça). E-mail: taniasilvareck@gmail.com

Daniela Silva Fontoura de Barcellos

Doutora em Ciência Política pela Universidade Federal do Rio Grande do Sul, com período Sanduíche na École Normale Supérieure de Paris. Mestre em Direito Civil pela UFRGS. Professora adjunta do Departamento de Direito Civil da Faculdade Nacional de Direito e do Programa de Pós-Graduação em Direito da Universidade Federal do Rio de Janeiro. Líder do Grupo de Pesquisa "Grupos Vulneráveis no Direito Privado: identidade, representação e judicialização". E-mail: barcellosdanielasdf@gmail.com.

Sumário: 1. Introdução. 2. O marco legal para os métodos adequados de solução de conflitos na justiça do trabalho. 3. A tecnologia no poder judiciário e sua aplicação na resolução de conflitos na justiça do trabalho. 4. Conclusão. 5. Referências.

1. INTRODUÇÃO

Nas últimas décadas, o Poder Judiciário realizou inovações sucessivas com o objetivo de prestar um serviço universal, eficiente, célere e satisfatório. Desde o ano de 2004, através da reforma efetivada pela Emenda Constitucional 45[1], foram designadas ao Conselho Nacional de Justiça (CNJ) as tarefas de planejar as políticas públicas para o Sistema de Justiça e de controlar administrativamente os 92 tribunais do Poder Judiciário brasileiro. Ao lado dos desafios específicos da promoção da justiça, que inclui o acesso e a gestão processual das varas, bem como o aumento da produtividade, entre outros, o ano de 2020 trouxe consigo uma nova perspectiva frente à pandemia mundial do coronavírus, assim reconhecida pela Organização Mundial de Saúde, OMS em 11 de março de 2020 (OMS: 2020).

Diante desse cenário, ganha destaque a mediação, ao lado dos demais meios adequados de solução de conflitos, graças às características e qualidades que lhes são inerentes,

---

1. Incluindo a composição e as atribuições do Conselho Nacional de Justiça no art. 103-B da Constituição Federal de 1988, atualmente, com redação alterada parcialmente pela Emenda Constitucional 61-2009.

não apenas por auxiliar a resolver a grande quantidade de processos do Poder Judiciário, mas também por proporcionar maior grau de satisfação das partes. Em virtude da pandemia do coronavírus, o uso de audiências, sessões e mediações realizadas à distância evitam a paralisação de grande parte das funções jurisdicionais cuja prestação seria inviável sem o uso da tecnologia. Portanto, faz-se premente a necessidade de aprofundar as possibilidades de utilização dos métodos adequados de solução de conflitos para a pacificação das demandas mediante uso da tecnologia, incluindo, quando cabível, a inteligência artificial. E este é o objetivo do presente artigo, ou seja, analisar o emprego dos meios adequados de solução de conflitos na Justiça do Trabalho, especialmente com a mediação tecnológica.

Embora parte destas reflexões se apliquem aos vários métodos de solução de conflitos, o que compreende aqueles que ocorrem na esfera extrajudicial, o estudo restringe-se à análise no âmbito judicial, com foco na Justiça do Trabalho. Isto porque há distinções relevantes sobre as possibilidades de utilização de meios de solução de conflitos, que possuem marco legal, meios de implementação e objetivos diferentes. Em razão da escolha feita, delimita-se temporalmente o estudo após a Lei n.º 13.140, de 26 de junho de 2015, que dispõe sobre a mediação entre particulares como meio de solução de controvérsias e sobe a autocomposição de conflitos no âmbito da administração pública.

Assim, num primeiro momento, aborda-se o marco legal que permite o uso de métodos de solução de conflitos e, em seguida, as práticas de tecnologia que estão sendo empregadas de forma inovadora para a melhoria da prestação jurisdicional, especialmente na Justiça do Trabalho.

2. O MARCO LEGAL PARA OS MÉTODOS ADEQUADOS DE SOLUÇÃO DE CONFLITOS NA JUSTIÇA DO TRABALHO

Dentre as principais ações do Conselho Nacional de Justiça, apoiado em pesquisa e informações estatísticas[2], de formulação de políticas públicas, destaca-se a implementação dos Métodos Adequados de Solução de Conflitos (MASCs), o que se concretizou mediante a Resolução CNJ 125, de 29 de novembro de 2010.

A Resolução CNJ n.º 125/10, já com as alterações posteriores realizadas pela Emenda 01/2013, Emenda 02/2016 e pela Resolução CNJ n.º 290/19, institui a Política Judiciária Nacional de tratamento dos conflitos de interesses, tendente a assegurar a todos o direito à solução dos conflitos por meios adequados a sua natureza e peculiaridade, tal como preconizado no art. 334 do Código de Processo Civil (vide arts. 1º e 2º da Resolução CNJ 125/10).

Além da Resolução CNJ 125/10, compõe o marco legal que viabiliza a implementação dos meios adequados para a solução de conflitos, a Lei 13.140/15, de 26 de junho de 2015, que prevê normatização para as práticas na esfera judicial e extrajudicial. Em seu artigo 46, a Lei 13.140/15, denominada lei da mediação entre particulares, traz, entre

---

2. Sobre este tema vide sobretudo as publicações da série Justiça em Números. Disponível em: https://www.cnj.jus.br/pesquisas-judiciarias/justica-em-numeros/. Acesso em: 12 jul. 2020.

suas inovações, a possibilidade de a mediação ser feita à distância, desde que as partes estejam de acordo. Com esta previsão legal, abre-se um novo caminho, bastante fértil, para a utilização da tecnologia na resolução de conflitos.

No âmbito da Justiça do Trabalho, o Conselho Superior da Justiça do Trabalho – órgão encarregado de promover a integração e o desenvolvimento dos Tribunais Regionais do Trabalho (TRTs) e das Varas do Trabalho – regulamentou suas políticas de conciliação mediante a Resolução 174/2016. Esta determinou a criação dos Núcleos Permanentes de Métodos Consensuais de Solução de Disputas – NUPEMEC-JT e os Centros Judiciários de Métodos Consensuais de Solução de Disputas – CEJUSC-JT. (art. 2º da Resolução CSTJ 174/16). Ademais, determinou a adequada formação e treinamento de servidores e magistrados para exercerem as funções de conciliação e de mediação, além de acompanhamento estatístico do desempenho (Art. 2º da Resolução CSTJ 174/16).

Rafaela Salem Moreira (2019) realizou um estudo empírico sobre a viabilidade do uso da mediação no TRT da 1.ª Região demonstrando que seu uso teve como primeiro resultado a colaboração para limpeza do estoque de processos. Apesar disso, ressalta haver um terreno fértil para a mediação prosperar na área trabalhista e trazer como retorno muito benefícios tais como diminuição de tempo, custos, aumento do grau de satisfação das partes, entre outros. Já o estudo teórico de Aline Aparecida de Sousa e Nilton César Costa (2017, p. 23) demonstrara que a mediação aplicada ao Direito do Trabalho imprime maior autonomia às partes, permitindo que estas conversem abertamente, com possibilidade de restauração de vínculos e de manutenção de relacionamentos, bem como concretiza direitos fundamentais colaborando para a pacificação social.

Mas para que isso seja possível, em toda sua amplitude, além da existência de uma estrutura física para a realização de mediação, bem como um treinamento do pessoal – servidores e magistrados – para o desenvolvimento de habilidades específicas, fundamental se faz uma mudança paradigmática comportamental ampla diante dos conflitos (GABBAY in MOREIRA: 2019, p.6), que inclua a adesão dos demandantes e demandados. E para promover esta adesão, a tecnologia desenvolve um papel fundamental.

3. A TECNOLOGIA NO PODER JUDICIÁRIO E SUA APLICAÇÃO NA RESOLUÇÃO DE CONFLITOS NA JUSTIÇA DO TRABALHO

Há várias décadas, o Poder Judiciário vem ampliando o uso da tecnologia, com resultados cada vez mais satisfatórios à medida em que ocorre a ampliação desta prática no dia a dia da função jurisdicional. Em uma retrospectiva histórica, podemos pensar neste fenômeno em quatro fases, sendo o primeiro denominado Direito 1.0, em que as petições eram redigidas à mão ou com máquinas de escrever e o controle das publicações era feito a partir de recortes do Diário Oficial. Em seguida, adveio o chamado Direito 2.0, com o aparecimento dos editores de texto e planilhas, que promoveu mais rapidez para executar a rotina básica. O passo seguinte foi a criação dos *softwares* jurídicos, aplicativos, processo eletrônico e certificado digital, realidade que marcou o Direito 3.0. Por fim, chegamos ao Direito 4.0[3], com o desenvolvimento da tecnologia, incluindo inteligência artificial, que facilitou o cotidiano dos escritórios e permitiu ganho de tempo para os operadores do Direito dedicarem na construção de estratégias, e argumentações para pedidos e decisões.

Na era digital, é impossível desvincular o uso da tecnologia da prestação de serviços. Atualmente, praticamente tudo pode ser feito de forma virtual, inclusive a resolução de conflitos por meio de métodos extrajudiciais. Aproveitar os inúmeros benefícios dos recursos tecnológicos à disposição e muitos outros que ainda estão por vir é uma necessidade no meio jurídico.

O Poder Judiciário, por sua vez, desde a última década, tem passado por um processo de transformação, destacando-se a adoção do processo eletrônico. Atualmente, o processo eletrônico utiliza cinco sistemas de tecnologia digital, aplicados nos 27 Tribunais de Justiça Estaduais brasileiros, TRFs e TRE, a saber SAJ – Sistema de Automação do Judiciário, desenvolvido pela Softplan; e-Proc, desenvolvido pelo TRF-4; PJe – Processo Judicial Eletrônico, elaborado pelo CNJ; Projudi – Processo Judicial Digital, inaugurado como projeto-piloto da Comarca de Campo Largo/PR; e Tuvujuris, desenvolvido pelo TJAP (LUZ: 2019, p. 1). Estes sistemas representaram um grande avanço para a tramitação dos processos, utilizando a tecnologia da automação. Esta consiste em uso da tecnologia direcionada a uma configuração humana, de acordo como uma lógica previamente programada, realizando de forma mais rápida e eficiente tarefas repetitivas e monótonas.

Além do uso da tecnologia de automação, o Poder Judiciário passou a utilizar também a Inteligência Artificial, que, mediante o recebimento de informações dados, oferece respostas complexas e estruturadas para os sistemas agirem de maneira autônoma. Em relatório realizado para o Conselho Nacional de Justiça, Brehm e outros (2019, p.13-14) realizaram o mapeamento das ferramentas de inteligência artificial atualmente existentes no âmbito dos tribunais brasileiros e suas respectivas funcionalidades. São eles: "Victor", do Supremo Tribunal Federal; "Sócrates", do Superior Tribunal de Justiça; "Inova PJe" e "Sinapses", do Conselho Nacional de Justiça; "Leia", "Hércules, "Radar", "Elis", "Poti", "Clara", "Jerimum", no âmbito dos tribunais estaduais. Dentre as funcionalidades destas tecnologias de caráter autônomo estão a realização de admissibilidade de pedidos, exame de recursos, com recomendação de decisões prévias, indicação de fontes normativas e precedentes, identificação de jurisprudência dos tribunais superiores sobre o tema, realização de tarefas repetitivas no processo eletrônica, entre outros.

Diante deste breve panorama, fica evidente que o Conselho Nacional de Justiça valoriza o uso das novas tecnologias em todas as esferas de atuação da função jurisdicional e se utiliza da mesma como aliada. De outro lado, a inclusão digital ocorre também na sociedade, na qual a ascensão das novas tecnologias de informação e comunicação, denominadas TICs, transforma a maneira de trabalhar e de se relacionar socialmente.

---

3. O chamado "Direito 4.0" guarda paralelismo ao fenômeno da quarta revolução industrial, de onde advém a expressão "indústria 4.0". Sobre o tema vide SCHWAB: 2016.

A TECNOLOGIA COMO INSTRUMENTO DE SOLUÇÃO DE CONFLITOS NA JUSTIÇA DO TRABALHO **353**

Abre-se uma gama de oportunidades de virtualização[4] do Poder Judiciário, inclusive mediante a aplicação da tecnologia no âmbito da solução de conflitos.

Uma nova forma de virtualização foi desenvolvida pelo Tribunal Regional do Trabalho da 4.ª Região (TRT4), em 2019, através de sua Secretaria de Tecnologia da Informação e Comunicações: o sistema de Investigação de Conciabilidade (I-Com). Baseado em uma plataforma de dados, a ferramenta compila informações disponíveis no Processo Judicial Eletrônico (PJe), oferece diversas possibilidades de cruzamento de características do acervo de processos pendentes na Justiça do Trabalho, no âmbito do TRT4, de forma a obter as reclamatórias com maior probabilidade de conciliação. Os principais indicadores disponíveis que ajudam a compor a decisão do usuário são: grau de jurisdição em que está tramitando, número de partes que compõe o polo ativo e passivo, a existência de depósito recursal, valor da causa, entre outros. Além disso, o I-Con faz uma busca no acervo de processos findos para recuperar o histórico de conciliação das partes envolvidas demonstrando os processos não conciliados e conciliados, detalhando, neste último caso, a fase em que a conciliação ocorreu (conhecimento, liquidação ou execução). Os indicadores podem ser livremente combinados pelo usuário, com base no interesse da pesquisa, a fim de indicar quais os processos possuem maior probabilidade de solução conciliatória, com base nas características específicas do processo ou grupo de processos, mas também com base no comportamento prévio das partes envolvidas no que se refere à realização e acordo. Com esta ferramenta, diminui-se o trabalho manual de seleção prévia dos processos que iriam para uma pauta de conciliação, realiza-se a pauta de processos a serem conciliados com mais agilidade e aumenta-se a probabilidade de acordo (FORTES: 2020, p. 1).

Um outro caminho para o uso da tecnologia na solução de conflitos foi oportunizada pela Lei 13.140, de 26 de junho de 2015, que em seu art. 46 permitiu a mediação pela *Internet* ou por outro meio de comunicação à distância, bastando apenas que as partes estejam de acordo. A existência de um marco legal que incentive e promova a autocomposição, inclusive mediante o uso da *Internet*, é fundamental. Todavia, por si só não é suficiente para garantir sua efetividade. Mas a iniciativa dos Tribunais trabalhistas oportuniza de forma ágil em seu sítio eletrônico, que, mediante simples preenchimento de formulário, seja solicitada pelas partes a mediação *online*[5].

Diante da concretização da mediação *online*, na Justiça do Trabalho muito há que ser estudado, pensado e aprimorado. As chamadas ODR – Online Dipute Resolution, até o momento, ainda são consideradas uma extensão dos Meios Adequados de Solução de Conflitos (arbitragem, conciliação, mediação e negociação), ou seja, seriam apenas um novo meio para que os MASCs sejam realizados. No entanto, Katsh (2012) acredita que aquelas podem se afastar conceitualmente destas, da mesma forma que os MASCs se afastaram conceitualmente da litigância nos tribunais. A ratificação de tais previsões só poderá acontecer mediante o estudo de tais práticas ao logo do tempo em um futuro

---

4. A virtualização, este artigo, é entendida de forma ampla, não se restringindo ao processo eletrônico, mas significando toda a transposição da estrutura burocrática judiciária para o ciberespaço. (vide: LIMA e FEITOSA, 2016 e LÉVY, 2011).

5. Vide, por exemplo, o modelo de requerimento do TRT4, no seguinte endereço: https://www.trt4.jus.br/portais/trt4/modulos/noticias/299950. Acesso em: 22.jul. 2020.

próximo. Enquanto isso, cabe-nos aproveitar a oportunidade para testar a tecnologia a serviço da resolução de conflitos e de gestão do Poder Judiciário.

4. CONCLUSÃO

O uso da tecnologia, seja esta de automação ou com autonomia, é essencial para o funcionamento do Poder Judiciário. Seu emprego traz inegáveis benefícios como facilidade, baixo custo e rapidez na operacionalização dos processos, além de se mostrar mais flexível e condizente com situações inesperadas, tais como a pandemia mundial do coronavírus.

Com a impossibilidade da convivência presencial, o ambiente virtual nos une e oportuniza a continuidade de inúmeros procedimentos que de outra forma não seriam possíveis, em decorrência das medidas de prevenção sanitária e confinamento. Dessa maneira, a atividade judicial, que já estava em parte mediada pela tecnologia, especialmente pela automação do processo eletrônico, aprofunda o emprego da tecnologia com a interação telepresencial e o uso da inteligência artificial.

Embora conclusões mais definitivas sobre a utilização da conciliação e da mediação online na Justiça do Trabalho possam ser feitas de forma consistente mediante a avaliação em um futuro próximo, este texto autoriza concluir que a ampliação do espaço de possibilidades para a solução de conflitos só pode ser benéfica. Aproxima-se, neste particular, a Justiça do Trabalho da sua origem, a partir da criação de juntas de conciliação e julgamento, que têm por objetivos harmonizar as relações de trabalho, ou, na linguagem atual, com o propósito de pacificar os conflitos sociais pela implantação de uma nova cultura. Trata-se de um caminho sem volta; a tecnologia no Poder Judiciário é uma realidade que deixa a todos – operadores e usuários do sistema de justiça – os benefícios de seu emprego e o encargo de vigiar para seu constante aprimoramento.

5. REFERÊNCIAS

BREHM, Katie; HIRABAYASHI; Momori; LANGEVIN, Clara; MUÑOZCANO, Bernardo Rivera; SEKI-ZAWA, Katsumi e ZHU, Jaiayi. O futuro da Inteligência Artificial no Sistema Judiciário Brasileiro: mapeamento, integração e governança de IA. *Relatório preparado para o Conselho Nacional de Justiça e Instituto de Tecnologia e Sociedade do Rio de Janeiro.*

CAMBI, Eduardo; HAAS, Adriane; SCHMITZ, Nicole. Mediação de conflitos envolvendo direitos fundamentais sociais. *Revista de Processo [recurso eletrônico]*. São Paulo, v. 289, p. 473-507, mar. 2019.

CASAGRANDE, Aline; SAVIO, Manuela Pereira. A mediação de conflitos enquanto política pública de acesso à justiça e a visão do poder judiciário: breves apontamentos. In: GIMENEZ, Charlise Paula Colet; MACHADO, Edinilson Donisete. *Formas consensuais de solução de conflitos I* [Recurso eletrônico on-line] Florianópolis: CONPEDI, 2017. Disponível em: http://conpedi.danilolr.info/publicacoes/27ixgmd9/i7zsp9j7/zRg2H2u48o60ne30.pdf. Acesso em: 02 jun. 2020.

COELHO, Renata Moritz Serpa. Mediação de conflitos no Brasil a partir de 2015. *Revista Arbitragem e Mediação* [recurso eletrônico]. São Paulo, v. 53, p. 381-390, abr./jun.2017.

EÇA, Vitor Salino de Moura. Justiça multiportas e a reforma trabalhista. *Revista dos Tribunais [recurso eletrônico]*. São Paulo, v. 998, p. 43 - 70, dez. 2018.

FORTES, Gabriel Borges. TRT-RS concorre ao Prêmio Innovare com as ferramentas I-Con e MGD. In: Site do Tribunal Regional do Trabalho da 4ª Região (RS). Publicado em 09.jul.2020. Disponível em: https://www.trt4.jus.br/portais/trt4/modulos/noticias/320586. Acesso em: 22 jul. 2020.

FARIA, Cristiane. A mediação em prática. *Revista dos Tribunais [recurso eletrônico]*. São Paulo, v. 1003, p. 23-48, maio. 2019.

GALLO, Ronaldo Guimarães. Mediação não é conciliação: a importância da técnica no desenvolvimento dos processos autocompositivos. *Revista Arbitragem e Mediação [Recurso eletrônico]*. São Paulo, v. 54, p. 337-356, jul./set. 2017.

LIMA, Gabriela Vasconcelos Lima; FEITOSA, Gustavo Raposo Pereira. Online Dispute Resolution (ODR): A Solução de Conflitos e as Novas tecnologias, 2016. *Revista do Direito*, Santa Cruz do Sul. Disponível em: https://online.unisc.br/seer/index.php/direito/article/ view/8360. Acesso em: 08 jul. 2020.

KRUGER, Denise Terezinha Correa Melo. Momento "inovação" para um Judiciário cansado. *Revista de Processo [recurso eletrônico]*. São Paulo, v. 281, p. 547-571, jul. 2018.

LUZ. Eduardo Silva. Inteligência artificial na justiça: conheça 2 projetos nos tribunais. Publicado em 24.set.2019. *Blog SAJ-ADV.* Disponível em: https://blog.sajadv.com.br/inteligencia-artificial-justica/. Acesso em: 22 jul. 2020.

MEIRA, Danilo Christiano Antunes. RODRIGUES, Horário Wanderlei. Considerações sobre o conceito, as justificativas e o caráter de efetividade da mediação enquanto política pública. In: GIMENEZ, Charlise Paula Colet; MACHADO, Edinilson Donisete. *Formas consensuais de solução de conflitos I* [Recurso eletrônico on-line] Florianópolis: CONPEDI, 2017. Disponível em: http://conpedi. danilolr.info/publicacoes/27ixgmd9/i7zsp9j7/TsfD4q8TTcFkR0R6.pdf. Acesso em: 12 jun. 2020.

MOREIRA, Adriano, Jannuzzi. Mediação e Arbitragem no cenário trabalhista atual: mudança de paradigma na pacificação de conflitos. *Revista LTr: legislação do trabalho*. São Paulo, v. 82, n. 12. P. 1494-1501, dez./2018.

MOREIRA, Rafaela Selem. *Estudos de Mediação: estudo de viabilidade do uso da mediação no âmbito do TRT da 1ª Região*. Rio de Janeiro: Escola Judicial do TRT da 1ª Região, 2019.

ORGANIZAÇÃO MUNDIAL DE SAÚDE. OMS afirma que COVID-19 é agora caracterizada como pandemia. Publicado em 11 de março de 2020. Disponível em: https://www.paho.org/bra/index. php?option=com_content&view=article&id=6120:oms-afirma-que-covid-19-e-agora-caracteri-zada-como-pandemia&Itemid=812. Acesso em: 20 jun. 2020.

OSNA, Gustavo. A "audiência de conciliação ou de mediação" no novo CPC: seis (breves) questões para debate. *Revista de Processo*. [S.l.], v. 41, n. 256, p. 349-370, jun. 2016.

O GLOBO. Uso de robôs já acelera a análise de processos e chega ao STF. Publicado em 03.02.2020. Disponível em: https://oglobo.globo.com/brasil/uso-de-robos-ja-acelera-analise-de-processos-em--tribunais-chega-ao-stf-1-24225944. Acesso em 12 jul. 2020.

PEIXOTO, Ravi. A nova sistemática de resolução consensual de conflitos pelo poder público: uma análise a partir do CPC-2015 e da Lei 13.140-2015. *Revista de Processo [recurso eletrônico]*. São Paulo, v. 261, p. 467-497, nov. 2016.

RODRIGUES, Daniel Colnago. Mediação obrigatória no processo civil: reflexões à luz do direito comparado, do CPC/15 e da lei de mediação (Lei 13.140/2015). *Revista de Processo [recurso eletrônico]*. São Paulo, v. 285, p. 365-396, nov. 2018.

SCHWAB, Klaus. *A quarta revolução industrial*. São Paulo: Edipro, 2016.

SILVEIRA, Bruna Braga da; MEGNA, Bruno Lopes. Autocomposição: causas de descumprimento e execução: um panorama sobre meios alternativos de solução de conflitos e o processo de execução no novo CPC. *Revista de Processo [recurso eletrônico]*. São Paulo, v. 264, p. 473-495, fev. 2017.

SOUZA, Aline Aparecida de; COSTA, Nilton César Antunes da. O uso da mediação para a solução de conflitos individuais do trabalho: principais vantagens em comparação à conciliação. *Revista dos Tribunais [recurso eletrônico]*. São Paulo, v. 985, p. 23-41, nov. 2017.

SOUZA, Bartira Barros Salmon de. Breves aspectos sobre a aplicabilidade da mediação no processo do trabalho. *Revista LTr: legislação do trabalho*. São Paulo, v. 83, n. 4, p. 429-440, abr. 2019.

TEIXEIRA, Sérgio Torres. Vias alternativas à jurisdição contenciosa da Justiça do Trabalho: superando mitos e apontando caminhos à luz da Lei 13.467 de 2017. *Revista de Direito do Trabalho [recurso eletrônico]*. São Paulo, v. 187, p. 51-89, mar. 2018.

TEIXEIRA, Sergio Torres. Vias alternativas à jurisdição contenciosa da Justiça do Trabalho: superando mitos e apontando caminhos à luz da Lei 13.467 de 2017. *Revista de Direito Econômico e Socioambiental,* Curitiba, v. 8, n. 3, p. 155-197, set./dez. 2017. Disponível em: file:///C:/Users/Daniela%20 Barcellos/Downloads/Dialnet-ViasAlternativasAJurisdicao ContenciosaDaJusticaDoT-6311959. pdf. Acesso em: 10 jun. 2020.

TECNOLOGIA E SISTEMAS DE INDENIZAÇÃO: A EXPERIÊNCIA DE BRUMADINHO

Diego Faleck

Doutor em Direito pela Universidade de São Paulo. Mestre (LL.M) pela Harvard Law School. Professor Adjunto na Pepperdine Caruso Law School (Malibu, CA – EUA). Contribuiu para o desenho do programa de indenização tratado neste artigo e lidera a equipe de facilitadores que atuam no caso. Mediador, especialista em sistemas de resolução de disputas.

Sumário: 1. Introdução. 2. Fundamentos e funcionamento do sistema. 2.1 Justiça procedimental. 2.2 Facilitação. 2.3 Fluxo do processo. 3. Covid-19 e tecnologia. 3.1 Diagnóstico. 3.2 Estratégia e aprendizados. 3.3 Divisão digital. 3.4 Feedback de requerentes e advogados. 4. Conclusão. 5. Referências.

1. INTRODUÇÃO

O rompimento da barragem da Barragem B-I da Mina Córrego do Feijão, em Brumadinho/MG, de propriedade da empresa VALE S/A, ocorrido em 25 de janeiro de 2019, ensejou, sob o ponto de vista da responsabilidade civil, uma série de medidas extrajudiciais de reparação socioeconômicas.

Entre estas medidas, incluem-se o pagamento de indenizações emergenciais a mais de 105 mil pessoas[1], além da implementação de um programa de indenização individual, opcional e voluntário, para os casos cíveis e trabalhistas. O programa de indenização foi concebido com base nas melhores práticas nacionais e internacionais, com referência na teoria e técnica consolidada do campo de conhecimento denominado Desenho de Sistemas de Disputas (DSD)[2].

A primeira parte do artigo trata brevemente dos fundamentos e funcionamento do programa de indenização individual. A segunda parte trata dos desafios e aprendizados do uso da tecnologia, como ferramenta viabilizadora de reuniões virtuais, abrindo uma opção para a não interrupção do programa, no contexto da pandemia Covid-19.

---

1. Conforme: http://www.vale.com/brasil/PT/aboutvale/servicos-para-comunidade/minas-gerais/atualizacoes_brumadinho/Paginas/default.aspx?utm_source=Google&utm_medium=CPC&utm_campaign=2019%7CSearch%-7CBarragens%7CBrumadinho&utm_content=Link7. Acesso em: 30 jun. 2020.
2. Desenho de Sistemas de [Resolução de] Disputas é a técnica de organização deliberada e intencional de procedimentos ou mecanismos processuais, que interagem entre si, e, quando aplicáveis, de recursos materiais e humanos, para a construção de sistemas de prevenção, gerenciamento e resolução de disputas. Sobre o tema vide: FALECK, Diego. *Manual de design de sistemas de disputas*: criação de estratégias e processos eficazes para tratar conflitos. Rio de Janeiro: Editora Lumen Juris, 2018.

2. FUNDAMENTOS E FUNCIONAMENTO DO SISTEMA

2.1 Justiça procedimental

De acordo com a técnica de DSD, a primeira e maior preocupação na construção do programa de indenização foi em estabelecer um processo capaz de dar efetividade e vida ao princípio da Justiça Procedimental[3]. Por este princípio, os potenciais requerentes do programa devem ter a oportunidade de serem ouvidos, de discutir abertamente os detalhes dos seus casos, apresentar as informações e comprovações que dispuserem e discutir a correção de qualquer erro ou inadequação em suas propostas indenizatórias.

A justiça procedimental também requer que cada proposta de indenização para cada requerente seja baseada em critérios consistentes e objetivos. Um sistema justo requer que as pessoas que tenham sofridos danos semelhantes recebam propostas de indenização semelhantes. Critérios objetivos fornecem uma base para as indenizações, que é independente da avaliação subjetiva das partes. Exemplos de critérios objetivos são padrões de mercado, precedentes, costumes, jurisprudência ou mérito científico.

Para maior legitimidade, os parâmetros que servem de base para as indenizações foram objeto de um Termo de Compromisso (TC) firmado entre a empresa e a Defensoria Pública do Estado de Minas Gerais (DPMG), instituição com vasta experiência em casos semelhantes de indenizações individuais. O referido TC proporciona uma moldura e um conjunto de procedimentos para que as partes possam ter um processo estruturado de negociação, com apoio da DPMG, e propõe referências de indenização amparadas pela jurisprudência predominante e melhores práticas de mercado, com avanços e dispositivos que permitem um bom grau de flexibilidade na análise comprobatória, para viabilizar a efetiva compensação nos casos de informalidade e vulnerabilidade.

Por ser baseado em critérios objetivos e legítimos, o sistema não é adversarial, mas baseado na coleta de informações, para se identificar o montante das perdas. Uma vez que a natureza do dano é identificada, o cálculo da proposta envolve a análise das informações e comprovações fornecidas, salvo nos casos em que o valor é presumido.

Dada a natureza colaborativa do sistema, o processo não tem o propósito de fazer com que as partes "barganhem" sobre a indenização. Um indivíduo será indenizado por todos os danos que forem identificados e que possam ser suportados por evidências, e na ausência de evidências nos casos de atividades econômicas informais, pelo contexto do caso, conforme o TC firmado.

O tratamento isonômico é um elemento chave para que um sistema de indenização seja confiável. O conceito central do princípio da isonomia é o de que situações semelhantes sejam tratadas de forma semelhante. Os parâmetros do TC aplicam-se igualmente para todos os requerentes. Em um caso desta magnitude, isto implica em esforço constante e

---

3. Sobre Justiça Procedimental, vide: TYLER, Tom. Governing pluralistic societies. *Law & Contemporary Problems*, Durham, NC, U.S., v. 72, p. 187, Spring 2009. Vide também FALECK, Diego. *Manual de design de sistemas de disputas*: criação de estratégias e processos eficazes para tratar conflitos. Rio de Janeiro: Editora Lumen Juris, 2018, p. 91.

diário para a manutenção da qualidade, consistência e padrão na operação do sistema, nos atendimentos dos requerentes, na análise das informações e nos cálculos das propostas.

Justiça procedimental também requer transparência. Isso significa que os requerentes devem saber exatamente o que esperar do programa: o que é, como funciona, quem está envolvido, quais os princípios e normas que governam o sistema, o que se espera deles em termos de informação e documentação, com a maior clareza possível. Por isso foi colocada em campo uma estratégia de comunicação e disseminação com as comunidades, com a produção de materiais informativos e explicativos, além da participação de facilitadores neutros para prover as informações necessárias, entre outras contribuições.

2.2 Facilitação

Uma maneira de assegurar a justiça procedimental é o uso de facilitadores neutros. Esse é um conceito central do programa. Os facilitadores garantem que as partes sejam ouvidas, que elas tenham a oportunidade de expressar as suas emoções, que elas entendam com clareza o funcionamento e os requerimentos do programa, que a comunicação entre as partes seja efetiva e que qualquer controvérsia que surja seja resolvida de maneira colaborativa. Os facilitadores não oferecem qualquer opinião ou análise sobre a adequação das propostas, sobre a posição jurídica das partes ou sobre quem está certo ou errado em eventuais controvérsias. Eles apenas facilitam a comunicação e a resolução das questões.

Tanto na fase de desenho do sistema como durante a implementação, os facilitadores não participam de decisões ou deliberações sobre parâmetros indenizatórios, critérios de elegibilidade ou de comprovação de danos. Os facilitadores também não participam, durante o andamento do programa, de qualquer decisão sobre a elegibilidade de um requerente individual, nem da deliberação ou preparação de qualquer proposta de indenização individual.

Detalharemos a seguir o papel e as atividades dos facilitadores ao tratarmos do fluxo do processo. Além destas atividades, pode-se dizer que, em um nível macro, os facilitadores têm o papel de levar as preocupações e questionamentos trazidos pelos requerentes e seus advogados à empresa sobre seus casos individuais e sobre o andamento do programa. Em um nível micro, os facilitadores têm o papel de assegurar a isonomia do programa, e que situações semelhantes serão tratadas com semelhança, no caso a caso.

2.3 Fluxo do processo

O sistema de indenização deve ser estruturado para a eficiência. É vital que o programa seja capaz de lidar com precisão e justiça com milhares de casos, no menor tempo possível, sem comprometer os outros fatores humanos essenciais. Em menos de 1 ano de funcionamento do programa, mais de 6.600 pessoas foram indenizadas, nos fluxos de indenizações individuais e trabalhistas[4].

---

4. Conforme: http://www.vale.com/brasil/PT/aboutvale/servicos-para-comunidade/minas-gerais/atualizacoes_brumadinho/Paginas/default.aspx?utm_source=Google&utm_medium=CPC&utm_campaign=2019%7CSearch%7CBarragens%7CBrumadinho&utm_content=Link7. Acesso em: 30 jun. 2020.

Sob a perspectiva de gerenciamento de projetos (*project management*), o processo de facilitação e negociação deve ser estruturado de maneira organizada, controlada e monitorada, para a garantia tanto dos fatores de qualidade, como o impecável e digno tratamento dos requerentes, da justiça e precisão das propostas elaboradas, quanto dos fatores de produção, como o tempo e quantidade de casos, para gerar justiça tempestiva aos requerentes.

É claro que o fluxo dos requerimentos e processos utiliza um robusto sistema de tecnologia para gerenciamento de informações e dados, agendamento de reuniões, movimentação dos casos entre as fases e painel de controle.

O processo de facilitação desenhado foi dividido etapas, que possibilitam: (i) uma introdução e reunião de informações; (ii) esclarecimentos e resolução de pendências e (iii) apresentação de propostas. O fluxo de reuniões foi organizado de modo a interagir com os times internos da empresa, seus consultores a advogados, que lidam com o cálculo e preparação das propostas, com a resolução de questões jurídicas e documentais pertinentes e com as aprovações internas.

De início, qualquer pessoa que se sinta atingida pelo rompimento da barragem tem a faculdade de agendar uma reunião com a equipe de facilitação para discutir o seu caso individual. O agendamento pode ser por telefone ou presencialmente nos escritórios de indenização. As pessoas deverão sempre estar representadas por advogados no programa, ou pela Defensoria Pública. Os que optam pela representação pela Defensoria Pública seguem por um fluxo próprio, que não tem a participação dos facilitadores. Neste fluxo, os Defensores cuidam da triagem de requerentes, da reunião de informações, da organização dos pleitos, da apresentação e negociação com a empresa. Existe também um fluxo especial para as questões trabalhistas.

Pelo fluxo regular, o primeiro passo é uma reunião inicial do requerente e seu advogado com um facilitador (Reuniões de Ingresso – R1). Nesta reunião, o facilitador escutará ativamente o caso, de maneira acolhedora e explicará o funcionamento do programa e todas as informações essenciais para o processo de indenização. O facilitador se certificará de que tudo foi compreendido, e responderá a quaisquer dúvidas ou questionamentos que sejam trazidos. Os facilitadores são altamente treinados nas técnicas de escuta ativa e empatia, e vocacionados para lidar e validar as emoções e sentimentos eventualmente ventilados pelas pessoas.

Nesta oportunidade, o facilitador assistirá o requerente e seu advogado a efetivamente estruturar o pleito, com a coleta do relato das partes, a organização das informações, documentos e evidências, com a maior clareza possível, para que o requerimento seja completamente instruído, para que o trâmite se dê com a maior tranquilidade possível e que a proposta de indenização seja a mais acertada possível.

Por vezes, ficam pendentes a entrega de documentos ou informações. Os facilitadores assistem as partes nesse processo, para que todos os elementos necessários para o cálculo da proposta sejam finalizados no menor tempo possível. Em alguns casos, uma reunião para esclarecimentos é necessária, entre o requerente, seu advogado e representantes da empresa, e elas são sempre realizadas com a presença de um facilitador, que atuará para garantir a clareza da comunicação (Reuniões de Esclarecimento – R2).

O próximo passo é uma reunião para a apresentação da proposta (Reunião de Proposta – R3). O facilitador abre a reunião e os representantes da empresa apresentam e explicam detalhadamente a proposta, e respondem a quaisquer dúvidas ou questionamentos dos requerentes e seus advogados. As partes discutem abertamente a proposta, com o auxílio do facilitador, que assistirá as partes na resolução de eventuais controvérsias. Se for necessário, poderá haver revisão na proposta, inclusive com a apresentação de novas evidências. É garantido aos requerentes um período para reflexão e/ou desistência e uma reunião subsequente de assinatura é marcada.

3. COVID-19 E TECNOLOGIA

Com o vírus Covid-19 começando a se espalhar pelo Brasil, no início de março, a preocupação com a saúde e segurança das pessoas tornou-se a prioridade. Com especialistas em saúde recomendando aos cidadãos o distanciamento social, a necessidade de mudar a estratégia de reuniões presenciais para a internet se tornou a única solução para a continuidade do programa.

3.1 Diagnóstico

O primeiro passo para se implementar ferramentas online é o mapeamento de potenciais desafios que a iniciativa implica e a definição de estratégias para mitigar quaisquer impactos decorrentes. As pesquisas empíricas sobre o uso de tecnologia nos processos de resolução de disputas no mundo ainda são esparsas e estreitas.

É evidente que as reuniões presenciais representam a forma superior de condução de negociações, pela riqueza de comunicação, com as amplas indicações sociais que elas permitem. Quando nos encontramos pessoalmente, criamos proximidade com o uso da linguagem corporal, contato visual, expressões faciais, tom de voz, estilo de vestimentas, aparência, modos e o ambiente.

A videoconferência também é amplamente percebida como um meio de comunicação "rico", porque permite que as pessoas aprendam com as dicas visuais e verbais umas das outras. Por meio de sorrisos, franzir de testa, aumento do tom de voz e gesticulação, por exemplo, negociadores criam proximidade e entendimento. Além de permitir que as partes se comuniquem verbal e não verbalmente, a videoconferência permite que documentos, slides e vídeos sejam visualizados e discutidos conjuntamente.

Certamente existem diferentes graus de riqueza na comunicação, dependendo do meio de utilizado. Pelo telefone, por exemplo, a única dica que temos é o tom de voz das pessoas. A videoconferência é o melhor substituto para as negociações presenciais.

Alguns autores, todavia, destacam pontos de atenção sobre o uso de videoconferência. O professor Noam Ebner[5] apresenta o problema da "visibilidade". Na videoconferência, o raio de visão sobre a outra parte e o ambiente ficam limitados e apenas

---

5. EBNER, Noam, *The Negotiator's Desk Reference* (DRI Press, 2017).

a cabeça e o torso ficam visíveis. Assim, perde-se em capacidade de captar importantes informações e dicas de linguagem corporal.

Ele também afirma que é virtualmente impossível fazer contato visual durante uma videoconferência, já que as câmeras ficam localizadas no topo das telas, e todos parecem estar olhando para baixo. Talvez seja necessário o aprofundamento de pesquisa sobre o tema, mas o autor afirma que a falta de contato visual pode prejudicar o processo de criação de confiança. Ebner também aponta para o fato de que, nas videoconferências, não conseguimos enxergar o que está fora do raio da câmera. Isso pode gerar problemas em termos de distrações com outras atividades, com o chamado "multitasking" e a tentação de checar mensagens e e-mail em smartphones, entre outras coisas, e até problemas de privacidade e confidencialidade, já que se torna difícil saber se existem outras pessoas no ambiente.

Questões de segurança e privacidade, na visão do autor, podem desencorajar o uso de videoconferência, principalmente nos casos em que o nível de confiança entre as partes é baixo. O autor também alerta sobre os riscos de falhas técnicas, que podem causar interrupções e gerar frustrações.

Um outro estudo empírico sugere que telas de laptops maiores promovem melhores resultados do que telas menores de smartphones. Talvez porque telas maiores façam com que as partes fiquem "mais engajadas" e "menos distraídas"[6].

Nancy Rogers[7] (et. al.) chamam a atenção para o que se denomina o problema do "digital divide", ou "divisão digital", pois o uso da tecnologia pode não afetar a todos da mesma maneira. Níveis de renda, questões geográficas e até etárias podem afetar o acesso e as habilidades das pessoas no uso da tecnologia.

Em que pese as ponderações destes autores, não há exatamente um dilema entre, de um lado, alguma perda de qualidade com o uso de reuniões virtuais, ou por outro, a postergação da vital missão de indenizar pessoas. O desafio posto era como viabilizar uma opção para as reuniões virtuais, com a maior qualidade possível e lidar com os desafios de forma a mitigar ao máximo os impactos, inclusive da "divisão digital".

3.2 Estratégia e aprendizados

No início da segunda semana de março, os times da empresa e de facilitadores se mobilizaram para desenhar a estratégia. O novo fluxo foi desenhado no detalhe e os times foram rapidamente treinados. Uma preocupação inicial foi a escolha de uma plataforma de videoconferência. A plataforma Microsoft Teams foi escolhida, pela segurança, confiabilidade, facilidade de uso e por estar entre as que menos consomem internet.

As primeiras reuniões virtuais foram realizadas antes do fim de março, em uma escala de testes, com poucas reuniões por dia. Logo no início de abril, com a conclusão de que os testes foram bem-sucedidos, a ampliação do fluxo se deu para larga escala.

---

6. KURTZBERG, Terry R., KANG, Sanghoon, NAQUIN, Charles E. The Effect of Screen Size and E-Communication Richness on Negotiation Performance. *Group Decision and Negotiation,* 2018.

7. ROGERS, Nancy H.; BORDONE, Robert C.; SANDER, Frank E. A.; McEWEN, Craig. *Designing Systems and Processes for Managing Disputes.* New York: Wolters Kluwer, 2013, p. 255.

O procedimento foi amplamente divulgado para as comunidades e passou a funcionar da seguinte forma: (i) as reuniões virtuais passaram a ser agendadas por telefone; (ii) facilitadores então enviam e-mail de confirmação e instruções de uso para o advogado do requerente, com o link de acesso à plataforma Microsoft Teams, e instruções de uso da plataforma, com uma lista de documentação necessária e agendamento para teste prévio, acompanhado por telefone; (iii) as Reunião de Ingresso começam 15 minutos antes para o teste inicial de uso da plataforma; (iv) Reuniões de Esclarecimento e de Proposta seguem o mesmo procedimento. Nas Reuniões de Proposta, a empresa compartilha proposta na tela online; (v) com relação à assinatura, a minuta do acordo pode ser compartilhada na tela online e a assinatura se dá com certificado digital, com o envio prévio de um vídeo com instruções detalhadas deste processo.

Especificamente, seguindo os conselhos de Ebner, tanto os times de facilitadores quanto os times internos e de advogados da empresa foram instruídos a utilizarem seus computadores em um local calmo e silencioso, com um fundo neutro, mantendo o uso de suas vestimentas profissionais – facilitadores usam coletes identificadores – e naturalmente orientados a evitar o *multitasking* durante os encontros. Os computadores disponibilizados possuem telas grandes e adequadas. Os advogados dos requerentes também normalmente utilizavam equipamentos semelhantes.

Para compensar pelos déficits visuais enquanto na videoconferência, os times foram orientados a manter a gesticulação dentro da moldura, para que as partes possam enxergá-los. Problemas técnicos podem acontecer e normalmente acontecem. Como explicado acima, testes prévios, envio de instruções e materiais educativos e o início sempre antecipado serviram bem para ajudar a mitigar tais questões. Os níveis de problemas técnicos têm sido substancialmente baixos, e estão longe de ser um embaraço para o processo.

Com relação à questões de privacidade e confidencialidade, como parte do ritual das reuniões facilitadas, as partes combinam previamente as regras básicas de boa-fé, com relação à não gravação das reuniões, ao dever de avisar sobre os participação de todas pessoas nas reuniões, inclusive as que estão fora do raio de visão, aos deveres de confidencialidade e boa-fé no caso de falhas técnicas e acesso à informações sobre as quais não se deveria ter acesso. Isto tem funcionado muito bem.

Até 1º de maio de 2020, com um mês de desenvolvimento do programa, mais de 1.000 reuniões virtuais foram realizadas com sucesso. Ao cabo do mês de junho, mais de 3.500 reuniões foram realizadas.

3.3 Divisão digital

Sobre a questão da "divisão digital", uma das maiores preocupações foi garantir a isonomia nos atendimentos, de forma que os mais vulneráveis tivessem as mesmas oportunidades de participar da iniciativa em relação àqueles com mais recursos financeiros ou aptidões à tecnologia. Neste sentido, todos os esforços possíveis foram feitos para garantir que nenhum requerente ficasse para trás. A colaboração com os advogados no programa foi um elemento fundamental para o sucesso nesse sentido.

A plataforma online escolhida pode ser acessada por meio de celular ou computador e está entre as que menos consome internet. Durante as primeiras semanas de abril, na fase de testes, a equipe de facilitação ligou para cada um dos advogados que iriam participar das reuniões para explicar o funcionamento da ferramenta, além de enviar um e-mail com instruções detalhadas sobre o seu uso.

Da mesma forma e com autorização destes advogados, a equipe de facilitação entrou em contato com os requerentes. Nas situações em que o requerente não tinha o equipamento mínimo e/ou internet que suportasse as reuniões, eles acompanhavam as reuniões pelo telefone celular, ouvindo a reunião por meio de ligação com seu advogado que, por sua vez, estava utilizando a plataforma de seu computador. Ou então, durante a reunião, o advogado pedia um intervalo para ligar para o seu cliente.

Quando isto não era possível, o advogado, tendo conversado com o requerente previamente à reunião, realizava a reunião com êxito mesmo sem a presença do requerente. Em outros casos, os requerentes realizavam as reuniões no escritório do advogado, respeitando o distanciamento social e com máscara. Sendo assim, após as primeiras semanas e com os feedbacks positivos por parte dos advogados e requerentes, percebemos que a preocupação de que a tecnologia seria uma barreira aos mais vulneráveis não se concretizou. A iniciativa se mostrou muito bem-sucedida, evitando a interrupção das indenizações, com mais de 3.500 reuniões virtuais realizadas em três meses, com o acesso amplo e universal a todos que buscaram o programa.

3.4 Feedback de requerentes e advogados

Os requerentes e seus advogados reportaram satisfação com o procedimento e: (i) elogiaram a inciativa da empresa em não parar o programa durante a pandemia ao disponibilizar os atendimentos virtuais; (ii) elogiaram a equipe de facilitação por dar todo o suporte, com o envio do link com instruções com antecedência e teste prévio da plataforma com o advogado do requerente ao telefone; (iii) afirmaram que a plataforma Microsoft Teams foi de fácil manuseio, i.e. elogiando o compartilhamento de tela e envio de informações via chat; (iv) elogiaram as explicações no início da reunião sobre como utilizar a ferramenta, bem como as regras básicas de boa-fé; (v) disseram que a reunião não perdeu em termos de qualidade comparada às reuniões presenciais; e (vi) solicitaram que esta forma de reunião virtual fosse disponibilizada como alternativa, mesmo após o retorno das reuniões presenciais, para as pessoas que residem em outras localidades.

4. CONCLUSÃO

A missão de indenizar, principalmente em casos de grande repercussão, requer a construção deliberada e cuidadosa de sistemas capazes de dar vida e concretude ao princípio da Justiça Procedimental. A tecnologia certamente está a serviço dos processos de resolução de disputas e é capaz de trazer grandes benefícios. A sua implementação, todavia, deve estar sempre alinhada com o princípio da Justiça Procedimental.

Ainda existe pouca pesquisa empírica sobre o tema de tecnologia e resolução de disputas, mas certamente existem muitas oportunidades de melhorias de processos, e mais importante, de não interrupção de iniciativas vitais, como programas de indenização. Ainda que existam perdas de qualidade, esforços podem ser feitos para mitigar as deficiências, e ainda que existam preocupações, o enfrentamento do problema pode vir a demonstrar que estas não eram tão fundadas a ponto de serem insuperáveis ou terem o condão de barrar a iniciativa.

De qualquer modo, como Ebner adverte, não existe substituto para os benefícios da reunião presencial para a criação de proximidade e confiança em negociações. Com o fim da pandemia, a boa experiência com a comodidade e redução dos custos deverá incrementar o uso das reuniões virtuais, em geral, que certamente serão sempre uma boa alternativa. Concordamos com o autor, todavia, de que não deveríamos tornar regra esse "novo normal". Deveríamos preservar, em algum grau, as reuniões presenciais.

5. REFERÊNCIAS

EBNER, Noam, *The Negotiator's Desk Reference* (DRI Press, 2017).

FALECK, Diego. *Manual de design de sistemas de disputas*: criação de estratégias e processos eficazes para tratar conflitos. Rio de Janeiro: Editora Lumen Juris, 2018.

KURTZBERG, Terry R., KANG, Sanghoon, NAQUIN, Charles E. The Effect of Screen Size and E-Communication Richness on Negotiation Performance. *Group Decision and Negotiation,* 2018.

ROGERS, Nancy H.; BORDONE, Robert C.; SANDER, Frank E. A.; McEWEN, Craig. *Designing Systems and Processes for Managing Disputes.* New York: Wolters Kluwer, 2013.

TYLER, Tom. Governing pluralistic societies. *Law & Contemporary Problems*, Durham, NC, U.S., v. 72, p. 187, Spring 2009.

OMBUDSMAN E RELAÇÕES MASSIFICADAS DE CONSUMO NA ERA DOS SMARTPHONES: ALTERNATIVA AO DEMANDISMO BRASILEIRO

Cláudio Jannotti da Rocha

Pós-Doutorando em Direito pela Universidade Federal da Bahia (UFBA). Doutor e Mestre em Direito na Pontifícia Universidade Católica de Minas Gerais (PUC MINAS). Professor Adjunto Universidade Federal do Espírito Santo (UFES). Líder do Grupo de Pesquisa "Trabalho, seguridade social e processo – diálogos e críticas" (UFES-CNPq). Autor de livros e artigos publicados no Brasil e no Exterior. Advogado. Pesquisador.

Miguel Marzinetti

Mestre em Teoria do Direito pela PUC/MG. Professor. Advogado no Marzinetti, Bedetti – Advogados.

Sumário: 1. A era dos *smartphones* é a era da falência do judiciário. 2. A era dos *smartphones* e o acesso às linhas telefônicas móveis no Brasil. 3. Acesso à justiça: direito fundamental atípico e a questão da inafastabilidade da jurisdição. 4. Demandas massificadas no contexto dos setores regulados. 5. *Ombudsman* de consumo e ODR. 6. Conclusões e proposições. 7. Referências.

1. A ERA DOS *SMARTPHONES* É A ERA DA FALÊNCIA DO JUDICIÁRIO

São crescentes as possibilidades de realização de tarefas diárias, compras, trocas de mensagens, registros audiovisuais e tantas outras atividades através dos aplicativos desenvolvidos para smartphones. Houve efetiva transformação das relações sociais a partir do vasto uso destes aparelhos, cujas funções acumulam o que dependeria de uma infinidade de outros instrumentos e acessórios do passado.

Nota-se, nos últimos dez anos, a popularização de acesso às linhas de telefonia móvel, a ampla e abrangente cobertura do sinal das operadoras em larga extensão do território nacional e a progressiva redução de preço dos aparelhos celulares que possuem, mesmo em versões bastante simples, variada gama de funcionalidades hábeis à realização destas tantas tarefas.

Este cenário, tanto como outros contextos sociais advindos da eletrônica, nutriu a massificação das relações jurídicas. Num primeiro aspecto, na relação direta entre prestadoras de serviços de telefonia e seus clientes. Indiretamente, porém, se tem a facilitação da implementação de outras relações: abre-se conta e contrata-se empréstimos bancários através do celular; sinistros de seguros são comunicados pelo aplicativo da seguradora para smartphones; cancelamentos de pacotes de dados de internet são realizados com poucos cliques na tela touchscreen de um aparelho que cabe no bolso da calça.

Se se faz real esta plêiade de possibilidades que se ampliam cada vez mais, tanto quanto se daí decorre uma imensa facilitação para o crescimento da massificação das relações sociais, é mais que hora de se implementar mecanismos extrajudiciais de solução de controvérsias decorrentes destas relações.

O meio é esse já enraizado, tão difundido e cujo acesso e uso é cotidianamente facilitado, que é o dos smartphones. Deve-se unir a *tecnologia de comunicação* com *tecnologias jurídicas* de tratamento adequado de conflitos. Uma *tecnologia jurídica* de tratamento adequado de conflito é a internacionalmente conhecida como ombudsman, cuja denominação habitual no Brasil é a de ouvidoria.

Não se trata aqui, porém, das ouvidorias que, apesar de exercerem papel capital na resolução das questões que lhes são apresentadas, tomam decisões sem eficácia vinculativa. Trata-se aqui do ombudsman tal como implementados em diversos países – na Inglaterra e Alemanha, por exemplo – com algum grau de autoridade e poder decisório vinculativo aos prestadores de serviços massificados.

Certo é que não se propõe a panaceia para solução de todo e qualquer conflito, em qualquer circunstância. Noutra perspectiva não se pode ignorar, especialmente num país assolado pelo alto demandismo e pela falência da estrutura do Poder Judiciário, que a ferramenta hábil a viabilizar a facilitação e formação de tantas novas relações, é também ferramenta hábil a viabilizar a solução de conflitos decorrentes destas mesmas relações. Não é plausível admitir, hodiernamente, a realidade tão bem delineada por Galeno Lacerda em contundente crítica:

> Pouco importa que os pretórios se inundem de processos. Tudo deve forçosamente subir à consideração do magistrado porque este garante uma justiça perfeita por presunção. [...] tudo [...] deve convergir para o judiciário. Que este se entulhe de autos e que, em consequência, haja autêntica denegação da justiça, pouco importa. Salve-se o princípio da oportunidade a todos de uma justiça individual perfeita, embora ninguém na prática receba essa justiça, na oportunidade devida. [...] Constituintes, legisladores, juízes e advogados, também, nada mais fazem que espelhar o reflexo de uma cultura individualista e, por vezes, atrozmente egoísta. Resultado: o processo brasileiro atual.[1]

A falência das vias estatais de soluções de conflito, cuja forma preponderante é a adjudicativa pela sentença, sofre agravamento que torna cada dia mais real a crítica de Lacerda. A massificação das relações sociais implica inevitável massificação dos conflitos e esse agravamento é crescente como de fácil observação pelos estudos estatísticos do Conselho Nacional de Justiça acerca do acervo processual no Brasil ao longo dos últimos anos e pelos parâmetros quantitativos – em detrimento de qualitativos – que norteiam estas análises de dados nos estudos e nas metas fixadas pelo órgão. Este cenário é bem descrito nas lições de Mancuso:

> A partir de um tal contexto, compreende-se o agravamento do quadro judiciário nacional, ainda insuflado por fatores diversos, tal a crescente contenciosidade social (a 'explosão da litigiosidade', prognosticada por Mauro Cappelletti no último quartel do século passado), a massificação dos conflitos (os *mass tort cases* da experiência norte-americana), a parca e insatisfatória divulgação quanto às outras formas de resolução de conflitos, e seu corolário: *a judicialização do cotidiano*.[2] (Destaque no original)

---

1. LACERDA, Galeno. *Teoria geral do processo*. p. 16-17.
2. MANCUSO, Rodolfo de Camargo. *Acesso à justiça-condicionantes legítimas e ilegítimas*. p. 58.

Talvez, por essa razão, é que seja possível observar uma tendência à aceitação de sujeição a formas de solução de conflitos ditos alternativos. O gráfico a seguir é esclarecedor, fruto de preciosos estudos desenvolvidos pela Fundação Getúlio Vargas e consolidados no ICJBrasil que, apesar de ter sido publicado também em anos posteriores fez, pela última vez no ano de 2014, este levantamento específico acerca da aceitação de meios alternativos de solução de controvérsias.

GRÁFICO 01 – PERFIL DOS ENTREVISTADOS QUE DECLARAM QUE ACEITARIAM UTILIZAR MEIOS ALTERNATIVOS DE RESOLUÇÃO DE CONFLITOS

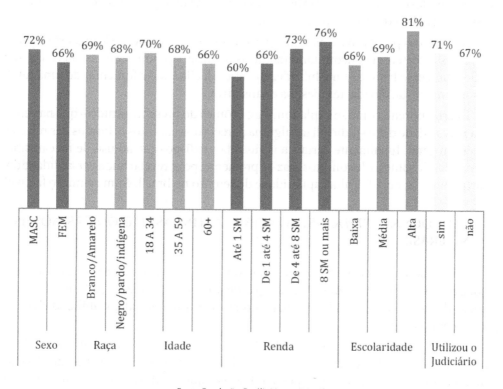

Fonte: Fundação Getúlio Vargas (2014)[3]

Se analisado o gráfico, é de se salientar que dentre a totalidade de segmentos e categorias cujas classificações estão presentes, o menor índice de aceitação a se submeter a algum método de solução alternativa de conflitos está no patamar de *sessenta por cento*, identificado dentre os entrevistados que tem renda de até um salário mínimo.

Esta alta predisposição identificada é merecedora de ênfase, na medida em que proveniente de um cenário em que não há políticas públicas para divulgação, informação e, quanto menos, de incentivo para o uso de meios de solução de litígios que não sejam o adjudicativo estatal e/ou aqueles, ainda que consensuais, inseridos na estrutura organizacional do Poder Judiciário.

---

3. FUNDAÇÃO GETÚLIO VARGAS. *Relatório ICJBrasil 2014*.

Vale ressaltar que inclusive, no bojo deste cenário disruptivo, reformula-se até mesmo as então bases estruturantes da lógica da judicialização. Impulsionada pela 4ª Revolução, emerge-se a sociedade em rede, por outros como a era digital e por alguns como *gig economy*. Neste momento de ebulição as resoluções dos conflitos caminham para a *on-line resolution*, que tem como aporte as novas tecnologias.

Estamos percorrendo e perfazendo a trilha da Justiça 4.0, onde o processo se estruturará por um quadrilátero: autor, réu, Estado e tecnologia. O ambiente virtual então deixa de ser uma utopia para ser a realidade processual, permitindo que sejam repensados elementos capitais da teoria geral do processo e até mesmo o perfil do Poder Judiciário, que ao invés de ser uma localização física e imóvel, passa a ser também um serviço móvel, acessível na palma da mão de uma pessoa.

Nesse novel perfil processual, será permitido ao Magistrado, ao Ministério Público e as partes recorrerem concomitantemente as técnicas síncronas e as assíncronas, tornando o processo fruto de uma hibridez dialética, facilitando e fomentando uma tutela jurisdicional justa, devida, tempestiva e satisfativa.

É certo, porém, como se explanou, – e é a tônica do presente estudo – que há verdadeira necessidade de desjudicializar alguma parcela dos conflitos oriundos das relações sociais em geral. Igualmente certa é a verificada predisposição ao uso de mecanismos alternativos de solução de conflitos. Faz-se premente, pois, revelar que a versatilidade dos smartphones, associada a alta capilaridade de seu uso no Brasil, é um caminho factível.

2. A ERA DOS *SMARTPHONES* E O ACESSO ÀS LINHAS TELEFÔNICAS MÓVEIS NO BRASIL

O uso da telefonia celular no Brasil é amplo. O aumento da cobertura de sinal, associado à significativa redução de preços de aparelhos celulares ao longo das duas últimas décadas, em especial dos smartphones na última década, viabilizou o acesso geral da população.

Dados[4] disponíveis no site da ANATEL, os mais recentes disponíveis sendo de abril/2020, revelam haver 225,6 milhões de linhas de telefonia ativas no país. Destas, 188,2 milhões são linhas ativas de pessoas físicas o que, ainda de acordo com a agência, representa 90,2 linhas ativas para cada 100 habitantes.

Tem-se, portanto, abrangência quase da totalidade da população brasileira com acesso atual à telefonia móvel.

A isso merece o acréscimo de que os smartphones, cada vez mais, vem servindo de plataformas cujas funcionalidades viabilizam, ainda que de modo incipiente e limitado em certos casos, formas de interação do usuário com seu prestador de serviço. Verifica-se a incipiência nos aplicativos destinados às relações com o Estado em geral; contudo verifica-se vasta amplitude nos aplicativos destinados às relações junto aos fornecedores de serviços.

---

4. AGÊNCIA NACIONAL DE TELECOMUNICAÇÕES. *Dados de acessos de telefonia móvel.*

Contudo, noutra perspectiva, é ignorada no Brasil a possibilidade de implementação de mecanismos de solução de controvérsias cuja plataforma seja *on-line* acessível por computador e por smartphone.

A implementação destas vias é, se no mínimo plausível por sua capilaridade e abrangência, por outro terreno fértil para inovações cujo efeito positivo pode se implementar para a consolidação de um acesso à justiça repensado e, mais, para funcionar como filtro hábil a auxiliar no desafogamento do Poder Judiciário.

3. ACESSO À JUSTIÇA: DIREITO FUNDAMENTAL ATÍPICO E A QUESTÃO DA INAFASTABILIDADE DA JURISDIÇÃO

Antes de se adentrar na efetiva explanação de elementos e das experiências justificadores da desjudicialização de litígios massificados de consumo através de Ombudsman, faz-se imprescindível aclarar quais as premissas que aqui se tem quanto à temática do acesso à justiça, da cláusula de inafastabilidade da jurisdição prevista na Constituição da República e da lógica subjacente aos métodos integrados de solução de conflitos que se revelam como mecanismos de realização democrática.

Já alertou Dinamarco que em inúmeras oportunidades "é preciso ler uma garantia constitucional à luz de outra, ou outras, sob pena de conduzir o processo e os direitos por rumos indesejáveis[5]". E é evidente que no Brasil a leitura da garantia de acesso à justiça – que é pressuposto de uma democracia concreta – de modo inapropriado conduziu o processo e os direitos para rumos indesejáveis.

Esses rumos indesejáveis desaguaram na realidade atual do sistema brasileiro de solução de controvérsias, que essencialmente resume-se ao Poder Judiciário que se vê esgotado e falido e que precisa buscar soluções alternativas. Ada Pellegrini foi assertiva:

> Partindo da lógica da busca do instrumento mais adequado para a solução de cada conflito, verifica-se que a Justiça estatal nem sempre se apresenta como a via melhor, mais eficiente e efetiva. *O princípio da autonomia da vontade acabou se impondo sobre a ideia do monopólio estatal.*[6] (Destaques nossos)

Em estudos anteriores se explorou a falência do Poder Judiciário, a necessidade de implementação de mecanismos integrados de solução de conflitos num sistema multiportas, democratizado e, ainda, procedeu-se à revisitação e adequada delimitação da compreensão de acesso à justiça. Desses estudos se extrai que:

> [A] garantia de acesso à justiça no Brasil é direito fundamental não tipificado, integrado por elementos textuais e não textuais da Constituição da República, abarcando o acesso ao Poder Judiciário e a quaisquer outros meios de solução de litígios, sem prevalência daquele sobre estes, e, deste modo, enquanto direito fundamental, é dever do Estado implementar a estrutura necessária para sua efetivação nos âmbitos do próprio Poder Judiciário, do poder público em geral e, também, juntamente à iniciativa privada.

---

5. DINAMARCO, Cândido Rangel. *Nova era do processo civil*. p. 22.
6. GRINOVER, Ada Pellegrini. *Ensaio sobre a processualidade* – Fundamentos para uma nova teoria geral do processo. p. 70-71.

[...]

Diante disso, é também de se constatar que a política que orienta a gestão e administração do Poder Judiciário brasileiro segue rumo oposto ao necessário para implementação de um acesso à justiça democrático. Não se necessita de mais Poder Judiciário, na medida em que isso representará reforço ao déficit democrático existente. Urge que se pense o acesso à justiça no Brasil com menos Poder Judiciário, ao menos em seus moldes e com suas premissas atuais, e menos processo judicial e que este, pelo seu déficit democrático intrínseco, funcione pela premissa da subsidiariedade.[7]

É importante se trabalhar com essa adequação de significado e conteúdo normativo do conceito de acesso à justiça na perspectiva da realidade brasileira. Isso por duas razões principais.

A primeira de modo a não permitir que a ideia limitada de acesso à justiça, confundida com acesso ao processo judicial, sirva de empecilho às inovações propostas e que se fazem imprescindíveis em diversas frentes para o estabelecimento de um sistema de justiça multiportas.

A segunda de modo a viabilizar, a partir da ressignificação, que políticas públicas sejam implementadas de modo a incentivar e promover, inclusive junto à iniciativa privada, o estabelecimento de um sistema de justiça multiportas.

4. DEMANDAS MASSIFICADAS NO CONTEXTO DOS SETORES REGULADOS

Ainda antes de se adentrar nas explanações próprias do ombudsman, deve ser apresentado o seguinte gráfico que, apesar de trazer informações de 2011, é o mais atual disponibilizado pelo CNJ.

GRÁFICO 02 – MAIORES LITIGANTES

Ordem	Setores dos Cem Maiores Litigantes							
	Total		Justiça Estadual		Justiça Federal		Justiça do Trabalho	
1	SETOR PÚBLICO FEDERAL	12,14%	BANCOS	12,95%	SETOR PÚBLICO FEDERAL	83,19%	INDÚSTRIA	2,03%
2	BANCOS	10,88%	SETOR PÚBLICO MUNICIPAL	9,25%	BANCOS	9,60%	SETOR PÚBLICO FEDERAL	1,84%
3	SETOR PÚBLICO MUNICIPAL	6,88%	SETOR PÚBLICO ESTADUAL	4,85%	CONSELHOS PROFISSIONAIS	2,76%	BANCOS	1,78%
4	SETOR PÚBLICO ESTADUAL	3,75%	SETOR PÚBLICO FEDERAL	3,11%	SETOR PÚBLICO ESTADUAL	0,56%	SERVIÇOS	1,44%
5	TELEFONIA	1,84%	TELEFONIA	2,38%	OAB	0,41%	COMÉRCIO	0,93%
6	COMÉRCIO	0,81%	SEGUROS / PREVIDÊNCIA	0,93%	SETOR PÚBLICO MUNICIPAL	0,14%	SETOR PÚBLICO ESTADUAL	0,86%
7	SEGUROS / PREVIDÊNCIA	0,74%	COMÉRCIO	0,92%	SEGUROS / PREVIDÊNCIA	0,06%	ASSOCIAÇÕES	0,80%
8	INDÚSTRIA	0,63%	INDÚSTRIA	0,44%	OUTROS	0,06%	TELEFONIA	0,60%
9	SERVIÇOS	0,53%	SERVIÇOS	0,42%	EDUCAÇÃO	0,04%	SETOR PÚBLICO MUNICIPAL	0,45%
10	CONSELHOS PROFISSIONAIS	0,32%	TRANSPORTE	0,18%	SERVIÇOS	0,02%	TRANSPORTE	0,40%

Fonte: Conselho Nacional de Justiça (2014)[8]

No gráfico se verifica que os setores de bancos, telefonia, comércio, seguros/previdência e serviços integram o grupo dos dez setores que mais litigam, com destaque para sua representatividade na justiça estadual.

Setores que possuem regulação por agências estatais e/ou são muito bem organizados em órgãos representativos de suas respectivas categorias de mercado. Tais dados

---

7. MARZINETTI, Miguel. *Justiça multiportas e o paradoxo do acesso à justiça no Brasil.* p. 125-130.
8. CONSELHO NACIONAL DE JUSTIÇA. *Maiores litigantes.*

são capitais para se revelar o impacto significativo – quantitativo – que a desjudiciali-zação por implicar; tanto quanto para se revelar que se trata de setores cuja regulação e/ou organização permitem uma estruturação sistematizada para implementação do ombudsman nestes segmentos.

5. *OMBUDSMAN* DE CONSUMO E ODR

Pensar soluções atuais, facilitadas pela tecnologia, representa quebrar com o pa-radigma da e o apego pela judicialização e pela jurisdição estatal. Soluções modernas e alternativas tem, fora do Poder Judiciário, terreno fértil. Não que elas não possam ser implementadas na estrutura judiciária, mas Humberto Theodoro Jr. alerta que:

> O Poder Judiciário, é lamentável reconhecê-lo, é o mais burocratizado dos Poderes Estatais, é o mais ineficiente na produção de efeitos práticos, é o mais refratário à modernização, é o mais ritualista, daí a sua impotência para superar a morosidade de seus serviços e o esclerosamento das suas rotinas operacionais.[9]

Quanto a mais, não se pode pensar solução para a implementação de vias adequadas de tratamento dos conflitos que emanam da sociedade sem, antes, observar o contexto cultural e social a que se prestarão estas soluções. Nesta linha, é importante o alerta trazido por Alvaro de Oliveira:

> Qualquer pensamento moderno acerca dos procedimentos deve tomar em consideração suas cone-xões internas e externas. O simples estudo da técnica – um mero meio de obter certo resultado – não é suficiente, porque os procedimentos, enquanto um fenômeno cultural, conformam-se a valores sociais, ideias, utopias, estratégias de poder, fatores sociais, econômicos e políticos. Portanto, é sempre neces-sário se atentar aos laços da realidade social exterior: a maior miopia que pode afetar um especialista em processo é considerar o processo como uma medida para tudo. Nenhuma tentativa para controlar a discricionariedade do Estado e ao mesmo tempo estabelecer padrões que permitam que o processo alcance seus objetivos em tempo razoável e também somar à justiça pode resultar frutífera se ele não considera as correntes políticas, culturais e axiológicas dos fatores condicionantes determinantes do seu processo de organização e estruturação.[10]

Põe-se em relevo, nesta conjuntura, o mecanismo de ombudsman[11]. Tal mecanismo surge originalmente com os fins de controle da atuação dos agentes públicos, porém é,

---

9. THEODORO JUNIOR, Humberto. *Celeridade e efetividade da prestação jurisdicional*: insuficiência da reforma das leis processuais. p. 68.

10. OLIVEIRA, Carlos Alberto Álvaro de. *Mauro Capelletti and the Brazilian Procedural Law*. Tradução livre do original: Any modern thinking about the proceedings must take their internal and external connections into consideration. The sheer study of technique – a simple means to obtain a certain result – is not enough, because the proceedings, as a cultural phenomenon, conform to a society's values, ideas, utopies, power strategies, social, economic and political factors. So, it is always necessary to pay attention to the ties of the outside social reality: the greatest myopia a procedural expert may suffer from is to regard the proceedings as a measurement for everything. No attempt to control state discretion and at the same time establish patterns which allow the proceedings to reach their goals in reasonable time and also add up to justice may result fruitful if it does not regard political, cultural and axiological currents of the conditioning and determining factors of its structural process and organization.

11. Acerca dos sistemas de ombudsman no setor público, para avaliação das atividades estatais, com ampla análise histórica e com dados do direito comparado, conferir: BEZERRA, Helga Maria Sabóia. *Defensor do Povo*: origens do instituto do Ombudsman e a malograda experiência brasileira. Já acerca do sistema de ombudsman privado, com ênfase num sistema para tratativa de relações de consumo que permite desjudicialização de controvérsias, conferir: CALLEGARI, José Antonio; MELLO, Marcelo Pereira de. *Ouvidoria*: consumo, participação e cidadania.

na atualidade, amplamente utilizado na iniciativa privada e se mostra altamente eficaz na redução da litigiosidade decorrente das relações de consumo. Os mecanismos de ombudsman podem – como é o caso do sistema alemão de ombudsman para litígios bancários – ser vinculativos às instituições quando a decisão tomada pelo ouvidor for favorável ao consumidor.

A mesma lógica pode, de igual modo, ser reproduzida para outros litígios de consumo que se revelam expressivos, como é o caso no Brasil, para além do setor bancário, do setor de telefonia, securitário, fornecimento de água e energia e outros já delineados *retro* que, essencialmente, estabelecem relações jurídicas de natureza consumerista. Deste modo, tem-se mecanismo de desjudicialização apto a mitigar a crise do Poder Judiciário e impactar de modo positivo a gestão do acervo processual brasileiro, reduzindo-o.

Se por um lado é sempre imprescindível observar e compreender o contexto no qual será inserida a solução para um problema – ainda que esse problema seja global –, por outro lado não se deve ignorar que experiências prévias devem servir de lição e inspiração à implementação destas soluções onde ela virá a ser implementada.

Numa perspectiva comparativa, o Brasil, frente a países europeus, possui tímidas e extremamente limitadas iniciativas de desjudicialização de conflitos. Em especial quando se tem em vista a desjudicialização como política pública em relações de consumo.

Enquanto no Brasil a discussão se situa no plano teórico, a Europa já possui diretrizes fixadas – no âmbito da União Europeia – para incentivar e padronizar métodos alternativos de resolução de conflitos de consumo e, merece destaque, métodos alternativos *online* de resolução de conflitos (ODR's)[12].

Não por menos é que na Europa há ampla implementação de ombudsman de consumo, em diversos setores do mercado, enquanto no Brasil o Poder Judiciário continua a absorver todo o demandismo de relações extremamente variadas e dinâmicas e a este demandismo vem oferecendo tratamento fortemente ritualístico e engessado, através de processos judiciais que se acumulam aos montes numa estrutura cara e ineficiente[13].

Os métodos alternativos de resolução de conflitos – ombudsman de consumo em especial – são, em geral, bem sucedidos e possuem inúmeras vantagens quando comparados à via do processo judicial convencional.

Os custos são reduzidos; o tempo para solução do conflito é menor – na Alemanha um processo judicial toma em média 11 meses para prolação de sentença, enquanto os métodos alternativos atingem conclusão em média de 4 meses –; os procedimentos em métodos alternativos, mesmo os adjudicativos, tendem a ser mais flexíveis e melhor ajustados aos conflitos de consumo, especialmente quando se pensa na setorização dos ombudsman por áreas de mercado; pode se implementar pelo uso de ferramentas virtuais que simplificam a apresentação de demandas pelos consumidores e que contém material informativo e de orientação à parte interessada sobre o que é necessário para levar adiante

---

12. A respeito, conferir: CREUTZFELD, Naomi. *The origins and evolution of consumer dispute resolution systems in Europe.*

13. Essa afirmativa pode ser realizada com muita tranquilidade em caráter comparativo, se postos os números do Poder Judiciários brasileiro frente aos números de outros países. A respeito conferir: DA ROS, Luciano. *O custo da Justiça no Brasil*: uma análise comparativa exploratória.

o procedimento de resolução da controvérsia; e, ainda, podem ser implementados nos âmbitos privado, público ou em cooperação recíproca de ambos.[14]-[15]

Pensando este cenário, deve-se acrescentar a facilitação e a capilaridade de se estabelecer mecanismos de solução de conflitos de consumo através de plataformas *online* e estruturadas de modo a funcionar por acesso via aplicativos de smartphones e via sites da internet para quem optar por utilizar navegadores de computadores ou notebooks.

Mais, as funcionalidades de ODR podem e devem viabilizar tentativas de solução consensual de controvérsias, através de negociações assistidas ou mediação *online*, numa lógica escalonada.

Porém – e aqui talvez se tenha o ponto crucial a respeito do qual se deve construir um debate para implementação destes sistemas – não se pode ignorar hipóteses nas quais a decisão adjudicada *online* sirva à solução da controvérsia e, mais importante, de modo a afastar a possibilidade de judicialização da questão caso se implemente caráter vinculativo geral – não vinculativo excepcional – dessas decisões às partes – em especial aos fornecedores e prestadores de serviços – que se submeterem à ODR.

> Procedimentos adjudicativos podem ser métodos úteis para resolver disputas de consumidores online. Os processos judiciais online são particularmente apropriados para lidar com disputas em que as partes não podem chegar a consenso através de qualquer outro método de ODR, quando existe uma grande disparidade de poder entre as partes e quando é necessário revisar decisões. Por outro lado, a arbitragem online tem outras vantagens: é personalizada para a disputa em questão, é conclusiva e pode substituir a jurisdição dos tribunais, embora a arbitragem online também possa ser não vinculativa ou recorrível. [...] No entanto, os recursos aumentam os custos e o tempo na resolução de disputas, portanto, devem ser limitados aos casos mais merecedores.[16]

Nessa perspectiva, a depender da natureza da relação de consumo e de filtros de alçada (valor, natureza do litígio, natureza da decisão etc.), procedimentos variados precisam ser estruturados em caráter setorizado, pensando desde a fixação de mecanismos mais adversariais ou mais inquisitoriais, até a definição de possibilidade de decisões monocráticas ou a obrigatoriedade de decisões colegiadas com participação de representantes dos setores empresariais e dos consumidores.

Através de políticas de incentivos e penalidades, deve-se ainda considerar a criação de cortes judiciais cujo funcionamento é totalmente *online* e cujo procedimento é ainda mais simplificado do que aqueles habitualmente e atualmente mais simplificados utilizados no país, deste modo complementando os mecanismos escalonados de ombudsman.

---

14. A respeito, conferir: HODGES, Cristopher; BENHOR, Iris; CREUTZFELD, Naomi. *The Hidden World of Consumer ADR*: Redress and Behaviour.
15. Conferir também: UZELAC, Alan; JERETINA, Urša. *Alternative Dispute Resolution for Consumer Cases*: Are Divergences an Obstacle to Effective Access to Justice?
16. CORTES, Pablo. *Online Dispute Resolution for Consumers*. Tradução livre de: Adjudicative procedures may be useful methods for resolving online consumer disputes. Online judicial processes are particularly appropriate for dealing with disputes where parties cannot reach consensus through any other ODR method, when a large disparity of power exists between the parties and when it is necessary to review decisions. Conversely, online arbitration has other advantages: it is custom-tailored to the dispute at hand, it is conclusive and it can replace the jurisdiction of the courts, though online arbitration may also be non-binding or appealable. [...] However appeals increase costs and time in the resolution of disputes, hence, it should be limited to the most deserving cases.

Os ombudsman de consumo, deste modo, atendendo com a flexibilidade procedimental necessária, de modo abrangente e facilitado pelos aplicativos de smartphone, surge no horizonte como garantia efetiva de acesso à justiça e como filtro relevante para contenção da judicialização em setores com alto índice de litigância. Nesse ponto, é de se ressaltar sua eficiência numa sociedade informatizada.

> Além das questões de justiça, a eficiência desempenha um papel importante no design dos sistemas modernos de disputa. Eficiência significa maximizar o bem-estar social com base em custo/benefício. Do lado dos benefícios, a aplicação integral dos direitos do consumidor é, como já discutido, não apenas uma questão de justiça, mas também exigida por motivos de eficiência.[17]

Assim, os ombudsman de consumo devem ser vistos não apenas como elemento a integrar um *sistema brasileiro de solução de controvérsias* – em formato multiportas –, porém igualmente como mecanismos de fortalecimento e aplicação efetiva dos direitos dos consumidores, o que é diretriz indissociável da lógica estabelecida pelo próprio Código de Defesa do Consumidor.

6. CONCLUSÕES E PROPOSIÇÕES

Este breve estudo é, numa perspectiva, conclusivo por suas asserções quanto ao amoldamento do sistema de ombudsman à realidade brasileira e pelo apontamento de sua eficiência como método de solução de conflitos que se soma a uma forma de desafogamento parcial da judicialização no país.

Noutra perspectiva, deve ser compreendido este artigo numa lógica provocativa e propositiva, como um convite a reflexão e a tentativa de se desenhar um sistema normativo para implementação de ombudsman de consumo no Brasil, com ênfase nos setores econômicos regulados por agências estatais.

Para tanto, num primeiro aspecto deve-se adotar uma lógica de liberdade de agir dos sujeitos consumidores interessados e, aos moldes da necessidade de atuação facultativa de advogados por alçada nos juizados especiais, criar um sistema de ombudsman cujo acesso seja o mais facilitado possível. Advogados, afora hipóteses de alçada, figurariam como de participação opcional para auxiliar na estruturação da reclamação a ser apresentada.

Estas alçadas e limites, por sua vez, de igual modo devem funcionar para restringir a natureza e a extensão dos litígios que podem ser resolvidos por ombudsman de consumo. Deve-se igualmente pensar em alçada para a atribuição de vinculação da decisão e da possibilidade de revisão e/ou resolução da questão por colegiado.

Ademais, deve-se tem no horizonte de perspectivas a estruturação de um sistema semivinculativo tal como se revelou eficaz na experiência europeia: decisões favoráveis aos consumidores vinculam os prestadores e fornecedores; contudo decisões contrárias

---

17. FRIES, Martin. *Against False Settlement*: Designing Efficient Consumer Rights Enforcement Mechanisms in Europe. Tradução livre de: Apart from questions of justice, efficiency plays an important role in modern dispute systems design. Efficiency means maximizing social welfare on a cost/benefit basis. On the benefits side, fully enforcing consumer rights is, as already discussed, not only a justice issue but also mandated on efficiency grounds.

aos consumidores não os vinculam, permitindo que, caso desejem, reproduzam sua demanda perante o Poder Judiciário.

A judicialização também merece prestígio para controle dos critérios mínimos de legalidade, essenciais à validade do processo perante o ombudsman, com a possibilidade de que se anule a decisão administrativa sem que se transmita, nesse momento, a possibilidade de o judiciário reformar o mérito da decisão.

Tudo isso merece atenção legislativa, merece também uma regulamentação-base pelo CNJ em cooperação com agências reguladoras. Mais do que desenhar e implementar um sistema de ombudsman para solução de controvérsias massificadas de consumo, deve-se estruturar uma política pública eficiente que tem como cerne tal sistema e, assim, criar mecanismos de incentivo pelo seu uso e de desincentivo pelo seu não uso.

Explanadas todas estas ideias, retoma-se o ponto pelo qual se iniciou o texto: é através dos smartphones que se viabiliza uma grande onda de massificação das relações. Não se pode, nessa linha propositiva, portanto, desconsiderar esta realidade para a implementação do mecanismo de ombudsman. O consumidor deve ter a solução para suas questões de consumo ao alcance de seus cliques; e não muito mais distante destes cliques estará uma factível realidade de desafogamento do Poder Judiciário e um grande primeiro passo na construção de um sistema brasileiro de solução multiportas para tratamento adequado de conflitos.

7. REFERÊNCIAS

AGÊNCIA NACIONAL DE TELECOMUNICAÇÕES. *Dados de acessos de telefonia móvel*. Disponível em: https://www.anatel.gov.br/paineis/acessos/telefonia-movel. Acesso em:10 jun. 2020.

BEZERRA, Helga Maria Sabóia. *Defensor do povo*: origens do instituto do Ombudsman e a malograda experiência brasileira. Disponível em: http://direitoestadosociedade.jur.puc-rio.br/media/3bezerra36.pdf. Acesso em: 18 fev. 2016.

CALLEGARI, José Antonio; MELLO, Marcelo Pereira de. *Ouvidoria*: consumo, participação e cidadania. Disponível em: http://www.uff.br/revistavitas/images/Ouvidoria_consumo_participao_e_cidadania_Artigo_Callegari_e_M_P_Mello.pdf. Acesso em: 18 mar. 2016.

CONSELHO NACIONAL DE JUSTIÇA. *Maiores litigantes*. Disponível em: https://www.cnj.jus.br/wp-content/uploads/2011/02/100_maiores_litigantes.pdf. Acesso em: 10 jun. 2020.

CORTES, Pablo. *Online Dispute Resolution for Consumers*. Disponível em: https://www.academia.edu/3347977/Online_Dispute_Resolution_for_Consumers. Acesso em: 19 jun. 2020.

CREUTZFELD, Naomi. *The origins and evolution of consumer dispute resolution systems in Europe*. Disponível em: https://www.academia.edu/7166495/10._The_origins_and_evolution_of_consumer_dispute_resolution_systems_in_Europe. Acesso em: 10 jun. 2020.

DA ROS, Luciano. *O custo da Justiça no Brasil*: uma análise comparativa exploratória. Disponível em: http://observatory-elites.org/wp-content/uploads/2012/06/newsletter-Observatorio-v.-2-n.-9.pdf. Acesso em: 10 jul. 2016.

DINAMARCO, Cândido Rangel. *Nova era do processo civil*. 3. ed. São Paulo: Malheiros, 2009.

FRIES, Martin. *Against False Settlement*: Designing Efficient Consumer Rights Enforcement Mechanisms in Europe. Disponível em: https://www.academia.edu/3888988/Against_False_Settlement_Designing_Efficient_Consumer_Rights_Enforcement_Mechanisms_in_Europe. Acesso em: 13 jun. 2020.

CLÁUDIO JANNOTTI DA ROCHA E MIGUEL MARZINETTI

FUNDAÇÃO GETÚLIO VARGAS. *Relatório ICJBrasil 2014*. Disponível em: http://bibliotecadigital.fgv. br/dspace/handle/10438/6618. Acesso em: 10 jul. 2016.

GRINOVER, Ada Pellegrini. *Ensaio sobre a processualidade* – Fundamentos para uma nova teoria geral do processo. Brasília: Gazeta Jurídica, 2016.

HODGES, Cristopher; BENHOR, Iris; CREUTZFELD, Naomi. *The Hidden World of Consumer ADR*: Redress and Behaviour. Disponível em: https://www.academia.edu/1328468/The_Hidden_World_of_Consumer_ADR_Redress_and_Behaviour. Acesso em 10 de junho de 2020.

LACERDA, Galeno. *Teoria geral do processo*. Rio de Janeiro: Forense, 2008.

MANCUSO, Rodolfo de Camargo. *Acesso à Justiça* – Condicionantes Legítimas e Ilegítimas. 2. ed. São Paulo: Ed. RT, 2015.

MARZINETTI, Miguel. *Justiça multiportas e o paradoxo do acesso à justiça no Brasil*. Rio de Janeiro: Lumen Iuris, 2018.

OLIVEIRA, Carlos Alberto Álvaro de. *Mauro Capelletti and the Brazilian Procedural Law*. Disponível em: http://www.abdpc.org.br/abdpc/artigos/Carlos%20A%20A%20de%20Oliveira%20(5)%20-formatado.pdf. Acesso em: 15 ago. 2013.

THEODORO JUNIOR, Humberto. Celeridade e efetividade da prestação jurisdicional: insuficiência da reforma das leis processuais. *Revista de Processo*, v. 125. ano 40. São Paulo: Ed. RT, 2005.

UZELAC, Alan; JERETINA, Urša. *Alternative Dispute Resolution for Consumer Cases*: Are Divergences an Obstacle to Effective Access to Justice? Disponível em: https://www.academia.edu/29595237/Alternative_Dispute_Resolution_for_Consumer_Cases_Are_Divergences_an_Obstacle_to_Effective_Access_to_Justice. Acesso em: 13 jun. 2020.

PARTE IV
PROCESSO CIVIL E TECNOLOGIA

ETAPAS DE IMPLEMENTAÇÃO DE TECNOLOGIA NO PROCESSO CIVIL E ODRS[1]

Dierle Nunes

Doutor em Direito Processual pela PUC-Minas/Università degli Studi di Roma "La Sapienza". Mestre em Direito Processual pela PUC-Minas. Professor permanente do PPGD da PUC-Minas. Professor adjunto na PUC-Minas e na UFMG. Secretário Adjunto do Instituto Brasileiro de Direito Processual. Membro da *International Association of Procedural Law*, do *Instituto Iberoamericano de derecho procesal* e do *Instituto Panamericano de Derecho Procesal*. Diretor Executivo do Instituto de Direito Processual – IDPro. Membro da Comissão de Juristas que assessorou no Código de Processo Civil de 2015 na Câmara dos Deputados. Diretor do Instituto de Direito e Inteligência Artificial – IDEIA. Advogado. dierle@cron.adv.br

Sumário: 1. Considerações iniciais. 2. Etapas e mudanças. 3. Alguns impactos transformadores da tecnologia – ODR. 4. Considerações finais.

1. CONSIDERAÇÕES INICIAIS

É muito recorrente hoje o estudo dos tribunais online[2]/justiça digital[3], em especial, com a aceleração do emprego da tecnologia durante a Pandemia da Covid19.

No entanto, predomina ainda o argumento de que a tecnologia seria para o Direito (processual) meramente uma ferramenta que poderia ter aplicações prevalentemente positivas na persecução da eficiência.

Esta perspectiva instrumental poderia ser considerada, em alguma medida, correta numa abordagem superficial se a tecnologia estivesse apenas promovendo uma mudança de meio, como ocorreu em parte na sua primeira etapa de virtualização (digitalização) mediante v.g. o processo eletrônico no qual se mantinham as etapas em outro ambiente.[4]

---

1. Este texto é uma adaptação do publicado em outra sede (NUNES, Dierle. Virada tecnológica no direito processual (da automação à transformação): seria possível adaptar o procedimento pela tecnologia? In: NUNES, Dierle; LUCON, Paulo Henrique dos Santos; WOLKART, Erik Navarro (Coord.). *Inteligência artificial e Direito Processual: os impactos da virada tecnológica no direito processual*. Salvador: Jus Podivm, 2020) e resultado do grupo de pesquisa "Processualismo Constitucional democrático e reformas processuais", vinculado à Pontifícia Universidade Católica de Minas Gerais e Universidade Federal de Minas Gerais e cadastrado no Diretório Nacional de Grupos de Pesquisa do CNPQ http://dgp.cnpq.br/dgp/espelhogrupo/3844899706730420). O grupo é membro fundador da "ProcNet – Rede Internacional de Pesquisa sobre Justiça Civil e Processo contemporâneo" (http://laprocon.ufes.br/grupos-de-pesquisa-integrantes-da-rede).
2. Expressão utilizada por: SUSSKIND, Richard. *Online courts and the future of justice*. Oxford: Oxford University Press, 2019.
3. Cf. KATSH, Ethan; RABINOVICH-EINY, Orna. *Digital Justice*: Technology and the Internet of Disputes. Oxford, University Press, 2017. GARAPON, Antoine; LASSÈGUE, Jean. *Justice digitale*: révolution grafique et rupture anthropologique. Paris: Presses Universitaires de France, 2018.
4. Pontue-se, no entanto, que com base em mineração de processo é possível se avaliar nos processos eletrônicos quais etapas (logs) são essenciais, quais não seriam e quais merecem maiores esforços para evitar estrangulamentos. Isto pode gerar a percepção de problemas e sugestão de modificações, inclusive induzindo a redução da estrutura procedimental.

No entanto, quando avançamos para a automação de funções, como as repetitivas, e no emprego de novas formas de dimensionamento do conflito, com a transformação empregada pelo campo da Inteligência artificial,[5] esta perspectiva de análise do fenômeno parece não refletir e perceber a profundidade do movimento que vivenciamos.

Neste sentido, a proposta que vimos delineando há algum tempo é a de que o emprego da tecnologia não pode ser encarada pelo Direito apenas nesta visão, mas sim como uma verdadeira virada que induzirá releitura de institutos desde o âmbito propedêutico até o delineamento da refundação de técnicas processuais para que possam atingir bons resultados, mas com respeito do conjunto de normas fundamentais atinentes ao modelo constitucional de processo.

Ademais, precisamos forjar uma verdadeira *tecnologia de interesse público* (TIP) que busque uma governança adequada, para além da preocupação da privacidade e do controle de dados, que recorrentemente preocupam os intérpretes das leis atinentes ao tema (com a análise sob viés privado de normas como LGPD e/ou GDPR).

No campo processual-jurisdicional a Jurisdição não oferta apenas o fornecimento de um serviço,[6] como em outras áreas, mas uma tutela processualizada garantista de direitos que oferta *decisões sensíveis* para as quais o emprego da tecnologia deve ser precipuamente auxiliar.[7]

Do mesmo modo, que o segundo pós-guerra[8] evidenciou uma litigância de interesse público (*public interest litigation*),[9] que permitia novas litigâncias (para além das patri-

---

5. "Definir inteligência artificial não é fácil. O campo é tão vasto que não pode ficar restrito a uma área específica de pesquisa; é um programa multidisciplinar. Se sua ambição era imitar os processos cognitivos do ser humano, seus objetivos atuais são desenvolver autômatos que resolvam alguns problemas muito melhor que os humanos, por todos os meios disponíveis. Assim, a IA chega à encruzilhada de várias disciplinas: ciência da computação, matemática (lógica, otimização, análise, probabilidades, álgebra linear), ciência cognitiva sem mencionar o conhecimento especializado dos campos aos quais queremos aplicá-la. E os algoritmos que o sustentam baseiam-se em abordagens igualmente variadas: análise semântica, representação simbólica, aprendizagem estatística ou exploratória, redes neurais e assim por diante. O recente boom da inteligência artificial se deve a avanços significativos no aprendizado de máquinas. As técnicas de aprendizado são uma revolução das abordagens históricas da IA: em vez de programar as regras (geralmente muito mais complexas do que se poderia imaginar) que governam uma tarefa, agora é possível deixar a máquina descobrir eles mesmos." VILLANI, Cédric. Donner uns sens à li'intelligence artificielle: pour une stratégie nationale et européenne. 2018.

6. Como faz crer a leitura superficial, neste ponto, de Susskind. Cf. SUSSKIND, Richard. *Online courts and the future of justice* cit.

7. Cf. NUNES, Dierle; MARQUES, Ana Luiza Pinto Coelho. Inteligência artificial e direito processual: vieses algorítmicos e os riscos de atribuição de função decisória às máquinas. *Revista de Processo*, v. 285, nov./2018. NUNES, Dierle; MARQUES, Ana Luiza P. C. Decisão judicial e inteligência artificial: é possível a automação da fundamentação? In: NUNES, Dierle; LUCON, Paulo Henrique dos Santos; WOLKART, Erik Navarro (Coord.). *Inteligência artificial e direito processual: os impactos da virada tecnológica no direito processual*. Salvador: JusPodivm, 2020.

8. Emblemático e pioneiro neste aspecto e neste período, ao promover a filtragem constitucional e analisar a horizontalização dos direitos fundamentais, é o caso Lüth (BVerfGE 7, 198 – Lüth – Tribunal Constitucional Federal Alemão, primeiro Senado, 15 de janeiro de 1958): "1. Direitos fundamentais são principalmente direitos de defesa dos cidadãos contra o Estado; No entanto, as disposições sobre direitos fundamentais da Lei Básica (Constituição – *Grundgesetz Bonner*) também incorporam uma ordem objetiva de valores, que é uma decisão constitucional básica para todas as áreas do direito. 2. No direito civil, o conteúdo legal dos direitos fundamentais se desenvolve indiretamente através dos regulamentos do direito privado. Acima de tudo, ele toma disposições de caráter obrigatório e é particularmente viável para o juiz através das cláusulas gerais. 3. O juiz civil pode violar direitos fundamentais por meio de seu julgamento (§ 90 BVerfGG) se não reconhecer o impacto dos direitos fundamentais no direito civil. O Tribunal Constitucional Federal analisa sentenças civis apenas por violações de direitos fundamentais, e geralmente por erros legais." Tradução livre. Acessível em: https://www.bundesverfassungsgericht.de/e/rs19580115_1bvr040051.html Cf. ainda MAUS,

moniais e bipolares) e que induziram o fortalecimento da jurisdição constitucional com função contramajoritária como lócus de auxílio a grupos minoritários na perseguição da mudança em situações de desconformidade normativa mediante medidas estruturantes (structural injunctions[10] – processo estrutural)[11] devemos pensar numa tecnologia que não se limite aos seus aspectos privados, mas que se preocupe com uma governança lastreada na análise do impacto social e público com um *design* centrado no cidadão e no ordenamento jurídico.

Ingeborg. O Judiciário como superego da sociedade: o papel da atividade jurisprudencial na "sociedade órfã". Trad. Martônio Lima e Paulo Albuquerque. *Revista Novos Estudos CEBRAP*, n. 58, nov. de 2000. HIRSCHL, Ran. The new constitutionalism and the judicialization of pure politics worldwide. *Fordham Law Review*, v. 75, n. 2, 2006

9. Sobre a Litigância de interesse público cf. https://youtu.be/4M1S_Xarfu4 e NUNES, Dierle; THEODORO Jr, H; BAHIA, Alexandre. Litigância de interesse público e execução comparticipada de políticas públicas. *RePro*, v.224, out. 2013. CHAYES, Abram. The Role of the Judge in Public Law Litigation. *Harvard Law Review*. v. 89 n. 7, p. 1281-1288, 1976. EISENBERG, Melvin Aron. Participation, Responsiveness, and the Consultative Process: An Essay for Lon Fuller. *Harvard Law Review*. v. 92, p. 410, 1978-1979. RESNIK, Judith. "Managerial Judges". Yale Law School Legal Scholarship Repository. Faculty Scholarship Series. Paper 951. 1982. HOROWITZ Donald L. Decreeing Organizational Change: Judicial Supervision of Public Institutions. Duke Law Journal. 1983. RUBENS-TEIN. William B. A Transactional Model of Adjudication. Georgetown Law Journal. v.89, p.372, 2001. MULLENIX, Linda S. Resolving Aggregate Mass Tort Litigation: The New Private Law Dispute Resolution Paradigm. Valparaiso University Law Review, v.33 n.2, 1999. DIXON, Rosaline. Creating dialogue about socio-economic rights: strong v. weakform judicial review revisited. Center for Human Rights and Global Justice Working Paper. n. 3, 2006. SABEL, Charles F.; SIMON, William H. Destabilization Rights: How Public Law Litigation Succeeds. Harvard Law Review. v.117, 2004. MILLER, Chris H. The adaptive American judiciary: from classical adjudication to class action litigation. *Albany Law Review*. v. 72 n.1, 2009. FULLER Lon Luvois. The Forms and Limits of Adjudication. Harvard Law Review. v. 92, p.353, 1978. FULLER Lon Luvois. The Forms and Limits of Adjudication. Harvard Law Review. v. 92, p. 353, 1978. MILLER, Chris H. The adaptive American judiciary: from classical adjudication to class action litigation. Albany Law Review. v.72 n.1, p.2, 2009. No Brasil a temática é de modo recorrente nominada Processo estrutural. Cf. ARENHART, Sérgio Cruz. Decisões estruturais no direito processual civil brasileiro. Processos Coletivos – *Revista Eletrônica* – v. 6, n. 4 Trimestre: 01/10/2015 a 31/12/2015. ARENHART, Sérgio Cruz. Processos estruturais no direito brasileiro: reflexões a partir do caso da ACP do carvão. *Revista de Processo Comparado*, [S.l.], v. 1, n. 2, p. 211-229, jul./dez. 2015, p. 219 Disponível em: http://revistadeprocessocomparado. com.br/wp-content/uploads/2016/01/ Acesso em: 20 nov 2018. ARENHART, Sérgio Cruz; JOBIM, Marco Félix. (Org.). *Processos estruturais*. Salvador: Editora Juspodivm, 2017. JOBIM, Marco Félix; ROCHA, Marcelo Hugo da. Medidas estruturantes: origem em Brown v. Board of education In Processos Estruturais, Salvador: Editora Juspodivm, 2017. VITORELLI, Edilson. 1. Levando os conceitos a sério: processo estrutural, processo coletivo, processo estratégico e suas diferenças. 2018 – 11. 13 *Revista de Processo* 2018, Repro, v. 284 (outubro 2018). VITORELLI, Edilson. Litígios Estruturais: decisão e implementação de mudanças socialmente relevantes pela via processual. In Processos Estruturais, Salvador: Editora Juspodivm, 2017.

10. "Desde a década de 1950, o reforço do controle de constitucionalidade de leis e atos administrativos permitiu a assunção à jurisdição de uma função de garante de direitos fundamentais, inclusive com o advento da possibilidade quase normativa, mediante o papel contramajoritário em prol de minorias .Se extrai, assim, a importante constatação de que a concepção ultrapassada da Jurisdição como atividade que promove tão somente a resolução de conflitos se viu provocada a assumir um papel garantista de direitos fundamentais, a partir do processo constitucional, e implementador de espaços contramajoritários para minorias que não obtinham voz nas arenas políticas institucionalizadas. Emblemático precedente desta época é Brown vs Board of Education of Topeka de 1954/55, na US Supreme Court, ao superar (overruling) o precedente que cristalizara a doutrina dos "separados mais iguais" nas relações entre brancos e negros, e proibir a existência de escolas segregadas naquele país." NUNES, Dierle; THEODORO Jr, H; BAHIA, Alexandre. Litigância de interesse público e execução comparticipada de políticas públicas cit.

11. DIDIER JR., Fredie; ZANETI JR., Hermes. *Curso de Direito Processual Civil*: processo coletivo. 14. ed. Salvador: Juspodivm, 2020. v. 4.

Em relação à inteligência artificial há de se estruturar modelos algorítmicos com equidade (fairness)[12], confiabilidade e segurança,[13] análise do impacto social[14], transparência[15], *accountability*[16], respeito à dignidade da pessoa humana.[17]

---

12. "O desenvolvimento, a implantação e o uso de sistemas de Inteligência Artificial devem ser justos. Reconhecem que existem muitas interpretações diferentes de equidade (ou justiça), e dividem em duas dimensões: substantiva e procedural. A dimensão substantiva implica o compromisso de garantir uma distribuição equitativa e justa de benefícios e custos, assim *como garantir que indivíduos e grupos estejam livres de preconceitos injustos, discriminação e estigmatização. Se desvios injustos puderem ser evitados, os sistemas de Inteligência Artificial podem até aumentar a justiça social.* A igualdade de oportunidades em termos de acesso à educação, bens, serviços e tecnologia também deve ser promovida. O uso de sistemas de IA nunca deve levar as pessoas a serem enganadas ou injustificadamente prejudicadas em sua liberdade de escolha. Além disso, a equidade implica que os profissionais de IA respeitem o princípio da proporcionalidade entre meios e fins e considerem cuidadosamente como equilibrar interesses e objetivos concorrentes. A dimensão procedural busca reparação efetiva contra as decisões tomadas pelos sistemas de Inteligência Artificial e pelos humanos que os operam. A entidade responsável pela decisão deve ser identificável e os processos *de tomada de decisão devem ser explicáveis*" da Comissão europeia. BURLE, Caroline; CORTIZ, Diogo. *Mapeamento palestrantes de princípios de inteligência artificial.* 2019. Acessível em: https://www.ceweb.br/publicacoes/indice/relatorios/ Como informa o recente projeto de normativa da UNESCO: "[...] la investigación, el diseño, el desarrollo, el despliegue y la utilización de los sistemas de IA deben ser compatibles con el empoderamiento de todos los seres humanos, tomando en consideración las necesidades específicas de los diferentes grupos de edad, los sistemas culturales, las personas con discapacidad, las mujeres y las niñas y las poblaciones desfavorecidas, marginadas y vulnerables, y no deberían utilizarse para restringir las elecciones de estilo de vida o el alcance de las experiencias personales, incluida la utilización opcional de los sistemas de IA. Además, habría que esforzarse para paliar la falta de infraestructura, educación y competencias tecnológicas necesarias, así como de marcos jurídicos, en particular en los países de ingreso bajo y mediano." Acessível em: https://unesdoc.unesco.org/ark:/48223/pf0000373434_spa.

13. "Os sistemas de Inteligência Artificial não devem causar nem exacerbar danos ou afetar adversamente os seres humanos. Devem proteger a dignidade humana, bem como a integridade mental e física. Os sistemas de IA e os ambientes em que operam devem ser seguros, tecnicamente robustos e deve-se garantir que não estejam abertos ao uso malicioso. Pessoas vulneráveis devem receber maior atenção e ser incluídas no desenvolvimento, implantação e uso de sistemas de IA. *Também deve ser dada atenção especial a situações em que os sistemas de IA podem causar ou exacerbar impactos adversos devido a assimetrias de poder ou informações, como entre empregadores e funcionários, empresas e consumidores ou governos e cidadãos.*" BURLE, Caroline; CORTIZ, Diogo. *Mapeamento palestrantes de princípios de inteligência artificial* cit.

14. "Os sistemas de IA não devem injustificadamente subordinar, coagir, enganar, manipular, condicionar ou agrupar humanos. Em vez disso, eles devem ser projetados para aumentar, complementar e capacitar as habilidades cognitivas, sociais e culturais humanas. A alocação de funções entre humanos e sistemas de IA deve seguir os princípios de *design centrado no ser humano* e deixar oportunidades significativas para a escolha humana. Isso significa garantir a supervisão humana sobre os processos de trabalho nos sistemas de IA." BURLE, Caroline; CORTIZ, Diogo. *Mapeamento palestrantes de princípios de inteligência artificial* cit.

15. "É crucial para criar e manter a confiança dos usuários nos sistemas de Inteligência Artificial. Isso significa que os processos precisam ser transparentes, as capacidades e o objetivo dos sistemas de IA comunicados abertamente e as decisões – na medida do possível – explicáveis para os afetados direta e indiretamente. Sem essas informações, uma decisão não pode ser devidamente contestada. Uma explicação sobre porque um modelo gerou uma saída ou decisão específica (e que combinação de fatores de entrada contribuiu para isso) nem sempre é possível. Esses casos são chamados de algoritmos de 'caixa preta' e requerem atenção especial. Nessas circunstâncias, outras medidas para prover explicação (por exemplo, rastreabilidade, auditabilidade e comunicação transparente sobre as capacidades do sistema) podem ser necessárias, desde que o sistema como um todo respeite os direitos fundamentais." BURLE, Caroline; CORTIZ, Diogo. *Mapeamento palestrantes de princípios de inteligência artificial* cit.

16. "Inclui auditoria, minimização e relatórios de impacto negativo e trade-offs. O requisito de responsabilidade está intimamente ligado ao princípio da equidade. É necessário que sejam criados mecanismos para garantir a responsabilidade e a prestação de contas dos sistemas de IA e seus resultados, antes e depois de seu desenvolvimento, implantação e uso." BURLE, Caroline; CORTIZ, Diogo. *Mapeamento palestrantes de princípios de inteligência artificial* cit.

17. Como informa o projeto de normativa da UNESCO: "Este valor debería, en primer lugar, ser respetado por todos los actores que participan en la investigación, el diseño, el desarrollo, el despliegue y la utilización de los sistemas de IA y, en segundo lugar, ser promovido mediante nueva legislación, iniciativas de gobernanza, buenos ejemplos de desarrollo y utilización de la IA en colaboración, o directrices técnicas y metodológicas nacionales e internacionales publicadas por los gobiernos a medida que avanzan las tecnologías de la IA." Acessível em: https://unesdoc.unesco.org/ark:/48223/pf0000373434_spa.

Os intérpretes do direito vêm encontrando cada vez maior dificuldade em interpretar a revolução gráfica[18] do âmbito digital em face da mudança do próprio modo que a psicopolítica digital se articula,[19] mas devemos nos esforçar à compreensão deste novo ambiente de leitura para que um possível analfabetismo funcional digital impeça corrupções sistêmicas no código de correção do Direito,[20] mas sem negligenciar as enormes potencialidades que a tecnologia oferta.

Seu uso no campo do dimensionamento de conflitos se concentra no delineamento de um novo design do sistema de disputas que, como pontuam Amsler, Martinez e Smith:

> [...] se concentra na identificação das opções ideais para prevenir, gerenciar ou resolver um tipo específico de disputa. Essas opções incluem designs novos e tradicionais. Os litígios e julgamentos ocorrem em tribunais e órgãos administrativos; estes também são design do sistema de disputas e estão evoluindo com o advento de tribunais colaborativos e de resolução de problemas. As inovações em andamento incluem parcerias, negociação regulatória, *ombuds* organizacionais e processos online e em plataformas.[21]

---

18. Esta incapacidade de compreensão adequada do fenômeno precisa ser problematizada: "A ciência, não mais que o Direito, pode de fato reivindicar ser fundada por si mesma, e a abordagem computacional do mundo promovida pela nova ordem gráfica não é exceção à regra. O cálculo não pode oferecer essa teoria última que finalmente chegaria ao fim das incertezas do Direito, trazendo para ela a indiscutibilidade tão procurada. Como o cálculo tem limitações internas que têm sido objeto de poderosos teoremas desde a década de 1930. Ver no cálculo a chave para a compreensão a priori dos fenômenos reverte a ordem de construção da ciência: chegamos ao cálculo, nunca começamos com ele. Portanto, não pode servir de base para o Direito. A observação dessa dupla limitação não invalida a união do direito e da matemática: pelo contrário, reforça a necessidade." (tradução livre) Cf. GARAPON, Antoine; LASSÈGUE, Jean. *Justice digitale*: révolution grafique et rupture anthropologique. Paris: Presses Universitaires de France, 2018. p. 352-353.

19. "Hoje caminhamos para a era da psicopolítica digital, que avança da vigilância passiva ao controle ativo, empurrando-nos, assim, para uma nova crise de liberdade: até a vontade própria é atingida. Os big data são um instrumento psicopolítico muito eficiente, que permite alcançar um conhecimento abrangente sobre as dinâmicas de comunicação social. Trata-se de um conhecimento de dominação que permite intervir na psique e que pode influenciá-la em um nível pré-reflexivo. [...] O poder disciplinar ainda está completamente dominado pela negatividade. Ele se articula de forma inibitória, não permissiva. Devido à sua negatividade, não pode descrever o regime neoliberal que reluz na positividade. A técnica de poder do regime neoliberal assume uma forma sutil, flexível e inteligente, escapando a qualquer visibilidade. O sujeito submisso não é nunca consciente de sua submissão. O contexto de dominação permanece inacessível a ele. É assim que ele se sente em liberdade. Ineficiente é todo poder disciplinar que, com grande esforço, aperta violentamente as pessoas com seu espartilho de ordens e proibições. Muito mais eficiente é a técnica de poder que faz com que as pessoas se submetam ao contexto de dominação por si mesmas. Essa técnica busca ativar, motivar e otimizar, não obstruir ou oprimir. A particularidade da sua eficiência está no fato de que não age através da proibição e da suspensão, mas através do agrado e da satisfação. Em vez de tornar as pessoas obedientes, tenta deixá-las dependentes. O poder inteligente e amigável não age frontalmente contra a vontade dos sujeitos subjugados, controlando suas vontades em seu próprio benefício. É mais afirmador que negador, mais sedutor que repressor. Ele se esforça em produzir emoções positivas e explorá-las. Seduz, em vez de proibir. Em vez de ir contra o sujeito, vai ao seu encontro. O poder inteligente se plasma à psique, em vez de discipliná-la e submetê-la a coações e proibições. Não nos impõe nenhum silêncio. Ao contrário, ele nos convida a compartilhar incessantemente, participando, dando opiniões, comunicando necessidades, desejos e preferências, contando sobre nossa vida. Esse poder afável é, por assim dizer, mais poderoso do que o repressor. Ele escapa a toda visibilidade. A atual crise da liberdade consiste em estar diante de uma técnica de poder que não rejeita ou oprime a liberdade, mas a explora. A livre escolha é extinta em prol de uma livre seleção entre as ofertas disponíveis." HAN, Byung-Chul. *Psicopolítica: O neoliberalismo e as novas técnicas de poder.* Belo Horizonte: Ayiné, 2018, p. 23-27.

20. Como explica Luhmann cada sistema (do Direito, da Economia, da Política) tem um código próprio de funcionamento. Apesar de suas irritações recíprocas, nenhum deles pode se articular com o código de outro, sob o risco de corrupção. A autonomia do Direito e a manutenção de seu código deontológico de correção deve impedir que passemos a adotar a cooptação e sujeição dos demais. Hoje temos enorme dificuldade de compreender o código da tecnologia, amplamente afetado pela economia. Cf. LUHMANN, Niklas. *O direito da sociedade.* São Paulo: Martins Fontes, 2016.

21. AMSLER, Lisa Blomgren; MARTINEZ, Janet K.; SMITH, Stephanie E. *Dispute system design*: preventing, managing and resolving conflict. Stanford: Stanford University press, 2020. Kindle.

2. ETAPAS E MUDANÇAS

Partindo desta premissa, começamos a perceber que ainda no campo da *primeira etapa do emprego da tecnologia* (a virtualização) já vivenciamos uma mudança consistente em institutos processuais, como a prova.

Durante muito tempo havia um consenso da maior relevância das provas típicas e da absoluta impossibilidade de uso de provas de fatos negativos (considerada *probatio diabolica*).

No entanto, a tecnologia a cada dia viabiliza mais modalidades de atipicidade probatória. Basta se lembrar, como exemplo, do uso da *Blockchain*[22] para certificação de fatos, do *wayback machine*[23] para documentar mudanças em páginas web ao longo do tempo e dos logs[24] para provar que determinado fato ocorreu ou não.

Perceba que a análise de logs no processo eletrônico permite a mineração de processos[25] que oferta a possibilidade de melhor gerenciamento e apuração dos momentos processuais mais tormentosos em termos de fluxo na gestão. Esta abordagem, como pontuado acima,[26] pode auxiliar inclusive induzir mudanças no procedimento.

E, nas etapas supervenientes de *automação* de atividades repetitivas e de *transformação*, mediante emprego de IA e dimensionamento de novas técnicas de dimensionamento de conflitos, a força de mutação da tecnologia em relação ao direito fica ainda mais evidente.

---

22. "As tecnologias blockchain são entendidas como registros descentralizados, registrando transações e adquirindo uma cadeia de informações segura, com carimbo de tempo e imutável. Assim, esses registros supostamente de alta qualidade (em comparação com os arquivos eletrônicos padrão, que podem ser facilmente alterados) podem ser extremamente úteis como evidência em tribunal, especialmente em vista da abundância de transações on-line em vários campos atualmente. [...] Os dados gravados em uma blockchain são, em essência, uma cadeia cronológica de transações assinadas digitalmente." POLYDOR, Sylvia. Blockchain Evidence in Court Proceedings in China – A Comparative Study of Admissible Evidence in the Digital Age (as of June 4, 2019). *Stanford journal of blockchain law & policy*. v. 3.1, 2020. p. 96.

23. O Wayback machine – https://archive.org/web/ – permite que explore mudanças em mais de 451 bilhões de páginas da web salvas ao longo do tempo. Decisões nos EUA já vêm aceitando seu uso, por exemplo: United States v. Bansal, 663 F.3d 634, 667–68 (3d Cir. 2011); United States v Gasperini (2d Cir. 2017). Ele permite que em situações de mudanças ou supressões se consiga apurar as alterações com facilidade.

24. Os logs digitais dos computadores são para os técnicos o que as impressões digitais são para os investigadores tradicionais nas cenas de crime ou os livros financeiros são para auditores. Todos esses objetos são máquinas do tempo contendo respostas a perguntas relacionadas a processos de TI, atos ilegais e transações econômicas. Inerente a cada um é a capacidade de reconstruir quem, o que, quando, onde, por que e como uma TI, transação legal ou financeira. Na medida que crimes e disputas em geral envolvem cada vez mais o âmbito digital e à medida que os negócios dependem nos sistemas de informação para funcionar, os logs digitais são as nossas testemunhas oculares. Cf. KENNEALLY, Erin E. Digital logs – proof matters. *Digital Investigation*, 2004, v. 1, 94 -101.

25. Como explica Gusmão: "O propósito da mineração de processos é descobrir, monitorar e melhorar processos reais, ou seja, aqueles processos não assumidos ou não previstos na concepção de um sistema ou de um fluxo de trabalho. O trabalho de descoberta ou o conhecimento do processo real é extraído dos registros digitais ou logs dos eventos disponíveis nos sistemas de informação. [...] A aplicação de algoritmos de mineração de processos pode incluir: a) A descoberta automatizada de processos, por intermédio da extração de modelos de processos e logs de eventos, ou seja, como as coisas realmente estão funcionando; b) A verificação de conformidade, com o monitoramento de desvios em comparação de modelo e log. Consiste na adequação entre o modelo previsto (fluxo) e a realidade; c) A mineração de rede ou organizacional social e a construção de modelos de simulação. Nesse caso, identificar como uma organização, as pessoas e os sistemas estão relacionados no processo; d) Previsão de casos e recomendações baseadas no histórico (eventos). [....] Submetidos aos algoritmos de mineração de processos, os logs apresentam com facilidade o que exatamente ocorreu. Surgem assim descobertas interessantes, tais como aspectos ocultos, gargalos, ausência de conformidade ou oportunidade de automação e aprimoramento dos processos. Inegavelmente, a mineração de processos pode apoiar ações de inovação nos tribunais." GUSMÃO, Braulio. Mineração de processos e a gestão de casos no Judiciário. Acessível: https://medium.com/@brauliogusmao/minera%C3%A7%C3%A3o-de-processos-e-a-gest%C3%A3o-de-casos-no-judici%C3%A1rio-530c2254bc7c.

26. Nota 5.

O movimento iniciado no final da década de 1990, início dos anos 2000[27] transcende assim sua mera aplicação instrumental, induzindo verdadeira *virada tecnológica no Direito processual.*

Nestes termos, além de se buscar delinear o fenômeno, tentarei aqui mostrar uma série de interações da tecnologia para adaptar o procedimento, num passo adiante ao recorrente discurso dos procedimentos especiais e tutelas diferenciadas.

Acerca desta última, já tivemos oportunidade, há uma década, de propor uma diferenciação procedimental em conformidade com as espécies de litigiosidade,[28] que em alguma medida foi adotada no CPC/2015 ao se delinear um microssistema de litigiosidade repetitiva e de formação de precedentes. Digna de nota igualmente é a recente hipótese suscitada doutrinariamente,[29] que busca sistematizar a aplicação dos procedimentos especiais e interpretar a nova norma trazida pelo art. 327, § 2º, CPC.[30]

Mas aqui a hipótese que propomos é a de se promover a adaptação procedimental mediante o emprego de tecnologia: automação de atos e fatos processuais, ODRs, emprego de constrições *online* e de Inteligência Artificial auxiliar, de modo a não só se estruturar processos *online,*[31] como mera repetição do procedimento já dimensionado normativamente, mas sim com processos adaptados tecnologicamente[32] e, para alguns,[33] ampliados com ferramentas de auxílio nas atividades processuais, nos

---

27. KATSH, Ethan; RABINOVICH-EINY, Orna. *Digital Justice* cit.
28. NUNES, Dierle. Novo enfoque para as tutelas diferenciadas no brasil? diferenciação procedimental a partir da diversidade de litigiosidades. *Revista de Processo*, v. 184/2010, p. 109 – 140, jun. 2010.
29. Cf. DIDIER JR., Fredie; CABRAL, Antonio do Passo; CUNHA, Leonardo Carneiro da. *Por uma nova teoria dos procedimentos especiais: dos procedimentos às técnicas.* Salvador, JusPodivm, 2018.
30. Art. 327. É lícita a cumulação, em um único processo, contra o mesmo réu, de vários pedidos, ainda que entre eles não haja conexão. [...] § 2º Quando, para cada pedido, corresponder tipo diverso de procedimento, será admitida a cumulação se o autor empregar o procedimento comum, sem prejuízo do emprego das técnicas processuais diferenciadas previstas nos procedimentos especiais a que se sujeitam um ou mais pedidos cumulados, que não forem incompatíveis com as disposições sobre o procedimento comum.
31. Como o nosso processo eletrônico no Brasil. Susskind faz alusão, nesta espécie, a um "tribunal online", que apoia a ideia de que juízes humanos, sem emprego de inteligência artificial, devem decidir casos, não em um tribunal físico ou por meio de audiências orais, mas pela apresentação de evidências e argumentos pelas partes online em um sistema de audiência assíncrona, ou seja, sem que as partes se manifestem ao mesmo tempo e em que as mesmas transmitem mensagens/petições e argumentos ao juiz remotamente e recebem respostas nos mesmos termos. SUSSKIND, Richard. *Online courts and the future of justice.* Oxford: Oxford University Press, 2019. p. 60.
32. "Atualmente, existem tribunais que atualmente operam online. Em julho de 2016, o sistema judicial do Reino Unido anunciou uma reforma radical: 730 milhões de libras seriam alocados para revolucionar a tecnologia do sistema judicial britânico, um componente importante do qual seria a instituição de um novo tribunal on-line encarregado de resolver pequenas demandas de até 25.000 libras esterlinas. Vários meses antes, outro tribunal on-line foi introduzido na Colúmbia Britânica na forma de um tribunal, estabelecido por meio de legislação, determinando uma via on-line para pequenas demandas de até US $ 5.000 e "estratos", afirmam alguns relacionados a vizinhos. Na Holanda, uma plataforma chamada Rechtwijzer até recentemente permitia que casais em divórcio e vizinhos em disputa resolvessem seus casos on-line. Além disso, algumas dezenas de cortes estaduais nos EUA implementaram com sucesso o software Matterhorn para o processamento on-line de casos pendentes de mandado e violações de tráfego. Além disso, um piloto de processos on-line para casos de cobrança de dívidas está sendo planejado para o sistema judicial de Nova York. O que esses e outros tribunais fizeram é notável. Em vez de refinar os procedimentos judiciais existentes por meio da tecnologia, eles desenvolveram novos processos que se valem das qualidades únicas da tecnologia digital; esses novos processos contam com novas ferramentas, envolvem novos atores e cumprem novos objetivos" (tradução livre) RABINOVICH-EINY, Orna; KATSH, Ethan. The new apoia courts. *American University Law Review*, v. 67. 2017. p. 166-167.
33. A ideia de ampliação de Susskind é bastante controversa, pois diria respeito ao emprego de tecnologias, em especial, IA para auxiliar os sujeitos processuais diretamente, por vezes, sem a participação de advogados.

debates, triagem automatizada de casos (*screening procedure*) a partir da noção de gerenciamento de litígios, técnicas de obtenção e expropriação patrimonial na execução etc., criando-se novas vias mais adequadas de dimensionamento dos conflitos. Antes, porém, necessitamos entender como tais interações entre o direito processual e a tecnologia se articulam.

Como já notou a virada tecnológica no direito demonstra o impacto das tecnologias, com destaque hoje para a inteligência artificial[34], na mudança dos institutos jurídicos desde seu âmbito propedêutico[35] até o dimensionamento de uma nova racionalidade de sua implementação, sem olvidar a criação de novos institutos (como *v.g.* algumas plataformas de *Online dispute resolution – ODR*) e de práticas jurídicas absolutamente inovadoras (v.g. classificadores,[36] juízos preditivos, análise semântica latente – LSA – *Latent Semantic Analysis*[37] –, tomada de decisão automatizada,[38] coleta e separação as informações[39] e até impactando no design das peças processuais – *legal design/visual*

Tal defesa de liberalização das profissões no direito inglês e americano possui alguma pertinência pela dificuldade de acesso aos serviços profissionais de advogados em face do alto custo. A situação no Brasil, apesar de nossos grandes desafios de acesso à justiça para um coeficiente grande de cidadãos, necessita ser analisada com maior parcimônia. Segundo o autor inglês, nos tribunais online ampliados prepondera a ideia de "que a tecnologia permite que se forneçam um serviço com remessas muito mais amplas do que o tribunal tradicional. Os serviços adicionais incluem ferramentas para ajudar os usuários a entender seus direitos, deveres e opções disponíveis, instalações que auxiliam os litigantes a reunir suas evidências e formular seus argumentos e sistemas que aconselham ou realizam acordos não judiciais." SUSSKIND, Richard. *Online courts and the future of justice* cit. p. 61.

34. "A essência da IA – em verdade, a essência da inteligência – é a habilidade de fazer generalizações apropriadas, de modo oportuno, e com dados limitados. Quanto maior o domínio de aplicação e mais rápida a velocidade de formulação de conclusões, com o mínimo de informação, mais inteligente é o comportamento. Se o mesmo programa que aprende a jogar o jogo da velha for capaz de aprender qualquer jogo de tabuleiro, melhor. Se ele também aprender a reconhecer faces, diagnosticar condições médicas e compor músicas no estilo de Bach, acredito que todos concordaríamos que se trataria de uma inteligência artificial (existem programas individuais que realizam estas tarefas de forma satisfatória hoje). Desempenhar estas tarefas da mesma maneira que os seres humanos e aparentar autoconsciência parecem ser características irrelevantes" (Tradução livre). KAPLAN, Jerry. *Artificial Intelligence: What everyone needs to know.* Oxford: Oxford University Press, 2016, p. 5-6.

35. No caso dos processualistas, na compreensão do modelo constitucional do processo e de suas normas fundamentais. Cf. NUNES, Dierle; BAHIA, Alexandre; PEDRON, Flávio. *Teoria Geral do Processo: com comentários da virada tecnológica do direito processual.* Salvador: Juspodivm. 2020.

36. Como o Victor do STF.

37. MELO, Tiago; MEDEIROS, Richerland. Estudo exploratório sobre aplicação de técnica de análise semântica latente, para vinculação de processos judiciais a temas de repercussão geral e incidente de resolução de demanda repetitiva. *Revista de Direito e as Novas Tecnologias*, v. 1/2018, Out - Dez / 2018. DTR\2018\22686

38. NUNES, Dierle; MARQUES, Ana Luiza Pinto Coelho. Inteligência artificial e direito processual: vieses algorítmicos e os riscos de atribuição de função decisória às máquinas. *Revista de Processo*, v. 285, nov./2018. MARTÍN, Nuria Belloso. Algoritmos predictivos al servicio de la justicia: ¿una nueva forma de minimizar el riesgo y la incertidumbre? In: NUNES, Dierle; LUCON, Paulo Henrique dos Santos; WOLKART, Erik Navarro (Coord.). Inteligência artificial e Direito Processual: os impactos da virada tecnológica no direito processual. Salvador: Jus Podivm, 2020. (Presente obra).

39. Como o https://www.nexlp.com/ , criado em 2013 Leib e Roth, e que que usa inteligência artificial para analisar dados e identificar tendências, "medidas preventivas, incluindo previsão de litígios e medição de fluxos de trabalho em tempo real. Sua empresa usa codificação preditiva, na qual os usuários coletam dados e identificam o que é relevante." SOBOWALE, Julie. How artificial intelligence is transforming the legal profession. Acessível em: http://www.abajournal.com/magazine/article/how_artificial_intelligence_is_transforming_the_legal_profession Cf. igualmente: HEIKKINEN, Tiia-Helinä. *How Does the Use of Artificial Intelligence Affect the Concept of Fair Trial?* Lund University, 2019.

law[40] *e na manifestação por hiperoralidade*).[41] A coleta e análise automáticas de dados de disputas afetarão conceitos, tradições e valores, além dos próprios processos.[42]

Ademais, com base na tecnologia podemos, pela primeira vez, mudar a ênfase na resolução de disputas para uma ênfase na sua prevenção.[43]

A virada acaba ocorrendo nas três etapas de emprego da tecnologia, quais sejam, a virtualização (digitalização),[44] *automação e transformação e persegue a construção de novas abordagens para a prevenção e resolução de conflitos.*

Palestra acerca do tema

Como informa Susskind, no emprego da tecnologia de automação de funções jurídicas, "os sistemas podem ser usados – para melhorar, refinar, aperfeiçoar, otimizar e turbinar nossas formas tradicionais de trabalho [...] sobre tarefas e atividades rotineiras, repetitivas e frequentemente antiquadas em seus negócios e imaginam (corretamente) que algum conjunto de sistemas pode ser introduzido para trazer novas eficiências e facilitar a vida" (tradução livre).[45]

Na abordagem meramente instrumental se introduz novas tecnologias em antigas práticas de trabalho. No entanto, o fenômeno que nominamos de virada tecnológica acontece com maior proeminência (mas não somente) na etapa de transformação pela tecnologia, alterando os institutos e criando novas formas mais adequadas de dimensionamento dos conflitos. O autor, inclusive, cita a transformação do mercado da música e das atividades bancárias como exemplos desta revolução de antigas práticas que se

---

40. NUNES, Dierle; RODRIGUES, Larissa H. A. O contraditório e sua implementação pelo design: design thinking, legal design e visual law como abordagens de implementação efetiva da influência. In: NUNES, Dierle; LUCON, Paulo Henrique dos Santos; WOLKART, Erik Navarro (Coord.). *Inteligência artificial e direito processual: os impactos da virada tecnológica no direito processual*. Salvador: JusPodivm, 2020.
41. NUNES, LAGE, PEDRON, Hiperoralidade em tempos de Covid-19. https://www.conjur.com.br/2020-jun-16/nunes-faria-pedron-hiperoralidade-tempos-covid-19. Acesse uma palestra no QR Code:

42. RABINOVICH-EINY, Orna; KATSH, Ethan. The new new courts. *American University Law Review*, v. 67. 2017. p. 206.
43. KATSH, Ethan; RABINOVICH-EINY, Orna. *Digital Justice*. Oxford University Press, USA, 2017, p. 8.
44. Basta se pensar nos níveis de adaptação profissional que o emprego de plataformas de processo eletrônico e de hiperoralidade nas videoconferências induziu na prática jurídica: Cf. NUNES, LAGE, PEDRON, Hiperoralidade em tempos de Covid-19. https://www.conjur.com.br/2020-jun-16/nunes-faria-pedron-hiperoralidade-tempos-covid-19.
45. SUSSKIND, Richard. *Online courts and the future of justice*. Oxford: Oxford University Press, 2019. p. 34.

naturalizaram[46]. Em face da duplicação da capacidade computacional a cada 18 meses (conhecida como Lei de Moore 1965 – atribuída a Gordon Moore, cofundador da Intel), torna-se evidente que o impacto que a tecnologia nos ofertará a cada dia não se limitará ao seu emprego instrumental, mas também modificará profundamente as práticas jurídicas[47].

Em outros campos do Direito pode-se indicar o impacto no estudo dos Direitos Reais que Startups como o Uber ou Airbnb ofertaram aos sistemas de transportes e hospedagem, ao proporcionar a usuários a maior rede de transportes e aluguel por temporada desprovida de qualquer propriedade.

A virada não se trata, assim, no campo processual tão somente da organização de uma cadeia organizacional do fluxo de trabalho (*workflow*) dos atos e fatos processuais que aumenta a eficiência e diminui o tempo de um processo eletrônico. Isto somente diz respeito à estruturação das etapas e redução dos tempos mortos de juntada, impulso oficial etc. que podem ser automatizados, sem qualquer emprego de Inteligência Artificial (IA).

No entanto, a IA permite parametrizar uma grande massa de dados (*big data*), tratamento das informações, que se encontram desestruturadas e com a informação obtida se obter uma revolução nos institutos, de modo a dimensioná-los de modo absolutamente inovador inclusive no que tange à atuação nas profissões jurídicas; mas sempre se levando em consideração os riscos de generalizações equivocadas, opacidade (não compreensão de como se chegou aos resultados),[48] geração de preconceito e discriminação.[49]

Alguns serviços ofertados, mediante tecnologia empregada no campo jurídico por *Legaltechs/Lawtechs* (Startups vocacionadas ao dimensionamento de questões jurídicas) predizem o resultado de acordos e disputas, oferecem orientação jurídica com invasão de tarefas, ou seja, com máquinas que assumem cada vez mais parte do trabalho que as pessoas fazem[50].

Quando se verifica, por exemplo, as técnicas processuais de gerenciamento e formação de precedentes no Brasil (microssistema do CPC),[51] costumeiramente não se conhece com clareza e precisão a amplitude da repetição, sendo que o critério normativo é genérico quanto à quantidade de processos, e não se sabe em regra quantos processos sobrestados serão impactados pelo pronunciamento. A partir do momento em que se tem acesso ao banco de dados desestruturados e se vale de ferramentas de IA (*v.g.* análise semântica) para estruturá-los, viabiliza-se com exatidão a análise do número de processos e do impacto que uma decisão de um tribunal de 2º grau ou superior gerará. Ademais,

---

46. SUSSKIND, Richard. *Online courts and the future of justice*. Oxford: Oxford University Press, 2019. p. 34.
47. SUSSKIND, Richard. *Online courts and the future of justice*. Oxford: Oxford University Press, 2019. p. 36.
48. BURRELL, Jenna. How the machine 'thinks': Understanding opacity in machine learning algorithms. *Big Data & Society*. 06 de jan. de 2016. Cf. NUNES, Dierle; MARQUES, Ana Luiza Pinto Coelho. Inteligência artificial e direito processual: vieses algorítmicos e os riscos de atribuição de função decisória às máquinas. *Revista de Processo*, v.285, nov./2018. MARTÍN, Nuria Belloso. Algoritmos predictivos al servicio de la justicia: ¿una nueva forma de minimizar el riesgo y la incertidumbre? In: NUNES, Dierle; LUCON, Paulo Henrique dos Santos; WOLKART, Erik Navarro (Coord.). *Inteligência artificial e direito processual*: os impactos da virada tecnológica no direito processual. Salvador: Jus Podivm, 2020.
49. "... é necessário aumentar a transparência e a auditabilidade dos sistemas por um lado, desenvolvendo as capacidades necessárias para observar, compreender e auditar o seu funcionamento e, por outro lado, investindo massivamente na pesquisa sobre 'explicabilidade'". VILLANI, C. *Donner uns sens à li'intelligence artificielle: pour une stratégie nationale et européenne*. 2018. p. 140-142.
50. SUSSKIND, Richard. *Online courts and the future of justice*. Oxford: Oxford University Press, 2019. p. 38.
51. Cf. NUNES, Dierle; BAHIA, Alexandre; PEDRON, Flávio. *Teoria Geral do Processo: com comentários da virada tecnológica do direito processual*. Salvador: Juspodivm. 2020.

poderemos obter acesso com alguma facilidade à coerência entre os pronunciamentos de um órgão judicial, com clara previsibilidade de qual a história institucional de aplicação do instituto por um dado juiz ou Tribunal (art. 926, CPC).

Além da conexão imediata com o instituto dos precedentes, a tecnologia ainda permite adaptabilidades procedimentais absolutamente inovadoras quando assumidas pelos envolvidos mediante convenções processuais, inclusive auxiliando no dimensionamento prévio da litigiosidade repetitiva;[52] sem olvidar da validade do emprego dos atos processuais pela via eletrônica (arts. 193 et seq, CPC) e de seu emprego na análise da própria cognição endoprocessual.[53]

No emblemático caso da recuperação judicial da OI S/A, César Cury[54] pontua que com o emprego da tecnologia:

> o redimensionamento das funções do processo permite que os sujeitos exerçam a parcela de responsabilidade correspondente às respectivas posições, distribuídas em centros de interesses, o que os transforma em contributivos a um procedimento mais adequado em ordem a uma solução que se reconheça legítima. [...] *essa adaptação se traduz em uma etapa prévia de gestão consensual do conflito creditório consistente num ecossistema informatizado (online dispute resolution) concebido e operado por gestor externo e supervisionado pelos sujeitos processuais.*

Outro exemplo relevante brasileiro é o da interação entre automação e IA no campo das execuções fiscais, como nos casos do ELIS do TJPE e PoC do TJRJ[55]. Sobre o ELIS[56]:

---

52. Cf. o emprego de convenções processuais no *leading case* emblemático da recuperação da OI S/A: O processo de recuperação judicial de uma das maiores concessionárias de serviço de telecomunicações do país, com mais de sessenta e cinco mil credores de classes diversas, exigiu o desenho de um sistema de solução de controvérsias e o recurso a diferentes disciplinas, por meio de atos concertados e de cooperação entre os agentes processuais, a fim tornar viável o curso regular do procedimento. A adaptação do processo e a introdução de um ecossistema digital (*online dispute resolution*), baseado em Inteligência Artificial e *Machine Learning*, sob a gestão delegada a entidade instituída especificamente para essa finalidade, permitiram a solução antecipada a milhares de credores e o consequente prosseguimento do processo em atendimento às garantias constitucionais reproduzidas nas normas fundamentais do Código de Processo Civil. CURY, César. Um modelo transdisciplinar de solução de conflitos: direito e tecnologia no processo de recuperação judicial do *leading case* OI S/A. In: NUNES, Dierle; LUCON, Paulo Henrique dos Santos; WOLKART, Erik Navarro (Coord.). Inteligência artificial e Direito Processual: os impactos da virada tecnológica no direito processual. Salvador: Jus Podivm, 2020. (Presente obra). E o sugerido uso de protocolos para adoção de normatividade ética para IA. FARIA, Guilherme Henrique Lage; PEDRON, Flávio Quinaud. Inteligência artificial, diretrizes éticas de utilização e negociação processual: um diálogo essencial para o direito brasileiro. In: NUNES, Dierle; LUCON, Paulo Henrique dos Santos; WOLKART, Erik Navarro (Coord.). Inteligência artificial e Direito Processual: os impactos da virada tecnológica no direito processual. Salvador: Jus Podivm, 2020. (Presente obra).

53. FENOLL, Jordi Nieva. *Inteligencia artificial y proceso judicial*. Madrid: Marcial Pons. 2018. p. 79 et seq

54. CURY, César. Um modelo transdisciplinar de solução de conflitos: direito e tecnologia no processo de recuperação judicial do *leading case* OI S/A. In: NUNES, Dierle; LUCON, Paulo Henrique dos Santos; WOLKART, Erik Navarro (Coord.). Inteligência artificial e Direito Processual: os impactos da virada tecnológica no direito processual. Salvador: Jus Podivm, 2020. (Presente obra).

55. Outro exemplo digno de nota é o da PoC (Proof of Concept -Prova de conceito) do TJRJ cujo "objetivo era realizar um teste de ato constritivo (BacenJud e RenaJud – "penhora online" de valores disponíveis em instituições bancárias e indisponibilidade de veículos automotores) e de consulta (InfoJud – consulta ao banco de dados da Receita Federal, de modo a identificar bens passíveis de penhora no patrimônio do devedor). Mas a máquina precisaria auxiliar na tomada de decisões de quais processos levar para tais constrições, sempre com o olhar do magistrado processo a processo, um a um. A lógica adotada foi a seguinte: existindo citação positiva e não tendo o devedor realizado o pagamento/parcelamento do débito, nem oferecido bens à penhora, o sistema de Inteligência Artificial deveria: (a) identificar os processos com a citação positiva; (b) buscar no banco de dados do Município o valor atualizado da dívida; (c) com essa informação, deveria identificar a natureza do tributo, vez que, a depender da natureza do tributo, o fluxo de prosseguimento é distinto; (d) realizar a penhora no sistema BacenJud; (e) aguardar o prazo do resultado da penhora; (f) ler o resultado e prosseguir no fluxo, a depender do mesmo: (f.1) sendo integral o valor da penhora, isto é, sendo penhorada a totalida-

DIERLE NUNES

[...] a equipe da Secretaria de Tecnologia da Informação e Comunicação (Setic) do Judiciário pernambucano programou o sistema "ELIS" para que aprendesse a realizar a triagem inicial de processos

de do débito, deveria realizar a transferência do valor para a conta judicial e desbloquear eventual excedente, sugerindo a minuta da decisão judicial respectiva; (f.2) sendo negativa ou parcial, seguir no fluxo; (g) seguindo no fluxo, deveria realizar a restrição de bens disponíveis no RenaJud e realizar a consulta no InfoJud, informando se há ou não bens passíveis de penhora e sugerindo a minuta da respectiva decisão. Em cada uma dessas etapas foi realizada uma validação pelos Juízes responsáveis (confirmação humana da atividade realizada pela "máquina"), de modo a identificar pormenorizadamente a acurácia do sistema de IA e sua utilidade. O sistema de IA deu cabo de 6.619 (seis mil, seiscentos e dezenove) processos, em pouco mais de 3 (três) dias. A serventia levaria 2 (dois) anos e 5 (cinco) meses para fazer o mesmo com um servidor dedicado exclusivamente a esta atividade (o que já seria um "luxo" no estado atual). O sistema de IA levou 25 (vinte e cinco) segundos para realizar todos os atos acima mencionados, sendo certo que o humano leva em média 35 (trinta e cinco) minutos, o que significa dizer que a "máquina" foi 1.400% (um mil e quatrocentos por cento) mais veloz que o homem. Além disso, e isso é espantoso, a acurácia alcançou o patamar de 99,95% (noventa e nove inteiros e noventa e cinco centésimos por cento). Dito de outra forma, a máquina "errou" apenas em 0,05% (cinco centésimos por cento) dos casos (somente em 3 processos), enquanto o percentual de erro do humano é de 15% (quinze por cento). O sistema mostrou que é muito, mas, muito mais rápido do que o humano e infinitamente mais eficaz, errando bem menos. Não foi só isso não! O sistema de Inteligência Artificial gerou, ainda, os seguintes resultados nos 3 (três) dias de funcionamento: 1) Penhora total do valor executado em 1.532 (um mil, quinhentos e trinta e dois) processos, levando parte desses processos à sua extinção pelo pagamento; 2) Com isso, houve a economia de 2/3 (dois terços) do tempo médio nacional de vida de um processo, considerando que os processos foram ajuizados em 2016 e que o tempo médio é de 7 (sete) anos e 5 (cinco) meses, o que resulta em uma possível economia de aproximadamente de R$ 4.357.693,48 (quatro milhões, trezentos e cinquenta e sete mil, seiscentos e noventa e três reais e quarenta e oito centavos) ao TJRJ, se considerarmos o valor do custo do processo do estudo do IPEA, sem qualquer atualização. Atualizando o valor, a possível economia é de aproximadamente R$ 6.722.460,5071 (seis milhões, setecentos e vinte e dois mil, quatrocentos e sessenta reais e cinquenta centavos); 3) Penhora parcial do valor executado em 1.157 (um mil, cento e cinquenta e sete) processos, impulsionando tais processos para mais 2 (dois) anos e 5 (cinco) meses adiante, no fluxo normal, gerando, com isso, uma possível economia de R$ 1.646.736,00 (um milhão, seiscentos e quarenta e seis mil, setecentos e trinta e seis reais) em tempo de processo72 (custos da execução em tramitação), se considerarmos o valor do custo do processo do estudo do IPEA, sem qualquer atualização. Atualizando o valor, a possível economia é de aproximadamente R$ 2.540.361,72 (dois milhões, quinhentos e quarenta mil, trezentos e sessenta e um reais e setenta e dois centavos); 4) Penhora negativa em 3.930 (três mil, novecentos e trinta) processos, impulsionando tais processos para mais 2 (dois) anos e 5 (cinco) meses adiante, no fluxo normal, gerando com isso, uma possível economia de R$ 5.593.493,93 (cinco milhões e quinhentos e noventa e três mil e quatrocentos e noventa e três reais e noventa e três centavos) em tempo de processo73 (custos da execução em tramitação), se consideramos o valor do custo do processo do estudo do IPEA, sem qualquer atualização. Atualizando o valor, a possível economia é de aproximadamente R$ 8.628.886,40 (oito milhões, seiscentos e vinte e oito mil, oitocentos oitenta e seis reais e quarenta centavos). Nesse quadro, temos que o valor possivelmente economizado com o tempo do processo corresponde R$ 11.597.923,42 (onze milhões, quinhentos e noventa e sete mil, novecentos e vinte e três reais e quarenta e dois centavos), valor esse que, atualizado a valor presente, pois os dados do IPEA utilizados como parâmetro são de 2011, equivale a quantia de R$ 17.891.708,61 (dezessete milhões, oitocentos e noventa e um mil, setecentos e oito reais e sessenta e um centavos). Existe, ainda, um grande valor agregado a esse ganho de tempo: os juízes e servidores da Vara, poderão dedicar muito mais tempo para os processos de maior complexidade e de maiores valores (grandes devedores). Isso resulta em aumento de produtividade incalculável. E o dado mais expressivo foi que a arrecadação direta atingiu o montante de R$ 31.919.214,37 (trinta e um milhões, novecentos e dezenove mil, duzentos e quatorze reais e trinta e sete centavos) através das penhoras (totais e parciais), cujo valor principal vai para o credor (município do Rio de Janeiro). Isso gerou uma arrecadação recorde em apenas 3 (três) dias, incentivando uma educação fiscal, pois inúmeros contribuintes devedores, ao saberem das penhoras, buscaram o município ou a serventia para quitarem seus débitos, mesmo não tendo sido alcançados pelos atos constritivos, e, ainda, mesmo nos casos de penhora negativa, vários contribuintes, ao tomarem conhecimento, quitaram seus débitos, gerando uma arrecadação superior à mencionada acima. De outro lado, o sistema de IA possibilitou, nesses 3 (três) dias, o recolhimento do montante de R$ 2.133.994,88 (dois milhões, cento e trinta e três mil, novecentos e noventa e quatro reais e oitenta e oito centavos) de custas e taxa judiciária para o TJRJ. As conclusões imediatas são: (a) economia direta para o Tribunal na redução do tempo do processo; (b) redução do estoque processual, com significativa baixa na taxa de congestionamento e, por via de consequência, um expressivo aumento de produtividade; (c) maior efetividade da execução fiscal; (d) aumento da arrecadação do Município em percentuais nunca antes identificados; (e) aumento do recolhimento das custas e da taxa judiciária; (f) redução significativa do trabalho braçal e intelectual dos servidores e do tempo de realização de atos de complexidade mediana; (g) criação de uma cultura de educação fiscal; (h) melhor gestão da serventia, dentre inúmeros outros." PORTO, Fábio Ribeiro. O impacto da utilização da inteligência artificial no executivo fiscal. estudo de caso do Tribunal de Justiça do Rio de Janeiro. *Direito em Movimento*, Rio de Janeiro, v. 17, n. 1, p. 142-199, 1º sem. 2019. P. 185-190. Acessível em: http://www.emerj.tjrj.jus.br/revistadireitoemovimento_online/edicoes/volume17_numero1/volume17_numero1_142.pdf.

56. Disponível em: https://www.tjpe.jus.br/noticias/-/asset_publisher/ubhL04hQXv5n/content/id/2079372.

ajuizados eletronicamente pela Prefeitura do Recife a partir de ações judiciais selecionadas pelos servidores da Vara de Executivos Fiscais da Capital. A partir da base de conhecimento apresentada, o sistema de inteligência artificial aprendeu a classificar os processos de Executivos Fiscais ajuizados no PJe em relação a divergências cadastrais, competências diversas e eventuais prescrições. Numa etapa posterior, valendo-se de técnicas de automação, "ELIS" ainda é capaz de inserir as minutas no sistema e até mesmo assinar os despachos, acaso opte o magistrado. No desenvolvimento do sistema, foram usados programas de código aberto e uso livre, gerando um novo produto sem custos adicionais para o Tribunal. (...) Na simulação realizada pela Setic em um ambiente de homologação, o sistema "ELIS" avaliou 5.247 processos e conseguiu classificar com precisão a competência das ações, divergências cadastrais, erros no cadastro de dívida ativa e casos de prescrição. "Desse total de ações judiciais distribuídas eletronicamente, 4.447 (84%) estavam aptas a continuar tramitando; 640 (12%) foram ajuizadas, mas estavam prescritas; 160 (3%) continham algum erro na certidão de dívida ativa (CDA); 16 (0,3%) foram incorretamente distribuídas porque eram de competência estadual e 14 (0,3%) continham dados divergentes. Em três dias, "ELIS" foi capaz de fazer a triagem de mais de 5 mil processos", descreveu o diretor de sistemas do Tribunal, Raphael José D´Castro, na apresentação do projeto.

Em verdade, se tem uma infinidade de usos dos dados estruturados: parametrizados por IA. Pareceres jurimétricos de dados que permitem saber qual o nível de importância de um Recurso Especial repetitivo ou recurso extraordinário e, inclusive, ofertar subsídios para que um pequeno ou grande *player* impactado pela decisão possa requerer a afetação de um recurso mais abrangente que permita a real influência (art. 10 e 489, § 1º, IV, 1.036, § 6º, CPC).[57] Os dados parametrizados podem auxiliar igualmente na programação de ODRs, conduzindo-se a adaptação procedimento.

3. ALGUNS IMPACTOS TRANSFORMADORES DA TECNOLOGIA – ODR

Palestra sobre a tendência do uso da ODR

Ethan Kath e Orna Rabinovich-Einy pontuam que os modos tradicionais se encontram esgotados para dimensionar a profusão e diversidade de litigiosidades, fruto inclusive do fomento das relações online. Como explicitam:

> Os esforços das últimas décadas para expandir o uso de meios extrajudiciais de resolução de conflitos permitiram que os tribunais sobrevivessem com recursos financeiros reduzidos. Ninguém – nem os tribunais, nem os processos alternativos – está preparado para lidar com o volume, a variedade e o caráter das disputas que são um subproduto dos níveis de atividade criativa e comercial que acontecem on-line hoje. A capacidade dos tribunais é inelástica não apenas por causa dos níveis orçamentários dos tribunais, mas também pelas qualidades físicas que os definem: a necessidade de se encontrar pessoal-

---

57. Sobre o contraditório como influência: NUNES, Dierle; BAHIA, Alexandre; PEDRON, Flávio. *Teoria Geral do Processo: com comentários da virada tecnológica do direito processual*. Salvador: Juspodivm. 2020. Sobre vários usos da ciência de dados no Direito. Cf. ZAVAGLIA, Alexandre. Ciência de dados aplicada ao Direito. 2018. Acessível em: https://youtu.be/pTlBdnkKCe0.

mente, a necessidade de advogados e de juízes humanos que processam os casos e os decidem. Meios extrajudiciais de resolução de conflitos, como mediação e arbitragem, enfatizam as interações face a face e, portanto, são restritos da mesma maneira. Se o ODR e a prevenção de disputas on-line não se tornarem indústrias em crescimento, e se novas ferramentas para lidar ou evitar disputas não puderem ser criadas com base em nossas novas tecnologias, os riscos associados à inovação aumentarão e o valor de todas as novas ferramentas e recursos que nós temos diminuirá. (tradução livre)[58]

A partir desta ilação dos autores podemos tematizar um dos campos de maior crescimento na virada tecnológica, qual seja, a ODR.

A *On Line Dispute Resolution*[59] ou Resolução de disputas on-line (ODR):

é a aplicação da tecnologia da informação e das comunicações à prevenção, gerenciamento e resolução de disputas. A *ODR* surgiu originalmente em meados da década de 90 como uma resposta a disputas decorrentes da expansão do comércio eletrônico. Durante esse período a web estava se expandindo para usos comerciais, tornando-se um espaço ativo, criativo, crescente e, às vezes, lucrativo. Um ambiente assim, com um número significativo de transações e interações (onde os relacionamentos são facilmente formados e facilmente rompidos), parecia suscetível de gerar disputas. Ao mesmo tempo, também ficou claro que as divergências emergentes das atividades on-line não podiam ser resolvidas pelos canais off-line tradicionais. Com as partes provavelmente afastadas uma da outra e incapazes de se encontrar cara a cara, essas novas disputas só poderiam ser resolvidas on-line. Isso significava que novas ferramentas e recursos que exploravam os recursos de comunicação digital e processamento de informações pelos computadores tinham que ser desenvolvidos (tradução livre).[60]

O surgimento da ODR, contudo, não se relaciona de forma direta com as técnicas alternativas de resolução de conflitos (ADRs), pois "originalmente, a intenção da ODR não era deslocar, desafiar ou romper um regime legal existente ou processos de ADR conhecidos. Em vez disso, sua meta era preencher o vácuo envolvendo disputas on-line onde o direito estava ausente ou era inadequado" (tradução livre).[61]

---

58. RABINOVICH-EINY, Orna; KATSH, Ethan. *Digital Justice* cit. p. 14.

59. Como informa relatório da Comissão europeia: "A Comissão lançou a plataforma ODR em janeiro de 2016. A plataforma foi aberta ao público em 15 de fevereiro de 2016. Na construção da plataforma, a Comissão foi apoiada por um grupo de especialistas composto por especialistas em ODR designados pelos Estados-Membros. Antes do lançamento da plataforma, a Comissão havia realizado três exercícios de teste abrangentes. O fluxo de trabalho da plataforma é prescrito no Regulamento ODR. A Comissão projetou, portanto, as várias interfaces da plataforma de acordo com essas especificações legais. [...] A ADR e a ODR do consumidor tornaram-se parte integrante da caixa de ferramentas da UE para a aplicação pública e privada da lei do consumidor. Hoje, os consumidores da UE têm acesso a procedimentos de ADR de alta qualidade em toda a União e em praticamente todos os setores de varejo, independentemente de a disputa ser doméstica ou transfronteiriça e se a compra foi feita online ou offline. A plataforma europeia de ODR fornece um hub centralizado e multilíngue para resolver disputas on-line, desencadeando uma solução direta em até 42% dos casos. No entanto, cerca de um ano após a cobertura total de ADR ter sido alcançada e três anos e meio após o lançamento da plataforma ODR, a estrutura de ADR / ODR é subutilizada e ainda não atingiu todo o seu potencial. Os desafios atuais incluem a percepção e percepção de ADRs, a navegabilidade dos cenários nacionais de ADRs e a adoção de ADRs pelos comerciantes. Além disso, atualmente o fluxo de trabalho na plataforma ODR reflete apenas parcialmente as necessidades demonstradas pelo usuário." (tradução livre). TRANHOLM-MIKKELSEN, Jeppe. *Report from the commission to the european parliament, the council and the european economic and social committee on the application of directive 2013/11/eu of the european parliament and of the council on alternative dispute resolution for consumer disputes and regulation (eu) no 524/2013 of the european parliament and of the council on online dispute resolution for consumer disputes*. Bruxelas: Council of the European Union. Out./2019.

60. KATSH, Ethan; RULE, Colin. What we know and need to know about online dispute resolution. *South Carolina Law Review*, 2016, v. 67. p. 329.

61. KATSH, Ethan; RULE, Colin. What we know and need to know about online dispute resolution. *South Carolina Law Review*, 2016, v. 67. p. 329.

Isso deve afastar, ainda que parcialmente, a ideia de que as técnicas *online* de resolução de conflitos (*ODRs*) estariam submetidas à mesma racionalidade das técnicas alternativas (*ADRs*) implementadas mediante o emprego parcial ou total de sua adoção em suporte informático.[62]

No entanto, os desenvolvimentos do ODR não se assemelham mais ao ADR, pois os sistemas da ODR não apenas espelham processos convencionais de ADR para um ambiente online. Em vez disso, várias ferramentas de ODR usam inteligência artificial para apoiar e facilitar diretamente a resolução de disputas, substituindo assim o facilitador humano. O software ODR pode apoiar a negociação por meio da correspondência de interesses específicos com soluções em potencial ou o fornecimento de diagnóstico de problemas personalizado para o indivíduo.[63]

Isso demonstra que ao buscar dimensionar problemas os profissionais da tecnologia, em diálogo com os juristas, conseguem pensar em novas vias que não estariam abarcadas pelo modelo tradicional de *ADR ou processual jurisdicional*, com adaptações procedimentais viáveis, de modo a se perceber que a *ODR* não pode simplesmente ser pensada sob os limites de uma reprodução dos meios já existentes, mas com novas potencialidades, desde que se respeite os limites da normatividade e de nosso modelo democrático de processo.

Como os sistemas de Resolução de Conflitos (*Dispute Systems Design – DSD*) giram em torno da comunicação, processamento e gerenciamento de informações, o emprego da tecnologia se alia de modo natural a um processo intensivo de debate, e nas ODRs a tônica é a de se estabelecer plataformas de dimensionamento de conflitos com comunicação baseada em interesses dos usuários,[64] por vezes parametrizados com alta acuidade.[65]

Como explicam Katsch e Rabinovich-Einy a ODR oferece a oportunidade de analisar grandes quantidades de dados sobre padrões de disputas a baixo custo, *permitindo maior controle sobre o funcionamento dos processos de resolução de disputas e ajudando a determinar as causas subjacentes das disputas*. Essas características da ODR mudaram cumulativamente o foco da resolução de disputas[66]. Como pontuam:

---

62. Informam Feigelson et al que "[...] é significativo acentuar que ODR não se resume apenas em aplicação digital dos MASC, vai além. Tanto que, logo no início de sua utilização, ODR era, sim, vista como aplicação de tecnologia aos já conhecidos MASC, entretanto, com o passar dos anos, as tecnologias avançando e sendo aprimoradas, há diferenciação clara de ODR para os tradicionais MASC, especificamente duas primordiais, como explanam Katsh e Rabinovich-Einy (2014, p. 23, tradução e grifo nosso), "os recursos *exclusivos* da ODR giram em torno do seguinte: (1) comunicação à distância e (2) a inteligência da máquina. Estas capacidades são atraentes porque agregam flexibilidade, eficiência, capacidade e perícia". FEIGELSON, Bruno; FURNALETO NETO, Mário; CARMO, Júlio Cesar Lourenço do. Resolução on-line de controvérsias: a conversão da cultura do litígio à cultura da autocomposição. *Revista de Direito e as Novas Tecnologias* | v. 4/2019, jul.-set. 2019, DTR\2019\40166.
63. QUEK ANDERSON, Dorcas. Ethical concerns in court-connected online dispute resolution. (2019). *International Journal of Online Dispute Resolution*. 5, (1-2), 21.
64. RABINOVICH-EINY, Orna; KATSH, Ethan. Technology and the Future of Dispute Systems Design. *Harvard Negotiation Law Review*. v. 17. 2012. p. 153.
65. NUNES, Dierle; BAHIA, Alexandre; PEDRON, Flávio. *Teoria Geral do Processo: com comentários da virada tecnológica do direito processual*. Salvador: Juspodivm. 2020.
66. RABINOVICH-EINY, Orna; KATSH, Ethan. *Digital Justice*. Oxford University Press, USA, 2017, p. 47.

Ao passar da intervenção humana para o software, a ODR é capaz de lidar com um número extremamente grande de disputas, com resultados rápidos e de baixo custo. A coleta de dados por meio da ODR também fornece os meios para o desenvolvimento e aprimoramento de algoritmos que podem identificar padrões nas fontes de disputas (por exemplo, políticas ambíguas de remessa dos vendedores) ou na eficácia de várias estratégias para a resolução de disputas (por exemplo, o estágio em que a resolução de disputas é oferecida pela primeira vez), que pode ser empregada para evitar disputas e melhorar os processos de resolução de disputas. O escopo e a capacidade da *Quarta Parte* (uma metáfora da ODR usada na resolução de disputas) estão atualmente no meio de uma transição altamente significativa: de aplicativos que se concentram na comunicação e conveniência a software que emprega algoritmos e explora a inteligência de máquinas. Às vezes, isso pode remover a necessidade de um mediador, representante de atendimento ao cliente ou outro manipulador de disputas. É a isso que nos referimos como a mudança da intervenção humana para uma assistida por software e de um processo que simplesmente facilita a comunicação de informações para uma que as processa. [...] a mudança de processos que valorizam a confidencialidade na resolução de disputas para processos que também se concentram na coleta e uso de dados, cria uma nova oportunidade para redirecionar a atenção para a prevenção. A documentação dos dados em formato digital apresenta novos riscos à privacidade e contraria as premissas que moldaram as ADRs presenciais, em que a privacidade dos procedimentos foi considerada um recurso central e resultou em documentação mínima e falta transparência nos procedimentos e seus resultados. No entanto, a coleta de dados também permite o controle de qualidade do design de software e da tomada de decisão humana de maneiras que nem sempre estão presentes ou são possíveis nos tribunais. Esse monitoramento pode permitir, por exemplo, um estudo do impacto do desenho processual dos vários elementos do sistema ODR em diferentes tipos de disputantes.[67]

Não se pode ainda negligenciar que o interesse que desencadeia a implementação de *ODRs* nem sempre se dá com o propósito de se adotar um ambiente normativamente correto (em devido processo constitucional) para persecução da auto ou heterocomposição. Ainda não se pode esquecer que muitas vezes a construção de uma plataforma de ODR é levada a cabo pela própria parte envolvida no litígio que seguramente, de posse de privilégios informacionais, poderá programá-la para favorecer seus próprios propósitos.

Na primeira hipótese, poderíamos pensar na plataforma idealizada no início dos anos 2000 para resolução dos conflitos ocorridos no site Ebay. Ela é ovacionada no mundo inteiro pelos seus resultados ao chegar a dimensionar mais de 60 milhões de conflitos num único ano, com altíssima taxa de satisfação.

Em 2003, anos após a adoção do sistema Square Trade (1996), o eBay decidiu desenvolver sistemas ODR internos e contratou Colin Rule como diretor de projeto. Lançou um sistema interno de negociação automatizada para disputas de tipos específicos (MODRIA) de problemas. Em todos os casos, o eBay descobriu que as disputas ocorrem principalmente devido a falhas de comunicação e que a transferência de informações importantes pode esclarecer a natureza do problema e auxiliar na atribuição de responsabilidades e criação de uma solução. Como pontuam Rabinovitch e Katsh, "o volume de transações e a natureza repetitiva e simples dessas disputas permitiram ao eBay formular formatos fixos que podem ser programados e não requerem intervenção humana para resolver estes problemas."[68] Em 2017 MODRIA foi adquirida pela Tyler

---

67. KATSH, Ethan; RABINOVICH-EINY, Orna. *Digital Justice* cit.
68. RABINOVICH-EINY, Orna; KATSH, Ethan. Technology and the Future of Dispute Systems Design cit. p. 174.

Technologies, maior empresa de software que opera nos Estados Unidos no seguimento, ampliando as aplicações.[69]

A plataforma de ODR estruturada por Rule (MODRIA), como explica Ben Barton, "tenta solucionar substantivamente e, também, financeiramente as disputas. Começa com um "módulo de diagnóstico" que reúne informações relevantes. Um "módulo de negociação" resume as áreas de acordo e desacordo e faz sugestões para resolver o problema. Se isso não resultar em liquidação, um "módulo de mediação" com um terceiro neutro começa e a etapa final é a arbitragem.[70] MODRIA afirma que a "grande maioria" das reivindicações é resolvida nas duas primeiras etapas sem que um humano se envolva."[71]-[72]

Em síntese, perceba-se que se fundou uma *nova proposta de fase de cognição modular* adaptada por tecnologia: 1ª Etapa: "módulo de diagnóstico" que reúne informações relevantes e supre os déficits informacionais das partes, inclusive com autoajuda tecnológica, e que poderá inclusive permitir acesso a provas. *Tal etapa é essencial para garantir isonomia e pode, tal qual uma antecipação de provas autônoma, impedir a continuidade do litígio.* 2ª etapa: *"módulo de negociação facilitada por tecnologia"* mediante a qual a tecnologia se apresenta como *quarta parte*[73] que auxilia os contendores na obtenção de acordo a partir de uma oferta de propostas embasada nos interesses devidamente parametrizados pela

---

69. RABINOVICH-EINY, Orna; KATSH, Ethan. The new new courts. *American University Law Review*, v. 67. 2017. p. 201.

70. A estruturação em módulos explica a adoção do nome Modria, que significa *Modular online dispute resolution implementation assistant* (Assistente de implementação de resolução de disputas on-line modular).

71. BARTON, Ben. *Modria and the Future of Dispute Resolution.* http://www.odreurope.com/news/articles/online-dispute-resolution/1172-modria-and-the-future-of-dispute-resolution.

72. Uma novidade desde 2017 é a ampliação do uso do MODRIA em processos judiciais desde a já mencionada aquisição pela Tyler Technologies. "Um dos desenvolvimentos mais interessantes no tribunal ODR é a aquisição da Modria pela Tyler Technologies em maio de 2017. A Modria é a plataforma de software líder para o design e operação de serviços de resolução de disputas on-line. Foi estabelecido por Colin Rule e Chittu Nagarajan em 2011, depois que os dois deixaram suas posições no eBay e Paypal. Rule e Nagarajan desenvolveram o sistema eBay-Paypal ODR, que tratava de mais de 60 milhões de disputas por ano, a grande maioria das quais eram resolvida através de serviços automatizados de resolução de disputas. Embora a Modria tenha uma experiência substancial no setor de comércio eletrônico projetando sistemas ODR para plataformas como Upwork e Rover, também tem sido um participante central no setor público na criação de sistemas ODR para casos de divórcio familiar através da plataforma Rechtwijzer, recursos tributários nos Estados Unidos e Canadá e casos de arbitragem sem falhas (o Centro de ADRs de Seguros Sem Seguros de AAA de Nova York). A Tyler Technologies é a maior empresa de software que opera nos Estados Unidos localmente. setor governamental. Foi fundada em 1966 e desde 1997 concentra-se em fornecer soluções baseadas em software para o governo local. A Tyler Technologies presta serviços a mais de 15.000 locais e escritórios do governo, incluindo tribunais e distritos escolares. Novecentos condados nos Estados Unidos incorporaram o sistema de arquivamento e gerenciamento de tribunais da Tyler Technologies. A aquisição da Modria pela Tyler Technologies permite que Tyler incorpore a Modria em seu software e ofereça aos seus clientes uma fase adicional de opções para gerenciar processos judiciais e aumentar as chances de uma resolução eficiente. A Tyler Technologies possui uma impressionante ferramenta de diagnóstico de tribunais, que se conecta à sua ferramenta de arquivamento eletrônico. Ao integrar o ODR a essas ferramentas, o tribunal aprimora a resolução e o encerramento dos casos. A plataforma será implementada em uma variedade de tipos de casos, incluindo família, local de trabalho e dívidas, cada um dos quais exigirá seu próprio processo específico de design. A escala de casos tratados pela Tyler Technologies acelerará o aprendizado de máquina da plataforma nesse cenário. O vice-presidente de resolução de disputas on-line, Colin Rule, projeta que dentro de dez anos, setenta e cinco por cento dos casos civis serão resolvidos por esse tipo de processo on-line, com apenas os casos muito complexos e de alto valor que exigem uma resolução face a face mais tradicional. A aquisição da Modria indica que Tyler acredita firmemente no potencial da ODR, especificamente no tribunal e no setor público em geral." (tradução livre) RABINOVICH-EINY, Orna; KATSH, Ethan. The new new courts. *American University Law Review*, v. 67. 2017. p. 201-202.

73. KATSCH, Etha, RIFKIN, J. *Online Dispute Resolution:* Resolving Conflicts in Cyberspace. USA: Wiley Publishing, 2001.

infinidade de dados das negociações do passado; 3ª etapa: Frustradas as etapas anteriores, se passa a uma etapa de *conciliação/mediação mediada por profissionais humanos*; 4ª etapa: *decisória* mediante a análise do caso. Tal decisão pode ser assistida por algum modelo algoritmo ou conduzida mediante a análise tradicional de cotejo de fatos/provas/fundamentos jurídicos. Esta estrutura modular da cognição inspira os principais modelos privados e de tribunais online em operação no mundo.

No entanto, como Rule confessa[74] seus propósitos nunca foram o de se criar uma plataforma excepcional em termos de correção, mas induzir maior engajamento e negociações no próprio Ebay, o que se vislumbra tanto naqueles que conseguem uma solução positiva ou mesmo para os que se frustram em suas pretensões.

Para além dos impactos e riscos do paradigma do neoliberalismo processual discutidas em outras sedes[75], talvez a assertiva de Susskind em sua última obra tenha alguma pertinência, no sentido de que os cidadãos não querem tribunais, mas sim os resultados trazidos por eles,[76] de modo que, se esses resultados puderem ser ofertados de novas

---

74. Como apontam Katsh e Rule: "A meta para um grande mercado de comércio eletrônico como o eBay, no entanto, não é resolver um problema de modo excepcional para um grande número de disputas. O objetivo é maximizar o número de transações bem-sucedidas, e a solução de disputas é essencial para aumentar esse volume. Ao monitorar o comportamento de compra e venda dos usuários e estender o lado especializado do triângulo, o eBay pode fornecer resoluções rápidas e justas que incentivam os compradores a se envolverem em mais transações. Essa coleta e análise dos dados gerados por um número muito grande de disputas podem permitir técnicas e abordagens que não são possíveis na resolução de disputas offline presencial. No mundo das ADRs, vários estudos mediram as taxas de satisfação dos usuários de diferentes sistemas de ADRs. Na realidade, essas são medidas que derivam do que as partes dizem sobre como se sentem depois de participar de uma mediação ou arbitragem. Empresas como o eBay, tendo acesso a cada clique feito por um usuário, podem examinar a satisfação de uma maneira diferente e mais granular. Em 2010, o eBay e o PayPal realizaram um estudo que não tinha a intenção de medir a satisfação da maneira tradicional, pesquisando os participantes antes e depois de participar de um processo de resolução de disputas. Em vez disso, ele compararia o comportamento real dos participantes antes e depois do processo, algo que poderia ser facilmente medido com os dados que eles coletavam rotineiramente. Em outras palavras, o eBay não analisaria o que os usuários diziam, mas suas ações como compradores ou vendedores após a participação. em um processo de resolução de disputas on-line. O eBay atribuiu aleatoriamente centenas de milhares de usuários a dois grupos e comparou o comportamento de compra e vendedor por três meses antes e depois da experiência com o ODR. Essa taxa de atividade indicava não apenas quão mais ou menos ativa a parte ficou no site após vencer ou perder uma disputa, mas também poderia calcular quanto a empresa ganhou ou perdeu financeiramente como resultado de alguém participando da experiência de ODR. Isso foi feito sabendo o valor de cada transação na qual a pessoa se envolveu antes e após o processo de resolução de disputas. Os projetistas do estudo haviam levantado a hipótese de que as partes que "vencessem" sua disputa (por exemplo, recebiam um reembolso) aumentaram a atividade e que as partes que "perderam" sua disputa teriam diminuído a atividade. Supôs, em outras palavras, que as partes vencedoras ficariam mais satisfeitas do que as partes que perderam e ajustariam o volume da transação de acordo. Isso ocorreu; mas a lição mais significativa do estudo, e a mais contraintuitiva, foi que a participação no processo de ODR levou a um aumento da atividade mesmo dos perdedores. O que foi encontrado foi o seguinte: [os] únicos compradores que diminuíram suas atividades após a primeira disputa foram compradores para os quais o processo levou muito tempo, mais de seis semanas. Esta lição confirmou o feedback que ouvimos anteriormente, indicando que os compradores preferem perder o caso rapidamente, em vez de o processo de resolução continuar por um longo período de tempo." (tradução livre) KATSH, Ethan; RULE, Colin. What we know and need to know about online dispute resolution. *South Carolina Law Review*, 2016, v. 67. p. 334.

75. "[...] pautas do *neoliberalismo processual*, que capturaram as instituições de modo tão profundo que, no Brasil, como já se afirmou, desde a década de 1990 e a anuência às premissas do consenso de Washington, os ideais de eficiência, resultado e produtividade passaram a ser mais discutidos e perseguidos do que a implementação efetiva de um processo democrático em consonância com a comparticipação dos sujeitos e, em decorrência, a construção de um sistema jurídico no qual os cidadãos sejam vistos como sujeitos, ao invés de ser tratados prioritariamente como dados numéricos." Cf. NUNES, Dierle; BAHIA, Alexandre; PEDRON, Flávio Quinaud. *Teoria Geral do Processo*: com comentários sobre a virada tecnológica no direito processual. Salvador, Juspodium, 2020. NUNES, Dierle. *Processo jurisdicional democrático*. Curitiba: Juruá, 2008. p. 157-164.

76. Pontue-se, no entanto, a não concordância de que os Tribunais sejam mero serviço. Cf. o texto: NUNES, Dierle; MALONE, Hugo. Entre tribunais online e plataformas de ODR: o avanço da tecnologia no direito em decorrência

maneiras, que sejam menos onerosas, melhores, mais rápidas ou mais práticas do que os tribunais de hoje, os usuários dos tribunais mudarão para tais alternativas[77]. Ademais, é preciso, como já se defende há bastante tempo, perceber que o direito processual deve possuir como protagonista os cidadãos,[78] de modo que a tecnologia mediante a coleta da chamada experiência do usuário (*user experiences*) poderá auxiliar neste objetivo.[79]

Na segunda hipótese, temos litigantes habituais que criam plataformas que já apresentam contatos e propostas pela via *online* (v.g. *chat bots*, mensagens diretas em redes sociais) que levam em consideração os dados padronizados de qual seria o futuro valor de condenação e se programa uma negociação via *bots* hábil a fornecer ofertas que permitam chegar sempre a um acordo cujos importes de pagamento estejam subdimensionados. Alguns escritórios já criaram *legaltechs* que negociam diretamente com os consumidores. Como dito, eles parametrizam os dados de seu massivo de casos e já negociam com juízos preditivos, estabelecendo uma quebra de 30 a 40% do valor que seriam condenados caso a decisão fosse do judiciário (que já sabem mediante um parâmetro jurimétrico). Alguns deles fazem milhares de acordos a cada semestre. Perceba que, nesta hipótese, se prescinde da 1ª etapa de busca de isonomia informacional entre as partes e se abusa desta falta de conhecimento para potencializar os resultados. Ademais, fere claramente os *princípios da transparência e da participação informada*,[80] em face do evidente encobrimento dos interesses das partes mediante omissão de informações essenciais, que dificultam a atuação daqueles que têm mais dificuldade de compreender o funcionamento dos mecanismos tecnológicos.[81]

Uma outra possibilidade é do uso da ODR incorporado aos processos judiciais, que atende, como primeiro passo, à adaptação aqui proposta. Pontue-se que Susskind defende um afastamento dos conceitos entre ODR e cortes online,[82] na medida em que o emprego de tecnologia na jurisdição (justiça pública com decisões obrigatórias) não seria compatível com o uso privado das plataformas de resolução online nos quais as decisões não teriam carga imperativa.

---

da pandemia da Covid-19. In: FONSECA, Isabella (Org.). *Inteligência Artificial e processo*. Belo Horizonte, São Paulo: D'Plácido, 2020. v. II. E o debate no QRCode.

77. SUSSKIND, Richard. *Online courts and the future of justice*. Oxford: Oxford University Press, 2019. p. 179.
78. Cf. NUNES, Dierle. *Processo jurisdicional democrático*. Curitiba: Juruá, 2008. NUNES, Dierle; BAHIA, Alexandre; PEDRON, Flávio Quinaud. *Teoria Geral do Processo*: com comentários sobre a virada tecnológica no direito processual. Salvador, JusPodivm, 2020.
79. RABINOVICH-EINY, Orna; KATSH, Ethan. The new Japonium courts. *American University Law Review*, v. 67. 2017. p. 205.
80. Como informa o National Center for Technology & Dispute Resolution, fundado em 1998 pelos professores de Direito da Universidade de Massachusetts, Ethan Katsh e Janet Rifkin: "No desenvolvimento e implementação de sistemas e processos de ODR, é feito um esforço ativo para garantir (1) divulgação explícita aos participantes de todas as informações sobre riscos e benefícios do processo, (2) a competência dos participantes para avaliar as informações sobre a participação no processo, (3) compreensão pelos participantes das informações; (4) sempre que possível, a aceitação voluntária pelos participantes dos riscos da participação; e sempre que o consentimento voluntário não for possível devido à natureza obrigatória da participação, isso será tornado transparente." Acessível em: http://odr.info/ethics-and-odr/#_ftn1.
81. QUEK ANDERSON, Dorcas. Ethical concerns in court-connected online dispute resolution. *International Journal of Online Dispute Resolution*. 5, (1-2), 20-38. *Research Collection School Of Law*, 2019.
82. SUSSKIND, Richard. *Online courts and the future of justice* cit. p. 61-62.

No entanto, a absorção pública por vezes emprega a mesma estrutura e principiologia da ODR, sem olvidar que suas decisões são efetivadas dentro da própria plataforma com satisfação até superior àquela obtida na jurisdição de inúmeros países, de modo que o afastamento aparenta mais uma percepção retórica do que efetiva. Ademais, seguindo o raciocínio a conciliação/mediação incorporada pela legislação ao procedimento judicial (por exemplo no art. 334, CPC) desnaturaria sua natureza técnica e suas premissas decorrentes de seu berço nas ADRs.

Ademais, preferimos a abordagem mais ampliativa de Amsler, Martinez e Smith, para as quais:

> A resolução de disputas on-line é o uso da tecnologia da informação e comunicação para resolver disputas. Ela abrange uma ampla gama de ferramentas e mecanismos que diferem dos processos off-line em eficiência e tipo, e inclui arquivamento eletrônico e gerenciamento de fluxo de casos, negociação automatizada e assistida, ADR on-line e processos judiciais, e tomada de decisão assistida usando algoritmos. A tecnologia jurídica abrange avanços nas plataformas de provedores, *chatbots* legais, inteligência artificial aplicada à regulamentação legal e análises preditivas. A resolução de disputas online tem muitos exemplos de inovação. [...] O Conselho de Apelações Fiscais de Ohio oferece um processo de diagnóstico on-line para que um contribuinte insira dados relevantes e avalie a probabilidade de um recurso bem-sucedido por meio do uso de big data. Ayelet Sela traça a natureza interdisciplinar e a evolução da resolução de disputas on-line, envolvendo não apenas procedimentos e infraestrutura legais, mas também ciência da computação, psicologia, negócios (reparação de clientes), engenharia e medicina. O surgimento do Blockchain e o design de contratos inteligentes implica outro caminho para a solução de disputas on-line. Sela examina as diferenças nos tipos de processos que as partes experimentam na mediação e arbitragem on-line versus seus equivalentes pessoalmente, constatando que os participantes preferem o software quando o controle da decisão permanece com as partes, mas preferem a intervenção humana quando o controle da decisão é transferido para um terceiro árbitro. Essas observações refletem o grau de autonomia possível com a resolução de disputas on-line e as expectativas que os disputantes trazem à sua experiência. [...] As aplicações potenciais da resolução de disputas on-line são vastas [...]. É importante lembrar que esta pesquisa é, necessariamente, incompleta. As pessoas continuam a criar novas maneiras de se comunicar e lidar com conflitos.[83]

Pontue-se que a presidente do CRT Canadense, Tribunal administrativo que comentaremos à frente, defende que o "potencial transformador da ODR só será realizado quando a ODR estiver totalmente integrada aos processos de justiça pública".[84]

No Brasil este uso pode ser exemplificado no já referido caso da recuperação judicial da OI S/A que viabilizou, *mediante a incorporação da tecnologia ao procedimento*, mais de 46.000 acordos.[85] Ainda temos o embrionário uso da plataforma consumidor.gov na fase inicial nos processos eletrônicos do TJDFT e TRF1.[86]

---

83. AMSLER, Lisa Blomgren; MARTINEZ, Janet K.; SMITH, Stephanie E. *Dispute system design*: preventing, managing and resolving conflict. Stanford: Stanford University press, 2020. Kindle.

84. SALTER, Shannon. Online dispute resolution and justice system integration: British Columbia's civil resolution tribunal. Windsor Yearbook of Access to Justice. v. 34, 2017. p. 114.

85. CURY, César. Um modelo transdisciplinar de solução de conflitos: direito e tecnologia no processo de recuperação judicial do *leading case* OI S/A. In: NUNES, Dierle; LUCON, Paulo Henrique dos Santos; WOLKART, Erik Navarro (Coord.). *Inteligência artificial e direito processual*: os impactos da virada tecnológica no direito processual. Salvador: Jus Podivm, 2020. (Presente obra).

86. CNJ, *Projeto piloto marca integração entre PJe e Consumidor.gov.br*. Disponível em: https://www.cnj.jus.br/projeto-piloto-marca-integracao-entre-pje-e-consumidor-gov-br/.

No direito estrangeiro temos inúmeros exemplos, sendo um dos mais destacados o sistema ODR em camadas e modular do Tribunal de Resolução Civil[87-88] (CRT) da Colúmbia Britânica. Como informa Quek Anderson: [89]

> Projetada para lidar com ações condominiais e pequenas causas (e reclamações de acidentes de carro desde 2019), o CRT apresenta um processo completo, combinando fases de resolução de disputas e focando na participação antecipada das partes. A primeira fase fornece diagnóstico inicial de problemas e autoajuda por meio da ferramenta online intitulada *Solution Explorer*. Este software utiliza caminhos

---

87. RABINOVICH-EINY e KATSH ofertam uma explicação mais pormenorizada do Civil Resolution Tribunal Canadense: "O Tribunal de Resolução Civil de Columbia Britânica é a primeira jurisdição a ter um tribunal operacional on-line. O tribunal, chamado Tribunal de Resolução Civil (Civil Resolution Tribunal – CRT), foi estabelecido por lei e está em operação desde julho de 2016. Atualmente, o CRT lida com reivindicações monetárias civis de até US$ 5.000 e certas causas condominiais ou reivindicações relacionadas a vizinhos. As disputas condominiais são processadas pelo CRT desde seu lançamento e as pequenas causas, até Can $ 5.000, desde junho de 2017. O CRT passou por extensas etapas de planejamento, desenvolvimento e testes antes de ser lançado no ano passado, exigindo não apenas conhecimento técnico e ajustes de software, mas também provocando desafios políticos por causa do mandato da CRT. O CRT foi adotado como um sistema obrigatório, isento de advogados (com algumas exceções) para todas as reclamações sob a jurisdição do tribunal. Está disponível 24 horas nos 7 dias da semana, acessível via computador ou smartphone por uma tarifa baixa e tem como premissa a colaboração e uma abordagem não adversarial. Além disso, todo o processo é rápido, com duração média de sessenta a noventa dias. Associações profissionais de advogados perceberam esse novo esquema como um desafio significativo; portanto, foram necessárias consultas adicionais com os distritos eleitorais relevantes antes do lançamento do CRT. O próprio sistema é composto por quatro estágios principais. O primeiro envolve "informações, diagnóstico de problemas e autoajuda". Esse estágio permite que as partes explorem anonimamente suas opções e tenham uma melhor compreensão de seu caso legal – seu mérito, seus pontos fortes e fracos e os procedimentos disponíveis. Para esse fim, as partes usam o "Solution Explorer", um estágio consensual que fornece informações legais personalizadas, com base nas respostas do usuário a perguntas interativas, sobre se elas têm uma reivindicação válida e qual procedimento eles podem seguir além de ferramentas, cartas-modelo e outros recursos. Se as partes decidirem prosseguir com sua demanda, a reivindicação será transferida sem problemas para a CRT e as partes poderão prosseguir para o segundo estágio da "negociação entre partes", que é um processo automatizado. Negociação através de ODR. Nesta fase, o software apresenta às partes uma linguagem pré-estruturada, descrevendo seu problema e destacando possíveis soluções. A fase de negociação é relativamente breve e, se não resultar em um acordo, as partes são direcionadas para um terceiro estágio de "gerenciamento de casos", que envolve facilitação on-line por terceiros e abre várias opções. As partes podem ter uma facilitação síncrona na qual a assistência da terceira parte é prestada em tempo real ou eles podem se comunicar de forma assíncrona. O facilitador não se limita a uma função puramente neutra e pode fornecer às partes uma avaliação de seu caso legal na tentativa de aproximar as partes por meio da interação on-line ou ajudá-las a se preparar para uma audiência. A maioria das ações será resolvida nesta fase, mas as que não forem continuarão para a quarta e última fase, denominada adjudicação (julgamento). Durante a adjudicação, a audiência pode ocorrer por meio de envios por escrito, telefone ou videoconferência. A plataforma CRT fornece às partes uma decisão por escrito fundamentado, que é executável como uma ordem judicial e está sujeita a um processo de apelação bifurcado: pequenas causas estão sujeitas a um novo apelo, e as ações condominiais só podem ser recorridas por motivos limitados. Desde o seu lançamento, o CRT tratou mais de 7500 processos condominiais. Eles estão comprometidos com o aprendizado e a melhoria contínuos. A equipe do CRT busca constantemente o feedback de usuários satisfeitos e insatisfeitos para melhorar o processo, identificar problemas e replicar elementos de sucesso. Eles coletam dados de inúmeras maneiras disponíveis apenas devido à natureza on-line do CRT: entrada ativa do usuário dada por classificação e reclassificação, caixas de texto abertas, *feedback ex post* e análise dos dados da resolução de disputas. De fato, os desenvolvedores do CRT dedicaram esforços e recursos significativos ao desenvolvimento e aprimoramento de categorizações das ações e defesas para permitir o uso significativo dos dados. Esses dados ajudam a melhorar o CRT e a fase de diagnóstico e, talvez mais importante, ajudam a evitar demandas futuras. Como a equipe do CRT reconheceu, o aprendizado com os dados e a prevenção de problemas não precisa se limitar à melhoria do próprio sistema, mas poderia ser visto como um objetivo mais amplo do sistema jurídico. À medida que o uso de sistemas on-line se expande e os dados são armazenados e estudados mais amplamente pelos tribunais, eles poderão detectar, por meio de indicadores como picos em demandas específicas, que existe uma lacuna regulatória ou a necessidade de uma melhor aplicação das leis existentes em certas áreas. Dessa forma, os dados de resolução de disputas coletados em tribunais podem ser usados – para impedir a ocorrência de disputas futuras." (tradução livre) RABINOVICH-EINY, Orna; KATSH, Ethan. The new Ethan courts. *American University Law Review*, v. 67. 2017. p. 190-192.

88. Disponível em: https://civilresolutionbc.ca/.

89. QUEK ANDERSON, Dorcas. Ethical concerns in court-connected online dispute resolution cit. p. 23.

guiados para ajudar o usuário a aprender mais sobre a disputa e, em seguida, diagnostica o problema de acordo com os direitos legais relevantes e fornece ferramentas como modelos de cartas que podem lidar com o problema. Se a disputa não for resolvida nesse estágio, o usuário poderá iniciar formalmente uma reivindicação através de um processo de admissão on-line que notificará a parte contrária. O requerente é então levado à segunda fase na qual as partes podem negociar diretamente usando o sistema on-line. A terceira fase da facilitação apresenta o facilitador humano ao processo. O facilitador baseia-se em uma ampla gama de processos de ADR, incluindo mediação e avaliação neutra e não vinculativa, para ajudar as partes a chegarem a um acordo. Enquanto uma variedade de modos de comunicação é usada, grande parte da facilitação ocorre remotamente e de forma assíncrona. No caso de as partes não concordarem, o facilitador assume uma função de gerenciamento de casos e ajuda as partes a estreitar seus problemas e a se preparar para a próxima fase. A fase final da adjudicação – julgamento geralmente é realizada remotamente através de canais de comunicação assíncronos. Se for necessária uma audição oral, ela é realizada por telefone ou videoconferência (tradução livre).

Um aspecto que precisa ser salientado, como pontua a presidente do CRT Shannon Salter, é que a ODR na jurisdição exige adaptações, eis que:

> [...] sistemas ODR privados podem selecionar seus usuários automaticamente. No contexto de disputas de comércio eletrônico, isso significa que 100% dos usuários chegam ao sistema ODR dispostos e capazes de acessar a tecnologia. No entanto, os processos do sistema de justiça pública devem garantir que todos possam participar, com todos os seus atributos e desafios únicos. Isso provavelmente significará a criação de processos offline auxiliares para acomodar a população em geral, mesmo que isso adicione custo e complexidade. Por exemplo, portanto, é necessário que a CRT forneça acesso aos serviços por correio ou telefone, apesar do foco do tribunal na prestação de serviços on-line. Da mesma forma, os processos de justiça pública devem acomodar as necessidades de pessoas com problemas de alfabetização ou linguagem, deficiência visual, auditiva ou outras deficiências e problemas de saúde mental. [...] Além disso, os sistemas privados de ODR podem elaborar suas próprias regras internas, inclusive as probatórias e processuais, sem estarem sujeitas ao peso da lei comum. Esse não é o caso dos sistemas públicos de ODR, que devem projetar cuidadosamente a tecnologia que navega cuidadosamente e respeita os princípios legais aplicáveis e as disposições estatutárias. No contexto da CRT, a aplicação dos requisitos do direito administrativo à arquitetura de um sistema de software apresenta alguns desafios.[90] (tradução livre).

Nesta perspectiva, a tese de Katsch e Riftkin de enxergar a tecnologia como quarta parte (somados aos demais sujeitos processuais)[91] pode entrar em destaque, eis que o sistema de ODR incorporado ao processo judicial eletrônico tem um impacto de transformação no escopo e na natureza da abordagem do processo e do tribunal à resolução de disputas e em sua própria interação com as partes[92]. Ele substituiu algumas das funções existentes dos tribunais, como gerenciamento de casos e encaminhamento de casos para ADR, liberando recursos para intervenção humana mais direcionada pelos tribunais. Além disso, a quarta parte adicionou mais funções ao tribunal, fornecendo recursos para autoajuda e diagnóstico de problemas.

Outro exemplo já em operação no âmbito público são os três tribunais de internet chineses:

---

90. SALTER, Shannon. Online dispute resolution and justice system integration: British Columbia's civil resolution tribunal cit. p. 116-117.

91. KATSCH, Etha, RIFKIN, J. *Online Dispute Resolution*: Resolving Conflicts in Cyberspace. USA: Wiley Publishing, 2001.

92. QUEK ANDERSON, Dorcas. The Convergence of ADR and ODR in the Courts: The Impact on Access to Justice. *Civil Justice Quarterly*, v. 38. n. 1, 2019, p. 126-143.

Atualmente, existem três tribunais da Internet na China – o Hangzhou Internet Court (estabelecido em agosto de 2017), o Beijing Internet Court e o Guangzhou Internet Court (estabelecido em setembro de 2018). Os tribunais da Internet parecem estar em alta demanda; o Tribunal da Internet de Pequim anunciou que recebeu mais de duzentas queixas nas primeiras 24 horas de seu lançamento e concluiu 1665 casos nos primeiros cem dias. Além disso, a função de auditoria on-line da plataforma de litígio eletrônico permitiu que 16.000 pessoas comparecessem a um julgamento on-line e compartilhassem se um "vídeo curto pode constituir um trabalho sob a lei de direitos autorais". As "Regras para julgamento de casos pelo Tribunal da Internet" do Tribunal Supremo Popular da China (SPC), em vigor a partir de 7 de setembro de 2018, esclarecem o tipo de casos sob a jurisdição desses tribunais e são usadas para regular certas questões processuais relevantes para Tribunais da Internet. Eles estabelecem que os tribunais da Internet são designados para lidar com disputas envolvendo comércio eletrônico, empréstimos on-line, propriedade e violação de direitos autorais e direitos vizinhos, domínios, violação de direitos pessoais ou direitos de propriedade via Internet, reclamações de responsabilidade sobre produtos e litígios de interesse público na Internet. pelos procuradores (artigo 2). Além disso, as regras estipulam que os tribunais da Internet julgam casos amplamente on-line (artigo 1).[93]

Tal *incorporação da tecnologia ao procedimento* (ODR e processo judicial) pode, inclusive, representar um novo passo para a ideia do modelo multiportas, inaugurada no célebre estudo de Sander.[94] Como pontua Quek Anderson, embasada em Sorabji:

> Sander previa que um tribunal desempenhasse o papel de triagem de casos e combinasse a disputa em particular com o processo de resolução de disputas mais apropriado. No entanto, o advento da ODR modificou a arquitetura do sistema judicial de um tribunal com várias portas para um processo completo de ponta a ponta. Como observou o comentarista inglês Sorabji,[95] o futuro Tribunal de Soluções Online na Inglaterra é projetado como um "tribunal sequencial de várias portas", pois o tribunal não está mais correspondendo uma disputa a um processo, mas organizando que as disputas passem por diferentes processos em etapas.[96]

A questão deste uso de abordagens típicas da ODR incorporada aos Tribunais induz novas perspectivas, em especial, se os mesmos priorizarem o devido processo, com adoção de transparência e participação informada, se permitirem o *opt-out* (autoexclusão da fase de ODR em hipóteses específicas), e se viabilizar a participação de facilitadores humanos para fornecer assistência ao vivo quando requerido pelas partes;[97] diversamente das anteriores plataformas privadas que partem de pressupostos diversos, como acima indicadas.

Apesar de não acreditar na percepção romântica (apesar de possível)[98] de que a tecnologia poderá nivelar o campo processual entre os sofisticados ligantes habituais e os litigantes eventuais, pois como já defendi em outra sedes[99] a tendência evidente é da

---

93. POLYDOR, Sylvia. Blockchain Evidence in Court Proceedings in China – A Comparative Study of Admissible Evidence in the Digital Age (as of June 4, 2019). *Stanford journal of blockchain law & policy*. v. 3.1, 2020. p.101-102.

94. SANDER, Frank. Varieties of Dispute Processing. *The Pound* Conference: Perspectives On Justice In The Future. Minnesota: West Publishing Company. 1979.

95. SORABJI, John. The Online Solutions Court – a Multi-Door Courthouse for the 21st Century. *Civil Justice Quarterly*. v. 36, n. 1, 2017, p. 86 -100.

96. SORABJI, John. The Online Solutions Court – a Multi-Door Courthouse for the 21st Century. *Civil Justice Quarterly*. v. 36, n. 1, 2017, p. 86 -100.

97. QUEK ANDERSON, Dorcas. Ethical concerns in court-connected online dispute resolution cit. p. 32-33.

98. E defendida por grandes nomes: Cf. RABINOVICH-EINY, Orna; KATSH, Ethan. The new Deere courts cit. p. 209.

99. NUNES, Dierle; MEDEIROS, Nathalia. Inteligência artificial – litigantes habituais e eventuais. *Revista Consultor Jurídico*. Disponível em: https://www.conjur.com.br/2018-nov-20/opiniao-tecnologia-direito-litigantes-habituais-eventuais.

ampliação da desigualdade informacional, caso os tribunais percebam adequadamente a interação tecnológica e coloquem como objetivo a isonomia entre as partes e o devido processo, os riscos poderão ser mitigados.

Como exemplo, ao perceber um índice de inadimplência entre 80 e 90% na cobrança de dívidas, o Estado de Nova York, mediante a Comissão Permanente de Acesso à Justiça, desenvolveu um projeto piloto de ODR junto aos tribunais e com participação de sua associação de advogados (ABA). Mas mesmo com o intuito de reduzir a inadimplência, ou seja, satisfazer o credor, o projeto tem como diretriz a preservação dos direitos do consumidor e a redução de seu desequilíbrio de poder nas negociações.[100]

Por fim, precisamos perceber com Ayelet Sela que os diversos modelos de ODR e seus diferentes propósitos talvez impeçam uma normatização única, em face da diversidade de finalidades que colocam em tensão compensações diferentes entre precisão e simplicidade, justiça e custo, acessibilidade e flexibilidade.[101] No entanto, o respeito ao devido processo e o impedimento de usos que potencializam as vantagens econômicas e informacionais devem ser preocupações dos intérpretes do sistema jurídico. Não se pode permitir, assim, que o atual paradigma, que se limita à busca de resultados, seja o padrão no âmbito público e privado, pois

> a predominância do "paradigma da eficiência" em direito e iniciativas tecnológicas e o fato de, até o momento, a maioria dos sistemas ODR serem projetados por prestadores de serviços privados (geralmente empresas) – parecem ter inclinado o pêndulo para o conceito de uso dos recursos. Atingir uma solução aceitável para uma disputa, sem necessariamente garantir ou promover a justiça em um sentido mais amplo, pode ser suficiente quando a alternativa não é uma resolução ou uma resolução desproporcionalmente cara. Este pode ser o caso quando a ODR é aplicada para abordar o mercado latente. No entanto, como o processo de integração das tecnologias de ODR nos tribunais e órgãos públicos ganham força, tecnologia e ODR incorporados aos processos de ADR, os prestadores de serviços ODR são obrigados a buscar maior legitimidade e colocar maior ênfase na entrega de justiça. Assim, para que os sistemas de ODR sejam amplamente adotados, questões de legitimidade, confiabilidade, devido processo, garantia de qualidade, ética e governança processual precisam ser abordadas sistematicamente. Até o momento, nenhuma estrutura de governança organizada ou aplicável para ODR foram estabelecidos para tornar substantiva e fazer cumprir os padrões de conduta da ODR, mediante regulamentação nacional ou internacional ou por autorregulação da indústria. No entanto, várias "arquiteturas de confiança" foram propostas para legitimar e regulamentar ODR.[102] (tradução livre)

4. CONSIDERAÇÕES FINAIS

No presente texto se pode mostrar as etapas do emprego da tecnologia no direito processual, as tendências de emprego de técnicas idealizadas como ODRs e uma série de preocupações que o fenômeno envolve.

NUNES, Dierle; BAHIA, Alexandre; PEDRON, Flávio. *Teoria geral do processo*: com comentários da virada tecnológica do direito processual cit.

100. RABINOVICH-EINY, Orna; KATSH, Ethan. The new Deere courts. cit. p. 199.

101. SELA, Ayelet. The effect of online technologies on dispute resolution system design: antecedents, current trends and future directions. *Lewis & Clark Law Review*. v. 21. 2017. p. 681.

102. SELA, Ayelet. The effect of online technologies on dispute resolution system design: antecedents, current trends and future directions. cit. p. 679-680.

Ademais, insistimos no argumento de que a *incorporação da tecnologia ao procedimento* como meio de adequação procedimental, para além das tradicionais abordagens, pode representar um dos capítulos virtuosos da virada tecnológica no direito processual.

Ocorre que estamos diante de possibilidades ilimitadas que a tecnologia, em especial com o uso de IA, ofertará (*v.g.*) *mediante a* busca e análise automáticas de dados de conflitos que permitirão a percepção de tendências e padrões que antes não eram identificáveis; e que se encontravam insondáveis em bancos de dados desestruturados de um sem número de litigantes e processos.[103] Tais padrões incluem lições importantes sobre os cidadãos em conflito, seus hábitos, estratégias (inclusive de má-fé) e, mesmo, a prevenção de novas disputas mediante a adoção de técnicas processuais existentes e de delineamento de novas adaptadas/transformadas pelas tecnologias.

O objetivo deste texto foi apenas o de descortinar algumas possibilidades do uso das tecnologias que estão induzindo a já aludida virada tecnológica no direito processual e seu emprego por *legal techs* e *novas cortes online*[104]. A proposta é provocar o necessário interesse que a temática merece em face do fascínio que parcela dos Tribunais e Advocacia nutrem ao seu uso e das evidentes possibilidades de auxílio no dimensionamento dos conflitos; mas, por óbvio, buscando estabelecer os contrapontos necessários e a necessidade de controle normativo de seu emprego com transparência e *accountability*.

Como pode ser percebido, a tecnologia não é isenta de riscos; pelo contrário. A crença em sua neutralidade, subestima: a) os problemas dos modos de coleta e tratamento de dados; b) opacidade, carência de *accountability* e explicabilidade de decisões automatizadas;[105] c) sem olvidar dos riscos de ampliação da disparidade entre litigantes habituais e eventuais.

---

103. RABINOVICH-EINY, Orna; KATSH, Ethan. The new Deere courts. cit. p. 205.
104. "Atualmente, existem tribunais que atualmente operam online. Em julho de 2016, o sistema judicial do Reino Unido anunciou uma reforma radical: 730 milhões de libras seriam alocadas para revolucionar a tecnologia do sistema judicial britânico, um componente importante do qual seria a instituição de um novo tribunal on-line encarregado de resolver pequenas demandas de até 25.000 libras esterlinas. Vários meses antes, outro tribunal on-line foi introduzido na Colúmbia Britânica na forma de um tribunal, estabelecido por meio de legislação, determinando uma via on-line para pequenas ações de até US $ 5.000 e "estratos", afirmam alguns relacionados a vizinhos. Na Holanda, uma plataforma chamada Rechtwijzer até recentemente permitia que casais em divórcio e vizinhos em disputa resolvessem seus casos on-line. Além disso, algumas dezenas de cortes estaduais nos EUA implementaram com sucesso o software Matterhorn para o processamento on-line de casos pendentes de mandado e violações de tráfego. Além disso, um piloto de processos on-line para casos de cobrança de dívidas está sendo planejado para o sistema judicial de Nova York. O que esses e outros tribunais fizeram é notável. Em vez de refinar os procedimentos judiciais existentes por meio da tecnologia, eles desenvolveram novos processos que se valem das qualidades únicas da tecnologia digital; esses novos processos contam com novas ferramentas, envolvem novos atores e cumprem novos objetivos" (tradução livre). RABINOVICH-EINY, Orna; KATSH, Ethan. The new Deere courts. *American University Law Review*, v. 67. 2017. p. 166-167.
105. Como pontuam Annette Zimmermann, Elena Di Rosa, Hochan Kim: "Alguns afirmam que a IA forte pode estar apenas a décadas de distância, mas esse foco obscurece a realidade de que a IA "fraca" (ou "estreita") já está remodelando as instituições sociais e políticas existentes. Atualmente, os sistemas de tomada de decisão e apoio algorítmico estão sendo implantados em muitos domínios de alto risco, desde justiça criminal, aplicação da lei e decisões de emprego até pontuação de crédito, mecanismos de atribuição de escola, assistência médica e avaliações de elegibilidade de benefícios públicos. Não importa o fantasma distante do dia do juízo final; A IA já está aqui, trabalhando nos bastidores de muitos de nossos sistemas sociais.[...] Mesmo que o código seja modificado com o objetivo de garantir a justiça processual, no entanto, ficamos com a questão filosófica e política mais profunda de se a neutralidade constitui justiça nas condições de fundo da desigualdade generalizada e da injustiça estrutural. Soluções supostamente neutras no contexto de injustiça generalizada correm o risco de enraizar ainda mais as

Pontue-se, por derradeiro, que aqui se afasta o *rejeicionismo irracional* ao fenômeno da virada,[106] por aqueles menos afetos à tecnologia, eis que, gostando ou não, nos encontramos em uma trajetória irrefreável e a transformação que sofreremos nos próximos anos, em virtude das novas tecnologias empregadas ao Direito[107], deve ser estudada com rigor pelos juristas, e não ser rejeitada como se a mesma pudesse ser paralisada, sob pena de que a implementação de tais mecanismos seja orientada puramente pela ótica mercadológica e daqueles que possuírem privilégio informacional.

---

injustiças existentes. Como muitos críticos apontaram, mesmo que os próprios algoritmos atinjam algum tipo de neutralidade, os dados que esses algoritmos aprendem ainda estão repletos de preconceitos. Em resumo, os dados que temos – e, portanto, os dados que são inseridos no algoritmo – não são os dados de que precisamos nem os que merecemos. Assim, a cura para o viés algorítmico pode não ser mais, ou melhor, algoritmos. Pode haver alguns sistemas de aprendizado de máquina que não devem ser implantados em primeiro lugar. [...] Assim, a injustiça estrutural gera dados tendenciosos por meio de uma variedade de mecanismos – incluindo de forma proeminente a sub ou a super-representação – e resultam em loops preocupantes de feedback. Mesmo que os problemas de controle de qualidade associados às regras de decisão de um algoritmo fossem resolvidos, ficaríamos com um problema mais fundamental: esses sistemas ainda estavam aprendendo e contando com dados nascidos de condições de injustiça generalizada e de longa data. Admitindo que esses problemas apresentam problemas genuínos para a possibilidade de um algoritmo verdadeiramente neutro, alguns podem advogar pela implementação de contramedidas para corrigir o viés nos dados – um suposto equalizador no nível algorítmico. Embora isso possa ser um passo importante na direção certa, não significa uma solução satisfatória por si só. As contramedidas podem ajudar a explicar os problemas de super e sub-representação nos dados, mas não podem corrigir o problema, que tipo de dados foi coletado em primeiro lugar. [...] Devemos resistir à tendência comum de pensar que um mundo impulsionado pela IA significa que estamos livres não apenas de fazer escolhas, mas também de ter que examinar e avaliar essas escolhas automatizadas da maneira que normalmente fazemos com as decisões humanas. (Essa tendência psicológica de confiar nos resultados de um sistema automatizado de tomada de decisão é o que os pesquisadores chamam de "viés de automação". [...] O viés algorítmico não é um problema puramente técnico para pesquisadores e profissionais de tecnologia; devemos reconhecê-lo como um problema moral e político em que todos nós – como cidadãos democráticos – temos interesse. A responsabilidade não pode simplesmente ser transferida e terceirizada para desenvolvedores de tecnologia e empresas privadas. Isso também significa que precisamos, em parte, pensar criticamente sobre as decisões do governo de adquirir ferramentas de aprendizado de máquina de empresas privadas – especialmente porque essas ferramentas são usadas posteriormente para automatizar parcialmente as decisões que foram anteriormente tomadas por públicos democraticamente autorizados, se não eleitos diretamente. [...] Para assumir total responsabilidade pela forma como a tecnologia molda nossas vidas, teremos que tornar a implantação da IA – democraticamente contestável, colocando-a em nossas agendas democráticas." (tradução livre) ZIMMERMANN, Annette; DI ROSA, Elena; KIM, Hochan. Technology Can't Fix Algorithmic Injustice. *Boston review*. 2020. Acessível em: http://bostonreview.net/science-nature-politics/annette-zimmermann-elena-di-rosa-hochan-kim-technology-cant-fix-algorithmic#.Xhhc5XocwTI.facebook.

106. SUSSKIND, Richard. *Online courts and the future of justice*. Oxford: Oxford University Press, 2019. p. 44.
107. SUSSKIND, Richard. *Online courts and the future of justice*. Oxford: Oxford University Press, 2019. p. 41.

A DEFORMALIZAÇÃO DAS CONTROVÉRSIAS E AS NOVAS TECNOLOGIAS

Paulo Henrique dos Santos Lucon

Livre-Docente, Doutor e Mestre em Direito Processual Civil pela mesma Instituição, na qual também se graduou. Professor-Associado da Faculdade de Direito da Universidade de São Paulo. Presidente do Instituto Brasileiro de Direito Processual IBDP. Advogado.

Sumário: 1. Introdução. 2. Crise da administração da justiça e a importância da solução consensual dos conflitos. 3. Inteligência artificial e formas de autocomposição: vantagens e desafios. 4. Encerramento.

1. INTRODUÇÃO

Diante da manifesta e perene crise do judiciário e da constatada inaptidão da heterocomposição em promover a pacificação social efetiva, despontam de forma especial os estudos a respeito da necessidade de deformalização dos métodos de solução de controvérsias – entendida como a busca de equivalentes jurisdicionais para a solução de disputas, a depender da natureza dessas –[1] e do consequente estímulo à autocomposição.

E, conquanto o referido contexto de crise já seria suficiente para que se adotasse, no presente texto, recorte temático referente à importância dos métodos adequados de resolução de controvérsias nos dias de hoje, é certo que, quando consideradas as relevantes contribuições das novas tecnologias para os cada vez mais populares MASC, torna-se ainda mais importante o estudo dos mecanismos de solução consensual de conflitos na atualidade. Nesse sentido, o presente artigo volta-se para a análise da autocomposição frente às novas tecnologias.

Sendo assim, delimita-se o seguinte plano lógico de trabalho: no item 2, *infra*, serão estudados os instrumentos que permitem a autocomposição, destacando-se a sua importância para a obtenção da pacificação social efetiva, bem como para o correto tratamento da litigiosidade; no item 3, *infra*, por sua vez, abordar-se-á as contribuições que a inteligência artificial pode fornecer para a solução consensual de conflitos, bem como eventuais desafios na sua implementação; por fim, no item 4, *infra*, serão sintetizadas as principais conclusões obtidas no presente ensaio.

---

1. () GRINOVER, Ada Pellegrini. *Deformalização do processo e deformalização das controvérsias.* Doutrinas Essenciais de Arbitragem e Mediação. São Paulo: Ed. RT, 2014. v. VI.

2. CRISE DA ADMINISTRAÇÃO DA JUSTIÇA E A IMPORTÂNCIA DA SOLUÇÃO CONSENSUAL DOS CONFLITOS

Em uma visão tradicional e que merece ser revisitada, o conceito de jurisdição triparte-se em poder, função e atividade. Se analisada como poder, a jurisdição consiste na forma de manifestação da soberania estatal, que se concretiza na capacidade que os órgãos jurisdicionais têm de decidir e impor decisões. Como função, diz respeito ao encargo que esses órgãos jurisdicionais têm de solucionar os conflitos com a aplicação correta do direito. Finalmente, no seu aspecto atividade, figura como o conjunto de atos praticados pelo julgador no processo, com o exercício legítimo do poder e cumprindo a função que a lei lhe outorga.

A partir da conjugação desses elementos, é possível identificar que a jurisdição possui escopos sociais, políticos e jurídicos, que se concretizam, em suma, na pacificação social justa, no caráter imperativo das decisões e na observância dos preceitos do direito material. Tais escopos deram origem às ondas renovatórias do processo civil moderno: o movimento de acesso à justiça, a tutela jurisdicional coletiva e a efetividade do processo.

A despeito, contudo, da referida classificação doutrinária, a realidade demonstra que a simples tutela jurisdicional jamais alcançaria o proposto no campo do escopo social. Isso porque a verdadeira pacificação de conflitos demanda que a atividade jurisdicional abranja aspectos complexos, como, por exemplo, o estado de espírito dos litigantes.

Ao contrário, a jurisdição procura garantir um processo justo e isonômico, em que seja interpretada e aplicada a lei, solucionando o conflito de forma imperativa, independentemente da satisfação pessoal de cada parte. Nessas condições, resta viável afirmar que da atividade jurisdicional não necessariamente decorre a pacificação interna dos litigantes. Nem sempre, portanto, a jurisdição alcança esse importante escopo social.

Como agravante dessa insuficiência intrínseca que abrange, a bem da verdade, qualquer tipo de heterocomposição, pode-se argumentar que o Poder Judiciário, responsável por ordinariamente conceder a tutela jurisdicional, atravessa profunda crise. Isso porque, a despeito dos esforços da doutrina e da paulatina sofisticação da disciplina jurídica do processo, determinadas condições fáticas inviabilizam que seja concedido tratamento adequado às demandas, sendo a mais gritante delas o excesso de litígios em tramitação.

De fato, o aumento da litigância é fenômeno mundial e tributário do incremento dos direitos individuais e da massificação das relações sociais.[2] No Brasil, contudo, o incremento no número de demandas judiciais também pode ser explicado pela existência da cultura do processo individual e da litigância contumaz protelatória.[3]

---

2. (). DANTAS, Bruno. *Teoria dos recursos repetitivos; tutela pluri-individual nos recursos dirigidos ao STF e STJ (art. 543-B e 543-C do CPC)*. São Paulo: Ed. RT, 2015, p. 37.

3. (). "As principais causas apontadas para a multiplicação dessas demandas de massa são (a) a cultura arraigada do processo individual nos profissionais da área jurídica desde os bancos escolares nas Faculdades de Direito; (b) a extrema facilidade de acesso à Justiça, em face do grande número de advogados (mais de um milhão de advogados); (c) a liberalidade na concessão do benefício da assistência judiciária gratuita; (d) maior consciência de cidadania da população; (e) a litigância contumaz para retardar o cumprimento de obrigações." SANSEVERINO, Paulo de Tarso. Dez Anos de Recursos Repetitivos no STJ. *Brasil. Superior Tribunal de Justiça. Doutrina*: edição comemorativa: 30 anos do STJ. Brasília: Superior Tribunal de Justiça, 2019. p. 763.

No entanto, alguns outros fatores, mormente relacionados à gestão da justiça, também contribuem para esse cenário de crise. Nas palavras da saudosa professora Ada Pellegrini Grinover *"a morosidade dos processos, seu custo, a burocratização da justiça, certa complicação procedimental, a mentalidade do juiz, que deixa de fazer uso dos poderes que o Código lhe atribui, a falta de informação e de orientação para os detentores dos interesses em conflito, as deficiências do patrocínio gratuito, tudo leva à insuperável obstrução das vias de acesso à justiça, e ao distanciamento cada vez maior entre o Judiciário e seus usuários"*.[4]

Seja, portanto, em virtude de deficiências provenientes da própria heterocomposição, ou por causa das questões fático-administrativas, é possível vislumbrar que os instrumentos de deslinde de controvérsias tradicionais já não se mostram suficientes. Justamente em face dessa insuficiência da atividade estatal que se popularizam cada vez mais outros mecanismos de solução de conflitos, notoriamente os métodos de autocomposição.

Pelo prisma jurídico, compor significa estabelecer uma disciplina em relação ao conflito de interesses. Primeiramente é preciso identificar, estudar e delimitar o conflito de interesses para, em um segundo momento, revelar os direitos e obrigações que emergem de tal conflito.[5]

Nessa linha, a autocomposição consiste em uma forma de eliminação do conflito pelos próprios protagonistas. Pode ser um processo unilateral, quando houver atitudes de resignação de apenas uma das partes (*renúncia* ou *submissão*), ou bilateral, se a solução do conflito ocorrer mediante concessões recíprocas (*transação*). Assim é que na *transação* verifica-se a presença da *renúncia* e da *submissão* em que cada parte dispõe de seus interesses.

Importante mencionar, ainda, que a autocomposição pode ser espontânea ou induzida. Induzida é aquela em que há a intervenção de uma terceira pessoa, denominada conciliador ou mediador. A mediação é a forma de solução alternativa dos conflitos em que se verifica, sob o viés do escopo social, o maior índice de sucesso, pois tem como preocupação maior não apenas pôr fim ao conflito, mas antes pacificar as partes envolvidas.

Atualmente, os métodos de autocomposição representam não apenas um caminho alternativo para a pacificação dos litigantes em um dado conflito, como também figuram como mais uma forma de acesso à justiça. Como se sabe, o movimento de acesso à justiça não se restringe ao acesso formal aos órgãos do Poder Judiciário, sendo necessária a garantia de uma prestação efetiva, que satisfaça verdadeiramente os litigantes.

Tais meios adequados de solução de controvérsias são, dessa maneira, instrumento fundamental para a promoção do bem comum. Nesses termos, é possível afirmar-se que, diante da sua difusão, o próprio conceito tripartite de jurisdição há de ser redesenhado.

Isso porque, conforme bem observa Ada Pellegrini Grinover, impõe-se uma necessária releitura do conceito de jurisdição, que *"não pode mais ser definida como poder, função*

---

4. (). GRINOVER, Ada Pellegrini. *Deformalização do processo e deformalização das controvérsias.* Doutrinas Essenciais de Arbitragem e Mediação. São Paulo: Ed. RT, 2014. v. VI.
5. (). LUCON, Paulo Henrique dos Santos. Novas tendências na estrutura fundamental do processo civil. *Revista do Advogado* (São Paulo), v. 46, p. 59, 2006.

410 PAULO HENRIQUE DOS SANTOS LUCON

e atividade, pois na justiça conciliativa não há exercício do poder. Ela passa a ser, em nossa visão, garantia de acesso à justiça (estatal ou não), consistente numa função e atividade cuja autoridade é respeitada pelo corpo social e legitimada pelo devido processo legal, voltadas, em seu escopo social, sobretudo à pacificação com justiça".[6]

A despeito, porém, das vantagens que trazem os métodos de autocomposição, é certo que, por não serem dotados da inafastabilidade e da imperatividade da jurisdição, estes acabam sendo relegados a segundo plano. Em virtude da cultura pátria da litigância contumaz, as próprias partes, quando estão diante de um conflito, optam por recorrer imediatamente ao Poder Judiciário. Na verdade, os estímulos existentes à excessiva judicialização necessitam e merecem ser objeto de um profundo e criterioso debate por parte de toda a comunidade jurídica, com a busca não somente das causas, mas sobretudo das soluções.

Esse quadro intensa litigância, exige dos órgãos jurisdicionais o necessário incentivo do uso dos métodos adequados de soluções de controvérsias. A autocomposição deve ser inserida no âmbito de uma política pública judiciária e não como um mecanismo relegado apenas aos protagonistas do conflito.

De outro lado, mesmo se tais políticas públicas vierem a ser implementadas de forma abrangente, ainda é possível que as partes relutem à adoção das formas adequadas de solução de controvérsias para deslinde de suas disputas. Nesse sentido, pode-se argumentar que as novas tecnologias figuram como um importante instrumento para o fomento do uso de tais métodos de resolução de controvérsias, sobretudo por possibilitarem a difusão desses, prestando-se, ainda, a realizar uma série de outras funções que contribuem substancialmente para a consolidação de uma cultura de solução consensual de conflitos. É o que se passa a expor.

3. INTELIGÊNCIA ARTIFICIAL E FORMAS DE AUTOCOMPOSIÇÃO: VANTAGENS E DESAFIOS

De plano, quando se menciona que as novas tecnologias contribuem para a difusão das formas adequadas de solução de controvérsias, quer-se dizer que a obtenção de um acordo tende a ser facilitada quanto maiores forem as informações a respeito de todos os elementos do litígio. Assim, por exemplo, uma parte tende a ser mais suscetível à realização de um acordo se dispuser de informações a respeito de suas reais chances de êxito no processo.

Pesam também na avaliação a ser feita pela parte em relação a se celebrar ou não um acordo informações atinentes ao custo de tramitação do processo e aquele decorrente de seu resultado, bem como dados referentes ao seu tempo de duração.

No que concerne à avaliação da probabilidade de vitória em determinada lide, é preciso, em um primeiro momento, que efetivamente se conheça o direito a ser discutido. Nesse cenário, visando inclusive a prevenção de litígios, a inteligência artificial seria

---

6. (). GRINOVER, Ada Pellegrini. Revisitando a teoria geral do processo. In: LUCON, Paulo Henrique dos Santos et al (Org.). *Processo em jornadas*. Salvador: Juspodivm, 2016, p. 30.

poderosa aliada no auxílio à pesquisa jurídica. Por meio de programas de perguntas e respostas, os próprios cidadãos poderiam ter acesso a elementos concernentes à viabilidade jurídica de suas pretensões.

E uma vez examinada a base legal aplicável ao caso, a inteligência artificial poderia se prestar também a antecipar o possível resultado da demanda. Especialmente em virtude da já mencionada litigância contumaz, o Brasil conta com um dos maiores bancos de dados jurídicos do mundo, sendo a maior parte das informações acessível aos algoritmos, dada a larga implementação do processo eletrônico.

Sendo assim, ainda na esfera da prevenção de litígios e do estímulo à autocomposição, os algoritmos poderiam ser programados para realizarem a compilação e exame de diversas decisões, organizando de forma clara, transparente e ordenada o posicionamento jurisprudencial a respeito de determinada questão. A partir disso, partes e toda a comunidade jurídica teriam subsídios efetivos para dimensionar a perspectiva de sucesso.

Algoritmos dessa natureza, além de estimularem a autocomposição – e, com isso, o encerramento mais célere e efetivo do litígio –, contribuem também para maior publicidade e transparência do Poder Judiciário. É muito comum em países que lidam com um excesso de processos a insegurança jurídica decorrente da falta de previsibilidade a respeito da solução a ser dada para determinado litígio em função da grande dispersão jurisprudencial.

A previsão do resultado de uma disputa, ainda que de maneira aproximada, tende a levar a uma diminuição no número de demandas aventureiras que se valem da incerteza do Poder Judiciário como uma oportunidade para evitar o cumprimento de suas obrigações.

Ultrapassadas as questões referentes ao cálculo da chance de sucesso na judicialização da demanda, é importante mencionar que a tecnologia também pode estimular a autocomposição por diminuir substancialmente os custos de transação que existem nessa seara. Especificamente no que tange à aplicação de algoritmos aos métodos adequados de solução de controvérsias, tais custos são reduzidos na medida em que os procedimentos passam a se moldar melhor à rotina de cada um dos protagonistas do litígio.

Por meio de plataformas de *Online Dispute Resolution* (ODR), cada uma das partes pode se submeter à mediação, conciliação, ou mesmo negociação no local e horário que desejar – o que definitivamente estimula a adesão das partes a tais processos e facilita o acesso à justiça.

A diminuição dos custos de transação é fator de extrema relevância se considerado o contexto de globalização. De fato, que as plataformas de ODR figuram como instrumentos que podem auxiliar até mesmo no deslinde de controvérsias relativas a transações internacionais de *e-commerce*.

Além disso, as ODR também têm sido amplamente utilizadas para disputas em que há envolvimento emocional entre as partes. Conforme expõe Daniel Arbix: "*nos Países Baixos, o Rechtwijzer 3.0, por exemplo, evoluiu de um mecanismo informativo para casais em processo de divórcio para uma verdadeira ferramenta de resolução de conflitos. Mais de 500 divórcios já foram resolvidos por meio da plataforma, que está em processo de expansão para outros tipos de controvérsias, como aquelas entre locadores e locatários*".[7] Dessa forma, já resta demonstrado que as ODR são adequadas não apenas para a solução de disputas oriundas de transações comerciais, sendo frutífero o seu emprego em outros tipos de lides, em que haja maior carga emocional.

Em síntese, as práticas de conciliação e mediação orientadas pela inteligência artificial otimizam o acesso à ordem jurídica justa, na medida em que permitem uma solução mais adequada e célere do litígio. Ademais, essas práticas ainda têm o potencial de descongestionar o Poder Judiciário com a diminuição das demandas propostas.

Contudo, a despeito das contribuições inegavelmente fornecidas pela tecnologia, é certo que algumas precauções devem ser tomadas com relação à sua implementação ao Direito. Especificamente no tocante às ODR, vale esclarecer que, de forma a ser atingida a pacificação social justa, impõe-se que tais mecanismos de solução de disputas sejam rápidos, transparentes e eficientes, amoldando-se às necessidades da contemporaneidade.

Ademais, até mesmo para que se possa falar em verdadeiro acesso à justiça, o uso de tais plataformas não deve ser atrelado ao pagamento de quantias ou à imposição de ônus desproporcionais aos valores objeto de disputa.[8] Além disso, independentemente do modelo de ODR adotado, é certo que as partes devem ser devidamente informadas a respeito do trâmite do procedimento a ser seguido, visando coibir qualquer tipo de assimetria de informação.

Discutidas tais precauções genéricas, a serem tomadas com relação às ODR em qualquer contexto, resta debater as dificuldades inerentes ao uso das plataformas *online* no Brasil. Isso porque, considerando tratar-se de país em desenvolvimento, é possível, por exemplo, que a necessidade de conexão à *internet* para acesso à plataforma figure como um entrave, e não como uma ferramenta útil, para o deslinde da controvérsia.

Outrossim, a falta de fiscalização dos procedimentos adotados para as tratativas, associado à ausência de regulamentação específica da matéria, pode trazer eventuais prejuízos às partes, especialmente no caso de haver alguma hipossuficiência técnica de uma delas frente à outra.

Finalmente, resta mencionar que entraves sociais e culturais relativos à instrução formal de partes e mediadores, à execução dos acordos formulados – que só poderá ser feita pelo próprio Poder Judiciário, incorrendo, portanto, no cenário de deficiências supramencionado – e à litigância contumaz dificultam não somente a expansão das ODR, mas a consolidação dos próprios métodos adequados de solução de controvérsias no país.[9]

Nesse sentido, apesar das diversas contribuições que as novas tecnologias podem aportar para o universo da autocomposição, é certo que essas mesmas tecnologias podem

---

7. (). ARBIX, Daniel; MAIA, Andrea. Uma introdução à resolução on-line de disputas. *Revista de Direito e Novas Tecnologias*. v. 3/2019, abr.-jun. de 2019.

8. (). "ODR may assist in addressing a situation arising out of crossborder e-commerce transactions, namely the fact that traditional judicial mechanisms for legal recourse may not offer an adequate solution for cross-border e-commerce disputes. ODR ought to be simple, fast and efficient, in order to be able to be used in a "real world setting", including that it should not impose costs, delays and burdens that are disproportionate to the economic value at stake". UNCITRAL. *Technical Notes on Online Dispute Resolution*. Nova Iorque, 2017.

9. (). CARDOSO, Gabriel Estevam Botelho et al. The Expansion of Online Dispute Resolution in Brazil. *International Journal for Court Administration*. v. 9, n. 2, julho de 2018.

trazer dificuldades para que a solução consensual de conflitos atinja a sua finalidade de pacificação efetiva e justa.

Notoriamente no Brasil, ao mesmo tempo em que as formas adequadas de resolução de controvérsias merecem ganhar mais espaço, e que, de fato, as plataformas de ODR têm se mostrado como instrumento adequado para a consecução de tal finalidade, essas devem ser implementadas sempre com a observância da realidade social do país, de modo a realmente promover-se a justiça.

Quando se fala de inteligência artificial, ademais, é sempre necessário relembrar as vicissitudes inerentes à *accountability* e à transparência algorítmica dos sistemas. O termo "transparência algorítmica" possui duas acepções distintas. Em primeiro lugar, ele pode ser entendido pela transparência do próprio funcionamento do sistema. Ademais, a expressão pode referir-se à transparência da forma como tais dados são utilizados. Sem o efetivo conhecimento da base de dados, o processo de solução de conflitos pelo uso da inteligência artificial pode se tornar aleatório e sem significado, e o que é pior, comandado.

Seja como for, é certo que, quanto mais sofisticada for a inteligência artificial implementada, menor será a possibilidade de transparência algorítmica – em qualquer um dos seus sentidos. Isso porque, para além do caráter ininteligível dos códigos-fonte para leigos, os mecanismos de *machine learning* e de *deep learning*, associados ao uso de *big data* e à própria complexidade da programação podem acabar tornando impossível que especialistas determinem o que de fato ocorre no sistema inteligente. Nesse sentido, portanto, não será possível saber nem como funcionam os algoritmos e tampouco como se dá a coleta e tratamento dos dados utilizados pelo programa.

Cumpre mencionar, ademais, que como produto da atividade humana, os sistemas de inteligência artificial também estão sujeitos a erros. Nesses termos, para além da questão dos modelos empregados que, associados à colossal escala de dados manipulados, já dificulta a obtenção da necessária transparência algorítmica, há, ainda, a possibilidade de que os programas sofram falhas de programação. Essas falhas, não previstas pelos próprios desenvolvedores do programa, seriam dificilmente apreendidas ou corrigidas por aqueles que se aventurassem a examiná-lo.

No que se refere especificamente à implementação da inteligência artificial no mundo jurídico, pode-se mencionar que os sistemas inteligentes foram feitos para lidar com a lógica e a racionalidade. Não obstante, o direito não é um sistema impecavelmente lógico, tratando-se de uma ciência eminentemente humana.

De fato, apenas se o ordenamento jurídico consistisse em um verdadeiro sistema ordenado e absolutamente coeso, seria possível a subsunção automática do caso concreto à norma. Contudo, a realidade demonstra que o ordenamento – substrato sobre o qual o programa de inteligência artificial haverá de atuar – mais se assemelha a um cosmos normativo.[10]

---

10. (). WOLKART, Erik Navarro. A busca da verdade no processo (ou o "ouro de tolo"). In. LUCON, Paulo Henrique dos Santos; OLIVEIRA, Pedro Miranda (Coord.). *Panorama Atual do Novo CPC 2*. Florianópolis: Empório do Direito, 2017, p. 183-184.

Nesses termos, é viável argumentar que os sistemas de inteligência artificial podem incorrer em erros na aplicação dos próprios conceitos jurídicos. Mais uma vez, portanto, o programa inteligente estará sofrendo falhas não imaginadas pelos seus programadores, cuja detecção e correção pode se fazer difícil.

Para além, porém, das dificuldades técnicas e operacionais referentes à obtenção da transparência algorítmica, alguns outros elementos fáticos impedem a sua consecução. Aqui, está-se a falar notoriamente do fato de que, como produtos comerciais desenvolvidos por *players* de mercado, os algoritmos que compõem os programas inteligentes geralmente são protegidos por segredos comerciais. Nesse contexto, o acesso aos códigos-fonte de tais sistemas – pressuposto necessário para a transparência algorítmica – encontra óbices comerciais dificilmente superáveis.

Quanto mais se analisa a questão, portanto, mais se percebe que a transparência algorítmica dificilmente se tornará realidade. Seja em virtude da inacessibilidade da linguagem de programação para a maioria de jurisdicionados e para operadores do direito, seja pela sua inescrutável complexidade, em determinados sistemas, ou, enfim, porque os códigos-fonte dos programas jamais virão à público, é certo que a implementação da inteligência artificial muito provavelmente não será realizada de forma transparente.

Isso pode dificultar, por exemplo, que se verifique a idoneidade dos sistemas em questão, ou até mesmo que sejam identificados eventuais vieses cognitivos do programa. Tal questão há de ser pensada mesmo na esfera privada, quando a finalidade que se pretende alcançar com a inteligência artificial é tão importante quanto a efetiva pacificação social.

4. ENCERRAMENTO

Como visto, as formas de solução consensual de conflitos mostram-se poderosas aliadas para a efetiva pacificação de disputas. De fato, há, no mundo moderno, uma necessidade de deformalização das controvérsias, vez que o Poder Judiciário já não se mostra capaz de realmente promover o deslinde das controvérsias, seja em virtude das contradições inerentes à heterocomposição das lides, ou por causa de questões relativas à administração da justiça.

Nesse sentido, mostram-se cada vez mais necessários os métodos adequados de solução de disputas, para que, de fato, se atinja a pacificação social efetiva. Não obstante, a implementação de tais métodos ainda encontra alguns entraves no Brasil. Sendo assim, procurou-se destacar nos itens anteriores o quanto a inteligência artificial tende a estimular a autocomposição.

No âmbito da prevenção de litígios, as novas tecnologias podem contribuir para que as partes avaliem as chances de êxito em suas pretensões. Por permitirem que a pesquisa jurídica seja realizada inclusive por leigos e, em seguida, por possibilitarem a identificação de padrões jurisprudenciais, as máquinas inteligentes contribuem para coibir a propositura de demandas infundadas e estimulam a busca da autocomposição. Por diminuírem os custos de transação, os programas de inteligência artificial também facilitam a adesão aos procedimentos de autocomposição, facilitando o acesso à justiça.

No entanto, assim como ocorre com quaisquer inovações, algumas precauções devem ser tomadas quando da implementação das novas tecnologias ao direito. Em primeiro lugar, faz-se necessário que os programas de inteligência artificial, notoriamente as plataformas de ODR, sejam rápidas, eficientes, e que os seus custos sejam proporcionais aos valores debatidos nas controvérsias. De rigor, ademais, que todas as partes envolvidas em procedimentos de autocomposição levados a cabo em plataformas *online* também tenham conhecimento prévio do procedimento a ser adotado.

Finalmente, necessário mencionar que a implantação desse tipo de tecnologia no Brasil há de moldar-se à realidade socioeconômica do país, sob pena de, ao invés de contornar-se a crise do judiciário, promovendo-se a pacificação social e o acesso efetivo à justiça, criar-se um contexto de injustiça e ineficiência completamente novos. Além disso, não se pode jamais se esquecer da necessidade de transparência e *accountability* dos sistemas, para que não se tenha um mecanismo aleatório ou comandado de solução das controvérsias.

CONTRATOS INTELIGENTES E EXECUÇÃO CIVIL: DIÁLOGO POSSÍVEL E ÚTIL?

Flávio Luiz Yarshell

Professor Titular de Direito Processual Civil da Faculdade da USP. Advogado. Árbitro.

Viviane Siqueira Rodrigues

Doutora e Mestre em Direito Processual Civil pela Faculdade de Direito da USP. Mestranda em Ciências Jurídico-Civilísticas perante a Faculdade de Direito da Universidade do Porto. Advogada.

Na era digital em que vivemos assistimos a uma escalada tecnológica que apresenta aos juristas crescentes e complexos desafios que, dentre outros, dizem respeito à interface do Direito com a assim chamada inteligência artificial. Somos provocados a refletir sobre temas como proteção de dados no ambiente virtual, *blockchain*, criptomoedas, financiamentos coletivos (*crowfundings*) e suas formas de captação de investimentos ou *tokens* (como a ICO, *initial coin offering*), difusão de *fakenews*, controle de campanhas eleitorais massificadas pela internet e seus riscos à democracia, *smart contracts*, uso ético da inteligência artificial pelos sistemas de justiça, dentre outros. Nas profissões jurídicas uma onda de renovação também se verifica e já se formam especialistas em programação, informática decisória, *big data analytics*. Empresas especializadas no segmento de *lawtech* oferecem suporte tecnológico para as diversas carreiras jurídicas. E, naturalmente, as inovações com as quais os juristas precisam aprender a lidar também produzem efeitos no ensino jurídico, de tal sorte que cada vez mais temas relativos a esses e outros tópicos relacionados ao avanço tecnológico começam a compor um programa de Direito e Tecnologia, a ensejar cursos, eventos, debates e intensa troca de experiências e de ideias, inclusive interdisciplinares.

O objetivo deste confessadamente breve e modesto estudo é explorar uma possibilidade que a inteligência artificial proporciona para os meios de solução de controvérsias, notadamente das execuções civis. Para tanto, apoiamo-nos em uma definição simples de *inteligência artificial*, entendida como uso de "máquinas [que], em alguma medida, pensem, ou melhor imitem o pensamento humano a fim de aprender e utilizar as generalizações que nós, as pessoas, usamos para tomar nossas decisões habituais"[1].

O recurso à inteligência artificial, no âmbito do Judiciário, tem sido intensamente debatido nos últimos anos, com reflexões acerca das possibilidades que as máquinas oferecem para a gestão mais eficiente dos processos judiciais. Discute-se essencialmente

---

1. Cf. FENOLL, Jordi Nieva. *Inteligencia artificial y proceso*, Madri, Marcial Pons, 2018, p. 20 (tradução livre).

o emprego de inteligência artificial para tratamento de dados, classificação e impulsos processuais, o uso de *online dispute resolution* (ODR), produção e valoração da prova, tomada de decisão, proteção dos direitos humanos e, mais precisamente nesse âmbito, do devido processo legal[2].

Quanto ao tratamento dos dados dos processos e às possíveis formas de acelerar o trâmite processual, não parece haver dúvidas entre os estudiosos e os gestores públicos sobre a conveniência de automatizar tarefas, notadamente as mais mecânicas e repetitivas e que menos se relacionam à atividade de julgar[3].

Para não esgotar todas as diversas ferramentas já idealizadas ou implementadas para essa finalidade, mencione-se o exemplo célebre do sistema "Victor" que vem sendo desenvolvido pelo STF para seleção e classificação de recursos relacionados a temas de repercussão geral[4]. São inúmeras as ferramentas análogas e que ainda podem ser construídas ou adaptadas para cada esfera judicial, a depender das atividades realizadas por cada unidade judiciária (com as quais as máquinas poderão "aprender"), e que, ao invés de mecanizadas, possam vir a ser automatizadas, com ganho de acuidade, tempo e economia de recursos financeiros e humanos. Portanto, aceita-se que existem tarefas feitas pelo ser humano de modo falho e dispendioso, a justificar a conveniência do uso de máquina que o faça melhor e mais rapidamente[5].

Em tema de avaliação de provas e tomada de decisões, por sua vez, levantam-se muitas e fundadas barreiras para o emprego de inteligência artificial. Para além de eventual falta de transparência sobre o seu uso, podem existir vieses decisórios[6] na construção do algoritmo, em razão de dados distorcidos ou alimentados de forma tendenciosa, a partir do que se pode levantar uma inadmissível falta de isenção do construtor do algoritmo. Nesse contexto e considerando o potencial e cada vez maior emprego de inteligência artificial pelo Judiciário dos países europeus, a Comissão para a Eficácia da Justiça na Europa (CEPEJ) editou em reunião de dezembro de 2018 a Carta Europeia de Ética sobre o Uso da Inteligência Artificial em Sistemas Judiciais e seu ambiente, que prevê cinco princípios a serem seguidos: 1º) respeito dos direitos fundamentais, 2º) não discriminação, 3º) qualidade e segurança, 4º) transparência, imparcialidade e equidade, e 5º) "sob controle do usuário"[7] – parâmetros que encontram correspondência no conteúdo do devido processo legal (imparcialidade, contraditório e isonomia), a confirmar que

---

2. Para um exame do tema do ponto de vista do devido processo legal, vide Jordi Nieva Fenoll, op. cit.

3. Há quem distinga o uso da inteligência artificial no processo nas formas forte (com substituição integral do pensamento humano) e fraca (como suporte à atividade decisória humana ou em parcial substituição desta): cf. Vincenzo Ansanelli, *L'utilizzazione dell'intelligenza artificiale nel processo – strategie conoscitive e principi processuali nell'epoca di internet*, Revista de Processo, v. 302/2020, p. 403/412, abr./2020.

4. Disponível em: http://www.stf.jus.br/portal/cms/verNoticiaDetalhe.asp?idConteudo=380038.

5. "Ciò che distingue l'uomo dalla macchina non è ciò che l'uomo fa bene (perché probabilmente la macchina lo fa meglio), ma è ciò che l'uomo fa male, ossia il modo in cui sbaglia" (cf. ANSANELLI, Vincenzo, op. cit.).

6. Sobre a necessidade de transparência algorítmica e de controle sobre os vieses decisórios no uso de ferramentas de inteligência artificial no processo civil, vide Dierle Nunes e Ana Luiza Pinto Coelho Marques, *Inteligência artificial e direito processual: vieses algorítmicos e os riscos de atribuição de função decisória às máquinas*, Revista de Processo, vol. 285/2018, p. 421/447, nov./2018.

7. Disponível em: https://rm.coe.int/carta-etica-traduzida-para-portugues-revista/168093b7e0#_Toc530141212. Acesso em: 04 ago. 2020.

qualquer ferramenta tecnológica que se insere nas atividades jurisdicionais servem àqueles mesmos preceitos que o ser humano também deve observar.

Outro espaço no qual o tema já recebeu profícuo debate é o da arbitragem internacional[8]. Dada a magnitude e complexidade de algumas disputas, que geram quantidade bastante significativa de documentos a serem examinados pelos árbitros, questiona-se a possibilidade de se automatizarem as tarefas de avaliação da prova, de análise dos argumentos das partes e de tomada de decisão. Não parece haver dúvidas de que, por se tratar de jurisdição exercida em ambiente privado e fundada na autonomia de vontade das partes, o uso de algoritmos para a prática de quaisquer atividades dos árbitros deve ser objeto de revelação, independentemente da eventual concordância prévia das partes com o emprego dessas ferramentas. Considerando que, para as arbitragens internacionais, já existem regulamentos[9] a permitir que pessoas jurídicas sejam árbitros, também parece possível aceitar que as partes, no livre exercício da autonomia da vontade, optem por uma jurisdição exercida parcial ou totalmente por árbitros robôs, por mais curioso que isso possa parecer.

Relativamente ao processo de tomada de decisão no âmbito da jurisdição estatal, a resistência ainda prevalece[10] e não se conhece proposta, ao menos para a realidade brasileira, de substituição total ou parcial da atividade mental do magistrado, de declaração do direito para resolução de controvérsias, pela atuação de robôs. Parece difícil dizer até quando essa situação assim permanecerá...

Desde já há vozes que reconhecem a utilidade da otimização de atividades repetitivas e burocráticas na resolução do chamado "contencioso de massa", como facilitador da opção do legislador pelo sistema de precedentes[11]. A propósito dessa perspectiva, a ideia parece tentadora, quando se verificam as conclusões de estudo sobre a inteligência artificial aplicada à jurisdição[12], em determinado país de tradição de *Common Law*. Ali, teria sido comprovada experimentalmente a precisão da máquina no reconhecimento de regras aplicáveis ao caso em função de precedentes judiciais e dos fatos relevantes para julgá-lo, em patamar de oitenta e cinco por cento (85%).

Não obstante, depois do insucesso das ações coletivas no Brasil (por razões diversas) e do relativamente baixo impacto no estoque de processos civis pelos mecanismos de julgamento de recursos repetitivos especialmente na Justiça dos Estados[13], parece justo

---

8. Parte dessas questões elaboradas no âmbito da arbitragem internacional foi objeto de brevíssimo ensaio da coautora deste trabalho: Arbitragem e inteligência artificial, publicado em: 14.11.2018. Disponível em: http://ycadvogados.com.br/arbitragem/arbitragem-e-inteligencia-artificial/.
9. Diante do disposto na Convenção de Nova Iorque, no artigo I, n. 2.
10. Para mencionar uma delas: v. por todos Dierle Nunes e Ana Luiza Pinto Coelho Marques, *op. cit.*, no sentido de ser impossível deslocar a função decisória para as máquinas.
11. Cf. Ricardo Dalmaso Marques, *Inteligência artificial e direito: o uso da tecnologia na gestão do processo no sistema brasileiro de precedentes*, Revista de Direito e as Novas Tecnologias, vol. 3/2019, abr.-jun./2019.
12. Cf. Olga Shulayeva, Advaith Siddharthan e Adam Wyner, *Recognizing cited facts and principles in legal judgements*. Disponível em: http://www.ai.rug.nl/~verheij/AI4J/papers/AI4J_paper_5_shulayeva.pdf. Acesso em: 31 out. 2018.
13. Basta verificar os comentários que geraram a criação da taxa de congestionamento líquida pelo CNJ, no Relatório Justiça em Números de 2016: "o Relatório (...) excluiu, dos indicadores de produtividade e congestionamento, os processos sobrestados, suspensos ou aguardando em arquivo provisório, criando assim um novo indicador: a taxa de congestionamento líquida. A inovação atende a antiga demanda dos tribunais, para que sejam considerados exclusivamente os processos ativos nos cálculos das taxas de congestionamento e das cargas de trabalho.

alvitrar que, antes de se debater seriamente sobre o julgamento de processos repetitivos por robôs, seja possível considerar criticamente nossa própria experiência e, assim, trabalhar no aperfeiçoamento do que já existe, com o apoio do uso de novas tecnologias, mas sem o abandono do processo presidido e julgado por seres humanos.

Sem prejuízo disso, parece possível considerar a perspectiva de usos proveitosos das novas tecnologias sob a ótica da *justiça multiportas*, como se propõe nesta coletânea.

Para situar o específico ponto de partida da presente reflexão, que são os contratos inteligentes (*smart contracts*), é preciso indicar conceitos correlatos, mas que não serão aqui aprofundados. Lembrem-se aqui dos chamados *contratos eletrônicos*[14] que se utilizam do meio eletrônico como suporte para a formalização ou para a transmissão de vontade tendente à formação de contratos. Há também os contratos formalizados ou simplesmente traduzidos para linguagem de computador (*computable contracts*[15]), fenômeno que pode se aproximar dos *contratos inteligentes* a depender do uso que as partes derem à linguagem algorítmica.

Também não se está a falar neste momento dos contratos celebrados exclusivamente entre máquinas, isto é, daquele fenômeno em que a máquina é a emissora ou transmissora da vontade, situação que convidaria a ricos debates no âmbito da teoria geral das

---

Ademais, permitirá uma compreensão mais clara do impacto das demandas repetitivas e de massa na celeridade processual. Contudo, a mais importante conclusão até aqui obtida é que o impacto dos processos sobrestados ou suspensos, no conjunto do Poder Judiciário, é de apenas três pontos percentuais na taxa de congestionamento. Na Justiça Estadual, verifica-se que o impacto é de apenas 1,5 ponto percentual. Todavia, nas Justiças Federal e do Trabalho, as diferenças chegam a mais de 10 (dez) pontos percentuais, o que sugere uma maior influência da suspensão e sobrestamento dos feitos na taxa líquida de congestionamento. O baixo impacto do sobrestamento e suspensão de feitos na taxa de congestionamento da Justiça Estadual deve, todavia, ser ponderado a partir de suas especificidades, como a superioridade do acervo de novos processos em relação aos demais ramos" (*Justiça em números 2016: ano-base 2015*, Conselho Nacional de Justiça, Brasília: CNJ, 2016, p. 383). No relatório mais recente, de 2019, que tem como base o ano de 2018, o mesmo cenário ainda se verifica, especialmente na Justiça dos Estados: "Em 2018, ela [a taxa de congestionamento líquida] foi de 67%, ou seja, 4,2 pontos percentuais a menos que a taxa total (71,2%). O índice na taxa líquida reduziu na mesma escala que a bruta, 1 ponto percentual em relação ao ano de 2017, atingindo o menor valor da série histórica. Os segmentos de Justiça mais impactados pelo volume de processos suspensos são a Justiça Federal, com redução na taxa de congestionamento bruta para líquida em 13,6 pontos percentuais, e a Justiça do Trabalho, com redução de 7,8 pontos percentuais".

14. A respeito da qualificação dos contratos eletrônicos, ou contratação eletrônica, em contraste com os smart contracts, vide Hugo Ramos Alves, *Smart contracts: entre a tradição e a inovação*, in Fintech: novos estudos sobre tecnologia financeira, coord. António Menezes Cordeiro, Ana Perestrelo de Oliveira e Diogo Pereira Duarte, Coimbra, Almedina, 2019. Para o autor, na primeira categoria estão os "contratos em que as declarações de vontade são transmitidas mediante recurso a meios eletrônicos, ao passo que, em sentido restrito, corresponde[m] à celebração de negócios jurídicos com intervenção humana contemporânea automatizada" (p. 186), o que "não concita particulares desvios às regras gerais de formação do negócio jurídico: apenas houve lugar a uma adaptação destes ao meio em que as declarações de vontade são emitidas, pese embora o contrato telemático tenha sido erigido a nova categoria negocial" (p. 191).

15. Cf. Harry Surden, *Computable contracts*, University of California Davis Law Review, v. 46, 2012, p. 629/700. Segundo o autor, "This data-oriented form of expressing contract information permits computers to reliably extract and identify core terms. Parties create data-oriented contracts to facilitate the use of computers as applied to their contractual obligations. This is mainly driven by the fact that contemporary computer technology is unable to reliably process written (or spoken) language – the form of expression in which commercial contracts have historically been expressed. Thus, parties have begun to reorient the form in which they express their contractual terms to make them more amenable to computer processing in domains – such as finance and e-commerce – where the efficiency benefits of computer processability are desirable. Representing contractual information in computer-processable data allows for the application of computer abilities to contractual substance. In some instances, parties can design contractual terms or conditions to be computable" (p. 699).

obrigações e dos contratos para examinar se estaríamos mesmo diante de verdadeiros contratos; se o tratamento a possíveis vícios de vontade poderia ou deveria ser adaptado a essa curiosa realidade[16]; e como se daria a sua implementação em caso de eventual descumprimento.

Todas essas figuras não necessariamente se confundem com os contratos inteligentes (*smart contracts*) ou autoexecutáveis (*self enforcing contracts*), os quais se caracterizam por conter previsões em linguagem de computador que permitem o seu cumprimento automatizado. A inteligência artificial atua nesses casos mediante programação que produz a possibilidade de cumprimento de uma obrigação contratual sem o concurso da vontade do obrigado ou de recurso a medidas judiciais; diz-se que os contratos inteligentes são "comparados com caixas hermeticamente fechadas, que somente serão abertas com uma ou mais chaves, mas que são isoladas do mundo exterior'. Se alguma condição estiver atrelada a um evento que não está integrado à rede *blockchain*, será necessária a utilização de um agente [o oráculo], que localiza e atesta informações no mundo real para incluir na rede *blockchain* na qual o contrato inteligente está inserido"[17].

O exemplo mais remoto de contrato inteligente é o das *vending machines* utilizado pelo jurista norte-americano Nick Szabo[18] em texto que se tornou célebre a respeito do tema e é datado de 1996 – ainda que fundada controvérsia tenha sido alimentada por esse exemplo, pois diversos autores entendem que naquele fenômeno o que se verifica é a oferta ao público e não um contrato inteligente[19]. Sem embargo dessa controvérsia que não afeta o conceito então desenvolvido, naquela ocasião o jurista defendeu a ampliação do uso dos algoritmos e da criptografia para acelerar a execução de contratos traduzidos em linguagem informática. Para aquele autor, o contrato inteligente consistiria então em "a set of promises, specified in digital form, including protocols within which the parties perform on these promises"; essas promessas seriam executadas por máquinas e independentemente da vontade humana.

Tal tipologia contratual, segundo apontam alguns estudos, tem potencial para reduzir os custos de execução e de conformidade do comportamento das partes aos termos contratuais[20]. E, de fato, parece mesmo que a automatização do adimplemento

---

16. Para um exame do tema dessa perspectiva, fazemos remissão a João Fábio Azevedo e Azevedo, *Reflexos do emprego de sistemas de inteligência artificial nos contratos*, Dissertação de Mestrado apresentada perante a Faculdade de Direito da Universidade de São Paulo, São Paulo, 2014.

17. Cf. João Leandro Pereira Chaves, A aplicação de smart contracts nos contratos de derivativos, *Revista de Direito Bancário e do Mercado de Capitais*, v. 87/2020, p. 151/168, jan.-mar./2020, DTR\2020\413.

18. *Smart contracts: building blocks for digital markets*. Disponível em: https://www.fon.hum.uva.nl/rob/Courses/InformationInSpeech/CDROM/Literature/LOTwinterschool2006/szabo.best.vwh.net/smart_contracts_2.html. Acesso em: 04 ago. 2020.

19. V. por todos Hugo Ramos Alves, cit., p. 196/197, com a conclusão de que o arquétipo de *smart contract* ultrapassa a comum máquina de venda automática, pois "é proposta a incorporação de todos os tipos de propriedade valiosa, suscetível de controlo por via digital, competindo ao smart contract reportar-se a essa propriedade em termos dinâmicos, ao passo que a máquina de venda automática implementa um protocolo assíncrono entre o programador e o adquirente, o *smart contract* pode incluir várias etapas síncronas entre as partes. Este aspeto demonstra que, em rigor, podemos não estar perante uma mera oferta ao público" (p. 197).

20. Para Harry Surden, quando os *computable contracts* são utilizados para esse fim, "relatively straightforward comparisons between contract terms and party activities can be automated. In essence, by automating comparisons that may have been previously done manually, transaction costs related to monitoring or assessing compliance are reduced" (op. cit., p. 700).

de obrigações teria um relevante efeito de redução dos custos de transação em vários segmentos do mercado, em que a incerteza do adimplemento e as despesas de judicialização são acentuados.

A questão é determinar se e de que maneira esse fenômeno poderia oferecer mecanismos úteis à resolução extrajudicial de controvérsias, com possíveis soluções para outros tipos de litígios e que sejam inspiradas na técnica da autoexecução. E isso no contexto em que o interesse nos *smart contracts* vem sendo ampliado agora diante do seu potencial desenvolvimento a partir da tecnologia da *blockchain*[21]. Exemplificativamente, já se prevê o seu uso nos domínios da "internet das coisas", dos direitos de autor, do comércio eletrônico, dos seguros, do mercado de capitais, dentre outros[22], tudo a acelerar e automatizar a celebração e/ou a execução de contratos e, consequentemente, o surgimento e a necessidade de solução de eventuais disputas deles emergentes.

Ao que tudo indica, o funcionamento dos contratos autoexecutáveis está associado à técnica autotutela[23], que sob a ótica tradicional é visto com grande reserva, na medida em que os modelos ajustados ao Estado de Direito repudiam soluções de conflitos mediante emprego das próprias forças, que só se admitem em hipóteses excepcionais. Mas é preciso indagar se a inteligência artificial, que pode ser usada como ferramenta para a autotutela, aponta-nos um horizonte diferente em tema de resolução de conflitos, em uma trajetória de *desjudicialização*.

Certo que, no âmbito das relações contratuais, as partes que estejam em situação de equilíbrio possuem liberdade para optar pela execução automatizada de obrigações que estejam em ambiente digital (como transferência de valores, direitos etc.); o que pode ser profícuo, como já referido, para a redução de custos de transação. A rigor, não há grande novidade nisso vez que alguns mecanismos contratuais já existentes, ainda que não se valham da *blockchain*, utilizam ferramentas digitais para operacionalizar o cumprimento de obrigações, tal como ocorre nas conhecidas travas bancárias associadas a alienação fiduciária de recebíveis[24]. A escolha por uma possível via da *blockchain*,

---

21. Isso porque o conceito original de contratos inteligentes foi desenhado na década de 1990 com apoio na tecnologia da criptografia que pouco desenvolveu modelos de contratos inteligentes. Não se conhecia naquele momento a tecnologia da blockchain, "descoberta" em 2008, rede descentralizada de dados na qual se desenvolveu a bitcoin, de larga popularidade atualmente. Por isso, não se pretende abordar aqui quaisquer dos desafios que especificamente a *bitcoin* apresenta às autoridades governamentais por ser uma alternativa descentralizada aos sistemas financeiros nacionais; o que se reconhece, independentemente desses desafios, é que a *blockchain* na qual a *bitcoin* se apoia oferece tecnologia que pode ampliar o uso dos *smart contracts*. Conforme já se afirmou: "A forma mais avançada de utilização da tecnologia Blockchain são os denominados 'Smart Contracts': algoritmos informáticos que executam automaticamente os termos contratuais, verificadas as condições previamente programadas. (...) o que garante a inviolabilidade/incorruptibilidade das informações armazenadas de acordo com a tecnologia Blockchain? A resposta é o denominado Consenso Descentralizado (decentralized consensus)" (cf. GOMES, Delber Pinto. Contratos ex machina: breves notas sobre a introdução da tecnologia blockchain e smart contracts, *Revista Electrónica de Direito*, out. 2018, n. 3, v. 17, p. 42).

22. Com exemplos para a potencialidade da tecnologia dos contratos inteligentes, vide ALVES, Hugo Ramos cit., p. 199-200.

23. No lugar de autotutela, poder-se-ia falar de um contrato *self-sufficient dispute resolution* (cf. Pietro Ortolani, *The impact of blockchain technologies and smart contracts on dispute resolution: arbitration and court litigation at the crossroads*, Unif. L. Rev., Oxford University Press, 2019, p. 435).

24. Por esse mecanismo contratual, a instituição bancária que concedeu a linha de crédito, garantida por alienação fiduciária do recebível, fica com a inteira disponibilidade do futuro ativo que vier a ser obtido pelo devedor e depositado em conta vinculada à transação. Assim, com a consolidação da propriedade sobre o ativo objeto da

contudo, deverá ser feita com a consciência de que o órgão jurisdicional não terá acesso à chave que dispara ou paralisa a atuação da máquina. Por isso, a escolha por um contrato inteligente poderia, ainda que reflexamente, significar uma renúncia ao controle jurisdicional prévio (ou preventivo) sobre o cumprimento das obrigações das partes. Qualquer controle seria, quando muito, posterior.

Mas isso tudo traz luzes para outra realidade de cumprimento de obrigações, especialmente as de pagamento de quantia, que podem se traduzir em títulos extrajudiciais (que seriam os próprios contratos inteligentes e, neste caso, de cumprimento desde logo extrajudicial) ou em títulos judiciais (correspondentes a decisões judiciais ou arbitrais). Em se tratando de títulos judiciais, para além de todos os mecanismos de gestão e classificação de dados e aceleração de procedimentos que podem contar com o apoio da tecnologia, a indagação que se coloca é se as decisões judiciais ou arbitrais poderão contar com mecanismos de "cumprimento automatizado" em ambiente digital, com o mesmo controle sancionador (ou repressivo) acima referido[25]. Aparentemente, em primeira impressão, dada a anuência das partes e desde que elas estejam em situação de paridade para declarar vontade nesse sentido, nada impediria que isso acontecesse[26].

Embora o impacto da *blockchain* na solução de disputas em tema de execução, salvo melhor juízo, seja tema pouquíssimo explorado, boas provocações já foram levantadas; o que pode ser ilustrado pelo argumento de que a tecnologia não é automaticamente aderente à lógica do equilíbrio entre a satisfação do credor com o menor sacrifício dos direitos do devedor, conquanto exista a possibilidade (ao menos conceitual) de a máquina ser "ensinada"[27].

Já tivemos a oportunidade de defender recentemente, dentro de um projeto amplo de desburocratização e de ampliação do acesso à justiça, a desjudicialização da execução civil com fundamento na reafirmação da autonomia privada e na fórmula da justiça multiportas[28]. Afirmamos que não há obstáculo constitucional para que a invasão da esfera patrimonial do devedor, que figura em um título judicial ou extrajudicial, seja

---

alienação fiduciária, o devedor não se furta do pagamento e reduzem-se os riscos de inadimplemento e os custos a ele associados.

25. Cogita-se dessa solução quando se afirma que, na execução de um contrato inteligente, "the external information retrieved by the smart contract could be an arbitral award, and software script could be used to enforce the outcome of the procedure" (cf. ORTOLANI, Pietro, op. cit., p. 439).

26. Em um dos poucos estudos já produzidos com profundidade sobre o tema, de que se tem conhecimento, afirmou-se que: "campo en el que la inteligencia artificial debería entrar decididamente es en la fase de ejecución de las condenas pecuniarias sobre todo. Se trata de un periodo bastante previsible cuyo cometido, como es sabido, es la localización del patrimonio del ejecutado. Es decir, una actividad eminentemente administrativa o de gestión, sin descartar los puntuales pronunciamientos jurisdiccionales que debe contener en ocasiones" porque "disponiéndose de manera general la incautación de bienes del ejecutado que serían liquidados cuanto antes, cada uno según el sistema de realización que fuera más apropiado, sea la subasta para los inmuebles o muebles que puedan ser atractivos en webs especializadas – colocando los bienes en las mismas –, sea la directa entrega del dinero de las cuentas corrientes al ejecutante en la cuantía de la condena". E para atender al preceito de menor sacrifício do devedor, também se coloca a possibilidade de "algoritmos que señalaren la mayor realizabilidad de algunos bienes, es decir, el mayor beneficio para el ejecutante, combinándola a la vez con el menor perjuicio al ejecutado" (cf. FENOLL, op. cit., p. 39-40).

27. Cf. ORTOLANI, Pietro, op. cit., p. 437.

28. Cf. nosso Desjudicialização da execução civil: uma solução útil e factível entre nós? In: MEDEIROS NETO, Elias Marques de; RIBEIRO, Flávia Pereira (Coord.). *Reflexões sobre a desjudicialização da execução civil.* Curitiba: Juruá, p. 301-310.

implementada por um terceiro de fora dos quadros estatais, desde que para tanto haja prévio consenso entre as partes (que pode ser oriundo de cláusula compromissória de arbitragem, ou mesmo de cláusula inequívoca que vincule as partes), e desde que seja preservado o controle jurisdicional (que pode ser repressivo) sobre os atos praticados.

Essa solução, conforme afirmamos, encontra apoio no disposto no art. 190 do CPC que, ao abrir caminho para os negócios jurídicos processuais atípicos, pode ser fundamento para que se eleja um novo meio para a efetivação de atividades de execução.

Reitera-se o que se afirmou naquela ocasião: o Estado deixou de ter o monopólio da jurisdição e, ainda que remanesça a ideia de que as atividades de invasão da esfera jurídica do devedor tenham natureza jurisdicional, isso não decorre explicitamente do inciso XXXV do art. 5º da Constituição Federal. Ao assegurar que "a lei não excluirá da apreciação do Poder Judiciário lesão ou ameaça a direito", o constituinte não reservou ao Judiciário o exercício da jurisdição, ainda que vista sob o prisma da concretização do direito mediante a invasão da esfera patrimonial do devedor. Assim, conforme já ocorre atualmente na acima aludida trava bancária, não se entrevê empecilho para que as atividades executivas sejam automatizadas e praticadas por uma máquina – assim como podem elas ser praticadas por um ente privado.

Deve-se lembrar que é amplamente reconhecida a aplicação dos direitos inerentes ao devido processo legal aos processos administrativos[29], arbitrais, e até mesmo às relações privadas[30]. Portanto, assim como se aceita que a arbitragem é um mecanismo de solução de controvérsias, fundado na autonomia de vontade a partir da qual as partes elegem um particular para exercer jurisdição e dirimir uma disputa, também se pode conceber que uma máquina esteja investida de atividades executivas.

Por isso, em um possível projeto de desburocratização da execução civil, com ampliação de acesso à justiça, um caminho pode estar no debate sobre a institucionalização de alternativa extrajudicial e automatizada.

REFERÊNCIAS

ABRAHAM, Marcus. CATARINO, João Ricardo. O uso da inteligência artificial na aplicação do direito público – o caso especial da cobrança dos créditos tributários – um estudo objetivado nos casos brasileiro e português. *Revista Eletrônica de Direito Público*, e-Pública, Lisboa, l. 6, n. 2, p. 188-219, set./2019.

ALVES, Hugo Ramos. Smart contracts: entre a tradição e a inovação. In: CORDEIRO, António Menezes; OLIVEIRA, Ana Perestrelo de; DUARTE, Diogo Pereira (Coord.). *Fintech*: novos estudos sobre tecnologia financeira. Coimbra: Almedina, 2019.

---

29. Cf. GRINOVER, Ada Pellegrini. *O processo em evolução*. Rio de Janeiro: Forense Universitária, 1996, p. 333 e Odete Medauar, *A processualidade no direito administrativo*, São Paulo: Ed. RT, 1993, p. 104.
30. Sobre a aplicação do contraditório e o devido processo legal nas relações privadas: STF, RE 201819, Relatora Min. Ellen Gracie, Relator p/ acórdão Min. Gilmar Mendes, Segunda Turma, j. 11.10.2005. E na doutrina: BRAMANTE, Ivani Contini. Eficácia do contraditório e ampla defesa nas relações interprivadas, *Revista LTr*, v. LXIV, 2000, p. 1010 e MACIEL JUNIOR, João Bosco. *Aplicabilidade do princípio do contraditório nas relações particulares*, São Paulo: Saraiva, 2009; dentre outros.

ANSANELLI, Vincenzo. L'utilizzazione dell'intelligenza artificiale nel processo – strategie conoscitive e principi processuali nell'epoca di internet. Revista de *Processo*, v. 302-2020, p. 403-412, abr./2020, DTR\2020\3879.

Atheniense, Alexandre Rodrigues. As premissas para alavancar os projetos de inteligência artificial na justiça brasileira. *Revista de Direito e as Novas Tecnologias*, v. 1/2018, out.-dez./2018, DTR\2018\22684.

AZEVEDO, João Fábio Azevedo e. *Reflexos do emprego de sistemas de inteligência artificial nos contratos*. Dissertação de Mestrado apresentada perante a Faculdade de Direito da Universidade de São Paulo, São Paulo, 2014.

BRAMANTE, Ivani Contini. Eficácia do contraditório e ampla defesa nas relações interprivadas. *Revista LTr*, v. LXIV, 2000.

CAMBI, Eduardo. ALVES, Elidia Aparecida de Andrade. Alves, Fernando de Brito. Interfaces artificiais e interpretação judicial: o problema do uso da inteligência artificial e da metodologia fuzzy na aplicação do direito. *Revista dos Tribunais*, v. 1010-2019, p. 245-273, dez. 2019, DTR\2019\42289.

Chaves, João Leandro Pereira. A aplicação de smart contracts nos contratos de derivativos. *Revista de Direito Bancário e do Mercado de Capitais*, v. 87-2020, p. 151-168, jan.-mar./2020, DTR\2020\413.

FENOLL, Jordi Nieva. *Inteligencia artificial y proceso judicial*. Madrid. Marcial Pons, 2018.

GOMES, Delber Pinto. Contratos ex machina: breves notas sobre a introdução da tecnologia blockchain e smart contracts. *Revista Electrónica de Direito*, out. 2018, n. 3, v. 17.

GRINOVER, Ada Pellegrini. *O processo em evolução*. Rio de Janeiro, Forense Universitária, 1996.

JÚNIOR, João Bosco Maciel. *Aplicabilidade do princípio do contraditório nas relações particulares*. São Paulo, Saraiva, 2009.

Marques, Ricardo Dalmaso. Inteligência artificial e direito: o uso da tecnologia na gestão do processo no sistema brasileiro de precedentes. *Revista de Direito e as Novas Tecnologias*, v. 3/2019, abr.-jun. 2019, DTR\2019\35395.

MEDAUAR, Odete. *A processualidade no direito administrativo*. São Paulo, Ed. RT, 1993.

NUNES, Dierle. MARQUES, Ana Luiza Pinto Coelho. Inteligência artificial e direito processual: vieses algorítmicos e os riscos de atribuição de função decisória às máquinas. *Revista de Processo*, v. 285-2018, p. 421/447, nov. 2018, DTR\2018\20746.

ORTOLANI, Pietro. The impact of blockchain technologies and smart contracts on dispute resolution: arbitration and court litigation at the crossroads. *Unif. L. Rev.*, Oxford University Press, 2019, p. 430/448. Acesso em: 27 jul. 2020.

shulayeva, Olga. siddharthan, Advaith. Wyner, Adam. *Recognizing cited facts and principles in legal judgements*. Disponível em: http://www.ai.rug.nl/~verheij/ai4j/papers/ai4j_paper_5_shulayeva.pdf. Acesso em: 31 out. 2018.

Surden, Harry. Computable contracts. *University of California Davis Law Review*, v. 46, 2012, p. 629/-00.

Szabo, Nick. *Smart contracts: building blocks for digital markets*. Disponível em: https://www.fon.hum. uva.nl/rob/Courses/InformationInSpeech/CDROM/Literature/LOTwinterschool2006/szabo.best. vwh.net/smart_contracts_2.html. Acesso em: 04 ago. 2020.

WAMBIER, Luiz Rodrigues. *Inteligência artificial e sistema multiportas: uma nova perspectiva do acesso à justiça*. Revista dos Tribunais, v. 1000-2019, p. 301-307, fev. 2019, DTR\2019\23637.

YARSHELL, Flávio Luiz. RODRIGUES, Viviane Siqueira. Desjudicialização da execução civil: uma solução útil e factível entre nós? In: MEDEIROS NETO, Elias Marques de; RIBEIRO, Flávia Pereira (Coord.). *Reflexões sobre a desjudicialização da execução civil*. Curitiba: Juruá.

MEDIAÇÃO: FRUTO DO BOM EXERCÍCIO DO DIREITO

Márcio Bellocchi

Doutorando em Direito pela Universidade de São Paulo. Mestre em Direito pela Pontifícia Universidade Católica de São Paulo. Professor no curso de especialização da mesma instituição Especialista em Direito Societário pela Fundação Getúlio Vargas. Advogado.

Teresa Arruda Alvim

Livre-docente, doutora e mestre em Direito pela PUC-SP. Professora nos cursos de graduação, especialização, mestrado e doutorado da mesma instituição. Professora Visitante na Universidade de Cambridge – Inglaterra. Professora Visitante na Universidade de Lisboa. Advogada.

Sumário: 1. Introdução: uma rapidíssima incursão pelo desenvolvimento do processo de pacificação social, no Brasil. 2. O ofício da advocacia, no Brasil. A arte de escolher o melhor caminho para a solução ao caso: ganha o cliente, ganha o Judiciário. 3. Mediação e conciliação: expressões sinônimas? 4. A audiência judicial de conciliação/mediação: um ato obrigatório, no *iter* processual? 5. E se o procedimento prévio de mediação tiver sido objeto de cláusula contratada entre as partes? 6. Sobre a formação dos mediadores. 7. A (in)dispensável participação dos advogados das partes nas audiências de mediação e de conciliação. 8. Mediador e formação jurídica. 9. Observações finais. 10. Referências.

1. INTRODUÇÃO: UMA RAPIDÍSSIMA INCURSÃO PELO DESENVOLVIMENTO DO PROCESSO DE PACIFICAÇÃO SOCIAL, NO BRASIL

O objetivo deste ensaio é tratar da mediação, uma das formas de resolução de conflitos de que muito se tem falado, nos últimos tempos.

Em um passado não muito distante, o método do ensino do direito era concebido em função da perspectiva do litígio perante as cortes oficiais. O litígio perante o juiz era visto como única forma de resolução de conflitos, inclusive em torno de direitos patrimoniais disponíveis. Muito embora a lei processual brasileira tradicionalmente previsse a possibilidade de o juiz propor a conciliação – instituto cuja utilização foi fomentada com a lei dos Juizados de Pequenas Causas[1] e, posteriormente, com a lei dos Juizados Especiais[2] –, não era comum propor-se, antes do processo ou independentemente dele, a conciliação para as partes, como forma de composição do litígio.

---

1. Lei n. 7.244/84
2. Lei 9.099/95

Desde as Ordenações Manuelinas e Filipinas já constava a opção de conciliar,[3] com o fim de se evitarem maiores dissabores e despesas, às partes.

O CPC de 39 nada dispunha acerca da conciliação, muito menos a respeito da mediação.

A versão original do CPC de 1973, por sua vez, previa, nos arts. 447 e 448[4], a possibilidade de o juiz tentar compor as partes, mediante conciliação, levada a termo, e homologada, por sentença. No entanto, na prática, esta proposta era feita de modo quase automático pelo juiz, que consultava as partes, durante a audiência, mas raramente procurava conduzi-las ao acordo, até porque sua formação não incluía, como hoje também não inclui, técnicas para a facilitação da realização de um acordo entre as partes. Nunca se entendeu que se trataria propriamente de um dever do juiz.

A Constituição Federal/88, por sua vez, elegeu a pacificação social como fundamento da República, como se nota do inciso VII, de seu art. 4º.[5]

Com o espírito da pacificação social refletido na Constituição Federal/88, tivemos a alteração do CPC/73 – através da Lei n. 10.444/2002 –, que passou a dispor, no art. 331,[6] acerca da designação de uma audiência prévia, *específica* para a *tentativa de conciliação, nos casos cujo objeto fosse direito transacionável*. A intenção do legislador, nesse momento, era a de obrigar, juízes e partes, antes da fixação dos pontos controvertidos da demanda e, portanto, antes do início da instrução processual, a tentarem a conciliação.

O § 3º do mencionado dispositivo processual, contudo, estabelecia que a designação da audiência poderia ser evitada, caso "as circunstâncias da causa evidencia[ssem] ser improvável" a obtenção da conciliação. Esta foi a válvula de escape para que os operadores do direito – advogados e juízes – demonstrassem, com mais frequência, desinteresse pela audiência, evitando, assim, que esta fosse marcada. A mentalidade era: se não houve possibilidade de acordo, até este momento, a probabilidade, agora, é ainda menor. Esta percepção era fruto, ainda, da cultura beligerante – a cultura do conflito – adquirida nos bancos da universidade...

---

3. Interessante a redação do § 1º, do Título XX, do Livro III, das Ordenações Filipinas: *E no começo da demanda dirá o Juiz a ambas as partes, que antes que façam despesas, e se sigam entre eles os odios e dissensões, se devem concordar, e não gastar suas fazendas por seguirem suas vontades, porque o vencimento da causa sempre he duvidoso. E isto, que dissemos de reduzirem as partes à concordia, não he de necessidade, mas sómente de honestidade nos casos, em que o bem podérem fazer. Porém, isto não haverá lugar nos feitos crimes, quando os casos forem taes, que segundo as Ordenações a Justiça haja lugar*

4. "Art. 447. Quando o litígio versar sobre direitos patrimoniais de caráter privado, o juiz, de ofício, determinará o comparecimento das partes ao início da audiência de instrução e julgamento.
   Parágrafo único. Em causas relativas à família, terá lugar igualmente a conciliação, nos casos e para os fins em que a lei consente a transação.
   Art. 448. Antes de iniciar a instrução, o juiz tentará conciliar as partes. Chegando a acordo, o juiz mandará tomá-lo por termo".

5. "Art. 4º (...)
   VII – solução pacífica dos conflitos".

6. "Art. 331. Se não ocorrer qualquer das hipóteses previstas nas seções precedentes, e versar a causa sobre direitos que admitam transação, o juiz designará audiência preliminar, a realizar-se no prazo de 30 (trinta) dias, para a qual serão as partes intimadas a comparecer, podendo fazer-se representar por procurador ou preposto, com poderes para transigir".

MEDIAÇÃO: FRUTO DO BOM EXERCÍCIO DO DIREITO **429**

É oportuno que se mencione, ainda, o II Pacto Republicano de Estado por um Sistema de Justiça mais Acessível, Ágil e Efetivo assinado, em 13.04.2009, pelos representantes dos três poderes da nação, com vistas a, dentre outros objetivos, facilitar o acesso à Justiça e aprimorar a prestação jurisdicional e, para tanto: "d) fortalecer a mediação e a conciliação, estimulando a resolução de conflitos por meios autocompositivos, voltados à maior pacificação social e menor judicialização".

Como podemos notar, o processo de desapego à cultura do conflito vem sendo fomentado, gradativamente, no Brasil... E, como estamos, nesse processo???

2. O OFÍCIO DA ADVOCACIA, NO BRASIL. A ARTE DE ESCOLHER O MELHOR CAMINHO PARA A SOLUÇÃO PARA AO CASO: GANHA O CLIENTE; GANHA O JUDICIÁRIO

Há pouco tempo, considerava-se um bom advogado, no Brasil, o profissional que, tendo terminado seu curso de bacharelado e sido aprovado no exame da Ordem dos Advogados do Brasil (OAB) tivesse características de um bom litigante.

Como mencionamos, a cultura do conflito era algo bastante arraigado no perfil do profissional que optasse pelo exercício da advocacia, de forma que, atuante na área do contencioso, uma vez procurado por seu cliente, percebia como a melhor saída, sempre, a propositura de uma ação.

Ser um bom advogado era, então, ser um bom litigante, um bom contendor. Praticamente, nada mais era exigido desse profissional: apenas a opção pela medida judicial mais adequada.

Além disso, havia outros elementos distintivos de um bom advogado: ter feito um curso de especialização, ter um título de mestre e/ou de doutor, assim como ter habilidade para a comunicação em outras línguas, além do português.

Contudo, atualmente, vemos uma quantidade alarmante de advogados habilitados, no Brasil[7], assim como de vagas, nos cursos de direito[8].

Temos, também, números exponenciais de profissionais, em todas as áreas de atuação, inclusive do direito, que já estão cursando especialização ou já obtiveram um título de mestre e/ou de doutor.[9]

---

7. São mais de 1.270.000 advogados habilitados, atualmente, no Brasil, conforme informações divulgadas pelo Conselho Federal da Ordem dos Advogados do Brasil. Disponível em: https://www.oab.org.br/institucionalconselhofederal/quadroadvogados. Acesso em: 15 jul. 2020, às 17.00h.

8. Para se ter uma ideia, no período compreendido entre 2018 e 2019, 52 mil vagas nas faculdades de direito, no Brasil, foram liberadas pelo Ministério da Educação, chegando a 313 mil vagas, no total. (PINHO, Angela. *Vagas em direito disparam após MEC facilitar a abertura de novos cursos*. Disponível em: https://www1.folha.uol.com.br/educacao/2019/04/vagas-em-direito-disparam-apos-mec-facilitar-a-abertura-de-novos-cursos.shtml. Acesso em: 15 jul. 2020, às 17.30h).

9. Conforme informações da Coordenação de Aperfeiçoamento de Pessoal de Ensino Superior (Capes/MEC), o Brasil tem, atualmente, aproximadamente 122.295 estudantes de pós-graduação, sendo que 76.323 são de mestrado acadêmico; 4.008 de mestrado profissional e 41.964 de doutoramento. (Susan Faria. Números de pós-graduados cresce no Brasil. Disponível em: http://portal.mec.gov.br/reuni-sp-93318841/180-estudantes-108009469/pos-graduacao-500454045/2583-sp-2021081601. Acesso em: 15 jul. 2020, às 17.40h).

O mercado de trabalho está, portanto, bastante difícil para os advogados, pois que houve (i) aumento do número de profissionais, como vimos, acima, em vista da quantidade de faculdades de direito, assim como em vista do aumento no desinteresse pela busca de um cargo público (magistratura, ministério público, advocacia pública ou procuradoria), por força das mudanças no regime previdenciário do funcionalismo público por que vem passando o Brasil; e (ii) diminuição na oferta de trabalho para esse profissional, em decorrência de uma certa diminuição de sua necessidade, em virtude do intenso uso da tecnologia da informação em substituição ao trabalho humano.

O Poder Judiciário brasileiro, por sua vez, está assoberbado com processos relacionados a direitos patrimoniais disponíveis em que, em nenhum momento, houve tentativa de conciliação, seja antes ou mesmo durante a sua tramitação.[10]

Esse assoberbamento de processos, conjugado a outros fatores, faz com que a duração normal de um processo, na Justiça Estadual, possa chegar a 10 anos, desde a sua distribuição até o efetivo trânsito em julgado da decisão final. Isso para não se mencionarem as hipóteses – que não são poucas – em que esse período é, ainda, superado, a depender do Estado e da Comarca em que tenha tramitado o processo.

Além dessa comum demora no trâmite de um processo, perante o Judiciário brasileiro, não podemos esquecer de que, muitas vezes, após toda essa longa espera, a parte, embora vitoriosa, acaba por não ter o seu crédito liquidado, seja porque o responsável pela obrigação dilapidou seu patrimônio durante todos esses anos, seja porque o devedor efetivamente não tem meios de saldar o seu débito.

Em vista desse cenário é que nos surge a pergunta: o que caracteriza, atualmente, um bom advogado? Seria, ainda, aquele profissional que se aperfeiçoou em outras línguas? Que fez um curso de especialização? Que adquiriu títulos de mestre e doutor?

Como vimos, atualmente, esses profissionais, diferentemente do que ocorria, antigamente, são bastante numerosos.... Então, como identificar aqueles de que o mercado precisa?

A nosso ver, a melhor resposta para tal indagação tem a ver, exatamente, com o tema deste ensaio: o que faz um bom profissional na área da advocacia, nos dias atuais, é a sua habilidade, não só de entender seu cliente e o caso que lhe é apresentado, mas, também, a consciência da necessidade de informar todas as opções existentes para a resolução do potencial conflito que lhe é apresentado, aconselhando qual a melhor delas, para que seu cliente, de forma segura, possa tomar a sua decisão.

Queremos dizer que um bom advogado não é aquele que aconselha o imediato ajuizamento de uma ação, mas, sim, aquele que, sendo possível, mediante fundadas ponderações, tenta evitar a judicialização da matéria, afastando-se, assim, da cultura do conflito e, fomentando a pacificação social: ganha o cliente, ganha o Judiciário, ganha a sociedade.

---

10. A mediação tornou-se importante no mundo, dentre outras razões, porque nos últimos 40 anos houve um aumento significativo dos casos levados perante as Cortes oficiais, talvez, em parte, como resultado dos direitos novos: dos idosos, dos menores, das mulheres, relativos à proteção do ambiente etc.

MEDIAÇÃO: FRUTO DO BOM EXERCÍCIO DO DIREITO **431**

Com esse espírito é que surgiu, na década de 1970, nos Estados Unidos, mais especificamente durante a *Pound Conference*[11], o conceito do sistema de *Tribunais Multiportas*, integrante do macro Sistema Multiportas, desenvolvido pelo Emérito Professor da Harvard University, Frank Sanders, quando se discutia a respeito da impossibilidade de o Judiciário americano responder a todas as demandas "com justiça".

Este fenômeno, isto é, a quantidade imensa de ações em curso perante o Poder Judiciário, acontece aqui em perspectiva muito maior, sendo, portanto, incomparavelmente mais sério, como se pode ver pelos nossos números.

O sistema multiportas de resolução de conflitos tem por propósito disponibilizar às partes de um potencial litígio outras formas de resolução que não, necessariamente, a judicial, assim como disponibilizar alternativas no bojo do próprio processo judicial, já instaurado ou criar uma etapa prévia de tentativa de conciliação, como requisito ao recebimento da demanda, pelo Judiciário.

O sistema multiportas, fortemente implementado no sistema legal americano, adota o mecanismo dos Tribunais Multiportas.[12] A depender do Estado, pode haver uma triagem do caso, por um funcionário do Judiciário, que se torna o responsável por indicar, em conformidade com as informações disponibilizadas pelas partes envolvidas, a melhor *porta* para a solução da questão: negociação, conciliação, mediação, arbitragem ou contencioso judicial.

Muito embora ainda não adotemos o *genuíno* sistema de Tribunais Multiportas, no Brasil, como instituído nos EUA, até porque nem sabemos se a sua admissão, localmente, seria possível, por razões culturais, que poderiam gerar muita resistência, e de possível vício de inconstitucionalidade, o fato é que o sistema multiportas de resolução de conflitos é inexorável. O estímulo ao uso de outros métodos, que não o contencioso forense, no Brasil, é um fato incontestável – e tem sido visto com bons olhos.

A arbitragem, por exemplo, tornou-se expediente mais conhecido e de mais larga utilização, a partir da edição da Lei 9.307/1996,[13] adquirindo força ainda maior, em 2002, quando o Brasil aderiu à Convenção de Nova Iorque, para reconhecimento e execução de sentenças arbitrais estrangeiras.[14] Durante algum tempo, questionou-se a constitucionalidade da arbitragem, mas o acórdão proferido em sede de procedimento de homologação de sentença estrangeira, perante o Supremo Tribunal Federal[15] – à época, Corte competente para tanto –, foi um *leading case* que bem resolveu esse problema.

Em notícia veiculada no Jornal O Globo,[16] tem-se que, nos últimos cinco anos, anteriores a 2018, o número de litígios solucionados pela via arbitral dobrou, sendo

---

11. Realizada, em 1976, na cidade de St. Paul, Minnesota, EUA.
12. Ver em: MUNIZ, Tania Lobo; MOURA, Isabel Cristina. O modelo do tribunal multiportas americano e o sistema brasileiro de solução de conflitos. *Revista da Faculdade de Direito da UFRGS*, Porto Alegre, n. 39, vol. esp., p. 288-311, dez. 2018.
13. Alterada, recentemente, pela Lei n. 13.129/2015.
14. O Decreto n. 4.311/2002 promulgou a Convenção de Nova Iorque.
15. Acórdão proferido pelo plenário do STF, nos autos do Agravo Regimental tirado em procedimento de homologação de sentença estrangeira (SEC) n. 5.206-7.
16. Número de processos em câmaras de arbitragem dobra em cinco anos. *Conjur*. Disponível em: https://www.conjur.com.br/2018-mar-12/numero-processos-camaras-arbitragem-dobra-anos. Acesso em: 18 jul. 2020, às 23.00h.

que, somente em 2017, 333 novos casos haviam sido iniciados, perante as Câmaras de Arbitragem brasileiras.

A mediação, por sua vez, também recentemente, foi objeto de lei específica, promulgada em 2015,[17] que trata de procedimentos de mediação – judicial e extrajudicial – envolvendo conflitos, não só entre os particulares, mas, também, entre particulares e entes da administração pública e entre órgãos da administração pública.

A lei da mediação surge cinco anos, após a edição Resolução 125/2010, do Conselho Nacional de Justiça, que; em vista da *necessidade de consolidar uma política pública permanente de incentivo e aperfeiçoamento dos mecanismos consensuais de solução de litígios, que implicam o acesso à ordem jurídica justa*; institui a Política Judiciária Nacional de tratamento dos conflitos de interesses, estabelecendo caber aos órgãos do Poder Judiciário, *antes da solução adjudicada mediante sentença, oferecer outros mecanismos de soluções de controvérsias, em especial os chamados meios consensuais, como a mediação e a conciliação.*[18]

No tocante à conciliação, além do que já se disse na introdução deste ensaio, recentissimamente, a Lei n. 13.994/2020, que alterou a Lei n. 9.099/95, criou, com o intuito de estimular, ainda mais, a cultura da pacificação e de uma mais rápida e menos custosa e dolorosa forma de resolução de conflitos, a possibilidade da realização da *conciliação não presencial*, no âmbito dos Juizados Especiais Cíveis.[19]

A Exposição de Motivos do CPC/2015 reforça o firme propósito da adoção do sistema multiportas,[20] no Brasil, inclusive ao admitir que *a satisfação efetiva das partes pode dar-se de modo mais intenso se a solução é por eles criada e não imposta pelo juiz.*

Esse raciocínio está em total consonância com o *continuum* da resolução de disputas, linha que nasce com a evitação (*avoidance*) do conflito, perpassa pela negociação, mediação, conciliação (métodos de autocomposição – instrumentos que garantem uma maior autonomia das partes envolvidas) e, ao fim, pelo efetivo litígio, através da arbitragem[21] ou do contencioso judicial (métodos de heterocomposição), com a entrega da disputa para que um terceiro estranho a solucione, mediante a adjudicação de uma decisão, como forma de resolução do conflito.

Em verdade, quando se entrega o caso para a solução por um terceiro, perde-se, totalmente, o controle do resultado, muitas vezes sem que se tenha ponderado a respeito de outras possibilidades. Isso é um fenômeno muito comum, resultante da armadilha

---

17. Lei 13.140/2015.
18. Parágrafo único do art. 10, da Resolução CNJ 125.
19. "§ 2° É cabível a conciliação não presencial conduzida pelo Juizado mediante o emprego dos recursos tecnológicos disponíveis de transmissão de sons e imagens em tempo real, devendo o resultado da tentativa de conciliação ser reduzido a escrito com os anexos pertinentes", do art. 1°, da Lei n. 13.994/2020.
20. "2) Pretendeu-se converter o processo em instrumento incluído no contexto social em que produzirá efeito o seu resultado. Deu-se ênfase à possibilidade de as partes porem fim ao conflito pela via da mediação ou da conciliação. Entendeu-se que a satisfação efetiva das partes pode dar-se de modo mais intenso se a solução é por elas criada e não imposta pelo juiz. Como regra, deve realizar-se audiência em que, ainda antes de ser apresentada contestação, se tentará fazer com que autor e réu cheguem a acordo. Dessa audiência poderão participar conciliador e mediador, e o réu deve comparecer, sob pena de se qualificar sua ausência injustificada como ato atentatório à dignidade da justiça. Não se chegando a acordo, terá início o prazo para a contestação".
21. Que, ainda, garante uma certa autonomia das partes, ao possibilitar a escolha dos árbitros e do procedimento, por exemplo.

do sistema adversarial: a parte apaixona-se tanto pelo conflito, esquecendo-se de que há outras opções (autocompositivas) que, porventura, poderiam melhor se encaixar ao seu caso.

Passemos, então, a falar, um pouco mais especificamente, sobre a mediação/conciliação.

3. MEDIAÇÃO E CONCILIAÇÃO: EXPRESSÕES SINÔNIMAS?

Como já tivemos a oportunidade de afirmar, o sistema multiportas é algo muito estimulado, atualmente, no Brasil: uma forma de se responder ao pleito dos operadores do direito, no sentido de se ter, efetivamente, o acesso pleno à ordem jurídica, como garantido na Constituição Federal.[22]

Como diz Kazuo Watanabe, deve-se entender como acesso à justiça, não só o acesso ao Judiciário, mediante a adjudicação da resolução do conflito, por sentença, mas, também, às outras formas de resolução de conflitos, inclusive às autocompositivas, como mediação e a conciliação.[23] Deve-se disponibilizar, ao jurisdicionado, o acesso ao sistema multiportas de resolução de disputas.

Por esse motivo é que o CPC/2015, em conformidade com sua Exposição de Motivos, no art. 3º,[24] estabelece, ao espelhar o princípio constitucional do acesso à justiça, que o Estado promoverá a resolução consensual de conflitos mediante a conciliação e a mediação, possibilitando, ainda, a arbitragem.

O art. 165 do CPC/2015, nos parágrafos 2º e 3º,[25] estabelece que a conciliação terá lugar, preferencialmente, nos conflitos em que *não houver uma relação jurídica anterior*

---

22. Art. 5º, XXXV, CF: "a lei não excluirá da apreciação do Poder Judiciário lesão ou ameaça a direito".

23. "A problemática do acesso à Justiça não pode ser estudada nos acanhados limites do acesso aos órgãos judiciais já existentes. Não se trata apenas de possibilitar o acesso à Justiça enquanto instituição estatal; e sim de viabilizar o *acesso à ordem jurídica justa.*

    (...)

    Demais, mesmo em país como o nosso, que adota o sistema da jurisdição uma, em que ao Judiciário cabe dizer a última palavra em matéria de direito, não se pode pensar apenas no sistema de resolução dos conflitos através da adjudicação da solução pela autoridade estatal. Conflitos há, mormente aqueles que envolvem pessoas em contato permanente, como nas relações jurídicas continuativas (...), para as quais a *mediação* e a *conciliação* são adequadas, pois não somente solucionam os conflitos como têm a virtude de pacificar os conflitantes". (Kazuo Watanabe. *Acesso à Ordem Jurídica Justa: conceito atualizado de acesso à justiça, processos coletivos e outros* estudos. Belo Horizonte: Del Rey, 2019, pp. 3;7).

24. "Art. 3º Não se excluirá da apreciação jurisdicional ameaça ou lesão a direito.

    § 1º É permitida a arbitragem, na forma da lei.

    § 2º O Estado promoverá, sempre que possível, a solução consensual dos conflitos.

    § 3º A conciliação, a mediação e outros métodos de solução consensual de conflitos deverão ser estimulados por juízes, advogados, defensores públicos e membros do Ministério Público, inclusive no curso do processo judicial".

25. "Art. 165. (...)

    § 2º O conciliador, que atuará preferencialmente nos casos em que não houver vínculo anterior entre as partes, poderá sugerir soluções para o litígio, sendo vedada a utilização de qualquer tipo de constrangimento ou intimidação para que as partes concilie m.

    § 3º O mediador, que atuará preferencialmente nos casos em que houver vínculo anterior entre as partes, auxiliará aos interessados a compreender as questões e os interesses em conflito, de modo que eles possam, pelo restabelecimento da comunicação, identificar, por si próprios, soluções consensuais que gerem benefícios mútuos".

subjacente entre as partes, enquanto que a mediação se dará, também preferencialmente, nos casos em que *haja um vínculo anterior entre as partes*.

Quando da publicação do Código,[26] imediatamente, iniciaram-se as discussões acerca das diferenças entre os institutos da *mediação* e da *conciliação* e de seus reflexos no sistema de resolução consensual de disputas, discussões essas que, ainda hoje, perduram em determinados círculos e que, a nosso ver, são absolutamente desnecessárias, pois que inúteis.

Se se trata de hipótese de conciliação ou de mediação, parece-nos pouco ou nada importante, já que tanto um como outro instituto têm por objetivo: alcançar a solução consensual do conflito, a realização de acordo. Manter essa discussão é totalmente desarrazoado e um desvio de foco do que é importante para o desenvolvimento do sistema multiportas, no Brasil.

Os Estado Unidos, já há tempos, deixaram de se preocupar com essa diferenciação que, quando muito, naquele sistema, é objeto, meramente, de discussões acadêmicas.

Importa-nos que o Código de Processo Civil, em seus artigos 165 a 175, prevê os princípios informadores assim como os requisitos para o desenvolvimento da atividade, que não diferem caso seja hipótese de mediação ou de conciliação. De se notar que todos os dispositivos mencionam, sempre, conciliador e mediador ou conciliação e mediação, sem qualquer distinção.

Quando o § 2º do art. 165 estabelece que o conciliador "poderá sugerir soluções para o litígio", enquanto que o § 3º diz que o mediador auxiliará os interessados a compreender as questões e interesses em conflito, de modo que possam, restabelecendo a comunicação, identificar, por si, as soluções que gerem benefícios a ambos, entendemos que tais dispositivos apresentam técnicas diferentes a serem adotadas: a primeira, na conciliação e a segunda, na mediação. Essa diferenciação, contudo, não tem importância prática e tampouco qualquer reflexo jurídico. Além disso, aconselhável, muitas vezes, a mescla de técnicas de que deve se utilizar o terceiro neutro, em determinados procedimentos que esteja conduzindo.

A racionalidade da distinção está apenas na intenção do legislador de mostrar que, se há uma relação que nasce, exclusivamente, do conflito, a técnica adotada pelo terceiro neutro pode ser muito mais invasiva, pois que não há um passado entre as partes. É o caso de danos decorrentes de um acidente, por exemplo.

Diferente é a hipótese de o conflito surgir de uma relação preexistente, ou seja, em que as partes já se conhecem e no âmbito desse conhecimento prévio é que surge o conflito. É o caso, por exemplo, da violação de um contrato de trato sucessivo celebrado entre as partes.

Note-se que, no primeiro caso, é como se uma relação surgisse do conflito; enquanto, na segunda hipótese, o conflito surge da relação preexistente.

Parece mais razoável, assim, que para o conflito decorrente de uma relação jurídica preestabelecida, a atuação do terceiro neutro seja menos invasiva, já que há um histórico

---

26. Março de 2015.

previa e continuamente vivenciado pelas partes e, até então, desconhecido do terceiro neutro, de forma que se mostra positivo fazer com que as partes tentem, por si, solucionar a questão e, quiçá, restabelecer ou manter o vínculo original que as levou até ali.

Na prática, nem sempre o terceiro neutro consegue se manter fiel à técnica que se propôs seguir. Ou seja, o próprio terceiro neutro pode alternar o uso das duas técnicas, na medida em que perceba ser esse o caminho mais eficiente para levar as partes a um acordo. Essa distinção, de rigor, só pode ser feita no plano teórico.

Assim, independentemente de ter sido, durante o curso do processo, designada uma audiência de conciliação ou de mediação, ou de as partes, extrajudicialmente, terem decidido por levar sua disputa, também, à conciliação ou mediação, entendemos que pouco importa a forma como o terceiro neutro atuará, desde que, obviamente, se paute com base na ética e nos princípios legais e tenha por propósito o atingimento de um acordo entre as partes.[27]

Aliás, a nosso ver, é até aconselhável que em uma hipótese em que não haja vínculo anterior entre as partes (que a lei trata como sendo típica de conciliação), o terceiro neutro aja de forma menos invasiva, caso, ao tomar conhecimento do conflito e de seus elementos caracterizadores, entenda ser essa uma boa técnica, assim como para a hipótese contrária, em que o terceiro neutro, ao lidar com conflito decorrente de uma relação preexistente entre as partes (que a lei prevê como hipótese de mediação) entenda que, para aquele caso, seja necessária uma atuação mais pontual e invasiva, sugerindo, inclusive, opções que as partes, porventura, não tenham, até aquele momento, vislumbrado.

Nesse sentido, uma das técnicas da negociação – aplicáveis, conforme nosso Código de Processo Civil (art. 166, § 3º)[28], aos métodos de autocomposição – é levá-la como uma dança... os passos devem se dar de conformidade com a música, a fim de não se perder o compasso. O terceiro neutro deve, então, aplicar a melhor técnica para o caso sob análise, e não uma específica técnica pela qual teria optado, anteriormente. Ele deve ter liberdade na condução do procedimento, sempre na tentativa de fazer com que as partes alcancem um acordo.

4. A AUDIÊNCIA JUDICIAL DE CONCILIAÇÃO/MEDIAÇÃO: UM ATO OBRIGATÓRIO, NO *ITER* PROCESSUAL?

Antes de entrarmos propriamente no tema da audiência de mediação/conciliação que ocorre durante o processo, é oportuna uma rápida menção à eventual obrigatoriedade de que haja uma tentativa de mediação/conciliação antes de iniciado o processo.

Este tema já foi objeto de acaloradas discussões no Brasil e de muitos projetos de lei[29].

Há quem entenda ser salutar a adoção da técnica de se considerar obrigatória a realização de tentativa de acordo *antes* da instauração do processo.

---

27. Como estabelecem a Lei 13.140/2015 e o CPC/2015.
28. "Art. 166. (...)
    § 3º Admite-se a aplicação de técnicas negociais, com o objetivo de proporcionar ambiente favorável à autocomposição".
29. Como o PL 533/2019 – Câmara dos Deputados

Por outro lado, tornar obrigatórias, *sob pena de nulidade*, as sessões de mediação preliminares ao processo pode (a) ser contraprodutivo, i.e., provocar uma reação inversa, de má vontade com relação à mediação; assim como (b) retardar, indevidamente, ou postergar a possibilidade de acesso à decisão de mérito, que seria inexorável.

E, mesmo se se entender que esta tentativa preliminar ao processo é obrigatória, uma vez constatado que esta não aconteceu, o juiz não deve extinguir o processo porque não houve tentativa de conciliação. Deve, apenas, suspender o processo e determinar que esta tentativa seja feita – não havendo acordo, prossegue o processo.

Passemos, agora, a um segundo tema que tem gerado, também, discussão doutrinária. É a obrigatoriedade da designação de audiência (por alguns, preferencialmente, chamada de sessão[30]) judicial de mediação/conciliação, no direito brasileiro, nos termos do art. 334 do CPC/2015[31], logo no início do curso da ação, que verse direito que possa ser objeto de acordo.

Da leitura desse dispositivo, depreende-se que, tratando-se de direito disponível e tendo, ao menos uma das partes envolvidas no litígio, expressado seu interesse na realização da audiência de mediação de conciliação[32], *deve*, essa audiência, ser designada.

O art. 27, da Lei 13.140/2015, a nosso ver, em complemento ao art. 334 CPC, prevê que, uma vez que a petição inicial preencha os requisitos legais e não sendo caso de improcedência liminar do pedido, o juiz designará audiência de mediação. Também, aqui, nossa leitura é no sentido de que: *deverá*, o juiz, designar a audiência. Interpretação sistemática.

Se a ação versar sobre direito disponível e tendo, ao menos uma das partes, expressado sua intenção de que seja realizada a audiência de conciliação/mediação, afigura-se *aconselhável e indicada sua designação, pelo juiz, antes do oferecimento da contestação, nos termos do disposto no art. 334.*

Tem-se visto muitas decisões judiciais que afastam a necessidade de designação da audiência, no momento determinado por lei, ou seja, logo no início da ação, sob o argumento de que a mesma não seria produtiva: seja por não se vislumbrar um resultado positivo, o que, portanto, somente acarretaria ainda mais delongas – em violação ao princípio da razoável duração do processo –, seja por existir a possibilidade de sua designação, a qualquer momento do processo, seja, ainda, porque, se as partes não se compuseram até aquele momento, pouco provável que isso ocorra, naquele momento

---

30. É o termo preferido, por exemplo, por Fernanda Tartuce: "Embora no novo Código conste o vocábulo audiência, tal expressão tende a remeter à circunstância em que o magistrado conduz os trabalhos na via contenciosa; soa mais apropriado e é mais recorrente o uso da expressão 'sessão' para designar encontros pautados pela consensualidade". In: ARRUDA ALVIM WAMBIER, Teresa; DIDIER JR., Fredie; TALAMINI, Eduardo; DANTAS, Bruno (Coord.). *Breves comentários ao novo Código de Processo Civil.* 2. ed. São Paulo: Ed. RT, 2016. p. 553. Valeria Ferioli Lagrasta Luchiari afirma, no mesmo sentido, que haveria "impropriedade técnica nesses dispositivos[art. 334 do CPC e art. 27 da Lei de Mediação], no que diz respeito à menção da sessão de conciliação/mediação como 'audiência', uma vez que 'audiência', na definição processual, apenas pode ser presidida por magistrado, sendo o correto, portanto, no procedimento de conciliação/mediação, para designar a reunião realizada pelo conciliador/mediador com as partes, a palavra 'sessão'". Desafios do art. 334 do CPC/2015. *Revista de Processo*, São Paulo, v. 303, p. 503-516, mai./2020.
31. Vide: LUCHIARI, Valeria Ferioli Lagrasta, op. cit., p. 504 e ss.
32. Note-se que o § 6º, do art. 334 CPC estabelece que: "Havendo litisconsórcio, o desinteresse na realização da audiência deve ser manifestado por todos os litisconsortes".

processual, principalmente quando uma das partes manifestou seu desinteresse na designação da audiência.

Tais decisões – afastando o dever do juiz de designar a audiência do 334 – têm sido confirmadas em grau de recurso, inclusive pelo STJ.[33]

A nós, tal postura, com a devida vênia daqueles que pensam de modo diverso, é absolutamente incoerente ao sistema multiportas de resolução de conflitos, adotado pelo CPC/2015.

Ademais disso, não nos parece que o juiz possa aferir se o caso comporta ou não acordo, pelo comportamento das partes: por achar que as partes já tentaram acordo e não deu certo; por entender que o caso não comportaria acordo, ou, ainda, porque o acordo pode ser celebrado em qualquer momento processual.

Se a intenção do Código foi priorizar a solução consensual de conflitos, prevendo a criação de uma estrutura para tanto, estabelecendo a designação de audiência, *mesmo para as hipóteses em que apenas uma das partes em litígio assim o pretenda*, e culminando pena para o não comparecimento da parte[34] a essa audiência, uma vez designada, parece-nos que a posição mais consentânea com o sistema é de ter por *fortemente* indicada, para não se dizer obrigatória, a designação da audiência.

Entretanto, a lei brasileira não culmina, expressamente, nulidade processual por força da sua não designação ou pela ausência da parte, uma vez designada essa audiência. No último caso, há, apenas, a fixação de pena de caráter pecuniário para a parte ausente.

Assim, parece-nos que o melhor é falar-se em "ser indicada", em "ser aconselhável" a designação da audiência do art. 334, CPC, a fim de que se propicie, mediante o bom senso da autoridade, ao dar cumprimento à lei, o respeito ao objetivo, expressamente visado pelo CPC/2015: priorizar a resolução consensual de conflitos – *priorizar* significa colocar à frente; designar a audiência de tentativa de conciliação ou mediação, antes do efetivo embate!

---

33. Afastando a decretação de nulidade por ausência de designação de "audiência" de conciliação, veja-se recente acórdão no Agravo Interno no Agravo em Recurso Especial 1.406.270/SP, de relatoria da Min. Maria Isabel Gallotti: "(…)3. A falta de realização de audiência de conciliação não é causa de nulidade do processo. Precedentes (…)". (STJ, AgInt no AREsp 1406270/SP, rel. Min. Maria Isabel Gallotti, 4ª T., j. 18.02.2020, *DJe* 26.02.2020). Confiram-se ainda, no mesmo sentido, acórdãos do TJSP: "Apelação. Despejo por falta de pagamento cumulada com cobrança. Sentença de parcial procedência. Insurgência dos réus ao argumento de que a ausência de designação de audiência de conciliação implica na nulidade da r. sentença. Descabimento. Recurso com nítido conteúdo protelatório. Claro ordenamento do processo com relação à possibilidade de conciliação, condicionando a designação de audiência para tanto à convergência de interesses dos litigantes, não verificada. Julgamento antecipado legitimado nas circunstâncias. Inteligência do art. 139, II e III do CPC. Ademais, a conciliação pode ser feita pelas partes, inclusive extrajudicialmente, a qualquer tempo, e, no caso concreto, a ausência de designação de audiência de conciliação não importou prejuízo concreto aos apelantes, não tendo influenciado na condenação, tratando, quando muito, de mera irregularidade sem dimensão consequencial suficiente a legitimar o retrocesso da marcha processual. Sentença mantida. Recurso desprovido". (TJSP, Apelação Cível 1002198-94.2017.8.26.0196, rel. Des. Airton Pinheiro de Castro, 29ª Câmara de Direito Privado, j. 14.05.2020, *DJe* 14.05.2020); "Compromisso de compra e venda de imóvel Inadimplemento – Rescisão decretada – Juízo que postergou a análise da conveniência da realização da audiência de conciliação para momento oportuno – Possibilidade que lhe faculta o art. 139, inciso VI, do CPC, combinado com o Enunciado n. 35 do ENFAM – Ausência de nulidade – Preliminar afastada – Mora confessada – Taxa de retenção mantida – Recurso desprovido" (TJSP, Apelação 1019471-53.2016.8.26.0477, rel. Des. Moreira Viegas, 5ª Câmara de Direito Privado, j. 21.03.2018, *DJe* 21.03.2018).

34. Art. 334, § 8º, CPC: "O não comparecimento injustificado do autor ou do réu à audiência de conciliação é considerado ato atentatório à dignidade da justiça e será sancionado com multa de até dois por cento da vantagem econômica pretendida ou do valor da causa, revertida em favor da União ou do Estado".

438 MÁRCIO BELLOCCHI E TERESA ARRUDA ALVIM

5. E SE O PROCEDIMENTO PRÉVIO DE MEDIAÇÃO TIVER SIDO OBJETO DE CLÁUSULA CONTRATADA ENTRE AS PARTES?

Outra hipótese interessante que, também, gera divergência doutrinária – divergência essa que já foi maior (anteriormente à promulgação da Lei 13.140/2015) – é aquela a respeito da obrigatoriedade da realização do procedimento de mediação, *previamente ao ajuizamento de demanda judicial* (ou à instauração de procedimento arbitral), quando as partes assim o tiverem acordado, por força de *cláusula contratual*.

Suponha-se que as partes avençaram no sentido de que, na hipótese de qualquer conflito oriundo, por exemplo, de um contrato, deveriam submeter-se a um procedimento de mediação, previamente à instauração do procedimento heterocompositivo (processo judicial ou arbitral). Não sendo aquele frutífero, ficaria autorizado o ajuizamento da demanda. No entanto, uma das partes opta por ir, diretamente, ao Judiciário.

Como deve o juiz proceder?

O Réu, citado para contestar, não apresentando a exceção da mediação, ou seja, não requerendo que o processo seja suspenso para que as partes sejam direcionadas ao procedimento de mediação, não poderá o juiz, de ofício, extinguir o feito, sob o entendimento de que as partes, por força do princípio da autonomia de sua vontade,[35] terão decidido abster-se do prévio procedimento de mediação.

A hipótese ora aventada não implica nulidade processual e não pode, por isso, ser conhecida de ofício. Poder-se-ia pensar que, ignorar-se o quanto estipulado, deixando de submeter a questão, previamente à mediação, ajuizando-se, de imediato, a ação, acarretasse nulidade do processo, por falta de cumprimento de pressuposto processual de validade acordado entre as partes. No entanto, não é isso o que ocorre, já que não se trata de matéria de ordem pública, mas de avença realizada entre as partes.

A Lei n. 13.140/2015, entretanto, estabelece, no art. 23, *caput*, uma forma de se evitar a configuração do defeito por falta do cumprimento do acordado entre as partes sobre a prévia mediação. Consiste na possibilidade de a autoridade determinar *a suspensão do procedimento judicial ou arbitral* a qualquer tempo "até o implemento dessa condição".

De se notar que, em todas as hipóteses de que aqui tratamos, embora não se deva falar em nulidade como decorrência da ausência da realização do ato, muito embora as condições estejam previstas em lei, é necessário que não se perca de vista sua relevância. Audiência preliminar de conciliação/mediação ou procedimento prévio de autocomposição, são de vital importância para o bom funcionamento do sistema multiportas de resolução de conflitos, no Brasil.

6. SOBRE A FORMAÇÃO DOS MEDIADORES

Como é natural, a liberdade das partes é integral na indicação/contratação de mediadores/conciliadores privados, para conduzir o processo extrajudicialmente. Discute-se, entretanto, sobre as exigências para que um mediador/conciliador possa ser indicado pelo juiz.

---

35. Assim como no caso da arbitragem.

MEDIAÇÃO: FRUTO DO BOM EXERCÍCIO DO DIREITO **439**

Esta discussão é, em parte, resultado do fato de existirem duas leis que disciplinam o tema: o Código de Processo Civil de 2015 e a Lei 13.140/15 (Lei de Mediação), do mesmo ano. A Lei de Mediação foi publicada três meses após o CPC.

Curiosamente, o CPC faz menos exigências para que alguém possa ser mediador judicial do que a posterior lei de mediação, o que, ao que tudo indica, é menos harmônico com a ideia/intenção de difundir o instituto, de estimular a cultura do acordo. O natural seria, portanto, que a Lei da Mediação fizesse menos exigências!

A Lei de Mediação exige, por exemplo, que o mediador tenha, ao menos, dois anos de experiência, após a conclusão de curso superior.[36] Esta exigência não é feita pelo CPC, que, neste ponto, revela-se mais aberto e mais capaz de incentivar o uso deste método de composição de conflitos. A Lei de Mediação, entretanto, por ser posterior, prevalece.[37]

Existe, na doutrina, quem sustente, a nosso ver sem razão, dever-se aplicar a eventuais conflitos, a teoria do diálogo das fontes. Esta teoria autorizaria ao intérprete "escolher" dentre as normas (que estariam todas em vigor, não tendo a Lei de mediação revogado o CPC), a que mais estivesse de acordo com os princípios da mediação.[38]

Há, ainda, os que entendem que os requisitos criados por ambas as leis deveriam ser atendidos, cumulativamente.[39]

---

36. "Art. 11. Poderá atuar como mediador judicial a pessoa capaz, graduada há pelo menos dois anos em curso de ensino superior de instituição reconhecida pelo Ministério da Educação e que tenha obtido capacitação em escola ou instituição de formação de mediadores, reconhecida pela Escola Nacional de Formação e Aperfeiçoamento de Magistrados – ENFAM ou pelos tribunais, observados os requisitos mínimos estabelecidos pelo Conselho Nacional de Justiça em conjunto com o Ministério da Justiça".

37. Há quem critique essa exigência. Para Ada Pellegrini Grinover "trata-se de uma restrição irrazoável, que contraia toda a filosofia que está à base das técnicas de mediação. Existem excelentes mediadores, devidamente capacitados, que não se enquadram na exigência". Conclui a referida autora, ressalvando seu posicionamento, "mas é ela coercitiva, enquanto estiver em vigor". In: BUENO, Cassio Scarpinella (Coord.). *Comentários ao Código de Processo Civil*. São Paulo: Saraiva, 2017, t. I, p. 686.

38. Fernanda Tartuce lança mão da teoria do diálogo das fontes para tentar solucionar eventuais antinomias. Segundo a referida autora, "A melhor solução, porém, não é considerar a revogação dos dispositivos do Novo CPC pela Lei de Mediação. Como já sustentado, a situação pode ser resolvida pela aplicação da teoria do diálogo das fontes, devendo o aplicador considerar os princípios regentes dos meios consensuais para aplicar as regras que se revelem conflitantes.

(…)

Em essência, as normas jurídicas não se excluem – supostamente porque pertencentes a ramos jurídicos distintos – mas se complementam. Por força de tal teoria, pode-se reconhecer a possibilidade de subsunção concomitante do Novo CPC e da Lei de Mediação; afinal, os dois sistemas normativos dispõem de princípios comuns tendo como pilares a autonomia da vontade, a imparcialidade, a confidencialidade, a oralidade e a informalidade. Assim, em caso de dúvida entre a aplicação de uma norma ou outra, o intérprete deverá conduzir sua conclusão rumo à resposta que mais se coadune com os princípios da mediação.

(…) no caso da habilitação de mediadores judiciais – em que a Lei de Mediação exige que a pessoa seja graduada em curso de ensino superior por mais de dois anos, requisito não trazido pelo Novo CPC –, os Tribunais devem admitir o cadastramento de todas as pessoas capacitadas (já que a capacitação é o critério comum nas duas legislações). Devem os tribunais, porém, dar publicidade ao fato de serem os mediadores formados ou não há mais de dois anos; as partes então poderão, sabendo de tal fato, escolher ou não um mediador formado, atribuindo a esta característica o valor que entenderem apropriado com base em sua autonomia da vontade". (O novo marco legal da mediação no direito brasileiro. *Revista de Processo*, São Paulo, v. 258, p. 495-516).

39. Segundo NUNES, Antonio Carlos Ozório. *Manual de mediação*. São Paulo: Ed. RT, 2014, versão digital, "para ser mediador judicial será preciso que o candidato preencha as exigências previstas em lei, conforme preveem o CPC (art. 167) e a Lei da Mediação (art. 11): a) seja pessoa capaz (capacidade civil); b) graduado há pelo menos dois anos em curso de ensino superior de instituição reconhecida pelo Ministério da Educação, portanto não basta ser graduado, precisa sê-lo há mais de dois anos; c) tenha obtido capacitação em escola

7. A (IN)DISPENSÁVEL PARTICIPAÇÃO DOS ADVOGADOS DAS PARTES NAS AUDIÊNCIAS DE MEDIAÇÃO E DE CONCILIAÇÃO

O CPC brasileiro contém artigo em que expressamente exige a presença dos advogados nas sessões de mediação/conciliação (art. 334, § 9°, CPC; art. 26, lei de Mediação).

Não parece, todavia, que seja esta uma exigência inafastável. Entender que se trataria de um imperativo também não se coaduna com a ideia de difundir o emprego destas técnicas.[40] Lembremos, por exemplo, que, na arbitragem – meio heterocompositivo de resolução de conflito –, a lei não estabelece como obrigatória a participação do advogado...

De rigor, deve-se admitir poder até mesmo o próprio acordo ser homologado sem a presença do advogado. Embora não seja, a nosso ver, aconselhável, não há vício/defeito em acordo realizado sem a presença de advogado, seja em juízo, seja extrajudicialmente. Isso, sempre a se considerar que o terceiro neutro que conduz o procedimento, o faz em conformidade com a lei, com os princípios atinentes à mediação, assim como com as respectivas técnicas aplicáveis.

Alguns autores entendem que a ausência de advogado deve ser apenas excepcionalmente admitida.[41]

Parte da doutrina sustenta que a presença dos advogados na audiência e quando da realização do acordo é imprescindível.[42]

Nossa opinião, embora no direito brasileiro haja lei prevendo o contrário, é no sentido de que os advogados não têm de, obrigatoriamente, acompanhar seus clientes na audiência de conciliação/mediação. Isto porque, além de outros aspectos, um trabalho

---

ou instituição de formação de mediadores, reconhecida pela Escola Nacional de Formação e Aperfeiçoamento de Magistrados – Enfam ou pelos tribunais, Estaduais e Federais, observados os requisitos mínimos estabelecidos pelo Conselho Nacional de Justiça em conjunto com o Ministério da Justiça. Esses cursos são oferecidos pelos tribunais ou instituições credenciadas pelos Núcleos Permanentes de Métodos Consensuais de Soluções de Conflitos (Nupemec)"

40. Comentando o § 9°, do art. 334, Maria Lúcia Lins Conceição afirma que "as partes devem estar acompanhadas por seus advogados ou defensores públicos, porém, a ausência do advogado não impedirá a realização da audiência de conciliação e mediação (é o que Athos Gusmão Carneiro já ensinava a respeito da audiência do art. 331 do CPC/73. *Audiência de instrução e julgamento e audiências preliminares*. 15. ed. Brasília: Gazeta Jurídica, 2014. p. 70.), pois, a rigor, a celebração de transação é ato pessoal da parte. A própria parte poderá deixar de comparecer e não sofrerá qualquer sanção se tiver nomeado *representante* (§ 10), por meio de procuração com poderes específicos para negociar e transigir". (Leonardo Ferres da Silva Ribeiro; Maria Lúcia Lins Conceição; Rogerio Licastro Torres de Mello; Teresa Arruda Alvim. *Primeiros comentários ao Código de Processo Civil*. 3. ed., São Paulo: Thomson Reuters Brasil, 2020, p 648).

À luz do art. 331 do CPC/73, que tratava da audiência preliminar, Athos Gusmão Carneiro ensinava que "a conciliação em audiência pode processualmente realizar-se sem a presença de advogado(s)". *Audiência de instrução e julgamento e audiências preliminares*. 15. ed. Brasília: Gazeta Jurídica, 2014. p. 70.

41. Admitindo a possibilidade de homologação de acordo, sem a presença das partes, Humberto Bernardina de Pinho aduz que: "em caráter excepcional, poderá o juiz homologar acordo celebrado entre as partes em audiência, se ambas ou uma delas estiver desacompanhada de advogado. Nesse caso, o juiz deverá exercer exame minudente da legalidade da avença e se certificar que as partes, apesar de leigas, compreenderam exatamente o alcance e as consequência do acordo". (Audiência de conciliação ou de mediação: o art. 334 do CPC/15 e a nova sistemática do acordo judicia. In: LUCON, Paulo et al. (Coord.). *Processo em jornadas*. Salvador: JusPodivm, 2016, p. 451).

42. Defendendo a presença obrigatória dos advogados: Nelson Nery Jr. e Rosa Nery, para quem: "A presença das partes é obrigatória. Devem estar acompanhadas dos respectivos advogados ou defensores públicos. Não é mais possível o mero comparecimento *pro forma* do advogado". (*Código de Processo Civil Comentado*. 17. ed. São Paulo: Thomson Reuters Brasil, 2019, p. 1069).

realmente bem feito pelos profissionais mediadores/conciliadores pode levar a que as partes façam revelações que nada têm que ver com o caminho que levaria à sentença, mas, apenas, com o percurso que levaria *ao acordo*: portanto, revelações que os advogados, principalmente o da parte contrária àquele que faz a revelação, não precisam e, na verdade, *não devem saber*. Revelações que, se não houver acordo, não constarão dos autos. Revelações que, se não houvesse, ao menos, a perspectiva de acordo, não teriam tido lugar.

8. MEDIADOR E FORMAÇÃO JURÍDICA

Existe a possibilidade, mas não a necessidade, de que o mediador tenha cursado a faculdade de direito e seja, até mesmo, inscrito no órgão de classe respectivo.

Na verdade, a formação jurídica, tal como tradicionalmente concebida, nada tem que ver com as capacidades necessárias e úteis para auxiliar as partes, em maior ou menor intensidade, a chegar a um consenso sobre como o conflito que existe entre elas deve ser resolvido.

9. OBSERVAÇÕES FINAIS

São várias as razões que levam a que se esteja, nos países de *Civil Law*, estimulando a resolução dos conflitos por outros meios que não o processo que se desenvolve perante as cortes judiciais, o que inclui a mediação. A diminuição da carga de trabalho do Poder Judiciário é uma delas.

Outra dessas razões consiste na maior satisfação que gera, no espírito das partes, o fato de terem, elas mesmas, sido as autoras do modo como o conflito que havia entre elas foi resolvido. Essa satisfação não existe quando a solução é imposta. Isso sem se mencionar a maior probabilidade de que as partes mantenham ou retomem o vínculo que tinham, antes do nascimento do litígio.

No Brasil muitas são as dificuldades com que temos de nos defrontar. Preconceito cultural, confiança no Poder Judiciário que às vezes desempenha papel paternalista, legisladores não tão sábios quanto deveriam ser.

Apesar disso, todavia, parece que o caminho do estímulo às soluções consensuais é irreversível. A melhor formação dos mediadores é imprescindível bem como a necessidade de que estes profissionais gerem segurança para as partes, o que ainda não é uma realidade no Brasil.

O que se percebe, entretanto, é que, aos poucos, as portas vão se abrindo a este caminho que, no fundo, talvez, seja uma das formas mais "naturais" de se resolverem os conflitos, sem força.

Esperamos que nossos advogados adquiram essa consciência, inclusive de que um conflito resolvido de forma consensual pode ser mais lucrativo para todos os envolvidos. Como saber? Conhecendo bem o cliente e examinando, profundamente, o conflito. Assim, pode-se propor o melhor caminho para a solução do caso concreto.

10. REFERÊNCIAS

CARNEIRO, Athos Gusmão. *Audiência de instrução e julgamento e audiências preliminares.* 15. ed. Brasília: Gazeta Jurídica, 2014.

CONSELHO FEDERAL DA ORDEM DOS ADVOGADOS DO BRASIL. Disponível em: https://www.oab.org.br/institucionalconselhofederal/quadroadvogados. Acesso em: 15 jul. 2020.

FARIA, Susan. Números de pós-graduandos cresce no Brasil. Disponível em: http://portal.mec.gov.br/reuni-sp-93318841/180-estudantes-108009469/pos-graduacao-500454045/2583-sp-2021081601. Acesso em: 15 jul. 2020.

GRINOVER, Ada Pellegrini. In: BUENO, Cassio Scarpinella (Coord.). *Comentários ao Código de Processo Civil.* São Paulo: Saraiva, 2017. t. I.

LUCHIARI, Valeria Ferioli Lagrasta. Desafios do art. 334 do CPC/2015. *Revista de Processo*, São Paulo, v. 303, p. 503-516, mai./2020.

MUNIZ, Tania Lobo; MOURA, Isabel Cristina. O modelo do tribunal multiportas americano e o sistema brasileiro de solução de conflitos. *Revista da Faculdade de Direito da UFRGS*, Porto Alegre, n. 39, vol. esp., p. 288-311, dez. 2018.

NERY JR., Nelson; NERY, Rosa. *Código de Processo Civil Comentado.* 17. ed. São Paulo: Thomson Reuters Brasil, 2019.

NÚMERO de processos em câmaras de arbitragem dobra em cinco anos. *Conjur.* Disponível em: https://www.conjur.com.br/2018-mar-12/numero-processos-camaras-arbitragem-dobra-anos. Acesso em: 18 jul. 2020.

NUNES, Antonio Carlos Ozório. *Manual de Mediação.* São Paulo: Ed. RT, 2014, versão digital.

PINHO, Angela. Vagas em direito disparam após MEC facilitar a abertura de novos cursos. Disponível em: https://www1.folha.uol.com.br/educacao/2019/04/vagas-em-direito-disparam-apos-mec-facilitar-a-abertura-de-novos-cursos.shtml. Acesso em: 15 jul. 2020.

PINHO, Humberto Bernardina de. Audiência de conciliação ou de mediação: o art. 334 do CPC/15 e a nova sistemática do acordo judicia. In: LUCON, Paulo et. al. (Coord.). *Processo em jornadas.* Salvador: JusPodivm, 2016.

RIBEIRO, Leonardo Ferres da Silva; CONCEIÇÃO, Maria Lúcia Lins; MELLO, Rogerio Licastro Torres de; ARRUDA ALVIM, Teresa. *Primeiros comentários ao Código de Processo Civil.* 3. ed., São Paulo: Thomson Reuters Brasil, 2020.

TARTUCE, Fernanda. O novo marco legal da mediação no direito brasileiro. *Revista de Processo*, São Paulo, v. 258, p. 495-516.

TARTUCE, Fernanda. In: ARRUDA ALVIM WAMBIER, Teresa; DIDIER JR., Fredie; TALAMINI, Eduardo; DANTAS, Bruno (Coord.). *Breves comentários ao novo Código de Processo Civil.* 2. ed. São Paulo: Ed. RT, 2016.

WATANABE, Kazuo. *Acesso à Ordem Jurídica Justa:* conceito atualizado de acesso à justiça, processos coletivos e outros estudos. Belo Horizonte: Del Rey, 2019.

MEDIAÇÃO *ONLINE* EM TEMPOS DE VIRTUALIZAÇÃO FORÇADA DAS FERRAMENTAS DE RESOLUÇÃO DE CONFLITOS: ALGUMAS CONSIDERAÇÕES SOBRE A EXPERIÊNCIA BRASILEIRA

Humberto Dalla Bernardina de Pinho

Pós-doutor e Professor Visitante na University of Connecticut School of Law. Professor Titular de Direito Processual Civil na UERJ, na Estácio e no IBMEC. Membro do Ministério Público do Estado do Rio de Janeiro e Assessor Internacional do Procurador-Geral de Justiça. Professor Emérito e Diretor Acadêmico da Escola do Ministério Público do Rio de Janeiro. Editor da Revista Eletrônica de Direito Processual (REDP/UERJ) e Coordenador do Grupo de Pesquisa Observatório da Mediação (CNPQ).

Sumário: 1. O acesso à justiça e o uso das ferramentas adequadas de solução de conflitos. 2. A mediação e sua institucionalização. 3. Meios virtuais e resolução de conflitos. 4. Perspectivas para a resolução *online* de conflitos antes e durante o processo judicial. 5. Referências.

1. O ACESSO À JUSTIÇA E O USO DAS FERRAMENTAS ADEQUADAS DE SOLUÇÃO DE CONFLITOS

O Novo Código de Processo Civil, trouxe, em seu art. 3º, o comando que a "não se excluirá da apreciação jurisdicional ameaça ou lesão a direito", enquanto que o texto constitucional, em seu art. 5º, XXXV, entende que *"a lei não excluirá da apreciação do Poder Judiciário lesão ou ameaça a direito"*.

Embora haja similitude entre as duas redações, uma leitura mais atenta revela que o comando infraconstitucional busca oferecer uma garantia mais ampla, extrapolando os limites do Poder Judiciário, a quem incumbe prestar a jurisdição, mas não como um monopólio[1].

A função jurisdicional representa o dever estatal de dirimir conflitos, abarcando as modalidades chiovendiana, de atividade substitutiva[2], e carneluttiana, de resolução de conflitos[3].

---

1. LIMA. Cláudio Vianna de. A arbitragem no tempo, o tempo na arbitragem. In: GARCEZ, José Maria Rossani (Coord.). *A arbitragem na era da globalização*. 2. ed. Rio de Janeiro: Forense, 1999, p. 5.
2. CHIOVENDA, Giuseppe. *Instituições de Direito Processual Civil*. 3. ed. Campinas: Bookseller, 2002. V. 2, p. 8.
3. CARNELUTTI, Francesco. *Sistema de Direito Processual Civil*. 2. ed. São Paulo: Lemos e Cruz, v. 1, 2004. p. 63.

Contudo, na construção clássica, o Judiciário apenas atua na forma negativa, ou seja, dirimindo conflitos com a imposição de vontade do juiz, determinando um vencedor e um vencido[4].

Por isso, o art. 3º do NCPC, ao se referir a apreciação jurisdicional, vai além do Poder Judiciário e da resolução de controvérsias pela substitutividade. O dispositivo passa a permitir outras formas positivas de composição, pautadas no dever de cooperação das partes e envolvendo outros atores[5].

Nesse sentido, destaque-se a posição de Leonardo Greco[6] no sentido de admitir que a jurisdição não precisa ser, necessariamente, uma função estatal.

É claro que não se pode simplesmente desatrelar a jurisdição do Estado, até porque, em maior ou menor grau, a dependência do Estado existe, principalmente para se alcançar o cumprimento da decisão não estatal. Por outro lado, podemos pensar no exercício dessa função por outros órgãos do Estado[7] ou por agentes privados[8].

Nesta ótica, percebe-se o fenômeno da desjudicialização enquanto ferramenta de racionalização da prestação jurisdicional e ajuste ao cenário contemporâneo, o que leva, necessariamente, à releitura, à atualização, ou ainda a um redimensionamento da garantia constitucional à luz dos princípios da efetividade e da adequação. Já chamamos a atenção para esse fenômeno em outra oportunidade[9].

O próprio Cappelletti[10] defendeu o desenvolvimento da justiça coexistencial, mesmo sem a participação e controle do Estado, de acordo com o tipo de conflito[11].

À luz do conceito moderno de acesso à justiça, o princípio da inafastabilidade da jurisdição deve passar por uma releitura[12], não ficando limitado ao acesso ao Judiciário, mas se estende às possibilidades de solucionar conflitos no âmbito privado. Nessas searas, também devem ser asseguradas a independência e a imparcialidade do terceiro que irá conduzir o tratamento do conflito[13].

---

4. ALCALÁ-ZAMORA, Niceto y Castillo. *Estudios de teoría general del proceso*. México: Universidad Nacional Autónoma de México, 1992. Disponível em: http://info5.juridicas.unam.mx/libros/libro.htm?l=1049. Acesso em: 13 ago. 2015.

5. PINHO, Humberto Dalla Bernardina de. STANCATI, Maria M. S. Martins. A ressignificação do princípio do acesso à justiça à luz do art. 3º do Código de Processo Civil de 2015. *Revista de Processo*, v. 254, Abr/2016, São Paulo: Ed. RT, p. 20.

6. GRECO, Leonardo. Op. cit., p. 70.

7. NALINI, José Renato. *O juiz e o acesso à justiça*. 2. ed., São Paulo: Ed. RT, 2000, p. 100.

8. MANCUSO, Rodolfo de Camargo. *A resolução dos conflitos e a função judicial no contemporâneo Estado de Direito*. São Paulo: Ed. RT, 2009, p. 52.

9. PINHO, Humberto Dalla Bernardina de. A mediação e o Código de Processo Civil projetado. *Revista de Processo*, ano 37, v. 207, São Paulo: Ed. RT, 2012, p. 213-238.

10. CAPPELLETTI, Mauro. Problemas de Reforma do Processo nas Sociedades Contemporâneas. *Revista Forense* n. 318 p. 123.

11. CAPPELLETTI, Mauro (Org.). *Accès a la justice et état-providence*. Economica, Paris, 1984, p. 29.

12. SANTANNA, Ana Carolina Squadri. *Proposta de releitura do princípio da inafastabilidade da jurisdição*: introdução de métodos autocompositivos e fim do monopólio judicial de solução de conflitos. 2014. Dissertação. Universidade do Estado do Rio de Janeiro, p. 131.

13. GRECO, Leonardo. *Instituições de Processo Civil*. 5. ed. Rio de Janeiro: Forense, 2015, v. I, p. 71.

Como já temos falado em diversas oportunidades[14], a via judicial deve estar sempre aberta, mas isso não significa que ela precise ser a primeira ou única solução. O sistema deve ser usado subsidiariamente, até para evitar sua sobrecarga, que impede a efetividade e a celeridade da prestação jurisdicional[15].

Não é compatível com as modernas teorias sobre o Estado Democrático de Direito a ideia de que o processo em juízo seja a forma preferencial de solução de controvérsias[16], nada obstante essa visão, quer seja pela tradição, ou mesmo pelo receio da perda de uma parcela de poder, mantenha-se em alguns seguimentos[17].

Por vezes, é também trazido o argumento de que, fora do Poder Judiciário, pode haver perda[18] considerável da qualidade das garantias constitucionais[19] ou, o que é pior, da qualidade da prestação jurisdicional[20].

Essa é uma questão de suma importância[21], complexa[22], e que ainda carece de maior reflexão no Brasil, apesar comprometimento da doutrina pátria nesse sentido[23].

Nesse contexto, é preciso assentar a ideia de um Estado-juiz minimalista. Cabe ao juiz assumir seu novo papel de gerenciador do conflito, de modo a orientar as partes, mostrando-lhes o mecanismo mais adequado para tratar aquela lide específica.

2. A MEDIAÇÃO E SUA INSTITUCIONALIZAÇÃO

Numa definição simples e direta, a mediação é o procedimento por meio do qual os litigantes buscam o auxílio de um terceiro imparcial que irá contribuir na busca pela solução do conflito. Esse terceiro não tem a missão de decidir, nem a ele foi dada autorização para tanto[24]. Ele apenas auxilia as partes na obtenção da solução consensual.

---

14. PINHO, Humberto Dalla Bernardina de. *A mediação no direito brasileiro*: evolução, atualidades e possibilidades no projeto do novo Código de Processo Civil. Disponível em: www.ambito-juridico.com.br. Acesso em: 11 out. 2014.
15. SPENGLER, Fabiana Marion. *Da jurisdição à mediação*. Por uma outra cultura no tratamento de conflitos. Ijuí: Editora Ijuí, 2010, p. 104.
16. PINHO, Humberto Dalla Bernardina de. STANCATI, Maria M. S. Martins. A ressignificação do princípio do acesso à justiça à luz do art. 3º do Código de Processo Civil de 2015. *Revista de Processo*, v. 254, Abr/2016, São Paulo: Ed. RT, p. 27.
17. PINHO, Humberto Dalla Bernardina de; PAUMGARTTEN, Michele Pedrosa. *A institucionalização da mediação é a panacea para a crise do acesso à justiça?* Disponível em: www.publicadireito.com.br. Acesso em: 08 out. 2013.
18. DENTI, Vittorio. I Procedimenti non Giudiziali di Conciliazione come Istituzioni Alternative. *Rivista di Diritto Processuale*, 1980, p. 410.
19. FISS, O.M. Against Settlement, 93 *Yale Law Journal*, May 1984, p. 1075.
20. PINHO, Humberto Dalla Bernardina de. QUEIROZ, Pedro. As Garantias Fundamentais do Processo e o Instituto da Mediação Judicial: Pontos de Tensão e de Acomodação. RJLB – *Revista Jurídica Luso-Brasileira*, v. 05, p. 849-914, 2017. Disponível em: http://www.cidp.pt/publicacao/revista-juridica-lusobrasileira-ano-3-2017-n-5/172.
21. COMOGLIO, Luigi Paolo. Mezzi Alternativi di Tutela e Garanzie Costituzionali. *Revista de Processo*, v. 99, p. 249-293.
22. PINHO, Humberto Dalla Bernardina de. La Mediación en la Actualidad y en el Futuro del Proceso Civil Brasileño. In: FERNÁNDEZ CANALES, Carmen; GARCÍA VILLALUENGA, Leticia; VÁZQUEZ DE CASTRO, Eduardo; y TOMILLO URBINA, Jorge Luis (Org.). *Mediación, Arbitraje y Resolución Extrajudicial de Conflictos en el Siglo XXI*. Madrid: Editorial Reus, 2010, t. I – Mediación, p. 351-366.
23. PINHO, Humberto Dalla Bernardina de. Reflexiones sobre la mediación judicial y las garantías constitucionales del proceso. *Revista Confluencia*: Análisis, Experiencias y Gestión de Conflictos, v. 2, 2014, p. 74-88.
24. PINHO, Humberto Dalla Bernardina de. Mediação: a redescoberta de um velho aliado na solução de conflitos. In: PRADO, Geraldo (Org.). *Acesso à Justiça*: efetividade do processo. Rio de Janeiro: Lumen Juris, 2005, p. 108.

Na maioria dos casos, a mediação denotará certamente uma combinação desses atributos.[25]

Chiara Besso[26], uma das grandes estudiosas do tema no direito italiano descreve a mediação como um procedimento no qual um terceiro facilita a comunicação e a negociação entre as partes em conflito, auxiliando-as a alcançar um acordo que seja de sua vontade.

Entretanto, a qualidade central da mediação é, na verdade, o aspecto relacional. É caminhar ao desmanche[27] do conflito, através de uma prática discursiva, do diálogo e não da força coercitiva, segundo a ideia reguladora da possibilidade do consenso, cuja legitimidade do resultado encontra suas bases no próprio processo comunicativo que lhe originou. Desse modo, para Luis Alberto Warat[28], o objetivo da mediação não seria o acordo, mas a mudança das pessoas e seus sentimentos parece acompanhar a premissa segundo a qual os conflitos nunca desaparecem por completo.

No entanto, ultimamente, a doutrina tem voltado suas atenções para a utilização da mediação como a solução para os problemas enfrentados pela administração pública, especialmente pelos Tribunais, respaldando o intento de acesso à justiça. Assim, o que se observa é que, além da difusão da normatização de procedimentos de *ADRs*, os programas de mediação vêm sendo amplamente incorporados aos Tribunais[29].

A integração da mediação aos códigos de processo civil caminha em direção a uma fusão entre a normatização e a mediação, tornando-a uma "importante parte de uma nova era do processo civil".[30] Ocorre que, em sua origem, a mediação é uma das formas de resolução de conflitos que, via de regra, acontece no ambiente extrajudicial, quando as partes optam por mediar por sua própria iniciativa através de serviços privados. Contudo, inegavelmente, há uma tendência global de introduzi-la no ambiente processual.

Não podemos nos esquecer, ainda, da possibilidade de se fazer a mediação pré-processual no âmbito dos Tribunais, como, aliás, é expressamente previsto no § 1º do art. 8º da Resolução 125/2010 do Conselho Nacional de Justiça. Essa hipótese pode despertar uma rediscussão da obrigatoriedade, sobretudo se vier materializada sob a forma de uma plataforma virtual de resolução de conflitos, como será discutido mais adiante.

Todavia, todo esse procedimento tem como essência a voluntariedade. Admite-se que seja incentivada a prática mediativa por um juiz, mas é descabida, em princípio, a pretensão de torná-la obrigatória à demanda judicial. Bret Walker e Andrews S. Bell[31] reforçam os argumentos negativos à mediação obrigatória. O que se espera não é mais

---

25. WINKLER, K. Warren. Accès à la Justice: la mediation judiciaire. *Canadian Arbitration and Mediation Journal*. n. 16, 2007, p. 9-12.
26. BESSO, Chiara. La Mediazione Italiana: Definizioni e Tipologie. *Revista Eletrônica de Direito Processual*. v. VI, jul-dez. 2010, p. 33.
27. RESTA, Eligio. *Il Diritto Fraterno*. Roma: Laterza, 2010, p. 57.
28. WARAT, Luis Alberto. *O ofício do mediador*. Florianópolis: Habitus, 2001, v. 1, p. 31.
29. PRESS, Sharon. Court-Connected Mediation and Minorities: A Report Card. *Capital University Review*. v. 39, 2011, p. 819.
30. NOLAN-HALEY, Jacqueline M. The Merger of Law and Mediation: Lessons from Equity Jurisprudence and Roscoe Pound. *Cardozo Journal of Dispute Resolution*. v. 6, 2004, p. 57.
31. WALKER, Bret; BELL, Andrews S. Justice according to compulsory mediation. Bar News – *The journal of NSW Bar Association*, Spring, 2000, p. 7.

uma justiça marcada pelo apagamento das distâncias e das diferenças como se nunca tivessem existido, mas sim uma que possua o equilíbrio como seu núcleo celular.

Para Nancy Welsh[32], quando o tribunal determina que as partes devem se submeter à mediação, elas perdem a capacidade de autonomia até mesmo para decidir a não se submeter à mediação. Dentro dessas premissas e buscando uma solução intermediária, o direito processual brasileiro adotou um sistema de semiobrigatoriedade quanto à realização das mediações.

No plano judicial, o art. 334 do NCPC coloca a audiência de conciliação e de mediação como uma etapa preliminar do procedimento, mas que pode ser dispensada pela vontade das partes ou por determinação judicial. Ademais, a Lei 13.140/2015 traz dois dispositivos que parecem apontar no mesmo sentido. O primeiro é o art. 2º, segundo o qual ninguém será obrigado a permanecer em procedimento de mediação. Tal disposição, se interpretada literalmente, dá a ideia de que o jurisdicionado não pode se recusar a comparecer à primeira sessão, que seria informativa, chamada por alguns de pré-mediação (salvo se houver previsão expressa de dispensa no contrato).

O segundo dispositivo é o art. 23 que estabelece o chamado "Pacto de Mediação". Assim, firmada essa cláusula, nem o procedimento arbitral nem o processo judicial podem ser instaurados sem que antes seja tentada a mediação. O parágrafo único do dispositivo ressalva, contudo, as medidas de urgência, ou seja, a possibilidade do acesso livre ao Poder Judiciário a fim de requerer a tutela provisória de urgência, tanto nas modalidades antecipatória ou cautelar.

3.   MEIOS VIRTUAIS E RESOLUÇÃO DE CONFLITOS

O avanço da tecnologia alterou completamente os limites e rompeu as barreiras geográficas. As distâncias foram ressignificadas e os canais de comunicação, alargados. A velocidade das informações criou novos paradigmas e transformou a dinâmica das relações, impactando diretamente a sociedade.

Nesse particular, a internet contribuiu decisivamente para o desenvolvimento de novas ferramentas e tecnologias, permitindo uma maior integração entre as necessidades e as exigências da atualidade[33].

No plano jurídico, os avanços também foram significativos. A Lei 11.419/2006 (Lei do Processo Eletrônico), por exemplo, regula a comunicação e a prática de inúmeros atos processuais (citações, intimações, notificações etc.) de forma eletrônica, estimulando a criação de Diários da Justiça eletrônicos (art. 4º) e também sistemas eletrônicos de processamento de ações judiciais pelos tribunais (art. 8º).

No plano processual especificamente, o CPC positivou a prática de atos processuais eletrônicos (arts. 193 a 199), inclusive por meio de videoconferência ou outro recurso

---

32.   WELSH, Nancy. The place of Court-connected mediation in a Democratic Justice System. *Cardozo Journal of Conflict Resolution*, v. 5, 2004, p. 132.

33.   PINHO, Humberto Dalla Bernardina de. MAZZOLA, Marcelo. *Manual de Mediação e Arbitragem*, Saraivajur: São Paulo, 2019, p. 179.

tecnológico de transmissão de sons e imagens em tempo real (art. 236, § 3º). Dessa forma, permite-se, por exemplo, que o depoimento pessoal da parte – ou da testemunha – que residir em comarca, seção ou subseção judiciária diversa daquela onde tramita o processo seja colhido por meio de videoconferência ou outro recurso tecnológico de transmissão de sons e imagens em tempo real (arts. 385, § 3º, e 453, § 1º); que a acareação seja realizada por videoconferência ou por outro recurso tecnológico de transmissão de sons e imagens em tempo real (art. 461, § 2º); que a sustentação oral de advogado com domicílio profissional em cidade diversa daquela onde está sediado o tribunal seja feita por meio de videoconferência ou outro recurso tecnológico de transmissão de sons e imagens em tempo real, desde que o requeira até o dia anterior ao da sessão (art. 937, § 4º), entre outros.

Importante lembrar que as citações e intimações também devem ser feitas preferencialmente por meio eletrônico (arts. 232, 246, V e § 1º, 270, 272 e 275). Na mesma linha, o CPC permite que a audiência de conciliação ou de mediação seja realizada por meio eletrônico (art. 334, § 7º), em consonância com o art. 46 da Lei de Mediação.

Sem dúvida, ao estabelecer que a mediação pode ser feita pela internet ou por outro meio de comunicação a distância, a lei especial maximiza as oportunidades de construção do consenso e otimiza a própria prestação jurisdicional. Já há, inclusive, iniciativas no sentido de se utilizar as plataformas de mensagens instantâneas[34] para a prática dos atos de comunicação processual.

Além disso, o procedimento *online* impulsionou o surgimento de plataformas digitais de resolução de conflitos[35] e câmaras privadas de mediação/conciliação, que, há algum tempo, já vêm oferecendo serviços nessa área e fomentando a mediação digital[36].

Nesse sentido, importante lembrar que o Decreto 10.197, de 2 de janeiro de 2020, alterou o Decreto 8.573, de 19 de novembro de 2015, para estabelecer o Consumidor. gov.br como plataforma oficial da administração pública federal direta, autárquica e fundacional para a autocomposição nas controvérsias em relações de consumo. Desse modo, todos os demais órgãos que possuam plataformas próprias devem migrar para a Consumidor.gov.br até o dia 31 de dezembro de 2020.

---

34. Disponível em: http://www.tjrj.jus.br/noticias/noticia/-/visualizar-conteudo/5111210/7145989. Acesso em: 10 maio 2020.

35. Para maiores informações sobre essas plataformas e seu uso no comércio eletrônico: RULE, Colin. Online dispute resolution for business: b2b, e-commerce, consumer, employment, insurance, and other commercial conflicts. Jossey-Bass, São Francisco, 2002. SCHMITZ, Amy J. RULE, COLIN. *The New handshake*: online dispute resolution and the future of consumer protection. Chicago: American Bar Association, 2017. ARBIX, Daniel. *Resolução online de controvérsias*. São Paulo: Editora Intelecto, 2017. DEMARS, Jo. "Online Dispute Resolution – Designing Systems for Effective Dispute Resolution – a US practitioner perspective". Online dispute resolution: an international business approach to solving consumer complaints. Net Neutrals EU, AuthorHouse, p. 18-32, 2015. FALECK, Diego. *Manual de design de sistemas de disputas: criação de estratégias e processos eficazes para tratar conflitos*. Rio de Janeiro: Lumen Juris, 2018. CORTÉS, Pablo. Online Dispute Resolution for Businesses – Embedding Online Dispute Resolution in the European Civil Justice System. Online dispute resolution: an international business approach to solving consumer complaints. Net Neutrals EU, AuthorHouse.

36. O grande exemplo é o "Modria", ferramenta desenvolvida dentro do eBay e PayPal e que viabiliza a resolução de cerca de 60 milhoes de disputas por ano, apenas nos Estados Unidos. MIRANDA, Danilo. BUTORI, Carlos. REZENDE, Nelson Soares de. Resolução de Conflitos on line e o case do Modria. Disponível em: https://www. camesbrasil.com.br/resolucao-conflitos-online-case-modria/. Acesso em: 20 maio 2020.

MEDIAÇÃO *ONLINE* EM TEMPOS DE VIRTUALIZAÇÃO FORÇADA **449**

Porém, assim como em qualquer atividade, existem vantagens e desvantagens.

Se, de um lado, a mediação *online* aproxima virtualmente os mediandos e o mediador, evitando gastos com deslocamentos e dispêndio de tempo, por outro, inviabiliza o contato pessoal (cara a cara) e dificulta a ampla percepção e captação dos sentimentos, das angústias, dos interesses subjacentes ao conflito, o que pode prejudicar o procedimento de construção do consenso.

Em vista disso, é importante que os mediadores *online* tenham, além da capacitação técnica, habilidade e familiaridade com as particularidades do ambiente virtual. Mais do que isso, é imprescindível regular os critérios de qualidade que garantam o funcionamento do procedimento digital de forma eficaz, transparente e eficiente.

Em suma, as novas tecnologias estimulam e valorizam a autocomposição, ampliando o acesso à justiça (arts. 5º, XXXV, da CF e 3º do CPC) e racionalizando a prestação jurisdicional, apesar de algumas incertezas e críticas que são ínsitas a qualquer processo de mudança.

Nessa esteira, a Lei 13.994/2020 alterou os arts. 22 e 23 da Lei 9.099/95 (Lei dos Juizados Especiais Cíveis e Criminais). Pela nova redação, o antigo parágrafo único do art. 22 foi convertido em § 1º, tendo sido acrescido o § 2º, com a seguinte redação: "é cabível a conciliação não presencial conduzida pelo Juizado mediante o emprego dos recursos tecnológicos disponíveis de transmissão de sons e imagens em tempo real, devendo o resultado da tentativa de conciliação ser reduzido a escrito com os anexos pertinentes".

Ademais, o art. 23 teve sua redação ampliada. Na versão original constava: "não comparecendo o demandado, o juiz togado proferirá sentença. Agora, a redação passa a ser a seguinte: "Se o demandado não comparecer ou recusar-se a participar da tentativa de conciliação não presencial, o Juiz togado proferirá sentença".

Percebe-se, do exame das duas alterações, que o legislador, de um lado, flexibilizou o texto para permitir audiências de conciliação em ambiente virtual e de outro expandiu a sanção, que antes era reservada ao não comparecimento físico e agora abrange, também, a recusa de interagir no ambiente virtual.

Em primeiro lugar, importante ressaltar que o cabimento da conciliação não presencial está vinculado à sincronicidade (troca de informações em tempo real). Com isso, ao menos em uma interpretação literal, fica vedado o uso de softwares ou aplicativos assíncronos, nas quais as partes postam mensagens ou gravam áudios e vídeos, em momentos distintos, como, aliás, funcionam a maior parte das plataformas de resolução de disputas consumeristas (Mercado Livre, Amazon Prime etc.).

Parece-nos, com a devida vênia, que essa exigência legal é exagerada. Talvez fosse razoável exigir-se sincronicidade em sessões de mediação, quando há questões delicadas e sensíveis envolvidas e o mediador necessita assegurar, a todo tempo, a qualidade da comunicação. Contudo, para disputas meramente patrimoniais, nas quais não há uma preocupação com preservação do vínculo, essa exigência parece ser desnecessária.

Aliás, não custa lembrar que nem o art. 46 da Lei de Mediação ou o art. 334, § 7º do CPC trazem essa determinação.

O segundo ponto a ser examinado é a recusa em participar de tentativa de conciliação não presencial. Nada obstante a boa intenção do legislador (que parece trazer um objetivo pedagógico, inclusive), há um óbice operacional: Como demonstrar essa recusa?

Temos que ter em mente um leque de situações que vão desde as dificuldades técnicas-operacionais (sistema intermitente, má qualidade de sinal de telefonia / dados, inconstância de internet por cabo ou satélite) até casos mais graves como a exclusão digital, que ainda atinge grande parcela da população brasileira[37].

Nesse sentido, só se pode falar em recusa na hipótese em que as partes solicitarem ou aceitarem expressamente a realização da audiência não presencial, inclusive com a identificação precisa da data, horário e ferramenta a ser utilizada para a prática do ato. Nesse sentido, não custa lembrar que, em grande parte dos feitos que tramitam nos juizados especiais, não há a assistência jurídica (causas que não ultrapassam o patamar de 20 salários mínimos). Desse modo, a transmissão da informação e da potencial sanção deve ser feita da maneira mais clara possível.

Por fim, vale destacar que o mencionado artigo 23 só faz referência ao não comparecimento ou à recusa do demandado. Nada fala a respeito do demandante. Parece claro, porém, que, à luz de uma interpretação sistemática e por simetria (art. 51, inciso I da Lei 9.099/95), o não comparecimento do autor ou sua recusa em participar justifica a extinção do processo sem resolução de mérito.

4. PERSPECTIVAS PARA A RESOLUÇÃO *ONLINE* DE CONFLITOS ANTES E DURANTE O PROCESSO JUDICIAL

A Lei 13.994 é apenas uma das iniciativas surgidas no contexto do uso potencial das plataformas digitais para realização de audiências de conciliação e sessões de mediação durante o período de confinamento e redução de mobilidade em razão da pandemia de Covid-19. E provavelmente será seguida de várias outras.

Tendo em vista impossibilidade do acesso físico aos Tribunais, espera-se um aumento exponencial no uso dessas plataformas[38]. Mesmo com as restrições apontadas acima, no sentido de que – sobretudo em questões mais sensíveis – a ausência do ambiente presencial e do contato físico podem reduzir as chances do sucesso do procedimento, a tendência, ao menos nesse momento excepcional, parece irreversível[39].

Nesse sentido, o TJRJ, como já mencionado, editou ato normativo[40] autorizando a realização de sessões de mediação por meio de sistema de videoconferência nas varas de família da Comarca da Capital, durante a vigência do estado de emergência oriundo da pandemia.

---

37. Dados de 2018 mostram cerca de 4,5 milhões de excluídos digitais em nosso país. Disponível em: https://oglobo.globo.com/economia/brasil-tem-45-milhoes-de-excluidos-digitais-22286508. Acesso em: 27 abr. 2020.
38. Disponível em: https://www.jota.info/justica/mediacao-conflitos-brasil-26052020. Acesso em: 29 maio 2020.
39. Nesse sentido, veja-se a interessante pesquisa conduzida pelo Prof. Giovanni Matteucci intitulada "ODR in 30 Countries, 2020 - Mediation in the COVID-19 Era". O trabalho está disponível, na íntegra, em https://www.academia.edu/43136391/ODR_in_30_Countries_2020_-_Mediation_in_the_COVID-19_Era.
40. Ato Normativo Conjunto TJ/CGJ 08/20. Disponível em: www.tjrj.jus.br. Acesso em: 15 abr. 2020.

MEDIAÇÃO *ONLINE* EM TEMPOS DE VIRTUALIZAÇÃO FORÇADA **451**

Mas com relação às sessões de mediação, objeto específico desse ensaio, gostaria de chamar a atenção para dois pontos.

O primeiro é a possibilidade do uso das plataformas digitais nas mediações realizadas no âmbito do Poder Judiciário, tanto as incidentais (realizadas no curso dos processos, na forma do art. 334 do CPC), como as pré-processual, realizada nos CEJUSC's, na forma do art. 8º, § 1º da Resolução 125/2010 do CNJ.

Vale ressaltar que o CNJ já anunciou o lançamento de uma plataforma digital[41] gestada em parceria com a Fundação Getúlio Vargas.

Nesse sentido, muito provavelmente, teremos, ainda no ano de 2020 essa ferramenta em funcionamento nos Tribunais, dando-se um grande passo no sentido da implementação dos métodos de ODR (*online* dispute resolution) no sistema judiciário brasileiro.

E aqui, algumas questões terão que ser enfrentadas, como as formas de comunicação (síncronas e assíncronas), fonte de custeio (a quem caberá o pagamento das despesas de implementação, manutenção, suporte e preservação dos dados) e, sobretudo, obrigatoriedade ou não da utilização desse mecanismo.

E com isso chegamos ao segundo ponto de reflexão desse breve texto: seria possível, ao menos em algumas hipóteses, determinar o uso de tal plataforma (ou mesmo de outra, similar) antes do ajuizamento da demanda, para os conflitos surgidos no contexto ou em consequência da Pandemia Covid-19?

Em se tratando de uma situação excepcionalíssima e temporária, tal providência se mostra razoável? Para que se tenha uma ideia, em evento virtual realizado no dia 24 de abril de 2020, sob a coordenação do Prof. Carlo Pilia, professores de diversas Universidades brasileira e europeias discutiram essa possibilidade[42].

Como tivemos oportunidade de expor nesse evento, há tempos temos sustentado a necessidade de se buscar uma posição intermediária[43], de modo a caber ao Poder Judiciário o exame e a palavra final quanto à forma e o modo de utilização dos mecanismos de resolução de conflitos, em regime de colaboração com todos os operadores do direito, os quais tem o dever de identificar a ferramenta jurisdicional mais apropriada a viabilizar a real pacificação do conflito.

Na verdade, trata-se de uma tarefa a ser realizada por todos os sujeitos do processo, em ambiente colaborativo, resguardadas as garantias constitucionais, as prerrogativas dos magistrados e os poderes negociais das partes.

Nesse aspecto, o Poder Judiciário assume papel preponderante, como agente propagador de uma política nacional de solução adequada de conflitos, bem como toma a

---

41. Informação disponibilizada pelo *Jornal "Valor"*. Disponível em: https://valor.globo.com/legislacao/noticia/2020/05/11/cnj-lancara-plataforma-on-line-para-conflitos-relacionados-a-covid-19.ghtml. Acesso em: 18 maio 2020.

42. As manifestações dos professores foram registradas e podem ser acessadas no seguinte endereço: (https://www.unica.it/unica/page/it/le_tutele_stragiudiziali_dei_diritti_durante_la_pandemia_covid_soluzioni_emergistici_o_riforme_strutturali?con2Itrutturali?coni (https://www.mediatorimediterranei.com/video-convegno-internazionale-a-distanza-del-24-04-2020/). Em breve será publicado e-book com o resumo dos textos apresentados. Acesso em: 30 abr. 2020.

43. PINHO, Humberto Dalla Bernardina de. *Jurisdição e Pacificação*, CRV: Curitiba, 2017, p. 232.

iniciativa de estruturar o sistema multiportas no direito brasileiro, a partir do advento do CPC/2015, Diploma esse que deve ser combinado com a Lei 13.140/2015, com a Lei 9.307/96 (com as alterações impostas pela Lei 13.129/2015) e com a Resolução 125/2010 do CNJ (ressalvada a Resolução 225/2016 para a justiça restaurativa em matéria penal).

Da mesma forma, todos os jurisdicionados passam a ter o dever de cooperar, dever esse que se concretiza, principalmente, com o uso engajado e participativo de todos os meios aptos a obter o consenso no caso concreto, antes, durante e após o ajuizamento da demanda judicial. O mesmo dever se aplica ao magistrado, a todos os auxiliares da justiça, advogados públicos e privados, membros do Ministério Público e da Defensoria Pública.

Esse dever de cooperação, especialmente no que toca à utilização das ferramentas adequadas à busca da solução consensual, é especialmente relevante no que se refere aos grandes litigantes, que figuram como réus nos chamados processos repetitivos.

Assim, começa a se consolidar a ideia de que as partes, antes do ajuizamento da demanda, devem tentar ao menos uma forma de solução amigável do problema. Minimamente, devem demonstrar ao magistrado, na inicial, que tentaram um contato no sentido de esclarecer o fato ou mesmo desenhar possíveis alternativas à satisfação da pretensão.

Essa prática está em perfeita sintonia com a ideia de cooperação, efetividade e duração razoável do processo, e não deve ser confundida com a antiga ideia de "esgotamento" das vias administrativas previamente ao ajuizamento da demanda. Nesse sentido, como apontado ao longo do trabalho, os Tribunais Superiores já têm redimensionado a figura do interesse em agir.

De outro lado, exsurge a figura do juiz como agente de filtragem dos conflitos, cabendo a ele identificar, num ambiente cooperativo, a ferramenta mais adequada e capaz de levar à pacificação do litígio. Em outras palavras, a jurisdição pacificadora se consolida a partir do binômio acessibilidade plena e intervenção mínima ou secundária. Esse binômio permite o acesso qualificado à justiça, ou seja, o uso racional dos instrumentos jurisdicionais.

Nessa linha, e retomando o conceito de instituição de uma política pública de uso dos meios adequados para a solução dos conflitos, podemos dizer, também, que cabe ao Poder Judiciário uma função pedagógica, educativa e aconselhadora, o que, mais uma vez, se afina com o conceito de jurisdição cooperativa.

Isso justifica a ideia de uma audiência com comparecimento obrigatório das partes para que sejam esclarecidas acerca das ferramentas utilizáveis para tentar a composição do seu conflito. Nesse passo, são plenamente justificáveis o cabimento de sanção para a parte que falta sem justificativa à audiência de conciliação ou de mediação (art. 334, § 8º), a previsão da audiência de mediação ou de conciliação como etapa necessária das ações de família (art. 695), a designação de audiência de mediação no litígio coletivo pela posse de imóvel (art. 565) e mesmo as disposições previstas nos arts. 2º, § 2º (ninguém será obrigado a permanecer em procedimento de mediação) e 23 (pacto de mediação), ambos da Lei 13.140/2015.

O legislador brasileiro, com extrema sabedoria e sensibilidade, optou por um sistema intermediário entre a mediação facultativa e a obrigatória, acolhendo a ideia de acesso adequado à justiça e a racionalização dos instrumentos de composição do litígio. E essa tendência deve prevalecer agora, na arena virtual, com a utilização, em larga escala, das ferramentas de ODR.

5. REFERÊNCIAS

ALEXANDER, Nadja. Global Trends in Mediation. *ADR Bulletin*. v. 6, n. 3, 2003.

BESSO, Chiara. La Mediazione Italiana: Definizioni e Tipologie. *Revista Eletrônica de Direito Processual*. v. VI, jul-dez. 2010, p. 33.

DE PALO, Giuseppe. D'URSO, Leonardo. Achieving a Balanced Relationship between Mediation and Judicial Proceedings. *The Implementation of the Mediation Directive*. Disponível em: http://www.europarl.europa.eu/RegData/etudes/IDAN/2016/571395/IPOL_IDA(2016)571395_EN.pdf. Acesso em: 30 out. 2016.

FENOLL, Jordi Nieva. Mediação: uma "alternativa" razoável ao processo judicial? *Revista Eletrônica de Direito Processual*, v. XIV, Ano 8, jul-dez/2014.

GABBAY, Daniela Monteiro. *Mediação & Judiciário*: condições necessárias para a institucionalização dos meios autocompositivos de solução de conflitos. Tese doutorado em Direito – Faculdade de Direito, Universidade de São Paulo, São Paulo, 2011.

MONTELEONE, Girolamo. La mediazione "forzata". *Judicium*, p. 01-02. 2010. Disponível em: http://www.judicium.it. Acesso em: 20 out. 2011.

MUÑOZ, Helena S. La mediación: método de resolución alternativa de conflictos en el proceso español. *Revista Eletrônica de Direito Processual Civil*. v. III, p. 66-88, jan-jun. 2009.

NOLAN-HALEY, Jacqueline M. Is Europe Headed Down the Primrose Path with Mandatory Mediation? *North Carolina Journal of International Law and Commercial Regulation*. v. 37, 2012, p. 19.

OWEN, Fiss. Alternative Dispute Resolutions Debated: Second-Hand Justice? *The Connecticut Law Tribune*, March 17, 1986.

PAUMGARTTEN, Michele. O processo interativo de construção de soluções como via de reabilitação do sistema vindicativo. *Revista Eletrônica de Direito Processual Civil*. v. IX. 2012. http://www.e-publicacoes.uerj.br/index.php/redp/.

PINHO, Humberto Dalla Bernardina de; PAUMGARTTEN, Michele. L'esperienza italo-brasiliana nell'uso della mediazione in risposta alla crisi del monopolio statale di soluzione di conflitti e la garanzia di accesso alla giustizia. *Revista de Direitos e Garantias Fundamentais FDV*, n. 11, ago 2012, p. 171-201.

PINHO, Humberto Dalla Bernardina de. A procedural Reading of human rights: the fundamental right to proper protection and the option for mediation as a legitimate route for the resolution of conflicts. *Revista Juridica Universidad Interamericana de Puerto Rico*. v. XLIV, n. 3, agosto-mayo, 2009-2010, p. 545-560.

PINHO, Humberto Dalla Bernardina de. *Jurisdição e Pacificação*, CRV: Curitiba, 2017.

PINHO, Humberto Dalla Bernardina de. MAZZOLA, Marcelo. *Manual de Mediação e Arbitragem* São Paulo: Saraivajur, 2019.

PRESS, Sharon. Court-Connected Mediation and Minorities: A Report Card. *Capital University Review*. v. 39, 2011, p. 819.

RESTA, Eligio. *Il Diritto Fraterno*. Roma: Laterza, 2010.

TARUFFO, Michele. Cultura e processo. *Rivista Trimestrale di Diritto e Procedura Civile*. Milano: Giuffrè Editore, 2009.

WALKER, Bret; BELL, Andrews S. Justice according to compulsory mediation. Bar News – *The journal of NSW Bar Association*, Spring, 2000, p. 7.

WARAT, Luis Alberto. *O ofício do mediador*. Florianópolis: Habitus, 2001. v. 1.

WELSH, Nancy. The place of Court-connected mediation in a Democratic Justice System. *Cardozo Journal of Conflict Resolution*, v. 5, 2004, p. 132.

A VIDEOCONFERÊNCIA NA MEDIAÇÃO JUDICIAL E O PRINCÍPIO DA CONFIDENCIALDADE

Valeria Ferioli Lagrasta

Pós-graduada em Métodos de Soluções Alternativas de Conflitos Humanos pela Escola Paulista da Magistratura (2009). Formada em Mediação Judicial ("Mediation and the Judicial System") e Negociação e Mediação Avançadas ("Negociation and Mediation Advanced"), pela Columbia University (2012 e 2013). Instrutora de Políticas Públicas do Conselho Nacional de Justiça (CNJ). Formadora da Escola Nacional de Formação e Aperfeiçoamento de Magistrados – ENFAM. Vencedora do VII Prêmio "Conciliar é Legal", do Conselho Nacional de Justiça. Membro do Comitê Gestor Nacional da Conciliação do Conselho Nacional de Justiça (CNJ). Juíza de Direito da 2ª Vara da Família e das Sucessões da Comarca de Jundiaí.

Sumário: 1. A mediação no Poder Judiciário: os Centros Judiciários de Solução Consensual de Conflitos (CEJUSCs) e seu caráter de Tribunal Multiportas. 2. Métodos consensuais de solução de conflitos. 3. A videoconferência e os métodos consensuais de solução de conflitos. 4. Referências.

1 A MEDIAÇÃO NO PODER JUDICIÁRIO: OS CENTROS JUDICIÁRIOS DE SOLUÇÃO CONSENSUAL DE CONFLITOS (CEJUSCS) E SEU CARÁTER DE TRIBUNAL MULTIPORTAS

Antes de tratar do tema específico desse artigo, necessário contextualizar o incentivo do uso da mediação como Política Pública do Poder Judiciário.

A Política Judiciária Nacional de tratamento adequados dos conflitos de interesses, instituída pela Resolução CNJ 125/2010 se estrutura em tripé, encontram-se os Centros Judiciários de Solução Consensual de Conflitos ("CEJUSCs") na base, sendo as unidades ou "células" onde se verifica sua efetividade.

Os parâmetros utilizados para a criação dos "CEJUSCs" foram o gerenciamento do processo e os Setores de Conciliação e Mediação do Tribunal de Justiça do Estado de São Paulo, e o Fórum de Múltiplas Portas ou Tribunal Multiportas (*Multidoor Courthouse*) do direito norte americano, além de diversas experiências de conciliação de diferentes Estados.

O projeto de gerenciamento do processo partiu do Centro Brasileiro de Estudos e Pesquisas Judiciais (CEBEPEJ)[1], sob a coordenação do Professor Kazuo Watanabe e do Desembargador Caetano Lagrasta, e deu origem aos Provimentos do Conselho

---

1. Sobre o Centro Brasileiro de Estudos e Pesquisas Judiciais – CEBEPEJ, suas finalidades institucionais e objetivos, consulte-se www.cebepej.org.br.

Superior da Magistratura 893/04 e 953/05, que permitiram a utilização da mediação e da conciliação, tanto no curso do processo, quanto em fase anterior a ele (fase pré--processual), a fim de solucionar com mais eficácia social e temporal os conflitos, autorizando a implantação dos Setores de Conciliação e Mediação em todas as Comarcas do Estado de São Paulo.

O "Projeto de Gerenciamento de Casos" pautou-se pelo modelo de *Stuttgart*, do Código de Processo Civil alemão e, pelo *Case Management*, do direito norte americano[2], apoiando-se em três vertentes: 1) a racionalização das atividades cartoriais; 2) a mudança de mentalidade dos juízes e a condução efetiva do processo por eles; e 3) a introdução de meios consensuais de solução de conflitos nas demandas apresentadas; com vistas a reduzir o número de processos distribuídos e a sua duração.[3]

Apesar do caráter inovador das duas primeiras vertentes no que diz respeito à gestão dos processos, foi a terceira vertente que recebeu maior impulso, tendo em vista que a introdução dos meios consensuais de solução de conflitos no processo e o incentivo à sua utilização já há algum tempo vinham sendo preconizados pelos processualistas brasileiros, havendo normas que previam expressamente a utilização da conciliação, tanto no Código de Processo Civil de 1973 (artigos 125, IV e 331[4]), quanto em leis esparsas, como a Lei do Divórcio (Lei 6.515/77), a Lei dos Juizados Especiais (Lei 9.099/95), entre outras; que inclusive, acabaram redundando, mais recentemente, no incentivo dos métodos consensuais de solução de conflitos como princípio informador do processo civil brasileiro, trazendo o Código de Processo Civil de 2015 vários dispositivos que tratam não só da conciliação, mas dos métodos consensuais de solução de conflitos, de modo geral (artigos 2º, § 3º; 139, inciso V; 165 a 175; 319, inciso VI; 334; 335, inciso I e 359, da Lei 13.105, de 16 de março de 2015).

A grande inovação do projeto, porém, foi a criação dos Setores de Conciliação e Mediação, ferramenta que possibilitou a introdução da mediação no Poder Judiciário paulista, e a divulgação e incentivo, tanto deste meio de solução de conflitos, quanto da

---

2. Para saber mais sobre os dois modelos apresentados, vide DEMARCHI, Juliana. *Mediação* – proposta de implementação no processo civil brasileiro. 2007. 239 p. Tese (Doutorado em Direito) – Faculdade de Direito, Universidade de São Paulo, São Paulo, fl. 81-91.

3. Para saber mais sobre o "Projeto de Gerenciamento do Processo" leia-se: GRINOVER, Ada Pellegrini; LAGRASTA NETO, Caetano; WATANABE, Kazuo (Coord.). *Mediação e Gerenciamento do Processo* – Revolução na Prestação Jurisdicional. São Paulo: Atlas, 2007.

4. Art. 125. O juiz dirigirá o processo conforme as disposições deste Código, competindo-lhe: IV – tentar, a qualquer tempo, conciliar as partes.

   Art. 331. Se não ocorrer qualquer das hipóteses previstas nas seções precedentes, e versar a causa sobre direitos que admitam transação, o juiz designará audiência preliminar, a realizar-se no prazo de 30 (trinta) dias, para a qual serão as partes intimadas a comparecer, podendo fazer-se representar por procurador ou preposto, com poderes para transigir.

   § 1º Obtida a conciliação, será reduzida a termo e homologada por sentença.

   § 2º Se, por qualquer motivo, não for obtida a conciliação, o juiz fixará os pontos controvertidos, decidirá as questões processuais pendentes e determinará as provas a serem produzidas, designando audiência de instrução e julgamento, se necessário.

   § 3º Se o direito em litígio não admitir transação, ou se as circunstâncias da causa evidenciarem ser improvável sua obtenção, o juiz poderá, desde logo, sanear o processo e ordenar a produção da prova, nos termos do § 2º.

conciliação, já arraigada entre nós[5], permitindo a utilização de ambos em fase anterior ao ajuizamento da ação (fase pré-processual), evitando a judicialização dos conflitos.

Em resumo, o gerenciamento do processo foi o ponto de partida, no Estado de São Paulo, para a mudança de mentalidade dos juízes e dos demais lidadores do Direito; sendo tal experiência, devido ao sucesso, transposta, em grande parte, para a Resolução CNJ 125/2010.

Outro parâmetro usado na criação do Centro Judiciário de Solução Consensual de Conflitos foi o Tribunal Multi Portas, que surgiu nos Estados Unidos da América, dentro do que se chamou movimento dos meios alternativos de solução de conflitos (*"ADR Movement"*), pois apesar de arraigados na cultura daquele país o conhecimento e a utilização dos mais variados meios de resolução de controvérsias, foi a partir da década de sessenta, do século XX, que houve um verdadeiro despertar para os mecanismos alternativos de resolução de disputas (*"ADR-Ms – Alternative Dispute Resolution Mechanisms"*)[6].

E, foi nas décadas de setenta e oitenta que teve início efetivamente a onda dos mecanismos alternativos de resolução de disputas, que ficou conhecida como *"ADR Movement"*, enquadrando-se perfeitamente no que Mauro Cappelletti denominou de *terceira onda* renovadora do processo, sendo que a proposta de criação de um Fórum de Múltiplas Portas (*Multidoor Courthouse*) partiu do professor Frank Sander[7].

O Fórum de Múltiplas Portas ou Tribunal Multi Portas constitui uma forma de organização judiciária, na qual o Poder Judiciário funciona como um centro de resolução de disputas, com vários e diversos procedimentos, cada qual com suas vantagens e desvantagens, que devem ser levadas em consideração, no momento da escolha, em função das características específicas de cada conflito e das pessoas nele envolvidas. Em outras palavras, o sistema de uma única "porta", que é a do processo judicial, é substituído por um sistema composto de variados tipos de procedimento, que integram um "centro de resolução de disputas", organizado pelo Estado, composto de pessoas treinadas para receber as partes e direcioná-las ao procedimento mais adequado para o seu tipo de conflito. Nesse sentido, considerando que a orientação ao púbico é feita por um funcionário do Judiciário, ao magistrado cabe, além da função jurisdicional, que lhe é inerente, a fiscalização e o acompanhamento desse trabalho (função gerencial), a fim de assegurar a efetiva realização dos escopos do ordenamento jurídico e a correta atuação dos terceiros facilitadores, com a observância dos princípios constitucionais.

O Tribunal Multi Portas apresenta como diferencial a triagem pela qual as partes necessariamente devem passar antes de iniciarem qualquer um dos procedimentos colocados à sua disposição pelo tribunal; ou seja, ao procurarem o Poder Judiciário, e antes de

---

5. Os resultados destas experiências podem ser verificados in: DEMARCHI, Juliana. *Mediação* – proposta de implementação no processo civil brasileiro. 2007. 239 p. Tese (Doutorado em Direito) – Faculdade de Direito, Universidade de São Paulo, São Paulo, fl. 272-293.

6. A definição de *alternative dispute resolution* é: "Todo procedimento diverso da decisão de um juiz, no qual um terceiro imparcial presta sua própria assistência na resolução de uma controvérsia, mediante métodos como mediação, arbitragem ou avaliação neutra prévia." (In: GOLDBERG, Stephen B.; SANDER, Frank E.A.; ROGERS, Nancy H. *Dispute Resolution*. Boston: Little, Brown e Company, 1992).

7. Para saber mais, consulte-se Frank E. A. Sander, Varieties of dispute processing, *The Pound Conference*, 70 Federal Rules Decisions, n. 111, 1976.

iniciarem qualquer procedimento, as partes são recebidas por serventuários treinados, que atendendo às características do conflito, vão verificar qual procedimento apresenta-se como o mais adequado ou recomendável no caso. Em alguns sistemas, a partir desse momento, as partes devem utilizar o procedimento indicado, não podendo optar por qualquer outro. No Brasil, a implantação de um Tribunal Multi Portas apenas pode ser pensada, se houver voluntariedade na escolha dos procedimentos, pois a imposição de um processo, distinto do judicial, configura violação ao princípio da inafastabilidade da jurisdição.

O juiz assume, então, nesse sistema, um papel de administrador de processos de resolução de disputas ou de "gestor de conflitos"[8], deixando de ser um mero prolator de sentenças. Isso porque, além do atendimento direto das partes pelo serventuário treinado, responsável pela triagem, e da fiscalização, tanto desse trabalho, quanto do trabalho desenvolvido pelos terceiros facilitadores, pelo juiz, cabe a este, mesmo nos processos judiciais já instaurados, verificar, diante das circunstâncias dos casos concretos, quais devem ser encaminhados para um procedimento autocompositivo (dentre os quais a mediação) e quais devem ser resolvidos judicialmente (método heterocompositivo), sempre tendo em vista a pacificação social, como escopo da jurisdição.

Entretanto, o que se nota, na maioria dos CEJUSCs, ainda hoje, é a ausência de servidores capacitados em métodos consensuais de solução de conflitos e pelo menos um deles capacitado também para a triagem e encaminhamento adequado de casos, tal como preceitua o art. 9º, da Resolução CNJ 125/2010[9], o que prejudica, na prática, sua efetividade como Tribunal Multi Portas, pois ao receberem o cidadão, não têm conhecimento suficiente para indicar o método mais adequado para o conflito que se apresenta. Além disso, no Brasil, infelizmente, até o momento, ainda se trabalha basicamente com a conciliação e com a mediação, havendo pouco ou nenhum incentivo ao desenvolvimento de experiências com outros métodos consensuais de solução de conflitos.

Nessa mesma linha de raciocínio, como cabe aos juízes coordenadores dos CEJUSCs a fiscalização e a orientação dos servidores responsáveis pela triagem dos casos, bem como o acompanhamento da capacitação e da atuação de conciliadores e mediadores, e sua seleção, com a inclusão e a exclusão do cadastro do respectivo tribunal, torna-se necessário que eles também conheçam não só o funcionamento dessas unidades, com seus procedimentos, mas também a conciliação e a mediação com certa propriedade.

Melhor explicando, diante da característica de Tribunal Multiportas do CEJUSC, na fase inicial, deve o juiz, serventuário da justiça ou técnico, devidamente treinado e conhecedor dos diversos métodos de solução de conflitos existentes, fornecer as informações necessárias sobre estes métodos (apresentando suas vantagens e desvantagens) e indicar à parte o mais adequado para o caso concreto, verificando as características, não só do conflito, mas das partes nele envolvidas e dos próprios procedimentos disponíveis, esclarecendo como funcionará o procedimento escolhido. Desta forma, a parte disporá de elementos suficientes para exercer a escolha consciente da técnica mais adequada ao seu conflito, pois embora a indicação do método caiba ao juiz, serventuário ou técnico, a sua escolha cabe às partes.

---

8. A expressão vem do Direito norte americano "*Managerial Judges*".
9. Este texto é baseado em LAGRASTA LUCHIARI, Valeria Ferioli (Coord.). *Guia prático de funcionamento do CEJUSC*, São Paulo: Ed. IPAM, 2016. 2. ed., contendo modelos de despachos e de termos de audiência.

Esse conhecimento específico de magistrados sobre os métodos consensuais de solução de conflitos permitirá que, ao designarem a sessão obrigatória no início do processo, logo após o recebimento da petição inicial (art. 334 do CPC), indiquem expressamente qual método deve ser utilizado: conciliação, mediação, entre outros possíveis, desde que disponíveis, como a avaliação neutra de terceiro, a arbitragem etc.

Neste ponto, há os que entendem que, devido à voluntariedade característica dos métodos consensuais de solução de conflitos, as partes não podem ser obrigadas a se submeterem a esta triagem inicial, que apenas deve ser disponibilizada, como opcional, aos usuários do sistema. Entretanto, coaduno do entendimento de que essa triagem deve ser obrigatória, a fim de possibilitar, ao menos num momento inicial, a divulgação e o conhecimento desses métodos de solução de conflitos pelas pessoas, mudando a cultura, que hoje é da sentença, para a "cultura da pacificação"; mesmo porque, ainda que indicado determinado método de solução de conflitos pelo juiz, serventuário ou técnico no CEJUSC, as partes, após ouvirem as explicações, podem optar por não se sujeitarem a ele, ingressando diretamente com a ação, diante do princípio constitucional da inafastabilidade do Poder Judiciário (art. 5º, inciso XXXV, da CF/88).

E, assim, detendo conhecimento sobre os métodos consensuais de conflitos, tanto o servidor, no setor pré-processual, quanto o magistrado, ao despachar a inicial e remetê-la para o setor processual, podem informar as partes sobre o meio mais adequado para a solução do conflito apresentado, dentre os disponíveis, bem como suas vantagens e desvantagens em relação à solução adjudicada através da sentença, permitindo uma opção consciente.

E apenas, assim, a previsão normativa de natureza do CEJUSC como Tribunal Multi Portas se consolidará na prática, sendo esse desafio ainda maior na atualidade, diante da necessidade do uso de plataformas de videoconferência e de câmaras privadas para a solução dos conflitos, diante do advento da Covid-19.

2. MÉTODOS CONSENSUAIS DE SOLUÇÃO DE CONFLITOS

Nada obstante o caráter Multi Portas do CEJUSC, na maioria dos tribunais, com raríssimas exceções, como já dito, ainda trabalhamos com poucos métodos consensuais de solução de conflitos, sendo os mais utilizados a negociação, a conciliação e a mediação.

A *negociação* é o primeiro método de solução de um conflito que deveria ser buscado, pois nele as próprias partes envolvidas chegam a uma solução, sem que seja necessária a intervenção de um terceiro facilitador, podendo, entretanto, contar com o auxílio de profissional especialmente capacitado para o desenvolvimento de negociações (negociação assistida).

Todas as pessoas, desde o nascimento, negociam em maior ou menor grau, com mais ou menos habilidade.[10] Mas foi a partir da Segunda Guerra Mundial que a negociação passou a ser estudada como técnica de solução de conflitos e a ser utilizada nas decisões

---

10. Veja-se a esse respeito FISCHER-URY-PATTON. In: FISCHER, Roger; URY, William; PATTON, Bruce. *Como chegar ao sim*. São Paulo: Imago, 1994. p. 15.

dos governos, sendo importante enfatizar, neste ponto, a aplicação da teoria dos jogos ao processo de tomada de decisão[11] e a organização do núcleo de pesquisas sobre negociação, da Faculdade de Direito da Universidade de Harvard (*Program on Negotiation*), que levaram à sistematização dessa forma de composição, dando a ela tratamento profissional e organizando-a como método.

A chamada negociação por princípios, cooperativa ou colaborativa é o modelo proposto pelo *Program on Negotiation* da Universidade de Harvard e que busca a negociação não nas posições, mas nos reais interesses das partes (interesses subjacentes às posições que são declaradas), sendo o processo tratado como uma experiência colaborativa para a obtenção da solução de uma questão comum. Aqui, portanto, o enfoque é outro, ou seja, o problema não é visto como de uma ou de outra parte, mas de ambas, podendo elas, juntas, resolvê-lo de uma forma que seja mutuamente satisfatória.

Além da concentração nos interesses, a Escola de Harvard estabeleceu outras regras para a negociação cooperativa, que são: a) separar as pessoas dos problemas; b) criar opções de ganhos mútuos; c) utilizar critérios e padrões objetivos; e d) ter uma alternativa de acordo; e que não serão explicitadas, por fugir do objeto desse trabalho.[12]

A *conciliação* é o método de solução de conflitos, no qual um terceiro imparcial, que domina a escuta, sem forçar as vontades dos participantes, investiga apenas os aspectos objetivos do conflito e sugere opções para sua solução, estimulando-os à celebração de um acordo.

A conciliação, então, é útil para a solução rápida e objetiva de problemas superficiais (verdade formal ou posição), que não envolvem relacionamento entre as partes, não tendo, portanto, a solução encontrada repercussão no futuro das vidas dos envolvidos. E, assim, diferencia-se da mediação, na medida em que apresenta procedimento mais simplificado, não tendo o conciliador que investigar os verdadeiros interesses e necessidades das partes, subjacentes ao conflito aparente.

A *mediação*, por sua vez, é um meio de solução de conflitos, no qual um terceiro facilitador, num ambiente sigiloso, auxilia as partes em conflito no restabelecimento do diálogo, investigando seus reais interesses, através de técnicas próprias, e fazendo com que se criem opções, até a escolha da melhor, chegando as próprias partes à solução do problema, o que redunda no seu comprometimento com esta última. Esse terceiro imparcial, ao buscar a reconstrução da comunicação entre as partes e a identificação do conflito, estimula a negociação (cooperativa), sendo as próprias partes as responsáveis pela obtenção de um eventual acordo.

Em outras palavras, a mediação é um processo cooperativo, que leva em conta as emoções, as dificuldades de comunicação e a necessidade de equilíbrio e respeito dos conflitantes e que pode resultar num acordo viável, fruto do comprometimento dos

---

11. Veja-se a obra de RAIFFA, Howard. *The art and science as negotiation*. Cambridge, Massachusetts: Belknap Press of Harvard University Press, 982. (17. reimpressão de 2003) e, mais recentemente, do mesmo autor e em coautoria com HAMMOND, John S.; KEENEY, Ralph L. *Decisões inteligentes*. 2. ed. Trad. Marcelo Filardi Ferreira. Rio de Janeiro: Elsevier, 2004, sobre a análise de situações e o processo de tomada de decisão aplicado à negociação.

12. Para saber mais, leia-se FISCHER, Roger; URY, William; PATTON, Bruce. *Como chegar ao sim* cit., p. 28-29 e SINGER, Linda. *Settlimg disputes*. 2. ed. Boulder, Colorado: Westview Press, 1994. p. 65.

envolvidos com a solução encontrada. Para tanto, exige-se que os participantes sejam plenamente capazes de decidir, pautando-se o processo na livre manifestação de sua vontade, na boa-fé, na livre escolha do mediador, no respeito e cooperação no tratamento do problema e na confidencialidade. Esta última pressupõe que as questões discutidas numa sessão de mediação sejam cobertas pelo sigilo, que compreende o mediador e as partes.

Em princípio, todos os conflitos interpessoais podem ser trabalhados na mediação e, se esta não culminar num acordo, pelo menos os participantes terão esclarecido o conflito e aprendido a dialogar entre si de forma respeitosa e produtiva, pois o verdadeiro objetivo do mediador não é obter um acordo, mas sim restabelecer o diálogo entre as partes, permitindo que melhorem o relacionamento, para que, por si sós, cheguem às soluções de seus problemas.

Assim, como a mediação visa, em última análise, a pacificação dos conflitantes, seus recursos técnicos são utilizados, inclusive, como estratégia preventiva, criando ambientes propícios à colaboração recíproca, com o objetivo de evitar a quebra da relação entre as partes. E, por esse motivo, a mediação representa uma fusão das teorias e das práticas das disciplinas da psicologia, assessoria, direito e outros serviços do campo das relações humanas, sendo interdisciplinar.

3. A VIDEOCONFERÊNCIA E OS MÉTODOS CONSENSUAIS DE SOLUÇÃO DE CONFLITOS

Diferenciados os principais métodos consensuais de solução de conflitos utilizados no Brasil, importante mencionar que, desde 2015, tanto o Código de Processo Civil (Lei 13.105/2015 – arts. 236, § 3º e 334, § 7º), quanto a Lei de Mediação (Lei 13.140/2015 – art. 46), permitem a prática de atos processuais e a realização de sessões de mediação e conciliação por videoconferência ou outro recurso tecnológico, possibilidades estas que não vinham sendo utilizadas, em grande escala, devido à resistência de partes, dos advogados e dos próprios magistrados, mas que, diante da pandemia de Covid-19, passaram a receber maior atenção.

E, muito tem se questionado sobre a necessidade, ou não, de concordância expressa de partes e advogados, para a realização da sessão de mediação/conciliação por videoconferência no período do Sistema de Trabalho Remoto, havendo atos de vários tribunais, entre os quais o do Tribunal de Justiça do Estado de São Paulo (Provimento CSM 2557/2020), estabelecendo ser a obrigatoriedade a regra, admitindo-se exceção apenas se comprovadas pela parte "impossibilidades técnicas ou práticas", cabendo ao juiz, neste caso, decidir de forma fundamentada.

Entretanto, se consideradas as previsões legais, afastando-se o fato de nos encontrarmos num período de exceção, e embora haja previsões gerais no Código de Processo Civil, o art. 46 da Lei de Mediação traz a necessidade de concordância das partes para a realização da sessão de mediação "pela internet ou outro meio de comunicação que permita a transação à distância".

Assim, levando em consideração a regra de hermenêutica jurídica que estabelece a prevalência da lei especial sobre a lei geral (art. 2º, §§ 1º e 2º, do Decreto-lei 4.657/42

– Lei de Introdução às normas do Direito Brasileiro), a norma que deve ser aplicada é o art. 46 da Lei de Mediação, que prevalece sobre a lei geral, que no caso é o Código de Processo Civil, sendo necessária, portanto, a concordância das partes e dos advogados, em qualquer circunstância, para a realização de sessão de mediação virtual.

Entretanto, não havendo previsão específica para a realização de sessão de *conciliação ou utilização de outro método consensual de solução de conflitos eventualmente disponível* no CEJUSC, por videoconferência, nessas hipóteses, podemos considerar que, em princípio, sua realização é obrigatória, admitindo-se a dispensa pelo magistrado através de decisão fundamentada, caso haja "impossibilidade técnica ou prática" de qualquer das partes ou seus advogados.

E, seguindo esse entendimento, recentemente, foi editada a Lei 11.994/20, que alterou os artigos 22 e 23 da Lei 9.099/95, prevendo expressamente ser "cabível a conciliação não presencial conduzida pelo Juizado mediante o emprego dos recursos tecnológicos disponíveis de transmissão de sons e imagens em tempo real..." e que "Se o demandado não comparecer ou recusar-se a participar da tentativa de conciliação não presencial, o Juiz togado proferirá sentença".

E, assim, podemos concluir que existem previsões distintas para a conciliação e para a mediação, sendo a realização da primeira por videoconferência, nos Juizados, sempre obrigatória, cabendo à parte alegar e comprovar a impossibilidade técnica e, ao magistrado, decidir pela dispensa de forma fundamentada; e dependendo a realização da segunda "pela internet ou outro meio de comunicação que permita a transação à distância" da concordância expressa das partes, independentemente de terem ou não condições técnicas, diante do princípio ético da autonomia da vontade, que informa a mediação.

Em outras palavras, na conciliação no Juizado, o juiz designa a sessão virtual, caso entenda necessário (pois o § 2º, do at. 22 da Lei dos Juizados Especiais Cíveis, conforme alteração contida na Lei 13.994/2020, estabelece ser "cabível" a conciliação não presencial) e deve a parte, no caso de impossibilidade técnica ou prática, justificar sua não participação, sob pena de confissão ou revelia, com a prolação imediata de sentença; e na mediação, antes de designar a sessão virtual, o magistrado deve consultar as partes, pois havendo a discordância de uma delas, a sessão não se realizará (art. 46 da Lei 13.140/15).

Mas deve ficar claro, que o mesmo não ocorre no caso de sessão de mediação presencial, no início do processo, tal qual prevista no art. 334 do CPC, pois neste caso, ainda que haja discordância de uma das partes, a sessão se realizará, apenas podendo ser dispensada se houver manifestação de ambas as partes pela sua não realização.

E explicitadas as condições para a designação ou não da sessão virtual de mediação, passaremos à sua realização propriamente dita.

Tratando-se de sessão presencial ou virtual, os princípios éticos e regras de conduta previstos no Código de Ética, do Anexo III, da Resolução CNJ 125/2010 devem ser observados.

E, na realização das sessões virtuais, merece destaque a observância do princípio da confidencialidade, que se reveste no dever de manter sigilo sobre todas as informações obtidas na sessão, salvo permissão expressa das partes, violação à ordem pública ou às leis vigentes (ocorrência de crime de ação pública); incluindo-se em tal dever a vedação de servir como testemunha do caso e prestar serviços de advocacia aos envolvidos.

É esse princípio que contribui para que as partes se sintam mais à vontade ao discorrer sobre seus problemas, pois permite que confiem na atuação do conciliador/mediador, no sentido de que este não irá levar as informações obtidas na sessão, quer para o juiz, quer para qualquer outra pessoa. Diante desse princípio, no âmbito privado, os mediadores costumam assinar, no início de cada sessão, termo de sigilo, o que não é necessário no âmbito judicial, por já terem que assinar, no início do exercício, termo de compromisso, obrigando-se a seguir as disposições do Código de Ética, do Anexo III, da Resolução 125, como um todo e, mais recentemente, os princípios éticos constantes da Lei 13.140/2015 que, inclusive, apresenta dois artigos destinados apenas a explicitar o princípio da confidencialidade (arts. 30 e 31).

O § 1º, do art. 30 detalha a destinação e o alcance do princípio da confidencialidade, explicitando que se trata de um dever que se aplica, não só ao mediador, mas a todos aqueles que, de alguma forma, participam do procedimento de mediação, tais como, partes, prepostos, advogados, assessores técnicos e "outras pessoas de sua confiança"; e que alcança: 1) declaração, opinião, sugestão, promessa ou proposta formulada por uma parte à outra na busca do entendimento para o conflito; 2) reconhecimento de fato por qualquer das partes no curso do procedimento de mediação; 3) manifestação de aceitação de proposta de acordo apresentada pelo mediador; e 4) documento preparado unicamente para os fins do procedimento de mediação.

Nota-se, assim, que a obrigação de preservação do sigilo destina-se não só o mediador e ao servidor do Judiciário que conduzirão a sessão virtual e que deverão, para isso, além de organizar a sessão pela plataforma virtual, enviando o "link" a todos os envolvidos, cuidar para que estejam, durante seu desenrolar, em ambiente silencioso e isolado, sem que sofram interrupções; mas também aos mediandos/partes e seus advogados, que deverão tomar o mesmo cuidado, evitando que outras pessoas, sejam parentes ou amigos, ouçam a conversa ou permaneçam no mesmo recinto.

Claro que não é abarcada pela confidencialidade a possibilidade do mediando/parte e seu advogado estarem juntos fisicamente, caso entendam prudente e necessário ou, em caso de impossibilidade, solicitarem ao mediador que abra, pela própria plataforma, uma reunião em sala separada, seja antes, seja durante o procedimento.

Ainda, através do "chat" da plataforma virtual, é possível que os mediandos/partes ou seus advogados anexem documentos pessoais ou aqueles preparados unicamente para o procedimento de mediação, os quais, ao final da sessão, deverão ser excluídos pelo servidor.

Também vedada a gravação da sessão por qualquer dos participantes, podendo quando muito, ser admitida a gravação de sua parte final, a fim de comprovar que houve concordância dos envolvidos (mediandos/partes e advogados), tanto com a realização da sessão por videoconferência (expressamente exigida pelo art. 46 da Lei 13.140/2015, para a mediação), quanto com os termos do acordo eventualmente lavrado. Neste caso, apenas será gravada a leitura do termo de sessão, frutífera ou infrutífera, pelo servidor responsável, e do qual deve constar menção: a) à introdução, com a qualificação completa dos envolvidos e sua concordância, tanto com a participação na sessão, quanto com sua realização por videoconferência; b) à "fala de abertura", realizada pelo conciliador/ mediador (com explicações sobre os princípios éticos da conciliação/mediação, entre os quais, o da confidencialidade); e c) à parte final da sessão, ou seja, à fala dos mediandos/partes e seus advogados concordando expressamente com as cláusulas de eventual acordo obtido, com o encerramento ou redesignação da sessão.

Nota-se assim, ser de suma importância, no início da sessão, que o servidor responsável, além de colher a qualificação completa das partes e advogados, verifique seus documentos de identificação com foto, evitando a participação de pessoas alheias ao conflito, solicitando, ainda, caso necessário, que sejam anexados documentos indispensáveis à sua realização, de acordo com a natureza do conflito.

Também imprescindível que o conciliador/mediador realize a "fala de abertura" o mais completa possível, informando os envolvidos sobre o procedimento do método consensual de solução de conflitos, os princípios éticos e regras de conduta que o regem, com ênfase à confidencialidade; explicitando, ainda, a possibilidade de realização de "caucus" (sessões privadas com cada uma das partes), através de ferramenta disponibilizada pelas próprias plataformas "online".

Além disso, todos os cuidados das sessões presenciais, seja em relação aos princípios éticos, seja em relação às normas e dispositivos legais vigentes, devem ser observados, merecendo destaque a advertência quanto à necessidade de remuneração do conciliador/ mediador pelas partes (Resolução CNJ 271/2018) e sua dispensa apenas nos casos de beneficiários da Assistência Judiciária Gratuita, com ressalva à possibilidade de escolha de conciliador/mediador privado ou câmara de mediação privada, ainda que não cadastrados perante o tribunal ou Conselho Nacional de Justiça, desde que com a concordância de todos os envolvidos, inclusive, no que diz respeito à sua remuneração.

E, nesse sentido, da mesma forma que ocorre nas sessões presenciais, havendo a presença de advogado acompanhando apenas um dos envolvidos, diante do princípio constitucional da isonomia e do equilíbrio, a sessão não se realizará, podendo ser redesignada, a critério deles, a fim de que aquele que está desassistido, possa procurar um advogado para orientá-lo.

Caso haja dificuldade de acesso ou conexão, por qualquer dos envolvidos, mediandos/partes ou advogados, a orientação geral, na maioria dos tribunais, tem sido a interrupção da sessão, com tentativa de retorno por no máximo três vezes, sendo que, em caso de inviabilidade, a sessão poderá ser redesignada, desde que haja a concordância de todos, ou se aguardará o final do período do trabalho remoto, para designação de sessão presencial, podendo ainda, haver a dispensa desta com a continuidade do processo.

Importante deixar consignado, que nas sessões de mediação/conciliação pré-processuais, não há exigência legal de acompanhamento dos envolvidos por advogado, o que apenas ocorre nas sessões processuais; e assim, da mesma forma que nas sessões presenciais, caso todos estejam desacompanhados de advogado, a sessão se realizará normalmente. Nesse ponto, interessante mencionar que, no período excepcional da pandemia de Covid-19, diante da necessidade de solução célere de alguns conflitos, a fim de evitar perecimento de direitos, e da previsão de ingresso de grande número de novos processos no Judiciário, tornou-se o encaminhamento da parte pelo próprio advogado ao CEJUSC Pré-Processual uma opção, além de viável, salutar, podendo advir daí, a solução mais rápida do conflito, com o atendimento não só dos interesses dos jurisdicionados, mas também o recebimento prematuro de honorários, atendendo à subsistência dos próprios advogados.

Por fim, as intimações de advogados e mediandos/partes, para as sessões processuais, deve seguir as disposições do Código de Processo Civil, sendo priorizadas as intimações por carta digital unipaginada ou através do próprio advogado, quando já constituído pela parte, ou ainda, por qualquer meio eletrônico disponível (art. 270 do CPC), observando--se a obrigatoriedade de citação pessoal apenas para os casos expressamente previstos. E, para as sessões pré-processuais, também serão observadas as normas já existentes, podendo ser a carta convite encaminhada por correio, e-mail, pelo próprio reclamante ou qualquer outro meio idôneo de comunicação.

Também necessário distinguir mediação de negociação direta, havendo plataformas, como "consumidor.gov" e serviços de atendimento ao cliente (SACs) das empresas, que não oferecem mediação, mas sim negociação direta do consumidor com empresas que, no caso da primeira, são previamente cadastradas, sem a presença do terceiro facilitador.

E, neste ponto, há interessante questionamento se a exigência de prévia submissão da parte a essas plataformas, pelo magistrado, configura violação ao princípio do acesso à Justiça.

No entendimento do Professor Kazuo Watanabe e do magistrado e processualista Fernando da Fonseca Gajardoni[13], é necessária uma releitura do princípio do acesso à Justiça (art. 5º, inciso XXV, da CF), no sentido de que, não havendo comprovação de pretensão resistida, falta à parte interesse processual, não se mostrando necessária a propositura da ação e, portanto, não havendo violação ao princípio do acesso à Justiça quando o magistrado exige prévio esgotamento das instâncias administrativas.

Mas, claro que tal entendimento deve ser aplicado com parcimônia, levando em consideração certos parâmetros, como tempo de resposta na instância administrativa, urgência da decisão diante da possibilidade de perecimento do direito, perspectiva de solução e eventuais dificuldades das partes hipossuficientes no acesso aos meios tecnológicos, dentre outros.

Em outras palavras, essa nova perspectiva do acesso à justiça, exige um grau mínimo de eficiência da instância administrativa, sendo inviável considerar falta de interesse processual, se demonstrada pela parte absoluta impossibilidade de solução na instância administrativa, quando existem reiteradas decisões e práticas anteriores impeditivas de solução na administração pública ou empresas privadas.

E, então, apenas poderá ser exigida a tentativa prévia de solução na instância administrativa, se esta estiver minimamente estruturada para atender o cidadão e, ressalvadas as circunstâncias apontadas acima, cabendo ao magistrado, no caso concreto, aquilatá-las.

---

13. GAJARDONI, Fernando da Fonseca; DELLORE, Luiz; ROQUE, Andre Vasconcelos; OLIVEIRA JUNIOR, Zulmar Duarte de. *Teoria geral do processo:* comentários ao CPC de 2015; parte geral. 3. ed. rev. e atual. Rio de Janeiro: Forense, 2019. p. 125).

Assim, resguardados, os princípios processuais e/ou princípios éticos da mediação e, acima de tudo, os princípios constitucionais, além das prerrogativas da Advocacia (Lei Federal 8.906/94), a realização das sessões de conciliação/mediação por videoconferência tendem a se tornar uma realidade cada vez mais presente na vida de todos, propiciando a manutenção dos serviços judiciais e do acesso à justiça amplo, essenciais para o enfrentamento da crise sanitária, econômica e social causada pela Covid-19.

4. REFERÊNCIAS

DEMARCHI, Juliana. *Mediação* – proposta de implementação no processo civil brasileiro. 2007. 239 p. Tese (Doutorado em Direito) – Faculdade de Direito, Universidade de São Paulo, São Paulo.

FISCHER, Roger; URY, William; PATTON, Bruce. *Como chegar ao sim*. São Paulo: Imago, 1994.

GAJARDONI, Fernando da Fonseca; DELLORE, Luiz; ROQUE, Andre Vasconcelos; OLIVEIRA JUNIOR, Zulmar Duarte de. *Teoria geral do processo:* comentários ao CPC de 2015; parte geral. 3. ed. rev. e atual. Rio de Janeiro: Forense, 2019.

GOLDBERG, Stephen B.; SANDER, Frank E.A.; ROGERS, Nancy H. *Dispute Resolution,* Boston: Little, Brown e Company, 1992.

GRINOVER, Ada Pellegrini; LAGRASTA NETO, Caetano; WATANABE, Kazuo (coordenadores). *Mediação e Gerenciamento do Processo* – Revolução na Prestação Jurisdicional. São Paulo: Atlas, 2007.

LAGRASTA LUCHIARI, Valeria Ferioli (Coord.). *Guia prático de funcionamento do CEJUSC*, São Paulo: Ed. IPAM, 2016. 2ª ed.

RAIFFA, Howard. *The art and science as negotiation*. Cambridge, Massachusetts: Belknap Press of Harvard University Press, 982.

RAIFFA, Howard. HAMMOND, John S.; KEENEY, Ralph L. *Decisões inteligentes*. 2. ed. Tradução de Marcelo Filardi Ferreira. Rio de Janeiro: Elsevier, 2004.

SANDER. Frank E. A. Varieties of dispute processing. *The Pound Conference, 70 Federal Rules Decisions,* n. 111, 1976.

PRINCÍPIOS FUNDAMENTAIS DO PROCESSO E A LEGITIMIDADE DO SISTEMA DE JUSTIÇA MULTIPORTAS

Marcio Vieira Souto Costa Ferreira

Professor de Teoria Geral do Processo, Direito Processual Civil e Arbitragem na Pontifícia Universidade Católica do Rio de Janeiro. Advogado.

Sumário: 1. Introdução. 2. Acesso à justiça, efetividade e duração razoável. 3. Adequação e justiça multiportas. 4. Igualdade e informação. 5. Conclusão. 6. Referências.

1. INTRODUÇÃO

A crescente adoção, além do tradicional exercício da jurisdição pelo Estado, de outros meios de solução dos conflitos sociais e econômicos com relevância jurídica impõe encontrar, nos alicerces do sistema processual, as justificativas para essa verdadeira revolução, iniciada há algumas poucas décadas.

Realmente, a complexidade e celeridade com que se desenvolvem as relações jurídicas em uma sociedade de massas, marcada pela informatização e pela instantânea comunicação entre as pessoas, situadas às vezes em polos longínquos do globo, não poderia deixar de apresentar seus reflexos no campo do processo civil.[1]

Afigura-se necessário, assim, estudar os princípios e garantias do processo não só para explicar as alterações que propiciaram falar-se em um Sistema de Justiça Multiportas, como também revisitar esses princípios, pois, sem essa permanente atividade de escrutínio, à luz dos fundamentos do direito processual, corre-se o risco de não se conseguir implementar efetivamente a promessa de mudanças na composição e adjudicação dos conflitos, ou, pior, acabar se retirando a legitimidade dessas reformas.

2. ACESSO À JUSTIÇA, EFETIVIDADE E DURAÇÃO RAZOÁVEL

Dessa forma, mostra-se bastante evidente a influência da garantia de acesso à justiça e do princípio da efetividade, como molas propulsoras dos métodos alternativos – ou, como preferem alguns, métodos adequados – de solução dos litígios.

É claro que a linha de partida dessas reformas foi a verificação prática de que o sistema processual tradicional, ainda que dotado de uma série de aperfeiçoamentos

---

1. WATANABE, Kazuo. *Da cognição no processo civil*, São Paulo: Ed. RT, 1987, p. 108.

técnicos, tornara-se crescentemente incapaz de solucionar as situações substanciais carentes de tutela.[2]

De fato, como leciona Zuckerman:

> A sense of crisis in the administration of civil justice is by no means universal, but it is widespread. Most countries represented in this book are experiencing difficulties in the operation of their system of civil justice. Whether the difficulties take the form of exorbitant costs or of excessive delays, they have serious implications. As we have seen, cost can place access to justice beyond the reach of citizens with limited means. Delays may render access to justice useless. Each of these phenomena may have many and varied ramifications for the social fabric. A denial of justice to the poor contributes to deprivation and social alienation. Delays can render the judicial protection of rights ineffectual, reduce the value of rights, adversely affect economic activity, and lead to economic distortions. Of course, there are always cost implications to justice, as we have observed, and there are inevitable delays. But no society can remain indifferent when cost and delay reach proportions that threaten the justice system as a whole.[3]

Mas a garantia do acesso à justiça não se resume apenas a reduzir prazos ou diminuir custos, mas em se assegurar uma tempestiva, adequada e acessível tutela dos direitos. Como afirma Cappelletti:

> ... o movimento de acesso à Justiça e sua terceira onda, que enfatiza a importância dos métodos alternativos de solução de litígios, reflete o núcleo mesmo dessa filosofia política; a filosofia para a qual também os pobres fazem jus a representação e informação, também os grupos, classes, categorias não organizados devem ter acesso a remédios eficazes; enfim, uma filosofia que aceita remédios e procedimentos alternativos, na medida em que tais alternativas possam ajudar a tornar a Justiça equitativa e mais acessível.[4]

Por outro lado, e retomando um princípio que me é especialmente caro há mais de vinte anos,[5] é preciso compreender que muitas das reformas, implementadas nos últimos anos, foram realizadas sob o signo da efetividade do processo, fundamental para que se atinja a instrumentalidade, brilhantemente exposta na obra clássica de Dinamarco.[6] Se o direito processual, como aparato destinado à atuação da vontade da norma substancial, pressupõe a existência dessa última, é preciso verificar, por outro lado, que "un ordinamento che si limitasse ad affermare una situazione di vantaggio a livello di diritto sostanziale, senza predisporre a livello di diritto processuale strumenti idonei a garantire l'attuazione del diritto anche in caso di sua violazione, sarebbe un ordinamento incompleto, manco". Afinal, da existência de um processo efetivo "dipende la stessa esistenza – a livello di effettività – del diritto sostanziale".[7]

E como destaca Luiz Fux,

---

2. TARUFFO, Michele. A atuação executiva dos direitos. *Revista de Processo*, n. 59, p. 7.
3. ZUCKERMAN, A. A. S. *Civil Justice in Crisis*, Oxford Press, 1999, p. 12.
4. CAPPELLETTI, Mauro. Os métodos alternativos de solução de conflitos no quadro do movimento universal de acesso à justiça. *Revista de Processo*, v. 74, abr.-jun. 1994, p. 82-97.
5. FERREIRA, Marcio Vieira Souto Costa. O cumprimento de medidas cautelares nos processos transnacionais. In: CASELLA, Paulo; ARAUJO, Nadia (Coord.). *Integração jurídica interamericana*, Coord. São Paulo: LTr, 1998, p. 294 e ss.
6. DINAMARCO, Candido. *A instrumentalidade do processo*. 3. ed. São Paulo: Malheiros, 1994.
7. PISANI, Andrea Proto. *Appunti sulla giustizia civile*, Bari: Cacucci, 1982, p. 11.

PRINCÍPIOS FUNDAMENTAIS DO PROCESSO E A LEGITIMIDADE DO SISTEMA DE JUSTIÇA MULTIPORTAS | **469**

O acesso à justiça, para não se transformar em mera garantia formal, exige 'efetividade', que tem íntima vinculação com a questão temporal do processo. Uma indefinição do litígio pelo decurso excessivo do tempo não contempla à parte o devido processo legal, senão o 'indevido' processo.[8]

3. ADEQUAÇÃO E JUSTIÇA MULTIPORTAS

Muitos outros princípios, que se desdobram dos princípios síntese do acesso à justiça e do devido processo legal, certamente contribuíram para uma oferta de diversidade de meios de solução consensual ou adjudicada das disputas dotadas de relevância jurídica.

Entretanto, cabe destacar, agora, que os métodos, sejam eles autocompositivos ou heterocompositivos, devem buscar garantir uma adequada tutela dos direitos. Como ressalta Fredie Didier Jr. "o princípio da inafastabilidade da jurisdição garante uma tutela adequada à realidade de direito material (...) Também é possível retirá-lo do direito fundamental a um processo devido: processo devido é processo adequado".[9]

E ainda que se enxergue a adequação como uma outra vertente da efetividade,[10] o importante, neste passo, é realçar sua relevância sob a ótica de dois aspectos essenciais. O primeiro deles visa resgatar a concepção original de um Sistema de Justiça Multiportas.

Ao expor a ideia de um *Dispute Resolution Center* – depois chamado pela doutrina de *Multi-doors Courthouse* –, na já célebre Conferência Pound de 1976, o propósito de Frank Sander era permitir uma escolha, devidamente informada e assistida, do método mais adequado para a solução de uma determinada disputa.[11]

Uma primeira consequência, portanto, da valorização do princípio da adequação é resgatar a necessidade de que haja diversos meios de solução de conflitos postos à disposição das partes. As múltiplas portas precisam estar abertas e abertas permanentemente, pois o processo não é estático, mas essencialmente dinâmico, podendo ser alteradas as condições inicialmente contrárias a uma busca do consenso. Não se pode encerrar a existência de um sistema de Justiça Multiportas no simples oferecimento de uma audiência de conciliação ou de mediação em determinado momento processual.

Releva notar, em segundo lugar, que a adequação explica porque não se deve entender que exista qualquer preferência genérica de um método em relação a outro. Não há que se falar na adjudicação estatal como sendo um método pior ou melhor do que outros. Há um número enorme de variáveis, que precisam ser corretamente analisadas pelas partes na escolha do método, o que, infelizmente, nem sempre acontece. Mesmo operadores do direito experientes são incapazes de detectar "a nota falsa nas cantigas com que os pastores ninam suas ovelhas",[12] e acabam por adotar procedimentos totalmente impróprios.

---

8. FUX, Luiz. *Teoria geral do processo*. Rio de Janeiro: Forense, 2014, p. 44.
9. DIDIER JR., Fredie. *Curso de direito processual civil*. 19. ed., Salvador: JusPodivm, 2017, v. 1, p. 130.
10. MARINONI, Luiz Guilherme. O direito à efetividade da tutela jurisdicional na perspectiva da teoria dos direitos fundamentais. *Revista de Direito Processual Civil*, Curitiba: Gênesis, 2003, p. 304.
11. Confira-se SANDER, Frank. The varieties of dispute processing. *Federal Rules Decisions Reporter*, v. 70, West Publishing, p. 111.
12. Na expressão feliz de Gore Vidal, no seu *Palimpsesto*, Rio de Janeiro: Rocco Editora, 1996, p. 55.

Assim, o critério de escolha deve ser pautado pela aderência do método à situação concreta, como bem destacado por Kazuo Watanabe:

> Sem a inclusão dos chamados meios consensuais de solução de conflitos, como a mediação e a conciliação, não teremos um verdadeiro acesso à justiça. Certo é que, em algumas espécies de controvérsias, como já ficou mencionado, faltaria o requisito da adequação à solução dada pelo critério da adjudicação.
>
> Pode-se afirmar assim, sem exagero, que os meios consensuais de solução de conflitos fazem parte do amplo e substancial conceito de acesso à justiça, como critérios mais apropriados do que a sentença, em certas situações, pela possibilidade de adequação da solução à peculiaridade do conflito, à sua natureza diferenciada, às condições e necessidades especiais das partes envolvidas. Trata-se, enfim, de um modo de se alcançar a justiça com maior equanimidade e aderência ao caso concreto.
>
> Essa é a premissa que se deve ter em mente quando se pensa em meios consensuais de solução de conflitos: adequação da solução à natureza dos conflitos e às peculiaridades e condições especiais das pessoas envolvidas. A redução do número de processos a serem julgados pelos juízes, resultado que certamente ocorrerá com a adoção deles, será mera consequência. E, sendo esses meios utilizados também na solução dos conflitos ainda não judicializados, haverá até mesmo a redução do número de processos, e não apenas da quantidade de sentenças a serem proferidas.
>
> O que estamos querendo afirmar, com essas ponderações, é que os meios consensuais de solução de conflitos não devem ser utilizados com o objetivo primordial de se solucionar a crise de morosidade da justiça, com a redução da quantidade de processos existentes no Judiciário, e sim como uma forma de dar às partes uma solução mais adequada e justa aos seus conflitos de interesses, propiciando-lhes uma forma mais ampla e correta de acesso à justiça.[13]

Também na linha da prevalência do princípio da adequação, vale registrar a excelente síntese de Fredie Didier Jr.: "como o foco está na tutela dos direitos, serão as técnicas mais adequadas para a solução de litígios complexos que devem ser utilizadas, sejam elas técnicas judiciais ou extrajudiciais, seja a decisão por terceiro imparcial (jurisdição estatal ou arbitragem), seja a solução apresentada por autocomposição".[14]

Veja-se, ademais, que os meios de resolução de disputas apresentam-se muitas vezes em uma relação simbiótica. Como, por exemplo, poder avaliar os riscos e os proveitos de um determinado acordo, resultante de uma mediação, se não houvesse todo um histórico de decisões judiciais estatais sobre situações semelhantes ao litígio a ser resolvido consensualmente? Aliás, a mediação e a conciliação mostram-se mais fortes exatamente nos países onde as decisões judiciais apresentam um maior grau de previsibilidade e segurança.[15]

Outro caso marcante dessa benéfica simbiose é a cooperação entre as jurisdições estatal e arbitral. Que utilidade teriam as decisões arbitrais se não estivesse à disposição o aparato estatal para a sua execução?

---

13. WATANABE, Kazuo. Acesso à Justiça e meios consensuais de solução de conflitos. In: ALVES DE ALMEIDA, Rafael et al. (Org.). *Tribunal multiportas*. Rio de Janeiro: Editora FGV, 2012, p. 88-89.
14. DIDIER JR., Fredie. Justiça multiportas e tutela adequada em litígios complexos. In: ZANETI JR, Hermes e CABRAL, Tricia Navarro Xavier (Coord.). *Justiça multiportas*: mediação, conciliação, arbitragem e outros meios adequados de solução de conflitos. 2. ed., rev., ampl. e atual. Salvador: JusPodivm, 2018, p. 64.
15. CRESPO, Maria Hernandez. Perspectiva sistêmica dos métodos alternativos de resolução dos conflitos na América Latina: aprimorando a sombra da lei através da participação do cidadão. *Tribunal Multiportas*, Rio de Janeiro: Editora FGV, 2012, p. 39 e ss.

PRINCÍPIOS FUNDAMENTAIS DO PROCESSO E A LEGITIMIDADE DO SISTEMA DE JUSTIÇA MULTIPORTAS | **471**

É óbvio que há situações em que as relações entre os métodos de solução dos conflitos não apresentam esses benefícios. É sabido que a escolha da mediação aumenta significativamente nos momentos de crise do Judiciário, o que conduz a acordos que não são ditados por uma avaliação das vantagens intrínsecas da transação, mas sim pela coerção psicológica de uma demora insuperável. É preciso, portanto, uma melhoria constante de todas as partes do Sistema para não incidirmos no problema identificado por Judith Resnik: "The form is shifting from adjudication to resolution. Frank Sander's lovely image of the acessible, multi-doored courthouse – with one door wide open for adjucation – has now been eclipsed".[16]

4. IGUALDADE E INFORMAÇÃO

Além dos princípios síntese do acesso à justiça e do devido processo legal, deles se desdobram vários outros, como o do contraditório, da igualdade processual, da liberdade, da imparcialidade e independência dos magistrados, da demanda, da ampla defesa, do juiz natural, da publicidade, da duração razoável do processo, do duplo grau de jurisdição, da efetividade, da adequação, da lealdade e cooperação, da oralidade, da instrumentalidade das formas, da motivação das decisões judiciais e mais vários outros que poderiam ser citados. Cada doutrinador possui algumas discrepâncias sobre quais dentre eles são verdadeiros princípios, estabelecidos como pilares da ciência processual,[17] mas o relevante é reconhecer a sua importância e essencialidade.

O influxo das alterações, trazidas pelo novo Código de Processo Civil de 2015, assim como pela Lei 13.140, de 26 de junho de 2015, permitiu, ademais, a invocação de novos princípios como o do respeito ao autorregramento da vontade das partes no processo,[18] da boa-fé, da informalidade, da busca do consenso, da decisão informada entre outros, visto não ser exaustiva essa enumeração.[19]

Não importa que muitos desses princípios sejam meros corolários de outros mais relevantes ou efetivamente basilares. O que ressalta destacar é como os novos textos legislativos foram capazes de estimular novas e profícuas visões sobre o processo civil.

Esses novos ventos, entretanto, precisam ser vistos como verdadeira brisa fresca e não como um ressurgimento de ultrapassadas visões privatistas do processo. Não custa termos sempre em mente a advertência de Barbosa Moreira:

> 5. Do que ficou dito até este momento tira-se com facilidade uma ilação: no concernente ao processo, os fenômenos a cujo respeito se vem falando de 'privatização', independente do juízo que se faça sobre cada um deles, não parecem ministrar justificação cabal para o uso da palavra. O que se pode e deve

---

16. RESNIK, Judith. Many Doors? Closing Doors? Alternative Dispute Resolution and Adjudication. *The Ohio State Journal on Dispute Resolution*, v. 10, 1995, n. 2, p. 265.
17. Confira-se, a propósito, DINAMARCO, Candido. *Instituições de Direito Processual Civil*, 10. ed. São Paulo: Malheiros, 2020, v. 1, p. 265 e ss.
18. DIDIER JR., Fredie. *Curso de Direito Processual Civil*. 19. ed., Salvador: JusPodivm, 2017, v. 1, p. 148.
19. PEIXOTO, Ravi. Os 'princípios' da mediação e da conciliação: uma análise da Res. 125/2010 do CNJ, do CPC/2015 e da Lei 13.140/2015. In: ZANETI JR, Hermes; CABRAL, Tricia Navarro Xavier (Coord.). *Justiça multiportas: mediação, conciliação, arbitragem e outros meios adequados de solução de conflitos*. 2. ed. rev., ampl. e atual. Salvador: JusPodivm, 2018, p. 95.

reconhecer é a propensão do nosso tempo – com intensidade variável, segundo o lugar e a matéria – para envolver particulares na atividade de solução de litígios, quer na esfera judicial, quer fora dela. Rotular esse movimento de 'privatização do processo', ou 'da Justiça', no entanto, claramente se afigura pouco apropriado.

O emprego inadequado da locução, por si, já mereceria reparo: em direito, como em toda ciência, a precisão terminológica é fundamental. Há mais, contudo, e pior: o perigo de que espíritos desprevenidos ou mal intencionados tomem o mote ao pé da letra e, ao embalo de ondas ideológicas hoje em alta, se ponham a contrabandear para o território da justiça propostas econômicas da chamada 'modernidade'.

Nem se objete que o temor é descabido ou exagerado: em qualquer campo se concebe que ocorra, e tem de fato ocorrido ao longo da história, a exumação de ideias supostamente defuntas. Não é apenas na economia, ou na política, que de vez em quando se tenta (e se consegue) materializar fantasmas do passado: o direito está igualmente exposto ao risco, e com ele o processo, que não goza de imunidade especial.

Vale a pena recordar que, em época não muito distante – e à qual vai a nossa dando a impressão de querer assemelhar-se por mais de um prisma –, o processo civil costumava ser visto como 'coisa das partes' (Vide a respeito, entre outros muitos passos do autor, Cappelletti, La testimonianza della parte nel sistema dell'oralità, Milão, 1962, v. I, p. 307, nota 8, e Le grandi tendenze evolutive del processo civile nel diritto comparato, in Processo e ideologie, Bolonha, 1969, pág. 194). Tal concepção, que prevaleceu na Europa até a primeira metade do presente século, ligava-se naturalmente à filosofia liberal individualista de que se impregnavam os sistemas políticos então dominantes, e encontrava alento numa peculiaridade do processo civil, como o concebiam e disciplinavam os países europeus: a de ter por exclusivo objeto litígios atinentes a relações jurídicas de direito privado – ao contrário, assinale-se, do que sucede entre nós. Daí a difundida convicção de que ele devia sujeitar-se à 'soberania das partes' – reflexo do princípio da autonomia da vontade, entendido em termos praticamente absolutos. À luz de certos aspectos da recente evolução histórica, não será de estranhar que a alguns sorria a ideia de ressuscitar essa moda. Eis por que julgo bem oportuna a reintrodução do assunto em nossas cogitações atuais.

6. Na verdade, não é preciso ir muito longe para perceber a inconsistência do pensamento que desvaloriza o elemento publicístico do processo civil. Nada importa que ele verse sobre a matéria de direito privado, consoante pode acontecer, embora não aconteça necessariamente, em nosso ordenamento jurídico. O litígio seria talvez privado, mas daí não se segue que seja igualmente privado o processo a ele relativo...[20]

E não se argumente que na realidade seria desnecessário o alerta, porquanto é inegável que tem sido comum visões simplistas do fenômeno processual. Certamente não há quem não tenha ouvido nos últimos anos, diante de imaginados e estapafúrdios negócios jurídicos processuais, o argumento de que se as partes podem reconhecer a procedência do pedido ou renunciar às suas pretensões, porque não poderiam sair por aí a alterar livremente o processo, renunciando, por exemplo, a poderes processuais ou criando limitações ao seu exercício, que, muitas vezes, ignoram a evolução da ciência processual. O elemento publicístico do processo continua presente e a possibilidade de renúncia ao direito material não autoriza a criação de processos aparentes ou de fancaria, com restrições incabíveis, por exemplo, ao direito à prova, projeção inegável da ação assegurada constitucionalmente.

Corretas assim as palavras de Marcelo Pacheco Machado, que, inegavelmente, reverberam além da temática dos negócios jurídicos processuais:

---

20. BARBOSA MOREIRA, José Carlos. Privatização do Processo? *Revista da EMERJ*, v. 1, n. 3, 1998, p. 130-25.

PRINCÍPIOS FUNDAMENTAIS DO PROCESSO E A LEGITIMIDADE DO SISTEMA DE JUSTIÇA MULTIPORTAS

Além dos limites impostos pelo texto do art. 191 do Projeto, que restringe a transação processual às causas que tratam de direitos disponíveis, há outras limitações relativas aos tipos de normas processuais que podem vir a ser objeto de transação. Certamente, não podemos admitir poder absoluto para que as partes, de acordo com sua vontade, estabeleçam o modelo de processo que bem entenderem, sem limitações éticas, morais ou constitucionais.

Não está no Projeto, e não seria sequer necessário o seguinte preceito: a transação quanto à técnica processual e a privatização do processo têm limites objetivos no 'núcleo essencial' previsto pelo devido processo legal. É dizer, na necessidade dos princípios do processo serem preservadas no seu mínimo essencial. Não é possível acordar pela criação de novas regras e procedimentos, ou mesmo pela supressão destes, caso a vontade das partes entre em colisão com as garantias constitucionais do processo, neutralizando-as.

De fato: pela ponderação, estas garantias podem ceder uma a outra, e quando valores se confrontarem diretamente. Assim temos na lei processual casos em que a publicidade recebe restrições face à dignidade da pessoa humana (CPC, art. 155, II; Projeto, art. 189, II e III) ou mesmo casos o contraditório é mitigado pela efetividade e celeridade do processo, admitindo-se decisões sem a prévia possibilidade de manifestação do afetado (CPC, art. 273, I e 461, § 3°; Projeto, art. 301, § 2°). Ocorre que, com fundamento na simples autonomia privada e liberdade de estipulação contratual, nenhuma lei teria 'competência normativa' para autorizar a priori as partes a renunciarem (absolutamente) à gama de princípios processuais acobertada pelo devido processo legal, tais quais a publicidade, a imparcialidade, a motivação das decisões judiciais, o contraditório, a vedação da prova ilícita e a inafastabilidade.

Sabemos desta limitação, não por um conhecimento normativo do direito processual, mas a partir do escalonamento das normas. Situadas no âmbito constitucional, as garantias constitucionais do processo se mostram como fundamento de validade das normas do Código de Processo Civil que, por sua vez, dão fundamento de validade para eventuais 'contratos processuais'. Nesse sentido, não seria possível conceber que estes 'contratos processuais', no mais baixo nível de escalonamento, teriam autorização para ignorar as diretrizes gerais previstas na Constituição (de natureza imperativa) quanto à forma de desenvolvimento e os resultados do processo (devido processo legal).[21]

Revela-se fundamental, portanto, fornecer ao Sistema de Justiça Multiportas o equilíbrio necessário entre as exigências de maior agilidade e flexibilidade com a preservação das garantias fundamentais do processo.

A realização da justiça passará dessa forma não mais por um monopólio estatal, mas por um constante acompanhamento acerca do atingimento das metas pretendidas com um Sistema de Justiça Multiportas, sem sacrifício das garantias fundamentais, como corretamente preconizado por Judith Resnik:

In a 1976 article analyzing na earlier wave of Supreme Court constitutional analyses of the parameters of legitimate adjudication, Jerry Mashaw insisted that the 'search' for 'value' in due process law did not necessarily end in trial-like proceedings akin to those then associated with courts. What was required were public mechanisms to evaluate the quality of decision making to ensure accuracy, to respect the dignity of disputants, and to accord them equal treatment. The measures he proposed – administrative oversight, transparency, accounting, and judicial review – could all come into play to implement what the Supreme Court has come to call the 'effective vindication' of rights. The complement to all of his methods is the concept of publicity, making exchanges between disputants and the state accessible in various ways so as to enable outsiders to evaluate the shape of the procedures developed and their outcomes.

---

21. MACHADO, Marcelo Pacheco. A privatização da técnica processual no projeto de novo Código de Processo Civil. *Novas Tendências do Processo Civil, Estudos sobre o Projeto do Novo Código de Processo Civil.* Salvador: JusPodivm, 2014, v. III, p. 339-360.

In sum, the Supreme Court was right to invoke the idea of 'effective vindication of rights', but wrong not to require oversight to accomplish that aim. The constitutional predicates of legitimate coercion are at stake, as are the property and political rights of citizens. Whether conducted by state-paid or by privately financed entities, dispute resolution charged by the state with vindicating legal obligations has to be regulated to ensure equality of access through mandating fee waivers for indigence and overseing the quality of decision makers. The alternatives must be publicy available and accountable so as to permit analyses of whether their processes and results constitute law, justice, or both. In courts and their alternatives, constitutional democracies require public engagement with the substantive and procedural rules that are the predicates for the power to render enforceable judgments.[22]

Claramente não seria factível, no âmbito estrito deste artigo, realizar essa revisitação de todos os princípios diante das reformas implementadas. Como, entretanto, a proposta do livro envolve a tecnologia da informação, vale destacar como a informação é a chave para a manutenção de uma igualdade entre as partes, ainda mais especialmente no que concerne aos métodos consensuais de resolução dos conflitos.

Sem informação não há verdadeira igualdade substancial entre as partes. Da igualdade decorre, assim, a imprescindibilidade de uma informação adequada, em todas as fases do processo de solução dos conflitos, seja qual for o método escolhido. Aliás, não é novidade estabelecer essa ligação entre o princípio da igualdade e a indispensável informação da parte, como destacado, inclusive, por Tarzia no seu seminal artigo sobre a paridade de armas e a proibição da decisão surpresa, sem a prévia comunicação e discussão com as partes.[23]

A preocupação com a igualdade e a garantia de informações é de tal ordem que a Comissão Europeia, no *Scoreboard* de 2020 sobre a justiça em todos os países da União, destaca, no capítulo, dedicado à avaliação da qualidade do acesso aos métodos alternativos de resolução de disputas, como principais critérios para definição do avanço de cada país, vários itens que dizem respeito exclusivamente ao conteúdo informativo.

O Código de Processo de 2015 também deu enfoque à necessidade de informação, ao prever, no art. 166, o princípio da decisão informada, que deve compreender não só a inexistência de assimetria informacional quando da decisão sobre o acordo final, mas como também antes mesmo da instauração de qualquer ação:

> A experiência inglesa dos pre-action protocols, neste momento de sincretismo metodológico, pode ser validamente empregada para o gerenciamento prévio de eventuais situações de conflitos, numa espécie de pacto prévio que potencializa a solução consensual ou delimita o âmbito da discussão judicial.[24]

Por último, a crescente importância da *Online Dispute Resolution* (ODR) impõe uma atenção ainda maior do legislador e dos juristas. Embora a maior parte das plata-

---

22. RESNIK, Judith. Diffusing Disputes: The Public in the Private of Arbitration, the Private in Courts, and the Erasure of Rights. In: ZANETI JR., Hermes; CABRAL, Trícia Navarro Xavier. *Justiça multiportas* – mediação, conciliação, arbitragem e outros meios adequados de solução de conflitos. 2. ed., rev., ampl. e atual. Salvador: JusPodivm, 2018, p. 403-404.
23. TARZIA, Giuseppe. Paritá delle armi tra le parti e poteri del giudice nel processo civile. *Problemi del processo civile di cognizione*. Padua, 1989, p. 311 e ss.
24. CURY, Cesar Felipe. Mediação. In: ZANETI JR., Hermes; CABRAL, Trícia Navarro Xavier (Coord.). *Justiça multiportas* – mediação, conciliação, arbitragem e outros meios adequados de solução de conflitos. 2. ed., rev., ampl. e atual. Salvador: JusPodivm, 2018, p. 516.

formas nacionais tenham mero objetivo de propiciar uma negociação através de meios eletrônicos, é essencial que estejamos preparados para a necessidade de informação e a fiscalização de plataformas mais sofisticadas, que forneçam, por exemplo, patamares de negociação baseados em algoritmos, que precisam estar claramente revelados às partes que se utilizarem dos seus serviços. Veja-se, por exemplo, a preocupação de DIERLE Nunes com a má utilização da análise preditiva na jurimetria: "a Jurimetria pode ser utilizada para congestionar os tribunais, de modo totalmente diverso ao proposto por este trabalho, mas como forma de bloquear o acesso à Justiça da parte contrária, visto que esta se vê restrita à estratégia adotada pelo *ex* adverso. O problema se centra na paridade de armas entre os litigantes onde a balança pesa para aquele que possui recursos financeiros e humanos para entender o funcionamento dos tribunais e controlar as litigiosidades".[25]

5. CONCLUSÃO

À guisa de conclusão, é preciso manifestar a profunda crença de que, assim como a diversidade na sociedade propicia um ambiente de convivência mais saudável, inclusive com ganhos econômicos perceptíveis, a diversidade dos meios de solução de disputas proporcionará muito mais efetividade na administração da justiça, desde que, despidos dos preconceitos e dos falsos dogmas de fé, possamos adotar o método mais adequado e aderente de acesso a uma ordem jurídica justa, sempre com a constante atenção ao princípio do devido processo legal e às demais garantias fundamentais do processo.

6. REFERÊNCIAS

BARBOSA MOREIRA, José Carlos. Privatização do Processo? *Revista da EMERJ*, v. 1, n. 3, 1998, p. 130-25.

CAPPELLETTI, Mauro. Os métodos alternativos de solução de conflitos no quadro do movimento universal de acesso à justiça. *Revista de Processo*, v. 74, abr.-jun. 1994, p. 82-97.

CRESPO, Maria Hernandez. Perspectiva sistêmica dos métodos alternativos de resolução dos conflitos na América Latina: aprimorando a sombra da lei através da participação do cidadão. *Tribunal Multiportas*, Rio de Janeiro: Editora FGV, 2012.

CURY, Cesar Felipe. Mediação. In: ZANETI JR., Hermes; CABRAL, Trícia Navarro Xavier (Coord.). *Justiça multiportas* – mediação, conciliação, arbitragem e outros meios adequados de solução de conflitos. 2. ed., rev., ampl. e atual. Salvador: JusPodivm, 2018.

DIDIER JR., Fredie. *Curso de direito processual civil*. 19. ed., Salvador: JusPodivm, 2017, v. 1.

DIDIER JR., Fredie. Justiça multiportas e tutela adequada em litígios complexos. In: ZANETI JR, Hermes e CABRAL, Tricia Navarro Xavier (Coord.). *Justiça multiportas*: mediação, conciliação, arbitragem e outros meios adequados de solução de conflitos. 2. ed., rev., ampl. e atual. Salvador: JusPodivm, 2018.

DINAMARCO, Candido. *A instrumentalidade do processo*. 3. ed. São Paulo: Malheiros, 1994.

DINAMARCO, Candido. *Instituições de Direito Processual Civil*, 10. ed. São Paulo: Malheiros, 2020, v. 1.

---

25. NUNES, Dierle. Jurimetria e tecnologia: diálogos essenciais com o direito processual, *Revista de Processo*, v.45, n. 299/2020, jan. 2020, p. 405-448.

FERREIRA, Marcio Vieira Souto Costa. O cumprimento de medidas cautelares nos processos transnacionais. In: CASELLA, Paulo; ARAUJO, Nadia (Coord.). *Integração jurídica interamericana*, Coord. São Paulo: LTr, 1998.

FUX, Luiz. *Teoria geral do processo*. Rio de Janeiro: Forense, 2014.

MACHADO, Marcelo Pacheco. A privatização da técnica processual no projeto de novo Código de Processo Civil. *Novas Tendências do Processo Civil, Estudos sobre o Projeto do Novo Código de Processo Civil*. Salvador: JusPodivm, 2014, v. III.

MARINONI, Luiz Guilherme. O direito à efetividade da tutela jurisdicional na perspectiva da teoria dos direitos fundamentais. *Revista de Direito Processual Civil*, Curitiba: Gênesis, 2003, p. 304.

NUNES, Dierle. Jurimetria e tecnologia: diálogos essenciais com o direito processual, *Revista de Processo*, v.45, n. 299/2020, jan. 2020, p. 405-448.

PEIXOTO, Ravi. Os 'princípios' da mediação e da conciliação: uma análise da Res. 125/2010 do CNJ, do CPC/2015 e da Lei 13.140/2015. In: ZANETI JR, Hermes; CABRAL, Tricia Navarro Xavier (Coord.). *Justiça multiportas*: mediação, conciliação, arbitragem e outros meios adequados de solução de conflitos. 2. ed. rev., ampl. e atual. Salvador: JusPodivm, 2018.

PISANI, Andrea Proto. *Appunti sulla giustizia civile*, Bari: Cacucci, 1982.

RESNIK, Judith. Diffusing Disputes: The Public in the Private of Arbitration, the Private in Courts, and the Erasure of Rights. In: ZANETI JR., Hermes; CABRAL, Trícia Navarro Xavier. *Justiça multiportas* – mediação, conciliação, arbitragem e outros meios adequados de solução de conflitos. 2. ed., rev., ampl. e atual. Salvador: JusPodivm, 2018.

RESNIK, Judith. Many Doors? Closing Doors? Alternative Dispute Resolution and Adjudication. *The Ohio State Journal on Dispute Resolution*, v. 10, 1995, n. 2, p. 265.

SANDER, Frank. The varieties of dispute processing. *Federal Rules Decisions Reporter*, v. 70, West Publishing, p. 111.

TARUFFO, Michele. A atuação executiva dos direitos. *Revista de Processo*, n. 59, p. 7.

TARZIA, Giuseppe. Paritá delle armi tra le parti e poteri del giudice nel processo civile. *Problemi del processo civile di cognizione*. Padua, 1989.

VIDAL, Gore. *Palimpsesto*, Rio de Janeiro: Rocco Editora, 1996.

WATANABE, Kazuo. Acesso à Justiça e meios consensuais de solução de conflitos. In: ALVES DE ALMEIDA, Rafael et al. (Org.). *Tribunal multiportas*. Rio de Janeiro: Editora FGV, 2012.

WATANABE, Kazuo. *Da cognição no processo civil*, São Paulo: Ed. RT, 1987.

ZUCKERMAN, A. A. S. *Civil Justice in Crisis*, Oxford Press, 1999.

PROCESSOS DECISÓRIOS AUTOMATIZADOS: UMA ABORDAGEM DA FILOSOFIA DA TECNOLOGIA

Cesar Felipe Cury

Desembargador do Tribunal de Justiça do Rio de Janeiro.

Sumário: 1. Considerações Introdutórias. 2. Considerações históricas. 3. Ciência e Técnica. 4. Processo, ciência e técnica. 5. Técnica processual e processo tecnodigital. 6. Tecnologia digital, processo tecnodigital e jurisdição virtual. 7. Filosofia da Tecnologia: uma análise filosófica do processo tecnodigital. 8. A tecnologia nos tribunais brasileiros. 9. *On-line dispute resolution*. 10. Conclusão. 11. Referências.

1. CONSIDERAÇÕES INTRODUTÓRIAS

A tecnologia digital tem se tornado cada vez mais constante na vida cotidiana de indivíduos e sociedades, sobretudo nos países ocidentais mais industrializados.[1]

De certo modo, a tecnologia digital se tornou a principal mediadora das relações interpessoais e interorganizacionais, e sua presença nas mais diversas instâncias da sociedade contemporânea caracteriza o que se tem denominado uma existência tecnológica e virtualmente entrelaçada.[2]

A tecnologia digital[3] não se limita a um conjunto de instrumentos, ferramentas ou dados virtuais para aplicação eletiva por indivíduos e instituições. Antes, se mostra como um complexo intrincado de artefatos e sistemas integrados à própria ideia de mundo da vida,[4] sendo indissociável do modo de ser no mundo de pessoas e organizações nas sociedades em transição entre a modernidade e a pós-modernidade.

A sociedade tecnologicamente entrelaçada pode ser constatada no cotidiano de qualquer indivíduo ou organização, sobretudo nos países ocidentais, em que existe ampla disponibilidade da tecnologia e um estado de permanente interconectividade.

Como condição de possibilidade e de orientação ao ser humano no mundo de relações, ao mesmo tempo indispensável e imperceptível aos seus usuários e a todos que

---

1. MOROZOV, Evgeny. *Big Tech*: A ascensão dos dados e a morte da política. São Paulo: Ubu Editora, 2018.
2. IHDE, Don. *Tecnologia e o mundo da vida*: do jardim à terra. Editora UFFS SciELO. Edição do Kindle. p. 22.
3. Por tecnologia digital se compreende o conjunto de técnicas e sistemas algorítmicos e artefatos tecnodigitais que proporcionam condições de interconectividade virtual entre indivíduos, grupos e máquinas.
4. HEIDEGGER, Martin. *A questão da técnica in* Ensaios e Conferências. Trad. Emmanuel Carneiro Leão, Gilvan Fogel e Marcia Sá Schuback. Petrópolis: Vozes, 2018. p. 17.

por ela são atingidos,[5] a tecnologia é naturalizada ao senso comum, o que praticamente elimina a possibilidade de elaborações críticas aos artefatos e sistemas tecnológicos.

A significativa ampliação da capacidade de armazenamento e associação entre enormes volumes de dados (*Big Data)* e o recente desenvolvimento de recursos como inteligência artificial, predição de resultados e aprendizado de máquinas tornaram possível sua aplicação em práticas jurídicas tradicionais e em seus principais institutos, como o processo e o judiciário. A assimilação pela tecnologia desses institutos jurídicos e a incorporação de suas estruturas e funções a artefatos digitais existentes em ecossistemas virtuais impuseram uma hibridação às práticas jurídicas, transformando os mecanismos jurídicos em tecnodigitais[6].

As transformações dos serviços jurisdicionais causaram importantes repercussões no campo teórico-filosófico em que se sustenta a ciência e a dogmática jurídica, especialmente a processual e a judiciária, desafiando uma revisão dos seus principais conceitos.

A despeito, todavia, dos inegáveis benefícios, a tecnologia aplicada ao processo e à jurisdição, como de resto qualquer conjunto técnico sistematizado, traz em si determinados aspectos que suscitam questionamentos relevantes. Na tecnologia digital, temas como opacidade dos procedimentos algorítmicos, enviesamentos discriminatórios e responsabilidade decisória exigem reflexões tanto quanto os aspectos subjacentes à concepção e ao design dos sistemas e artefatos quanto às escolhas técnicas e à arquitetura algorítmica, área do conhecimento restrita basicamente aos profissionais das ciências da computação, o que recomenda a formulação de disciplinas técnicas que permitam o acompanhamento e a colaboração de especialistas jurídicos e da rede de utilizadores e interessados nos sistemas tecnodigitais.

Além disso, há questões de natureza filosófico-teórica.

Mario Bunge anota que toda investigação científica está assentada em pressupostos tão gerais que são de ordem filosófica. São hipóteses que não se podem formular explicitamente, nem se costumam questionar. Como demonstra o filósofo argentino,

> un investigador no comienza su día de trabajo preguntándose si sus objetos de estudio existen realmente, si se comportan conforme las leyes, si es posible alcanzar algún conocimiento de ellos, si es necesario razonar para conocer, o si es inmoral fabricar datos. Simplemente, acepta un conjunto de supuestos sobre la naturaleza de las cosas, las maneras de conocerlas y las normas morales que guían sus esfuerzos. Este conjunto de supuestos que subyace a toda investigación científica es la visión general o trasfondo filosófico que caracteriza em enfoque científico.[7]

As transformações operadas nas práticas jurídicas suscitam, portanto, a necessidade filosófica de conformação de novos pressupostos conceituais.

Identificar o que se considere artefato e sistema digital, para a finalidade jurídica, assim como a ontologia de uma facticidade virtual hermeneuticamente acessível; a interação hermenêutico-linguística e a condição mesma do conhecimento no ecossistema digital;

---

5. BECK, Ulrich. *A metamorfose do mundo*: novos conceitos para uma nova realidade. Rio de Janeiro: Zahar. 2016.
6. NUNES, Dierle; LUCON, Paulo; WOLKART, Erik. (Org.) *Inteligência artificial e direito processual*: os impactos da virada tecnológica no direito processual. Salvador: JusPodium, 2020. p. 17.
7. BUNGE, Mario. *Ciencia, Técnica y Desarollo*. Buenos Aires: Editorial Sudamericana, 1997. p. 157.

a objetivação do indivíduo diante das ocultações do sistema; sua axiologia, racionalidade subjacente e a subdeterminação das escolhas técnicas; os critérios de abstração da parcela de realidade algoritmicamente definida, sua incorporação e funcionalização nos sistemas inteligentes, além dos propósitos éticos, todos esses e inúmeros outros aspectos precisam ser tematizados para que se construa um quadro de referências conceituais dos sistemas tecnoprocessuais de solução de controvérsias.

Para Heidegger, a técnica representa o desencobrimento, na medida em que o seu emprego revela as potencialidades ocultas da natureza dos objetos.[8] Certamente, Heidegger tinha em mente a técnica artesanal e mesmo a tecnologia das máquinas e equipamentos eletromecânicos do século passado. Mas a tecnologia digital contém uma ambiguidade. Ao mesmo passo em que instrumentaliza o conhecimento, tornando possível o alcance do oculto e assim produzindo o seu desencobrimento, a tecnologia digital contemporânea também promove o encobrimento, ao realizar, no caminho inverso, a abstração da parcela da realidade, descontextualizando-a para adaptá-la ao sistema virtual em que se torna objeto recontextualizado e funcionalizado para objetivos diversos, sem correspondência às suas origens. Esse é o caso, por exemplo, nos sistemas de solução de controvérsias, da simplificação do conflito, em que se leva em consideração apenas os aspectos positivos de uma parcela do evento de modo a que sua tradução em valores permita uma solução objetiva, binária e preferencialmente monetária. Os aspectos negativos,[9] contudo, permanecem ocultos e encobertos.

Como se pode ver, torna-se necessária uma abertura reflexiva sobre a interseção tecnológico-processual e jurisdicional, de modo a que o seu desenvolvimento, de fato irreversível, não sofra os constrangimentos de uma aversão tecnofóbica ou ludista nem uma euforia que impeça a análise crítica e as contribuições de uma *cidadania técnica* para uma *tecnologia voltada a valores*.[10]

2. CONSIDERAÇÕES HISTÓRICAS

A tecnologia digital não é algo atemporal ou desprovido de sequência histórica. "No es tampouco uma particularidad histórica, sino algo enormemente universal", como esclarece Spengler.

Como enfatiza o autor argentino, "[e]n realidad, la técnica es antiquísima. Trasciende del hombre y penetra en la vida de los animales, de todos los animales."[11]

Embora contemporaneamente a digitalização e a virtualização se tornem predominantes e instituam um novo *ecossistema tecnodigital*, ou *tecnossistema*,[12]

---

8. HEIDEGGER, Martin. A questão da técnica. *Ensaios e Conferências*. Op. cit., p. 17.
9. MARCUSE, Herbert. *O homem unidimensional*: estudos da ideologia da sociedade industrial avançada. Trad. Robespierre de Oliveira, Deborah Christina Antunes, Rafael Cordeiro Silva. São Paulo: Edipro, 2015.
10. FEENBERG, Andrew. *Entre a razão e a experiência*: Ensaios sobre a tecnologia e a modernidade. Tradução, ensaios e notas adicionais: Eduardo Beira, Cristiano Cruz e Ricardo Neder. Portugal: Inovatec, 2019.
11. SPENGLER, Oswald. *El hombre y la tecnica y otros ensayos*. Buenos Aires: Espasa-Calpe, 1947.
12. FEENBERG, Andrew. *Tecnossistema*: A vida social da razão. Trad. Eduardo Beira e Cristiano Cruz. Portugal: Inovatec, 2019.

a tecnologia tem origem remota na *techne* dos primeiros artefatos confeccionados artesanalmente[13].

Na verdade, a tecnologia está presente e acompanha o desenvolvimento individual e dos grupos humanos desde as épocas mais antigas de sua existência.[14] Como demonstram os registros históricos, os primeiros artefatos utilizados pelo homem primitivo permitiram a sobrevivência da espécie e o seu gradual domínio sobre a natureza.[15]

O desenvolvimento da técnica, desde as ferramentas mais rudimentares, ocorre continuamente. Desdobra-se em acréscimos simples e *concretizações* sucessivas[16] até as expressões extraordinárias alcançar nas épocas pré-clássicas, a exemplo de edificações como as pirâmides e as cidades-fortalezas e dos equipamentos públicos mais elaborados, como os sistemas de tratamento e distribuição de água potável e de cultivo agrícola.[17]

Na antiguidade grega, a técnica identificada como *ars* ou *artes* implicava em uma extensão das possibilidades humanas para a autossubsistência e a facilitação do trabalho. Ao lado desse aspecto material e prático, a técnica representava a expressão de talentos intelectuais e espirituais, caracterizando-se pela estética das artes plásticas – mais adiante, o conceito de arte é estendida à literatura, à fotografia e ao cinema.[18]

Além da ontologia dos artefatos,[19] a técnica também expressava as regras que deveriam ser seguidas para o desempenho de determinada atividade (regras técnicas), assim como para identificar o seu exercício (atividade técnica) e o modo de realizá-la (modo técnico ou habilidade técnica). Assim também se identificava como técnico aquele que fazia uso das regras para o desempenho constante de atividade considerada técnica, a exemplo do artesão ou artista.[20] De alguma forma, esse era um conhecimento transmitido pela tradição.

Na Roma antiga, *ars* foi traduzida como *techne*, mas seus significados foram preservados.

Embora associada aos aspectos práticos de atividades tanto triviais quanto elaboradas, a técnica alcança progressiva autonomia como objeto de estudo quando se torna importante como regra predeterminante ao fazer humano. Em linhas gerais, pode-se dizer que essa autonomia ganha maior expressão na transição da filosofia para as ciências especializadas, a partir daí beneficiando-se dos estudos teóricos que estabelecem a generalidade das hipóteses em que a técnica será implicada em um modo de atuar prático.[21] Identifica-se, então, ao lado de uma técnica de saber prático, que se desenvolve pela tradição, uma técnica mais elaborada, que se orienta pela ciência e pelas teorias que a suportam e que é disseminada pelos manuais práticos.

---

13. BUNGE, Mario. op. cit., p. 157
14. Idem.
15. Ibidem.
16. SIMONDON, Gilbert. *El modo de existencia de los objetos técnicos*. Buenos Aires: Prometeo Livros, 2018, p. 12.
17. VERKERK, Maarten J.; HOOGLAND, Jan; STOEPE, Jan van der; VRIES, Marc J de. *Filosofia da Tecnologia* – Uma introdução. Trad. Rodolfo Amorim Carlos de Souza. Viçosa/MG: Editora Ultimato SA. 2016.
18. Idem.
19. BUNGE, Mario. *Ciencia, Técnica y Desarollo*. Op. cit.
20. Ibidem.
21. LEAL, Rosemiro Pereira. *Teoria geral do processo* – Primeiros estudos. BH: Editora Fórum, 2016.

A importância que a técnica havia alcançado no período pré-industrial se acentua durante o processo de industrialização do qual é condição de possibilidade, ao tornar viável o desenvolvimento não apenas de máquinas e equipamentos, mas ao instituir um novo modo de conhecimento e uma nova racionalidade ao funcionamento da própria sociedade – a sociedade técnico-industrial.[22]

No início do século passado, no que pode ser apontado como a primeira onda tecno-digital, o domínio do conhecimento necessário ao atendimento das crescentes exigências práticas da sociedade não apenas elevou a importância dos técnicos dos especialistas, mas imprimiu à sociedade industrial que se formava a racionalidade de seus métodos próprios de organização e gestão, tornando-os referência para todos setores de atividade, inclusive aqueles aos quais estão relacionadas as ciências sociais. Instituições tradicionais, como o Direito, alcançadas pela tecnicidade positivista, se submetem progressivamente a essa tendência de transformações que as tornam formalísticas e tecnicistas.[23]

Em alguma medida, sobretudo no direito processual, esse formalismo tecnicista será exacerbado durante o período que se segue ao que se tornou conhecido pela auto-nomização do direito processual.[24]

3. CIÊNCIA E TÉCNICA

Na dimensão do conhecimento que se inicia com o primado do sujeito e da razão, seus consectários positivistas instrumental e funcionalista aproximam ainda mais a técnica e a ciência, que se imbricam de modo progressivo e indissociável. A partir de então, há uma identificação e mútua implicação entre ambos os campos do saber.

Nos mais diversos segmentos de especialização do conhecimento, as regras técnicas se constituem na forma de expressão científica, como uma interface modal entre o plano especulativo e de investigação teórica e a aplicação prática do conhecimento aos aspectos da realidade para os quais está orientado.

Esse raciocínio é válido tanto para as ciências naturais quanto para as ciências sociais. Na engenharia e na biologia, por exemplo, os estudos científicos realizados a partir das premissas teórico-conceituais em que se baseia o conhecimento são aplicados no plano empírico ou nas pesquisas sob a orientação estrita das regras técnicas. Segundo Popper, essa se torna a principal característica do conhecimento científico, que assim se diferencia e contrapõe ao saber vulgar: observar as regras do modo técnico de produzir conhecimento e depois retornar às premissas conceituais e teóricas, numa sucessiva e interminável tarefa que tem a falibilidade como critério de permanente descoberta e aperfeiçoamento científico.[25]

Da mesma forma, nas ciências sociais, os estudos teóricos e epistemológicos[26] permitem o desenvolvimento de regras técnicas cuja aplicação prática legitima a pretensão

---

22. WEBER, Max. *A ética protestante e o espírito do capitalismo*. Trad. Mário Morais. São Paulo: Martins Claret, 2019.
23. ALVARO DE OLIVEIRA, Carlos Alberto. *Teoria e prática da tutela jurisdicional*. Rio de Janeiro: Gen Forense, 2008.
24. Idem.
25. POPPER, Karl. *A lógica da pesquisa científica*. São Paulo: Editora Cultrix, 2013.
26. BUNGE, Mario. *Ciencia, Técnica y Desarollo*. Op. cit. p. 157

pelos resultados esperados em especulações que não se pode reproduzir no ambiente controlado dos laboratórios. No Direito e na Sociologia, por exemplo, as construções teóricas suportam regras técnicas cuja pretensão de validade somente será reconhecida após a verificação dos resultados no mundo da vida.

Carlos Santiago Nino afirma que "o conhecimento científico desenvolve-se a partir de certas exigências para aceitar a verdade de uma proposição, exigências que, sem dúvida nenhuma, variaram com o progresso das ciências."[27] Ainda de acordo com o jurista argentino, "a ciência moderna requer que suas proposições sejam demonstráveis de modo empírico ou, pelo menos, que derivem ou sejam inferidas de outras proposições verificáveis mediante a experiência (a menos que se trate de enunciados analíticos)".[28]

Como se vê, entendida como uma série de "regras por meio da qual se consegue atingir determinados objetivos, a técnica inerente ao saber prático"[29] é aos poucos incorporada à especulação hipotética e ao método científico, alcançando a partir daí todos os setores das ciências naturais e sociais.

O caráter instrumental e formalístico do direito processual o torna especialmente predisposto à assimilação e ao aprimoramento pela racionalidade técnica. A sua estrutura procedimental e a inerente teleologia se identificam com a instrumentalidade própria das regras e da atividade técnica, o que resultou em forte influência nos primeiros períodos de autonomização do direito processual.

4. PROCESSO, CIÊNCIA E TÉCNICA

O direito processual como ciência especializada e setor delimitado do conhecimento, a despeito de sua longínqua origem pré-clássica, tem início com o estudo sistematizado e o desenvolvimento dogmático das principais categorias que o conformam. O marco inicial pode ser atribuído ao trabalho de Bülow de 1868,[30] reconhecido como sendo o primeiro a proclamar a autonomia científica do direito processual ao estabelecer, na teoria das exceções processuais, a distinção entre a relação jurídica de direito processual, de interesse do estado, e a relação jurídica de direito material, reivindicando a necessidade de se instituir as bases conceituais para o desenvolvimento de um campo teórico que assenta como principais categorias jurídicas a jurisdição, a ação e o processo ao lado da relação jurídica processual.

A partir daí tem início o longo e intenso desenvolvimento da ciência do direito processual e da teoria em que se apoiam suas principais categorias fundamentais lógico-jurídicas e jurídico-positivas, o que vai permitir a elaboração de técnicas por cujas regras de aplicação se pretende conferir efetividade às normas processuais garantidoras de direitos fundamentais e de tutela dos direitos materiais.

---

27. NINO, Carlos Santiago. *Introdução à análise do Direito*. São Paulo: Martins Fontes, 2015.
28. Idem, p. 379.
29. FERRATER MORA, J. *Dicionário de filosofia*. São Paulo: Edições Loyola, 2004. t. IV.
30. LEAL, André Cordeiro. *Instrumentalidade do processo em crise*. Belo Horizonte: Mandamentos Editora, 2015, p. 37.

É nesse sentido que o direito processual se apresenta também como um conjunto de regras técnicas.[31]

Como antes referido, por técnica se compreende toda série de regras por meio das quais se alcança determinado resultado teleológico. As técnicas jurídicas, legislativamente instituídas, são acomodadas pela dogmática[32] de modo a que a sua articulação na prática processual torne efetivas as finalidades preordenadas ao funcionamento do próprio processo e à proteção do direito material.

As disposições legais em aparente dispersão em determinado sistema[33] se articulam como técnicas cujas regras de aplicação previamente definidas devem ser observadas para o alcance dos resultados a priori objetivados. Assim se dá no sistema processual, por exemplo, em que disposições esparsamente dispostas se organizam sempre que verificadas determinadas hipóteses anteriormente estabelecidas em plano teórico.

Nem sempre o real significado desses conjuntos de regras técnicas será percebido. Autores como Heidegger, Simondon e Marcuse[34] afirmam que esse encobrimento proposital induz à "alienação do homem pela técnica", o que sugere a relevância de seu conhecimento e estudo para o desvelamento de sua essência.

No sistema processual, as regras técnicas são importantes ao exercício de determinados direitos, como o acesso à ordem jurídica, e de poderes inerentes aos seus principais institutos e categorias, como o direito de ação e a busca pelo resultado jurisdicional, aspectos em que se fundamenta o Estado de Direito e a Democracia.

Nesse sentido, para além do conhecimento positivo do direito e das articulações permitidas aos operadores da ciência processual, torna-se indispensável uma análise em dimensão crítica das técnicas inerentes nos sistemas. Na medida em que se costuma reivindicar a neutralidade da técnica, é preciso investigar em sua racionalidade os fatores de subdeterminação,[35] os reais interesses e objetivos da escolha, desenho e forma de implementação, permitindo-se assim condições ideais de participação nos processos decisórios tanto quanto de contribuição para o seu aperfeiçoamento.

Diante da interseção entre processo e tecnologia, o exercício de uma *cidadania técnica*,[36] por meio de uma análise crítica da tecnologia, torna-se indispensável não apenas ao adequado funcionamento dos serviços jurisdicionais estatais e privados, mas também à sua legitimação.

Apesar da aparente neutralidade, as regras processuais sujeitam-se às mesmas influências a que toda atividade cultural está predisposta. Na sua origem legislativa, por exemplo, por maior que seja a participação popular na formação das regras processuais e de suas respectivas técnicas, é preciso reconhecer que o que prevalece é a racionalidade subdeterminada pelos interesses predominantes na sociedade. Assim, à título de exemplo,

---

31. GONÇALVES, Aroldo Plinio. *técnica processual e teoria do processo*. Rio de Janeiro: Aide, 2001.
32. NINO, Carlos Santiago. *Introdução à análise do direito*. São Paulo: Martins Fontes, 2015.
33. Entendido como conjunto de elementos que concorrem de modo ordenado para a atividade de uma estrutura orgânica.
34. MARCUSE, Herbert. *O homem unidimensional*: estudos da ideologia da sociedade industrial avançada. Op. cit.
35. FEENBERG, Andrew. *Tecnologia, modernidade e democracia*. Trad. Eduardo Beira. Portugal: Inovatec, 2018.
36. Idem.

em uma sociedade cujo modelo de desenvolvimento socioeconômico seja orientado pela produção, distribuição, circulação e consumo em massa de bens e serviços, sendo natural que os conflitos decorram na mesma proporção industrial, os interesses subjacentes e a racionalidade que preside a formação das regras processuais estão orientados para a solução dos conflitos entre empresários e governo, de um lado, e os consumidores, do outro, buscando-se atender às necessidades de remoção dos entraves para que o modelo econômico em que se sustenta o desenvolvimento social e político, considerado prioritário e em primeiro plano, seja preservado.

Pode-se, portanto, afirmar que a concepção e desenho das regras processuais são subdeterminados por fatores político-ideológicos decorrentes dessas forças predominantes no embate entre os grupos de pressão da sociedade.

O CPC tem bons exemplos de enviesamento técnico-científico. A despeito de sua conformação constitucional, estabelecida expressamente nas normas fundamentais, o CPC está subdeterminado pelos *interesses predominantes*[37] e pela racionalidade do modelo neoliberal de desenvolvimento econômico e social,[38] voltado para o atendimento preferencial das demandas de massa produzidas pelas empresas privadas – em especial as concessionárias do serviço público, as do sistema financeiro e do comércio eletrônico – e pelos litígios fiscais-tributários, principalmente com o estado na posição de agente arrecadador.

Do ponto de vista sistêmico, o CPC está estruturado de modo a que a articulação entre técnicas implique na incidência coordenada de dispositivos para o atingimento de objetivos bem determinados no plano teórico. Assim, por exemplo, a identificação de questões jurídicas repetitivas, características das relações consumeristas de massa, aciona o subsistema de uniformização decisória pela aplicação da técnica do incidente de resolução de demandas repetitivas mediante a incidência coordenada de dispositivos, o que implica em uma série de medidas correlatas, como a identificação e suspensão dos processos afetados,[39] a vinculatividade das decisões[40] e o julgamento liminar de improcedência.[41]

Como toda técnica, essa também resulta de uma escolha pela *rede de atores relevantes*[42] – no caso, pela comissão de juristas responsável pela elaboração do projeto da lei e pela atividade legiferante. É importante levar em conta que determinada escolha técnica sempre importa na preterição de inúmeras outras possibilidades que não chegam a ter força de representação suficiente.[43]

É evidente que essa constatação crítica não significa a defesa de que as questões seriadas que extravasam pelos órgãos jurisdicionais não devam ser contempladas pelo sistema processual. O que se aponta é que o tratamento desses conflitos poderia se

---

37. Ibidem.
38. NUNES, Dierle; BAHIA, Alexandre; PEDRON, Flavio Quinaud. *Teoria Geral do Processo*. Salvador: JusPodium, 2020, p. 252-255
39. Art. 982, inc. I, do CPC/15.
40. Art. 985 do CPC/15.
41. Art. 332, inc. III, do CPC/15.
42. FEENBERG, Andrew. *Tecnologia, modernidade e democracia*. Op. cit.
43. Idem.

desenvolver de modo radicalmente diverso, por exemplo, por meio de uma atuação incisiva das agências reguladoras ou pelo sistema de autorregulação regulada, em que a identificação precoce das causas subjacentes à litigiosidade repetitiva implicasse na sua correção pelos próprios agentes envolvidos sob a necessária coordenação e supervisão por órgãos externos governamentais. Essas seriam escolhas técnicas realizadas pelos agentes relevantes, mas exigiriam uma agência (no sentido de agir) técnica mais efetiva da rede de interessados[44] – usuários, operadores e atingidos pelos efeitos – nos planos democráticos de participação efetiva, o que nem sempre chega a ocorrer.

No plano das técnicas jurídico-processuais, as adaptações exigem significativos esforços de uma extensa rede de atores interessados, com necessária submissão a um lento e laborioso processo legislativo. Todavia, como se verá mais adiante, na tecnologia digital essas adaptações tendem a se tornar mais rápidas e seus efeitos mais imediatos, antecipando a vigência de uma normatividade inerente à própria tecnologia sem o necessário escrutínio democrático.

5. TÉCNICA PROCESSUAL E PROCESSO TECNODIGITAL

A abordagem do processo por sua expressão técnica – inusual, como deixa claro a reduzida produção doutrinária sobre essa temática –,[45] alcança significativa relevância diante da recente *virada tecnodigital*.

Há, de fato, pontos de contato e identidade entre as técnicas jurídico-processuais e as técnicas tecnoprocessuais. Ambas resultam da definição de regras articuladas e teleologicamente preordenadas ao alcance de objetivos escolhidos. Também em comum há os aspectos metodológicos que tomam o dado de realidade como ponto de partida da definição dessas regras (a técnica, prática, precede a ciência e a teoria, especulativas), assim como um modo de fazer previamente estabelecido.

Dessa forma, tão importante quanto o campo teórico relacionado ao processo como garantia fundamental e tutela de direitos é o estudo reflexivo sobre a imbricação entre tecnologia e processo a que se denomina de *tecnoprocesso* ou *processo tecnodigital*.

A *virada tecnológica* tornou possível não apenas a virtualização do processo e a aplicação de tecnologias digitais em apoio ao seu desenvolvimento e ao exercício de atividades próprias dos sujeitos processuais e da administração judiciária. As técnicas por meio das quais o processo se expressa passaram a ser realizadas pelo conjunto de técnicas digitais, algoritmicamente definidas, em um ecossistema inteiramente virtual.

Essa nova ordem não significa apenas uma modificação no modo em que o processo se apresenta e ocorrem as práticas jurídicas.[46] Implica, na verdade, em uma profunda

---

44. Ibidem.
45. A análise do processo por sua vertente técnica foi realizada no Brasil principalmente por autores como Aroldo Plínio Gonçalves (*Técnica processual e teoria do processo*. Rio de Janeiro: Aide Editora, 2001; *Estudos de direito processual civil e de direito e processo do trabalho*. Belo Horizonte: RTM, 2013), Ronaldo Brêtas de Carvalho Dias e Carlos Henrique Soares (*Técnica processual*. Belo Horizonte: Editora Del Rey, 2015); Carlos Alberto Alvaro de Oliveira (*Teoria e prática da tutela jurisdicional*. Rio de Janeiro: Gen Forense, 2008) e Rosemiro Pereira Leal (*Teoria Geral do Processo* – Primeiros estudos. Belo Horizonte: Editora Fórum, 2016).
46. SUSSKIND, Richard. *Online Courts and the future of Justice*. Oxford: Oxford University Press, 2019.

transformação do processo em um *ente* cuja conformação e dinâmicas são bastante diferentes daquelas legadas pela tradição jurídica.

Com isso, torna-se necessário uma revisão de categorias fundamentais da ciência e da teoria do processo, a começar pelo próprio processo, que deixa de ser um conjunto institucionalizado de normas técnico-jurídicas com força garantística para se transformar em um sistema híbrido em que o direito fundamental à solução de controvérsias litigiosas ou sociológicas é exercido virtualmente com a assistência ou por meio de tecnologias digitais. As técnicas jurídico-processuais passam agora a ser exercitadas por meios tecnodigitais.

6. TECNOLOGIA DIGITAL, PROCESSO TECNODIGITAL E JURISDIÇÃO VIRTUAL

Recursos de inteligência artificial e tecnologias de armazenamento de enormes quantidades de dados (*Big Data*) dispersos encontram no campo do processo e da atividade judiciária ampla possibilidade de desenvolvimento pela aplicação de técnicas que permitem a identificação de padrões e de variáveis estáveis e sua associação para a predição de resultados.

Com isso, aspectos da atividade processual-judiciária que dependem do gerenciamento de dados obtêm melhor performance, o que resulta não apenas na otimização do tempo, pela eliminação dos intervalos improdutivos – associados a tarefas simples e repetitivas, aos prazos necessários ao cumprimento de determinada atividade e ao déficit de força de trabalho –, mas da própria atuação dos agentes pela disponibilidade permanente de parâmetros para tomadas de decisão não acessíveis sem os recursos tecnológicos.

No exemplo referido, a aplicação da técnica do incidente de resolução de demandas repetitivas, que no processo convencional dependeria de um esforço adicional de servidores e magistrados e de uma série de iniciativas materiais para a compilação de dados endoprocessuais pelos mais variados juízos e tribunais, com a tecnologia do *Big Data* e recursos de Inteligência Artificial como Processamento de Linguagem Natural (PLN) se torna automática e instantânea, na medida em que a disponibilidade permanente dos dados permite a identificação dos padrões e das variáveis estáveis, o seu agrupamento e a predição de resultados com segurança e celeridade.

Sem dúvida, há incalculável otimização do tempo e de recursos humanos e materiais, aspectos relacionados à ciência da administração que há tempos foram incorporados à gestão das atividades jurisdicionais.

Como se pode constatar, a tecnologização do direito e do processo implica em uma série de mudanças na forma como se conhece o processo e a jurisdição e as demais categorias da teoria geral do processo. Acessibilidade, disponibilidade digital de mecanismos de solução de controvérsias, parâmetros para tomadas de decisão e predição de resultados vão muito além da digitalização e da automação que caracterizaram as etapas iniciais de aplicação da tecnologia ao direito dos primeiros anos deste século.

Todavia, a despeito do encantamento que tecnologização tem proporcionado aos profissionais e usuários do direito e do processo, o fato é que há questões ainda encobertas e que precisam ser desveladas e submetidas à especulação reflexiva e à contribuição social.[47]

---

47. HEIDEGGER, Martin. Op. cit. p. 17.

7. FILOSOFIA DA TECNOLOGIA: UMA ANÁLISE FILOSÓFICA DO PROCESSO TECNODIGITAL

Como antes referido, ciência e técnica não se confundem. Ao contrário, cada qual ocupa espaço próprio.

O conhecimento técnico e científico desenvolvido nos últimos duzentos anos tem permitido uma intercessão entre esses dois campos do saber humano, com amplo e recíproco aproveitamento em todos os setores das atividades humanas. Os inúmeros exemplos dessa relação, naturalizada na disponibilidade de dispositivos que facilitam a prática de atividades cotidianas, contribuem para a identificação entre ciência e tecnologia como expressões sinônimas, como se se tratasse de um mesmo campo do conhecimento ou de uma relação de decorrência necessária. Por longo tempo, o conhecimento científico permitiu o desenvolvimento técnico.

Mais recentemente, porém, notadamente a partir da segunda metade do século passado, ocorre fenômeno inverso, e a ciência, que se tinha tornado permeável ao conhecimento tecnológico, passa a imprimir em suas áreas de atuação métodos e sistemas técnicos para a validação do conhecimento. Houve, com isso, uma certa imbricação entre ciência e tecnologia.

Essa associação beneficia a ambos os campos do conhecimento, mas proporciona à tecnologia a ilusão de isenção e neutralidade que durante longo tempo representaram as principais características da ciência.[48]

Atualmente se reconhece que as atividades científicas são subdeterminadas por fatores não científicos, como influências de mercado e de governos, assim como por escolhas técnicas dos próprios profissionais, sujeitos a uma série de fatores de enviesamento.

Da mesma forma, a tecnologia se beneficia do encantamento proporcionado pela inovação constante, pelo design e pela mídia, as quais emprestam à tecnologia e suas criações o sentido de progresso e melhoria constantes, o que justifica e pode ser constatado pela sequência ininterrupta em rápidos intervalos com que aparelhos e sistemas, tão inovadores quanto programaticamente obsoletos, são lançados no mercado.

Os estudos sobre esses temas, ainda recentes e exploratórios, são objeto da Filosofia da Tecnologia. As primeiras indicações, contudo, justificam que as reflexões sobre o processo tecnodigital se desenvolvam sob uma perspectiva crítica, de modo a transcender os aspectos meramente práticos decorrentes da aplicação objetiva tecnologia ao direito.

É preciso a reflexão transcenda a abordagem analítica para a compreensão de fenômenos ocultos proporcionados pela interseção entre direito e tecnologia, assim como o desenvolvimento de referências conceituais para uma gramática própria do processo tecnodigital, como o conceito de técnica e de tecnologia, de processo e de artefatos, buscando identificar se processo é artefato técnico, a sua origem apriorística ou cultural e a função garantística dos sistemas automatizados por inteligência artificial não supervisionada.

Essa abordagem deve ser necessariamente crítica a partir da realidade. Considerando-se que o critério de validade das normas jurídicas é a adequação de sua aplica-

---

48. MARCUSE, Herbert. Op. cit.

bilidade empírica, é preciso compreender se os impactos causados pela tecnologia são positivos ou negativos à sociedade, e em que medida se pode estabelecer a continuidade do desenvolvimento tecnológico aplicado ao direito e ao processo como substitutivo dos mecanismos tradicionais, indagando-se se toda a sua estrutura teórico-dogmática deve prevalecer como critério deontológico ou se a etapa contemporânea pode ser considerada como o prenúncio de uma tecnocracia em que a tecnologia predominante será suficiente na superação aos dogmas tradicionais.

8. A TECNOLOGIA NOS TRIBUNAIS BRASILEIROS

A despeito das inúmeras possibilidades e desafios decorrentes da aplicação da tecnologia ao processo e à solução de controvérsias, é possível constatar determinados efeitos positivos da sua utilização.

Os modelos preditivos, que consistem em uma função matemática aplicada a uma massa de dados capaz de identificar padrões e oferecer uma previsão de resultado, são os mais comuns, a exemplo do que se verifica com o uso de sistemas como o Victor.

Instituído no Supremo Tribunal Federal, o Victor tem inicialmente como função *ler* todos os recursos extraordinários e identificar os que estão ligados a temas de repercussão geral. Em maio de 2018, quando o projeto do robô foi divulgado, os pesquisadores e o próprio Tribunal estimularam a adoção de tecnologias similares por todos os tribunais do Brasil.

No Superior Tribunal de Justiça, o Projeto Sócrates é capaz de examinar os recursos para a extração de informações relevantes aos relatores e assessores acerca, por exemplo, dos repetitivos recursos, da legislação pertinente e mesmo da identificação e associação entre casos semelhantes para a disponibilidade de parâmetros de tomadas de decisões.

A parceria entre a Universidade Federal do Rio Grande do Norte (UFRN) e o Tribunal de Justiça do Estado permitiu o desenvolvimento dos sistemas Clara, Jerimum e Poti. Com o objetivo inicial de reduzir o acúmulo de ações judiciais, o Poti se destina a promover de modo automatizado a penhora online de valores em contas bancárias de devedores.

Clara e Jerimum, por outro lado, são responsáveis por *ler* documentos, *recomendar* tarefas e *sugerir* decisões de modo supervisionado e categorizar e rotular processos.

No Tribunal de Justiça de Pernambuco, o Elis é *responsável* pela triagem de processos de execução fiscal, o que significa cerca de 53% do total de ações. A implantação do sistema de Inteligência Artificial supre a escassez de mão de obra, um dos principais entraves à regular tramitação dos processos.

O Tribunal de Justiça de Minas Gerais também conta com auxílio de um robô. A *leitura* de processos, identificação do que é requerido e o entendimento a ser aplicado ao caso estão dentre as atribuições do *Radar*, sistema que consegue identificar o tribunal de origem de determinado entendimento, como o Superior Tribunal de Justiça (STJ), o Supremo Tribunal Federal ou do próprio TJ-MG.

Em Rondônia também há um núcleo de desenvolvimento de Inteligência Artificial. Criado em 2018, o núcleo desenvolveu o Sinapse, uma das melhores experiências de aplicação de tecnologia ao sistema de justiça. A expectativa é que o robô reduza em até 60% o tempo gasto com as tramitações no Estado.

No Rio de Janeiro, o tribunal desenvolve programas semelhantes, como a automatização de rotinas em execuções fiscais. No processo de recuperação judicial da Oi/SA, como já relatado, a adaptação do processo e a introdução de um ecossistema digital (*online dispute resolution*), baseado em Inteligência Artificial e *Machine Learning*, sob a gestão delegada a entidade instituída especificamente para essa finalidade, permitiram a solução antecipada a milhares de credores e o consequente prosseguimento do processo.

Como se vê, embora o tempo relativamente curto desde o início da aplicação da tecnologia digital inteligente ao sistema de justiça, inúmeros benefícios são contabilizados, não obstante o enorme potencial de desenvolvimento seja proporcional aos questionamentos que advêm dessa interseção.

9. *ON-LINE DISPUTE RESOLUTION*

Apesar de todas essas aplicações, o emprego da tecnologia não se restringe ao processo e ao judiciário. Ao contrário, a tecnologia digital, que ingressa no universo jurídico a partir das firmas legais, desenvolve-se nas empresas de tecnologia voltadas a esse segmento do mercado, como as *legal techs* e as *law techs*. Os sistemas e artefatos destinam-se preferencialmente à otimização dos serviços legais de empresas, sobretudo no *e-commerce*, instituindo um ambiente virtual para a solução das controvérsias que têm origem em suas próprias relações negociais.

O caso sempre referenciado é o do *e*-Bay, que desenvolveu um sistema de *chatbot* com IA capaz de realizar o processamento de linguagem natural para identificar os dados relevantes e apresentar parâmetros para uma negociação assistida e soluções consensuais, sem embargo do escalonamento para tomadas de decisão pelo próprio sistema, sem assistência ou supervisão.

Os resultados iniciais animadores logo confirmaram a perspectiva de que a acessibilidade ao sistema de solução de controvérsia no mesmo ambiente virtual e a celeridade do procedimento se mostraram determinantes à qualidade da experiência pelos usuários, contribuindo assim para a preservação das relações comerciais ainda que o resultado obtido seja desfavorável.

Dessa experiência derivaram novos e sucessivos sistemas voltados à solução consensual de controvérsias. Denominados genericamente de *On-Line Dispute Resolution Systems* (ODR's), ou sistemas de solução de conflitos on-line, esses sistemas se difundem principalmente à margem dos serviços judiciários estatais na medida em que encontram segurança e liberdade no suporte normativo existente em quase todos os países ocidentais, notadamente aqueles com maior desenvolvimento econômico e integração comercial internacional.

Trata-se de uma forma de subtrair as questões rotineiras, em especial as decorrentes das relações de consumo de massa, dos juízos e tribunais, sobrecarregados com o enorme volume de processos e limitados pela escassa mão de obra especializada.

A celeridade em relação ao processo convencional e a série de garantias às soluções consensuais estimulam a adoção de sistemas digitais, cujo desenvolvimento, em razão do enorme potencial mercadológico desse segmento, tem atraído investimentos massivos, o que resulta em sistemas cada vez mais sofisticados.

A legislação brasileira talvez seja uma das mais avançadas nesse setor. Desde a Res. CNJ 125/10, que introduziu no país o tribunal multiportas, passando pela recente Lei da Mediação e pelo CPC/15, o ordenamento jurídico brasileiro formou um subsistema da autocompositividade que desde 2015 contempla a possibilidade de uso de recursos tecnológicos avançados na prevenção e solução das controvérsias.

Nesse sentido, a atuação do Conselho Nacional de Justiça, responsável pela concepção e difusão da política pública da consensualidade, tem sido fundamental para a implementação, no Brasil, de uma nova ordem jurídica que se forma a partir da disseminação de plataformas e câmaras privadas de solução de controvérsias.

É certo que inúmeras questões ressaem dessas novas formas de solução de conflitos no ambiente alargado de jurisdição e processualidade anunciados por Watanabe[49] e Grinover.[50]

Aspectos relevantes como a fiscalização dos sistemas, desde a sua concepção e design, passando pela articulação algorítmica, opacidade das *Black Box*, rastreabilidade procedimental e *accountability* decisória são apenas alguns dos temas que se somam à normatividade inerente à tecnologia e às soluções consensuais como fonte do direito.

Por ora, não há preocupação com a denominada Inteligência Artificial forte. Ainda não há sistema capaz de realizar atividades cognitivas e especulativas exclusivas do ser humano, como o *legal reasoning*, o que afasta a possibilidade decisão de casos complexos, que exigem justificação, por robôs.[51]

A legislação brasileira prevê no art. 46 da Lei 13140/15 a possibilidade de uso de sistemas tecnológicos de solução de controvérsias. Nesse sentido, tal dispositivo dialoga com as normas fundamentais do processo civil que conferem primazia à solução integral do mérito em ambiente extrajudiciário e de modo consensual, o que na sociedade tecnológica em que se desenvolve o mundo da vida significa que os conflitos devam ser tratados preferencialmente em ambiente virtual. Daí decorre o direito individual à conectividade plena como condição para o exercício do direito fundamental de acesso a ordem jurídica justa e aos mecanismos mais adequados de solução de controvérsias, algo a ser elaborado no campo das teorias do processo.

10. CONCLUSÃO

A tecnologia está entrelaçada com todas as atividades da nossa vida e tornou-se parte integral da nossa sociedade, como advertem Verkerk, Hoogland, Stoep e Vries.[52]

---

49. WATANABE, Kazuo. *Acesso à ordem jurídica justa*. Belo Horizonte: Del Rey, 2019.
50. GRINOVER, Ada Pellegrini. *Ensaio sobre a processualidade*. Fundamentos para uma nova teoria geral do processo. Brasília: Gazeta Jurídica, 2016.
51. NUNES, Dierle et al. Op. cit.
52. VERKERK, Maarten J.; HOOGLAND, Jan; STOEP, Jan van der; VRIES, Marc J de. Op. cit.

A tecnologização do direito e do processo permite que funções antes reversadas exclusivamente ao judiciário e ao processo passem a ser cumpridas no ambiente virtual dos tecnossistemas digitais. A sociedade tecnológica constitui a interface primordial em que se desenvolvem as relações interpessoais, o que induz devam as relações jurídico-processuais e de solução de conflitos se estabelecer também nessa nova esfera pública técnica.[53]

Essa nova ordem de fatores representa possibilidades e desafios à sociedade em geral e aos usuários e atingidos pelos seus efeitos, o que exige a tematização dos aspectos objetivos e ocultos da tecnologia aplicada ao direito e ao processo.

Uma abordagem crítico-reflexiva dos institutos jurídicos a partir da sua expressão técnica pela Filosofia da Tecnologia pode permitir o descortino de aspectos ocultos dos processos tecnológicos e a construção de um novo quadro de referência conceitual das novas condições cognitivas dos processos decisórios tecnodigitais que suporte o desenvolvimento dos sistemas tecnoprocessuais.

11. REFERÊNCIAS

ALVARO DE OLIVEIRA, Carlos Alberto. *Teoria e prática da tutela jurisdicional*. Rio de Janeiro: Forense, 2008

BARBOSA MOREIRA, J. C. (1987). *Temas de direito processual civil*. Rio de Janeiro: Saraiva.

BECK, Ulrich. *A metamorfose do mundo*: novos conceitos para uma nova realidade. Rio de Janeiro: Zahar. 2016.

BUNGE, Mario. *Ciencia, Técnica y Desarollo*. Buenos Aires: Editorial Sudamericana, 1997.

CÂMARA, Alexandre Freitas. (2015). *O novo processo civil brasileiro*. Rio de Janeiro: Atlas.

CARVALHO DIAS, Ronaldo Brêtas de; SOARES, Carlos Henrique. *Técnica processual*. Belo Horizonte: Editora Del Rey, 2015.

FEENBERG, Andrew. *Tecnologia, modernidade e democracia*. Trad. Eduardo Beira. Portugal: Inovatec, 2018

FEENBERG, Andrew. *Entre a razão e a experiência* – ensaios sobre a tecnologia e a modernidade. Tradução, ensaios e notas adicionais: Eduardo Beira, Cristiano Cruz e Ricardo Neder. Portugal: Inovatec, 2019.

FEENBERG, Andrew. *Tecnossistema*: a vida social da razão. Trad. Eduardo Beira e Cristiano Cruz. Portugal: Inovatec, 2019.

FERRATER MORA, J. *Dicionário de Filosofia*. São Paulo: Edições Loyola, 2004. t. IV.

GONÇALVES, Aroldo Plinio. *Técnica processual e teoria do processo*. RJ: Aide, 2001.

GRINOVER, Ada Pellegrini. *Ensaio sobre a processualidade*. Fundamentos para uma nova teoria geral do processo. Brasília: Gazeta Jurídica, 2016.

HABERMAS, Jürgen. *Mudança estrutural da esfera pública*. Trad. Denilson Werle. São Paulo: UNESP, 2011.

HEIDEGGER, Martin. A questão da técnica. *Ensaios e Conferências*. Trad. Emmanuel Carneiro Leão, Gilvan Fogel e Marcia Sá Schuback. Petrópolis: Vozes, 2018.

---

53. HABERMAS, Jürgen. *Mudança estrutural da esfera pública*. Trad. Denilson Werle. São Paulo: UNESP, 2011. p. 31.

LEAL, André Cordeiro. *Instrumentalidade do processo em crise*. Belo Horizonte: Mandamentos Editora, 2015.

LEAL, Rosemiro Pereira. *Teoria Geral do Processo – Primeiros Estudos*. Belo Horizonte: Editora Fórum, 2016

MARCUSE, Herbert. *O homem unidimensional*: estudos da ideologia da sociedade industrial avançada. Trad. Robespierre de Oliveira, Deborah Christina Antunes, Rafael Cordeiro Silva. São Paulo: Edipro, 2015.

NINO, Carlos Santiago. *Introdução à análise do Direito*. São Paulo: Martins Fontes, 2015.

NUNES, Dierle; BAHIA, Alexandre; PEDRON, Flavio Quinaud. *Teoria geral do processo*. Salvador: JusPodium, 2020.

NUNES, Dierle; LUCON, Paulo; WOLKART, Erik. (Org.). *Inteligência artificial e direito processual*: os impactos da virada tecnológica no direito processual. Salvador: JusPodium, 2020.

POPPER, Karl. *A lógica da pesquisa científica*. São Paulo: Editora Cultrix, 2013.

SPENGLER, Oswald. *El hombre y la tecnica y otros ensayos*. Buenos Aires: Espasa-Calpe, 1947.

SUSSKIND, Richard. *Online Courts and the future of Justice*. Oxford: Oxford University Press, 2019.

VERKERK, Maarten J.; HOOGLAND, Jan; STOEP, Jan van der; VRIES, Marc J de. *Filosofia da tecnologia – Uma introdução*. Viçosa/MG: Ultimato, 2016.

WATANABE, Kazuo. *Acesso à ordem jurídica justa*. Belo Horizonte: Del Rey, 2019.

WEBER, Max. *A ética protestante e o espírito do capitalismo*. Trad. Mário Morais. São Paulo: Martins Claret, 2019.

A TECNOLOGIA A FAVOR DA RESOLUÇÃO DE CONTROVÉRSIAS ENTRE O DEVEDOR EM RECUPERAÇÃO JUDICIAL E SEUS CREDORES

Antonio Evangelista de Souza Netto

Pós-doutorando em Direito por três universidades: Universidade de Salamanca, Espanha; Universitá degli Studi di Messina, Itália; e Universidade de Coimbra, Portugal. Doutor e Mestre em Direito pela Pontifícia Universidade Católica de São Paulo. Juiz de Direito Titular de Entrância Final do Tribunal de Justiça do Estado do Paraná e Coordenador do CEJUSC Recuperação Empresarial do TJPR. Professor e Coordenador do ensino à distância da EMAP.

Samantha Mendes Longo

Mestranda em Direito pela Unicuritiba. LLM. em Direito Empresarial pelo IBMEC/RJ. Negotiation and Leadership Program at Harvard University. Advogada. Professora da EMERJ. Membro do Grupo de Trabalho de recuperação judicial e membro do Comitê Gestor da Conciliação, ambos do Conselho Nacional de Justiça. Secretária das Comissões de Recuperação Judicial e de Mediação, ambas do Conselho Federal da OAB.

Sumário: 1. O desenvolvimento do comércio eletrônico. 2. A Resolução apropriada de disputas no plano internacional: o enfraquecimento da soberania dos Estados e a expansão do poder normativo dos blocos econômicos. 3. A resolução *online* de disputas. 4. As plataformas *online* para solução de controvérsias entre devedor em recuperação judicial e seus credores. 5. Conclusão. 6. Referências.

1. O DESENVOLVIMENTO DO COMÉRCIO ELETRÔNICO

Atualmente a internet assume papel de grande relevância perante a humanidade, principalmente pela sua interferência direta nas relações sociais e consequentemente no direito. Estudos recentes indicam que cerca de 4 bilhões de pessoas já têm acesso à internet. Considerando que a população atual é de cerca de 7,6 bilhões de pessoas, os usuários da internet representam mais da metade da população do mundo[1].

Dentre os países pesquisados, o Brasil aparece como o terceiro país que mais fica *online* no mundo, com uma média de 9 horas e 14 minutos por dia. O primeiro país da lista é a Tailândia, seguido pelas Filipinas. A Coreia do Norte é o país com menos acesso à internet (apenas 0,06% da população).[2]

---

1. O relatório Digital in 2018, divulgado pelos serviços Hootsuite e We Are Social, aponta que em 2018 havia 4,021 bilhões de pessoas online, 53% da população mundial, representando um acréscimo de 7%, em relação ao período anterior.

2. O site www.internetnobrasil.net, revela minuciosamente a evolução histórica da internet no Brasil.

A realização de negócios no âmbito da internet, principalmente na área de consumo, é muito intensa e cresce cada vez mais, não só em virtude do aumento de pessoas que passam a utilizar a rede, mas principalmente pela mudança cultural das pessoas em substituir as relações físicas pelas virtuais.

No Reino Unido, 78% da população utiliza a internet para fazer compras e negócios. Na Coreia do Sul e na Alemanha 74% da população pratica o comércio eletrônico, seguidos da Suécia e dos EUA, com 69%. No Brasil, 45% da população realiza o comércio eletrônico.

Em 2017, 1,77 bilhão de pessoas (23% da população mundial) realizaram ao menos uma aquisição por meio do comércio eletrônico. Isso representa um aumento de 8% em relação ao ano anterior. Circulou US$ 1,4 trilhão, que corresponde a um aumento de 16%, com relação ao período anterior, 2016. Esses números representam um consumo médio de US$ 833 por pessoa.

Sobre o e-commerce na América Latina, os últimos estudos indicam que o faturamento do comércio eletrônico cresceu aproximadamente US$ 60 bilhões em 2018, com relação à 2017. Nesse contexto, o México se destacou com um faturamento de cerca de US$ 21 bilhões em receita de comércio eletrônico e o Brasil aparece em seguida com um faturamento de US$ 19 bilhões.

Com relação ao e-commerce no Brasil, pesquisas recentes apontam o seguinte: a) o faturamento do setor alcançou R$ 47,7 bi, em 2017; b) o crescimento do e-commerce no Brasil foi de 12% em 2017, com relação a 2016; c) número de consumidores chegou a 55,15 milhões, em 2017; d) o investimento em tecnologia pelas lojas virtuais corresponde, em média, a 9% da receita; e) 27,3% das compras, em 2017, foram feitas em smartphones ou tablets; f) 31,5% das vendas foram feitas em marketplaces; g) o perfil dos compradores é majoritariamente feminino; h) compras à vista cresceram e representam 49,8% do total; i) abandono de carrinhos chega a 82,3%; j) a taxa média de conversão do e-commerce brasileiro é de 1,4%; k) 58,5% das vendas foram para visitantes que retornaram.

Pelo cenário apresentado, nota-se que grande parte dos empresários exercem atividades econômicas exclusivamente por meios eletrônicos. Para desempenhar essas práticas, assim como os empresários que atuam exclusivamente no plano físico, os econômicos que operam no plano virtual precisam articular bens para formar um estabelecimento com recursos adequados ao desenvolvimento de empreendimentos virtuais. Esse acervo reunido de bens imateriais forma o que se denomina estabelecimento virtual ou digital.

Se o desenvolvimento no Brasil no comércio eletrônico já era percebido claramente nos últimos anos, com a recente pandemia ocasionada pela COVID-19 e com o isolamento imposto a toda a sociedade, o comércio *online* certamente experimentará um amplo crescimento.

2. A RESOLUÇÃO APROPRIADA DE DISPUTAS NO PLANO INTERNACIONAL: O ENFRAQUECIMENTO DA SOBERANIA DOS ESTADOS E A EXPANSÃO DO PODER NORMATIVO DOS BLOCOS ECONÔMICOS

A interpenetração das estruturas empresariais transnacionais, o intercâmbio de informações entre os agentes econômicos de todo o mundo, a aglutinação de sistemas

TECNOLOGIA EM FAVOR DA RESOLUÇÃO DE CONTROVÉRSIAS ENTRE DEVEDOR E CREDOR **495**

financeiros e de mercados de valores mobiliários e a formação de grandes conglomerados empresariais regionais, entre outros fatores, contribuíram para a criação de novos centros de poder.

Os Estados soberanos, pelo emprego dos recursos dos sistemas políticos tradicionais, deixam de ser as fontes naturais das normas de organização social e passam a se submeter às novas diretrizes impostas pelos grupos transnacionais.

Os novos parâmetros normativos, regulatórios e institucionais supranacionais enfraqueceram inclusive a forma normativa constitucional dos países, individualmente considerados. Diante do deslocamento do eixo central da emanação de poder e da diminuição da importância normativa das Constituições dos países, há um crescente esvaziamento da forma normativa dos textos constitucionais perante os novos paradigmas jurídicos internacionais. Aos poucos, a lógica dos mercados vai substituindo a lógica da política e as normas mercadológicas vão ocupando os espaços das normas de direito positivo.

Nesse cenário, as categorias jurídicas clássicas do direito positivo, tradicionalmente concebidas no plano da dogmática jurídica, relacionadas à jurisdição, legalidade, obrigatoriedade, vinculação normativa etc., já não são adequadas para enfrentar isoladamente os desafios da sociedade contemporânea. A imposição da vontade soberana do Estado pela jurisdição convencional também já não ocupa posição prestigiada entre os meios de superação de controvérsias, inclusive quando envolvem agentes econômicos de países distintos.

A presença do Estado nesses casos é cada vez menos necessária e a jurisdição cede cada vez mais espaço para os meios alternativos de resolução de disputas, a exemplo da mediação, conciliação, negociação e arbitragem[3]. Nas palavras do Ministro do Supremo Tribunal Federal, Luiz Fux[4], "*a conciliação, a mediação e a força da jurisprudência através dos novos instrumentos, como o IRDR, os recursos repetitivos e a repercussão geral são o futuro do processo civil.*"

3. A RESOLUÇÃO *ONLINE* DE DISPUTAS

Com o desenvolvimento do comércio eletrônico, cresce também o número de disputas envolvendo essa modalidade de negociação e, consequentemente, surge a necessidade da criação de novos instrumentos de resolução *online* de disputas, integrantes do sistema norte-americano denominado *Online Dispute Resolution* (ODR). Cuida-se de modelo apropriado para a resolução de disputas surgidas especialmente das relações *online*, pela utilização de plataformas virtuais[5]. Como destaca César Cury:

---

3. GUILHERME, Luiz Fernando do Vale de Almeida. Uma análise do instituto da arbitragem no Brasil à luz da reforma do judiciário e da lei das parcerias público-privadas. *Revista Escola Superior da Magistratura de Pernambuco* – ESMAPE, v. 11, n. 23. Recife: Esmape, 2006, p. 216.

4. Disponível em: https://pge.rj.gov.br/imprensa/noticias/2017/06/ministro-luiz-fux-diz-que-conciliacao-mediacao-e-jurisprudencia-sao-o-futuro-do-processo-civil-brasileiro.

5. "ODR pode ser considerado espécie do gênero ADR. Mas seria demasiado simplista imaginar que os meios de Resolução Online Litígios sejam reduzidos a uma simples expressão dos meios de Resolução Alternativa de Controvérsias. As possibilidades de utilização da tecnologia para a resolução de litígios são imensas e envolvem questões complexas, tanto do ponto de vista teórico quanto sob o prisma tecnológico, como, por exemplo, a utilização de inteligência artificial para fornecer uma solução para o conflito ou mesmo o uso das ferramentas

Com variado repertório de ferramentas, e permitida a aplicação de técnicas negociais (artigo 166, p. 3º, CPC/2015), a Mediação On-line, ou ODR, pode inaugurar novo período na relação entre consumidores e empresas. Sistemas informatizados concebidos especificamente como Câmaras de Resolução de Conflitos, as plataformas ODR consistem basicamente na criação de um ambiente em que as partes envolvidas têm a possibilidade de interagir e negociar através de um terceiro imparcial que facilite a aproximação e o diálogo.[6]

As ODR's consistem no emprego virtual dos métodos já utilizados para a resolução apropriada de conflitos deflagrados no plano físico (off-line), como a mediação, a conciliação, a arbitragem e a negociação[7]. A diferença é que no caso das ODR's a aplicação desses métodos ocorrerá num ambiente virtual[8].

A empresa precursora no desenvolvimento de plataforma própria de solução *online* de conflitos foi a norte americana eBay.com, que criou um modelo em que os consumidores podem abrir reclamações contra as empresas fornecedoras de produtos ou serviços sem custo nenhum. Com a ajuda de algoritmos, a plataforma auxilia as partes na composição de um acordo, favorecendo a redução no número de processos judiciais e os custos do litígio. Com 171 milhões de compradores ativos em 190 países, a referida plataforma gerencia e resolve mais de 60 milhões de disputas por ano.

Vários são os benefícios da utilização de uma plataforma virtual para solucionar conflitos. Dentre eles, podem ser citados a celeridade, a redução de custos, o encurtamento de distâncias e a abertura de um canal de comunicação direto entre os envolvidos.[9] E

---

de Dispute System Design (DSD), aplicando-as aos meios de Resolução Online de Litígios. Sob uma perspectiva mais pragmática, os sistemas informatizados e as plataformas de transmissão e recepção de dados constituem um terceiro interveniente no processo de conciliação, ou até mesmo podem constituir um quarto sujeito, nos casos da mediação e da arbitragem on-line" (AMORIM, Fernando Sérgio Tenório de. A resolução online de litígios (odr) de baixa intensidade: perspectivas para a ordem jurídica brasileira. *Revistas de Ciências Jurídicas Pensar*, v. 22, n. 2, maio/ago 2017, p. 515).

6. CURY, Des. Cesar. *Métodos de Resolução de Conflitos de Massa e Efetividade da Decisão Judicial* – Breves Notas. Direito em Movimento, [s. l.], v. 22, 1 jan. 2015. p. 112.

7. "[...] Não prospera a alegada violação do art. 269, II do CPC, porquanto praticado o ato de disponibilidade processual, assim considerados a transação, a renúncia, o reconhecimento da procedência do pedido, em princípio, extingue-se o processo, como prevê o artigo 269 do CPC. Outra não poderia ser mesmo a solução legal, porquanto a autocomposição faz cessar a atividade especulativa do juiz. [...]" Recurso Especial 654.226 – PE – 2004/0061181-0 – 12.11.2004. Relator: Ministro Luiz Fux.

8. Ethan Katsh e Colin Rule conceituam as ODR's como a "aplicação da tecnologia da informação e comunicação para prevenir, gerenciar e resolver conflitos." (KATSH, Ethan; RULE, Colin. What We Know and Need to Know About Online Dispute Resolution. *South Carolina Law Review*, v. 67, p. 329-344, 2016. Disponível em: https://www.americanbar.org/content/dam/aba/images/office_president/katsh_rule_whitepaper.pdf. Acesso em: 03 mar. 2018).

9. Nesse sentido, confira-se a doutrina: "A comunicação rápida em rede e a capacidade de processamento de informações [...] abriu, de fato, oportunidades para abordagens e respostas criativas para a solução de problemas em casos que não chegaram aos tribunais. Em outras palavras, muitas das mesmas forças que contribuíram para a origem dos conflitos, poderiam também ser empregadas em sua solução". (ob. Cit., p. 24 – Livre Tradução)
"[...] os envolvidos e o interventores, que estava abertos à utilização da tecnologia estavam, na maior parte das vezes, utilizando-se da mesma forma de comunicação por meio da qual seu conflito teve início para buscar sua solução, e o impulso de utilizar esses canais e de focar em comunicação textual era compreensível: frequentemente é mais eficiente (permitindo participação assíncrona à conveniência das partes), possui maior custo benefício (não requerendo pagamento de ligações telefônicas ou viagens), e é normalmente a única opção realista (quando um conflitos transjurisdicional de pequeno ou nenhum valor pecuniário). (WING, Leah e RAINEY, Daniel. Online dispute resolution and the development of theory. In: WAHAB, Mohamed S. Abdel; KATSH, Ethan e RAINEY, Daniel (Eds). Online dispute resolution: theory and practice". A treatise on technology and dispute resolution. The Hague: Eleven International, 2012, p. 41.

tais benefícios são sentidos tanto pelos consumidores como pelas empresas fornecedoras que, com um maior índice de satisfação dos envolvidos, acabam melhorando sua imagem no mercado.

O Brasil, seguindo a tenência mundial, também vem ampliando o desenvolvimento dessas plataformas digitais de negociação.

Do ponto de vista legislativo, a utilização desses modelos está amparada por inúmeras normas jurídicas, como se nota, por exemplo, da leitura do art. 334, 7º, do Código de Processo Civil – CPC e do art. 46 da Lei de Mediação – Lei 13.140/2015, a seguir transcritos:

> Art. 334, § 7º, CPC: A audiência de conciliação ou de mediação pode realizar-se por meio eletrônico, nos termos da lei".

> Art. 46 da Lei de Mediação: "A mediação poderá ser feita pela internet ou por outro meio de comunicação que permita a transação à distância, desde que as partes estejam de acordo".

Por ocasião da I Jornada de Soluções Extrajudiciais de Conflitos do Conselho da Justiça Federal foram editados os Enunciados 58 e 82, deixando claro que as sessões de mediação poderiam ocorrer em meios eletrônicos e que o uso desses recursos deveria ser estimulado pela sociedade e pelo Poder Público[10]. Confiram-se:

> Enunciado 58: A conciliação/mediação, em meio eletrônico, poderá ser utilizada no procedimento comum e em outros ritos, em qualquer tempo ou grau de jurisdição.

> Enunciado 82: O Poder Público, o Poder Judiciário, as agências reguladoras e a sociedade civil deverão estimular mediante a adoção de medidas concretas, o uso de plataformas tecnológicas para a solução de conflitos de massa.

A Resolução 125/2010 do Conselho Nacional de Justiça – CNJ, que dispõe sobre a Política Judiciária Nacional de tratamento adequado dos conflitos de interesses no âmbito do Poder Judiciário, com as alterações da Emenda 2/2016, passou a incentivar as ODRs, ao determinar a criação, pelo CNJ, do Sistema de Mediação e Conciliação Digital, que pode ser utilizado pelos Tribunais.

O governo federal também tem incentivado o desenvolvimento dos métodos *online* de solução de controvérsias, notadamente pela criação de ambientes virtuais próprios para esses fins, a exemplo da plataforma consumidor.gov. Criada em 2014 pela Secretaria Nacional do Consumidor, a plataforma permite a solução de conflitos de consumo pela internet, com a abertura de um canal de comunicação entre consumidores e empresas.

A utilização da mencionada plataforma, que já conta com milhões de pedidos e centenas de empresas credenciadas, tem se mostrado muito eficiente na solução das controvérsias e satisfação dos usuários: foram mais de 500 mil pessoas em 2018 e quase 490

---

10. "[...] A figura do parcelamento não se confunde com a transação extintiva do crédito. A autocomposição bilateral ou transação é forma de extinção do crédito tributário, consoante determina o art. 156, III do CTN, implicando no término do direito da Fazenda Pública de cobrar a obrigação tributária. Considerando que a transação é a forma pela qual as partes previnem ou terminam litígios mediante concessões mútuas, enquanto que o parcelamento é a mera dilação de prazo para o devedor honrar sua dívida, não há que falar em naturezas semelhantes. [...]" REsp 514.351/PR, Rel. Ministro Luiz Fux, Primeira Turma, julgado em 20.11.2003, DJ 19.12.2003, p. 347.

mil pessoas em 2019 que procuraram a plataforma. Em 81% dos casos foram celebrados acordos, evitando a propositura de aproximadamente 800 mil demandas judiciais[11].

A iniciativa privada também tem apostado nesse mercado, existindo diversas plataformas digitais dedicadas à solução pré-processual de conflitos.[12] Grandes empresas, frequentemente demandas por grade número de consumidores nos Juizados Especiais Cíveis, já estão utilizando essas plataformas virtuais de resolução de disputas, para evitar a judicialização do conflito. Os empresários têm desenvolvido sobretudo plataformas internas para a negociação direta com os seus clientes, como forma de prevenção de litígios e redução de custos com o departamento jurídico.[13]

Além disso, em 2019, o CNJ aprovou a Recomendação 58 que recomenda, entre outras, a utilização da mediação *online*, pelos magistrados que atuam em processos de recuperação empresarial e falência. Nos termos do art. 4º:

> A mediação poderá ser presencial ou o on-line por meio de plataformas digitais, quando justificada a utilidade ou necessidade, especialmente nos casos em que haja elevado número de participantes e credores sediados no exterior, cabendo ao mediador ou ao Centro de Mediação prover os meios para a sua realização"

Recentemente, em razão da pandemia da COVID-19 e de todas as implicações contratuais decorrentes dela, o Conselho Nacional de Justiça noticiou que fornecerá aos Tribunais de todo o Brasil uma nova plataforma digital para realização de conciliações e mediações. Essa medida, que certamente evitará o ajuizamento de milhares de demandas judiciais nos próximos meses, objetiva permitir que as partes resolvam no âmbito pré-processual, sobretudo, os conflitos envolvendo inadimplementos contratuais em decorrência do novo coronavírus.[14]

Como destacado pelo Conselheiro Henrique Ávila, presidente da Comissão de Acesso à Justiça do CNJ, "não estamos fechando as portas do Judiciário. Estamos oferecendo uma saída para a sociedade. Tem muita causa que está no Judiciário e não precisaria estar. É falta de diálogo."[15]

---

11. Dados disponibilizados em: https://www.consumidor.gov.br/pages/indicador/infografico/abrir.

12. Citem-se como exemplo de plataformas digitais as seguintes: Sem Processo, Acordo Fechado, Melhor Acordo, Mediação Online – MOL, AcordoNet, Leegol, Concilie Online. O procedimento adotado pela maioria dessas plataformas é dividido em quatro etapas: (i) abertura do caso pelo consumidor; (ii) notificação da parte adversa; (iii) sessão de mediação; e (v) celebração do acordo. Toda a documentação é enviada através da plataforma e as partes são comunicadas em cada uma das fases. A sessão de mediação é realizada através de um chat em que o mediador conduz os envolvidos a uma tentativa de acordo, que poderá contar ou não com o apoio de um advogado, dependendo das exigências da plataforma escolhida.

13. A 99 Táxi, por exemplo, criou um procedimento para o atendimento dos consumidores, como o autoatendimento no próprio aplicativo (chat), o envio de e-mail à empresa e a reclamação pelo portal Reclame Aqui, a fim de evitar que a questão desague no Judiciário. O Mercado Livre também realiza um procedimento interno de prevenção de conflitos, antes da sua submissão à plataforma Consumidor.gov.br ou da sua judicialização, o que, segundo se noticiou, resultou na redução em 98,9% dos litígios. Notícia veiculada em: https://www.startse.com/noticia/nova-economia/64894/mercado-livre-odr-resolucao-conflito.

14. Disponível em: https://valor.globo.com/legislacao/noticia/2020/05/11/cnj-lancara-plataforma-on-line-para-conflitos-relacionados-a-covid-19.ghtml.

15. Disponível em: https://valor.globo.com/legislacao/noticia/2020/05/11/cnj-lancara-plataforma-on-line-para-conflitos-relacionados-a-covid-19.ghtml.

Outra importante iniciativa em prol das soluções *online* de conflitos veio da Justiça do Trabalho. A recomendação 01/2020 do Conselho Superior da Justiça do Trabalho recomendou a adoção de diretrizes excepcionais para o emprego de instrumentos de mediação e conciliação de conflitos, individuais e coletivos, em fases processual e pré-processual, por meios eletrônicos e videoconferência, no contexto da vigência da pandemia da COVID-19.Nos termos do referido ato, recomenda-se aos magistrados do Trabalho que:

(i) envidem esforços no sentido de promover, por aplicativos de mensagens eletrônicas ou videoconferência, a mediação e a conciliação de conflitos que envolvam a preservação da saúde e segurança do trabalho em serviços públicos e atividades essenciais definidas no art. 3º do Decreto 10.282/2020; e

(ii) recorram aos servidores e magistrados qualificados pelo NUPEMEC e CEJUSC para a aplicação dos métodos consensuais, tanto em conflitos que envolvam interesses de coletividades como interesses individuais, mesmo em pedidos de tutelas ou procedimentos que reclamem urgência[16].

Também merece destaque a recente Lei 13.994/2020, que alterou a Lei 9.099/95, para permitir a conciliação não presencial no âmbito dos Juizados Especiais Cíveis, pelo emprego dos recursos tecnológicos disponíveis de transmissão de sons e imagens em tempo real, devendo o resultado da tentativa de conciliação ser reduzido a escrito com os anexos pertinentes.

Nas palavras do Ministro Luís Roberto Barroso, do Supremo Tribunal Federal, em recente Congresso dedicado à inovação e à tecnologia:[17]

Um dos caminhos do futuro, já praticado em diversos países do mundo, é a solução online de litígios. O Poder Judiciário vai evidentemente continuar a existir e a ter um papel vital, mas os meios alternativos de resolução de conflitos vão se tornar progressivamente mais importantes, sobretudo os meios de solução de conflitos on-line.

4. AS PLATAFORMAS *ONLINE* PARA SOLUÇÃO DE CONTROVÉRSIAS ENTRE DEVEDOR EM RECUPERAÇÃO JUDICIAL E SEUS CREDORES

Embora a Lei 11.101/2005 (Lei de Falência e Recuperação de Empresas – LFRE), que disciplina os processos de insolvência[18] do devedor empresário, não preveja ex-

---

16. Cabe lembrar que desde a reforma trabalhista ocorrida em 2017, com as inovações trazidas pela Lei 13.467/17, empregados e empregadores podem chegar a uma composição amigável, sem a necessidade de ingressarem com um processo judicial, desde que respeitados os requisitos previstos na lei.

17. Disponível em: https://www.jota.info/opiniao-e-analise/artigos/o-futuro-da-resolucao-de-conflitos-chegou-aos-tribunais-brasileiros-08062020.

18. "[...] É que, declarada a insolvência, cria-se uma universalidade do juízo concursal, ocorrendo a intervenção do administrador da massa, situação similar à engendrada quando da decretação de falência, vislumbrando-se identidade dos institutos no tocante à sua causa e finalidade, uma vez que, consoante Humberto Theodoro Junior, "ambos se fundam no estado patrimonial deficitário e ambos têm em vista a realização de todo o patrimônio do devedor para rateio entre todos os credores do insolvente". (in A Insolvência Civil: execução por quantia certa contra devedor insolvente. Rio de Janeiro, Forense, p. 41). [...] "Aplicação da lei falencial ao concurso civil – O exercício habitual de atos de comércio implica uma ampla interação de negócios que não encontra paralelo na conduta do devedor civil. Nada obstante, a universalização subjetiva e objetiva da execução coletiva importa, por igual, amplas repercussões em longínquas esferas. E a disciplina legal do Código de Processo Civil, e da lei substantiva, se oferece, à primeira vista, parca e inadequada. [...]" REsp 1108831/PR, Rel. Ministro Luiz Fux, Primeira Turma, julgado em 23.11.2010, DJe 03.12.2010.

pressamente a utilização da mediação ou de outros métodos autocompositivos para a solução de conflitos, a aplicação desses métodos é perfeitamente possível, não apenas pela previsão da mencionada Recomendação 58 do CNJ mas, inclusive, pela interpretação conjugada dos artigos 161 e 189 da LFRE, que permitem, respectivamente, a negociação extrajudicial de planos de recuperação e a aplicação subsidiária das normas do Código de Processo Civil.

Desde 2015, com a entrada em vigor do Código de Processo Civil[19] e da Lei de Mediação, se iniciou um movimento em prol da utilização da mediação nos processos de recuperação judicial e de falência[20].

A I Jornada de Prevenção e Solução Extrajudicial de Litígios do Conselho da Justiça Federal (CJF), coordenada por um dos grandes entusiastas dos meios consensuais de solução de conflitos, Ministro Luis Felipe Salomão, publicou em 2016 o Enunciado 45 afirmando que "a mediação e conciliação são compatíveis com a Recuperação Judicial, a extrajudicial e a falência do empresário e da sociedade empresária, bem como em casos de superendividamento, observadas as restrições legais".

O Superior Tribunal de Justiça se manifestou no sentido de que mediação seria compatível com os processos de insolvência. Ao apreciar o Pedido de Tutela Provisória 1.409-RJ[21], a Corte autorizou a realização de um Programa de Mediação com os credores da recuperação judicial do Grupo Oi, sob o fundamento de que "a Lei 11.101/2005 não traz qualquer vedação à aplicabilidade da instauração do procedimento de mediação no curso de processos de Recuperação Judicial e Falência".[22]

O emprego da mediação na recuperação judicial do Grupo Oi foi, na verdade, um divisor de águas.[23] Sem dúvida, o caso mais emblemático até hoje[24], no qual o Juízo da 7ª Vara Empresarial do TJRJ, atento às necessidades da empresa e dos credores, instaurou diversos procedimentos que foram essenciais ao regular andamento do processo e à aprovação do plano de recuperação judicial.

---

19. O artigo 3º, §3º do CPC estabelece que *"a conciliação, a mediação e outros métodos de solução consensual de conflitos deverão ser estimulados por juízes, advogados, defensores públicos e membros do Ministério Público, inclusive no curso do processo judicial"*. O artigo 334, por sua vez, dispõe sobre a audiência prévia de conciliação ou mediação, para que as partes tenham a oportunidade de realizar um acordo antes do julgamento de mérito da demanda. Esses dois dispositivos foram essenciais para a consolidação e ampliação desse instituto dentro de nosso ordenamento jurídico, visto que além de estimularem a sua aplicação, permitem o encerramento da disputa através de um acordo, antes mesmo do julgamento de mérito da ação.

20. Sobre o papel do magistrado nos processos de insolvência confira: NETTO, Antonio Evangelista de Souza. O controle jurisdicional do plano de recuperação judicial: paradigmas para o protagonismo cognoscitivo do Magistrado no exercício da jurisdição. 1ª ed. Curitiba: Appris, 2019.

21. STJ, Pedido de Tutela Provisória 1.409-RJ, j. 09.11.2017. Disponível em: [https://ww2.stj.jus.br/processo/revista/documento/mediado/?componente=MON&sequencial=78301834&num_registro=201702849596&data=20171113&tipo=0&formato=PDF%3E%20Acesso%20em:%2011/11/2017].

22. O Superior Tribunal de Justiça também autorizou a instauração do procedimento, após o pedido das partes no Recurso Especial 1.692.985-SP, no sentido de submeter o litígio à mediação um conflito entre a devedora e um credor com garantia fiduciária, ao considerar que "O Código de Processo Civil de 2015 impõe ao Poder Judiciário o dever de estimular os métodos de solução consensual de conflitos, inclusive no curso do processo judicial e em qualquer fase que se encontre (art. 3º, § 3º, CPC/2015)".

23. Disponível em: https://valor.globo.com/legislacao/noticia/2020/04/22/tribunais-se-preparam-para-grande-demanda-de-recuperacoes-judiciais.ghtml.

24. TJRJ, Processo 0203711-65.2016.8.19.0001, Dr. Fernando Cesar Ferreira Viana, Juiz da 7ª Vara Empresarial.

No referido processo, houve mediações presenciais, que cuidaram de aspectos mais delicados e sensíveis, exigindo uma forte atuação do mediador, e mediações *online*, desenvolvidas numa plataforma virtual criada especialmente para o processo.

A tecnologia, utilizada a favor do consenso, foi fundamental para o processamento da maior recuperação judicial da América Latina, que contou com mais de 55 mil credores listados, um passivo de aproximadamente R$ 64 bilhões, mais de 30 mil incidentes processuais e mais de 400 mil folhas, o que equivaleria a 2.000 volumes, caso os autos do processo fossem físicos.[25]

Foram realizados três procedimentos *online* na busca de acordos entre as devedoras e seus credores. O primeiro procedimento foi direcionado aos pequenos credores com créditos até R$ 50 mil. Ao sugerirem essas modalidades de acordo as recuperandas consideraram que: (i) cerca de 85% (oitenta e cinco por cento) dos credores detinham créditos na ordem de até R$ 50 mil; (ii) milhares de processos judiciais seriam extintos; (iii) o procedimento proporcionaria maior representatividade dos credores na AGC; e (iv) diversos credores dependiam diretamente das recuperandas para a sua sobrevivência.

As atividades desenvolvidas na plataforma, que ficou disponível durante os três meses que antecederam a realização da Assembleia Geral de Credores – AGC, contou com o apoio de um amplo Serviço de Atendimento ao Credor – SAC, além dos atendimentos dos centros presenciais em todos os Estados do país. O emprego desses procedimentos de mediação resultou mais de 36 mil acordos, celebrados no Brasil e em Portugal, correspondentes a R$ 640 milhões dos créditos da recuperação judicial. Essas medidas reduziram drasticamente as impugnações de crédito que certamente seriam realizadas deduzidas no âmbito do processo judicial.

O segundo programa de mediação *online*, previsto no plano de recuperação judicial da Oi, destinou-se à definição de créditos ainda pendentes de liquidação, a partir do levantamento de depósitos judiciais nos autos de origem ou através de acordos sobre o valor do crédito. A implantação desse programa, que contou com 28 mil manifestações de interesses de credores e promoveu 10 mil acordos, implicou redução significativa do número de incidentes processuais e gerou a extinção de milhares de demandas judiciais.

Já o terceiro programa de negociações, atualmente em curso, objetiva a superação das controvérsias dos mais de 30 mil incidentes de habilitação e impugnação de crédito ainda existentes. Esse programa promoveu a abertura de um canal direto de comunicação entre os credores e as sociedades recuperandas, para possibilitar o consenso acerca do valor dos créditos. Considerando os benefícios que podem ser trazidos pelas composições amigáveis, todas as habilitações e impugnações de créditos foram incluídas na plataforma virtual, com suspensão dos incidentes. Já foram celebrados mais de 11 mil acordos.

O caso do Grupo Oi é um exemplo importante da eficiência da utilização de métodos autocompositivos para resolução de disputas em ambientes virtuais.

Outro ótimo exemplo de utilização de plataformas de negociação *online* para solução de disputas entre devedores e credores é a criação, pelo Tribunal de Justiça do Estado do

---

25. Como reconhecimento ao incentivo à mediação, o Juízo da 7ª Vara Empresarial recebeu menção honrosa no "8º Conciliar é Legal", promovido pelo Conselho Nacional de Justiça.

Paraná, do primeiro Centro Judiciário de Solução de Conflitos voltado especialmente à área de recuperação empresarial e falência, denominado CEJUSC Recuperação Empresarial.

O CEJUSC Recuperação Empresarial começou a operar em Francisco Beltrão-PR, Município que concentra significativa parcela das atividades econômicas da região sudoeste do Paraná, com intensa produção da indústria de alimentos, têxtil, agricultura e pecuária.

O centro visa à promoção da realização de mediações, conciliações e negociações, presenciais e *online*, afetas a questões relativas à insolvência empresarial, no âmbito pré-processual e processual.

Os mediadores, conciliadores e negociadores, terceiros facilitadores do diálogo[26] devidamente capacitados, auxiliarão os empresários devedores a dialogarem e negociarem com seus credores, evitando, sempre que possível, a judicialização do conflito, com apresentação de pedidos de falência e de recuperações judiciais.

No âmbito processual, o CEJUSC também desempenhará papel relevantíssimo no auxílio aos empresários devedores a negociarem com seus credores os termos de um aditivo ao plano de recuperação judicial já aprovado em assembleia e homologado pelo Juízo. Isso ocorrerá sempre que o plano precisar sofrer modificações em razão da diminuição da capacidade da devedora de cumprimento de suas obrigações por força da pandemia, nos termos da Recomendação 63/2020 do Conselho Nacional de Justiça. E tudo poderá ser feito de modo *online*.

5. CONCLUSÃO

A internet ocupa um papel essencial na vida de todas as pessoas e nas relações sociais. Estudos apontam que aproximadamente 4 bilhões de pessoas já têm acesso à internet. Grande parcela dos agentes econômicos exerce atividades exclusivamente nos ambientes virtuais. O comércio *online* cresceu ainda mais com as restrições impostas pela pandemia da COVID-19.

Com a ampliação das relações virtuais, consequentemente haverá um significativo aumento dos conflitos deflagrados nesses ambientes. Daí a importância da utilização das ODR's, como meio de resolver adequadamente essas disputas advindas dos relacionamentos virtuais. As ODR's correspondem à utilização de instrumentos destinados à superação de conflitos no ambiente físico, como a mediação, a conciliação, a arbitragem e a negociação.

No Brasil, a utilização de plataformas virtuais para a resolução adequada de disputas vem crescendo cada vez mais, inclusive com amparo na legislação. No plano infralegal, o Poder Judiciário, sobretudo pelo Conselho Nacional de Justiça, tem estimulado a adoção desses métodos, como se nota, por exemplo, da Recomendação 58 do CNJ que recomenda a utilização da mediação *online*, nos processos de recuperação empresarial e falência.

---

26. A propósito da necessidade do diálogo, o Ministro Luiz Fux já mencionou que: "A questão é que todo poder emana do povo, inclusive o Poder Judiciário, em nome do povo é exercido. Então, por exemplo, num processo objetivo, discutem-se valores, é preciso ouvir a sociedade, claro." FUX, Luiz et al. *História oral do Supremo (1988-2013)*, v. 12. Rio de Janeiro: Escola de Direito do Rio de Janeiro da Fundação Getúlio Vargas, 2016, p. 76.

O Centro Judiciário de Solução de Conflitos Empresariais (CEJUSC Recuperação Empresarial), criado pelo Tribunal de Justiça do Estado do Paraná, é um dos exemplos importantes de utilização de plataformas de negociação *online* para solução de disputas.

No mesmo sentido, o governo federal criou a plataforma consumidor.gov, também com o propósito de facilitar a superação de disputas em ambientes virtuais. Já no âmbito privado, o caso do Grupo Oi foi o maior exemplo da eficiência da utilização dos meios autocompositivos em ambientes virtuais para a superação de controvérsias em processos de insolvência.

Todos esses exemplos, portanto, reafirmam a importância da utilização das plataformas *online* e da ampliação dos ambientes virtuais para a promoção da superação consensual de controvérsias.

6. REFERÊNCIAS

AMORIM, Fernando Sérgio Tenório de. A resolução online de litígios (odr) de baixa intensidade: perspectivas para a ordem jurídica brasileira. *Revistas de Ciências Jurídicas Pensar*, v. 22, n. 2, maio/ago 2017.

Anuário Justiça em Números 2019, Conselho Nacional de Justiça (CNJ). Disponível para consulta em: https://www.cnj.jus.br/wp-content/uploads/conteudo/arquivo/2019/08/justica_em_numeros20190919.pdf.

ARBIX, Daniel do Amaral. *Resolução Online de Controvérsias*: Tecnologias e Jurisdições. Orientador: Prof. Dr. Alberto do Amaral Júnior. 2015. Tese (Doutorado em Direito) – USP, São Paulo, 2015.

BRAND, Ronald A. Party autonomy and access to justice in the Uncitral online dispute resolution Project: legal studies research paper series. Pittsburg: University of Pittsburg, 2012. Disponível em: http://ssrn.com/abstract=2125214.

CAHALI, Francisco José. *Curso de arbitragem*: Resolução CNJ 125/2010 (e respectiva emenda de 31 de janeiro de 2013): mediação e conciliação. 3. ed. São Paulo: Ed. RT, 2013.

CALMON, Petrônio. *Fundamentos da mediação e da conciliação*. Rio de Janeiro: Forense, 2007.

CARNIO, Daniel. A divisão equilibrada de ônus na recuperação judicial da empresa. In: LUCCA, Newton de; PESTANO NETI, Miguel (Coord.). *Falência, Insolvência e recuperação de Empresas*. São Paulo: Quartier Latin, 2015.

CURY, Des. Cesar. *Métodos de resolução de conflitos de massa e efetividade da decisão judicial* – Breves Notas. Direito em movimento, [s. l.], v. 22, 1 jan. 2015. p. 112.

Documento Técnico 319 do Banco Mundial. Disponível para consulta em: https://www.anamatra.org.br/attachments/article/24400/00003439.pdf.

FREITAS Jr., Antonio Rodrigues de. Sobre a relevância de uma noção precisa de conflito in *Revista do Advogado*, ano XXXIV, agosto/2014, n. 123. São Paulo: Associação do Advogado de São Paulo – AASP.

FUX, Luiz et al. *História oral do Supremo (1988-2013)*, v. 12. Rio de Janeiro: Escola de Direito do Rio de Janeiro da Fundação Getúlio Vargas, 2016.

GRINOVER, Ada Pellegrini. *Ensaio sobre a processualidade*. Fundamentos para uma nova teoria geral do processo. Brasília: Gazeta Jurídica: 2016=.

GRINOVER, Ada Pellegrini. Os fundamentos da justiça conciliativa. *Revista IOB de Direito Civil e Processual Civil*, Porto Alegre, v. 9, n. 52.

KATSH, Ethan. ODR: a look at history. In: WAHAB, Mohamed S. Abdel; KATSH, Ethan e RAINEY, Daniel (Eds). *Online dispute resolution: theory and practice*. A treatise on technology and dispute resolution. The Hague: Eleven International, 2012, p. 24 – Livre Tradução.

RULE, Colin. What We Know and Need to Know About Online Dispute Resolution. *South Carolina Law Review*, v. 67, p. 329-344, 2016.

SALOMÃO, Luis Felipe; PENALVA DOS SANTOS, Paulo. *Recuperação judicial, extrajudicial e falência*: teoria e prática. 3. ed. Rio de Janeiro: Forense, 2017.

SANDER, Frank. Varieties of dispute processing. In: LEVIN, A. Leo; WHEELER, Russel R. *The pound Conference*: perspective on justice in the future. Saint Paul: West Publishing Co., 1979.

SOUZA NETTO, Antonio Evangelista de Souza. *O controle jurisdicional do plano de recuperação judicial*: paradigmas para o protagonismo cognoscitivo do Magistrado no exercício da jurisdiçãoCuritiba: Appris, 2019.

TARTUCE, Fernanda. *Mediação nos conflitos civis*. 2. ed. São Paulo: Método, 2015.

TOMAZETTE, Marlon. *Curso de direito empresarial*: Falência e recuperação de empresas, v. 3, 5. ed. rev. e atual. – São Paulo: Atlas, 2017.

WING, Leah e RAINEY, Daniel. Online dispute resolution and the development of theory. In: WAHAB, Mohamed S. Abdel; KATSH, Ethan e RAINEY, Daniel (Eds). *Online dispute resolution*: theory and practice". A treatise on technology and dispute resolution. The Hague: Eleven International, 2012.

A AUTOCOMPOSIÇÃO E A INAUGURAÇÃO DE UM PROCESSO ADMINISTRATIVO *SUI GENERIS*

Kaline Ferreira

Doutora em Direito Público pela Université Montesquieu Bordeaux IV. Mestra em Direito Público pela Universidade Federal da Bahia. Professora Adjunta de Direito Administrativo da UFBA. Advogada da União. Coordenadora-Geral da Câmara de Conciliação da Administração Pública Federal – CCAF/CGU/AGU.

Sumário: 1. Introdução. 2. Comunicação, processo e autocomposição. 3. O plano estratégico da conciliação – a mais *sui generis* das características da autocomposição envolvendo entes públicos. 4. Abrangência ampla da autocomposição *x* abrangência restrita da heterocomposição. 5. As medidas cautelares no processo autocompositivo. 6. Acordos incidentais em conflitos estruturais. 7. Conclusão. 8. Referências.

1. INTRODUÇÃO

A procedimentalização é um fenômeno inacabado do Direito Administrativo Brasileiro. Atropelaram-se as etapas e temos que cuidar para que um sistema que não viveu o apogeu desejado dos dois pilares essenciais desse fenômeno, que são - vinculação aos direitos fundamentais e, a procedimentalização da atividade administrativa - não consiga concretizar de forma adequada a realização do audacioso projeto de institucionalização da autocomposição como forma de resolução de litígios.

As estruturas administrativas dotadas de competência para realizar a autocomposição no âmbito da Administração Pública não podem se tornar um arremedo do Poder Judiciário, nem podem também se mirar nas estruturas clássicas administrativas. Essas estruturas surgem com o desafio de inaugurar um modelo novo de atuação, mas convivendo com o peso de um legado carregado de projetos inacabados. A atividade administrativa não foi procedimentalizada satisfatoriamente. O processo administrativo, um importante instrumento de democracia, não foi utilizado de forma satisfatória até os dias de hoje. Diante dessa realidade, alcançar o delicado equilíbrio de forças nas mesas de negociação para solução de conflitos e preservação das relações público-público e público-privado, sem engessar os fluxos e sem se tornar uma instância administrativa de revisão da coisa julgada, revela-se um ato criativo e *sui generis*.

2. COMUNICAÇÃO, PROCESSO E AUTOCOMPOSIÇÃO

A diminuição da distância entre poder político, sociedade e indivíduo ainda é lento e insatisfatório. Os modelos políticos antigos até meados do século XX fundamentavam-se na coerção como forma de impor comportamentos e assegurar uma convergência social.[1] Logo se reconheceu, entretanto, que nenhuma força coercitiva é capaz de assegurar íntegra a convergência social por longo período, sendo imprescindível a obtenção da adesão popular por outros meios, o que nos remete ao pensamento de Jürgen Habermas[2], para quem só haverá legitimidade quando as decisões políticas se originarem de um procedimento democrático que permita a participação de todos aqueles que sofrerem seus efeitos.

Interliga-se, portanto, indissociavelmente, a participação da coletividade a um processo racional de comunicação que garanta a potencial intervenção igualitária de todos, sob pena de não podermos considerar o consenso obtido como expressão da democracia substancial, festejada nas constituições modernas e que não fazem distinções conceituais sobre o que é o povo. Nesse particular vale transcrever o pensamento de Friederich Muller[3]:

> Já que não se pode ter o autogoverno, na prática quase inexequível, pretende-se ter ao menos a auto-codificação das prescrições vigentes com base na livre competição entre opiniões e interesses, com alternativas manuseáveis e possibilidades eficazes de sancionamento político. Todas as formas de decisão representativa arredam [nehmen aus dem spiel] a imediatidade [Ummittelbarkeit]. Não há nenhuma razão democrática para despedir-se simultaneamente de um possível conceito mais abrangente de povo: do da totalidade dos atingidos pelas normas: *one man one vote*. Tudo o que se afasta disso necessita de especial fundamentação em um Estado que se justifica como "demo" cracia.

Acatamos o pensamento sobre a necessidade imperiosa da participação de todos no exercício dos poderes políticos, e sobremaneira na gestão pública, o que legitimará a atividade administrativa independente da legitimação política de seus agentes. Contudo, somente será concretizada essa participação efetiva pela processualização adequada[4], que garanta oportunidade de serem ouvidos todos os setores da sociedade que de alguma forma sofrerem os efeitos dessas escolhas e práticas administrativas.

Sobre essa participação na administração, Agostín Gordillo[5] enaltece as multiplicações das previsões de técnicas consultivas e de gestão participativa nos ordenamentos jurídicos, o que, para ele, garante não apenas maior democratização, mas também uma satisfação mais efetiva das aspirações sociais. Para esse autor a Administração Pública como instrumento dessa satisfação deverá tornar-se uma das primeiras áreas de ação a institucionalizar a participação direta do povo.

Com apoio em Marçal Justen Filho[6], alertamos que a democratização não é tarefa da lei; é uma escolha de governo. Não é imposta pela Constituição, mas sim criada pela própria sociedade. Essas afirmações nos levam a uma conclusão: que a democratização

---

1. MOREIRA NETO, Diogo de Figueiredo. *Mutações do Direito Público*. Rio de Janeiro: Renovar, 2006, p. 61.
2. HABERMAS, Jürgen. *Direito e democracia entre facticidade e validade*. 2. ed. Rio de Janeiro: Tempo Brasileiro, 2003. 2 v. p. 189.
3. MÜLLER, Friederich. *Quem é o povo?* A questão fundamental da democracia. 3. ed. São Paulo: Max Limonad, 2003, p. 57-58.
4. Convém ressaltar, com apoio em JUSTEN FILHO, Marçal. O Direito Administrativo reescrito: problemas do passado e temais atuais. *Revista Negócios Públicos*, Curitiba, ano II, n. 6, p. 39-41, 2005b, 2005a.
5. GORDILLO, Agostín. *Tratado de Derecho Administrativo*. 8. ed. Buenos Aires: Fundación de Derecho Administrativo, 2003. t. 1.
6. JUSTEN FILHO, idem, p. 39-41, 2005b.

das práticas administrativas concretizadas pela participação coletiva nos processos decisórios é de responsabilidade do governo e da sociedade.

Essa democratização da atividade administrativa pela sua procedimentalização, não ocorreu de forma completa no nosso sistema. Conseguimos avançar sobre a dicotomia *supremacia do interesse público sobre interesse privado* como principal paradigma do regime jurídico-administrativo; e conseguimos *superar a insindicabilidade dos denominados atos discricionários* e seu intocado mérito administrativo. Isso foi o máximo que conseguimos. Viramos a página e começamos a apostar na autocomposição como forma de resolução de litígios administrativos, sem ter explorado o nosso maior e mais mal aproveitado instrumento de prevenção e melhoria da relação Cidadão-Estado, o processo administrativo.

A autocomposição precisa do processo administrativo para realizar o consenso de forma segura e participativa. O processo administrativo foi pensado tradicionalmente com um forte cunho adversarial. Partes opostas, teses e antíteses, substituição da vontade das partes pela decisão de um terceiro imparcial, enfim, como um fluxo procedimental, o mais democrático possível, orientado para pôr fim a um conflito pela imposição da força imperativa e irrecusável monopolizada pelo Estado. Não conseguiu se sobressair satisfatoriamente nem mesmo dessa forma adversarial. Nesse momento, tem que ser moldado para instrumentalizar o consenso.

A realidade contemporânea já nos descortina um caminho de transformação em relação a essa concepção tradicional de processo. De fato, o Código de Processo Civil de 2015 consagra uma nova filosofia para o processo civil. A figura do juiz empoderado perde espaço para a autonomia de vontade das partes envolvidas em um conflito. Fredie Didier chega a admitir que o CPC de 2015 pode ter a seguinte alcunha: Código das Partes. [7]

Pela experiência da AGU com a autocomposição pode-se afirmar que não há modelos prontos de mediação. Adotou-se o modelo cartorial do Poder Judiciário, com ampla formalização documental, comunicação por via de ofícios e estrita utilização dos princípios do contraditório e da ampla defesa como linha procedimental, o que se revelou um equívoco para a finalidade da produção de resultados em tempo e modo adequados.

A processualização ou procedimentalização da autocomposição, todavia, não é tarefa impossível, ao contrário, é até desejável sob a perspectiva de construção de caminhos e estratégias viáveis ou perceptíveis pelos mediadores, mas requer uma alteração de perspectiva. O que se busca não é a segurança jurídica pela observação de uma ritualística generalista e engessada, com rígida observância da ampla defesa e do contraditório, em um devido processo legal (*due process of law*). Pode-se buscar o êxito das tratativas negociais sem se descurar da segurança jurídica que o processo logra garantir, mas não em sua forma primitiva, e sim, por intermédio de um procedimento que permita um planejamento estratégico, criativo e circunstancial. É o que se espera da processualística introduzida no nosso ordenamento jurídico pelo CPC vigente e pela Lei n 13.140/2015 (Lei da Mediação).

---

7. DIDIER, Fredie. A colaboração premiada como negócio jurídico processual atípico nas demandas de improbidade administrativa. *Revista de Direito Administrativo & Constitucional.* ano 3, n. 11, (jan./mar. 2003). Belo Horizonte: Fórum, 2003.

Os atores desse processo de mediação são: o mediador, os interessados e seus negociadores – não temos partes adversas (e o ideal é que não se afigurem como tal em uma mesa de negociação, onde o que se busca é uma estratégia de cooperação entre as partes). Eventualmente, podemos ter comediadores e a intervenção de colaboradores, que auxiliem em alguma questão de natureza técnica mais complexa.

Em um processo autocompositivo devemos ter como essencial a oralidade, a celeridade, a preservação da decisão informadas dos interessados e a segurança jurídica dos signatários dos acordos.

O protagonismo desse processo é exercido pelos próprios interessados envolvidos no conflito trazido à mediação, e não por um juiz ou terceiro imparcial.

O mediador, no entanto, quando se tratar de conflito que envolva a Administração Pública, deve ser um advogado público capacitado para exercer uma função exógena ao múnus de advogado, já que terá um papel indutor do diálogo, condutor ao acordo e preservador da juridicidade das soluções encontradas.

O ponto de destaque da sua participação está na estratégia procedimental que ele deve, cuidadosamente, desenhar a partir das situações que se apresentem nas tratativas conciliatórias.

A ritualística própria e rígida da formalidade procedimental levaria a autocomposição ao fracasso absoluto. Engessar o Mediador em fórmulas preestabelecidas jamais atingiria o alvo da mediação e dos modos consensuais de resolução de litígios em geral, que é a pacificação.

A autocomposição a ser exercida em câmaras públicas, na forma prevista na Lei 13.140/2015 como interina aos órgãos da advocacia pública (art. 32) e pertencentes, portanto, a uma das Funções Essenciais à Justiça, não cria um arremedo do Poder Judiciário dentro da Administração Pública, ao contrário, devolve à gestão pública o que nunca deveria ter sido abandonado por ela: a gestão de suas próprias crises.

A autocomposição tem o dom de aproximar partes, de promover o diálogo e de melhorar as relações entre aqueles que jamais atuarão com eficiência sem interação, e por isso, necessitam conviver e se relacionar da forma mais pacífica possível, em proveito do desenvolvimento social, político e econômico do país.

3. O PLANO ESTRATÉGICO DA CONCILIAÇÃO – A MAIS *SUI GENERIS* DAS CARACTERÍSTICAS DA AUTOCOMPOSIÇÃO ENVOLVENDO ENTES PÚBLICOS

A voluntariedade no processo de autocomposição nos fez pensar em uma forma de atrair e manter os interessados em mesa.[8] Os envolvidos no conflito apresentado para pacificação não podem ser compelidos a comparecer, e, muito menos, a permanecer no processo se isso não for de sua vontade.

---

8. Lei 13.140/2015[...] Art. 32[...] § 2º A submissão do conflito às câmaras de que trata o caput é facultativa e será cabível apenas nos casos previstos no regulamento do respectivo ente federado.

A ausência de voluntariedade é suficiente para exterminar qualquer tentativa de autocomposição. Sem voluntariedade não há postura colaborativa, o que é essencial para o desenvolvimento da autocomposição. Esse talvez, seja o maior desafio em um procedimento dessa natureza: trazer e manter as partes à mesa de negociação com vontade própria e com desejo de formular propostas viáveis para o fechamento do acordo.

A cultura adversarial dos processos administrativos clássicos, aliada à posição de supremacia ou de imperatividade da Administração Pública, torna o elemento voluntariedade inútil e indiferente para a sua condução. Independentemente de sua vontade, aquele que estiver envolvido em um conflito a ser apreciado por uma autoridade administrativa com competência para decidir e terminar esse conflito administrativamente, sofrerá os efeitos dessa decisão, queira ou não.

Ao contrário, o mediador em um procedimento de autocomposição não tem competência para decidir, para convocar e nem mesmo para se posicionar tecnicamente diante de uma questão jurídica, salvo sob a perspectiva de colaboração ou de assistência persuasiva. Nenhum ato do mediador tem caráter decisório cogente, até mesmo o juízo de admissibilidade, que ocorre quando a Administração Pública (sob a pele do órgão mediador) decide acerca da possibilidade jurídica do prosseguimento das tratativas tendentes a transigir sobre aquela matéria e envolvendo aquelas pessoas jurídicas ou físicas.

A decisão que corresponderá à opção ou não pelo acordo, como forma de solução do conflito, dever ser tomada pelo negociador e pela autoridade administrativa que tutela aquele interesse público em conflito, mas que se distinguem da pessoa do mediador, que apenas subsidia e presta assistência persuasiva àquelas para essa tomada de decisão sobre o fechamento do acordo, com os dados colhidos e construídos no processo.[9]

A instrução processual e a produção de provas são estranhas aos processos autocompositivos. Não haverá decisão final terminativa por um terceiro imparcial e estranho ao conflito e que precisa fundamentar seu convencimento. Não existirão ganhadores e perdedores. A figura de uma autoridade julgadora e do próprio julgamento são inexistentes, e isso imprime mudanças profundas no *iter* que se deve percorrer.

Os interessados precisam ser provocados a trazer para o processo todas as informações e elementos fáticos e jurídicos necessários, para que fique demonstrado que a formação da vontade deles em efetivar o acordo foi expressa inequivocamente.

Isso revela uma outra lógica para a coleta de dados e elementos trazidos aos autos, eles não subsidiarão decisão de um terceiro, mas sim, servirão para informar aos próprios interessados sobre quais as condições mais adequadas para o acordo que irão firmar. Por isso não se caracteriza o mediador como um terceiro imparcial, mas como uma figura equidistante às partes em conflito.

O sentido de *equidistância* deve ser aqui compreendido pela percepção de que o mediador deve sempre buscar uma equivalente e equilibrada aproximação com ambos

---

9. Decreto 7392/2010 [...] Art. 18. A Câmara de Conciliação e Arbitragem da Administração Federal compete: I – avaliar a admissibilidade dos pedidos de resolução de conflitos, por meio de conciliação, no âmbito da Advocacia-Geral da União; Portaria que prevê competência do Diretor.

os lados, persuadindo-os a cooperar entre si para a percepção dos interesses comuns ou para a busca dos benefícios mútuos sobre os interesses aparentemente antagônicos.

É possível que sejam efetuadas perícias, visitas técnicas, juntados documentos, ou até que sejam ouvidas pessoas em colaboração, mas não como provas que beneficiarão uma versão em detrimento de outra.

Esses elementos trazidos aos autos servirão para informar os próprios envolvidos, como critérios objetivos e confiáveis, que serão úteis para subsidiar a análise de risco de cada um dos interessados, para proporcionar um mapeamento fiel do conflito que está sendo mediado e para a legitimação das opções geradas pelas partes a partir da compreensão dos verdadeiros interesses em jogo (a percepção do critério justo muitas vezes é encontrado na busca por referências objetivas, como opiniões técnicas, tabelas usualmente utilizadas para aferição de preços de mercado, por exemplo).

A voluntariedade exige muito mais da técnica e da sensibilidade do mediador do que o processo administrativo clássico exige da autoridade administrativa processante. O estímulo para que os envolvidos em um conflito – Ente Públicos – se sentem à mesa de negociação e permaneçam nela dependerá em muito da habilidade técnica do mediador.

A certeza de que o Juiz, mesmo quando decide mal, elimina as responsabilidades pessoais para a tomada de decisão e um caso concreto, termina por gerar um processo de infantilização, amesquinhando as instituições e acovardando as autoridades administrativas e os gestores públicos.

A credibilidade, decorrente da autoridade moral, é o primeiro elemento capaz de atrair interessados para uma mesa de negociação conduzida por um Mediador com boa reputação. Essa credibilidade é construída com o tempo e com a excelência e segurança do trabalho técnico prestado no exercício da função de mediação.

Fazer alguém se sentar e se manter à mesa de negociação depende do ótimo emprego das técnicas de autocomposição, que será o instrumental mais eficiente na busca de um consenso e no convencimento dos envolvidos acerca da efetividade desse caminho alternativo ao juiz ou ao árbitro, terceiros imparciais.

Percebe-se que a voluntariedade é um dos elementos identificadores desse distanciamento entre o processo administrativo clássico e o procedimento de mediação nas câmaras públicas.

Ademais, a voluntariedade patenteia a posição de destaque das pessoas envolvidas no conflito em relação ao mediador, que, embora seja o condutor do procedimento e o estrategista por trás do sucesso da autocomposição, não conseguiria exercer esse papel sem a participação efetiva desses interessados, verdadeiros protagonistas do acordo a ser desenhado.

A mediação pressupõe o amadurecimento das instituições. São os envolvidos, titulares dos direitos e das competências, que tomam as decisões, o que representa uma inovação profunda no modo de proceder da Administração Pública.

Diogo de Figueiredo Moreira Neto conceitua o princípio do consenso como "o primado da concertação sobre a imposição nas relações de poder entre sociedade e

Estado".[10] O consenso destina-se à promoção do pacto entre Administração Pública e administrado, neste abrangidos os acordos e os contratos. Pela sua própria essência, a celebração de pactos se contrapõe às ideias de imperatividade e unilateralidade sustentadas pelo Direito Administrativo clássico.[11]

O art. 39 da Lei 13.140/2015 deixa transparecer uma certa flexibilização da voluntariedade na instauração dos procedimentos de mediação. A exigência de autorização do Advogado-Geral da União para que entes Públicos Federais possam ajuizar ações judiciais, uns contra os outros, conforme determina a lei, não representa ofensa ou restrição à voluntariedade na participação em um processo de autocomposição.

Essa autorização, ato formal de competência do Advogado-Geral da União, é, em verdade, um antídoto contra a tendência de judicialização excessiva e desnecessária de conflitos que podem ser solucionados em âmbito administrativo, não só pela mediação, mas por outros meios eficazes de solução de controvérsias jurídicas, por exemplo, e que estão à disposição dos entes públicos.[12]

4. ABRANGÊNCIA AMPLA DA AUTOCOMPOSIÇÃO X ABRANGÊNCIA RESTRITA DA HETEROCOMPSIÇÃO

Uma das vantagens preponderantes dos processos autocompositivos em relação aos modelos clássicos de processualização encontra-se justamente na transversalidade das matérias e na grande amplitude do processo, levando em conta a sua finalidade, que é igualmente ampla – a pacificação de um conflito.

A característica mais marcante de diferenciação entre os processos adversariais em geral – judicial, arbitral ou administrativo – e o procedimentos de mediação, repousa no fato de que, nos primeiros, tanto os limites subjetivos quanto aqueles objetivos, impõem às possíveis soluções arbitradas, por um juiz, por um árbitro ou por um gestor público, padrões formais tão estreitos e limitados que acabam por engessá-las, tornando-as insuficientes para a resolução definitiva e pacificadora do conflito, especialmente se estivermos diante de processos estruturais, que inclui situações complexas e que envolvam a multiplicidade de partes envolvidas e de interesses variados e contrapostos.[13]

---

10. *Revista Brasileira de Direito Público RBDP*, Belo Horizonte, ano 7, n. 27, out. / dez. 2009 Biblioteca Digital Fórum de Direito Público – Cópia da versão digital.
11. SCHIRATO, Vitor Rhein; PALMA, Juliana Bonacorsi de. *Op cit.*
12. A Administração Pública tem o dever da autotutela, portanto, ela deve tentar resolver seus conflitos em âmbito administrativo, independentemente da utilização das formas autocompositivas. Os processos administrativos clássicos são meios eficazes de resolução de litígios. Eles não são necessariamente autocompositivos, uma vez que não se resolvem por decisão dos próprios interessados, mas sim pela decisão de uma autoridade administrativa competente por lei para decidir aquele conflito em última instância administrativa de forma congente. Essa carência doutrinária de diferenciação entre autotutela administrativa e autocomposição é a fonte de muitos equívocos. Não é condição para o exercício de autotutela que estejamos diante da autocomposição. O fato de não existir no processo administrativo a figura de um julgador, terceiro e imparcial ao conflito, não é suficiente para considerarmos que será observada a autocomposição. O que caracteriza a autocomposição é a tomada de decisão pelos próprios envolvidos no conflito, pelos titulares dos direitos envolvidos, sem cogência e sem intervenção de terceiro como julgador, capaz de se substituir à vontade das partes.
13. ARENHART, Sérgio Cruz. Processo multipolar, participação e representação de interesses concorrentes. In: JOBIM, Marco Félix; ARENHART (Org.). **Processos estruturais**, Salvador : JusPodivm, 2019.

E, justamente, o que diferencia os processos autocompositivos é o fato de que, esses, apresentam uma via, a mais ampla possível, exatamente por que regidos pelo princípio da livre autonomia dos interessados na escolha do *iter* a perseguir em direção ao consenso. É mais do que um negócio processual, é um processo dentro de uma estratégia de negócio.

Assim, a liberdade de atuação na via autocomposição, quando envolvida a administração pública, especialmente por meio de câmaras públicas de mediação, deve encontrar um necessário equilíbrio ou balanço com o *due process* administrativo.

Nesse ponto, admitir tanto a ausência de limites quanto a uma procedimentalização hígida em um processo de mediação envolvendo a administração pública pode se tornar tarefa autofágica para a administração pública, na medida em que a ausência de limites poderia implicar carência de segurança ou de exequibilidade das soluções encontradas; e, por outro lado, a higidez procedimental poderia implicar a auto geração de dificuldades para se chegar a um fim exitoso nos procedimentos de mediação.

Algumas ressalvas, portanto, devem ser feitas para que as limitações procedimentais próprias da administração pública sejam compatibilizadas com os outros princípios, assim descritos pela Lei da Mediação, como a liberdade de atuação, a oralidade e a informalidade, que tem por finalidade imprimir velocidade e facilidade para o fechamento de acordos, judiciais ou extrajudiciais.

Em nossa visão, um equilíbrio ou um balanço deve ser estabelecido na linha de atuação das câmaras públicas para evitar que ritos hígidos e previamente estabelecidos engessem sua atuação ou tornem demasiadamente alongados os procedimentos de mediação, de forma a evitar que se prestigie a forma em detrimento do resultado prático que está sendo materialmente esperado pelas partes e interessados, que é a pacificação do conflito.

5. AS MEDIDAS CAUTELARES NO PROCESSO AUTOCOMPOSITIVO

Na Lei 9.784, de 10.11.99, que regula o processo administrativo no âmbito da Administração Pública Federal, existe previsão de que: "Em caso de risco iminente, a Administração Pública poderá motivadamente adotar providências acauteladoras sem a prévia manifestação do interessado" (Art. 45).

Fica claro o cabimento de tutela cautelar em sede administrativa pela autoridade competente para tomada de decisão administrativa no caso concreto. Dessa forma, sendo o procedimento de mediação um processo administrativo, mesmo não sendo um processo típico, o que já esclarecemos em tópicos anteriores, ele admite que o interessado que necessite prevenir um risco de dano, garanta a eficácia do processo pleiteando uma medida cautelar, nos termos do art. 45 da Lei 9.784/99.

Ocorre que, diante da voluntariedade dos partícipes, ínsita ao processo de mediação, bem como diante da perspectiva da ausência da tomada de decisão por parte do mediador que conduz o procedimento de mediação, encontramos indícios bastantes para afirmar que a busca por uma decisão cogente por parte do mediador, de força obrigatória para um desses interessados, já seria um fator inibidor para o prosseguimento do procedimento de mediação.

Ressalte-se que o espírito de colaboração mútua com vistas ao acordo nos mecanismos de autocomposição é obtido, por essência, através do diálogo e da aproximação das partes pelo consenso, pelo convencimento de que o acordo será a melhor solução. Nesse fluxo autocompositivo, a intromissão de um sujeito com autoridade para exigir o cumprimento de uma medida urgente representaria uma fratura nesse elo consensual, o que consistira num dano de difícil reparação, em especial para a perspectiva da "equidistância" que deve haver entre as partes e o mediador público (art. 1º, parágrafo único, da Lei 13.140/2015)

Havendo uma determinação dessa natureza, cumprimento de uma obrigação cautelar de fazer ou de não fazer, existem duas hipóteses mais previsíveis e que conduziriam ao fracasso do procedimento: a) o abandono da mesa de negociação pelo interessado compelido a satisfazer a decisão cautelar; ou, b) um desequilíbrio das forças para negociar com o fortalecimento exacerbado da parte beneficiada, que perde o interesse pela resolução do conflito.

Assim, o ideal é a construção de uma medida cautelar autocompositiva ou consensual que fará parte da estratégia procedimental traçada pelo mediador em conjunto com as partes. Nessa medida consensual preventiva, a ser definida pelos interessados, garante-se a eficácia do procedimento viabilizando o acordo final que terminará o conflito. Em casos em que o risco da demora poderá tornar inútil o acordo final, propomos preliminarmente que haja tratativas conciliatórias em proveito de uma medida de urgência, que seja consensual entre as partes.

Analisa-se a legitimidade da solicitação, ou seja, sua necessidade/utilidade e trabalha-se no convencimento do interessado competente para realizar a ação ou omissão, esclarecendo a importância da medida para o desenvolvimento e para o êxito das tratativas. Assim, o resultado positivo será uma decisão do próprio interessado em proveito da mediação.

Essa medida cautelar consensual integra-se com coerência aos princípios da autocomposição e com a perspectiva de atitude colaborativa das partes. Se o interessado, instado a realizar a ação ou a omissão cautelar necessária para assegurar a efetividade da solução final se convencer da importância do procedimento, dadas as chances de êxito de uma conciliação definitiva, e de ser esse o melhor e mais eficiente caminho de resolução do conflito, não haverá obstáculo a uma tomada de decisão nesse sentido, até porque será uma decisão precária e reversível a qualquer momento.

Essa forma de preservação do procedimento de mediação é a menos traumática e a mais adequada, respeitando as peculiaridades desse processo administrativo *sui generis*.

6. ACORDOS INCIDENTAIS EM CONFLITOS ESTRUTURAIS

A atividade autocompositiva envolvendo entes públicos é vocacionada, normalmente, a conflitos complexos, sem repetitividade com transversalidade de interesses e multiplicidade de interessados. Esses processos, não raro, precisam ser desdobrados em etapas incidentais que produzirão um efeito decantador e viabilizador do grande acordo final.[14]

Muitas vezes os conflitos objeto da mediação exigem um esforço maior do mediador na sua compreensão e no seu mapeamento. São, na maioria das vezes, conflitos estruturais, de grandes proporções sociais, políticas e econômicas e exigem para a sua pacificação, via de regra, uma segregação estratégica das várias situações conflituosas identificáveis, que porventura tenham algum grau de autonomia, uma relação às outras.[15]

As tratativas conciliatórias envolvendo conflitos complexos têm várias partes e múltiplos interesses – são multipartites – e, em razão disso, a maturidade que se busca para a entabulação de um acordo final pode ser facilitada se for precedida de uma ou mais composições graduais e sucessivas que resultarão em uma coalizão com vistas a uma solução de atendimento tanto dos interesses comuns quanto dos divergentes (mediante geração de opções de ganhos mútuos) para a qual as partes não apresentem mais divergências.

Esses acordos "preliminares', "parciais", "pontes para o acordo final", incidentais ao procedimento (como medidas cautelares ou não), podem ser celebrados entre todas as partes envolvidas, ou apenas por algumas delas, em coalisão, mas sempre têm como sub-objeto uma das situações conflituosas que integram o pacote do conflito principal do procedimento de mediação.

A importância desses acordos incidentais consiste, (i) materialmente, na diminuição da tensão entre as partes; e (ii) procedimentalmente, no aproveitamento das janelas de oportunidade. A partir do momento em que os consensos são postos de forma mais visível entre os interessados, com a possibilidade de celebração de acordos, as divergências vão sendo vistas como problemas solucionáveis, sob a ótica mais racional dos interesses e não sob os traumas refletidos nas posições puramente antagônicas assumidas pelas partes, sem que haja uma maior compreensão recíproca dos verdadeiros interesses.

---

14. Criar uma justiça que facilita a Justiça é um aspecto da atividade administrativa de gestão. Nesse contexto, Pierre Delvolvé descreve a conciliação e a mediação como atividades pré jurisdicionais. O autor defende que esses mecanismos melhoram a relação entre os Administrados e a Administração e, desta forma, funciona como um decantador, filtrando o contencioso de forma a racionalizar a via jurisdicional a padrões qualitativamente aceitáveis. Mesmo quando eles não conseguem evitar o litígio jurisdicional ele vai apurar a discussão, deixando para o Juiz somente questões essenciais para o deslinde da causa. Os pareceres técnicos e todos os atos do procedimento alternativo preliminar à intervenção do Juiz favorecerá o seu trabalho, de forma que ele possa decidir em condições muito mais favoráveis e compatíveis com uma boa prestação jurisdicional. DELVOLVÉ, Pierre. Les solutions Alternatives aux Litiges entre les autorités administratives et les personnes privées: conciliation, mediation et arbitrage. Conférence Multiratérale, Lisbonne, le 31 mai- 2 juin 1999, Editions du Conseil de l'Europe. 2000, p. 17

15. Para ilustrar citamos o Processo em curso na CCAF – NUP 00791.000032/2019-64, conflito entre FIOCRUZ x SENAD – Secretaria Nacional Antidrogas do Ministério da Justiça, no qual foi estratégica a celebração de um acordo "ponte", formalizado por um Termo de Conciliação Incidental (TC 003/2019/CCAF/CGU/AGU-PBB), para divulgação do III Levantamento Nacional sobre o Uso de Drogas pela População Brasileira, que não finalizou o processo, mas que demonstrou ser imprescindível para que se construísse um amadurecimento das partes quanto à percepção da necessidade de construção de opções viáveis para que seja firmado o acordo final (esse caso ainda não havia sido finalizado até a edição deste artigo) (fonte: http://www.agu.gov.br/page/content/detail/id_conteudo/789618).

7. CONCLUSÃO

Precisa-se de um novo desenho para essa nova e atual proposta de diálogo com o Estado.

A voluntariedade na participação e envolvimento, o diálogo e a aproximação, a construção de soluções criativas para os problemas, e tantas outras características do processo autocompositivo, nos faz crer induvidosamente que o processo administrativo não pode ser observado na formação do consenso como é observado na construção das decisões administrativas.

Mutações são necessárias, novas engrenagens deverão ser pensadas, tudo para pôr em prática essa realidade dialógica e não impositiva pela qual o Estado passa.

8. REFERÊNCIAS

ARENHART, Sérgio Cruz. Processo multipolar, participação e representação de interesses concorrentes. In: JOBIM, Marco Félix; ARENHART, Sérgio Cruz (Org.). *Processos estruturais*. Salvador JusPodivm, 2019.

BRISSON, Jean-François. *Bibliothèque de Droit Publique*. T. 185. Les Recours administratifs en droit public français, Paris: LGDJ, 1996.

CHEVALLIER, Jacques. Réflexion sur l'institution des Autorités Administratives Indépendantes. *JCP*, 1986.

DAVI, Kaline Ferreira. Magistratura de Influência: uma alternativa ao contencioso administrativo tradicional. *Revista Brasileira de Direito Público: RBDP*, Belo Horizonte, v. 12, n. 45, p. 123-135, abr./jun. 2014.

DELAUNAY, Benedicte. *L'amélioration des Rapports entre l'Administration et les Administrés*. Bibliothèque de Droit Public, Paris, T. 72, LGDJ.

DELVOLVÉ, Pierre. Les solutions Alternatives aux Litiges entre les autorités administratives et les personnes privées: conciliation, mediation et arbitrage. *Conférence Multiratérale, Lisbonne*, le 31 mai- 2 juin 1999, Editions du Conseil de l'Europe. 2000.

DIDIER, Fredie. A colaboração premiada como negócio jurídico processual atípico nas demandas de improbidade administrativa. *Revista de Direito Administrativo & Constitucional* – ano 3, n. 11, (jan./ mar. 2003). – Belo Horizonte: Fórum, 2003.

FIGUEIREDO MOURÃO, Alessandra Nascimento Silva e. *Técnicas de negociação para advogados*. 3. ed. São Paulo: Saraiva, 2008.

GORDILLO, Agostín. *Tratado de Derecho Administrativo*. 8. ed. Buenos Aires: Fundación de Derecho Administrativo, 2003. t. 1.

HABERMAS, Jürgen. *Direito e democracia entre facticidade e validade*. 2. ed. Rio de Janeiro: Tempo Brasileiro, 2003. 2 v.

INTERNATIONAL FEDERATION OF ACCOUNTANTS (IFAC). Governance in the Public Sector: a governing body perspective. New York: IFAC, August 2001. (Study, n. 13).

JUSTEN FILHO, Marçal. O Direito Administrativo reescrito: problemas do passado e temais atuais. *Revista Negócios Públicos*, Curitiba, ano II, n. 6, p. 39-41, 2005b, 2005a.

Manual de Negociação Baseado na Teoria de Harvard / Escola da Advocacia-Geral da União Ministro Victor Nunes Leal. – Brasília: EAGU, 2017, p. 32. Disponível em: http://www.agu.gov.br/page/content/detail/id_conteudo/588599.

MIRAGEM, Bruno. *A nova administração pública e o direito administrativo*. 2. ed. rev. e atual. São Paulo: Ed. RT, 2013.

MOREIRA NETO, Diogo de Figueiredo. *Mutações do direito público*. Rio de Janeiro: Renovar, 2006.

MOREIRA NETO, Diogo de Figueiredo. *Revista Brasileira de Direito Público – RBDP*, Belo Horizonte, ano 7, n. 27, out./dez. 2009 Biblioteca Digital Fórum de Direito Público – Cópia da versão digital.

MÜLLER, Friederich. *Quem é o povo?* A questão fundamental da democracia. 3. ed. São Paulo: Max Limonad, 2003.

SCHIRATO, Vitor Rhein; PALMA, Juliana Bonacorsi de. Consenso e legalidade: vinculação da atividade administrativa consensual ao direito. Revista Brasileira de Direito Público – RBDP, Belo Horizonte, ano 7, n. 27, out./dez. 2009. Disponível em: http://www.bidforum.com.br/PDI0006.aspx?pdiCntd=64611. Acesso em: 13 abr. 2020.